北京大学震旦古代文明研究中心学术丛书之四十五

百越

公元前 10 至前 3 世纪东南沿海的文化与社会

吴 桐 著

上海古籍出版社

Aurora Centre for the Study of Ancient Civilizations, Peking University

Publication Series , No.45

Baiyue: Culture and Society in the Southeast Coastal Region from the 10th to the 3rd Centuries BCE

Wu Tong

Shanghai Chinese Classics Publishing House

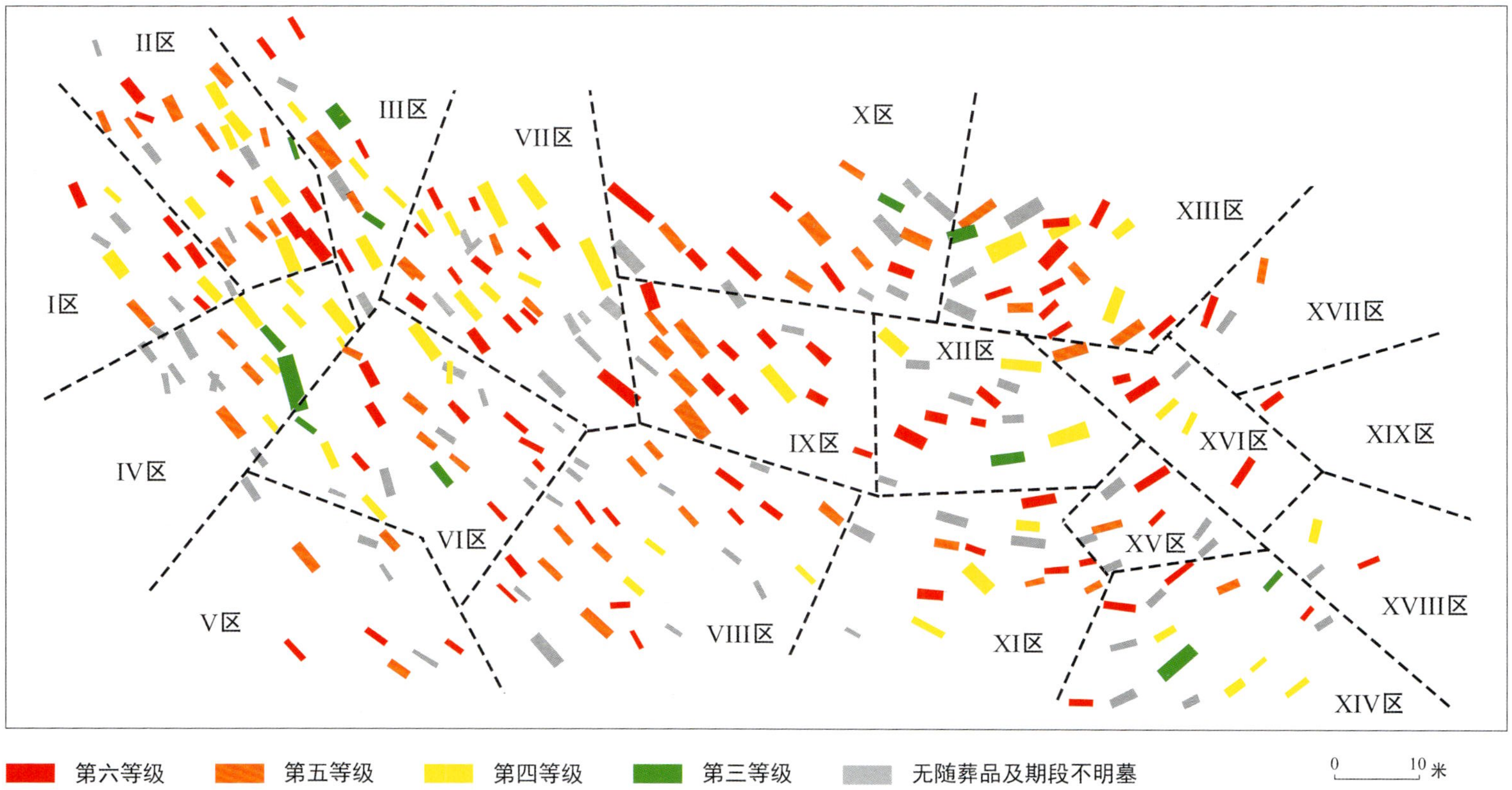

彩版一　横岭山的分区与墓葬等级

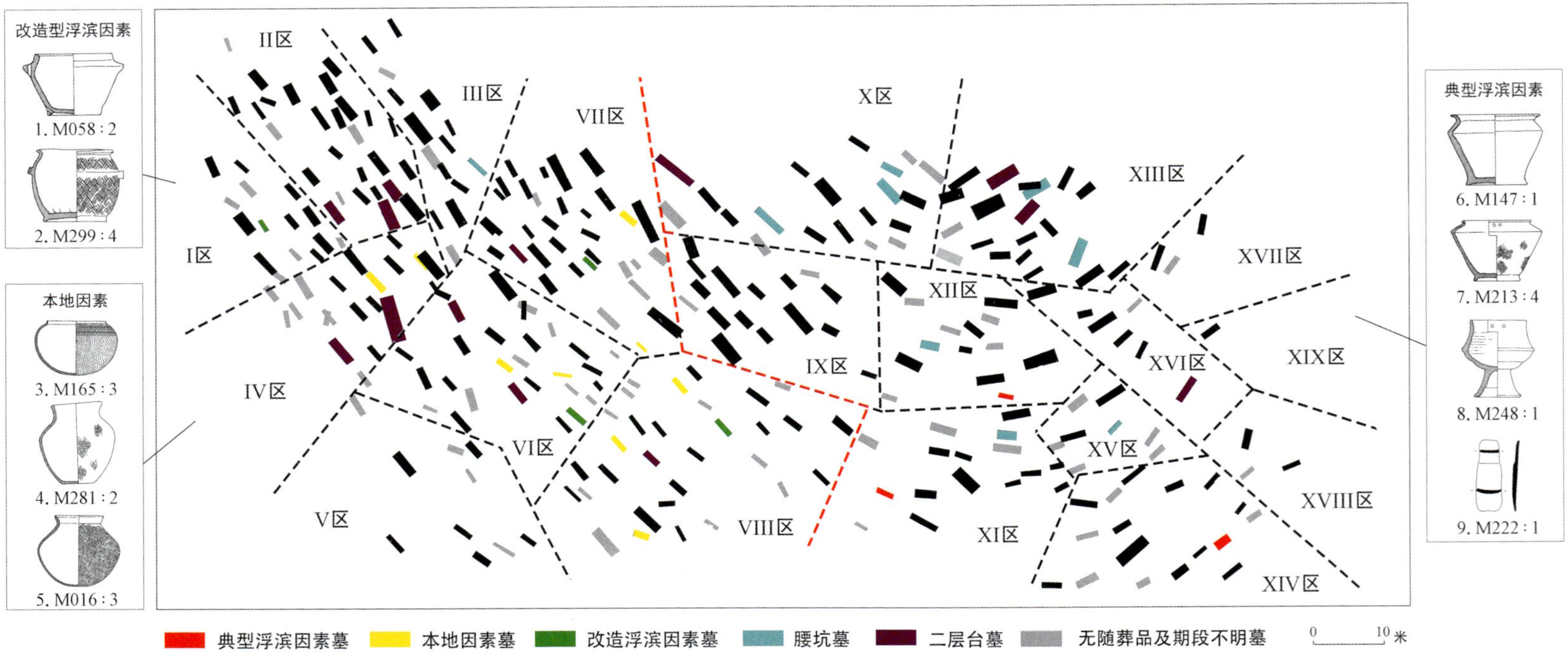

彩版二 横岭山墓地的东西之别

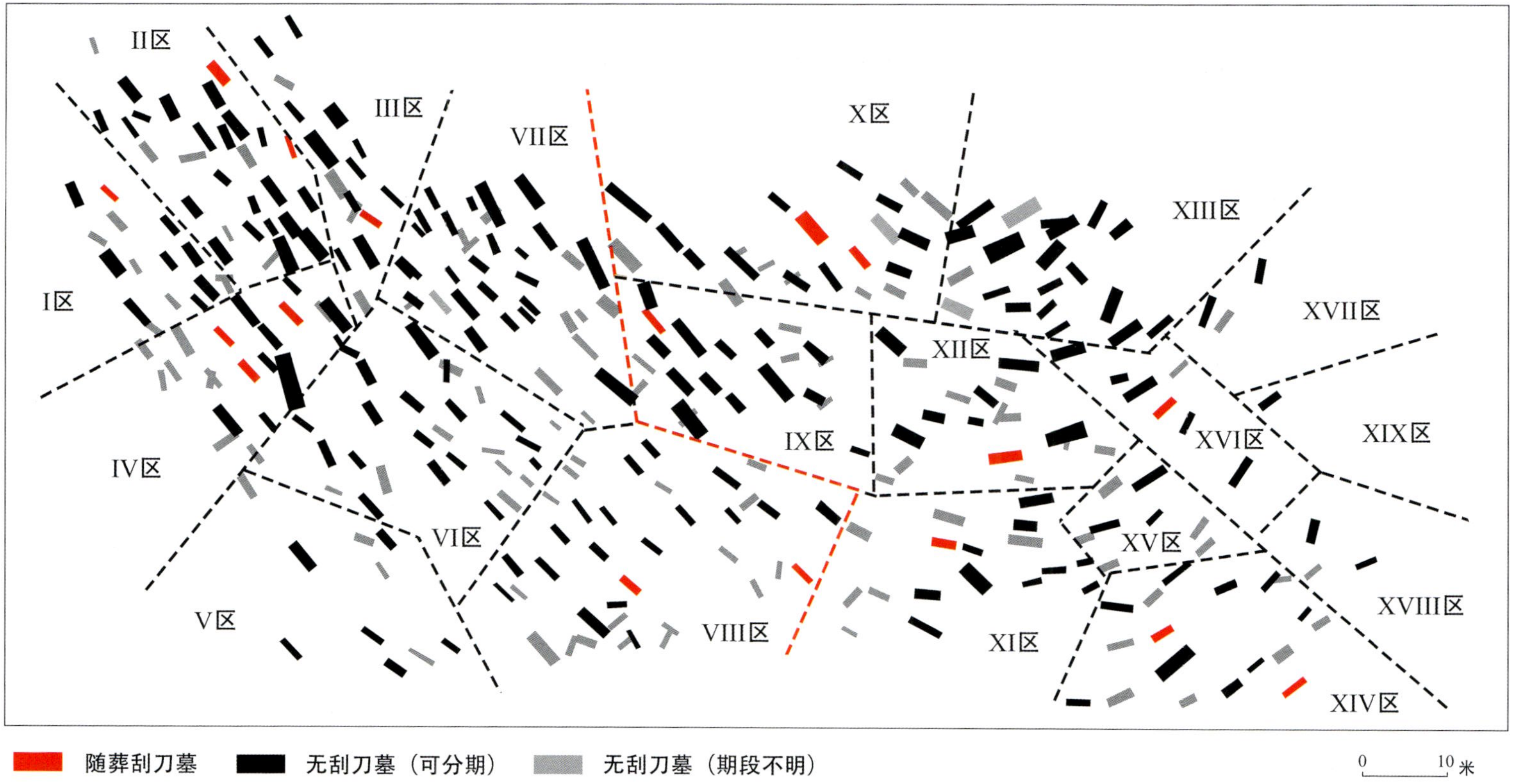

彩版三　横岭山墓地青铜刮刀的分布情况

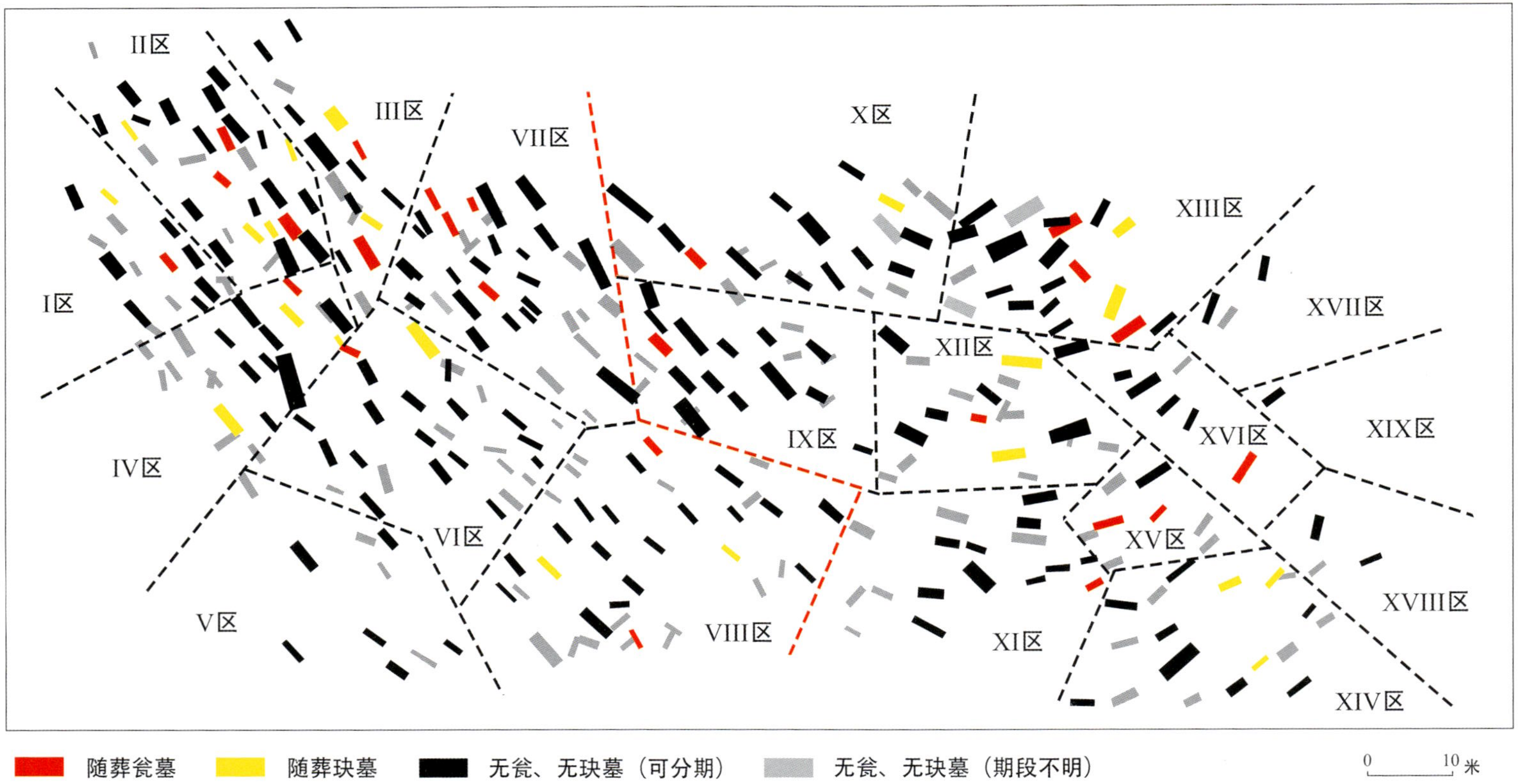

彩版四　横岭山墓地硬陶瓮、玉玦的分布情况

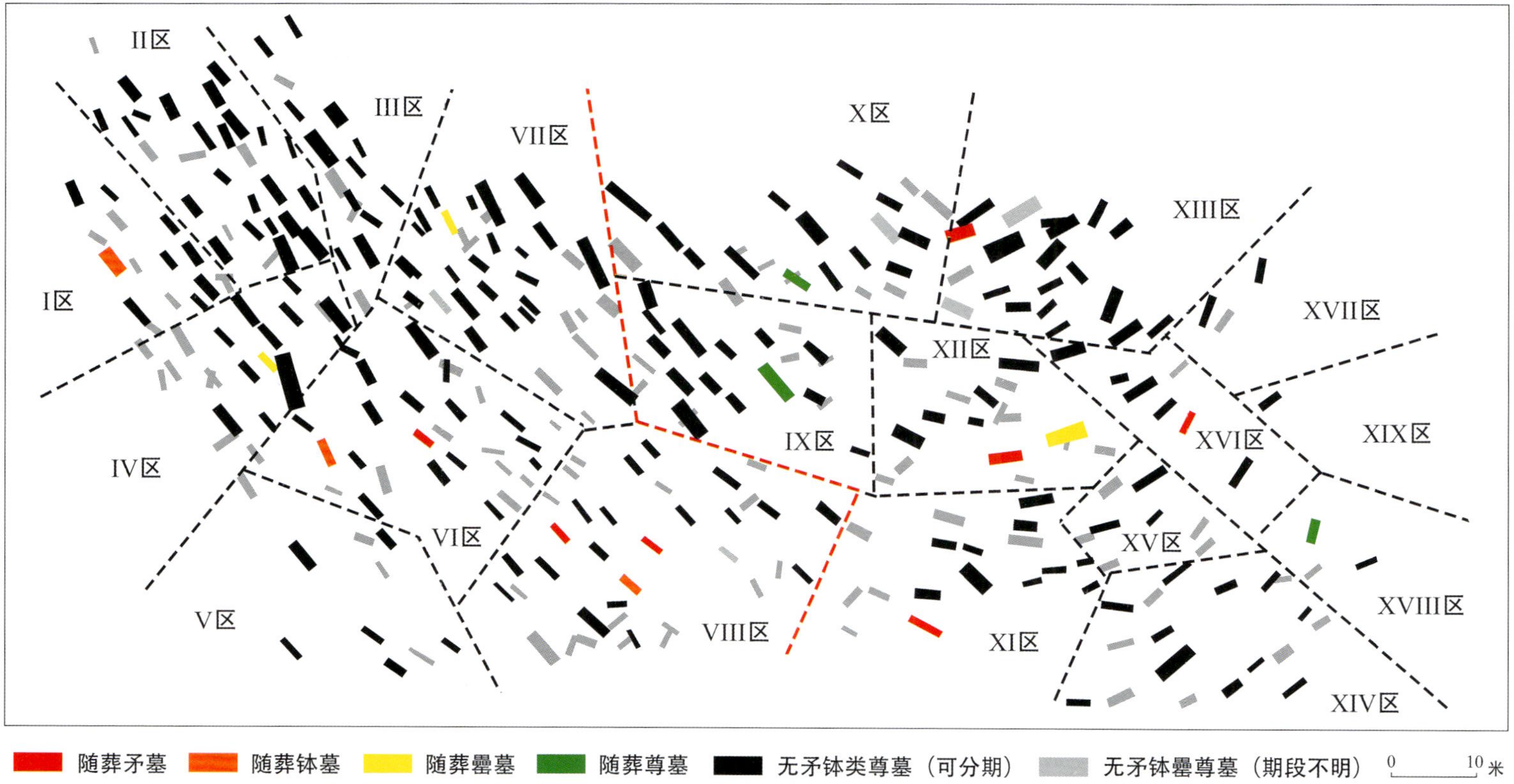

彩版五　横岭山墓地青铜矛、硬陶钵、罍、尊的分布情况

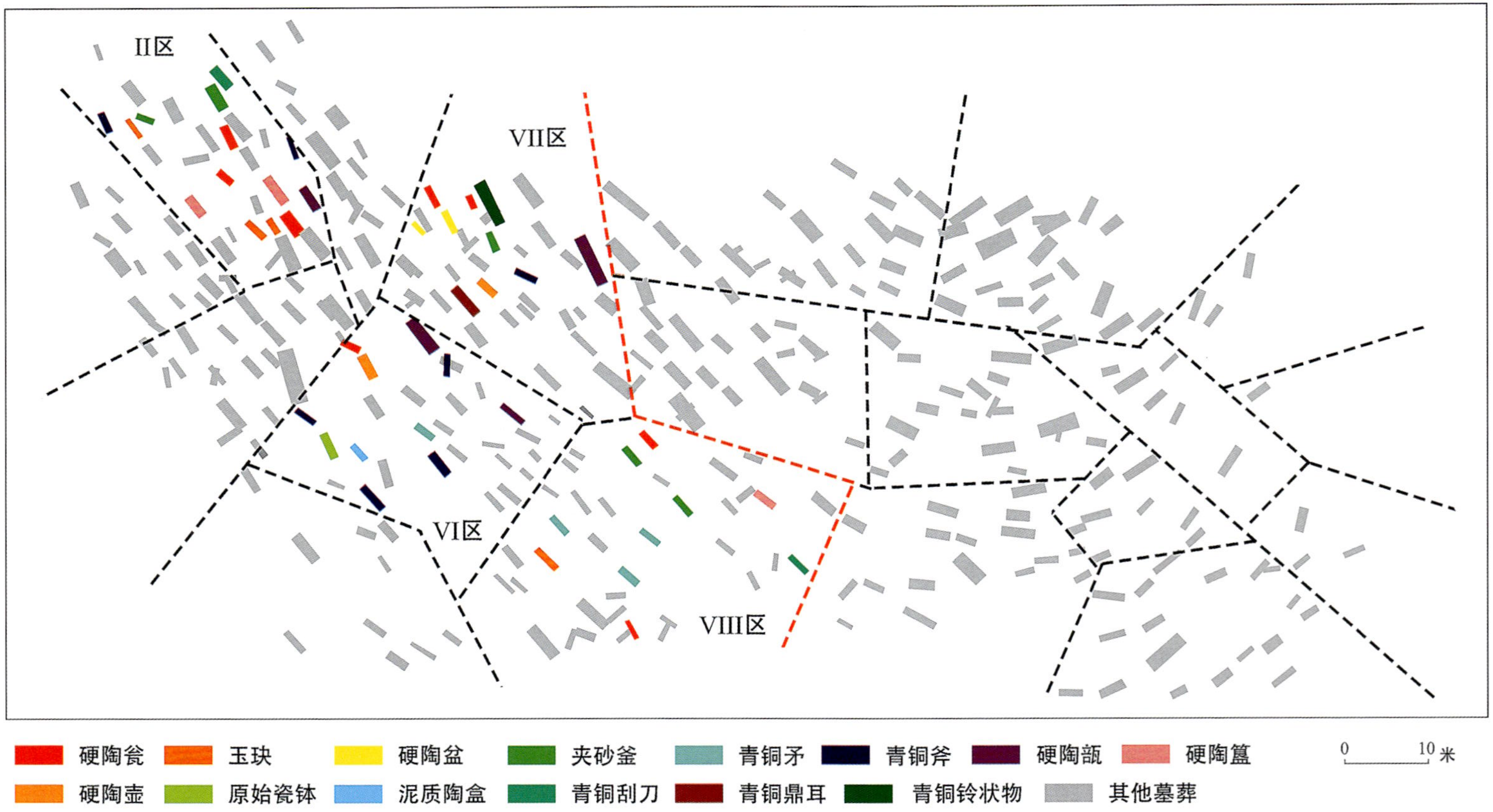

彩版六　横岭山 II、VI–VIII 墓区随葬品的分布情况

序

欣闻吴桐的博士论文——《百越：公元前10至前3世纪东南沿海的文化与社会》即将付梓刊行，我作为他的导师，既感欣慰，也稍有不安。欣慰的是，他个人学术生涯第一个阶段的学习成果得到了许多同行的肯定，可以贡献于学界和社会；不安的是，现在正式出版似乎仍有些仓促，虽然他在毕业之后并未间断学术研究和修改论文，但是材料的补充、方法的使用、文字的推敲、图表的编排、观点的斟酌等方面，都还可以再花些功夫，使之更臻于完善。无奈在当今潮流之下，青年学者所面临的各种压力与日俱增，虽然我也想鼓励他对待学术研究得抱有“板凳甘坐十年冷”的精神，但也只能将此当作一种不切实际的理想。好在来日方长，待书出版之后，或许可以得到更多同行直接的批评意见，在此基础上再去完善自己的研究也不失为一种精进学问的途径。

中国东南沿海是东北—西南高地之外的另一“半月形文化传播带”，主要分布着古夷、越的文化，这里既有独特的地理环境和地域文化特质，又与以中原王朝为核心的文化有着千丝万缕的联系，是理解“何以中国”不可或缺的组成部分。但长期以来，该区域的系统性考古研究相对薄弱，因此在吴桐博士入学之初，我即建议他可否以此作为攻读博士学位的研究方向。他接受了我的建议，并开始着手搜集、整理相关文献，两年后撰写了《试论中国东部沿海半月形文化传播带》一文（《中国南方先秦考古学术研讨会论文集》，文物出版社，2019年）。在这一过程中，吴桐发现以长江为界，东部沿海不同地区的文化、社会特质及其融入中华一体的先后次序、方式都呈现出明显的南北之别，同时也是出于研究内容和工作量的考虑，决定将研究范围在时间和空间上都适当缩小，具体确定为“公元前10至前3世纪东南沿海地区的文化与社会”。

公元前10至前3世纪的东南沿海地区大体相当于“自交趾至会稽七八千里，百越杂处，各有种姓”（《汉书·地理志》颜师古注）的百越之地。该地区的考古工作始于20世纪30年代，长期的考古工作虽然已经取得了丰硕的成果，但是由于该地区地理环境的复杂性、历史发展的不平衡性，以及考古工作开展的差异性，相关研究只能局限于区域性、专题性的讨论，而难以开展系统性和整体性的分析。吴桐若要完成他的研究任务首先要解决两个基本问题：一是材料，二是方法。

熟悉并穷尽材料是研究的起点和基础。他一方面需要大量阅读、全面收集相关文献资料，熟悉并了解已有考古发现及研究成果；另一方面还需要对该地区的田野考古及遗址和遗物有亲身的感受并获得实践的经验。为此我特别安排他参加了浙江省文物考古研究所在湖州昆山遗址的发掘，并实地踏查了苏南、浙江、闽北、粤中等地区的重要遗址，观摩了大量出土文物的标本。这些工作为他此后的研究奠定了比较扎实的基础。鉴于所研究区域考古材料的特殊性和所设定的学术目标，除了充分运用传统的考古学方法之外，他还需要尽可能借用其他相关学科的方法。为此，吴桐专门随陈建立教授系统学习了定量统计方法，并将其运用于浙北平原中小型土墩墓的等级划分（《古代文明》第15卷）和宁绍平原陶瓷器生产标准化问题（《东南文化》2021年第1期）的研究，在此基础上进一步拓展至对东南沿海墓葬等级架构与经济生产生活的系统讨论。论文于2021年通过答辩，并得到了答辩委员们的一致好评。毕业之后，吴桐根据各位答辩委员提出的修改意见和建议，又对论文做了认真修改，并补充了一些新的研究成果，现在呈现给各位读者的就是这篇论文的终稿。

中国考古学经过一百多年的发展，已经基本完成建构年代框架和文化谱系的任务，正进入一个新的发展阶段。就学科目标而言，“透物见人”再次被提上议程。超越“陶器分期—文化格局”的研究范式，深入讨论社会历史层面的诸多问题正成为目前中国考古学研究的新趋势。吴桐的研究即是在此大背景下的一次实践。他根据现有的考古材料，在比较系统、完整地构建东南沿海地区统一且细致的文化分期与年代框架的基础上，重点对墓葬与政治、陶瓷与经济的关系问题进行了深入的分析和讨论。从墓葬的等级划分、随葬品器用、墓室营建、墓地布局等方面考察社会秩序和政治制度；通过对不同区域陶瓷制品的产地、年代、特征、流通等问题的综合分析，考察了包括生产规范化程度、专业化水平及消费选择趋向等在内的区域经济活动内容，并对公元前10至前3世纪东南沿海的社会与文化提出了自己整体性的认识。

该书提出了不少颇具新意的观点，我认为其中最重要的是他对东南沿海地区社会发展模式与转型态势的概括。对格局、等级、经济等方面的研究表明：以春秋晚期为界，其前后的变化是：社会发展水平由低到高，发展速度由缓到疾，发展动力由内部到外部，等级结构由“秩序”转向“制度”，经济生活由迟缓转向突变并逐渐服务于政治需求，社会发展的底层逻辑由“经济观”转为“政治观”，社会发展模式由“经济模式”转变为“政治模式”，在外来文明的刺激下实现“政治化”转型。其中太湖杭州湾与岭南的社会发展具有鲜明的共性内核与差序格局，分别表现为主动、全面的政治化与被动、局限的政治化。这种“经济模式”，根源于地区本身的资源禀赋结构，可以作为春秋晚期之前，东南沿海地区主要考古材料的基础解释框架。

鉴于东南沿海地区考古材料的局限（零散且不均衡）、文献材料亦不甚丰富的客观条件，对许多重大问题的讨论尚难取得一致性的认识。本书对该地区社会发展模式的概括当然不是唯一的正解，但书中对文化、格局、等级、经济所反映的社会现象的系统梳理，或许可为今后更深入的研究提供一些可资追踪的线索，有些观点对宏观把握作为边疆的百越地区的社会特质及其华夏化进程，也有着积极的意义。

近年来，东南沿海地区一系列的新发现不仅填补了部分时间和空间上的文化空白，也增添了许多新认识。新发现方面，衢州庙山尖、孟姜村贵族（有学者认为是姑蔑）墓葬的发掘，再次凸显了浙南闽北地区的重要历史地位，吴桐将其与此前发掘的弈棋屯溪、瓯海杨府山、黄岩小人尖、浦城管九等墓葬材料相联系，重新对西周时期中原与江南之间的互动关系进行了讨论，认为浙南闽北地区是西周时期最重要的区域中心，与中原地区的文化交流突出表现为以青铜器、原始瓷等为主要内容的流通，浙南闽北铜器墓的突然集中出现应是经济原因导致的结果。此前罗汝鹏、黎海超曾分别通过原始瓷、印纹硬陶的流通深入探讨过夏、商时期东南地区与中原王朝的关系问题（《从“象鼻盉”到原始瓷大口折肩尊——论夏商时期东南地区对中原王朝的一种贡赋模式》，《南方文物》2014 年第 1 期；《金道瓷行——商周时期北方地区印纹硬陶和原始瓷器研究》，上海古籍出版社，2018 年），吴桐的论述进一步完善了先秦时期百越地区的文化及社会交流网络，并为东南地区与中原王朝的资源流通关系提出了一种新解释。

这些新发现中更加重要的是聚落考古方面的突破性进展。此前东南沿海地区遗址（居址）的发现和发掘相对较少，作为考古研究重要议题之一的聚落形态研究明显薄弱。随着浙江湖州安吉古城、绍兴大湖头遗址、亭山遗址群、衢州石角山古城、丽水云和遗址群，福建富屯溪流域遗址群、光泽何家潭遗址，广东广州黄埔遗址、火村遗址等一系列调查、发掘工作的持续开展，聚落形态及相关问题的讨论成为可能，此外还有越国水利系统的新发现……这些发现是未来百越考古重要的学术增长点，对于深入探讨百越地区的政治、社会、经济和文化诸方面的问题，都有着至关重要的意义。此外，对生业经济的关注也成为近年来新的研究热点之一。宁波大榭岛盐业遗址的发现与研究，东南沿海地区冶金考古相关的系列成果，进一步拓展了“资源与社会”关系的探讨空间。百越地区的考古研究，正迈入一个新阶段。

区域社会研究所涉及的问题非常复杂，加之考古发现和材料的天然局限，要实现“透物见人、见社会”的学术目标，绝非易事。吴桐对东南沿海地区文化与社会的探讨是一次有益的尝试。该书虽然在基础材料、研究方法及理论依据等方面都还有待进一步的补充、完善乃至修正之处，但我相信，他所提出的问题及解决问题的方法、路径和观点，不仅对该区域的考古学研究有所启示，对今后其他区域类似问题的讨论也当具有借鉴意义。

吴桐博士毕业前夕，我曾书赠他“不敢怠荒”四个字，转眼已经过去了四年，他也从一个考古专业的学生成长为一位考古专业的教师，这段时间我们时常见面，知道他平常的生活和工作状况，能在完成繁重的教学任务和照顾家庭之余，尚能坚持读书和写作，而不曾稍有懈怠，难能可贵。希望他今后对学术研究能够一直抱有初始时的热情和纯粹，做出更多、更好的成绩。

是为序。

徐天进

2025年芒种　于良渚

目　录

插 图 目 录

插 表 目 录

第一章　绪　论

第一节　研究缘起与时空范围

1986年童恩正[①]提出，在我国东北至西南高地，存在一个半月形的文化传播带，从新石器晚期开始逐渐成为戎、狄的栖息地[②]。在我国东部沿海，同样存在一个半月形的文化传播带，主要分布着夷、越文化，于公元前6000年至前3000年间逐步形成。其北界可跨中国东北抵日本海，南界可越两广至东南亚，部分因素甚至共见于环太平洋[③]。

受自然地理影响，这一文化传播带的气候特征大体相近，因而在生产工具、农作物与遗址形态方面表现出较高的相似性。这种相似性还进一步扩展到陶制生活用器与纹饰，玉石饰、青铜或仿铜礼乐器，墓葬、信仰、习俗与基因等诸多层面。其大量文化因素呈现出明显的传播关系，由某一地区向外渐次拓展，形成组合扩散，并与考古学文化间的互动密切联系。正是这种长时间、广地域、多层次的文化交流与人群迁徙，构成了东部沿海半月形文化传播带的主要内容[④]。

但以长江为界，这些共见因素的具体形制、流行程度、传播方式又表现出明显的南北差异[⑤]。部分元素，如鸭形壶、镇、提筒、匏壶、甗形器、崖葬、干栏式建筑，于东南沿海传播流行，而罕见于长江以北。夏商周时期，随着中原广域王权国家的出现与兴盛，对周边地区的经略成为国家发展的重要内容，华夏文明的地域空间不断扩大，历两千年而终归一统。东部沿海半月形文化传播带的这种南北差异，也因此被置于更加广阔的历史格局中，表现为进入华夏文明时间与方式的差异。在西周封建的过程中，长江以北逐渐被纳入中原王朝的政治控制与文化体系，东南沿海则长期地处“九州之外”[⑥]，长期属于中原王朝的东南边疆。以春秋晚期“弭兵之盟”为契机，东南沿海的部分地区开始主动或被动地发生

---

① 为行文便利，本书提及前辈学者姓名时，皆省略“先生”等称谓，在此谨致敬意。

② 童恩正：《试论我国从东北至西南的边地半月形文化传播带》，《文物与考古论集：文物出版社成立三十周年纪念》，文物出版社，1986年，第17~43页。

③ 张光直：《中国古代文明的环太平洋的底层》，《中国考古学论文集》，生活·读书·新知 三联书店，2013年，第353~365页；李零：《两次大一统》，《茫茫禹迹》，生活·读书·新知 三联书店，2016年，第7~75页。

④ 吴桐：《试论中国东部沿海半月形文化传播带》，《中国南方先秦考古学术研讨会论文集》，文物出版社，2019年，第79~109页。

⑤ 李零：《两次大一统》，《茫茫禹迹》，第109~113页。

⑥ 唐晓峰：《中国古代王朝正统性的地理认同》，《新订人文地理随笔》，生活·读书·新知 三联书店，2018年，第117~124页。

社会转型，主动或被动地进入华夏文明[①]，为中华民族与秦汉统一中国的形成贡献着不可或缺的边疆力量。

目前，学界大多以“中原中心”为主要研究视角，对长江以北着力较多，对东南沿海关注有所不足。故本书选择对两周时期，即公元前10至前3世纪[②]，作为边疆地区的东南沿海的区域文化演进、社会图景、发展模式、转型态势进行研究。向内，探寻其社会发展的特征；向外，明晰其进入华夏文明的进程。

本书所论东南沿海，具体是指长江以南，茅山—天目山—武夷山以东，五岭以南，融江—柳江—黔江以东的广大地带[③]。其东北起自环太湖，西南止于桂东北，包括部分华南地区在内，为行文便利，统称为“东南沿海”。考虑到具体材料的发现发表情况，暂不涉及海南、台湾地区。宁镇、江西虽同为东部沿海半月形文化传播带的组成部分，但相比东南沿海，并非交流的主要途径[④]，文化与社会面貌也有明显差异[⑤]。至于湖南、桂西与东南沿海的差异更加明显。因此本书将其视作东南沿海的外部环境，而非研究主体，仅在涉及年代判断、区域互动等问题时，视具体需要予以讨论。

第二节 研究简史与概况

东南沿海各地区的考古发现、发表与研究情况甚不均衡，以1978年“江南地区印纹陶问题学术研讨会”的召开为界，可将相关研究大致分为两个阶段：

一、20世纪30年代至70年代末：分期年代框架的初步建立

东南沿海的考古工作起步较早，始于20世纪30年代，以对淹城、古荡、小径背、海丰等地的调查与试掘[⑥]为代表。但由于社会动荡，直到新中国成立，这一区域的考古工作才蓬勃开展，大量遗存纷纷涌现，分期研究开始起步。至1978年“江南地区印纹陶问题学术研讨会”召开，各地区分期年代框架的建立已经取得显著成效。但是囿于材料的丰富程度，此时的分期结论尚较粗疏。

---

① 张传玺：《从“协和万邦”到“海内统一”》，北京大学出版社，2009年，第111~182页。

② 两周时期应在公元前1046~前221年。但南方地区商周分界并不明显，年代上也与中原稍有差异。立足“东南沿海”的边地视角，更宜称“公元前10至前3世纪”。只是为行文便利，后文仍以“两周时期”代称之。

③ 韦江：《广西先秦考古述评》，《广西考古文集》第2辑，科学出版社，2006年，第48~59页。

④ 何纪生、何介均：《古代越族的青铜文化》，《湖南考古辑刊》第3辑，岳麓书社，1986年，第179~206页；吴春明：《东南沿海史前史序列中北方文化因素的传入与融合》，《史前与古典文明：第三届国际汉学会议论文集》，上海古籍出版社，2003年，第45~76页；吴桐：《山海之间：两周时期“江南—岭南”的文化交流线路及其变迁》，《东南文化》2022年第3期。

⑤ 李伯谦：《我国南方几何形印纹陶遗存的分区、分期及其有关问题》，《北京大学学报（哲学社会科学版）》1981年第1期；彭适凡：《中国南方古代印纹陶》，文物出版社，1987年。

⑥ 陈志良：《淹城访古记》，1935年；金祖同：《金山卫访古记纲要》，1935年；浙江省立西湖博物馆等：《杭州古荡新石器时代遗址之试探报告》，1936年；浙江省立西湖博物馆：《良渚》，1938年；林惠祥：《福建武平县新石器时代遗址》，《厦门大学学报（社会科学版）》1956年第4期；顾铁符：《海丰先史遗址探掘记》，《中山大学文学院院刊》1948年第2期。

江浙沪地区大致分出西周、春秋两期①，随着土墩墓材料的丰富，逐渐细化为西周、春秋、战国三期②，或西周、春秋战早—战国中晚两期三段③。福建的两周遗存较少，远逊于其新石器及夏商时期④，仅有东张上层、浮村下层、大盈寨山、闽侯庄边山⑤等零星发现，虽然可以大致辨识出西周、春秋战国两期，但其间仍有较大缺环⑥。50年代，广东在增城金兰寺发现史前考古“三叠层”，据此提出“砂、软、硬”的文化序列⑦。随着材料增加，这一观点被“方格纹、曲折纹、夔纹、米字纹”的序列所取代⑧，两周时期的遗存先后分属夔纹陶类型与米字纹陶类型，二者分别代表西周春秋与战国两个阶段⑨。桂东北的文化面貌、分期情况与之近同⑩。

在此基础上，研究者开始突破对“几何印纹陶文化”的认识，认为各地区之间的文化面貌存在诸多差异，“把南方地区进入阶级社会以后的古代文化笼而统之来谈，是不符合历史真实的，也是不利于对南方古代文化的深入研究的”⑪，并将东南沿海初步划分为江浙皖、闽台、江西、广东四区⑫，开始向建立文化谱系过渡。但这一分区方案尚不系统，以行政区划为主要依据，并未充分考虑各地区的具体文化面貌，部分文化类型如浮滨文化也未得到充分认识⑬，文化谱系的建立与完善还有很大空间。

除分期断代外，这一时期的考古研究还涉及墓葬形制、族属与社会性质等问题。以浮山果园一号墩的发掘为契机，“土墩墓”的内涵与命名基本确定⑭。环太湖的石室土墩则被认为与军事而非墓葬有关，可能是吴越烽燧⑮或古战堡⑯。族属方面仅有淹城为奄族南迁⑰、土墩墓属荆蛮族⑱等少量讨论。此时学界普遍认为东南沿海在西周时期已基本进入青铜时代与奴隶制社会⑲，但仍有少量不同意见。有学者认为广东并不存在青铜时代与

---

① 张之恒：《略论我国东南沿海地区的印纹陶》，《文物集刊》3，文物出版社，1981年，第62~69页；蒋赞初：《关于长江下游地区的几何印纹陶问题》，《文物集刊》3，第52~61页。

② 牟永抗：《浙江的印纹陶——试谈印纹陶的特征以及与瓷器的关系》，《文物集刊》3，第261~269页。

③ 黄宣佩、孙维昌：《上海地区几何印纹陶遗存的分期》，《文物集刊》3，第275~279页。

④ 王振镛、林公务：《闽江下游印纹陶遗存的初步分析》，《文物集刊》3，第152~164页。

⑤ 福建省文物管理委员会：《福建福清东张新石器时代遗址发掘报告》，《考古》1965年第2期；福建省文物管理委员会：《福州浮村遗址的发掘》，《考古学报》1958年第2期；庄锦清、林华东：《福建南安大盈出土青铜器》，《考古》1977年第3期；福建省文物管理委员会：《闽侯庄边山新石器时代遗址试掘简报》，《考古》1961年第1期。

⑥ 张之恒：《略论我国东南沿海地区的印纹陶》，《文物集刊》3，第62~69页；庄锦清：《福建地区几何印纹陶分期初探》，《文物集刊》3，第164~176页。

⑦ 广东省博物馆：《广东中部低地区新石器时代遗存》，《考古学报》1960年第2期；广东省博物馆：《广东东部地区新石器时代遗存》，《考古》1961年第12期。

⑧ 徐恒彬：《广东几何印纹陶纹饰演变初步研究》，《文物集刊》3，第203~211页。

⑨ 何纪生：《略论广东东周时期的青铜文化及其与几何印纹陶的关系》，《文物集刊》3，第212~224页。

⑩ 广西壮族自治区文物工作队：《广西几何印纹陶的分布概括》，《文物集刊》3，第244~252页。

⑪ 彭适凡：《江南地区印纹陶问题学术讨论会纪要》，《文物集刊》3，第1~9页。

⑫ 张之恒：《略论我国东南沿海地区的印纹陶》，《文物集刊》3，第62~69页。

⑬ 朱非素：《粤闽地区浮滨类型文化遗存的发现和探索》，《人类学论文选集》，中山大学出版社，1986年，第57~68页。

⑭ 镇江市博物馆浮山果园古墓发掘组：《江苏句容浮山果园土墩墓》，《考古》1979年第2期。

⑮ 朱江：《吴县五峰山烽燧墩清理简报》，《考古通讯》1955年第4期。

⑯ 吴兴县文物管理委员会：《浙江吴兴苍山古战堡试掘》，《考古》1966年第5期。

⑰ 顾颉刚：《奄和薄姑的南迁——周公东征史事考证四之四》，《文史》第31辑，中华书局，1988年，第1~16页。

⑱ 彭适凡：《江南地区印纹陶问题学术讨论会纪要》，《文物集刊》3，第1~9页。

⑲ 庄锦清、林华东：《福建南安大盈出土青铜器》，《考古》1977年第3期；吕荣芳：《对福建南安大盈出土青铜器的几点看法》，《考古》1978年第5期；莫稚：《广东古代史中有没有出现过奴隶制阶段》，《南粤文物考古集（1955~2002）》，文物出版社，2003年，第293~296页（本文写作于1962年）。

奴隶社会，而是由原始社会直接跨进封建社会①。

二、20世纪80年代至今：文化谱系的完善与社会研究的开展

这一阶段，考古材料丰富，为相关研究的持续深入奠定了重要基础。

年代学研究取得长足进步，分期结论不断细化。江浙沪两周土墩墓分期由三阶段五期②或六期③逐渐细化为七期④乃至四期八段⑤，年代下限在春战之际或战国前期。窑址分期基本与之对应，春秋时期火烧山窑址的材料甚至可分为八期⑥，只是尚难推广。至于战国墓葬则被分为三段⑦或三期五段⑧。福建地区虽有白主段、池湖⑨等重要发现，但年代集中于商代晚期前后，两周遗存仍发现较少，且大多破坏严重，仅可大致分为西周春秋、战国两期⑩或西周、春秋、战国三期⑪。只是较之前一阶段，大量空白与缺环已得到有效补充，各期内涵与特征已得到进一步认识。随着芝山、罗汉山、管九、竹林岗⑫等重要遗存的发现，闽江流域西周时期的文化面貌逐渐清晰，分期结论可以持续细化⑬。岭南地区虽已提出"夔纹陶类型—米字纹陶类型"的基本序列，但由于缺少地层证据，二者的关系一直颇具争论⑭，直到1996年博罗银岗叠压地层的发现⑮，这一争论才基本告一段落。此后，银岗又发现夔纹陶的三叠层⑯，为细化分期提供了地层依据。博罗横岭山墓地的发现将岭南地区的西周春秋时期统合分为三期六段⑰或三期七段⑱。普宁牛伯公山的测年数据

---

① 敬直：《广东没有经过奴隶社会？考古学工作者各抒己见》，《羊城晚报》1963年3月22日。

② 邹厚本：《江苏南部土墩墓》，《文物资料丛刊》6，文物出版社，1982年，第66~72页。

③ 杨楠：《江南土墩遗存研究》，民族出版社，1998年，第57~83页。

④ 刘建国：《论土墩墓分期》，《东南文化》1989年第4、5合期；陈元甫：《论浙江地区土墩墓分期》，《纪念浙江省文物考古研究所建所二十周年论文集(1979~1999)》，西泠印社，1999年，第123~136页。

⑤ 付琳：《江南地区周代墓葬的分期分区及相关问题》，《考古学报》2019年第3期。

⑥ 浙江省文物考古研究所等：《德清火烧山原始瓷窑址发掘报告》，文物出版社，2008年，第130~146页。

⑦ 同⑤。

⑧ 田正标：《江、浙、沪地区战国墓分期初探》，《浙江省文物考古研究所学刊》第9辑，科学出版社，2009年，第292~309页。

⑨ 福建省博物馆等：《福建省光泽县古遗址古墓葬的调查和清理》，《考古》1985年第12期；林公务：《光泽古墓葬出土陶器的类型学考查——兼论闽北地区史前文化发展序列》，《福建文物》1990年第2期；福建省博物馆：《福建光泽池湖积谷山遗址及墓葬》，《东南考古研究》第3辑，厦门大学出版社，2003年，第1~35页。

⑩ 吴春明：《闽江流域先秦两汉文化的初步研究》，《考古学报》1995年第2期；吴春明：《晋江、九龙江流域新石器和青铜时代文化遗存》，《南方文物》1996年第3期。

⑪ 林忠干：《闽北先秦古文化发展的初步线索》，《福建文博》1990年第2期；林公务：《福建光泽先秦陶器群的研究——兼论"白主段"类型》，《东南考古研究》第3辑，第177~192页。

⑫ 福建省昙石山遗址博物馆：《闽江下游流域史前遗址考古调查与研究》，科学出版社，2018年，第322~334页；福州市文物考古工作队：《福州市新店镇罗汉山遗址2007年度考古发掘报告》，《福建文博》2017年第3期；福建博物院等：《福建浦城管九村土墩墓》，福建博物院，2006年；福建博物院等：《福建浦城县管九村土墩墓群》，《考古》2007年第7期；武夷山博物馆：《武夷山市竹林坑西周原始青瓷窑址调查简报》，《福建文博》2011年第1期；福建博物院等：《武夷山市竹林坑一号原始瓷窑址发掘简报》，《福建文博》2012年第3期；福建博物院等：《武夷山市竹林坑一号原始瓷窑址2014年度考古发掘收获》，《福建文博》2015年第1期。

⑬ 黄运明：《下湾、黄土仑与罗汉山——闽江下游地区商周时期遗存辨析》，《福建文博》2017年第3期。

⑭ 广东省文物考古研究所：《广东考古世纪回顾》，《考古》2000年第6期。

⑮ 广东省文物考古研究所：《广东博罗银岗遗址发掘简报》，《文物》1998年第7期。

⑯ 韦江：《广东文物考古工作新成果的考察与思考》，《广西民族研究》2001年第1期。

⑰ 广东省文物考古研究所：《博罗横岭山——商周时期墓地2000年发掘报告》，科学出版社，2006年。

⑱ 游晓蕾：《横岭山墓地及相关问题初步研究》，山东大学硕士学位论文，2011年。

也证明浮滨文化略早于夔纹陶类型[①]，即早于横岭山报告第二期，再加上“晚于它的相当于中原地区春秋末至战国早期的清远马头岗、四会鸟旦山等铜器墓葬，广东地区相当于中原夏商周先秦时期的考古学分期标尺便基本完整地树立起来了”[②]。

在分期断代基础上，各地区的分区及谱系研究不断深入。李伯谦将东南沿海划分为太湖杭州湾、闽台、粤东闽南、岭南四区[③]，已经突破了行政界限而完全从文化面貌出发，并充分注意到宁镇与太湖杭州湾、粤东闽南与岭南之间的差异。这一分区基本为杨楠所继承，并根据自然地理与文化差异将江南土墩遗存分为宁镇、太湖杭州湾、黄山—天台山以南三区，内部又可分若干小区[④]。林公务将福建划分为闽江下游及东部沿海、闽江上游及闽西北山地、汀江流域及闽西山地、九龙江—晋江及闽南沿海四区[⑤]，林钊所分与之基本相似，仅将九龙江—晋江又细化为闽南、闽中两区[⑥]。吴春明概称之为闽江流域与粤东闽南，西周春秋时期分属铁山类型与浮滨类型或大盈类型，战国时期分属富林岗类型与米字纹陶类型[⑦]。此外，陈兆善认为粤东闽南的浮滨文化内部也存在差异，漳州、龙岩一带的遗存可命名为“浮山类型”[⑧]，魏峻称之为“虎林山类型”，并认为同时期在粤东闽南沿海存在“华美文化”，属后山文化之后的土著文化遗存[⑨]。岭南的分区意见多无争议，统分为粤中、粤西、粤北[⑩]与桂东北[⑪]四区，部分学者将雷州半岛单列[⑫]，各小区文化面貌略异，整体以共性为主[⑬]。

在进行分期分区等文化研究的同时，随着考古材料的日益丰富，研究视野不断拓展，研究层次渐趋多元，开始深入社会研究的领域。除继续前一阶段对墓葬形制[⑭]、族

---

① 邱立诚等：《从普宁牛伯公山遗址谈起——兼析浮滨文化的有关问题》，《广东省博物馆集刊(1996)》，广东人民出版社，1997年，第34~40页。

② 李伯谦：《岭南地区周代考古年代学的新标尺》，《博罗横岭山——商周时期墓地2000年发掘报告》序二。

③ 李伯谦：《我国南方几何形印纹陶遗存的分区、分期及其有关问题》，《北京大学学报(哲学社会科学版)》1981年第1期。

④ 杨楠：《江南土墩遗存研究》，第31~56页。

⑤ 林公务：《福建史前文化遗存概论》，《福建文博》1990年增刊。

⑥ 林钊：《福建新石器文化与青铜文化概述》，《考古》1994年第5期。

⑦ 吴春明：《从考古看华南沿海先秦社会的发展》，《厦门大学学报(哲学社会科学版)》1997年第1期；吴春明：《粤东闽南早期古文化的初步分析》，《东南考古研究》第1辑，厦门大学出版社，1996年，第68~81页；吴春明：《福建先秦青铜器文化类型的初步探索》，《厦门大学学报(哲学社会科学版)》1994年第1期。

⑧ 陈兆善：《“浮山类型”研究》，《福建文博》1997年第1期。

⑨ 魏峻：《粤东闽南地区先秦考古学文化的分期与谱系》，《考古学研究(九)》，文物出版社，2012年，第140~165页。

⑩ 邱立诚：《广东青铜文化的土著特色》，《考古与文物》1999年第2期；邱立诚：《广东青铜时代文化类型初探》，《纪念黄岩洞遗址发现三十周年论文集》，广东旅游出版社，1991年，第271~282页；杨杰：《广东早期青铜文化试析》，《华夏考古》2010年第3期。

⑪ 蒋廷瑜、蓝日勇：《广西先秦青铜文化初论》，《中国考古学会第四次年会论文集》，文物出版社，1985年，第252~263页；何安益、宁永勤：《桂东北和西江中游区东周越人土坑墓及族属探讨——以墓葬随葬陶器为例》，《百越研究》第2辑，安徽大学出版社，2011年，第105~112页。

⑫ 朱非素：《广东新石器时代考古若干问题的探讨》，《广东省博物馆建馆三十周年论文集》，紫禁城出版社，1988年，第50~62页。原载《广东先秦出土文物》，香港中文大学出版社，1984年，第13~29页。

⑬ 同②；邱立诚：《广东青铜时代文化类型初探》，《纪念黄岩洞遗址发现三十周年论文集》，第271~282页；刘波：《岭南地区东周青铜器的分群研究》，《东方文明之韵——吴文化国际学术研讨会论文集》，岭南美术出版社，2000年，第296~323页。

⑭ 参见刘建国：《再论太湖地区石室墓》，《江苏省考古学会1982年年会论文选》，1983年，第15~20页；冯普仁：《试论吴国石室墓》，《吴文化研究论文集》，中山大学出版社，1988年，第178~193页；钱公麟：《从石室建筑营造论其性质的多元性》，《吴文化研究论文集》，第231~236页；杨楠：《江南土墩遗存研究》，第17~30页；田正(转下页)

属①与社会性质②的探讨外，此阶段还开始涉及墓葬等级、葬俗、墓地布局、经济技术、文化交流、跨区域比较、人地互动、社会发展模式、复杂化进程③等问题。由于相关研究所涉相

（接上页）标：《吴越土墩墓的形制结构及相关问题》，《百越文化研究》，厦门大学出版社，2005年，第318~336页；邱立诚：《广东东周时期青铜器墓葬制刍议》，《广东先秦出土文物》，第87~90页。

① 参见陈元甫：《土墩墓与吴越文化》，《东南文化》1992年第6期；林华东：《贵溪悬棺葬之我见》，《江西历史文物》1981年第3期；吴春明：《"闽""越"融合与"闽越"生成的考古学解释》，《从百越土著到南岛海洋文化》，文物出版社，2012年，第98~108页；邱立诚：《广东青铜文化的土著特色》，《考古与文物》1999年第2期；李延凌：《西瓯族源问题探讨》，《广西壮族自治区博物馆重建三十周年论文选集（1956~1986）》，1986年，广西博物馆，第46~57页。

② 参见陈存洗、杨琮：《福建青铜文化初探》，《考古学报》1990年第4期；吴春明：《没有帝国的东南——闽中地区国家文明起源与发展的初步研究》，《从百越土著到南岛海洋文化》，第109~117页；区家发：《广东先秦社会初探——兼论38座随葬青铜器墓葬的年代与墓主人问题》，《学术研究》1991年第1期；吴曾德、叶杨：《论广东青铜时代三个基本问题》，《深圳考古发现与研究》，文物出版社，1994年，第202~211页；杨耀林、文本亨：《从深圳青铜时代遗址管窥广东先秦时期的社会性质》，《深圳考古发现与研究》，第212~232页。

③ 墓葬等级：参见吕春华：《宁镇地区大型土墩墓的等级问题》，《江汉考古》2001年第2期；莫慧璇：《略论江南地区大型土墩墓的等级标志》，《四川文物》2007年第3期；张敏：《越国玉器的等级研究》，《东南文化》2011年第4期。

葬俗：参见林留根：《土墩墓的渊源及其葬俗》，《东南文化》1988年第5期；李虎仁等：《向心结构的多墓土墩》，《中国文化遗产》2005年第6期；陈元甫：《土墩墓一墩多墓年代问题讨论》，《南方文物》2006年第2期；张敏：《鸿山越墓的发现与越文化的再认识》，《南京博物院集刊》第10辑，文物出版社，2008年，第30~40页；杜佳佳、王根富：《土墩墓研究中的几个问题》，《南方文物》2010年第4期；林留根：《江南土墩墓相关建筑遗存的发现与研究》，《东南文化》2011年第3期；刘诗中等：《贵溪崖墓所反映的武夷山地区古越族的族俗及文化特征》，《文物》1980年第11期；王振镛：《论闽越时期的墓葬及相关问题》，《福建文博》1990年第1期；李龙章：《湖南两广青铜时代越墓研究》，《考古学报》1995年第3期；杨建军：《岭南商周时期埋葬习俗的若干问题》，《江汉考古》2010年第2期；张义中：《岭南地区腰坑习俗浅析》，《长沙大学学报》2013年第4期。

墓地布局：参见杨楠：《夹山商周时期土墩墓遗存的发掘及若干问题》，《考古学研究（八）》，科学出版社，2011年，第235~243页；丁金龙、王霞：《苏州东渚小山墓地初步研究》，《苏州博物馆建馆五十周年纪念文集》，文物出版社，2009年，第13~16页；唐锦琼：《苏州俞墩墓地再辨析》，《南方文物》2017年第4期；游晓蕾：《横岭山墓地及相关问题初步研究》，第59~67页；杨建军：《广东博罗横岭山墓地分析》，《东南文化》2012年第2期；杨建军：《岭南地区商周时期墓葬研究》，科学出版社，2019年，第55~99页。

经济技术：参见王书勉：《吴国社会经济概述》，《东方文明之韵——吴文化国际学术研讨会论文集》，第105~111页；王结华：《吴越农耕技术述略》，《东方文明之韵——吴文化国际学术研讨会论文集》，第112~116页；谭德睿等：《吴越青铜兵器三绝》，《东方文明之韵——吴文化国际学术研讨会论文集》，第255~260页；许智范：《从崖墓文物看越族文化》，《百越民族研究》，江西教育出版社，1990年，第326~336页；徐恒彬：《广东青铜时代概论》，《广东先秦出土文物》，第45~63页；吴沫、丘志力：《横岭山商周墓地出土玉器探析》，《博罗横岭山——商周时期墓地2000年发掘报告》，第499~506页；刘昉：《试论珠江三角洲地区的夏商周时期文化》，郑州大学硕士学位论文，2006年。

文化交流：参见马承源：《长江下游土墩墓出土青铜器的研究》，《上海博物馆集刊》第4期，上海古籍出版社，1987年，第198~220页；郑小炉：《试论徐和群舒青铜器——兼论徐、舒与吴越的融合》，《文物春秋》2003年第5期；陈元甫：《绍兴印山越国王陵陵园制度初探》，《东南文化》2004年第3期；陈元甫：《宁绍地区战国墓葬楚文化因素考略》，《宁波文物考古研究文集》，科学出版社，2008年，第88~97页；孙华：《绍兴印山大墓的若干问题——读〈印山越王陵札记〉》，《南方文物》2008年第2期；陈存洗、杨琮：《福建青铜文化初探》，《考古学报》1990年第4期；黄展岳：《论两广出土的先秦青铜器》，《考古学报》1986年第4期；林忠干：《从考古发现看吴越文化在闽地的传播影响》，《东南文化》1990年第3期；吴春明：《闽江流域先秦两汉文化的初步研究》，《考古学报》1995年第2期；何介均：《试论岭南青铜文化》，《深圳考古发现与研究》，第192~201页；郑小炉：《吴越和百越地区周代青铜器研究》，科学出版社，2003年；水涛：《岭南青铜文化中的外来文化因素》，《东南考古研究》第3辑，第322~326页；蒋廷瑜：《楚国的南界和楚文化对岭南的影响》，《中国考古学会第二次年会论文集（1980）》，文物出版社，1980年，第67~73页。

跨区域比较：参见樋口隆康著，蔡小妹译：《吴越文化及其对弥生文化的影响》，《东南文化》1991年第3、4合期；周大鸣：《略论江浙地区石室墓的几个问题》，《南方文物》1996年第3期；杨楠：《中国东北与东南地区古代石构墓葬的比较分析》，《考古与文物》1998年第5期；王文清：《吴文化与倭文化》，《东方文明之韵——吴文化国际学术研讨会论文集》，第94~104页；杨楠：《论商周时期原始瓷器的区域特征》，《文物》2000年第3期；李零：《印山大墓与维京船葬：读〈印山越王陵〉》，《中国历史文物》2007年第3期；林永珍、孙璐：《吴越土墩墓与马韩坟丘墓的构造比较》，《东南文化》2010年第5期；杨楠：《略论古代东亚的土墩遗存》，《民族史研究》第10辑，中央民族大学出版社，2011年，第1~12页；吴春明：《"自交趾至会稽"——百越的历史、文化与变迁》，《越文化实勘研究论文集（二）》，科学出版社，2008年，第23~34页。

（转下页）

当丰富,而且在本书后续讨论中多有述及,故具体结论不再于此赘述。

第三节　既往研究存在的问题

尽管到目前为止,学界对两周时期(即公元前10至前3世纪,为行文便利,仍以"两周时期"代称之)东南沿海的考古研究已经取得较为丰硕的成果,但同时也存在一些问题。

首先,区域研究重心长期聚焦于文化层面。相较于社会研究的少量涉及,长期以来的考古学研究大多致力于"区系类型"的构建,两周时期东南沿海的文化谱系因此大致清晰。但同时也必须注意到,无论是分期年代框架还是考古学文化谱系,其本身都属于文化范畴,并不等同于考古研究所力图复原的"古代社会生活"的全貌,对其过分强调甚至会"让学者们忽视考古学应该研究过去的社会状况和人类行为方式的这一更高目标"①。事实上,现行研究多仅在类型学基础上择要考察主要陶器的时空变迁,呈现为"陶器分期—文化格局"的简单研究范式,缺乏对更多信息的深入分析②,对其背后的社会图景罕有探讨,更勿论探究社会发展特征与模式。以此为主要内容的区域研究因此长期停留在文化层面,而未能深入社会领域。所谓的"区域格局变迁"与真实历史之间有着明显差距。

其次,分期与年代框架仍有细化、修正与整合的必要。随着考古材料的积累,各地区年代学研究在取得长足进步的同时,地区间差异也愈发明显。如江浙沪分期方案已经相当细化,而同样有大量材料发现的岭南,除横岭山墓地外尚无细致的分期讨论,甚至对夔纹陶类型与米字纹陶类型的上下限仍有争议③。粤东闽南"音楼山—庵山类型"④的实际年代,可能较目前判断晚800年左右甚至更多⑤,是西周时期的重要材料,但长期未得到重视。即便是分期工作已相当细致的江浙沪地区,部分器物的类型学研究也仍有补充调

(接上页)

人地互动:参见赵善德:《先秦时期珠江三角洲环境变迁与文化演进》,《华夏考古》2007年第2期;魏峻:《粤东地区考古学文化与环境的互动》,《南方文物》2008年第1期;赵善德:《考古视野的岭南古越族》,《暨南史学》第9辑,广西师范大学出版,2014年,第1~9页。

社会发展模式:参见安赋诗:《岭南青铜时代权力、互动和文化稳定性》,《民族艺术》1997年增刊;张敏:《吴越文化比较研究》,南京出版社,2018年。

复杂化进程:参见吴春明:《华南沿海的先秦文化与早期文明》,《中原文物》1997年第2期;程玲:《先秦时期岭南社会的复杂化进程》,厦门大学硕士学位论文,2009年;安赋诗著,程玲等译:《先秦时期岭南社会的复杂化及原因》,《百越研究》第2辑,第240~246页。

① 李峰著,刘晓霞译:《早期中国:社会与文化史》,生活·读书·新知 三联书店,2022年,第17页。

② 刘瑞:《秦汉帝国南缘的面相:以考古视角的审视》,中国社会科学出版社,2019年,第12页。

③ 李龙章:《两广地区米字纹陶类型遗存和广州汉墓的年代》,《考古》2006年第4期;李龙章:《两广夔纹陶类型遗存年代问题商榷》,《南方文物》2003年第1期;李龙章:《广东博罗横岭山墓地年代问题探析》,《考古》2016年第5期。

④ 陈兆善:《福建南部沿海新石器时代末期文化遗存》,《福建文博》2008年第2期;福建晋江流域考古调查队:《福建晋江流域考古调查与研究》,科学出版社,2010年。

⑤ 发掘者认为"音楼山—庵山类型"文化特征介于昙石山文化与鸟仑尾类型之间,部分与黄瓜山文化相近,年代应在距今4 300~3 500年之间。但测年结果表明,音楼山遗址应在距今3 500~2 700年,与此前判断相差近800年。且庵山2009⑦A层出土西周早期原始瓷敛口折腹豆,与青铜鱼钩、簪共存,绝对年代应在距今3 000~2 700年。(参见马仁杰等:《晋江庵山遗址出土铜器的初步科学分析》,《南方文物》2025年第1期)。

整的余地。至于普遍适用于东南沿海的统一分期年代框架更是付之阙如。只有全面、系统的类型学研究才能有效地解决这一问题①，才能为社会研究的深入开展提供必要的、统一的、细致的年代学与类型学基础。

再次，对区域性差异及文化与社会变动的复杂性认识不足。东南沿海以丘陵山地为主，众多河流穿梭其间，地表破碎，自然资源分布不均，区域内部文化面貌与社会图景的共性与异性长期交织。虽然东南沿海的分区研究已渐趋成熟，结论细致准确，但相关讨论长期聚焦于太湖杭州湾、岭南，对浙南闽北、粤东闽南的重要性认识有限，对区域内部各小区的关注更是不足。但事实上，浙南闽北、粤东闽南在东南沿海文化与社会的发展进程中，曾经扮演着相当重要的角色②，相对独立的小区域地理空间也才是文化与社会发展的基本单元。只有在对不同地区、不同小区进行尽可能完整、充分考察的基础上，才能真正明了东南沿海文化演进与社会发展的整体脉络与更多细节，才能深入探讨社会发展的具体模式与转型态势。

最后，对东南沿海社会发展的综合研究仍较缺乏。虽然目前研究视野已逐渐拓展，涉及如文化谱系、区域互动、墓葬习俗、经济技术、环境生态、社会性质、发展进程等诸多层面，但是以专题研究为主，对各层面内容的关联考察、进而开展的综合研究仍极为少见。虽然确有部分研究者尝试进行了相对综合的研究，但或局限于某一狭小空间③，或综合程度不足④，又或结论尚待深入⑤，结果都不够理想。而且对某些具体问题，如墓葬等级划分、等级制度复原、经济生产生活的研究方法也缺乏足够的讨论，部分结论以猜测为主，客观上阻碍了综合研究的深入开展，从而导致对东南沿海社会发展的宏观图景、微观细节、具体模式、转型态势的认识仍然相当局限。

第四节 研究目标与研究路径

只有解决上述问题，才能有效地推进对东南沿海考古研究的不断深入。作为边疆的东南沿海，相关研究大致可以分为内部的社会发展整合、外部的进入华夏文明两个主题，二者相辅相成。前者呈现出的特殊模式与转型态势又为丰富中华文明多元一体的更多内容、阐释中华民族与统一中国形成的深刻内涵贡献着独特力量。只是从东南沿海文化演进与社会发展的具体进程来看，其进入华夏文明要滞后于内部整合⑥，而且后者的研究仍相当薄弱，无论是从逻辑、学理，还是从学术史的角度来看，相关研究都不宜作双线处理，

① 余静：《再论关于两广地区米字纹陶类型遗存和广州汉墓的年代》，《江汉考古》2014年第2期。

② 吴桐：《吴越文化与社会的几个问题——读〈吴越文化比较研究札记〉》，《青年考古学家》第1辑，科学出版社，2020年，第182~199页。

③ 魏峻：《粤东地区考古学文化与环境的互动》，《南方文物》2008年第1期。

④ 杨建军：《岭南地区商周时期墓葬研究》，第14~301页。

⑤ 付琳：《吴越之迹：江南地区早期国家形态变迁》，厦门大学出版社，2020年。

⑥ 郑君雷：《百越融入"中华一体"的考古人类学考察》，《广西民族大学学报（哲学社会科学版）》2018年第2期。

而应有所先后,有所侧重。因此本书将主要着力于对区域文化与社会发展的考察,以明晰其图景,勾勒其进程,探究其模式,并在社会转型的讨论中,理解其进入华夏文明的过程与动因。续前人之所断,始前人之所终。

为实现此研究目标,本书将以文化研究为基础,以社会研究为重心,以社会发展模式与转型态势为条理,从不同侧面对两周时期东南沿海的文化与社会进行综合考察。具体研究路径为:在继续完善分期年代框架的基础上,勾勒区域格局变迁的整体态势,以此为宏观历史背景与材料统合线索,从墓葬等级秩序与制度、经济生产与消费角度考察东南沿海社会发展的更多细节,明晰文化演进、社会图景、发展进程的具体内容与特征,最终探讨社会发展模式、转型态势及其成因。对此路径可作如下说明:

(1) 相关研究需要严格地遵循这一路径设定。分期年代框架的构建是社会研究的基础,必须首先予以明确。社会研究的开展又需要置于相应的历史背景之下,所以对墓葬、经济等社会细节的考察必须以区域格局宏观变迁的明确为前提。这也是相关材料时空分布不均所导致的必然要求,暂时只能以大阶段而非小期段作为主要的研究尺度。如果说墓葬更偏向于政治范畴的话,从人类社会的发展来看,对经济的考察应在政治之前,但是两周时期东南沿海的社会发展呈现出不断增强的政治性特征,经济与政治因素相互交织,只有先行明确墓葬等级划分、等级秩序构建等内容,才能更加深入地探究经济生产与消费视野下的社会图景。

(2) 进行不同层级的文化分区以满足不同研究需要。作为文化与社会发展的基本单元,对小区域地理空间的考察是探索区域文化演进与社会发展脉络及细节的关键。但是这些小区考古材料的时空分布甚不均衡,虽然可以串联比对不同小区的等级秩序构建方式、经济生产生活偏好,却难以有效地支撑对分期年代框架、区域格局变迁等问题的讨论,因此有必要进行不同层级的空间划分以满足不同研究需要。一般情况下,应该先按自然地理分区,分别进行分期研究,再统合得出文化分区,进而考察各时期不同区域之间的交互关系。但两周时期东南沿海的分区研究已经取得显著成果,文化谱系基本完善,重新分区既复杂繁琐,又无必要。因此本书将主要综合前人研究成果,以制定不同层级的文化分区方案。

(3) 注重使用定量研究手段。定量研究是20世纪50年代以来社会科学与人文科学诸学科发展的总体趋势,经济学、社会学甚至语言学等众多学科的语境因此改变。在某种意义上,考古学也可以理解为对数据的整理、发掘与解读。一方面,对数据的定量统计有助于梳理发现更多的历史现象及其流变;另一方面,对数据间关系的定量分析也有助于增强所得现象的客观性与分析结论的准确性。更重要的是,对定量研究的使用不宜仅作简单引入,而应结合具体问题整理出一套可重复的研究思路与方法,做到定量研究手段与考古研究目标的更好结合。

(4) 通过严格的类型学研究构建东南沿海的统一分期年代框架。由于东南沿海内部材料分布与具体工作的不同,地区间分期结论差异明显,只有统一的类型学研究才能构建适用这一广大区域的、统一且细致的分期框架，才能为后续研究提供可靠的年代学与类型学基础。由于缺少可靠的地层关系①与碳十四测年数据②，分期研究必须严格遵循类型学的操作规程，以避免对现有结论的简单重复，避免因简单比对典型器物可能导致的误判。又由于以少数墓例判断各期段年代实为以点概面，暗含东南沿海与中原腹心文化同步变化、历史同步演进的预设；实际操作中以早期分期结论为断代依据，也难免会导致对可能错误的重复，所以断代研究同样需要严格遵循类型学操作规程，直接系联更多的对比单位，以归纳得出各期段的绝对年代范围。

（5）以区域发展主题考察区域格局变迁。出于不同研究目的，不同学者对同一时间、同一区域的格局变迁研究，往往会在具体视角、材料与方法上有所差异，研究结果自然会有所不同。本书对区域格局变迁的研究是材料时空分布不均所导致的必然要求，也是统合材料、进行后续社会研究的必要基础。因此在梳理文化演进的同时，本书将以文化研究结论作为继续研究的基础与对象，更多地考虑区域内部关系、区域中心变动、对外文化联系等内容，以归纳、提炼区域文化与社会发展的不同主题，以初步划分区域文化与社会发展的主要阶段。

（6）对墓葬作全面考察以探究其社会结构、关系、秩序及制度。东南沿海聚落材料较少，难以探讨聚落形态，因此社会研究当以墓葬材料为主。既往研究多局限于高等级墓葬，对较低等级墓葬缺乏足够的考量；研究视角又多局限于某一侧面、某一地域或某一时段，研究材料与内容皆未尽全面；对等级划分、墓地分区方法缺乏有效讨论，对社会关系、地域差异的零星论述以猜测为主，没有直接的证据。事实上，较低等级墓葬才是墓葬发现之大宗，其墓葬内涵相当丰富，涉及墓葬等级、随葬品器用、墓室营建、墓地布局等诸多层面。本书将全面考察东南沿海墓葬材料，充分运用定量研究手段，整理创新研究方法，以等级结构考察社会结构，以随葬品器用、墓室营建考察社会秩序或制度，以墓地布局考察社会关系。

（7）以陶瓷器生产与消费为主要内容考察经济生活。囿于材料的发现、发表与研究情况，本书难以对除陶瓷业外经济生活的其他内容进行讨论。相比之下，陶瓷器发现数量最多，发表情况最好，在区域日常生活与社会生活中长期发挥着相当重要的作用，是考察区域经济生活的最佳对象，也是唯一选择。本书将以生产、消费为主要视角③，以地区产品总体为主要对象，以纹饰—器型组合关系、各部位尺寸的变异系数（CV系数）为内容，

---

① 两周时期东南沿海以墓葬材料发现最多，少见叠压打破关系。部分有叠压打破的地层关系也未必有助于分期，因为叠压单位包含物未必一定晚于被叠压单位。如金坛上水D2Q2叠压于D2M1、D2Q7之上，但包含物明显早于后者，应是建墩时取土自附近的新浮遗址（南京博物院考古研究所：《江苏金坛县薛埠镇上水土墩墓群二号墩发掘简报》，《考古》2008年第2期）。类似情况也见于德清独仓山等土墩墓中（浙江省文物考古研究所等：《独仓山与南王山——土墩墓发掘报告》，科学出版社，2007年）。

② 两周时期东南沿海的碳十四测年数据相当缺乏，加之老木效应的普遍存在，其可靠性也多存疑。如金坛三星墩DⅢ的碳十四测年结果比类型学结论早1 000多年（南京博物馆等：《江苏金坛连山土墩墓发掘报告》，《考古学集刊》第10集，地质出版社，1996年，第161～194页），显然很难作为判断不同遗存年代关系的依据或补充。

③ 赵辉：《当今考古学的陶器研究》，《江汉考古》2019年第1期。

串联窑址、年代、地域、等级因素，构建包括生产规范化程度、专业化水平、消费选择趋向在内的区域经济生活①。

东南沿海为文献所载“百越”之地，自20世纪30年代以来，关于族属的讨论便层出不穷，因此本文对文献与族属研究的态度亦需说明。

自1928年殷墟发掘以来，中国考古学在很大程度上被赋予了“以历史文献为线索，以考古为实证的证史主义倾向”②，并且长期影响着学科的研究方法与目的取向。但如东南沿海，虽然有一定的文献记载，但体量皆少，年代较晚，未必全面也未必准确。哪怕是可信度最高的《史记》也难免有所偏误③。即便是文献相对丰富的吴越地区，从学术史来看，在其研究过程中，随着考古材料不断涌现，后世文献发生的作用已不断降低④，其文本的主观建构性也不断被新的考古发现所揭露⑤。如清华简《越公其事》与《左传》《国语》所载勾践灭吴的具体过程与情节即有较大差异⑥。这些已经“历史化的故事”与历史真实之间的距离颇为遥远。不断发现的考古材料已逐渐可以支撑对文化与社会问题的深入探讨，不应仅将其视作文献的验证或补充，更可以从物质资料的角度复原当时的社会，以物质资料书写百越历史。文献与考古材料之间事实上构成了解读模式与解读对象的关系。一方面，考古材料的解读模式有着更多选择，另一方面，文献的文本性必然导致解读结果的相对性。以考古学重建百越历史叙述体系，终须以考古材料为依归⑦。

当然这并不意味着本书会刻意忽视文献，而是希望以更为审慎的态度与更加合理的方法处理考古与文献的关系。一方面，由于文献本身可能存在某些缺漏甚至错误，若未经“辨讹、知人、明义、断事”⑧而直接简单引用，不仅无益于问题的解决，反而可能造成某些误判。因此需及时更新、吸纳历史学界的研究成果，更好地理解与运用文献。同时考古学研究本身也会不断贴近历史真实，补充、映照某些文字记载，修正某些文本误差。另一方面，在辨析史实、厘清真相之外，文献记载与史学研究更重要的意义还在于提供宏观的历史态势与社会视野。就考古学研究的时空尺度而言，这种宏观态势与视野显然与之更为契合，更易把握，也更有助于考古学中社会研究的持续深化，以揭示百越社会的深层样态。

---

① 吴桐：《宁绍平原两周时期陶瓷器生产标准化初步研究》，《东南文化》2021年第1期。
② 张海：《中国考古学的历史主义特征与传统》，《华夏考古》2011年第4期。
③ 蒙文通：《越史丛考》，人民出版社，1983年；钱穆：《先秦诸子系年》，上海书店，1992年，第326～330页。
④ 冯普仁：《吴越文化》，文物出版社，2007年，第4～10页。
⑤ 徐良高：《考古学文化、文献文本与吴越早期历史的构建》，《考古》2020年第9期。
⑥ 李守奎：《〈越公其事〉与句践灭吴的历史事实及故事流传》，《文物》2017年第6期。
⑦ 参见徐良高：《求真抑或建构——走出实证主义历史学与考古学》，科学出版社，2023年，第261～360页。
⑧ 何炳松：《历史研究法》，岳麓书社，2011年，第13～26、34～47页。

第二章　分期与年代：统一分期年代框架的构建

东南沿海是我国原始瓷、硬陶分布最密集的地区，纹饰种类多样。但与彩陶①不同，其所饰几何印纹的发展规律并不清晰②，相应的类型学研究仍需以器形为主。

东南沿海地域广大，各地区对碗杯盅、罐瓿、坛瓮等的命名未尽统一，混乱现象不胜枚举③。为合理命名，可以适当放宽命名尺度，如对碗杯盅、罐瓿不作详细划分，而统称为“碗（杯盅）类”“罐（瓿）类”，在器类内部再做分型处理；也可以考虑根据具体器形差异自行规定命名内涵，如坛瓮可据体宽程度加以区分，宽体者称瓮，窄体者称坛。以分型思路区别器类，固然无法实现器物形制与原初命名间的一一对应，但确可以消除混乱命名所导致的诸多弊病，有助于重新整合材料。

型式的合理划分同样要求对东南沿海所有同类器的全面考察。只有建立普遍适用的统一划分方案，才能尽可能完善各型式演变的逻辑链条，才能建立统一且细致的分期年代框架。因东南沿海内部还存在一定的文化差异，所以具体分期需要与分区相结合。

第一节　不同层级的文化分区

原始瓷、硬陶是商周时期东南沿海的主要遗存，据此可将其大致分为太湖杭州湾、闽台、粤东闽南与岭南四区④。但分区结果往往因时而变，“随着区与区之间文化交流与融合的发展，区的界限也在不断打破直至消失”⑤。这一分区虽基本准确，但并非完全对应两周时期东南沿海文化与社会发展的全部情况，还需略加修正。

---

① 李水城：《半山与马厂彩陶研究》，北京大学出版社，1998 年。

② 如岭南“米字纹陶”大体相当于战国时期，与之几乎完全相同的米字纹早在吴城二期与石峡中层便已出现，年代相差达数百年（江西省博物馆“印纹陶问题”研究小组：《江西地区陶瓷器几何形拍印纹样综述》，《文物集刊》3，第 110～132 页；何纪生：《略论广东东周时期的青铜文化及其与几何印纹陶的关系》，《文物集刊》3，第 212～224 页）。

③ 如萧山柴岭山 D4M3 所出碗 D4：70 与 D4M1 所出杯 D4：3，D35M1 所出豆 D35M1：22 与德清独仓山所出碗 D7M1：16 相比，无论形制、尺寸皆无明显差别。又如金坛晒土场所出瓿 2005JXYD1M3：13 与长兴七女墩所出罐 M7：5，形制、尺寸几乎完全相同。再如始兴白石坪山所出坛与上虞严村所出杯 M152：29，形制、尺寸极为相似，仅底部特征略有差异，相比太湖杭州湾长期流行的坛如长兴便山 D408：13，则毫无相似之处，后者又与湖州堂子山所出瓮 D211M2：15 无明显区别。可知其器类命名之混乱。

④ 李伯谦：《我国南方几何形印纹陶遗存的分区、分期及其有关问题》，《北京大学学报（哲学社会科学版）》1981 年第 1 期。

⑤ 同上。

西周早期，太湖杭州湾属于越文化，粤东闽南主要是浮滨文化与华美文化，岭南即将进入夔纹陶类型，这些都已得到学术界公认。至于闽台地区则需再作斟酌。此“闽”实指闽北而未涉浙南、赣东北等地，但这些地区之间的文化面貌长期以来多见共性，杨楠对江南土墩遗存的研究也表明，浙南闽北（黄山—天台山以南）确为一文化分野①。有学者提出“商末周初时期，吴越文化已经明确地出现在了闽东北一带……黄山屯溪土墩墓、浦城管九土墩墓以及瓯海杨府山土墩墓……形成了吴越文化的重要据点”②，认为在文化面貌上可将浙南闽北与太湖杭州湾归并处理。但这其实仍可待商榷。

首先，其认为商末周初墓葬，即杨山 M2，所出折腹甗形器与原始瓷碗属吴越文化。但事实上，此甗形器凸棱外侈，不仅见于闽江下游芝山西周早期遗址③，亦与竹林坑④西周早中期原始瓷豆共存；此原始瓷碗敞口、沿面凹槽、腹收较缓、宽圈足，与其比较对象黄窠山 M3⑤ 簋敛口、沿面未凹、腹收较急、窄圈足的特征并不相似，反而与西周晚期火烧山 Ⅰ T0403⑨：20⑥ 近同。故不宜据此认为商末周初时闽北已属吴越。

其次，其对浙南闽北属性的判断暗含两周时期江南遗存非吴即越的假设。但屯溪、庙山尖、小人尖、杨府山、管九村⑦等在青铜器方面共同表现出与中原等地的密切联系，与太湖杭州湾有着明显区别⑧。原始瓷、硬陶在呈现出某种文化共性的同时，也表露出鲜明的地方特色，应归属吴越之外的其他族群⑨。故应单独列为一区，与太湖杭州湾、粤东闽南⑩、岭南并立。本书称之为“地区”。

随着江南内部文化交融与岭南夔纹陶类型的东进⑪，四个地区的并立先后演变为太湖杭州湾—浙南闽北、岭南—粤东闽南两大文化圈的共存。本书称之为“大区”。

因东南沿海地表破碎，四个地区内部还可以划分出不少小区域，相互间的文化与社会图景以共性与异性并存。本书称之为“小区”。具体而言，太湖杭州湾分为环太湖、杭嘉湖、宁绍；浙南闽北分为金衢、温台、闽北、屯溪、赣东北；粤东闽南分为闽南（包括闽西）、粤东；岭南分为粤中、粤北、粤西、桂东北（图 2.1）。

---

① 杨楠：《江南土墩遗存研究》，第 50~56 页。

② 罗汝鹏：《公元前 20 至前 9 世纪中国东南地区考古学文化研究——以闽浙赣交界地区为中心》，北京大学博士研究生学位论文，2014 年，第 250 页。

③ 福建省昙石山遗址博物馆：《闽江下游流域史前遗址考古调查与研究》，第 322~333 页。

④ 福建博物院等：《武夷山市竹林坑一号原始瓷窑址发掘简报》，《福建文博》2012 年第 3 期。

⑤ 福建省博物馆：《福建建瓯黄窠山遗址发掘报告》，《福建文博》1995 年第 1 期。

⑥ 浙江省文物考古研究所等：《德清火烧山：原始瓷窑址发掘报告》，文物出版社，2008 年，第 26 页。

⑦ 李国梁：《屯溪土墩墓发掘报告》，安徽人民出版社，2006 年；浙江省文物考古研究所等：《黄岩小人尖西周时期土墩墓》，《浙江省文物考古研究所学刊：建所十周年纪念（1980~1990）》，科学出版社，1993 年，第 200~205 页。浙江省文物考古研究所等：《浙江瓯海杨府山西周土墩墓发掘简报》，《文物》2007 年第 11 期。福建博物院等：《福建浦城县管九村土墩墓群》，《考古》2007 年第 7 期。

⑧ 吴桐：《浙江地区两周时期玉器的兴衰及相关问题》，《考古》2022 年第 1 期。

⑨ 吴桐：《吴越文化与社会的几个问题——读〈吴越文化比较研究札记〉》，《青年考古学家》第 1 辑，第 182~199 页。

⑩ 按照从北到南的分区顺序，这一地区应被称为“闽南粤东”，但此前学界的相关讨论中，皆称之为“粤东闽南”，后者具有明确的文化意义，并近似于一种约定俗成的概念，故本书沿用这一名称。

⑪ 魏峻：《粤东闽南地区先秦考古学文化的分期与谱系》，《考古学研究（九）》，第 140~165 页；吴春明：《闽江流域先秦两汉文化的初步研究》，《考古学报》1995 年第 2 期。

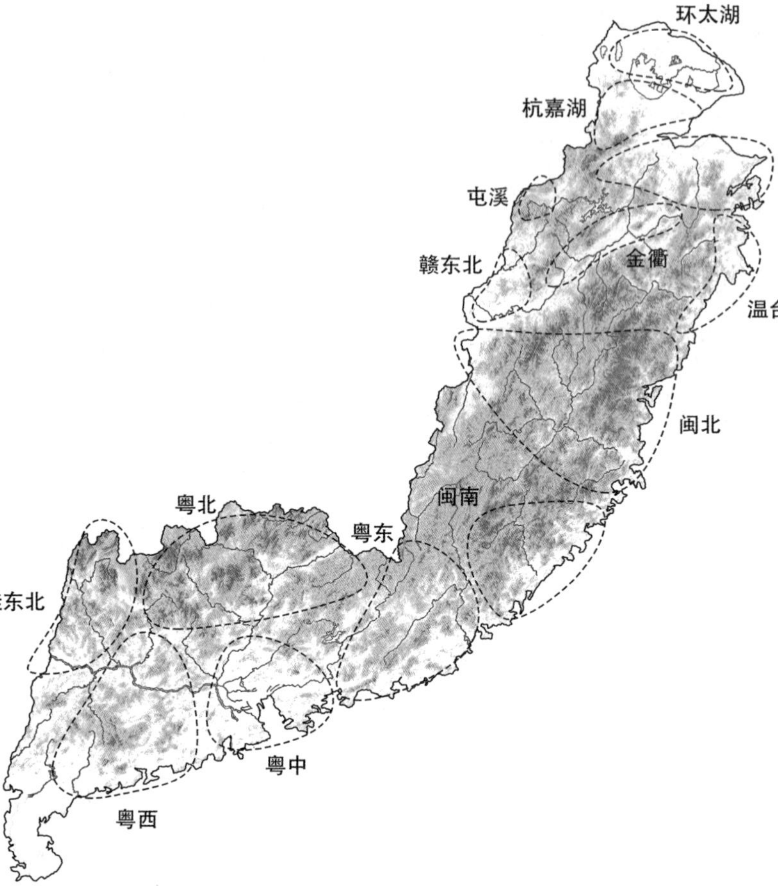

图 2.1　东南沿海的小区划分

本书虽然强调对各小区间的差异予以足够关注，但就文化面貌而言，各地区内部仍以共性为主。且对于构建东南沿海统一分期年代框架的目标而言，小区的空间尺度未免过小，难免会顾此失彼，容易造成器类型式划分的缺误以及重复工作。所以本书以地区为单位，各地区间相互参照，进行统一类型学划分，分别进行单位分组统计，进而整合得出统一分期年代框架。由于材料的不均衡性，不同地区之间应有所侧重，可以材料丰富的太湖杭州湾与岭南为主，浙南闽北、粤东闽南可作为其补充。

第二节　太湖杭州湾的分期研究[①]

太湖杭州湾的两周界限比较清晰。从后马桥文化的面貌[②]与西周初年鹿邑长子口墓

---

① 参见吴桐：《再论两周时期太湖杭州湾的分期与年代——两周时期东南沿海的分期与年代框架构建之一》，《北方民族考古》第 16 辑，科学出版社，2024 年，第 73～114 页。

② 罗汝鹏：《公元前 20 至前 9 世纪中国东南地区考古学文化研究——以闽浙赣交界地区为中心》，第 160～170 页。

原始瓷豆[①]的特征来看，可以圜底坛、瓮、直口矮圈足豆的出现作为此地进入商末周初的标志。其下限则以秦式折肩大口罐[②]的出现为准。此地区遗物丰富，本书仅选择数量较多、变化较快、串联单位较广的典型陶瓷器进行类型学研究。至于青铜器，有明确共存关系者甚少，分期意义有限，故暂不涉及。

一、器物的类型学研究

（一）原始瓷

1. 豆[③]。根据口部特征可分四型：

A型　侈口，可分三亚型。Ab、Ac型主要见于岭南，太湖杭州湾仅见Aa型：

Aa型　大口，体不甚高。可分五式[④]（图2.2，1~5）：

Ⅰ式　口稍侈，上腹极浅，下腹较深，圈足较高。标本德清独仓山D1M1：11[⑤]。

Ⅱ式　口较侈，近折腹，上腹浅于下腹。标本独仓山D1M1：20[⑥]。

Ⅲ式　体略矮，侈口折腹，上下腹等深，圈足略宽稍矮。标本金坛牯牛墩M1：57[⑦]。

Ⅳ式　体更矮，侈口近无，腹起折棱，矮圈足较宽。标本湖州堂子山D212：12[⑧]。

Ⅴ式　矮体，上腹深于下腹，圈足近无。标本宜兴百合D2①：1[⑨]。

B型　敞口。可分四式（图2.2，6~9）：

Ⅰ式　高体，口径小于腹径，折腹略弧，上腹极浅于下腹，圈足较高。标本常熟西岭D3：24[⑩]。

Ⅱ式　口径接近腹径，折腹，上腹略浅或等深于下腹。标本独仓山D8M2：4[⑪]。

Ⅲ式　体较矮，口径等于腹径，上下腹等深，矮圈足。标本长兴便山D406②：23[⑫]。

---

① 河南省文物考古研究所等：《鹿邑太清宫长子口墓》，中州古籍出版社，2000年，第55页。

② 杨哲峰：《文化变迁中的器形与质地——关于江东地区战国秦汉之际墓葬所见陶瓷器组合的初步考察》，《文物》2012年第4期。杨哲峰：《江苏合丰小城2014SFFM80的年代与江东“秦墓”的甄别》，《中国文物报》2016年8月26日第6版。

③ 除原始瓷豆外，太湖杭州湾—浙南闽北还有一定数量的硬陶豆，与原始瓷豆形制几乎完全相同。因其数量较少，且演变规律与原始瓷豆一致，本书暂不对其另做类型划分。原始瓷碗（杯盅）类亦然。

④ 为明各式之别，亦为行文之便，各式特征描述中，与前式相因者，不复赘言，而仅论新现之特征；各式标本列举中，仅于遗址首次出现时，详述其行政单位，后续出现时省略此称。

⑤ 浙江省文物考古研究所等：《独仓山与南王山——土墩墓发掘报告》，科学出版社，2007年，第36页。

⑥ 同上。

⑦ 南京博物院等：《江苏金坛茅东村牯牛墩土墩墓发掘报告》，《东南文化》2019年第1期。

⑧ 湖州市文物保护管理所：《浙江湖州堂子山土墩墓发掘报告》，《东方博物》第11辑，浙江大学出版社，2004年，第21页。

⑨ 南京博物院等：《宜兴百合村土墩墓群D1~D4发掘报告》，《穿越宜溧山地——宁杭高铁江苏段考古发掘报告》，科学出版社，2013年，第113页。

⑩ 苏州博物馆等：《江苏常熟市虞山西岭石室土墩的发掘》，《考古》2001年第9期。

⑪ 同⑤，第76页。

⑫ 浙江省文物考古研究所：《浙江长兴县便山土墩墓发掘报告》，《浙江省文物考古研究所学刊：建所十周年纪念（1980~1990）》，科学出版社，1993年，第136页。

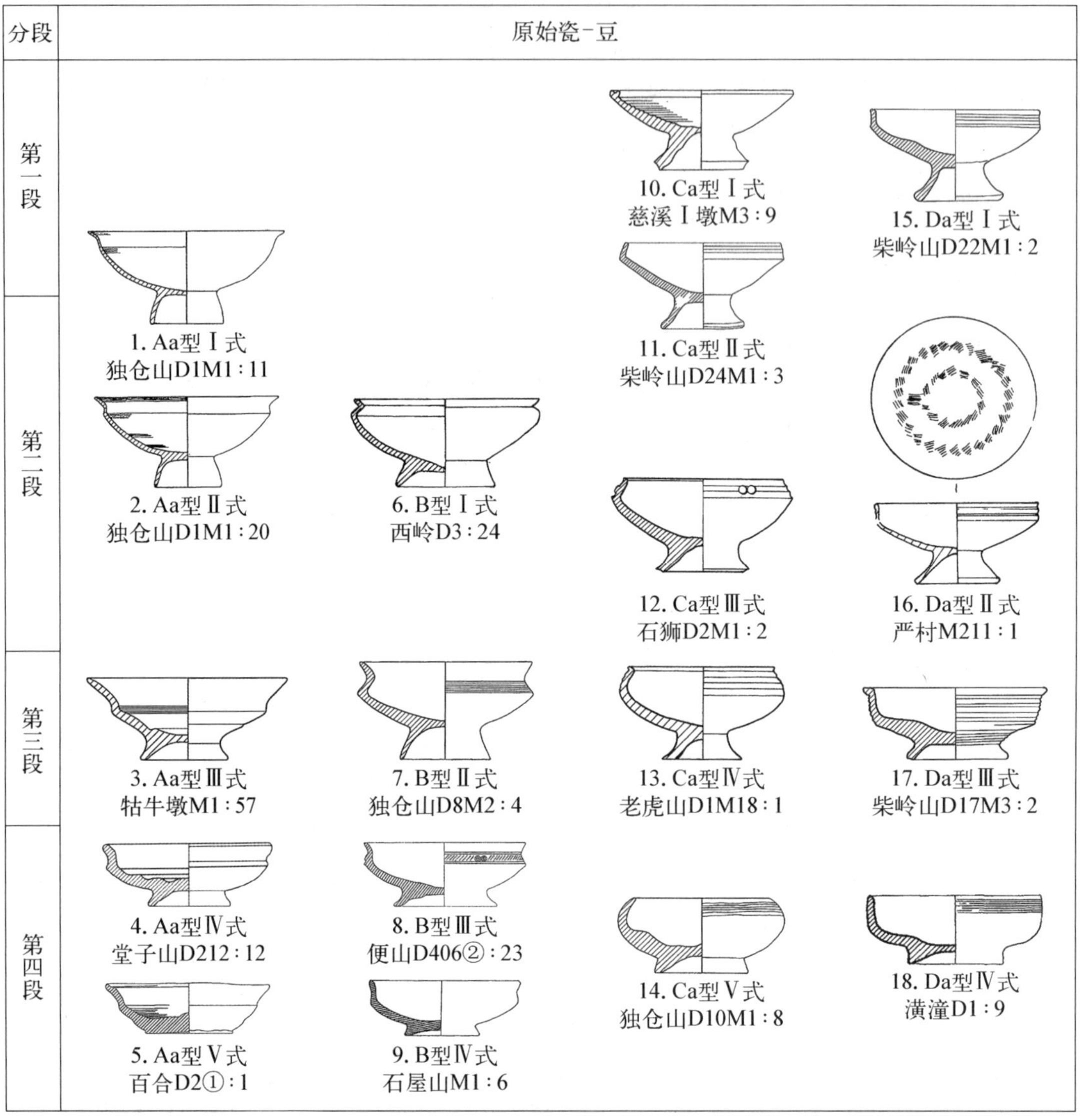

图 2.2　太湖杭州湾原始瓷豆（Aa、B、Ca、Da 型）分期谱系图

Ⅳ式　矮体，腹略起折棱，圈足甚矮。标本余姚石屋山 M1∶6①。

C 型　敛口，可分两亚型。Cb 型见于岭南，太湖杭州湾仅见 Ca 型：

Ca 型　下腹斜直。可分五式（图 2.2，10～14）：

Ⅰ式　沿内凹槽微起榫，上腹极浅于下腹，圈足较高。标本慈溪Ⅰ墩 M3∶9②。

① 叶树望：《余姚市低塘石屋山古墓葬发掘简报》，《姚江问学稿》，浙江古籍出版社，2012 年，第 175 页。

② 浙江省文物考古研究所：《慈溪市彭东、东安的土墩墓与土墩石室墓》，《浙江省文物考古研究所学刊：建所十周年纪念（1980～1990）》，第 192 页。

Ⅱ式　折敛口，上腹较浅于下腹。标本萧山柴岭山 D24M1：3①。

Ⅲ式　上腹稍浅或等深于下腹。标本长兴石狮 D2M1：2②。

Ⅳ式　体变矮，敛口弧折，上下腹等深，圈足较矮。标本余姚老虎山 D1M18：1③。

Ⅴ式　矮体，弧敛口，矮圈足较宽。标本独仓山 D10M1：8④。

D型　直口，可分两亚型。Db 型见于岭南，太湖杭州湾仅见 Da 型：

Da 型　下腹斜直。可分四式（图 2.2，15~18）：

Ⅰ式　折腹，上腹稍浅于下腹，圈足较高。标本柴岭山 D22M1：2⑤。

Ⅱ式　上下腹基本等深。标本上虞严村 M211：1⑥。

Ⅲ式　体较矮，折腹稍显，上腹深于下腹，圈足较宽矮。标本柴岭山 D17M3：2⑦。

Ⅳ式　矮体，腹弧折略鼓，矮圈足较宽。标本宜兴潢潼 D1：9⑧。

2. 罐。根据口部特征可分两型：

A型　敞口。可分五式（图 2.3，1~5）：

Ⅰ式　卷沿较短，最大腹径位于上腹，略圆鼓。标本独仓山 D6M2：20⑨。

Ⅱ式　短折沿，沿下折棱稍显，最大腹径在中腹，稍弧鼓。标本石狮 D4M6：21⑩。

Ⅲ式　折沿稍长，沿下折棱明显。标本百合 D1Q2：1⑪。

Ⅳ式　折沿较长，沿下折棱起小平台，最大腹径上移至折棱，腹斜收略弧。标本德清火烧山Ⅱ T0304⑨：5⑫。

Ⅴ式　折沿消失略起榫，沿下折棱略弧起小平台。标本火烧山Ⅱ T0303⑥：22⑬。

B型　盘口。可分四式。Ⅰ式见于浙南闽北，太湖杭州湾仅见Ⅱ~Ⅳ式（图 2.3，6~8）：

---

① 杭州市文物考古研究所等：《萧山柴岭山土墩墓》，文物出版社，2013 年，第 205 页。

② 浙江省文物考古研究所：《浙江长兴县石狮土墩墓发掘简报》，《浙江省文物考古研究所学刊：建所十周年纪念（1980~1990）》，第 175 页。

③ 浙江省文物考古研究所：《余姚老虎山一号墩发掘》，《沪杭甬高速公路考古报告》，文物出版社，2002 年，第 63 页。

④ 浙江省文物考古研究所等：《独仓山与南王山——土墩墓发掘报告》，第 91 页。

⑤ 同①，第 198 页。

⑥ 浙江省文物考古研究所等：《浙江上虞凤凰山古墓葬发掘报告》，《浙江省文物考古研究所学刊：建所十周年纪念（1980~1990）》，第 209 页。

⑦ 同①，第 198 页。

⑧ 南京博物院等：《宜兴潢潼土墩墓群发掘报告》，《东南文化》2006 年第 6 期。

⑨ 同④，第 61 页。

⑩ 同②，第 178 页。

⑪ 南京博物院等：《宜兴百合村土墩墓群 D1~D4 发掘报告》，《穿越宜溧山地——宁杭高铁江苏段考古发掘报告》，第 92 页。

⑫ 浙江省文物考古研究所等：《德清火烧山：原始瓷窑址发掘报告》，第 114 页。

⑬ 同上书，第 97 页。

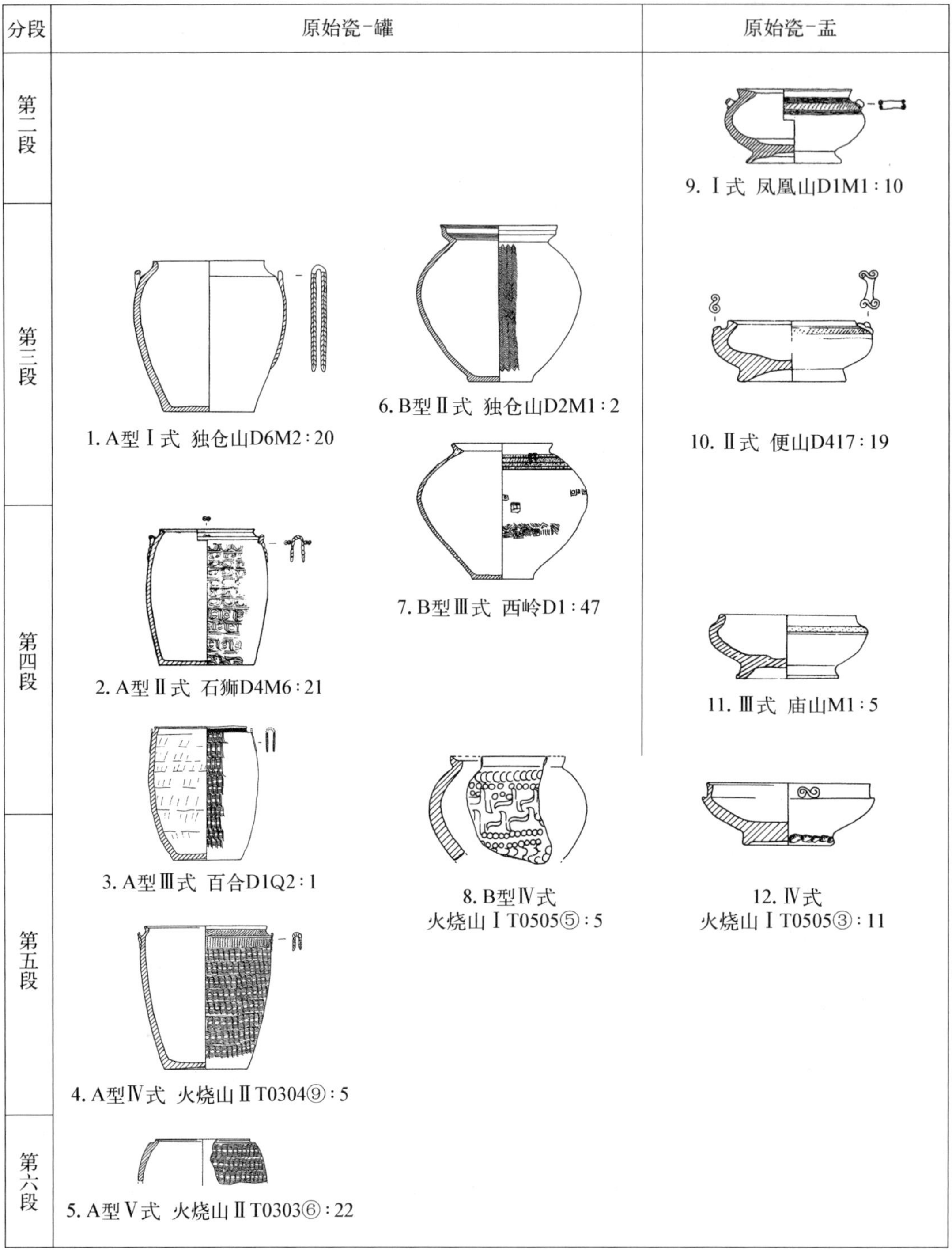

图2.3　太湖杭州湾原始瓷罐（A、B型）、盂分期谱系图

Ⅱ式　高体，盘口高大，向上翻折，深腹较鼓。标本独仓山 D2M1：2①。

Ⅲ式　盘口略小，向上弧出，深腹外鼓更甚。标本西岭 D1：47②。

Ⅳ式　矮体，浅腹略圆鼓。标本火烧山Ⅰ T0505⑤：5③。

3. 碗（杯盅）类。根据口部特征可分两型：

A 型　敞口，可分两亚型。

Aa 型　折沿，腹较直。可分十二式（图 2.4，1~12）：

Ⅰ式　平折沿，上腹壁斜直，圈足较宽矮。标本独仓山 D2M1：10④。

Ⅱ式　折沿稍斜，矮圈足较宽。标本独仓山 D2M1：21⑤。

Ⅲ式　斜折沿，上腹较直略鼓，圈足甚矮近无。标本火烧山Ⅱ T0304⑫b：17⑥。

Ⅳ式　上腹较直，下腹斜直，平底。标本柴岭山 D19M2：34⑦。

Ⅴ式　折沿下翻，上下腹斜直，平底稍内凹。标本火烧山Ⅱ T0304⑩：12⑧。

Ⅵ式　折沿变窄，上腹外倾稍内弧，腹略鼓凸。标本便山 D406①：6⑨。

Ⅶ式　折沿消失，上腹内倾弧收，腹鼓凸，假圈足。标本溧阳水西 D3M3：1⑩。

Ⅷ式　体较高，折腹斜直稍内弧，假圈足较高。标本柴岭山 D37M4：9⑪。

Ⅸ式　折腹斜直。标本安吉三官 M1：6⑫。

Ⅹ式　沿内凹槽，腹斜直，假圈足略低。标本便山 D497：6⑬。

Ⅺ式　高体，凹槽消失，腹较深，斜直外弧鼓。标本嵊州小黄山 M13：7⑭。

Ⅻ式　深腹斜直，部分内倾，平底。标本安吉龙山 D141M1Q：98⑮。

Ab 型　无沿，腹斜弧。可分四式。Ⅳ式见于岭南，太湖杭州湾仅见Ⅰ~Ⅲ式（图 2.4，13~15）：

---

① 浙江省文物考古研究所等：《独仓山与南王山——土墩墓发掘报告》，第 41 页。
② 苏州博物馆等：《江苏常熟市虞山西岭石室土墩的发掘》，《考古》2001 年第 9 期。
③ 浙江省文物考古研究所等：《德清火烧山：原始瓷窑址发掘报告》，第 36 页。
④ 同①，第 44 页。
⑤ 同上。
⑥ 同③，第 75 页。
⑦ 杭州市文物考古研究所等：《萧山柴岭山土墩墓》，第 177 页。
⑧ 同③，第 77 页。
⑨ 浙江省文物考古研究所：《浙江长兴县便山土墩墓发掘报告》，《浙江省文物考古研究所学刊：建所十周年纪念（1980~1990）》，第 136 页。
⑩ 常州博物馆：《溧阳水西土墩墓群发掘简报》，《穿越宜溧山地——宁杭高铁江苏段考古发掘报告》，第 73 页。
⑪ 同⑦，第 310 页。
⑫ 浙江省文物考古研究所：《安吉三官土墩墓发掘简报》，《东方博物》第 36 辑，浙江大学出版社，2010 年，第 82 页。
⑬ 同⑨，第 130 页。
⑭ 浙江省文物考古研究所等：《绍兴越墓：绍兴越国王陵及贵族墓考古报告》，文物出版社，2016 年，第 137 页。
⑮ 浙江省文物考古研究所等：《浙江安吉龙山越国贵族墓》，《南方文物》2008 年第 3 期。

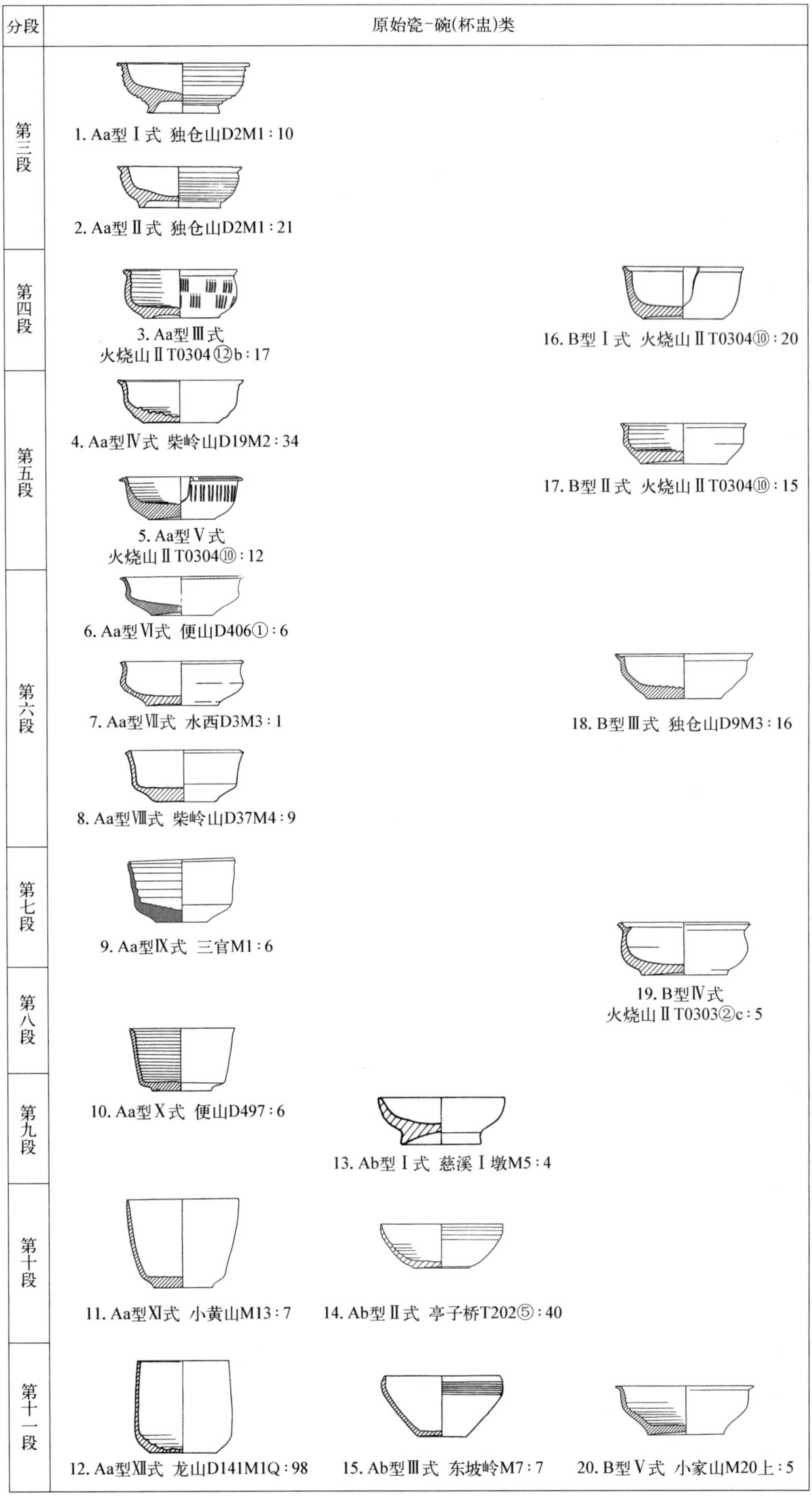

图 2.4 太湖杭州湾原始瓷碗(杯盅)类(Aa、Ab、B 型)分期谱系图

Ⅰ式　敞口，浅腹，矮圈足或假圈足。标本慈溪Ⅰ墩 M5：4①。

Ⅱ式　直口微敛，腹略深，平底。标本德清亭子桥 T202⑤：40②。

Ⅲ式　敛口，深腹。标本德清东坡岭 M7：7③。

B 型　近盘口。可分五式（图 2.4，16～20）：

Ⅰ式　沿内凹槽近盘口，腹斜直较深。标本火烧山Ⅱ T0304⑩：20④。

Ⅱ式　斜折沿稍宽，折腹，上腹较直略浅于下腹。标本火烧山Ⅱ T0304⑩：15⑤。

Ⅲ式　沿内凹槽起榫，折腹或鼓腹，上下腹等深。标本独仓山 D9M3：16⑥。

Ⅳ式　斜折沿较宽，沿内凹槽起高榫，腹鼓凸。标本火烧山Ⅱ T0303②c：5⑦。

Ⅴ式　平折沿无凹槽，腹略鼓，下腹斜弧明显。标本平水小家山 M20 上：5⑧。

4. 盂。可分五式。Ⅴ式见于浙南闽北，太湖杭州湾仅见Ⅰ～Ⅳ式（图 2.3，9～12）：

Ⅰ式　敞口，斜折沿较宽，内突明显，最大腹径在中腹，宽圈足。标本上虞凤凰山 D1M1：10⑨。

Ⅱ式　敞口近直口，折沿较短，略内突，最大腹径稍上移。标本便山 D417：19⑩。

Ⅲ式　折沿部分内突，最大腹径上移明显，圈足略窄。标本无锡庙山 M1：5⑪。

Ⅳ式　直口甚长，沿下折棱明显，圈足较窄。标本火烧山Ⅰ T0505③：11⑫。

（二）硬陶

5. 罐（瓿）类。根据口、鋬及底部特征可分五型。C 型见于浙南闽北，D、E 型见于岭南与粤东闽南，太湖杭州湾仅见 A、B 型：

A 型　敞口或直口，无鋬，平底。可分六亚型。Ae 型见于浙南闽北，Af 型见于岭南，太湖杭州湾仅见 Aa 至 Ad 型：

Aa 型　窄沿，腹多扁鼓。可分十一式（图 2.5，1～7；图 2.6，1～4）：

Ⅰ式　窄沿，溜肩，扁腹鼓凸，最大腹径近中腹。标本独仓山 D7M1：20⑬。

---

① 浙江省文物考古研究所：《慈溪市彭东、东安的土墩墓与土墩石室墓》，《浙江省文物考古研究所学刊：建所十周年纪念（1980～1990）》，第 192 页。

② 浙江省文物考古研究所等：《德清亭子桥：战国原始瓷窑址发掘报告》，文物出版社，2011 年，第 107 页。

③ 浙江省文物考古研究所：《浙江德清东坡岭战国墓发掘简报》，《东南文化》2018 年第 5 期。

④ 浙江省文物考古研究所等：《德清火烧山：原始瓷窑址发掘报告》，第 87 页。

⑤ 同上书，第 87 页。

⑥ 浙江省文物考古研究所等：《独仓山与南王山——土墩墓发掘报告》，第 85 页。

⑦ 同④，第 90 页。

⑧ 浙江省文物考古研究所等：《绍兴越墓：绍兴越国王陵及贵族墓考古报告》，第 101 页。

⑨ 浙江省文物考古研究所等：《浙江上虞驿亭凤凰山西周土墩墓》，《南方文物》2005 年第 4 期。

⑩ 浙江省文物考古研究所：《浙江长兴县便山土墩墓发掘报告》，《浙江省文物考古研究所学刊：建所十周年纪念（1980～1990）》，第 140 页。

⑪ 无锡市博物馆：《无锡庙山石室土墩墓》，《考古与文物》1984 年第 3 期，第 23 页。

⑫ 同④，第 30 页。

⑬ 同⑥，第 67 页。

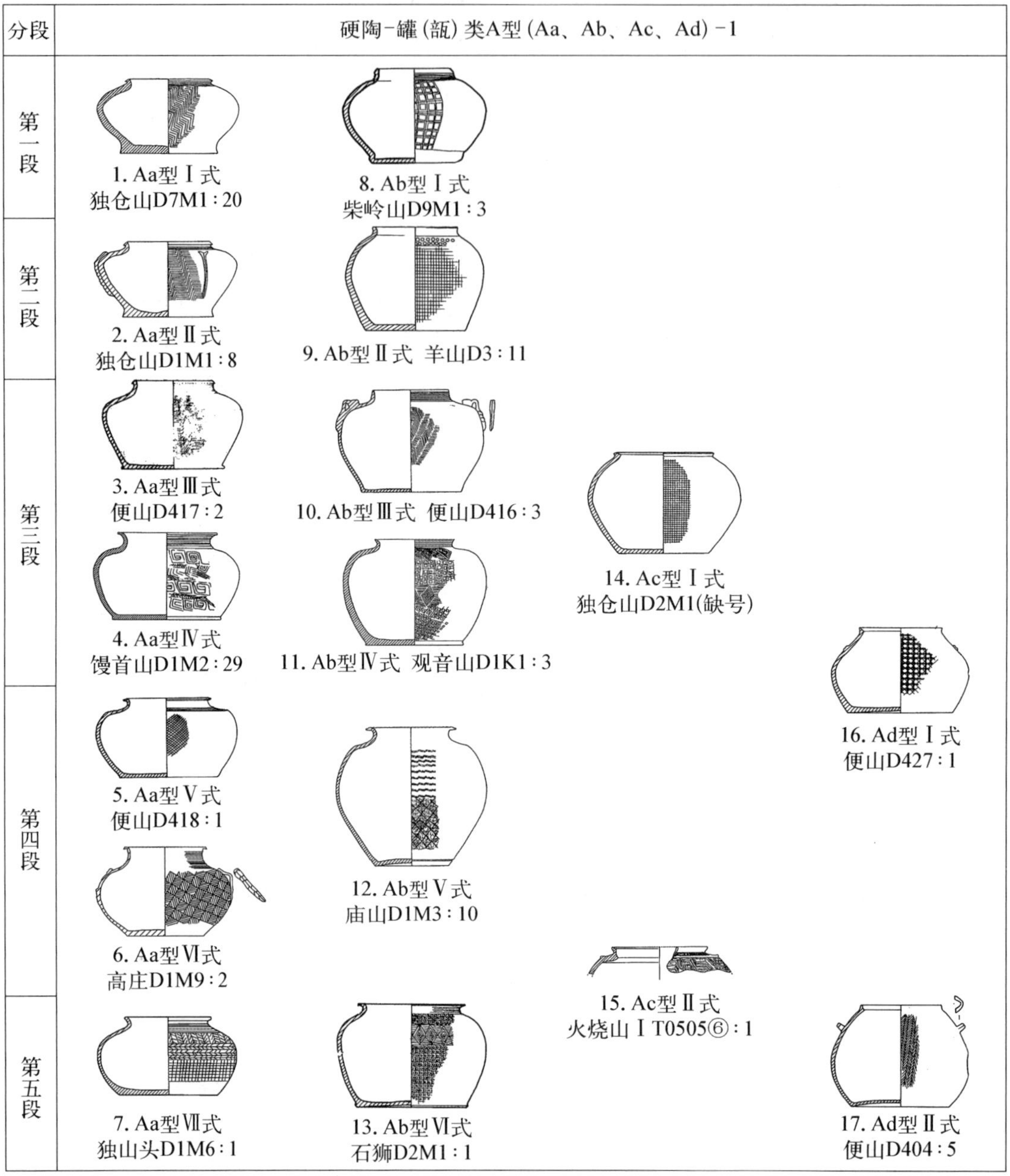

图 2.5　太湖杭州湾硬陶罐(瓿)类(Aa、Ab、Ac、Ad 型)分期谱系图(一)

Ⅱ式　沿稍长微凸，肩稍耸，鼓凸腹较深，最大腹径上移。标本独仓山 D1M1∶8①。

Ⅲ式　长沿近直领，微凸，腹稍深略鼓。标本便山 D417∶2②。

---

① 浙江省文物考古研究所等：《独仓山与南王山——土墩墓发掘报告》，第 38 页。

② 浙江省文物考古研究所：《浙江长兴县便山土墩墓发掘报告》，《浙江省文物考古研究所学刊：建所十周年纪念(1980～1990)》，第 146 页。

Ⅳ式　卷沿较长，耸肩，扁腹略鼓。标本苏州馒首山 D1M2：29①。

Ⅴ式　耸肩起小平台，扁腹略圆鼓。标本便山 D418：1②。

Ⅵ式　长卷沿，肩部略圆鼓，最大腹径下移，扁鼓腹。标本金坛高庄 D1M9：2③。

Ⅶ式　卷沿略短，鼓肩，最大腹径下移。标本妙西独山头 D1M6：1④。

Ⅷ式　深腹，下腹斜收稍显。标本金坛三星墩 DⅢM1：15⑤。

Ⅸ式　折沿较短，宽斜肩较长，最大腹径下移。标本独山头 D1M4：1⑥。

Ⅹ式　短折沿，斜肩稍短，腹稍浅。标本湖州杨家埠 D1M1(缺号)⑦。

Ⅺ式　折沿近乎消失，短斜肩，扁腹较浅。标本安吉笔架山 D131M4Q：8⑧。

Ab 型　宽沿，深鼓腹。可分十三式。Ⅻ、XIII式见于岭南，太湖杭州湾仅见Ⅰ～Ⅺ式(图 2.5，8～13；图 2.6，5～10)：

Ⅰ式　直口，溜肩，腹略扁鼓，最大腹径近中腹。标本柴岭山 D9M1：3⑨。

Ⅱ式　溜肩较长，腹较深，略鼓。标本上虞羊山 D3：11⑩。

Ⅲ式　肩部略耸，最大腹径上移。标本便山 D416：3⑪。

Ⅳ式　敞口，卷沿，耸肩，最大腹径上移。标本苏州观音山 D1K1：3⑫。

Ⅴ式　最大腹径下移至中腹。标本溧阳天目湖庙山 D1M3：10⑬。

Ⅵ式　肩略鼓，下腹斜收较缓。标本石狮 D2M1：1⑭。

Ⅶ式　鼓肩，下腹斜收明显。标本慈溪Ⅱ墩 M1：11⑮。

Ⅷ式　鼓肩稍斜，部分起小平台，最大腹径下移。标本长兴七女墩 M7：5⑯。

Ⅸ式　卷沿变短，宽斜肩较长，最大腹径下移。标本三官 M3：6⑰。

---

① 苏州市考古研究所等：《江苏苏州高新区东渚馒首山土墩墓发掘简报》，《东南文化》2013 年第 5 期。

② 浙江省文物考古研究所：《浙江长兴县便山土墩墓发掘报告》，《浙江省文物考古研究所学刊：建所十周年纪念(1980～1990)》，第 146 页。

③ 南京博物院等：《江苏金坛高庄土墩墓 D1 发掘简报》，《东南文化》2018 年第 5 期。

④ 浙江省文物考古研究所等：《湖州妙西独山头土墩墓发掘简报》，《东方博物》第 36 辑，第 75 页。

⑤ 南京博物馆等：《江苏金坛连山土墩墓发掘报告》，《考古学集刊》第 10 集，第 191 页。

⑥ 同④，第 75 页。

⑦ 浙江省文物考古研究所等：《浙江省湖州市杨家埠古墓发掘报告》，《浙江省文物考古研究所学刊》第 7 辑，浙江印刷集团，2005 年，第 160 页。

⑧ 浙江省文物考古研究所等：《浙江安吉笔架山春秋战国墓发掘简报》，《东南文化》2009 年第 1 期。

⑨ 杭州市文物考古研究所等：《萧山柴岭山土墩墓》，第 120 页。

⑩ 浙江省文物考古研究所等：《上虞羊山古墓群发掘》，《沪杭甬高速公路考古报告》，第 107 页。

⑪ 同②，第 144 页。

⑫ 苏州市考古研究所：《江苏苏州观音山东周石室土墩墓 D1M1 发掘简报》，《东南文化》2015 年第 5 期。

⑬ 南京博物院等：《溧阳天目湖庙山土墩墓发掘报告》，《印记与重塑：镇江博物馆考古报告集(2001～2009)》，江苏大学出版社，2010 年，第 116 页。

⑭ 浙江省文物考古研究所：《浙江长兴县石狮土墩墓发掘简报》，《浙江省文物考古研究所学刊：建所十周年纪念(1980～1990)》，第 177 页。

⑮ 浙江省文物考古研究所：《慈溪市彭东、东安的土墩墓与土墩石室墓》，《浙江省文物考古研究所学刊：建所十周年纪念(1980～1990)》，第 192 页。

⑯ 胡秋凉：《长兴七女墩墓葬群清理简报》，《东方博物》第 43 辑，浙江大学出版社，2012 年，第 26 页。

⑰ 浙江省文物考古研究所：《安吉三官土墩墓发掘简报》，《东方博物》第 36 辑，第 83 页。

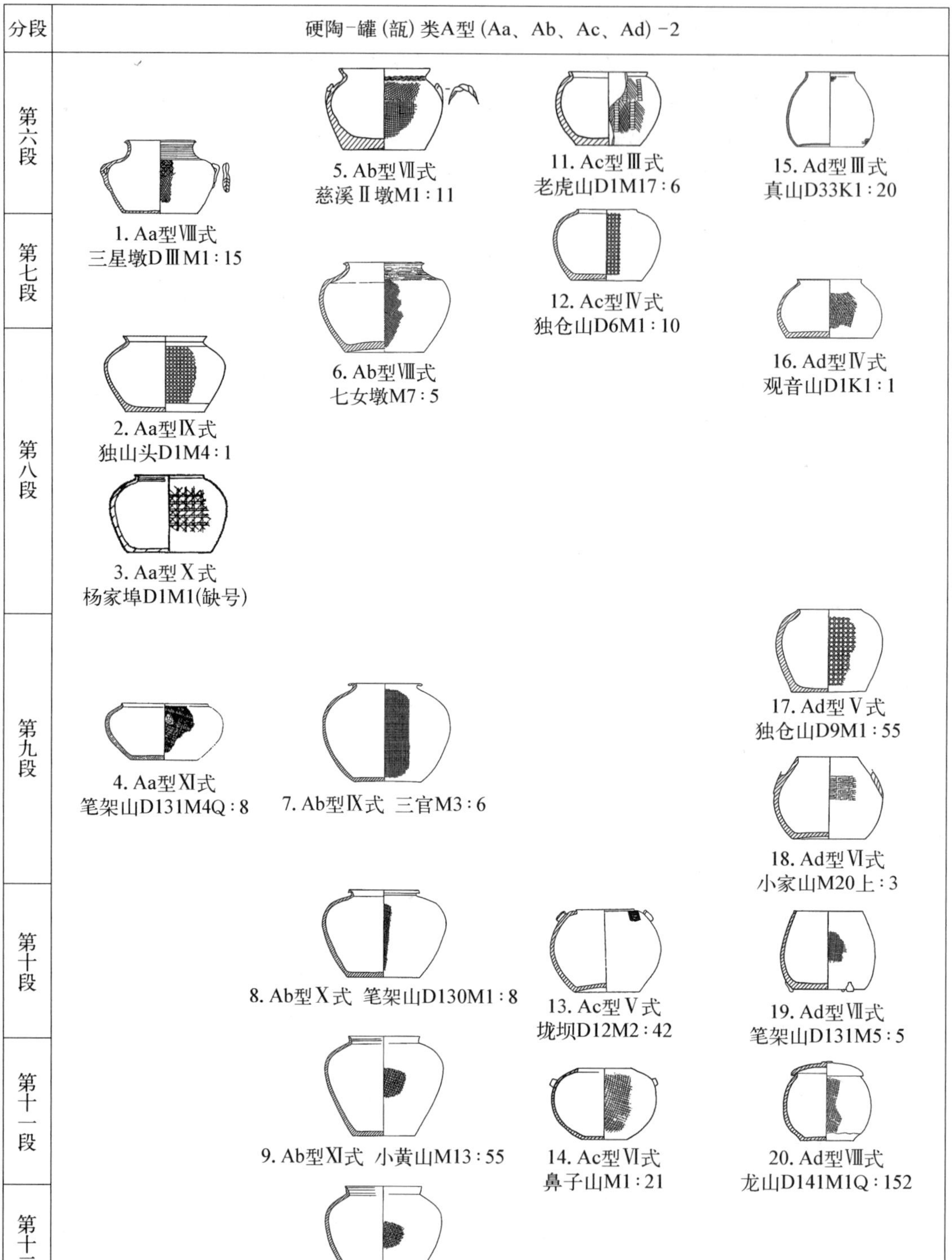

图2.6　太湖杭州湾硬陶罐（瓿）类（Aa、Ab、Ac、Ad型）分期谱系图（二）

Ⅹ式　斜肩略短，最大腹径稍上移。标本笔架山 D130M1：8①。

Ⅺ式　斜直沿较短，斜肩较短。标本小黄山 M13：55、70②。

Ac 型　窄沿，圆鼓腹。可分六式（图 2.5，14～15；图 2.6，11～14）：

Ⅰ式　折沿甚短，内突，溜肩较长，最大腹径近中腹，腹鼓出明显，口径约等于底径。标本独仓山 D2M1（缺号）③。

Ⅱ式　折沿较长，沿下起小平台，耸肩。标本火烧山Ⅰ T0505⑥：1④。

Ⅲ式　短折沿，沿下平台消失，耸肩甚短，最大腹径在中腹偏上，腹圆鼓，口径小于底径。标本老虎山 D1M17：6⑤。

Ⅳ式　沿甚短近无，鼓肩，最大腹径上移，腹圆鼓略凸。标本独仓山 D6M1：10⑥。

Ⅴ式　斜肩不显，最大腹径下移近中腹，略圆鼓。标本安吉垅坝 D12M2：42⑦。

Ⅵ式　无明显肩部，最大腹径下移至中腹，圆鼓腹似球状，口径等于底径。标本长兴鼻子山 M1：21⑧。

Ad 型　窄沿，垂腹。可分八式（图 2.5，16～17；图 2.6，15～20）：

Ⅰ式　窄折沿，腹圆鼓略凸，最大腹径近中腹。标本便山 D427：1⑨。

Ⅱ式　圆鼓腹较深，最大腹径下移。标本便山 D404：5⑩。

Ⅲ式　宽折沿，深腹略弧鼓，最大腹径近器底。标本苏州真山 D33K1：20⑪。

Ⅳ式　窄折沿，弧鼓腹较浅，最大腹径稍上移。标本观音山 D1K1：1⑫。

Ⅴ式　直口微敛，无沿，弧鼓腹较深，最大腹径近中腹。标本独仓山 D9M1：55⑬。

Ⅵ式　口变小，上腹壁内倾明显。标本小家山 M20 上：3⑭。

Ⅶ式　口较小，上腹壁稍内倾，斜弧腹稍浅。标本笔架山 D131M5：5⑮。

Ⅷ式　小口，圆弧腹较浅，最大腹径在中腹。标本龙山 D141M1Q：152⑯。

---

① 浙江省文物考古研究所等：《浙江安吉笔架山春秋战国墓发掘简报》，《东南文化》2009 年第 1 期。
② 浙江省文物考古研究所等：《绍兴越墓：绍兴越国王陵及贵族墓考古报告》，第 144、146 页。
③ 浙江省文物考古研究所等：《独仓山与南王山——土墩墓发掘报告》，第 44 页。
④ 浙江省文物考古研究所等：《德清火烧山：原始瓷窑址发掘报告》，第 65 页。
⑤ 浙江省文物考古研究所：《余姚老虎山一号墩发掘》，《沪杭甬高速公路考古报告》，第 67 页。
⑥ 同③，第 57 页。
⑦ 浙江省安吉县博物馆：《浙江安吉垅坝 D12 土墩墓发掘简报》，《南方文物》2003 年第 3 期。
⑧ 浙江省文物考古研究所等：《浙江长兴鼻子山越国贵族墓》，《文物》2007 年第 1 期。
⑨ 浙江省文物考古研究所：《浙江长兴县便山土墩墓发掘报告》，《浙江省文物考古研究所学刊：建所十周年纪念（1980～1990）》，第 144 页。
⑩ 同上。
⑪ 苏州市考古研究所：《江苏苏州真山土墩墓（D33）发掘简报》，《文物》2016 年第 5 期。
⑫ 苏州市考古研究所：《江苏苏州观音山东周石室土墩墓 D1M1 发掘简报》，《东南文化》2015 年第 5 期。
⑬ 同③，第 80 页。
⑭ 同②，第 102 页。
⑮ 同①。
⑯ 浙江省文物考古研究所等：《浙江安吉龙山越国贵族墓》，《南方文物》2008 年第 3 期。

B型 敛口，无錾，平底。可分四亚型。Bc、Bd型见于岭南与粤东闽南，太湖杭州湾仅见Ba、Bb型：

Ba型 无领，扁腹。可分七式（图2.7，1~2；图2.9，1~6）：

Ⅰ式 扁腹较宽，圆鼓，最大腹径略高于中腹。标本杨家埠D5Y1：19①。

Ⅱ式 最大腹径下至中腹。标本老虎山D1M17：1②、杨家埠D14M8（缺号）③。

Ⅲ式 扁腹圆鼓略凸。标本笔架山D131M6：1④。

Ⅳ式 腹较深，腹鼓凸略弧折。标本上虞白马湖畔D5：3⑤。

Ⅴ式 腹弧鼓近球形。标本笔架山D130M1：9⑥。

Ⅵ式 敛口程度变小，腹弧鼓程度变小。标本上虞牛头山D2：2⑦。

Ⅶ式 小敛口，腹略弧鼓。标本小家山M17Q：39⑧。

Bb型 有领，深腹。可分五式。Ⅰ式见于浙南闽北，太湖杭州湾仅见Ⅱ~Ⅴ式（图2.7，3~6）：

Ⅱ式 领较长，耸肩，最大腹径在肩部。标本柴岭山D8M1：8⑨。

Ⅲ式 肩略耸较鼓，最大腹径稍下移。标本德清南王山D1M1：10⑩。

Ⅳ式 领稍短，鼓肩，最大腹径下移，腹较圆鼓。标本柴岭山D29M1：37⑪。

Ⅴ式 宽斜肩较长，最大腹径下移，腹鼓凸。标本慈溪M3：3⑫。

6. 坛。根据领部特征可分两型：

A型 矮领。可分十六式。XⅥ式见于岭南，太湖杭州湾仅见Ⅰ~XⅤ式（图2.8，1~10；图2.9，7~11）：

Ⅰ式 卷沿，溜肩较长，腹近直筒状，最大腹径不显，圜平底，口径小于底径。标本百合D2Q1：1⑬。

---

① 浙江省文物考古研究所等：《浙江省湖州市杨家埠古墓发掘报告》，《浙江省文物考古研究所学刊》第7辑，第155页。

② 浙江省文物考古研究所：《余姚老虎山一号墩发掘》，《沪杭甬高速公路考古报告》，第67页。

③ 同①，第274页。

④ 浙江省文物考古研究所等：《浙江安吉笔架山春秋战国墓发掘简报》，《东南文化》2009年第1期。

⑤ 王晓红：《上虞白马湖畔石室土墩墓发掘简报》，《东方博物》第29辑，浙江大学出版社，2008年，第33页。

⑥ 同④。

⑦ 浙江省文物考古研究所：《上虞牛头山古墓群发掘》，《沪杭甬高速公路考古报告》，第132页。

⑧ 浙江省文物考古研究所等：《绍兴越墓：绍兴越国王陵及贵族墓考古报告》，第94页。

⑨ 杭州市文物考古研究所等：《萧山柴岭山土墩墓》，第112页。

⑩ 浙江省文物考古研究所等：《独仓山与南王山——土墩墓发掘报告》，第98页。

⑪ 同⑨，第231页。

⑫ 浙江省文物考古研究所：《慈溪市彭东、东安的土墩墓与土墩石室墓》，《浙江省文物考古研究所学刊：建所十周年纪念（1980~1990）》，第195页。

⑬ 南京博物院等：《宜兴百合村土墩墓群D1~D4发掘报告》，《穿越宜溧山地——宁杭高铁江苏段考古发掘报告》，第110页。

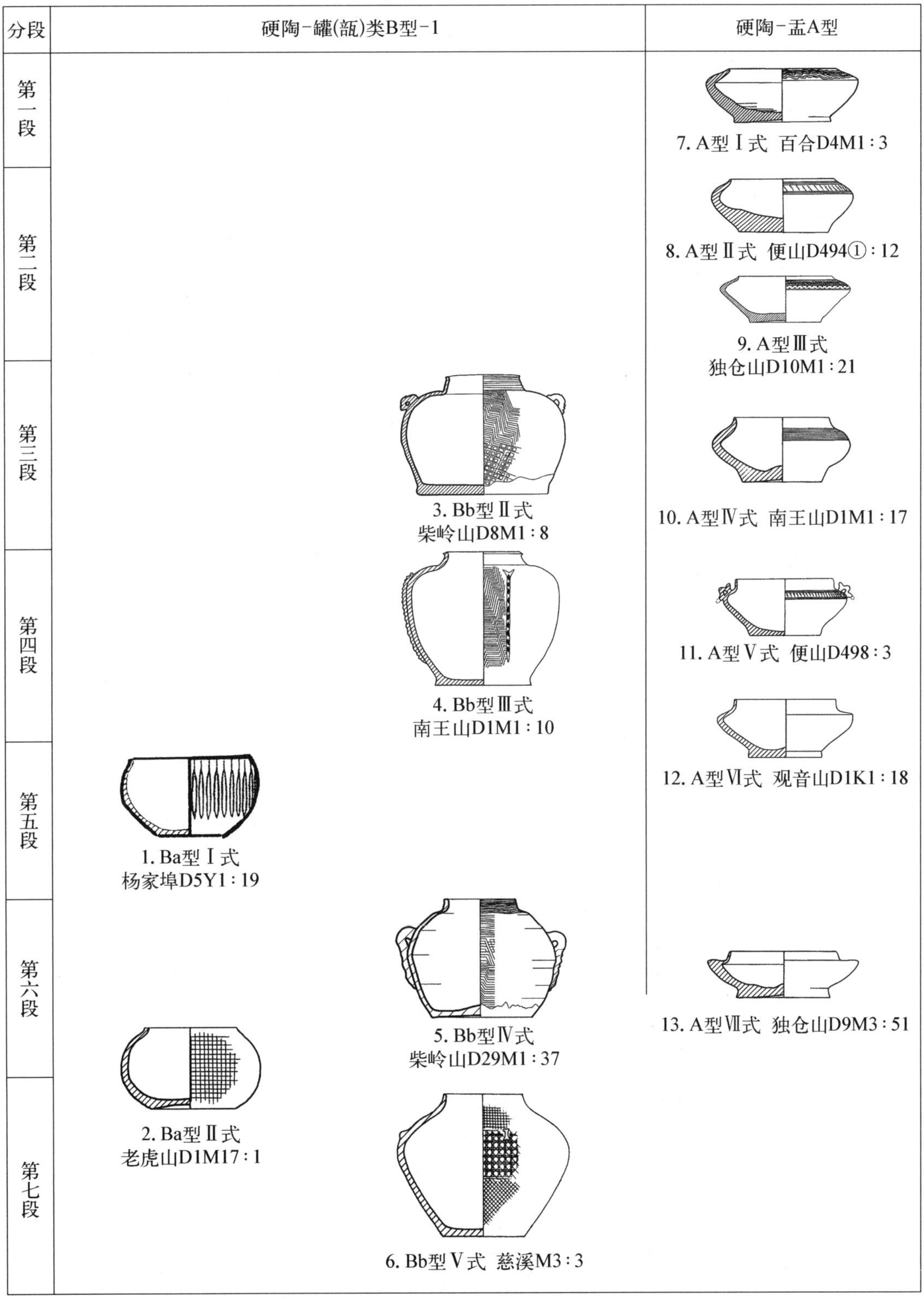

图 2.7　太湖杭州湾硬陶罐（瓿）类（Ba、Bb 型）、盂（A 型）分期谱系图（一）

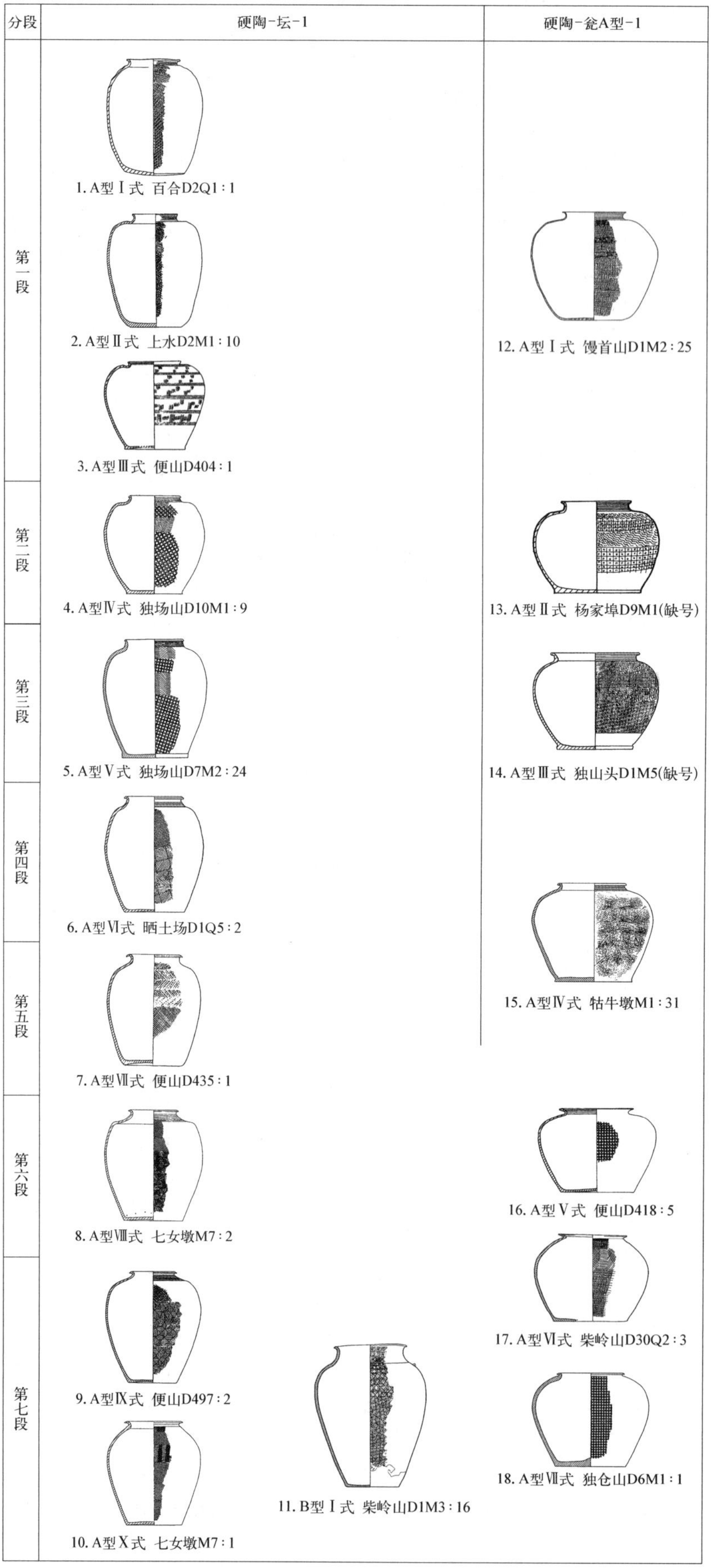

图 2.8 太湖杭州湾硬陶坛（A、B 型）、瓮（A 型）分期谱系图（一）

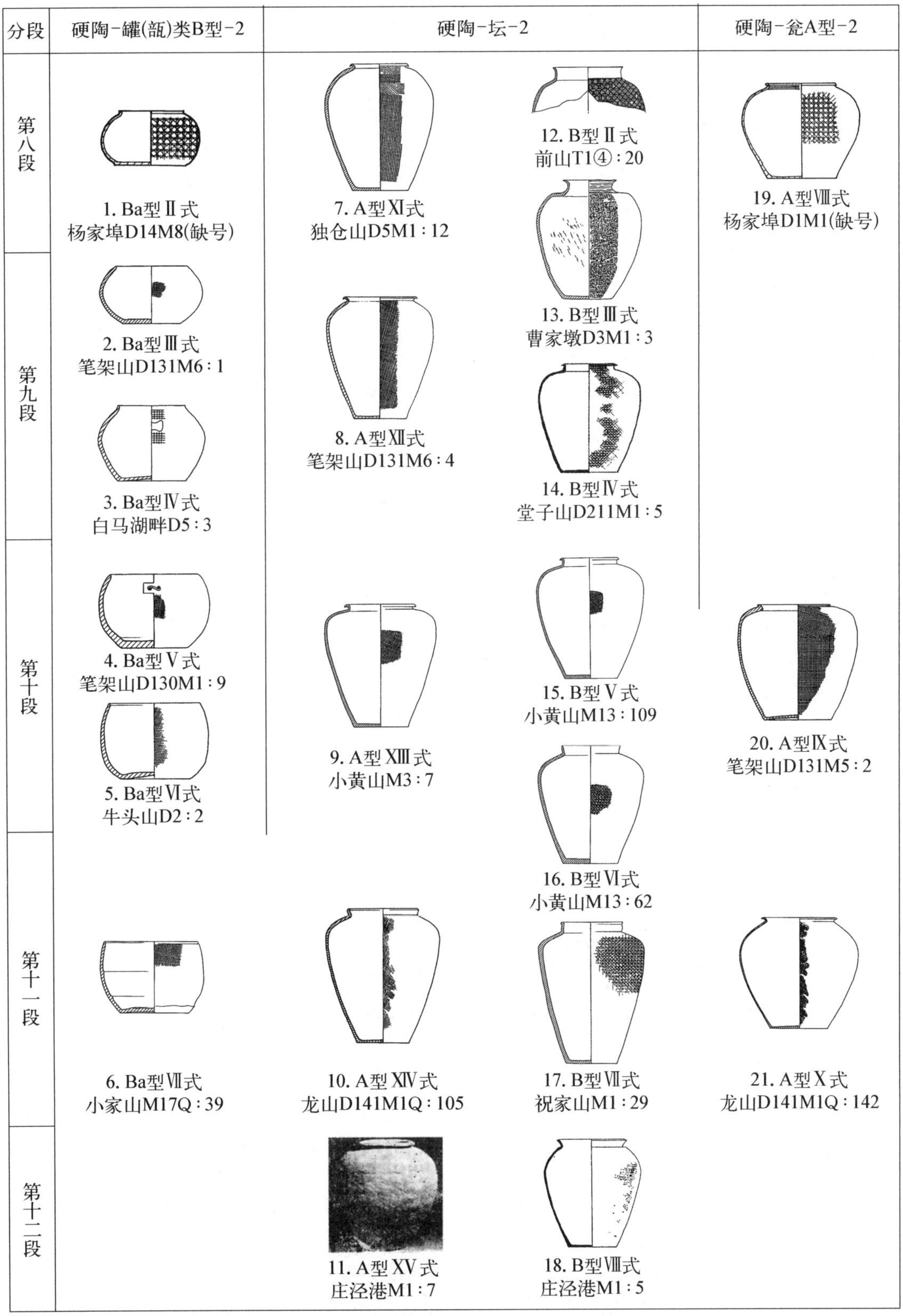

图 2.9　太湖杭州湾硬陶罐（瓿）类（Ba 型）、坛（A、B 型）、瓮（A 型）分期谱系图（二）

Ⅱ式　耸肩略鼓较短，近领处微下凹，最大腹径不显，下腹略斜弧收。标本薛埠上水D2M1：10①。

Ⅲ式　近领处部分微下凹，最大腹径在肩部，腹鼓凸，平底。标本便山D404：1②。

Ⅳ式　耸肩较平较短，最大腹径稍下移，腹略鼓。标本独仓山D10M1：9③。

Ⅴ式　肩略鼓较短，最大腹径稍下移。标本独仓山D7M2：24④。

Ⅵ式　最大腹径下移至中腹。标本金坛晒土场D1Q5：2⑤。

Ⅶ式　鼓肩较长，最大腹径稍上移。标本便山D435：1⑥。

Ⅷ式　最大腹径上移近肩部。标本七女墩M7：2⑦。

Ⅸ式　宽斜肩较长，领部甚短，领肩相接处略弧折，最大腹径略下移，腹略鼓凸。标本便山D497：2⑧。

Ⅹ式　宽斜肩甚长，最大腹径下移，腹鼓凸。标本七女墩M7：1⑨。

Ⅺ式　卷折沿，领肩相接处折棱锐利，腹鼓凸明显，口径略等于底径。标本独仓山D5M1：12⑩。

Ⅻ式　折肩，最大腹径稍上移，腹外凸明显，口径等于或略大于底径。标本笔架山D131M6：4⑪。

ⅩⅢ式　最大腹径上移，平底较小，口径略大于底径。标本小黄山M3：7⑫。

ⅩⅣ式　最大腹径略下移，小平底，口径大于底径。标本龙山D141M1Q：105⑬。

ⅩⅤ式　宽斜肩甚长，最大腹径下移至中腹，腹外凸甚显。标本青浦庄泾港M1：7⑭。

B型，高领。可分八式(图2.8，11；图2.9，12～18)：

Ⅰ式　卷沿，直领内凹，领肩相接处略弧卷，鼓肩略耸，最大腹径在肩部，口径多小于底径。标本柴岭山D1M3：16⑮。

Ⅱ式　肩部更耸，略折。标本萧山前山T1④：20⑯。

---

① 南京博物院考古研究所：《江苏金坛县薛埠镇上水土墩墓群二号墩发掘简报》，《考古》2008年第2期。

② 浙江省文物考古研究所：《浙江长兴县便山土墩墓发掘报告》，《浙江省文物考古研究所学刊：建所十周年纪念(1980～1990)》，第146页。

③ 浙江省文物考古研究所等：《独仓山与南王山——土墩墓发掘报告》，第92页。

④ 同上书，第71页。

⑤ 南京博物院：《江苏金坛裕巷土墩墓群一号墩的发掘》，《考古学报》2009年第3期。

⑥ 同②，第144页。

⑦ 胡秋凉：《长兴七女墩墓葬群清理简报》，《东方博物》第43辑，第26页。

⑧ 同②，第130页。

⑨ 同⑦，第26页。

⑩ 同③，第53页。

⑪ 浙江省文物考古研究所等：《浙江安吉笔架山春秋战国墓发掘简报》，《东南文化》2009年第1期。

⑫ 浙江省文物考古研究所等：《绍兴越墓：绍兴越国王陵及贵族墓考古报告》，第116页。

⑬ 浙江省文物考古研究所等：《浙江安吉龙山越国贵族墓》，《南方文物》2008年第3期。

⑭ 上海市文物保管委员会：《上海青浦县重固战国墓》，《考古》1988年第8期。

⑮ 杭州市文物考古研究所等：《萧山柴岭山土墩墓》，第76页。

⑯ 浙江省文物考古研究所等：《浙江萧山前山窑址发掘简报》，《文物》2005年第5期。

Ⅲ式　耸肩起小平台，最大腹径稍下移，腹鼓。标本江阴曹家墩 D3M1：3①。

Ⅳ式　平折沿甚短，直领较短，领肩相接处略弧折，鼓肩较短，最大腹径近肩部。标本堂子山 D211M1：5②。

Ⅴ式　领肩相接处近折，宽斜肩略长，最大腹径稍下移，口径略等于底径。标本小黄山 M13：109③。

Ⅵ式　无沿，直领较短，领肩相接处折棱明显，宽斜肩较长，最大腹径下移，弧折腹。标本小黄山 M13：62④。

Ⅶ式　折肩较长，折腹，口径等于或略大于底径。标本平水祝家山 M1：29⑤。

Ⅷ式　折肩甚长，最大腹径下移，口径大于底径。标本庄泾港 M1：5⑥。

7. 瓮。根据沿、底特征可分两型。B 型见于岭南与粤东闽南，太湖杭州湾仅见 A 型：

A 型　沿较短，平底。可分十二式。Ⅺ、Ⅻ式见于岭南与粤东闽南，太湖杭州湾仅见Ⅰ~Ⅹ式(图 2.8，12~18；图 2.9，19~21)：

Ⅰ式　口较小，卷沿较短，直领，领肩相接处略弧卷，耸肩，深腹，最大腹径近肩部，外鼓凸明显，宽体，圜平底，口径小于底径。标本馒首山 D1M2：25⑦。

Ⅱ式　耸肩，平底。标本杨家埠 D9M1(缺号)⑧。

Ⅲ式　大口，直领稍倾，鼓肩，最大腹径稍下移。标本独山头 D1M5(缺号)⑨。

Ⅳ式　直领外倾，鼓肩较长，最大腹径下移。标本牯牛墩 M1：31⑩。

Ⅴ式　卷折沿较长，外倾明显，领基本消失，沿肩相接处略弧折，宽斜肩较长，最大腹径稍下移。标本便山 D418：5⑪。

Ⅵ式　无领，沿肩相接处折棱明显，宽斜肩甚长，最大腹径下移至中腹。标本柴岭山 D30Q2：3⑫。

Ⅶ式　口较大，卷折沿甚短，宽斜肩较长略鼓，最大腹径略上移，腹鼓凸程度降低，体稍窄。标本独仓山 D6M1：1⑬。

---

① 周庄土墩墓联合考古队：《江苏江阴周庄 JZD3 东周土墩墓》，《文物》2010 年第 11 期。
② 湖州市文物保护管理所：《浙江湖州堂子山土墩墓发掘报告》，《东方博物》第 11 辑，第 20 页。
③ 浙江省文物考古研究所等：《绍兴越墓：绍兴越国王陵及贵族墓考古报告》，第 130 页。
④ 同上书，第 142 页。
⑤ 同上书，第 68 页。
⑥ 上海市文物保管委员会：《上海青浦县重固战国墓》，《考古》1988 年第 8 期。
⑦ 苏州市考古研究所等：《江苏苏州高新区东渚馒首山土墩墓发掘简报》，《东南文化》2013 年第 5 期。
⑧ 浙江省文物考古研究所等：《浙江省湖州市杨家埠古墓发掘报告》，《浙江省文物考古研究所学刊》第 7 辑，第 249 页。
⑨ 浙江省文物考古研究所等：《湖州妙西独山头土墩墓发掘简报》，《东方博物》第 36 辑，第 74 页。
⑩ 南京博物院等：《江苏金坛茅东村牯牛墩土墩墓发掘报告》，《东南文化》2019 年第 1 期。
⑪ 浙江省文物考古研究所：《浙江长兴县便山土墩墓发掘报告》，《浙江省文物考古研究所学刊：建所十周年纪念(1980~1990)》，第 139 页。
⑫ 杭州市文物考古研究所等：《萧山柴岭山土墩墓》，243 页。
⑬ 浙江省文物考古研究所等：《独仓山与南王山——土墩墓发掘报告》，第 57 页。

Ⅷ式　沿甚短似榫，弧折肩略鼓，最大腹径略上移，腹略鼓凸，平底较小，口径小于或略等于底径。标本杨家埠 D1M1（缺号）①。

Ⅸ式　弧折肩较短，最大腹径上移近肩部，腹外凸不显，窄体，小平底，口径等于或略大于底径。标本笔架山 D131M5：2②。

Ⅹ式　卷折沿外倾，弧折肩甚长，最大腹径下移，外鼓凸略显，体略宽，口径大于底径。标本龙山 D141M1Q：142③。

8. 盂。根据腹部特征可分两型。B 型见于岭南与粤东闽南，太湖杭州湾仅见 A 型：

A 型　折腹，较浅。可分七式（图 2.7，7～13）：

Ⅰ式　敛口，无领，腹弧折外凸，上腹稍浅于下腹。标本百合 D4M1：3④。

Ⅱ式　微起领，最大腹径下移。标本便山 D494①：12⑤。

Ⅲ式　短领。标本独仓山 D10M1：21⑥。

Ⅳ式　直口微敛，领较长，腹鼓凸，上下腹等深。标本南王山 D1M1：17⑦。

Ⅴ式　长领，领腹相接处略折，上腹再度浅于下腹。标本便山 D498：3⑧。

Ⅵ式　腹弧折外凸，上腹浅于下腹。标本观音山 D1K1：18⑨。

Ⅶ式　敛口，领腹交界处折棱明显，折腹外凸较甚。标本独仓山 D9M3：51⑩。

（三）泥质陶

9. 豆。可分四式（图 2.10，1～4）：

Ⅰ式　敞口，盘较浅，高柄，圈足较高，近底内收明显。标本苏州大墩 M1：17⑪。

Ⅱ式　敞口或直口，柄较高，圈足近底无内收。标本垅坝 D12M2：25⑫。

Ⅲ式　直口，深盘，柄稍矮，圈足稍矮，下接小平台。标本真山 D4M3：10⑬。

Ⅳ式　浅盘。标本青浦福泉山 M4：11⑭。

---

① 浙江省文物考古研究所等：《浙江省湖州市杨家埠古墓发掘报告》，第 160 页。

② 浙江省文物考古研究所等：《浙江安吉笔架山春秋战国墓发掘简报》，《东南文化》2009 年第 1 期。

③ 浙江省文物考古研究所等：《浙江安吉龙山越国贵族墓》，《南方文物》2008 年第 3 期。

④ 南京博物院等：《宜兴百合村土墩墓群 D1～D4 发掘报告》，《穿越宜溧山地——宁杭高铁江苏段考古发掘报告》，第 130 页。

⑤ 浙江省文物考古研究所：《浙江长兴县便山土墩墓发掘报告》，《浙江省文物考古研究所学刊：建所十周年纪念（1980～1990）》，第 134 页。

⑥ 浙江省文物考古研究所等：《独仓山与南王山——土墩墓发掘报告》，第 92 页。

⑦ 同上书，第 98 页。

⑧ 同⑤，第 146 页。

⑨ 苏州市考古研究所：《江苏苏州观音山东周石室土墩墓 D1M1 发掘简报》，《东南文化》2015 年第 5 期。

⑩ 同⑥，第 86 页。

⑪ 苏州市考古研究所：《江苏苏州高新区大墩土墩遗存抢救性考古发掘报告》，《东南文化》2015 年第 5 期。

⑫ 浙江省安吉县博物馆：《浙江安吉垅坝 D12 土墩墓发掘简报》，《南方文物》2003 年第 3 期。

⑬ 苏州博物馆：《苏州真山四号墩发掘报告》，《东南文化》2001 年第 7 期。

⑭ 上海市文物保管委员会：《上海青浦县重固战国墓》，《考古》1988 年第 8 期。

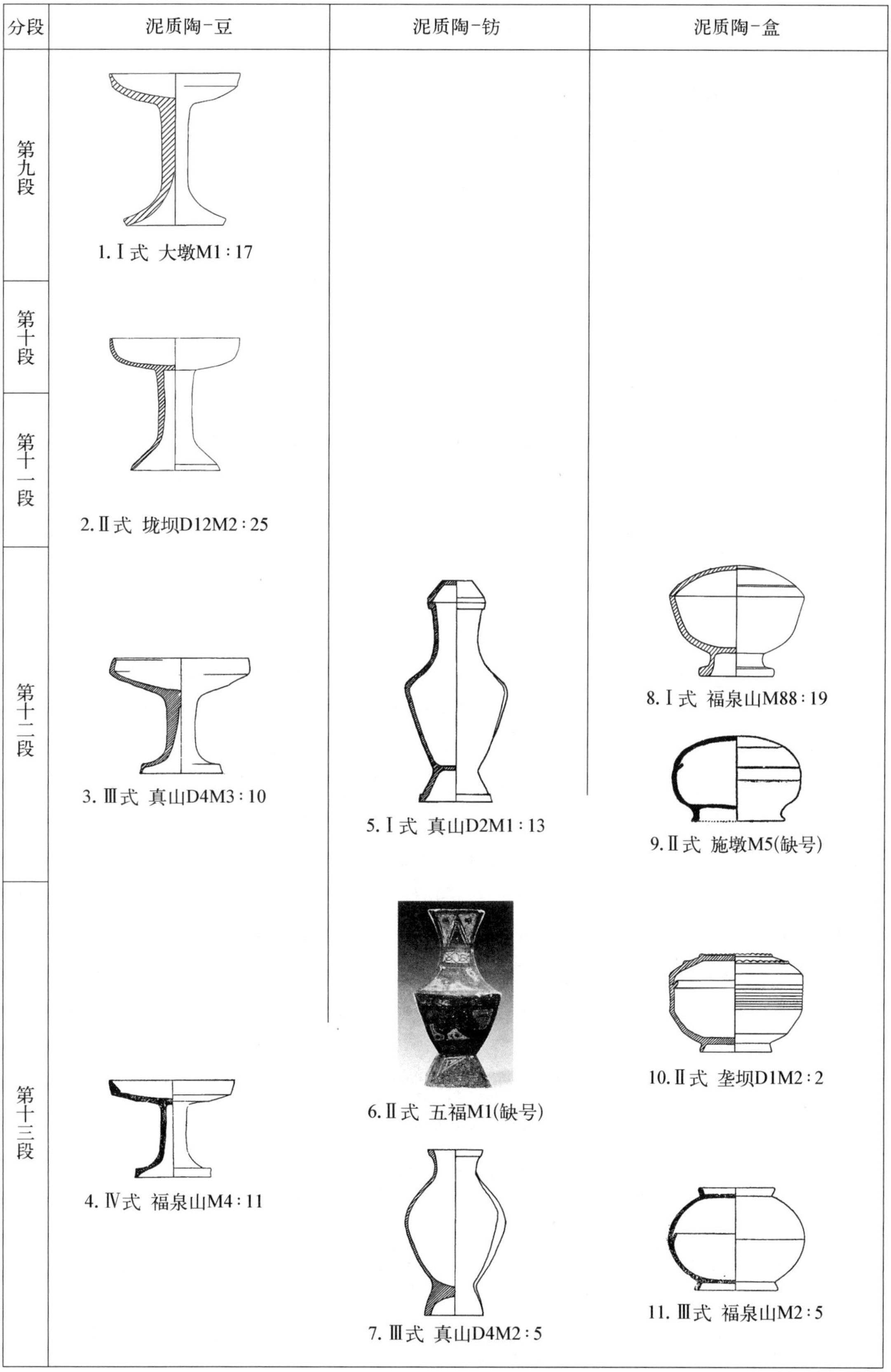

图 2.10 太湖杭州湾泥质陶豆、钫、盒分期谱系图

10. 钫。可分三式（图 2.10,5～7）：

Ⅰ式　体瘦高，长颈稍内弧，肩部较长，肩腹相接处弧折略鼓，圈足斜直。标本真山 D2M1：13①。

Ⅱ式　体高宽，长颈内弧明显，与肩连为一体，肩腹相接处折棱锐利。标本安吉五福 M1（缺号）②。

Ⅲ式　体粗矮，短颈斜直外敞稍内弧，长肩，肩腹相接处外鼓明显，圈足略外鼓。标本真山 D4M2：5③。

11. 盒。可分三式（图 2.10,8～11）：

Ⅰ式　高体，器盖浅于器身，高圈足外撇。标本福泉山 M88：19④。

Ⅱ式　体略矮，器盖稍浅于器身，部分子母口，矮圈足斜直外倾。标本无锡施墩 M5（缺号）⑤、垄坝 D1M2：2⑥。

Ⅲ式　器盖与器身等深。标本福泉山 M2：5⑦。

二、分组、分段与分期

以上述 11 类器物为主，以其他共存器类为辅，可以串联两周时期太湖杭州湾遗迹单位共 530 个，并将其划分为十三组。本文选择共存关系较好的 98 个单位列入“典型单位分组统计表”（附录 A，表一）。

表中所见各型式器物，在此十三组中呈现出一致序列。其间叠压打破关系虽较少，但仍有如下地层关系可循：柴岭山 D17M4、石狮 D1M6（第二组）早于柴岭山 D17M3、石狮 D1M5（第三组）；老虎山 D1M6（第三组）早于老虎山 D1M3（第四组）；火烧山Ⅰ－17、19，Ⅱ－26、27⑧（第四组）早于火烧山Ⅰ－7，Ⅱ－18（第五组）；火烧山Ⅰ－7，Ⅱ－18、石狮 D4M6（第五组）早于火烧山Ⅱ－11、12、石狮 D4M3（第六组）；柴岭山 D29M1（一）⑨、火烧山Ⅱ－11、12（第六组）早于柴岭山 D29M1（二）、火烧山Ⅱ－10（第七组）；便山 D406②（第四组）早于便山 D406①（二）（第八组）；前山 T1⑤（第八组）早于前山 T1①（第九组）。照此，可

① 苏州博物馆：《真山东周墓地：吴越贵族墓地的发掘与研究》，文物出版社，1999 年，第 43 页。

② 浙江省文物考古研究所等：《浙江安吉五福楚墓》，《文物》2007 年第 7 期。

③ 苏州博物馆：《苏州真山四号墩发掘报告》，《东南文化》2001 年第 7 期。

④ 周丽娟：《上海青浦福泉山发现一座战国墓》，《考古》2003 年第 11 期。

⑤ 谢春祝：《无锡施墩第五号墓》，《文物参考资料》1956 年第 6 期。

⑥ 金翔：《浙江安吉县垄坝村发现一座战国楚墓》，《考古》2001 年第 7 期。

⑦ 上海市文物保管委员会：《上海青浦县重固战国墓》，《考古》1988 年第 8 期。

⑧ 火烧山Ⅰ区“文化层东部薄、西部厚”，Ⅱ区堆积“沿山坡从早到晚从东北向西南倾斜”，发掘者对其进行通层处理，并在报告中详细列出通层情况，Ⅰ区共 23 层，Ⅱ区共 28 层（浙江省文物考古研究所等：《德清火烧山：原始瓷窑址发掘报告》，第 14、67～68 页）。本文根据通层结果进行单位统计。如Ⅱ区第 27 层，即包括Ⅱ T0303⑩、Ⅱ T0304⑬、Ⅱ T0305⑨，本文将之编号为Ⅱ－27。其他单位编号同理。

⑨ 柴岭山 D29M1 为石室土墩，其随葬品明显可分为前后两组，前者为 23～35，后者为 1～22、36～45，组内随葬品分布集中，组间有明显间隔，且二者年代有明显差异，应分属不同墓葬（杭州市文物考古研究所等：《萧山柴岭山土墩墓》，第 225～234 页）。本书从前到后将其分别命名为柴岭山 D29M1（二）、D29M1（一）。

以在层位关系上规定十三组的先后顺序只能是由第一组至第十三组，并将两周时期的太湖杭州湾划分为十三段。

综合各段的器物形制、数量比例、器类组合、纹饰及其变化情况来看，第二段与第三段、第五段与第六段、第七段与第八段的联系较密切，其他段之间则有明显区别。如此可将此十三段整合为十期。由于本文的重心在于东南沿海的社会研究，十三段的划分方案更利于构建统一且细致的分期年代框架，更利于探讨社会图景与社会发展的更多细节，故于十期的分期方案不复赘言，于各段特征亦不加赘述。各期段特征可以详见附录B（东南沿海各小区单位分组统计，表一至表三）、附录C（东南沿海各地区陶瓷纹饰比例的分段统计，表一）。

第三节　浙南闽北的分期研究

根据太湖杭州湾的分期结果，浙南闽北各单位的期段归属亦可大致明确。但一方面，部分器类的型式划分还需以浙南闽北材料作为补充；另一方面，地区文化面貌的特殊性也要求不能将其与太湖杭州湾等同视之，仍应做单独的分期研究。

一、器物的类型学研究[①]

（一）原始瓷

1. 豆。A、B、C、D四型皆存：

A型　见存Aa型。见有三式（图2.11，1~3）：

Ⅲ式标本石门大麦山M1：2[②]。Ⅳ式标本瑞安岱石山M29：2[③]。Ⅴ式标本阪东后门寨（缺号）[④]。

B型　四式皆存（图2.11，4~7）：

Ⅰ式标本武夷山葫芦山TS6E③：2[⑤]。Ⅱ式标本衢州东山（缺号）[⑥]。Ⅲ式标本义乌平畴（缺号）[⑦]。Ⅳ式标本六石油塘山背（缺号）[⑧]。

---

① 出于构建统一分期年代框架的需要，浙南闽北的类型学研究仅着重于补充未见诸太湖杭州湾的器类型式，与之一致者，仅列标本。岭南与粤东闽南亦做类似处理。

② 牟永抗、毛兆廷：《江山县南区古遗址墓葬调查试掘》，《浙江省文物考古所学刊》，文物出版社，1981年，第81页。

③ 浙江省文物考古研究所等：《浙南石棚墓调查发掘报告》，文物出版社，2014年，第74页。

④ 曾凡：《福建闽清永泰新石器遗址调查》，《考古》1965年第2期。

⑤ 福建博物院等：《福建武夷山市葫芦山遗址2014年发掘简报》，《东南文化》2016年第2期。

⑥ 衢州市文物管理委员会：《浙江衢州市发现原始青瓷》，《考古》1984年第2期。

⑦ 金华地区文管会：《浙江义乌县平畴西周墓——兼论原始青瓷器的制作工艺》，《考古》1985年第7期。

⑧ 浙江省磐安县文管会：《浙江东阳六石西周土墩墓》，《考古》1986年第9期。

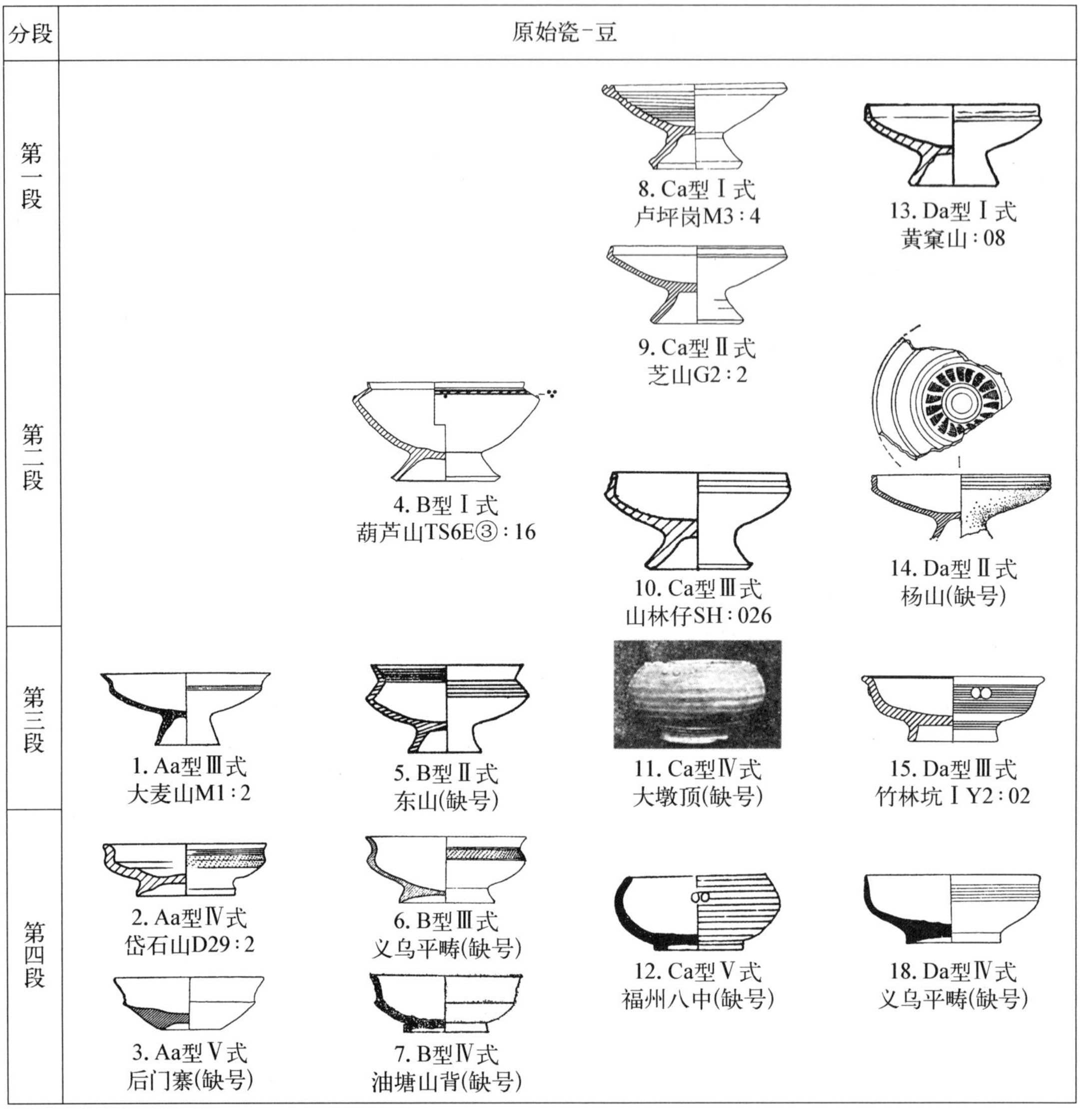

图 2.11　浙南闽北原始瓷豆(Aa、B、Ca、Da 型)分期谱系图

C 型　见存 Ca 型。五式皆存(图 2.11,8～12)：

Ⅰ式标本宁德卢坪岗 M3：4①。Ⅱ式标本闽侯芝山 G2：2②。Ⅲ式标本建阳山林仔 SH：026③。Ⅳ式标本衢州西山大墩顶(缺号)④。Ⅴ式标本福州八中(缺号)⑤。

① 福建省博物馆：《宁德卢坪岗遗址发掘报告》,《福建文博》2002 年第 2 期。
② 福建省昙石山遗址博物馆：《闽江下游流域史前遗址考古调查与研究》,第 331 页。
③ 福建省博物院：《福建建阳市山林仔遗址的发掘》,《考古》2002 年第 3 期。
④ 金华地区文管会：《浙江衢州西山西周土墩墓》,《考古》1984 年第 7 期。
⑤ 林忠干：《福建出土原始青瓷的初步研究》,《东南文化》1989 年第 4、5 期。

D 型　见存 Da 型。四式皆存(图 2.11,13~18)：

Ⅰ式标本建瓯黄窠山：08①。Ⅱ式标本光泽杨山(缺号)②。Ⅲ式标本武夷山竹林坑Ⅰ Y2：02③。Ⅳ式标本义乌平畴(缺号)④。

2. 罐。A、B 两型皆存：

A 型　见有两式(图 2.12,1~2)：

Ⅲ式标本淳安左口 M1：1⑤。Ⅳ式标本岱石山 M30：9⑥。

B 型　见有三式。其中Ⅰ式仅见于浙南闽北(图 2.12,3~5)：

Ⅰ式　高体,盘口甚短,口沿内突有凹槽,深腹较鼓。标本卢坪岗 M2：3⑦。

Ⅱ式标本衢州黄甲山(缺号)⑧。Ⅲ式标本上饶马鞍山 M1：16⑨。

3. 碗(杯盅)类。A、B 两型皆存：

A 型　两亚型皆存：

Aa 型　见有四式(图 2.13,5~8)：

Ⅶ式标本政和稻香村(缺号)⑩。Ⅷ式标本后门寨(缺号)⑪。Ⅸ式标本岱石山 M33：5⑫。Ⅺ式标本贵溪仙岩 M5：5⑬。

Ab 型　见有两式(图 2.13,9~10)：

Ⅱ式标本江山大夫第：2⑭。Ⅲ式标本大夫第：1⑮。

B 型　见有一式：Ⅰ式标本左口 M4：3⑯(图 2.13,11)。

4. 盂。见有四式。其中Ⅴ式仅见于浙南闽北(图 2.13,1~4)：

Ⅱ式标本左口 M4：14⑰。Ⅲ式标本江山小红岗 D10T1：3⑱。

---

① 福建省博物馆：《福建建瓯黄窠山遗址发掘报告》,《福建文博》1995 年第 1 期。
② 福建省博物馆等：《福建省光泽县古遗址古墓葬的调查和清理》,《考古》1985 年第 12 期。
③ 福建博物院等：《武夷山市竹林坑一号原始瓷窑址发掘简报》,《福建文博》2012 年第 3 期。
④ 金华地区文管会：《浙江义乌县平畴西周墓——兼论原始青瓷器的制作工艺》,《考古》1985 年第 7 期。
⑤ 浙江省文物考古所：《浙江淳安左口土墩墓》,《文物》1987 年第 5 期。
⑥ 浙江省文物考古研究所等：《浙南石棚墓调查发掘报告》,第 78 页。
⑦ 福建省博物馆：《宁德卢坪岗遗址发掘报告》,《福建文博》2002 年第 2 期。
⑧ 金华地区文管会：《浙江衢州西山西周土墩墓》,《考古》1984 年第 7 期。
⑨ 江西省上饶县博物馆：《上饶县马鞍山西周墓》,《东南文化》1989 年第 4、5 期。
⑩ 林忠干：《福建出土原始青瓷的初步研究》,《东南文化》1989 年第 4、5 期。
⑪ 同上。
⑫ 同⑥,第 86 页。
⑬ 江西省历史博物馆等：《江西贵溪崖墓发掘简报》,《文物》1980 年第 11 期。
⑭ 毛兆廷：《浙江省江山县发现战国墓》,《文物》1985 年第 6 期。
⑮ 同上。
⑯ 同⑤。
⑰ 同⑤。
⑱ 柴福有：《浙江江山小红岗土墩遗存试掘简报》,《南方文物》1993 年第 4 期。

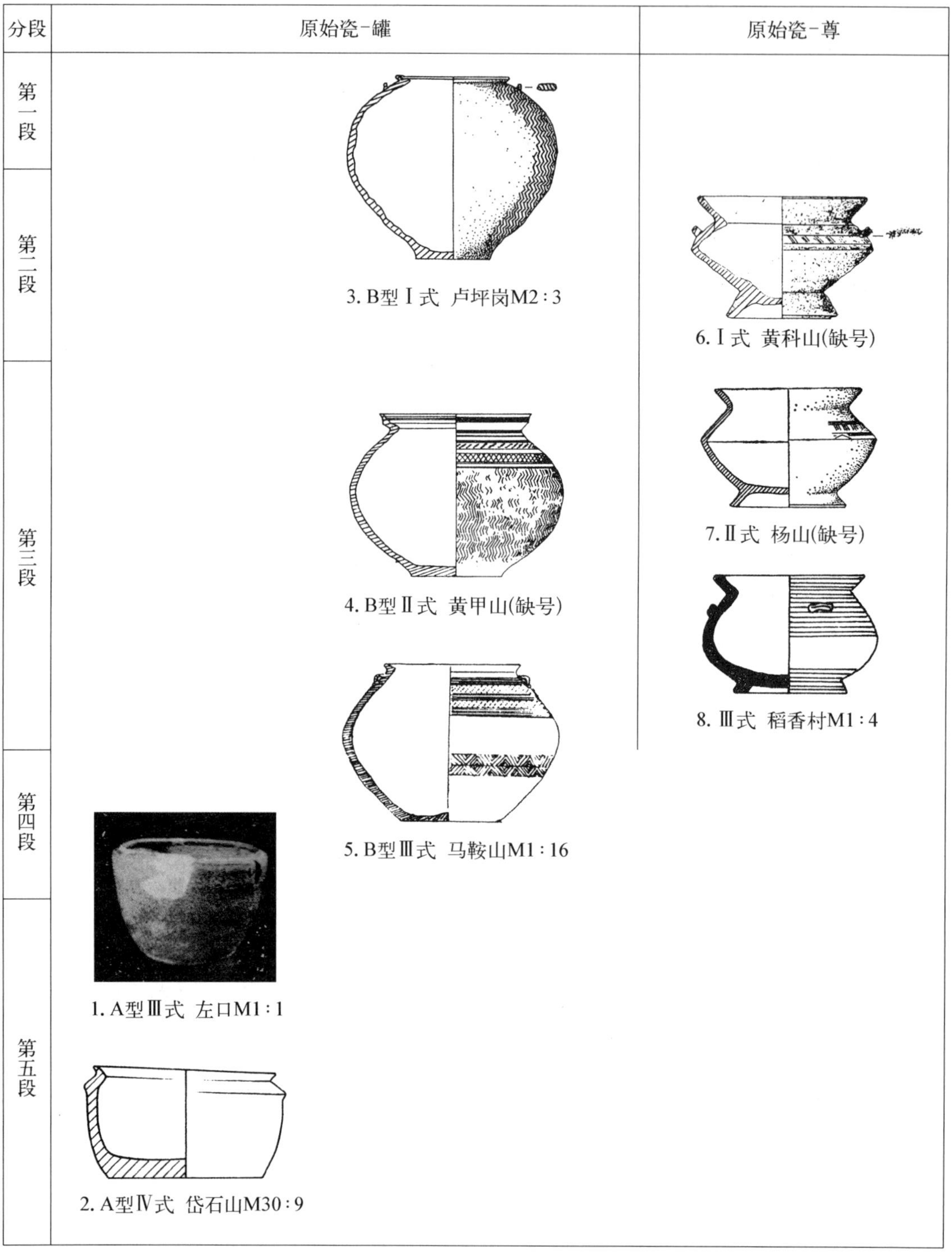

图 2.12　浙南闽北原始瓷罐(A、B 型)、尊分期谱系图

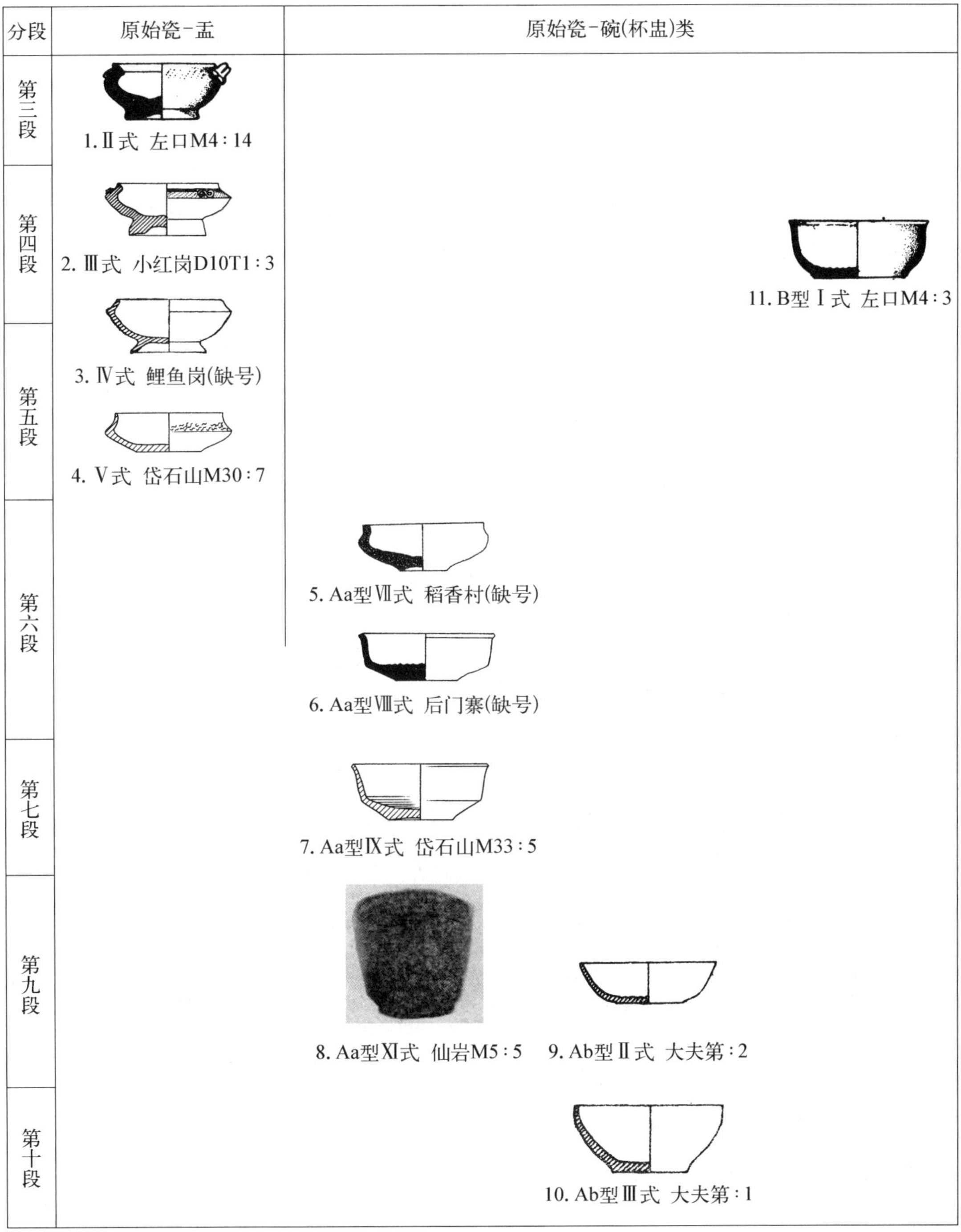

图 2.13　浙南闽北原始瓷盂、碗(杯盅)类(Aa、Ab、B型)分期谱系图

Ⅳ式　与太湖杭州湾形制稍异，直口或敛口，上腹内倾明显，其他特征基本相同。标本潭头鲤鱼岗（缺号）①。

Ⅴ式　腹部折棱明显，圈足消失，平底。标本岱石山 M30：7②。

5. 尊。可分三式（图 2.12，6～8）：

Ⅰ式　长沿，大口，折腹，上腹浅于下腹，圈足略高。标本黄科山（缺号）③。

Ⅱ式　沿较长，口稍小，部分上下腹等深，圈足较矮。标本杨山（缺号）④。

Ⅲ式　腹弧鼓凸，上腹等深或略深于下腹，矮圈足。标本稻香村 M1：4⑤。

（二）硬陶

6. 罐（瓿）类。见存三型。其中 C 型仅见于浙南闽北：

A 型　见存三亚型。其中 Ae 型仅见于浙南闽北：

Aa 型　见有四式（图 2.14，1～4）：

Ⅳ式标本西山大墩顶（缺号）⑥。Ⅴ式标本黄山屯溪 M5：45⑦。Ⅵ式标本屯溪 M5：61⑧。Ⅶ式标本岱石山 M29：5⑨。

Ab 型　见有六式（图 2.14，5～7；图 2.16，1～3）：

Ⅱ式标本白塘边 1：2⑩。Ⅳ式标本管九后门山（缺号）⑪。Ⅴ式标本岱石山 M5：2⑫。Ⅷ式标本岱石山 M33：6⑬。Ⅹ式标本仙岩 M5：10⑭。Ⅺ式标本光泽（缺号）⑮。

Ae 型　宽沿，筒形腹。可分四式（图 2.14，8～11）：

Ⅰ式　折沿略近盘口，稍束颈，垂腹较深。标本山林仔（缺号）⑯。

Ⅱ式　卷折沿，束颈，鼓肩稍起凸棱，鼓腹较深。标本山林仔 M1：2⑰。

Ⅲ式　卷沿，凸棱较显近折肩，深腹近筒形。标本管九麻地尾 D3M2（缺号）⑱。

---

① 栗建安、范祚其：《福建福安地区的有肩石器》，《考古》1995 年第 10 期。
② 浙江省文物考古研究所等：《浙南石棚墓调查发掘报告》，第 78 页。
③ 张家：《福建建瓯县古文化遗址调查》，《江西文物》1990 年第 1 期。
④ 福建省博物馆等：《福建省光泽县古遗址古墓葬的调查和清理》，《考古》1985 年第 12 期。
⑤ 林忠干：《福建出土原始青瓷的初步研究》，《东南文化》1989 年第 4、5 期。
⑥ 金华地区文管会：《浙江衢州西山西周土墩墓》，《考古》1984 年第 7 期。
⑦ 李国梁：《屯溪土墩墓发掘报告》，第 51 页。
⑧ 同上。
⑨ 同②，第 74 页。
⑩ 牟永抗、毛兆廷：《江山县南区古遗址墓葬调查试掘》，《浙江省文物考古所学刊》，第 80 页。
⑪ 福建闽越王城博物馆：《南平市闽越遗存调查》，《福建文博》2004 年第 1 期。
⑫ 同②，第 45 页。
⑬ 同②，第 86 页。
⑭ 江西省历史博物馆等：《江西贵溪崖墓发掘简报》，《文物》1980 年第 11 期。
⑮ 关福英：《光泽新发现的先秦时期印纹陶器及其断代》，《福建文博》2016 年第 2 期。
⑯ 谢道华：《福建建阳山林仔西周遗址调查》，《东南文化》1994 年第 5 期。
⑰ 福建省博物院：《福建建阳市山林仔遗址的发掘》，《考古》2002 年第 3 期。
⑱ 福建博物院等：《福建浦城管九村土墩墓》，第 20 页。

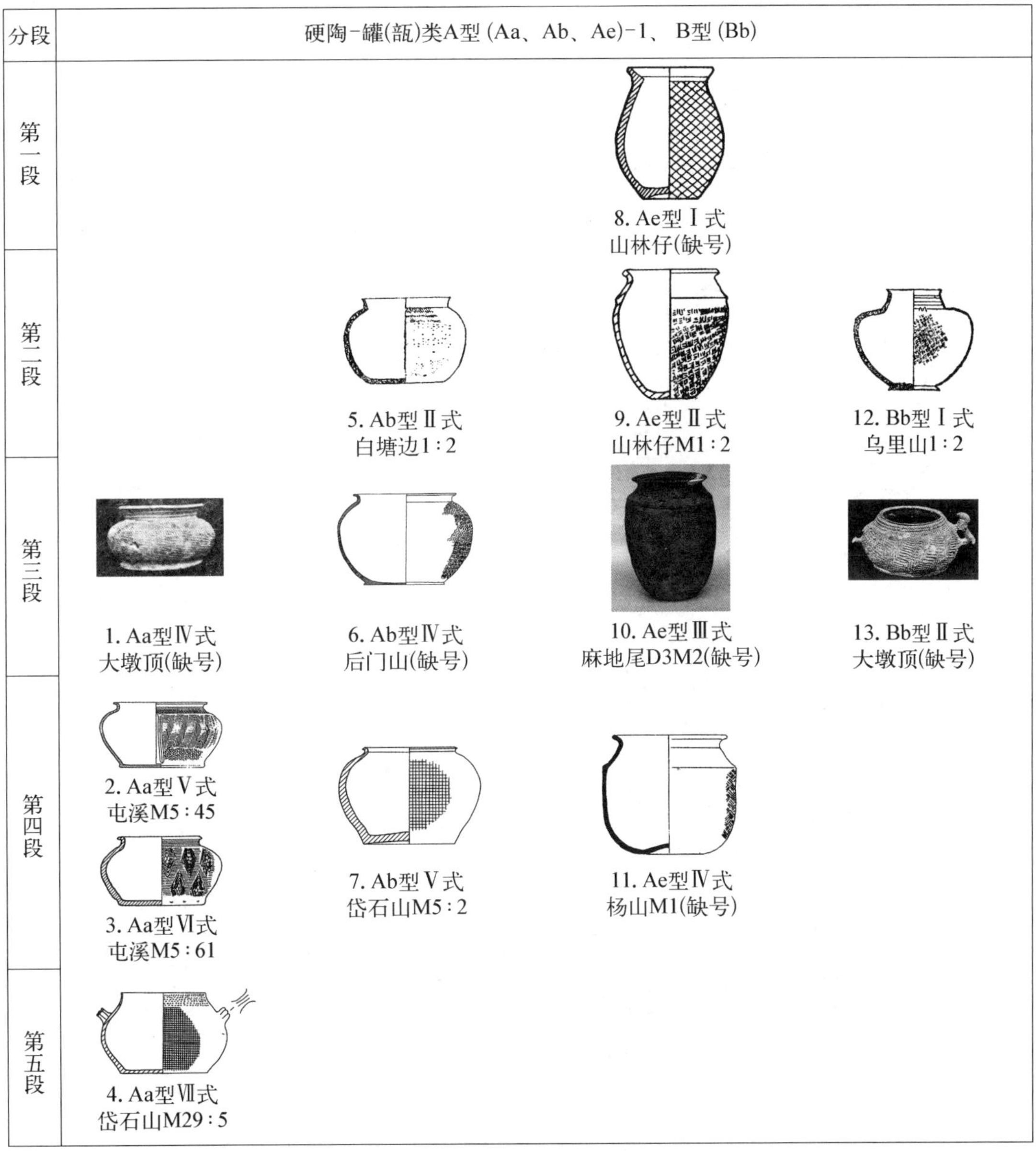

图 2.14　浙南闽北硬陶罐(瓿)类(Aa、Ab、Ac、Bb 型)分期谱系图(一)

Ⅳ式　凸棱呈折肩,筒形腹较浅。标本杨山 M1(缺号)①。

B 型　见存 Bb 型。见有两式。其中Ⅰ式仅见于浙南闽北(图 2.14,12～13):

Ⅰ式　长领,耸肩近平,最大腹径近肩部。标本和睦乌里山 1∶2②。

① 林忠干、傅宋良:《福建光泽商周印纹陶的类型问题》,《南方文物》1993 年第 4 期。

② 牟永抗、毛兆廷:《江山县南区古遗址墓葬调查试掘》,《浙江省文物考古所学刊》,第 79 页。

Ⅱ式标本西山大墩顶(缺号)①。

C 型　敞口或盘口,有鋬,平底。可分两亚型:

Ca 型　多盘口,以双鋬为主。可分三式(图 2.15,1~3):

Ⅰ式　长沿束颈,折腹较深,鋬起于口。标本闽侯古洋(缺号)②。

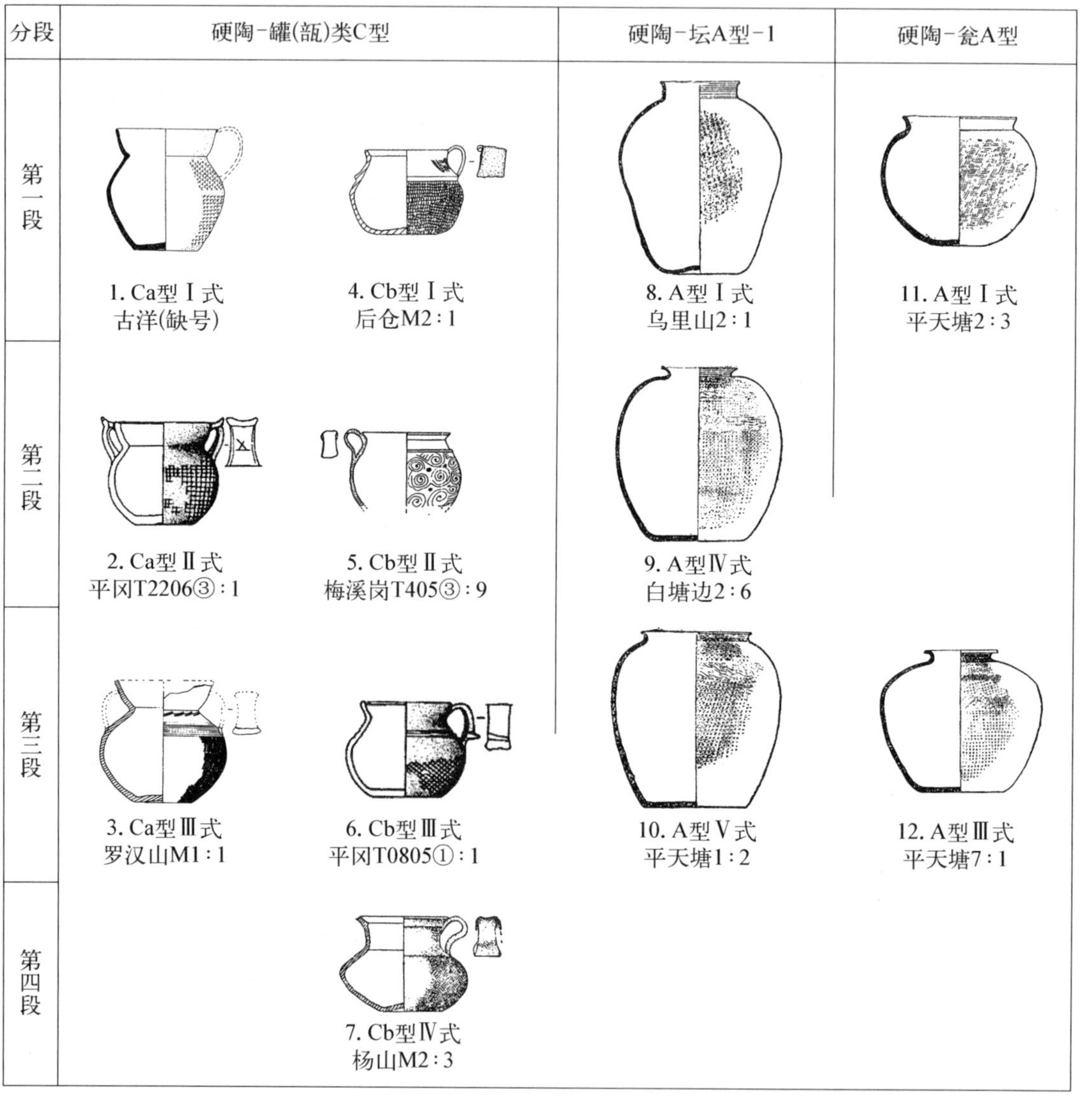

图 2.15　浙南闽北硬陶罐(瓿)类(Ca、Cb 型)、坛(A 型)、瓮(A 型)分期谱系图(一)

① 金华地区文管会:《浙江衢州西山西周土墩墓》,《考古》1984 年第 7 期。
② 陈龙、林忠干:《闽侯古洋遗址调查》,《福建文博》1994 年第 1 期。

Ⅱ式　腹圆鼓或弧折，稍浅，錾顶端外伸呈角状。标本古洋平冈 T2206③：1[①]。

Ⅲ式　沿甚长，束颈明显，錾起于口下，角状伸出消失。标本新店罗汉山 M1：1[②]。

Cb 型　敞口，单錾。可分四式（图 2.15，4～7）：

Ⅰ式　短折沿，无领，斜肩较长。标本霞浦后仓 M2：1[③]。

Ⅱ式　折沿稍长，斜肩稍内倾。标本武夷山梅溪岗 T405③：9[④]。

Ⅲ式　折沿较长，斜肩内倾明显。标本平冈 T0805①：1[⑤]。

Ⅳ式　长沿，高领，斜肩内倾程度甚高。标本杨山 M2：3[⑥]。

7. 坛。A、B 两型皆存：

A 型　见有五式（图 2.15，8～10；图 2.16，4～5）：

Ⅰ式标本乌里山 2：1[⑦]。Ⅳ式标本白塘边 2：6[⑧]。Ⅴ式标本地山岗平天塘 1：2[⑨]。Ⅺ式标本仙岩 M1：10[⑩]。ⅩⅤ式标本闽侯庄边山 M35：1[⑪]。

B 型　见有两式（图 2.16，6～7）：

Ⅵ式标本仙岩 M5：14[⑫]。Ⅶ式标本光泽（缺号）[⑬]。

8. 瓮。见存 A 型。见有两式（图 2.15，11～12）：

Ⅰ式标本平天塘 2：3[⑭]。Ⅲ式标本平天塘 7：1[⑮]。

9. 盂。见存 A 型。见有两式（图 2.17，1～2）：

Ⅴ式标本义乌平畴（缺号）[⑯]。Ⅵ式标本岱石山 M19：7[⑰]。

---

① 福州市文物考古工作队：《福建闽侯古洋平冈先秦遗存的发掘》，《东南考古研究》第 3 辑，第 43 页。

② 福州市文物考古工作队：《福州市新店罗汉山商周遗址 2008 年度考古发掘简报》，《福建文博》2014 年第 4 期。

③ 福建博物院：《福建霞浦黄瓜山遗址第二次发掘》，《福建文博》2004 年第 3 期。

④ 福建省博物馆：《武夷山梅溪岗遗址发掘简报》，《福建文博》1998 年增刊。

⑤ 同①。

⑥ 福建省博物馆等：《福建省光泽县古遗址古墓葬的调查和清理》，《考古》1985 年第 12 期。

⑦ 牟永抗、毛兆廷：《江山县南区古遗址墓葬调查试掘》，《浙江省文物考古所学刊》，第 79 页。

⑧ 同上书，第 80 页。

⑨ 同上书，第 80 页。

⑩ 江西省历史博物馆等：《江西贵溪崖墓发掘简报》，《文物》1980 年第 11 期。

⑪ 林公务：《福建闽侯庄边山的古墓群》，《东南文化》1991 年第 1 期。

⑫ 同⑩。

⑬ 关福英：《光泽新发现的先秦时期印纹陶器及其断代》，《福建文博》2016 年第 2 期。

⑭ 同⑦，第 79 页。

⑮ 同⑦，第 79 页。

⑯ 金华地区文管会：《浙江义乌县平畴西周墓——兼论原始青瓷器的制作工艺》，《考古》1985 年第 7 期。

⑰ 浙江省文物考古研究所等：《浙南石棚墓调查发掘报告》，第 56 页。

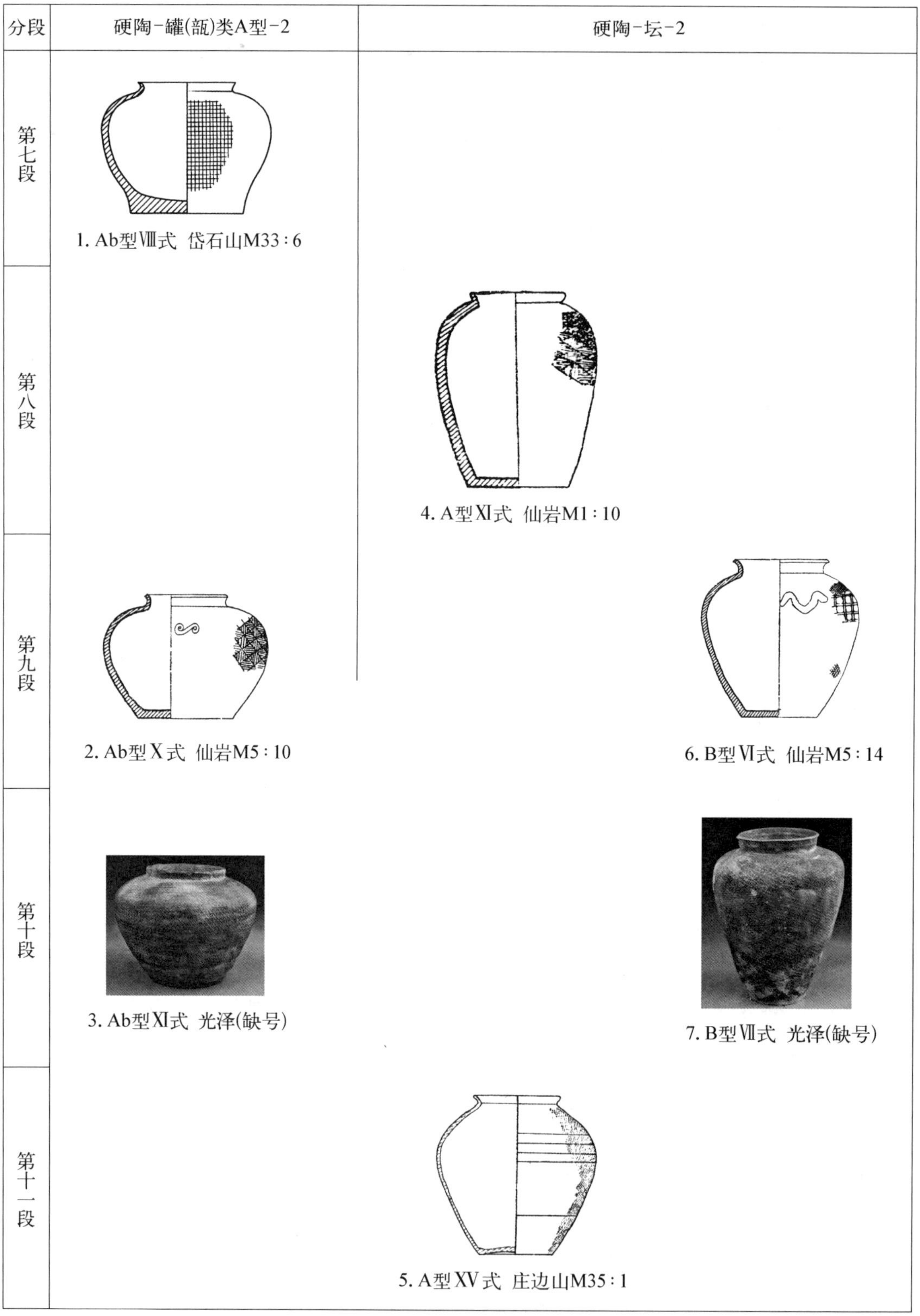

图 2.16　浙南闽北硬陶罐（瓿）类（Ab 型）、坛（A、B 型）分期谱系图（二）

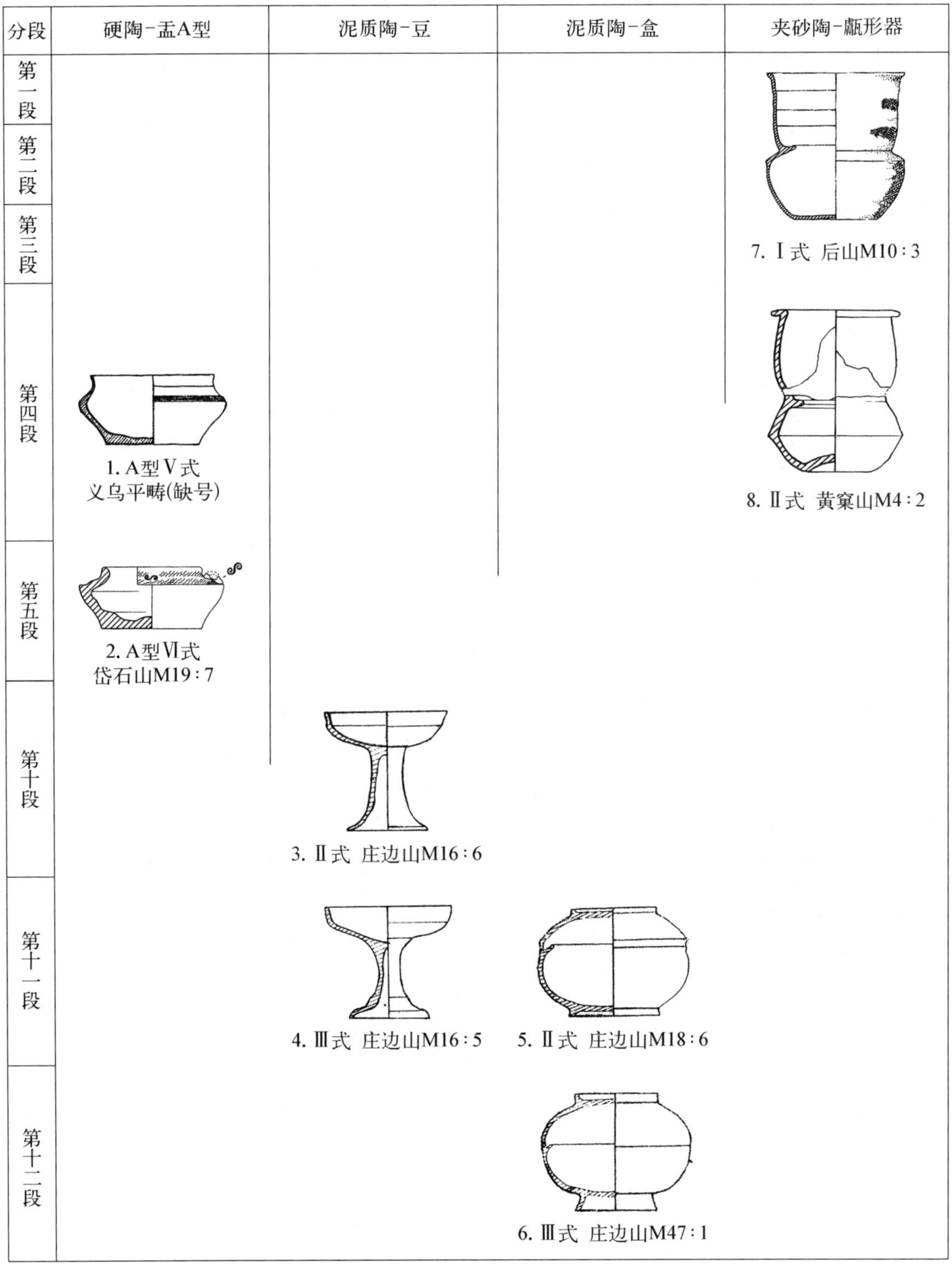

图 2.17　浙南闽北硬陶盂、泥质陶豆、盒、夹砂陶甗分期谱系图

（三）泥质陶

10. 豆。见有两式（图 2.17,3～4）：

Ⅱ式标本庄边山 M16：6①。Ⅲ式标本庄边山 M16：5②。

11. 盒。见有两式（图 2.17,5～6）：

Ⅱ式标本庄边山 M18：6③。Ⅲ式标本庄边山 M47：1④。

（四）夹砂陶

12. 甗形器。可分两式（图 2.17,7～8）：

Ⅰ式　口沿外侈或下翻，上腹明显浅于下腹，平底。标本池湖粮库后山 M10：3⑤。

Ⅱ式　口沿多下翻，上下腹等深，平底内凹。标本黄窠山 M4：2⑥。

二、分组、分段与分期

以上述 12 类器物为主，其他共存器类为辅，可串联两周时期浙南闽北遗迹单位共 177 个，并将其划分为十二组。本文选择共存关系较好的 52 个单位列入“典型单位分组统计表”（附录 A，表二）。

表中所见各型式器物，在此十二组中呈现出一致序列。可供利用的地层依据较少，目前仅见有卢坪岗 M3（第一组）早于卢坪岗 T0101②（第二组）；昙石山 96H139（第一组）早于 96、04T1507②D（第二组）早于 96T0804②A（第三组）两组地层关系。虽难以借此确定分组序列的顺序，但从文化面貌相近的太湖杭州湾的分期结果来看，这十二组的先后顺序同样只能是由第一组至第十二组，绝不可能相反。据此可将两周时期的浙南闽北划分为十二段。

综合各段的器物形制、数量比例、器类组合、纹饰及其变化情况来看，第二段与第三段、第五段与第六段、第七段与第八段的联系较密切，其他段之间则有明显区别。故可将此十二段整合为九期。各期段特征详见附录 B（表四、五）、附录 C（表二）。

第四节　岭南的分期研究

与太湖杭州湾—浙南闽北相比，岭南—粤东闽南的两周界限略显模糊，部分单位与某些文化类型的年代尚有争议，需先行解决。

① 林公务：《福建闽侯庄边山的古墓群》，《东南文化》1991 年第 1 期。
② 同上。
③ 同上。
④ 同上。
⑤ 福建省博物馆：《福建光泽池湖积谷山遗址及墓葬》，《东南考古研究》第 3 辑，第 13 页。
⑥ 福建省博物馆：《福建建瓯黄窠山遗址发掘报告》，《福建文博》1995 年第 1 期。

一、岭南—粤东闽南的两周界限

岭南早期青铜时代①的遗存中，村头类型的下限在距今3000年前后②，与本书的年代上限恰相衔接。但这一数据的测年方法与修正过程都存在一定问题③，村头类型年代下限的最终确定，还需要更多的证据。

村头类型中见存浮滨文化因素，如亚婆湾釉陶深折腹豆④与水涌大口尊⑤。其形制与九龙江流域商周遗存第六期⑥所见近同，该期虎林山M13、M18的碳十四测年数据为距今3 040±60年和3 120±80年⑦。东湾仔北二期亦出土同期镂孔折腹圈足罐，测年结果为距今3 086~2 952年⑧。可知，村头类型的下限确应在距今3 000年前后。横岭山报告所分第一期第一段文化面貌与之相似⑨，故可以横岭山第一期第二段⑩、九龙江流域商周遗存第七期⑪作为岭南—粤东闽南两周遗存的上限。与前期相比，此时的盆敞口更甚，口径大于腹径，硬陶圈足罐[即本书罐（瓿）类Db型]作短沿，口径明显小于腹径，圈足甚低近乎消失，可以作为断代的标型器（图2.18）。

值得注意的是，有学者认为石峡三期下限为商代晚期，稍晚的黄潭寺类型可进入西周⑫。但根据最新研究成果，黄潭寺晚期应属于典型的石峡三期遗存，下限不晚于距今3 000年⑬，与村头类型相当，同样早于岭南—粤东闽南两周遗存的上限。

下限问题主要与米字纹陶类型的年代有关。李龙章等学者认为，夔纹的年代下限在战国晚期，后续而起的米字纹陶类型应晚于战国，其典型遗址银岗二期的部分器物与广州汉墓所见相同，并出土卷云纹瓦当等典型秦汉器物，米字纹陶类型的主体应在汉代⑭。这一判断暗含“夔纹—米字纹”“夔纹陶—米字纹陶”单线进化的预设，但是事实上，二者之间并不存在演变关系，米字纹陶类型并非孕育自夔纹陶类型，夔纹的下限也不能代表夔纹

---

① 李岩：《试析广东地区青铜时代早期诸遗存》，《江西文物》1990年第1期；李岩：《广东早期青铜时代遗存述略》，《考古》2001年第3期。

② 朱非素：《珠江三角洲贝丘、沙丘遗址和聚落形态》，《南中国及邻近地区古文化研究 庆祝郑德坤教授从事学术活动六十周年论文集》，香港中文大学出版社，1994年，第219~228页。

③ 这一测年数据，是对东澳湾③层陶片（标本编号87022）热释光测年结果的修正。方法上，热释光的准确性不及碳十四（商志䃅、杨伟鸿：《香港新石器时代文化的分期与断代》，《考古》1997年第6期）；结论上，测年结果为距今3 750±5%年，后发掘者修正为距今3 000年前后，但没有修正说明（广东省博物馆等：《广东珠海市淇澳岛东澳湾遗址发掘简报》，《考古》1990年第9期；李岩：《试析东澳湾遗存》，《考古》1990年第9期）。故此结论的准确性还需验证。

④ 唐振雄、李子文：《淇澳岛亚婆湾、南芒湾遗址调查》，《珠海考古发现与研究》，广东人民出版社，1991年，第57~69页。

⑤ 赵善德：《前山镇水涌、猫地遗址调查》，《珠海考古发现与研究》，第125~136页。

⑥ 干小莉：《九龙江流域商周时期古文化分期初探——兼谈浮滨类型的年代》，《考古学报》2010年第1期。

⑦ 福建博物院等：《虎林山遗址——福建漳州商周遗址发掘报告之一》，海潮摄影艺术出版社，2003年。

⑧ 陈琴：《香港东湾仔遗址商时期陶器及文化面貌分析》，《四川文物》2017年第2期。

⑨ 广东省文物考古研究所：《博罗横岭山——商周时期墓地2000年发掘报告》，第79~90页。

⑩ 同上书，第90~98页。

⑪ 干小莉：《九龙江流域商周时期古文化分期初探——兼谈浮滨类型的年代》，《考古学报》2010年第1期。

⑫ 杨杰：《广东早期青铜文化试析》，《华夏考古》2010年第3期。

⑬ 广东省文物考古研究所等：《石峡遗址——1973~1978年考古发掘报告》，文物出版社，2014年，第560页。

⑭ 李龙章：《两广夔纹陶类型遗存年代问题商榷》，《南方文物》2003年第1期；李龙章：《两广地区米字纹陶类型遗存和广州汉墓年代》，《考古》2006年第4期；刘瑞：《秦汉帝国南缘的面相：以考古视角审视》，第27~28页。

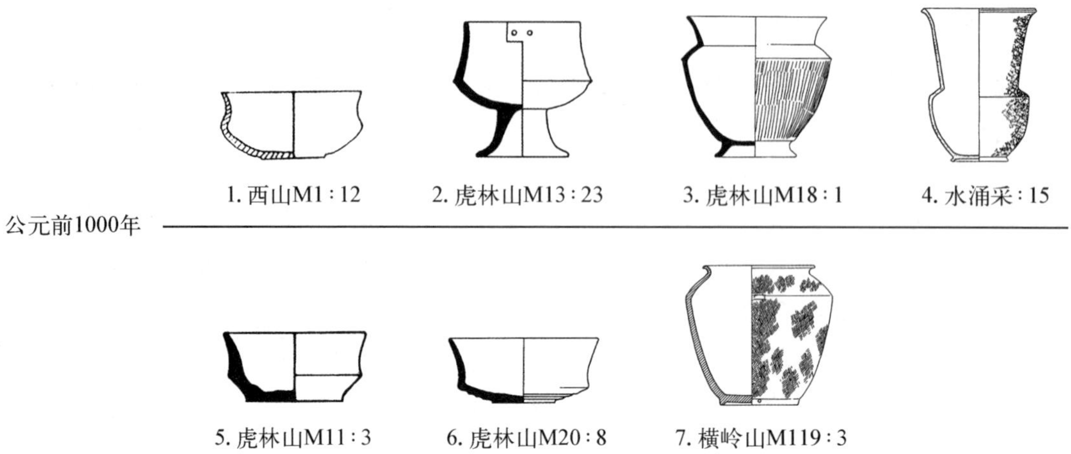

图 2.18　岭南—粤东闽南的两周上限

陶类型的下限,更勿论以此推导米字纹陶类型的年代[①]。

战国时期夔纹数量甚少,且多施于平底器,可视为夔纹陶传统的孑遗。而且银岗二期“存在多组叠压打破关系,分段可能性较大”[②],不可一概而论。其中 G3、H9、H10 开口③a 层(即银岗第一次发掘②层[③])下,打破③b 层。卷云纹瓦当出土于③a 层,为银岗二期最晚单位,无法据此认为银岗二期统属秦汉。且类似瓦当自战国晚期已见于陕西[④],银岗所见未必一定属汉。所谓与广州汉墓相近的器物也存在明显的形制差异。如银岗所出短颈罐与折沿罐,腹外鼓凸,下腹斜收明显,不似后者腹略弧鼓,下腹弧收较缓;又如釜形鼎与釜,卷沿略近盘口,不似后者盘口上翻明显。银岗二期年代应当较早,以其为典型遗址的米字纹陶类型的上限,不宜被认为晚于战国(图 2.19)。

目前广州秦汉造船场第⑧层明确属西汉初年[⑤],罗冈 M3 应在秦汉之际或西汉初年[⑥]。以二者共见的三足盒为线索,梳理银岗同类器,发现可分四式:Ⅰ式,无肩,深腹垂凸,矮足;Ⅱ式,折肩,弧腹较浅;Ⅲ式,折腹较浅,足稍长;Ⅳ式,长折肩,扁折腹(图 2.20)。其中,Ⅰ、Ⅱ式见于银岗 G3,Ⅲ式见于③a 层,Ⅳ式仅见于造船场第⑧层与罗冈 M3。照此,银岗二期主体年代应属战国,下限在秦汉之际。可以银岗③a(第二次发掘)、②层(第一次发掘)作为岭南—粤东闽南两周遗存的最晚单位。

---

① 吴桐:《从平底夔纹陶器看岭南“米字纹陶”遗存》,《考古》2024 年第 1 期。

② 广东省文物考古研究所:《广东博罗银岗遗址第二次发掘》,《文物》2000 年第 6 期。

③ 银岗第一次发掘②层与第二次发掘③a 层皆叠压 G3,且二者包含物近同,应属同层(广东省文物考古研究所:《广东博罗银岗遗址发掘简报》,《文物》1998 年第 7 期;同上)。

④ 申云艳:《中国古代瓦当研究》,中国社会科学院研究生院博士学位论文,2002 年,第 8～19 页;魏效祖:《长安县东马坊的先秦建筑遗址》,《考古与文物》1986 年第 4 期。

⑤ 广州市文物管理处等:《广州秦汉造船工场遗址试掘》,《文物》1977 年第 4 期。

⑥ 广州市文物管理委员会:《广州东郊罗冈秦墓发掘简报》,《考古》1962 年第 8 期。

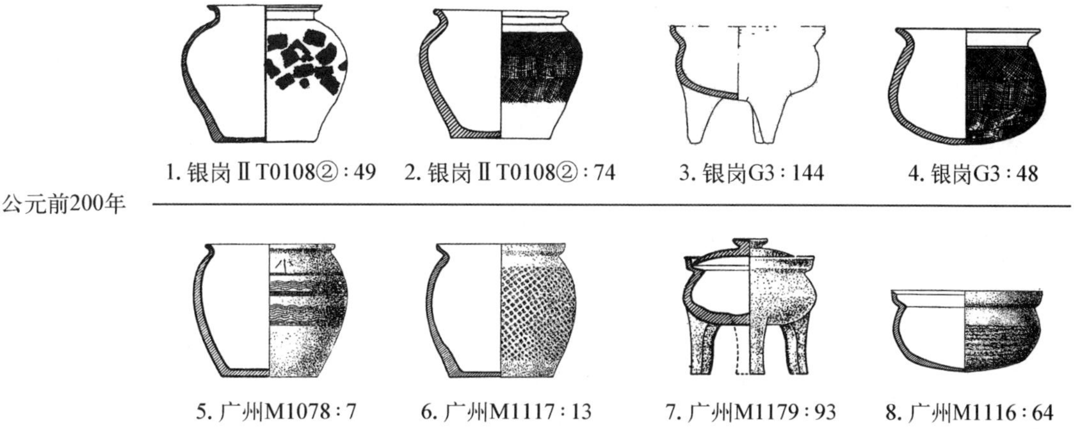

图 2.19　岭南—粤东闽南的两周下限

（改绘自李龙章：《两广地区米字纹陶类型遗存和广州汉墓的年代》，《考古》2006 年第 4 期，图一）

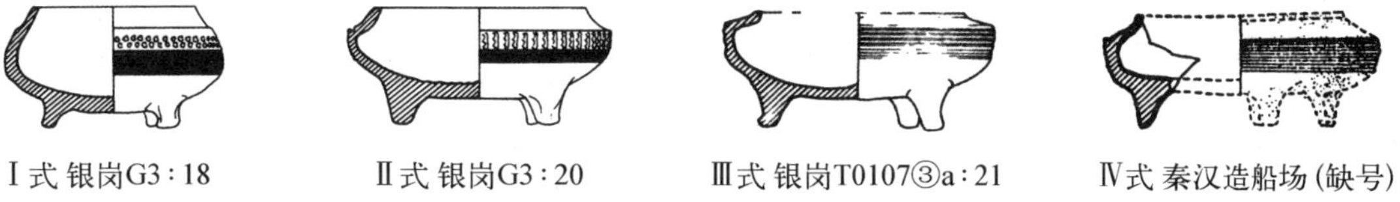

图 2.20　岭南三足盒的类型学划分

二、器物的类型学研究

岭南硬陶豆、碗（杯盅）类器器与原始瓷同类器形近而略异，且数量甚多，青铜器亦不乏明确共存关系者，二者皆应纳入类型学研究的范畴。

（一）原始瓷

1. 豆。见存 A、C、D 三型：

A 型　见存两亚型：

Ab 型　口略小，体多较高。可分三式（图 2.21，1～4）：

Ⅰ式　口稍外侈，腹弧折，高圈足。标本博罗横岭山 M145：2①。

Ⅱ式　体变高，侈口较显，折腹稍凸，圈足略矮。标本横岭山 M098：6、M173：1②。

Ⅲ式　体较高，侈口明显，折腹外凸，圈足较矮。标本横岭山 M006：1③。

① 广东省文物考古研究所：《博罗横岭山——商周时期墓地 2000 年发掘报告》，第 302 页。

② 同上书，第 337、195 页。

③ 同上书，第 241 页。

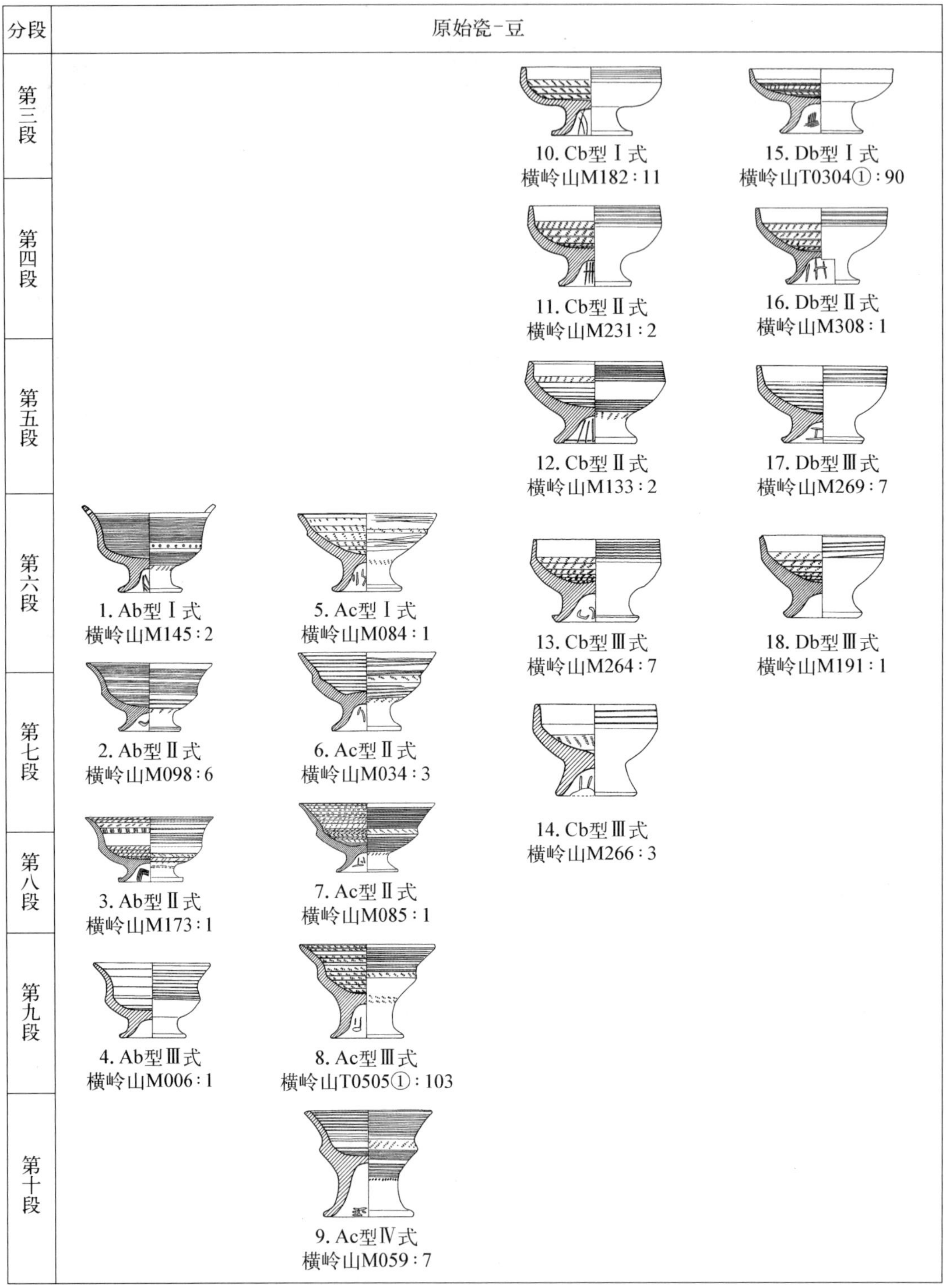

图 2.21　岭南原始瓷豆（Ab、Ac、Cb、Db 型）分期谱系图

Ac 型　大口，体较高。可分四式（图 2.21，5～9）：

Ⅰ式　上腹浅于下腹，腹略弧折，圈足较高。标本横岭山 M084：1[1]。

Ⅱ式　体变高，上下腹等深，折腹竖直，圈足变高。标本横岭山 M034：3、M085：1[2]。

Ⅲ式　体更高，上腹略深于下腹，圈足更高。标本横岭山 T0505①：103[3]。

Ⅳ式　高体，上腹深于下腹，折腹斜直外凸，高圈足。标本横岭山 M059：7[4]。

C 型　见存 Cb 型。下腹弧鼓。可分三式（图 2.21，10～14）：

Ⅰ式　矮体较宽，上腹略浅于下腹，圈足较矮。标本横岭山 M182：11[5]。

Ⅱ式　体稍高稍窄，上下腹多等深，圈足略高。标本横岭山 M231：2、M133：2[6]。

Ⅲ式　体更高更窄，上下腹等深或略深于下腹。标本横岭山 M264：7、M266：3[7]。

D 型　见存 Db 型。下腹弧鼓。可分三式（图 2.21，15～18）：

Ⅰ式　矮体较宽，上腹略浅于下腹。标本横岭山 T0304①：90[8]。

Ⅱ式　体稍高稍窄，上腹略浅，下腹较深。标本横岭山 M308：1[9]。

Ⅲ式　体更窄，上腹略浅或与下腹等深。标本横岭山 M269：7、M191：1[10]。

2. 碗（杯盅）类。见存 A 型，两亚型皆存：

Aa 型　见有六式（图 2.22，1～7）：

Ⅶ式标本和平杨村坳（缺号）[11]。Ⅷ式标本曲江石峡 T41②AH76：1[12]。Ⅸ式标本封开利羊墩 M34：5[13]。Ⅹ式标本贺州龙中（缺号）[14]。Ⅺ式标本深圳屋背岭 M019：1[15]。Ⅻ式标本利羊墩 M26：4[16]、萝岗园岗山 M1：17[17]。

Ab 型　见有三式。其中Ⅳ式仅见于岭南（图 2.22，8～10）：

① 广东省文物考古研究所：《博罗横岭山——商周时期墓地 2000 年发掘报告》，第 215 页。
② 同上书，第 244、291 页。
③ 同上书，第 424 页。
④ 同上书，第 329 页。
⑤ 同上书，第 142 页。
⑥ 同上书，第 176、193 页。
⑦ 同上书，第 204、221 页。
⑧ 同上书，第 423 页。
⑨ 同上书，第 187 页。
⑩ 同上书，第 222、218 页。
⑪ 广东省博物馆等：《广东省和平县古文化遗存调查》，《考古》1991 年第 3 期。
⑫ 广东省文物考古研究所等：《石峡遗址——1973～1978 年考古发掘报告》，第 590 页。
⑬ 杨式挺等：《广东封开利羊墩墓葬群发掘简报》，《南方文物》1995 年第 3 期。
⑭ 贺县博物馆：《广西贺县龙中岩洞墓清理简报》，《考古》1993 年第 4 期。
⑮ 广东省文物考古研究所等：《深圳屋背岭遗址发掘报告》，《考古学报》2004 年第 3 期。
⑯ 同⑬。
⑰ 广州市文物考古研究所：《广州市萝岗区园岗山越人墓发掘简报》，《华南考古（2）》，文物出版社，2008 年，第 260 页。

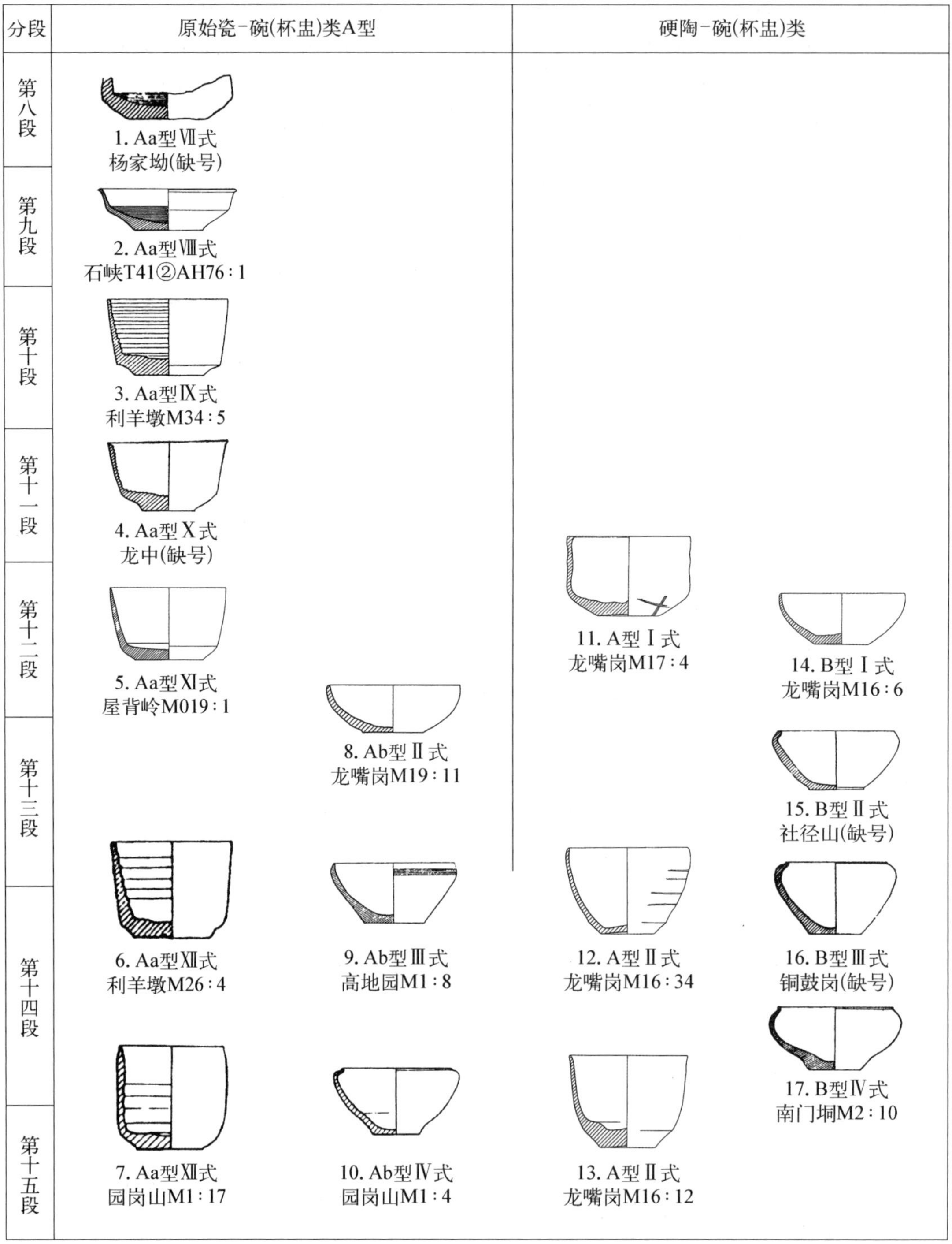

图 2.22　岭南原始瓷碗（杯盅）类（Aa、Ab 型）、硬陶碗（杯盅）类（A、B 型）分期谱系图

Ⅱ式标本广宁龙嘴岗 M19：11[①]。Ⅲ式标本四会高地园 M1：8[②]。

Ⅳ式　敛口起小直棱，深腹，小平底。标本园岗山 M1：4[③]。

（二）硬陶

3. 豆。根据口部特征可分四型：

A 型　侈口，与原始瓷豆 Ac 型略似。可分四式（图 2.23，1～4）：

Ⅰ式　体略矮，敞口稍侈，上腹弧收浅于下腹，圈足略矮。标本横岭山 M056：10[④]。

Ⅱ式　侈口，上腹弧收深于下腹。标本横岭山 M071：1[⑤]。

Ⅲ式　体变高，侈口明显，上腹斜直收，折腹斜直外凸。标本横岭山 M035：2[⑥]。

Ⅳ式　体更高，侈口更显，上腹斜直甚深于下腹，圈足较高。标本横岭山 M017：1[⑦]。

B 型　敞口，高体。可分三式（图 2.23，5～8）：

Ⅰ式　卷沿较长，口径大于腹径，浅鼓腹，高圈足。标本横岭山 M179：1、M292：3[⑧]。

Ⅱ式　卷沿变短，口径等于腹径，鼓腹较深略凸，圈足较高。标本横岭山 M123：1[⑨]。

Ⅲ式　深腹鼓凸。标本横岭山 M255：1[⑩]。

C 型　敛口，与原始瓷豆 Cb 型稍似。可分三式（图 2.23，9～11）：

Ⅰ式　体较矮较宽，上腹略浅于下腹，矮圈足。标本横岭山 T0607①：59[⑪]。

Ⅱ式　体稍高稍窄，上腹明显浅于下腹，圈足稍高。标本横岭山 M170：1[⑫]。

Ⅲ式　体更高更窄，下腹加深。标本横岭山 M225：2[⑬]。

D 型　直口，与原始瓷豆 Db 型略似。可分三式（图 2.23，12～14）：

Ⅰ式　矮体较宽浅腹，上腹略深于下腹，圈足较矮。标本横岭山 M124：1[⑭]。

Ⅱ式　体稍高稍窄，上下腹大致等深，圈足略高。标本横岭山 M056：13[⑮]。

---

① 广东省文物考古研究所：《肇庆古墓》，科学出版社，2008 年，第 23 页。
② 何纪生：《广东发现的几座东周墓葬》，《考古》1985 年第 4 期。
③ 广州市文物考古研究所：《广州市萝岗区园岗山越人墓发掘简报》，《华南考古（2）》，第 260 页。
④ 广东省文物考古研究所：《博罗横岭山——商周时期墓地 2000 年发掘报告》，第 213 页。
⑤ 同上书，第 228 页。
⑥ 同上书，第 246 页。
⑦ 同上书，第 322 页。
⑧ 同上书，第 197、224 页。
⑨ 同上书，第 342 页。
⑩ 同上书，第 354 页。
⑪ 同上书，第 418 页。
⑫ 同上书，第 162 页。
⑬ 同上书，第 200 页。
⑭ 同上书，第 162 页。
⑮ 同上书，第 213 页。

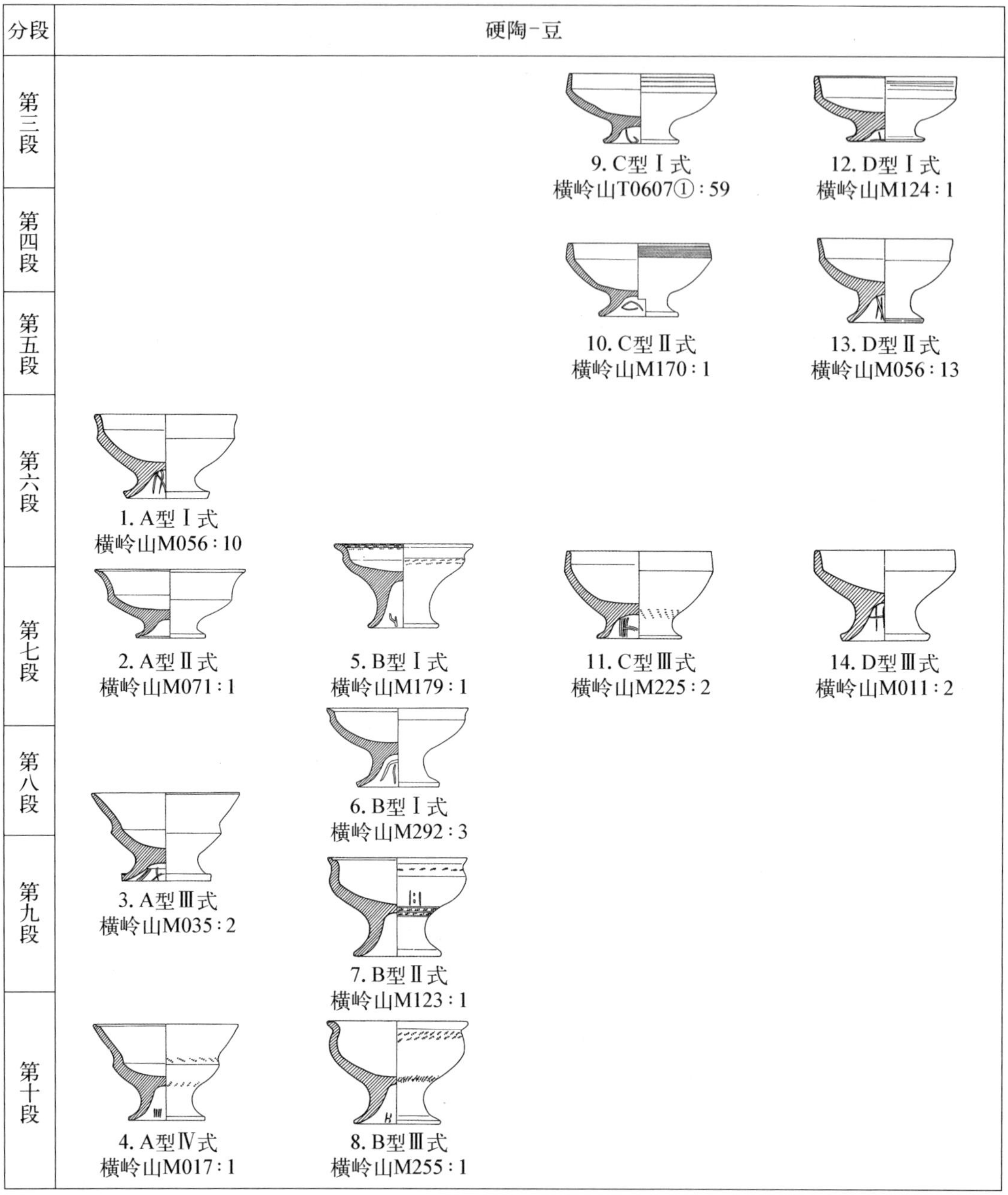

图 2.23　岭南硬陶豆（A、B、C、D 型）分期谱系图

Ⅲ式　体更高更窄，上下腹等深，圈足较高。标本横岭山 M011 ：2①。

4. 罐（瓿）类。见存 A、B、D、E 四型：

① 广东省文物考古研究所：《博罗横岭山——商周时期墓地 2000 年发掘报告》，第 211 页。

A 型　见存三亚型。其中 Af 型仅见于岭南：

Ab 型　见有三式。其中Ⅻ、ⅩⅢ式仅见于岭南(图 2.24,1~3)：

Ⅺ式　标本乐昌对面山 M183：5①。

Ⅻ式　卷沿,斜肩较长,弧折锐利,最大腹径接近中腹。标本和平三角山 M1：4②。

ⅩⅢ式　斜肩弧凸,最大腹径在中腹。标本园岗山 M1：28③。

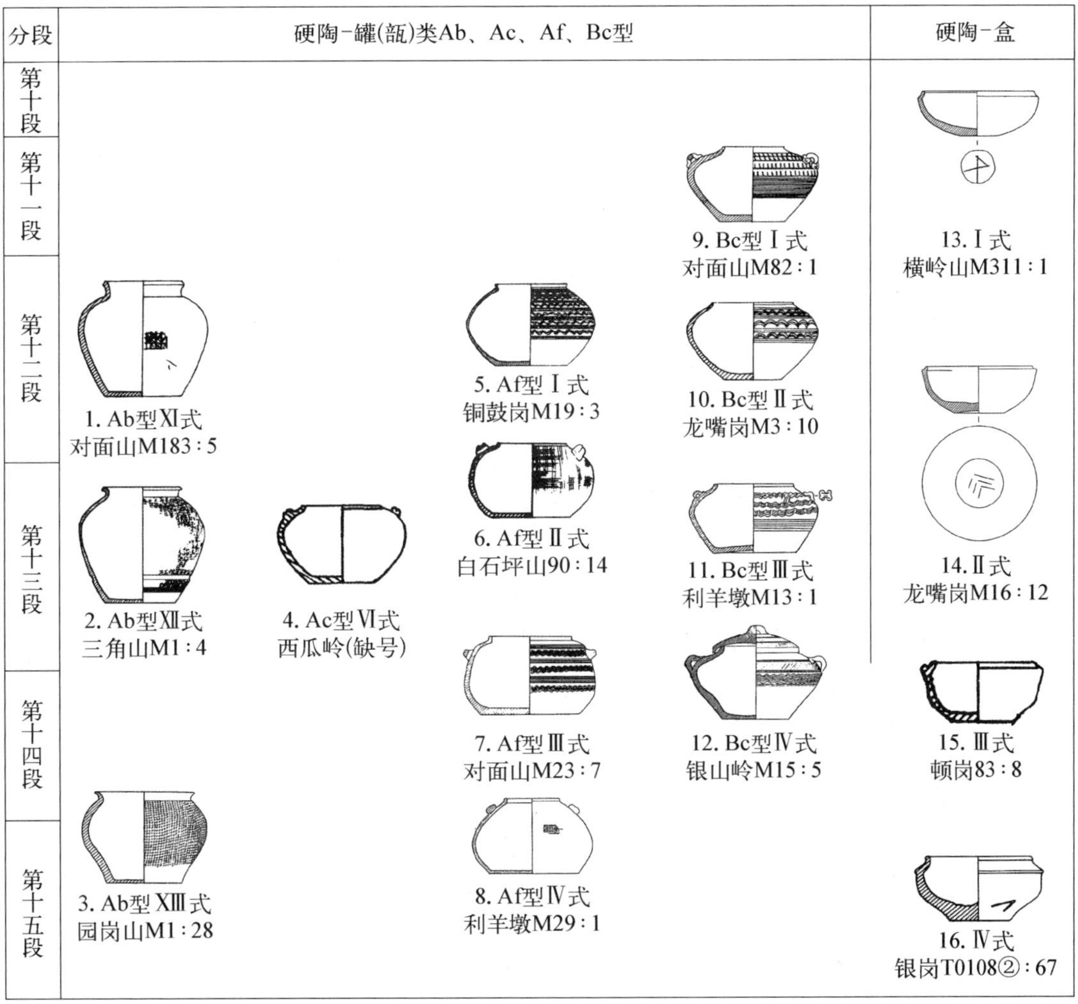

图 2.24　岭南硬陶罐(瓿)类(Ab、Ac、Af、Bc 型)、盒分期谱系图

Ac 型　见有一式(图 2.24,4)：

① 广东省文物考古研究所等:《广东乐昌市对面山东周秦汉墓》,《考古》2000 年第 6 期。

② 广东省文物考古研究所等:《广东和平县古文化遗存的发掘与调查》,《文物》2000 年第 6 期。

③ 广州市文物考古研究所:《广州市萝岗区园岗山越人墓发掘简报》,《华南考古(2)》,第 258 页。

Ⅵ式标本增城西瓜岭(缺号)①。

Af 型　窄沿,宽垂腹。可分四式(图 2.24,5～8):

Ⅰ式　敞口,长斜肩,宽腹较深,鼓凸明显。标本广宁铜鼓岗 M19:3②。

Ⅱ式　直口,窄斜肩,出现贯耳,宽腹稍浅,圆鼓。标本始兴白石坪山 90:14③。

Ⅲ式　斜肩更窄,垂腹明显。标本对面山 M23:7④。

Ⅳ式　无肩,垂腹甚显,口径明显小于底径。标本利羊墩 M29:1⑤。

B 型　见存两亚型。皆仅见于岭南与粤东闽南:

Bc 型　无领。可分四式(图 2.24,9～12):

Ⅰ式　敛口稍上翻,斜鼓肩较长。标本对面山 M82:1⑥。

Ⅱ式　敛口略上翻,斜肩较长。标本龙嘴岗 M3:10⑦。

Ⅲ式　敛口上翻较显,斜肩稍短。标本利羊墩 M13:1⑧。

Ⅳ式　敛口上折翻呈直口,斜肩较长。标本平乐银山岭 M15:5⑨。

Bd 型　多有领,腹略垂。可分五式(图 2.25,1～5):

Ⅰ式　敛口,领腹无明显分界,腹略弧折,稍显垂。标本横岭山 M256:2(-)⑩。

Ⅱ式　敛口近直,领腹相接处稍显,腹略垂鼓。标本横岭山 M277TB:1⑪。

Ⅲ式　直口,直领较长,领腹相接处明显,腹圆鼓。标本横岭山 M291:1⑫。

Ⅳ式　敞口卷沿,直领内凹,变短。标本横岭山 M157:1(+)⑬。

Ⅴ式　敞口折沿,领变短近无,垂鼓腹明显。标本横岭山 M108:1⑭。

D 型　敞口,圈足。根据腹部特征,可分两亚型。仅见于岭南与粤东闽南。

Da 型　鼓腹。可分六式(图 2.25,6～11):

---

① 广东省文物管理委员会等:《广东增城、始兴的战国遗址》,《考古》1964 年第 3 期。

② 广东省博物馆:《广东广宁县铜鼓岗战国墓》,《考古学集刊》第 1 集,中国社会科学出版社,1981 年,第 116 页。

③ 廖晋雄:《广东始兴县白石坪山战国晚期遗址》,《考古》1996 年第 9 期。

④ 广东省文物考古研究所等:《广东省乐昌市对面山东周秦汉墓》,《考古》2000 年第 6 期。

⑤ 杨式挺等:《广东封开利羊墩墓葬群发掘简报》,《南方文物》1995 年第 3 期。

⑥ 同④。

⑦ 广东省文物考古研究所等:《广东广宁县龙嘴岗战国墓》,《考古》1998 年第 7 期。

⑧ 同⑤。

⑨ 广西壮族自治区文物工作队:《平乐银山岭战国墓》,《考古学报》1978 年第 2 期。

⑩ 广东省文物考古研究所:《博罗横岭山——商周时期墓地 2000 年发掘报告》,第 278 页。

⑪ 同上书,第 358 页。

⑫ 同上书,第 209 页。

⑬ 同上书,第 218 页。

⑭ 同上书,第 340 页。

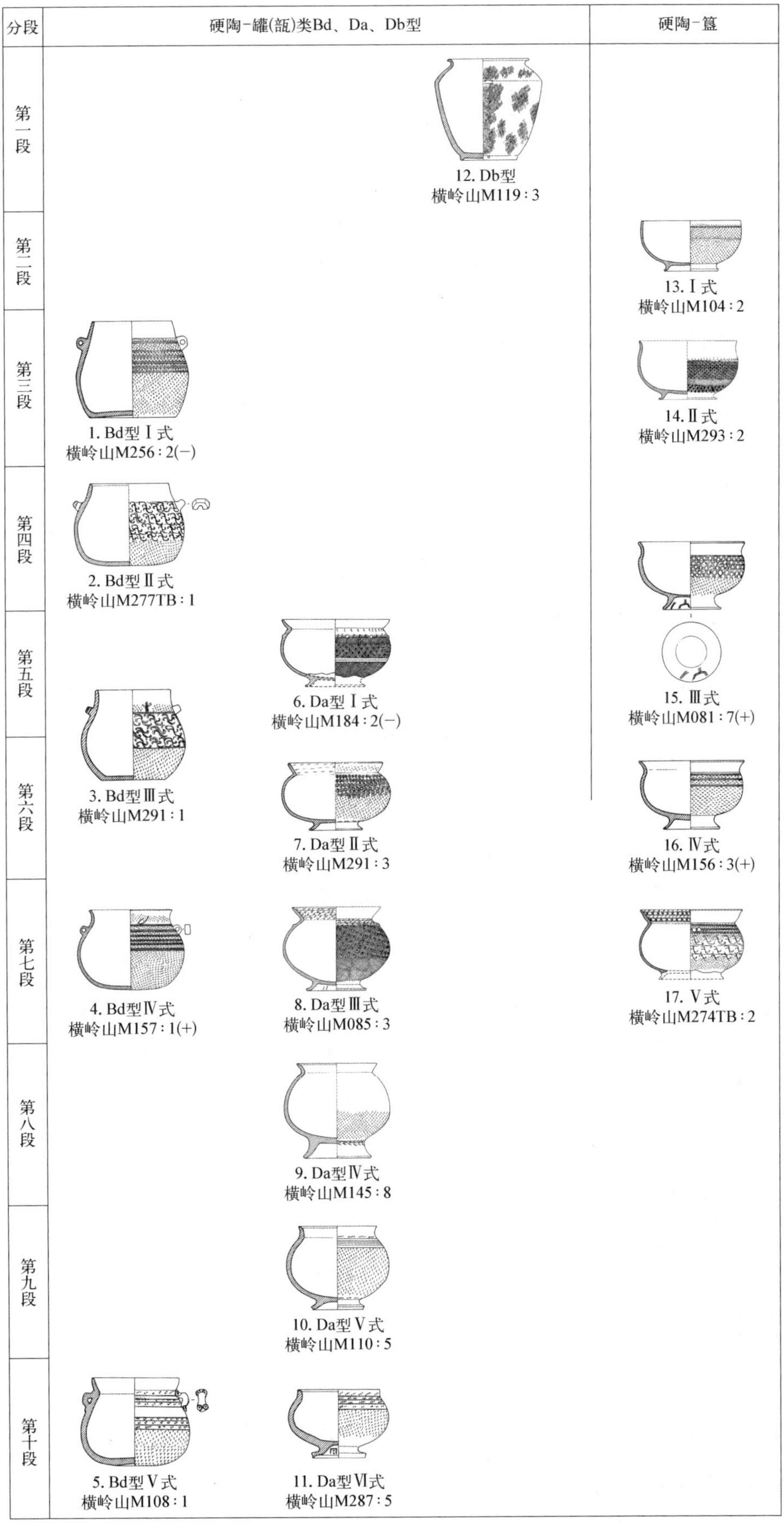

图 2.25　岭南硬陶罐(瓿)类(Bd、Da、Db 型)、簋分期谱系图

Ⅰ式　大口，体宽扁，长折沿，腹扁鼓较浅。标本横岭山 M184：2（－）①。

Ⅱ式　腹扁鼓圆凸，较浅。标本横岭山 M291：3②。

Ⅲ式　体高宽，深腹圆鼓外凸。标本横岭山 M085：3③。

Ⅳ式　体高较窄，卷折沿较长，深垂腹。标本横岭山 M145：8④。

Ⅴ式　口变小，体稍矮较窄，卷沿略短，鼓腹略垂，较浅。标本横岭山 M110：5⑤。

Ⅵ式　体更矮，卷沿较短近直口，扁鼓腹。标本横岭山 M287：5⑥。

Db 型　折腹。仅见于岭南与粤东闽南最早阶段，不分式。体较窄，卷沿，深腹，直圈足，口径略大于足径。标本横岭山 M119：3⑦（图 2.25，12）。

E 型　敞口，圜底。根据沿、腹特征，可分四亚型。仅见于岭南与粤东闽南：

Ea 型　沿多较短，浅腹较宽，体多较小。可分十式。其中Ⅷ～Ⅹ式见于粤东闽南，岭南仅见Ⅰ～Ⅶ式（图 2.26，1～8）：

Ⅰ式　卷沿较短，折腹，腹浅宽，圜底略平。标本横岭山 M331：2⑧。

Ⅱ式　最大腹径在中腹，腹略浅宽，圜底明显。标本横岭山 M245：1⑨。

Ⅲ式　卷折沿较长，折腹退化为折棱，腹稍深。标本横岭山 M051：2⑩。

Ⅳ式　折沿较长，腹弧折，折棱不见。标本横岭山 M239：2⑪。

Ⅴ式　腹圆鼓外凸，腹稍深。标本横岭山 M211：16、M098：2⑫。

Ⅵ式　垂腹略圆鼓，腹略深。标本横岭山 M216：1（＋）⑬。

Ⅶ式　垂腹鼓凸明显，腹较深。标本横岭山 T0202①：35⑭。

Eb 型　沿较短，腹较深较窄，有双附耳，体稍大。可分七式（图 2.26，9～16）：

Ⅰ式　口略小，直口微敞，卷沿，直领内凹，圆鼓腹，圜底。标本横岭山 M261：1⑮。

Ⅱ式　敞口较显，圆鼓腹稍显垂。标本横岭山 M131：1⑯。

---

① 广东省文物考古研究所：《博罗横岭山——商周时期墓地 2000 年发掘报告》，第 376 页。
② 同上书，第 209 页。
③ 同上书，第 291 页。
④ 同上书，第 302 页。
⑤ 同上书，第 257 页。
⑥ 同上书，第 281 页。
⑦ 同上书，第 93 页。
⑧ 同上书，第 104 页。
⑨ 同上书，第 115 页。
⑩ 同上书，第 129 页。
⑪ 同上书，第 275 页。
⑫ 同上书，第 270、337 页。
⑬ 同上书，第 350 页。
⑭ 同上书，第 400 页。
⑮ 同上书，第 203 页。
⑯ 同上书，第 231 页。

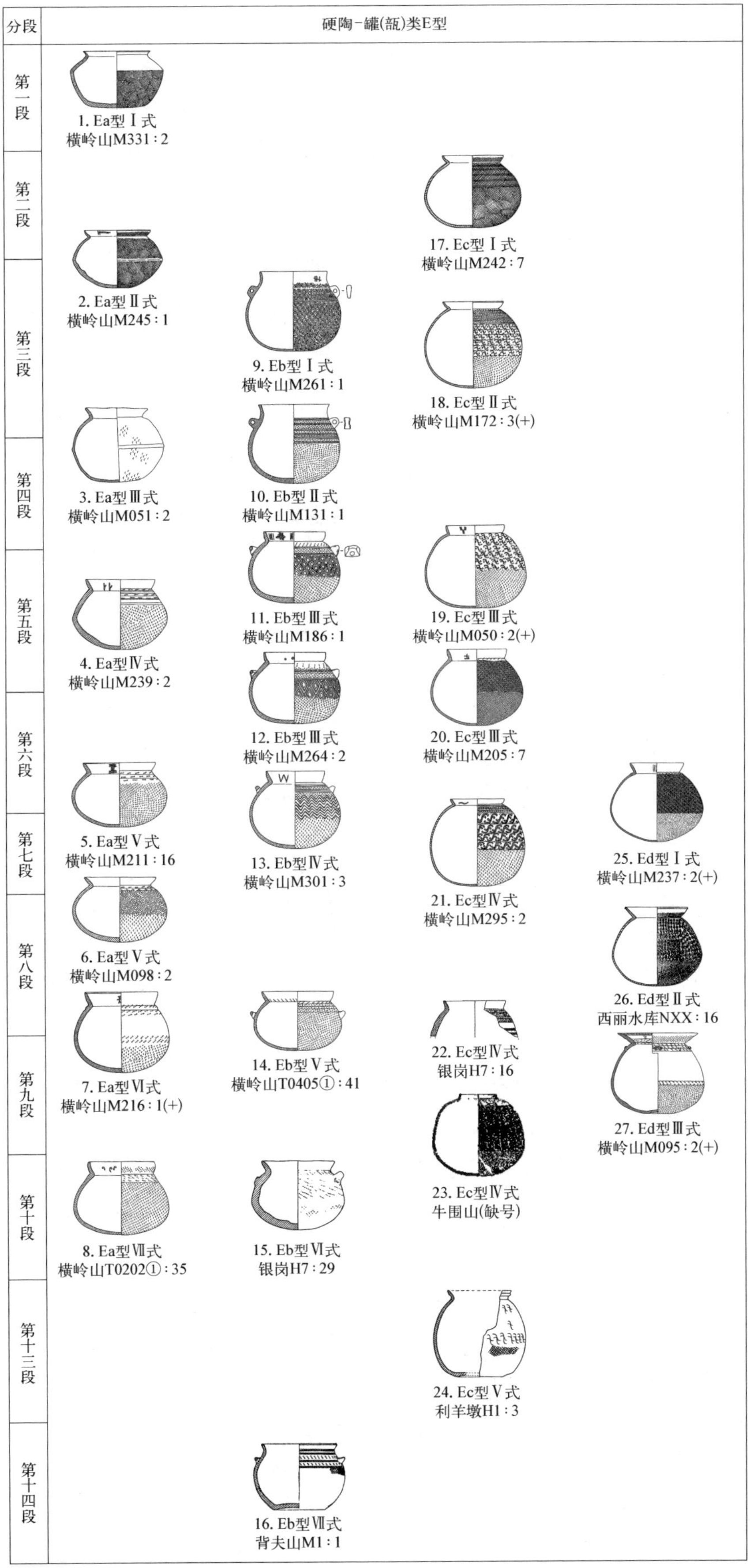

图 2.26　岭南硬陶罐(瓿)类(Ea、Eb、Ec、Ed 型)、篹分期谱系图

Ⅲ式　敞口明显，折沿，无领，垂腹圆鼓外凸。标本横岭山 M186：1、M264：2①。

Ⅳ式　最大腹径上移，腹圆鼓外凸，稍垂，较深。标本横岭山 M301：3②。

Ⅴ式　口变大，腹扁鼓外凸，稍垂。标本横岭山 T0405①：41③。

Ⅵ式　卷折沿，腹垂鼓略凸，圜底较平。标本博罗银岗 H7：29④。

Ⅶ式　卷沿，最大腹径上移至中腹，腹圆鼓，平底内凹。标本罗定背夫山 M1：1⑤。

Ec 型　沿较短，深腹多垂，体较大。可分五式（图 2.26，17～24）：

Ⅰ式　盘口，卷沿，腹略垂，圆鼓外凸明显，圜底。标本横岭山 M242：7⑥。

Ⅱ式　盘口近敞口，垂腹较深，略圆鼓凸。标本横岭山 M172：3（+）⑦。

Ⅲ式　敞口，折沿，垂腹圆鼓凸明显。标本横岭山 M050：2（+）、M205：7⑧。

Ⅳ式　深垂腹略鼓。标本横岭山 M295：2⑨、银岗 H7：16⑩、封开牛围山（缺号）⑪。

Ⅴ式　卷折沿，垂腹明显，平底内凹。标本利羊墩 H1：3⑫。

Ed 型　沿较长，深垂腹，多大体。可分三式（图 2.26，25～27）：

Ⅰ式　沿较长，深垂腹鼓凸明显，圜底凸出。标本横岭山 M237：2（+）⑬。

Ⅱ式　长沿，最大腹径下移，圜底未凸。标本西丽水库 NXX：16⑭。

Ⅲ式　沿更长，最大腹径继续下移，圜底内凹。标本横岭山 M095：2（+）⑮。

5. 簋。腹多宽扁，可分五式（图 2.25，13～17）：

Ⅰ式　直口稍敛，无领，腹较浅近钵形，矮圈足。标本横岭山 M104：2⑯。

Ⅱ式　直口略敞，短卷沿，矮领稍内凹，腹略深稍鼓。标本横岭山 M293：2⑰。

Ⅲ式　敞口，卷沿稍长，矮领内凹明显，圈足较高较窄。标本横岭山 M081：7（+）⑱。

---

① 广东省文物考古研究所：《博罗横岭山——商周时期墓地 2000 年发掘报告》，第 337、204 页。

② 同上书，第 282 页。

③ 同上书，第 401 页。

④ 广东省文物考古研究所：《广东博罗银岗遗址第二次发掘》，《文物》2000 年第 6 期。

⑤ 广东省博物馆等：《广东罗定背夫山战国墓》，《考古》1986 年第 3 期。

⑥ 同①，第 101 页。

⑦ 同①，第 135 页。

⑧ 同①，第 127、349 页。

⑨ 同①，第 184 页。

⑩ 广东省文物考古研究所：《广东博罗银岗遗址发掘简报》，《文物》1998 年第 7 期。

⑪ 杨式挺、邓增魁：《广东封开县杏花河两岸古遗址调查与试掘》，《考古学集刊》第 6 集，中国社会科学出版社，1989 年，第 69 页。

⑫ 杨式挺等：《广东封开利羊墩墓葬群发掘简报》，《南方文物》1995 年第 3 期。

⑬ 同①，第 177 页。

⑭ 杨耀林等：《深圳市先秦遗址调查与试掘》，《深圳考古发现与研究》，第 74 页。

⑮ 同①，第 336 页。

⑯ 同①，第 106 页。

⑰ 同①，第 148 页。

⑱ 同①，第 157 页。

Ⅳ式　长卷沿，领甚矮近无，圆鼓腹略深。标本横岭山 M156∶3（+）①。

Ⅴ式　长折沿，无领，腹圆鼓略凸，圈足略矮变宽。标本横岭山 M274TB∶2②。

6. 盒。敛口，多平底。可分四式（图2.24，13~16）：

Ⅰ式　折敛口，弧腹较浅，圜底略平。标本横岭山 M311∶1③。

Ⅱ式　折敛口稍起榫，折肩不显，弧腹较深，平底。标本龙嘴岗 M16∶12④。

Ⅲ式　折肩稍显，凸出似折棱，斜直腹较深。标本始兴顿岗 83∶8⑤。

Ⅳ式　直口，折肩明显，腹较深，近底处内收呈小平底。标本银岗 T0108②∶67⑥。

7. 坛。见存 A 型。见有四式，其中ⅩⅥ式仅见于岭南（图2.27，1~4）：

ⅩⅢ式标本利羊墩 M19∶1⑦。ⅩⅣ式标本南头大湖村南（缺号）⑧。ⅩⅤ式标本龙嘴岗 M19∶10⑨。

ⅩⅥ式　卷沿，肩部不显，深腹近筒形，略弧鼓。标本银岗 T0107③a∶79⑩。

8. 碗（杯盅）类。根据腹、体特征可分两型：

A 型　窄腹高体，与原始瓷碗（杯盅）类 Aa 型略似。可分两式（图2.22，11~13）：

Ⅰ式　直口，直腹略深。标本龙嘴岗 M17∶4⑪。

Ⅱ式　敛口，腹斜弧较深。标本龙嘴岗 M16∶34、M16∶12⑫。

B 型　宽腹矮体。与原始瓷碗（杯盅）类 Ab 型略似。可分四式（图2.22，14~17）：

Ⅰ式　直口稍敛，腹斜弧较浅。标本龙嘴岗 M16∶6⑬。

Ⅱ式　敛口，腹斜弧稍深。标本和平社径山（缺号）⑭。

Ⅲ式　敛口略上翻做榫状，腹斜弧较深。标本铜鼓岗（缺号）⑮。

Ⅳ式　上腹圆鼓凸明显，下腹内凹弧收。标本罗定南门垌 M2∶10⑯。

---

① 广东省文物考古研究所：《博罗横岭山——商周时期墓地2000年发掘报告》，第157页。
② 同上书，第207页。
③ 同上书，第215页。
④ 广东省文物考古研究所：《肇庆古墓》，第12页。
⑤ 廖晋雄：《广东始兴县白石坪山战国晚期遗址》，《考古》1996年第9期。
⑥ 广东省文物考古研究所：《广东博罗银岗遗址发掘简报》，《文物》1998年第7期。
⑦ 杨式挺等：《广东封开利羊墩墓葬群发掘简报》，《南方文物》1995年第3期。
⑧ 莫稚：《深圳市考古重要发现》，《文物》1982年第7期。
⑨ 同④，第23页。
⑩ 广东省文物考古研究所：《广东博罗银岗遗址第二次发掘》，《文物》2000年第6期。
⑪ 同④，第18页。
⑫ 同④，第8页。
⑬ 同④，第10页。
⑭ 广东省博物馆等：《广东省和平县古文化遗存调查》，《考古》1991年第3期。
⑮ 广东省博物馆：《广东广宁县铜鼓岗战国墓》，《考古学集刊》第1集，第116页。
⑯ 广东省博物馆：《广东罗定出土一批战国青铜器》，《考古》1983年第1期。

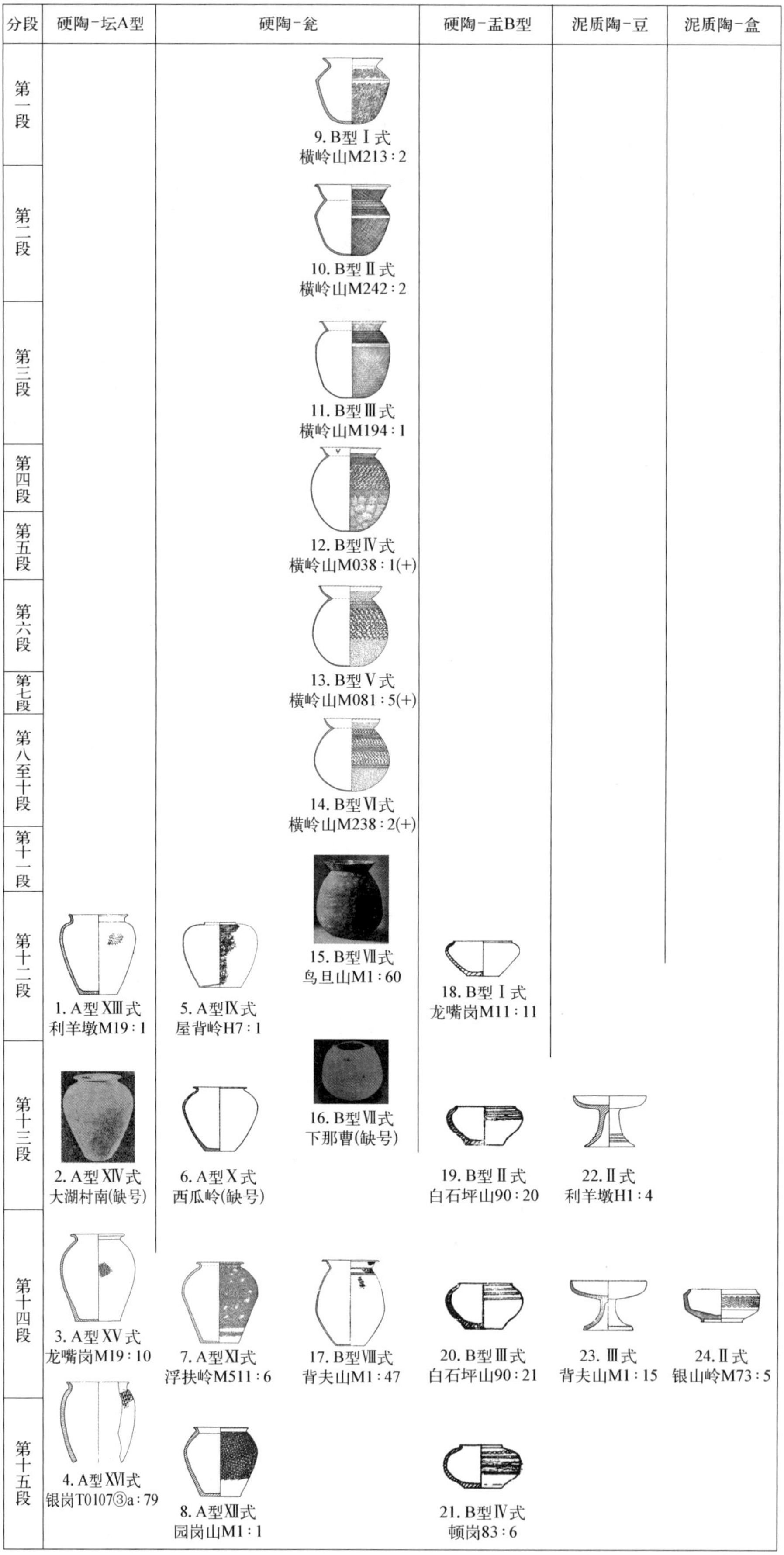

图 2.27　岭南硬陶坛(A 型)、瓮(A、B 型)、盂(B 型)、泥质陶豆、盒分期谱系图

9. 瓮。A、B 两型皆存。其中 B 型仅见于岭南与粤东闽南：

A 型　见有四式，其中Ⅺ、Ⅻ式仅见于岭南与粤东闽南（图 2.27，5～8）：

Ⅸ式标本屋背岭 H7：1[①]。Ⅹ式标本西瓜岭（缺号）[②]。

Ⅺ式　卷折沿略长，弧折肩更长，下腹斜收多内凹。标本增城浮扶岭 M511：6[③]。

Ⅻ式　卷折沿略短，弧折肩变短，腹变浅略宽，下腹斜直收。标本园岗山 M1：1[④]。

B 型　长沿，圜底。可分八式（图 2.27，9～17）：

Ⅰ式　敞口，卷折沿较长，折腹较深，圜平底。标本横岭山 M213：2[⑤]。

Ⅱ式　长折沿端稍下翻，最大腹径稍下移，近圜底。标本横岭山 M242：2[⑥]。

Ⅲ式　长折沿端下翻，折腹退化为折棱，深腹圆鼓，圜底。标本横岭山 M194：1[⑦]。

Ⅳ式　近盘口，折棱消失，最大腹径下移至中腹，似蛋形。标本横岭山 M038：1（+）[⑧]。

Ⅴ式　盘口明显，深腹圆鼓略垂。标本横岭山 M081：5（+）[⑨]。

Ⅵ式　盘口程度稍低，深腹垂鼓外凸。标本横岭山 M238：2（+）[⑩]。

Ⅶ式　敞口，长折沿，深垂腹。标本四会鸟旦山 M1：60[⑪]、象州下那曹（缺号）[⑫]。

Ⅷ式　长折沿端平出，最大腹径上移近中腹，深折腹，平底。标本背夫山 M1：47[⑬]。

10. 盂。见存 B 型，鼓腹，多较深。仅见于岭南与粤东闽南。可分四式（图 2.27，18～21）：

Ⅰ式　敛口稍上翻，宽腹略浅，鼓凸明显，下腹斜直收。标本龙嘴岗 M11：11[⑭]。

Ⅱ式　腹稍窄稍深，上腹圆鼓较凸，下腹斜弧内收。标本白石坪山 90：20[⑮]。

Ⅲ式　敛口上翻近直口，腹较深，圆鼓凸，下腹略内收。标本白石坪山 90：21[⑯]。

Ⅳ式　直口，扁腹圆鼓凸，下腹极浅似小平台。标本顿岗 83：6[⑰]。

---

① 广东省文物考古研究所等：《深圳屋背岭遗址发掘报告》，《考古学报》2004 年第 3 期。
② 广东省文物管理委员会等：《广东增城、始兴的战国遗址》，《考古》1964 年第 3 期。
③ 广州市文物考古研究所：《广东增城浮扶岭 M511 发掘简报》，《文物》2015 年第 7 期。
④ 广州市文物考古研究所：《广州市萝岗区园岗山越人墓发掘简报》，《华南考古（2）》，第 258 页。
⑤ 广东省文物考古研究所：《博罗横岭山——商周时期墓地 2000 年发掘报告》，第 82 页。
⑥ 同上书，第 101 页。
⑦ 同上书，第 110 页。
⑧ 同上书，第 120 页。
⑨ 同上书，第 157 页。
⑩ 同上书，第 273 页。
⑪ 广东省博物馆：《广东四会鸟旦山战国墓》，《考古》1975 年第 2 期。
⑫ 广西壮族自治区文物工作队：《广西象州县发现一批战国文物》，《文物》1989 年第 6 期。
⑬ 广东省博物馆等：《广东罗定背夫山战国墓》，《考古》1986 年第 3 期。
⑭ 广东省文物考古研究所等：《广东广宁龙嘴岗战国墓》，《考古》1998 年第 7 期。
⑮ 廖晋雄：《广东始兴县白石坪山战国晚期遗址》，《考古》1996 年第 9 期。
⑯ 同⑮。
⑰ 同⑮。

（三）泥质陶

11. 豆。见有两式（图 2.27,22～23）：

Ⅱ式标本利羊墩 H1∶4①。Ⅲ式标本背夫山 M1∶15②。

12. 盒。见有一式（图 2.27,24）：

Ⅱ式标本银山岭 M73∶5③。

（四）青铜器

13. 鼎。根据口、耳部特征可分三型：

A 型　大盘口，立耳。可分四式（图 2.28,1～4）：

Ⅰ式　盘口上倾，耳在沿上，扁鼓腹，圜底，柱足稍蹄、外倾。标本对面山 M59∶1④。

Ⅱ式　盘口略上倾，沿端上翻折，耳在沿内，深腹圆鼓，圜平底，三足斜直外倾。标本贺州龙中（缺号）⑤。

Ⅲ式　盘口上倾程度稍减，垂腹，大平底，足部情况不明。标本鸟旦山 M1∶1⑥。

Ⅳ式　盘口水平，三足外撇明显，底端稍折出。标本背夫山 M1∶16⑦。

B 型　敞口，立耳。可分四式（图 2.28,5～8）：

Ⅰ式　斜折沿，垂腹较浅略鼓，圜底，柱足竖直。标本和平龙子山 M1（缺号）⑧。

Ⅱ式　平折沿，垂腹较深，柱足斜直外倾。标本德庆落雁山 M1∶14⑨。

Ⅲ式　腹略垂较深，三足细长，底端外撇明显。标本鸟旦山 M1∶3⑩。

Ⅳ式　扁腹稍垂，平底，三足较短，外撇。标本龙嘴岗 M5∶37⑪。

C 型　敛口，沿下有一周凸棱，附耳。可分四式（图 2.28,9～12）：

Ⅰ式　扁腹垂鼓，圜底，柱足竖直，近底端稍折出。标本对面山 M52∶1⑫。

Ⅱ式　垂腹较深，平底，三足斜直外倾。标本龙嘴岗 M16∶1⑬。

---

① 杨式挺等：《广东封开利羊墩墓葬群发掘简报》，《南方文物》1995 年第 3 期。
② 广东省博物馆等：《广东罗定背夫山战国墓》，《考古》1986 年第 3 期。
③ 广西壮族自治区文物工作队：《平乐银山岭战国墓》，《考古学报》1978 年第 2 期。
④ 广东省文物考古研究所等：《广东乐昌市对面山东周秦汉墓》，《考古》2000 年第 6 期。
⑤ 贺县博物馆：《广西贺县龙中岩洞墓清理简报》，《考古》1993 年第 4 期。
⑥ 广东省博物馆：《广东四会鸟旦山战国墓》，《考古》1975 年第 2 期。
⑦ 同②。
⑧ 广东省博物馆等：《广东省和平县古文化遗存调查》，《考古》1991 年第 3 期。
⑨ 徐桓彬等：《广东德庆发现战国墓》，《文物》1973 年第 9 期。
⑩ 同⑥。
⑪ 广东省文物考古研究所等：《广东广宁县龙嘴岗战国墓》，《考古》1998 年第 7 期。
⑫ 同④。
⑬ 广东省文物考古研究所：《肇庆古墓》，第 14 页。

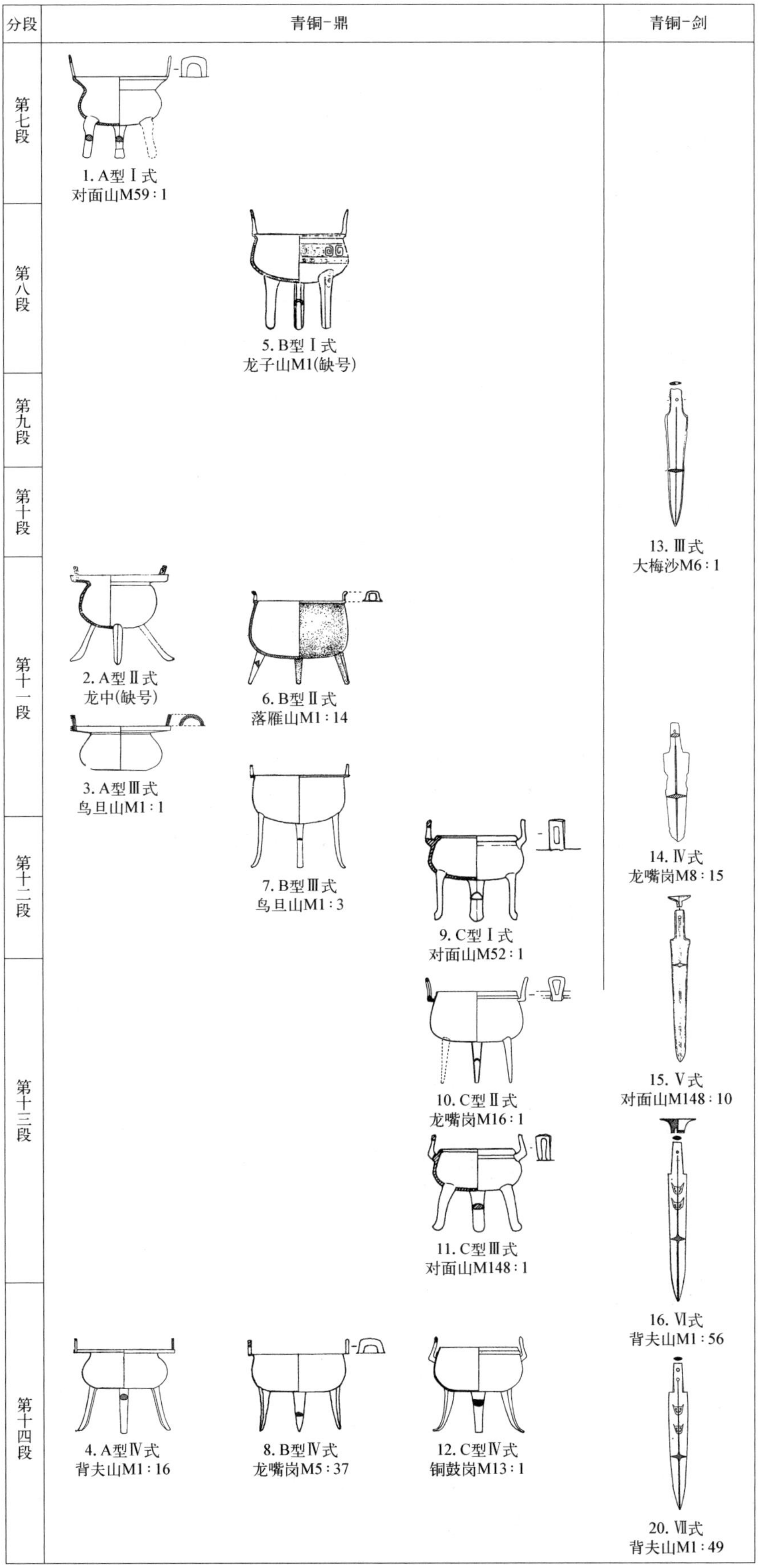

图 2.28　岭南青铜鼎(A、B、C 型)、剑分期谱系图

Ⅲ式　垂腹稍浅，三足斜直外倾明显。标本对面山 M148：1①。

Ⅳ式　三足外撇明显。标本铜鼓岗 M13：1②。

14. 斧。可分九式（图 2.29，1~10）：

Ⅰ式　椭圆形弧銎，身稍短，两侧微内凹，刃宽略等于銎宽。标本横岭山 M298：1③。

Ⅱ式　六边形銎，两侧稍内凹，刃宽略等于銎宽。标本横岭山 M051：1④。

Ⅲ式　六边形銎近矩形，刃宽略大于銎宽。标本横岭山 M247：3⑤。

Ⅳ式　矩形銎，两侧内凹稍显，刃宽更宽。标本横岭山 M182：14⑥。

Ⅴ式　身稍长，刃宽大于銎宽。标本横岭山 M315：2、M056：7⑦。

Ⅵ式　身较长，两侧内凹较显，刃宽更宽。标本横岭山 M287：2⑧。

Ⅶ式　长身，刃宽更宽。标本龙嘴岗 M3：3⑨。

Ⅷ式　两侧内凹明显，刃宽更宽，远大于銎宽。标本龙嘴岗 M11：7⑩。

Ⅸ式　两侧内凹程度略低，刃宽更宽。标本龙嘴岗 M19：6⑪。

15. 刮刀。可分六式（图 2.29，11~18）：

Ⅰ式　刃缘微弧，从短窄，两侧斜直内收，中脊无棱。标本横岭山 M172：2⑫。

Ⅱ式　刃缘略弧，从部情况不明。标本横岭山 M175：1、M080：2、M080：4⑬。

Ⅲ式　从较长稍宽，两侧斜直略内凹，中脊起凸棱。标本石峡 T29②A：2⑭。

Ⅳ式　从较长较宽，两侧内凹明显。标本龙嘴岗 M21：6⑮。

Ⅴ式　刃缘弧形，两侧斜直稍内凹。标本龙嘴岗 M16：25⑯。

Ⅵ式　刃缘斜直，从较短更宽，两侧斜直内收。标本利羊墩 M26（缺号）⑰。

16. 剑。可分七式，其中Ⅰ、Ⅱ式型见于粤东闽南，岭南仅见Ⅲ~Ⅶ式（图 2.28，13~20）：

---

① 广东省文物考古研究所等：《广东乐昌市对面山东周秦汉墓》，《考古》2000 年第 6 期。
② 广东省博物馆：《广东广宁县铜鼓岗战国墓》，《考古学集刊》第 1 集，第 113 页。
③ 广东省文物考古研究所：《博罗横岭山——商周时期墓地 2000 年发掘报告》，第 89 页。
④ 同上书，第 129 页。
⑤ 同上书，第 178 页。
⑥ 同上书，第 140 页。
⑦ 同上书，第 140、213 页。
⑧ 同上书，第 281 页。
⑨ 广东省文物考古研究所等：《广东广宁县龙嘴岗战国墓》，《考古》1998 年第 7 期。
⑩ 广东省文物考古研究所：《肇庆古墓》，第 55 页。
⑪ 同上书，第 23 页。
⑫ 同③，第 135 页。
⑬ 同③，第 169、251 页。
⑭ 广东省文物考古研究所等：《石峡遗址——1973~1978 年考古发掘报告》，第 595 页。
⑮ 广东省文物考古研究所等：《广东广宁龙嘴岗战国墓地 2010 年的发掘》，《文物》2012 年第 2 期。
⑯ 同⑩，第 15 页。
⑰ 杨式挺等：《广东封开利羊墩墓葬群发掘简报》，《南方文物》1995 年第 3 期。

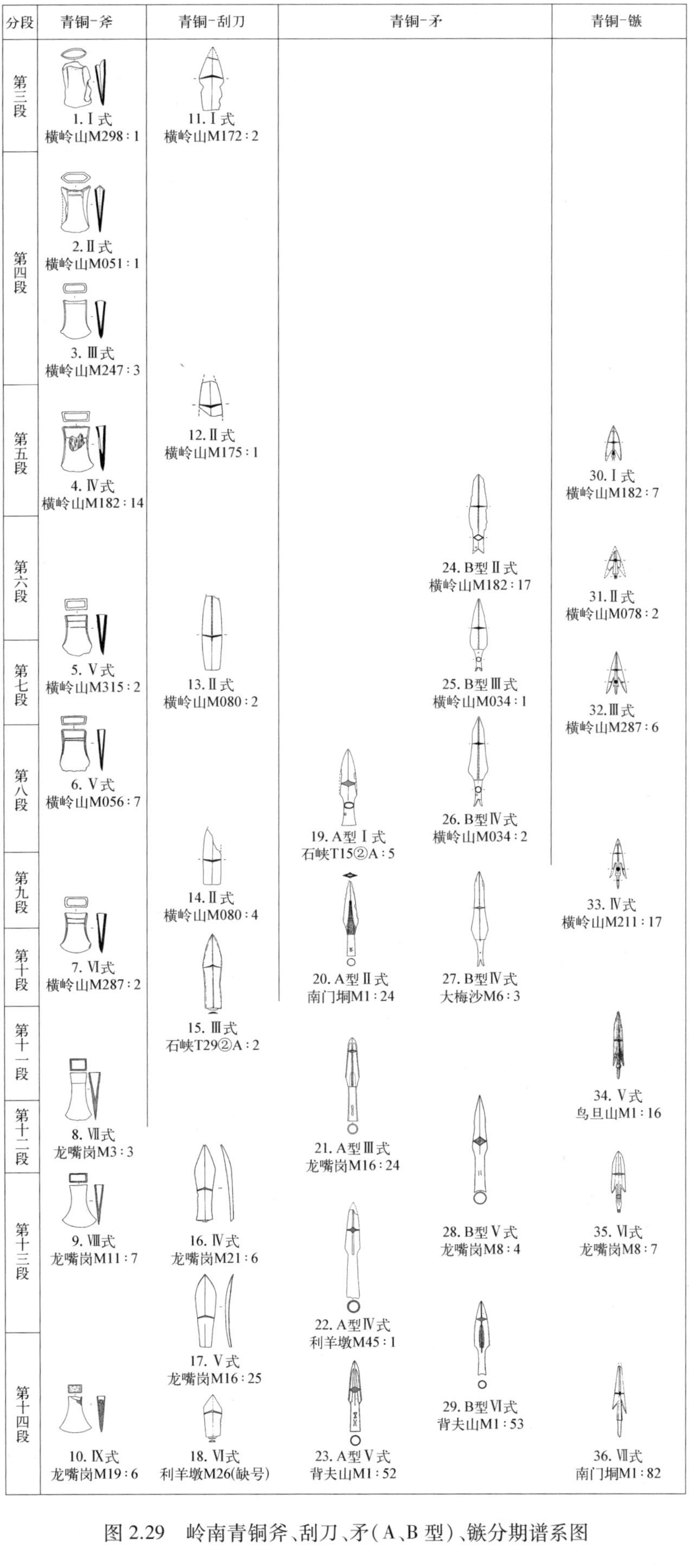

图 2.29 岭南青铜斧、刮刀、矛（A、B 型）、镞分期谱系图

Ⅲ式　身略长，刃较斜，中脊无棱，从尾与茎相接处呈钝角，茎中部靠后有一孔。标本深圳大梅沙 M6：1①。

Ⅳ式　斜刃，从尾与茎相接处钝角角度变小。标本龙嘴岗 M8：15②。

Ⅴ式　身较长，中脊起凸棱，从尾与茎相接处近直角。标本对面山 M148：10③。

Ⅵ式　刃斜弧，从尾与茎相接处呈直角。标本背夫山 M1：56④。

Ⅶ式　身稍短，茎中部靠后有两孔。标本背夫山 M1：49⑤。

17. 矛。根据骹部特征可分两型：

A 型　平骹。可分五式(图 2.29，19～23)：

Ⅰ式　身较短，锋刃斜弧，中脊起凸棱，叶骹相接处斜弧内凹，骹较长，骹顶径等于叶底径。标本石峡 T15②A：5⑥。

Ⅱ式　身较长，锋刃斜直，叶骹相接处斜直略内凹，骹顶径略小于叶底径。标本南门垌 M1：24⑦。

Ⅲ式　锋刃弧折，锋部斜弧，刃部斜直，中脊微起棱，叶骹相接处斜直内凹不显。标本龙嘴岗 M16：24⑧。

Ⅳ式　叶骹相接处斜弧内凹较显，长骹，骹顶径等于叶底径。标本利羊墩 M45：1⑨。

Ⅴ式　身稍短，中脊无棱，叶骹相接处斜直。标本背夫山 M1：52⑩。

B 型　燕尾骹。可分六式，其中Ⅰ式见于粤东闽南，岭南仅见Ⅱ～Ⅵ式(图 2.29，24～29)：

Ⅱ式　身较短，锋刃情况不明，中脊起凸棱，叶骹相接处斜弧略圆鼓，骹顶径略小于叶底径，骹底端斜直内凹略深。标本横岭山 M182：17⑪。

Ⅲ式　身稍短，锋刃斜弧，骹底端弧凹略深。标本横岭山 M034：1⑫。

Ⅳ式　身较长，锋刃弧折，刃部斜直稍内凹，叶骹相接处上端圆鼓，骹顶径多小于叶底径，骹底端弧凹甚深。标本横岭山 M034：2⑬、深圳大梅沙 M6：3⑭。

---

① 深圳市博物馆：《广东深圳大梅沙遗址发掘简报》，《文物》1993 年第 11 期。
② 广东省文物考古研究所等：《广东广宁龙嘴岗战国墓地 2010 年的发掘》，《文物》2012 年第 2 期。
③ 广东省文物考古研究所等：《广东乐昌市对面山东周秦汉墓》，《考古》2000 年第 6 期。
④ 广东省博物馆等：《广东罗定背夫山战国墓》，《考古》1986 年第 3 期。
⑤ 同上。
⑥ 广东省文物考古研究所等：《石峡遗址——1973～1978 年考古发掘报告》，第 594 页。
⑦ 广东省博物馆：《广东罗定出土一批战国青铜器》，《考古》1983 年第 1 期。
⑧ 广东省文物考古研究所：《肇庆古墓》，第 14 页。
⑨ 杨式挺等：《广东封开利羊墩墓葬群发掘简报》，《南方文物》1995 年第 3 期。
⑩ 同④。
⑪ 广东省文物考古研究所：《博罗横岭山——商周时期墓地 2000 年发掘报告》，第 140 页。
⑫ 同上书，第 244 页。
⑬ 同上。
⑭ 同①。

Ⅴ式　身较长，锋刃斜弧，骹顶径等于叶底径，骹底端弧凹较浅。标本龙嘴岗M8：4①。

Ⅵ式　身稍短，中脊无棱，叶骹相接处斜弧内凹明显，骹底端略弧凹更浅。标本背夫山M1：53②。

18. 镞。可分七式(图2.29,30~36)：

Ⅰ式　较短，翼内收，刃斜弧，中脊凸棱，后锋斜弧较短，低于关，短铤。标本横岭山M182：7③。

Ⅱ式　翼外倾。标本横岭山M078：2④。

Ⅲ式　较长，刃斜直略弧，后锋斜弧较长，铤较长。标本横岭山M287：6⑤。

Ⅳ式　翼略弧折，上刃斜直，下刃内收，后锋长，略外撇。标本横岭山M211：17⑥。

Ⅴ式　更长，折翼，下刃近竖直，后锋变短，斜直，略高于关。标本鸟旦山M1：16⑦。

Ⅵ式　变短，下刃略斜直，中脊无棱，后锋更短，高于关。标本龙嘴岗M8：7⑧。

Ⅶ式　翼外倾，刃斜直，后锋短，长铤。标本南门垌M1：82⑨。

三、分组、分段与分期

以上述18类器物为主，以其他共存器类为辅，可以串联两周时期岭南遗迹单位共489个，并将其分为十五组。本文选择共存关系较好的122个单位列入"典型单位分组统计表"(附录A，表三)。

表中所见各型式器物，在此十五组中呈现出一致序列。其间叠压打破关系虽较少，但仍有如下地层关系可循：横岭山M299(第一组)早于横岭山T0804①(第十组)；横岭山M328(第二组)早于横岭山M190(第九组)；横岭山M194(第三组)、M195(第五组)早于横岭山T0909①(第十组)；横岭山M086(第四组)早于横岭山M085(第九组)；横岭山M308(第六组)早于横岭山M074(第十组)；横岭山M229(第七组)早于横岭山T0909①、T1009①(第十组)；横岭山M218(第八组)早于横岭山T1009①(第十组)；大梅沙M6(第九组)早于大梅沙T210②(第十组)；银岗H7(第十组)早于银岗H12(第十一组)；银岗H12(第十一组)早于银岗G3(第十三组)；银岗G3(第十三组)早于银岗T0107③a(第十五组)。照此可将两周时期的岭南对应划分为十五段。

---

① 广东省文物考古研究所等：《广东广宁县龙嘴岗战国墓》，《考古》1998年第7期。
② 广东省博物馆等：《广东罗定背夫山战国墓》，《考古》1986年第3期。
③ 广东省文物考古研究所：《博罗横岭山——商周时期墓地2000年发掘报告》，第140页。
④ 同上书，第249页。
⑤ 同上书，第281页。
⑥ 同上书，第271页。
⑦ 广东省博物馆：《广东四会鸟旦山战国墓》，《考古》1975年第2期。
⑧ 广东省文物考古研究所：《肇庆古墓》，第52页。
⑨ 广东省博物馆：《广东罗定出土一批战国青铜器》，《考古》1983年第1期。

综合各段的器物形制、数量比例、器类组合、纹饰及其变化情况来看，第一段与第二段、第四段与第五段、第六段与第七段、第八段与第九段的联系较为密切，其他段之间有明显区别。如此可将此十五段整合为十一期。各期段特征详见附录B（表六至表九）、附录C（表三）。

第五节　粤东闽南的分期研究

根据太湖杭州湾、浙南闽北及岭南的分期结果，粤东闽南的两周界限可大致厘清。以虎林山M11、M20[①]为代表的浮滨文化遗存与以面头岭M17[②]为代表的华美文化遗存已明确进入西周。音楼山—庵山类型测年数据亦以距今3 000年前后为主[③]，庵山⑦A层出土原始瓷豆B型Ⅰ式流行于太湖杭州第二段，高领圜底釜晚于虎林山M11同类器，因此可将叠压其下、文化面貌相似、年代间隔未远的⑦B层作为粤东闽南两周遗存的上限。这一地区的文化面貌既复杂又特殊，且可为部分器类型式之补充，因此同样有必要对其进行单独的分期研究。

一、器物的类型学研究[④]

（一）原始瓷

1. 豆。A、B、C、D四型皆存：

A型　见存两亚型：

Aa型　见有一式（图2.30，1）：

Ⅲ式标本长汀赢坪TN06W05④：4[⑤]。

Ab型　见有一式（图2.30，2）：

Ⅱ式标本新亨新岭矿场JD1：24[⑥]。

B型　见有三式（图2.30，3～5）：

Ⅰ式标本南安尾山仔M3：1[⑦]。Ⅱ式标本晋江庵山（缺号）[⑧]。Ⅳ式标本丰州狮子山（缺号）[⑨]。

---

① 福建博物院等：《虎林山遗址——福建漳州商周遗址发掘报告之一》，第46～47、91～95页。

② 魏峻：《揭东县面头岭墓地发掘报告》，《揭阳考古（2003～2005）》，科学出版社，2005年，第62～65页。

③ 承庵山遗址发掘者、简报执笔者，闽江学院黄运明副研究员告知。

④ 由于粤东闽南材料较少，部分器类式别如原始瓷豆Da型Ⅱ式、硬陶盒Ⅱ式等仅见其他材质同类器，故本文将后者作为替代标本。如在原始瓷豆Da型Ⅱ式中，以夹砂陶豆丰泽鹏溪山（缺号）为标本。特此说明。

⑤ 福建博物院等：《长汀县赢坪史前遗址发掘简报》，《福建文博》2013年第4期。

⑥ 魏峻：《揭东县先秦两汉遗址调查报告》，《揭阳考古（2003～2005）》，第150页。

⑦ 福建博物院：《南安尾山仔商周遗址的发掘》，《福建文博》2007年第3期。

⑧ 福建晋江流域考古调查队：《福建晋江流域考古调查与研究》，第308页。

⑨ 泉州海外交通史博物馆等：《福建丰州狮子山新石器时代遗址》，《考古》1961年第4期。

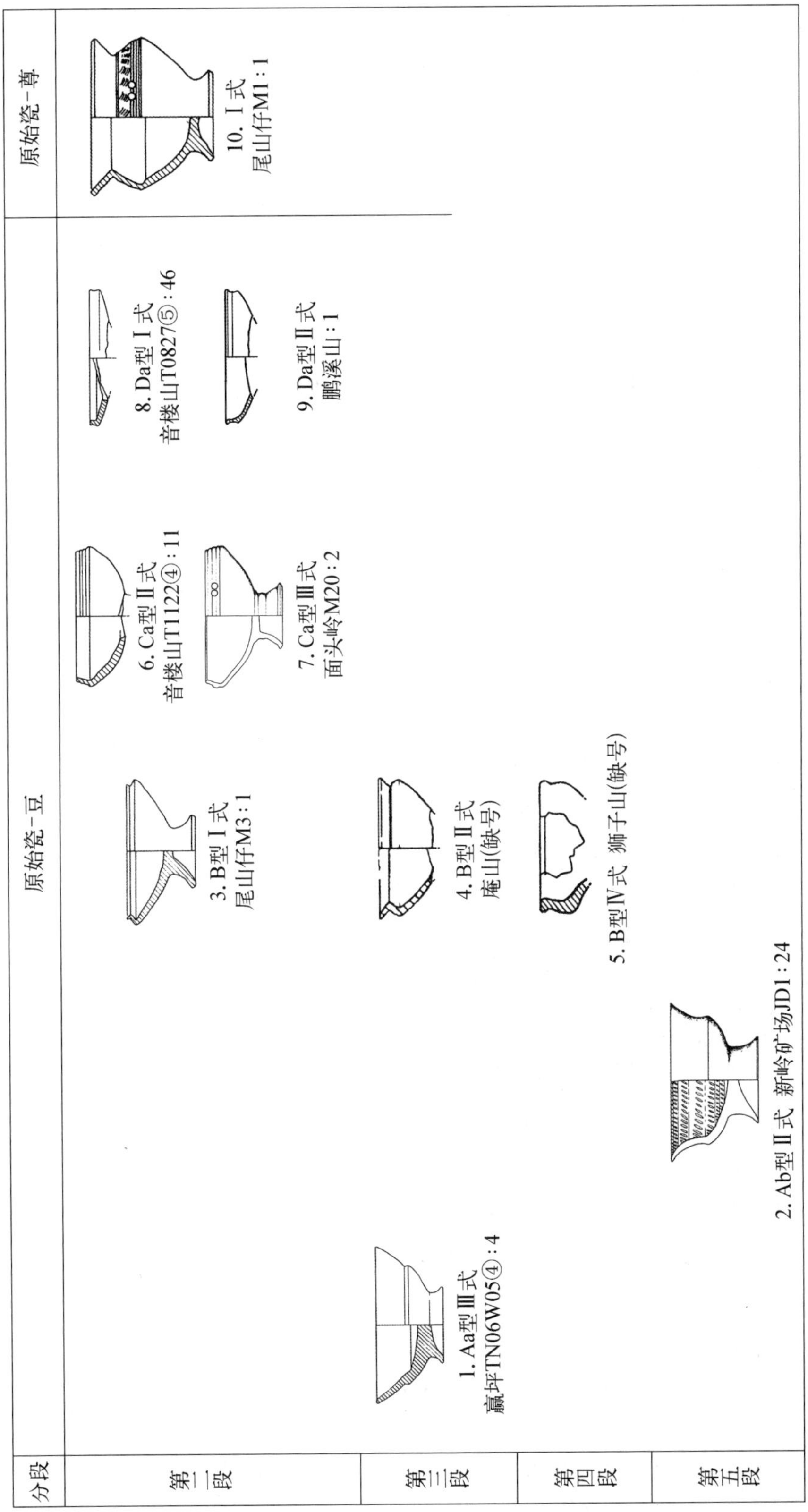

图 2.30　粤东闽南原始瓷豆（Aa、Ab、B、Ca、Da 型）、尊分期谱系图

C 型　见存 Ca 型。见有两式（图 2.30，6～7）：

Ⅱ式标本百崎音楼山 T1122④：11①。Ⅲ式标本中夏面头岭 M20：2②。

D 型　见存 Da 型。见有两式（图 2.30，8～9）：

Ⅰ式标本音楼山 T0827⑤：46③。Ⅱ式标本丰泽鹏溪山：1④。

2. 碗（杯盅）类。见存 A 型，两亚型皆存：

Aa 型　见有五式（图 2.31，1～5）：

Ⅷ式标本仙桥赤岭口 JY4：4⑤。Ⅸ式标本面头岭 M10：2⑥。Ⅹ式标本赤岭口 JY4：3⑦。Ⅺ式标本面头岭 M28：3⑧。Ⅻ式标本地都华美 JH：42⑨。

Ab 型　见有两式（图 2.31，6～7）：

Ⅱ式标本面头岭 M10：1⑩。Ⅲ式标本长泰犁头山 M1：4⑪。

3. 尊。见有一式：Ⅰ式标本尾山仔 M1：1⑫（图 2.30，10）。

（二）硬陶

4. 罐（瓿）类。见存 A、B、D、E 四型：

A 型　见存三亚型：

Ab 型　见有两式（图 2.32，1～2）：

Ⅹ式标本面头岭 M2：4⑬。Ⅺ式标本揭西赤岭埔 JC：13⑭。

Ac 型　见有两式（图 2.32，3～4）：

Ⅴ式标本面头岭 T7⑤：1⑮。Ⅵ式标本面头岭 M26：1⑯。

Ad 型　见有两式（图 2.32，5～6）：

Ⅰ式标本南安寨仔山（缺号）⑰。Ⅶ式标本面头岭Ⅱ T0511③：2⑱。

---

① 福建晋江流域考古调查队：《福建晋江流域考古调查与研究》，第 271 页。
② 魏峻：《揭东县面头岭墓地发掘报告》，《揭阳考古（2003～2005）》，第 68 页。
③ 同①。
④ 同①，第 195 页。
⑤ 李岩：《揭阳市古遗址调查报告》，《揭阳考古（2003～2005）》，第 124 页。
⑥ 同②，第 82 页。
⑦ 魏峻：《揭东县先秦两汉遗址调查报告》，《揭阳考古（2003～2005）》，第 124 页。
⑧ 同②，第 83 页。
⑨ 魏峻：《揭东县华美沙溢遗址调查报告》，《揭阳考古（2003～2005）》，第 187 页。
⑩ 同②，第 82 页。
⑪ 福建省博物馆：《漳州发现商周、西汉墓葬》，《福建文博》2001 年第 1 期。
⑫ 福建博物院：《南安尾山仔商周遗址的发掘》，《福建文博》2007 年第 3 期。
⑬ 同②，第 77 页。
⑭ 魏峻：《揭西县赤岭埔遗址调查报告》，《揭阳考古（2003～2005）》，第 194 页。
⑮ 同②，第 57 页。
⑯ 同②，第 76 页。
⑰ 福建省文物管理委员会：《闽南新石器时代遗址的调查》，《考古》1961 年第 5 期。
⑱ 同②，第 57 页。

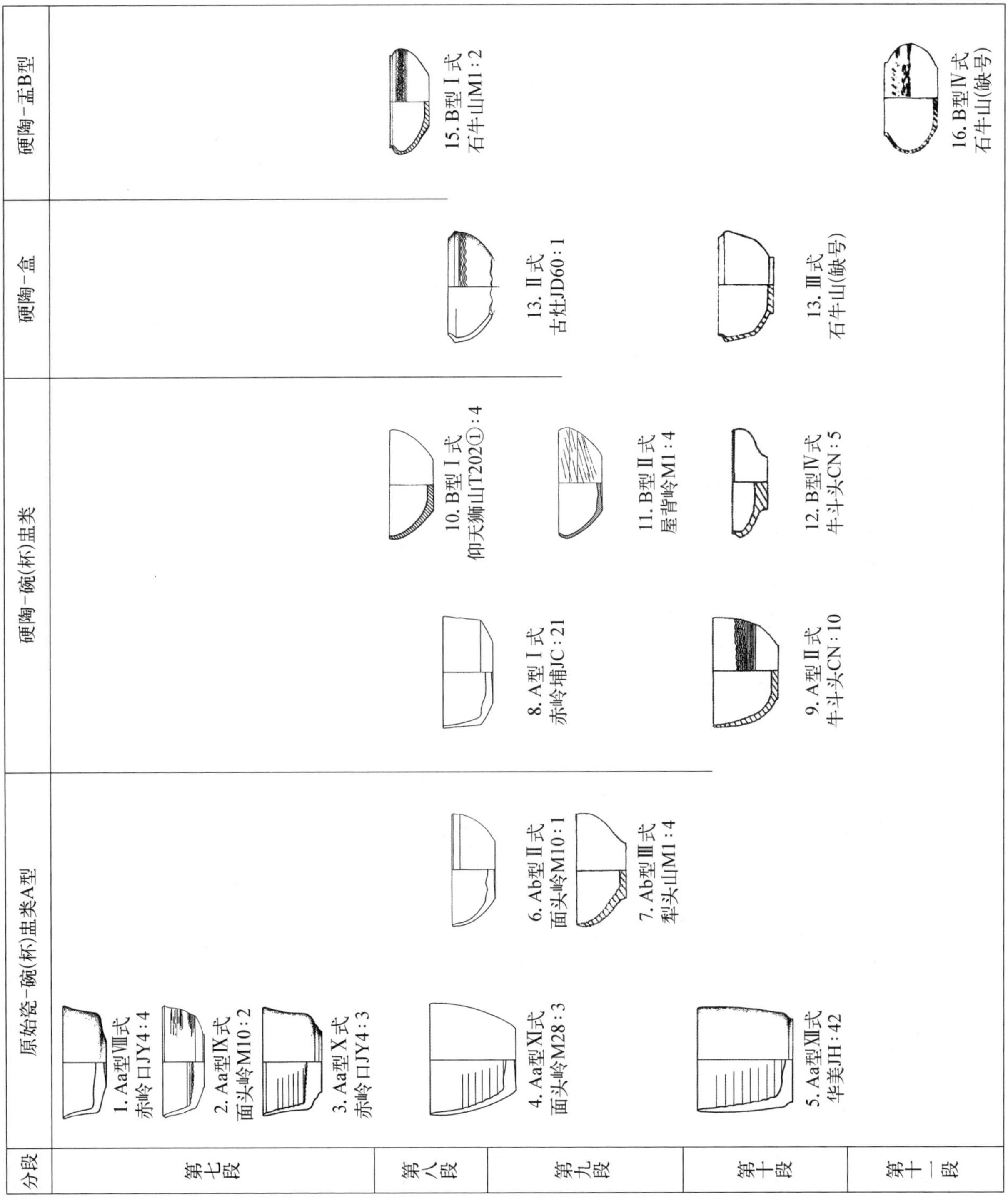

图 2.31　粤东闽南原始瓷碗(杯盅)类(Aa、Ab型)、硬陶碗(杯盅)类(A、B型)、盒、盂(B型)分期谱系图

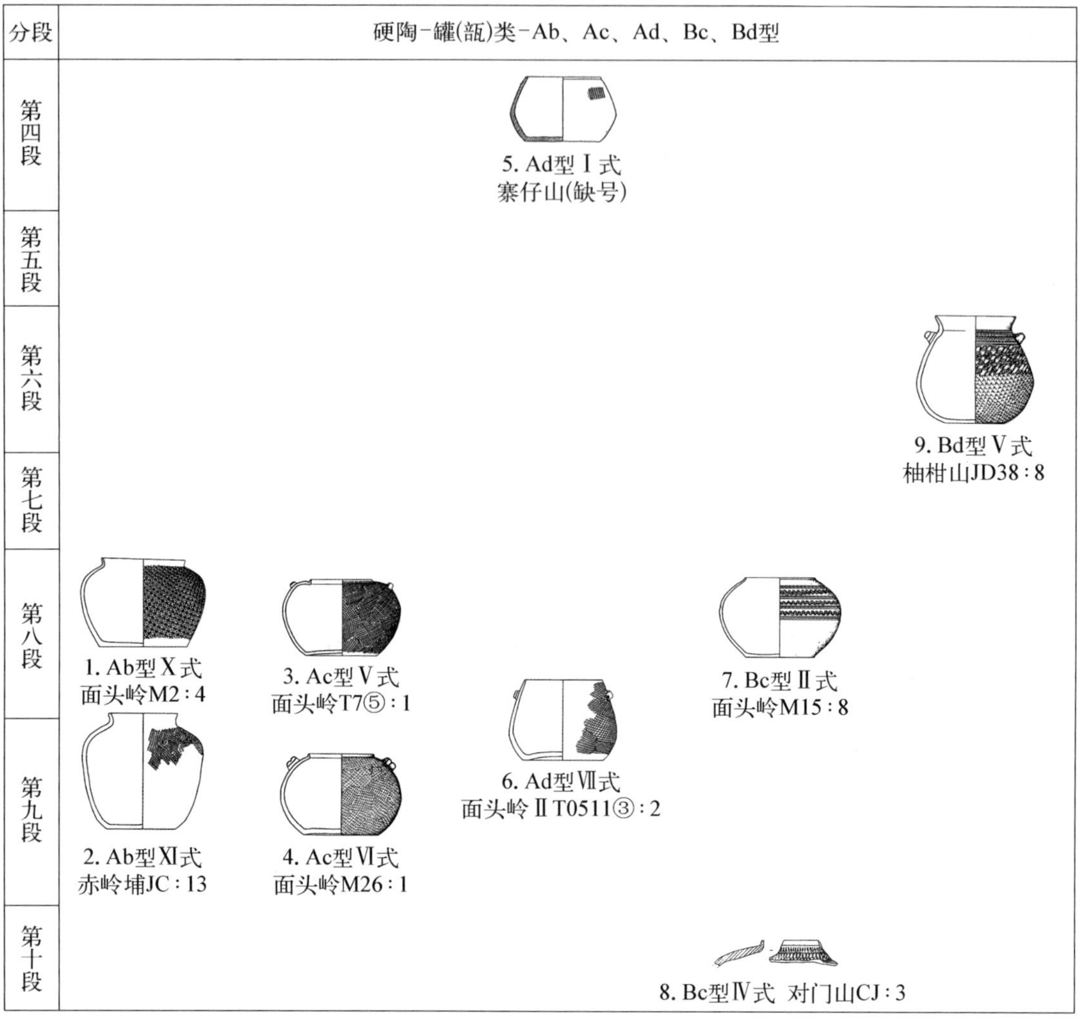

图 2.32　粤东闽南硬陶罐(瓿)类(Ab、Ac、Ad、Bc、Bd 型)分期谱系图

B 型　见存两亚型：

Bc 型　见有两式(图 2.32,7~8)：

Ⅱ式标本面头岭 M15∶8①。Ⅳ式标本江下对门山 CJ∶3②。

Bd 型　见有一式(图 2.32,9)：

Ⅴ式标本地都柚柑山 JD38∶8③。

D 型　见存 Db 型。标本漳州虎林山 M20∶2④(图 2.33,1)。

---

① 魏峻：《揭东县面头岭墓地发掘报告》,《揭阳考古(2003~2005)》,第 84 页。
② 福建博物院：《闽西考古调查报告》,《福建文博》2004 年第 1 期。
③ 魏峻：《揭东县先秦两汉遗址调查报告》,《揭阳考古(2003~2005)》,第 171 页。
④ 福建博物院等：《虎林山遗址——福建漳州商周遗址发掘报告之一》,第 94 页。

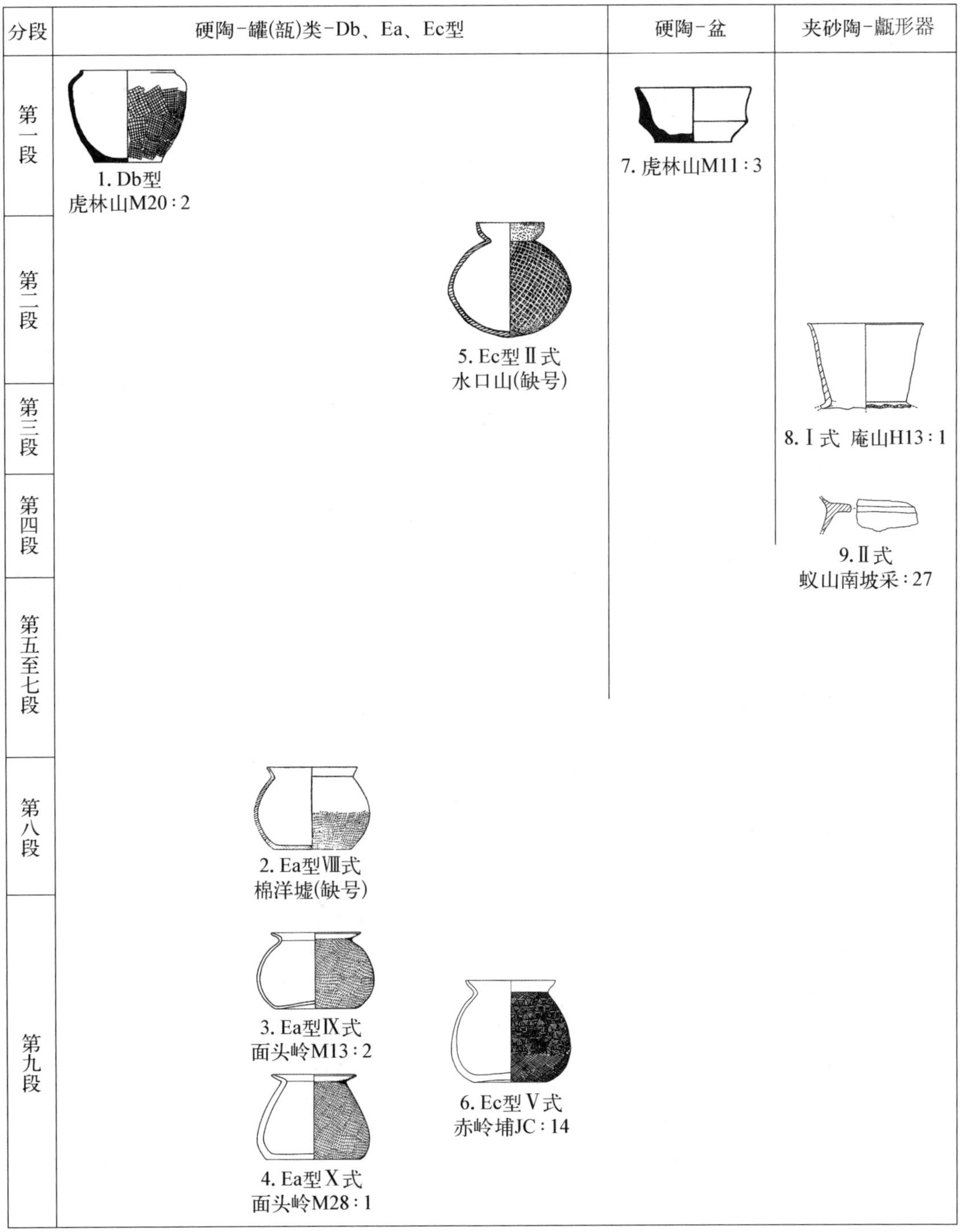

图 2.33　粤东闽南硬陶罐(瓿)类(Db、Ea、Ec 型)、盆、夹砂陶甗形器分期谱系图

E 型　见存两亚型：

Ea 型　见有三式，皆仅见于粤东闽南（图 2.33，2～4）：

Ⅷ式　鼓腹稍垂，底径约等于口径。标本五华棉洋墟（缺号）①。

Ⅸ式　垂腹圆鼓较显，底径略大于口径。标本面头岭 M13：2②。

Ⅹ式　垂腹外凸明显，最大腹径近器底，底径明显大于口径。标本面头岭 M28：1③。

Ec 型　见有两式（图 2.33，5～6）：

Ⅱ式标本平远水口山（缺号）④。Ⅴ式标本赤岭埔 JC：14⑤。

5. 盒。见有两式（图 2.31，13～14）：

Ⅱ式标本埔田古灶 JD60：1⑥。Ⅲ式标本长泰石牛山（缺号）⑦。

6. 盆。仅见于粤东闽南最早段，不分式。口径大于腹径，上腹折敞近侈，内凹明显，下腹内凹弧收，平底。标本虎林山 M11：3⑧（图 2.33，7）。

7. 坛。A、B 两型皆存：

A 型　见有四式（图 2.34，1～4）：

Ⅰ式标本永春九兜山乙（缺号）⑨。Ⅺ式标本面头岭 M4：1⑩。Ⅻ式标本面头岭 M8：1⑪。ⅩⅢ式标本和平沙垅土（缺号）⑫。

B 型　见有两式（图 2.34，5～6）：

Ⅴ式标本长汀牛斗头 CN：3⑬。Ⅵ式标本面头岭 M12：2⑭。

8. 碗（杯盅）类。A、B 两型皆存：

A 型　见有两式（图 2.31，8～9）：

---

① 邱立诚、李雄坤：《广东五华县棉洋墟发现一座战国墓》，《考古》1988 年第 10 期。
② 魏峻：《揭东县面头岭墓地发掘报告》，《揭阳考古（2003～2005）》，第 82 页。
③ 同②，第 83 页。
④ 广东省博物馆：《广东平远县西周陶窑清理简报》，《考古》1983 年第 7 期。
⑤ 魏峻：《揭西县赤岭埔遗址调查报告》，《揭阳考古（2003～2005）》，第 194 页。
⑥ 同上书，第 141 页。
⑦ 郑辉、陈兆善：《九龙江流域先秦文化发展序列的探讨》，《福建历史文化与博物馆学研究》，福建教育出版社，1993 年，第 96 页。
⑧ 福建博物院等：《虎林山遗址——福建漳州商周遗址发掘报告之一》，第 47 页。
⑨ 林惠祥等：《一九五六年厦门大学考古实习队报告》，《厦门大学学报（哲学社会科学版）》1956 年第 6 期。
⑩ 同②，第 79 页。
⑪ 同②，第 79 页。
⑫ 中山大学榕江流域史前期人类学考察课题组等：《广东潮阳市先秦遗存的调查》，《考古》1998 年第 6 期。
⑬ 福建博物院：《闽西考古调查报告》，《福建文博》2004 年第 1 期。
⑭ 同②。

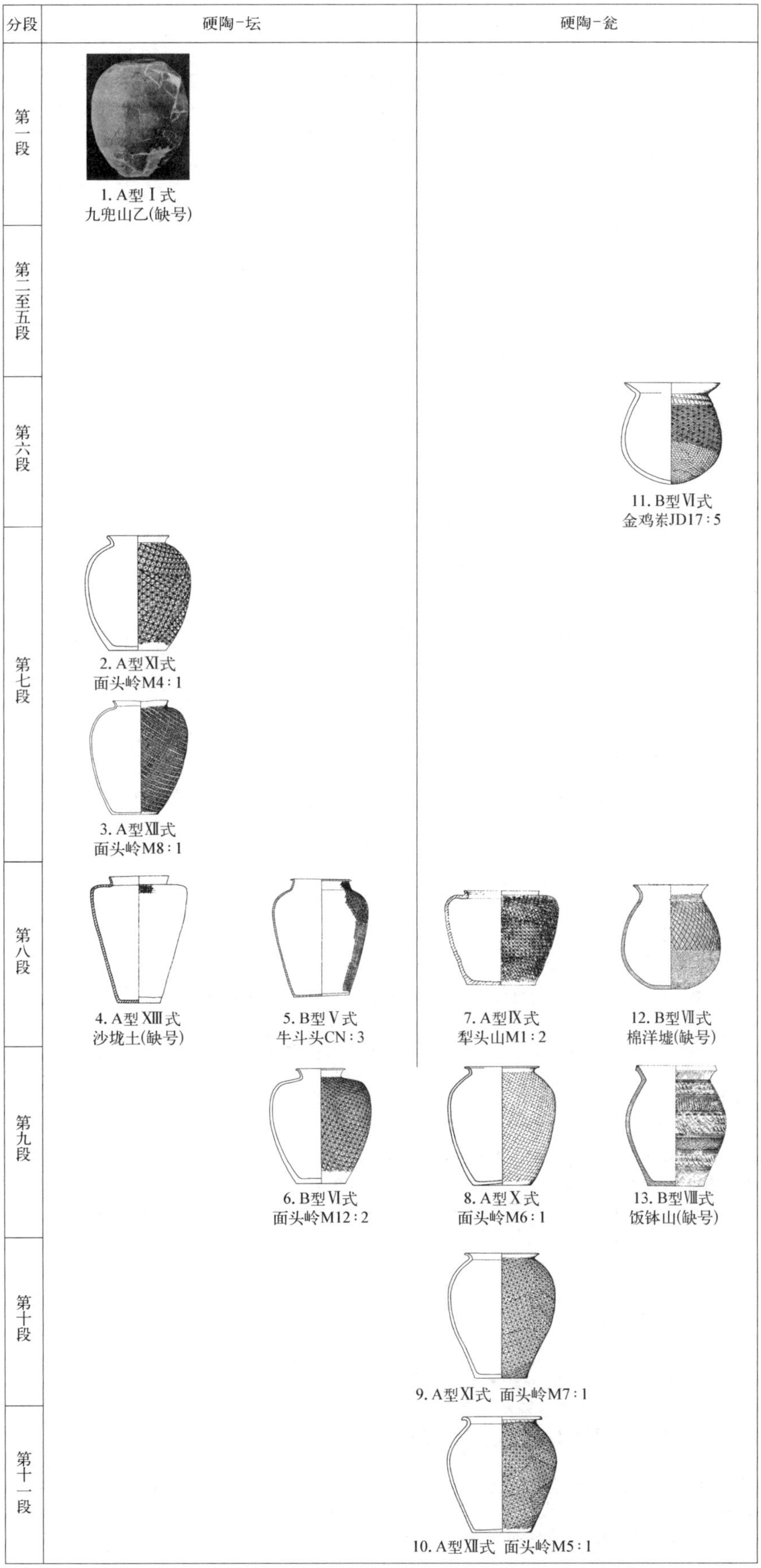

图 2.34　粤东闽南硬陶坛(A、B 型)、瓮(A、B 型)分期谱系图

Ⅰ式标本赤岭埔 JC：21①。Ⅱ式标本牛斗头 CN：10②。

B 型　见有三式(图 2.31,10～12)：

Ⅰ式标本五华仰天狮山 T202①：4③。Ⅱ式标本华城屋背岭 M1：4④。Ⅳ式标本牛斗头 CN：5⑤。

9. 瓮。A、B 两型皆存：

A 型　见有四式(图 2.34,7～10)：

Ⅸ式标本犁头山 M1：2⑥。Ⅹ式标本面头岭 M6：1⑦。Ⅺ式标本面头岭 M7：1⑧。Ⅻ式标本面头岭 M5：1⑨。

B 型　见有三式(图 2.34,11～13)：

Ⅵ式标本埔田金鸡崇 JD17：5⑩。Ⅶ式标本棉洋墟(缺号)⑪。Ⅷ式标本惠来饭钵山(缺号)⑫。

10. 盂。见存 B 型。见有两式(图 2.31,15～16)：

Ⅰ式标本石牛山 M1：2⑬。Ⅳ式标本石牛山(缺号)⑭。

(三) 夹砂陶

11. 釜。根据腹部特征可分两型：

A 型　折腹。可分两式(图 2.35,1～2)：

Ⅰ式　无领,上腹略浅于下腹,圜底较尖。标本面头岭 M17：1⑮。

Ⅱ式　长领,上腹极浅于下腹,圜底稍圆。标本地都伯爷山采：2⑯。

---

① 魏峻：《揭西县赤岭埔遗址调查报告》,《揭阳考古(2003～2005)》,第 195 页。
② 福建博物院：《闽西考古调查报告》,《福建文博》2004 年第 1 期。
③ 广东省文物考古研究所等：《广东五华县仰天狮山遗址发掘简报》,《考古》1998 年第 7 期。
④ 广东省文物考古研究所等：《广东五华县华城屋背岭遗址与龙颈坑窑址》,《考古》1996 年第 7 期。
⑤ 同②。
⑥ 福建省博物馆：《漳州发现商周、西汉墓葬》,《福建文博》2001 年第 1 期。
⑦ 魏峻：《揭东县面头岭墓地发掘报告》,《揭阳考古(2003～2005)》,第 79 页。
⑧ 同⑦,第 80 页。
⑨ 同⑦。
⑩ 魏峻：《揭东县先秦两汉遗址调查报告》,《揭阳考古(2003～2005)》,第 132 页。
⑪ 邱立诚、李雄坤：《广东五华县棉洋墟发现一座战国墓》,《考古》1988 年第 10 期。
⑫ 黄坤池：《惠来发现春秋瓮棺葬》,《广东省博物馆馆刊》1988 年第 1 刊。
⑬ 同⑥。
⑭ 郑辉、陈兆善：《九龙江流域先秦文化发展序列的探讨》,《福建历史文化与博物馆学研究》,第 96 页。
⑮ 同⑦,第 65 页。
⑯ 邱立诚等：《广东揭阳先秦遗存考古调查》,《南方文物》1998 年第 1 期。

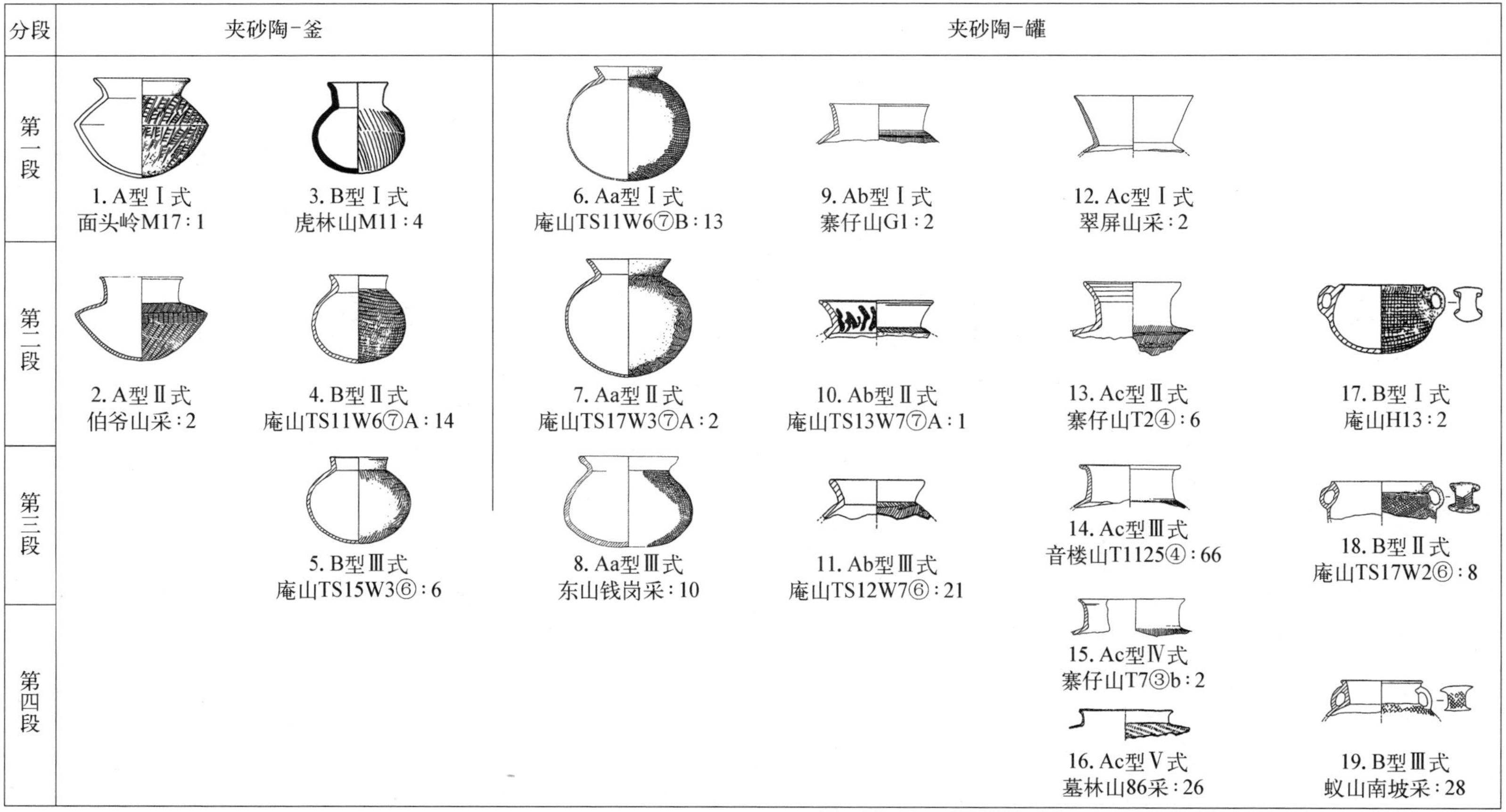

图 2.35 粤东闽南夹砂陶釜（A、B 型）、罐（Aa、Ab、Ac、B 型）分期谱系图

B 型　圆鼓腹。可分三式(图 2.35,3~5)：
Ⅰ式　高领,腹圆鼓。标本虎林山 M11：4①。
Ⅱ式　领较高,腹圆鼓略凸。标本庵山 TS11W6⑦A：14②。
Ⅲ式　矮领,腹鼓凸明显。标本庵山 TS15W3⑥：6③。

12. 罐。根据口、鋬部特征可分两型：
A 型　敞口,无鋬。根据沿部特征可分三亚型：
Aa 型　折沿较短。可分三式(图 2.35,6~8)：
Ⅰ式　口较小,深腹圆鼓。标本庵山 TS11W6⑦B：13④。
Ⅱ式　口较大,深腹圆鼓略凸。标本庵山 TS17W3⑦A：2⑤。
Ⅲ式　大口,扁垂腹鼓凸明显。标本东山钱岗采：10⑥。

Ab 型　沿较长,未见完整器。可分三式(图 2.35,9~11)：
Ⅰ式　敞口近直口,沿较直似直领,略斜。标本同安寨仔山 G1：2⑦。
Ⅱ式　敞口明显,沿稍短较斜,微内凹。标本庵山 TS13W7⑦A：1⑧。
Ⅲ式　沿较短,斜直。标本庵山 TS12W7⑥：21⑨。

Ac 型　长沿,未见完整器。可分五式(图 2.35,12~16)：
Ⅰ式　折沿甚长,斜直,无领。标本泉州翠屏山采：2⑩。
Ⅱ式　卷沿较长,直领较长。标本寨仔山 T2④：6⑪。
Ⅲ式　卷沿变短。标本音楼山 T1125④：66⑫。
Ⅳ式　卷沿较短,直领较短。标本寨仔山 T7③b：2⑬。
Ⅴ式　短卷沿,短直领。标本云霄墓林山 86 采：26⑭。

B 型　敛口,有鋬。可分三式(图 2.35,17~19)：

---

① 福建博物院等:《虎林山遗址——福建漳州商周遗址发掘报告之一》,第 47 页。
② 福建博物院等:《福建晋江庵山青铜时代沙丘遗址 2009 年发掘简报》,《文物》2014 年第 2 期。
③ 同②。
④ 同②。
⑤ 同②。
⑥ 福建博物院:《福建省东山县史前遗址 2007 年调查简报》,《福建文博》2009 年第 1 期。
⑦ 厦门市博物馆:《福建同安寨仔山先秦遗址的发掘》,《东南考古研究》第 3 辑,第 55 页。
⑧ 同②。
⑨ 同②。
⑩ 福建晋江流域考古调查队:《福建晋江流域考古调查与研究》,第 224 页。
⑪ 同⑦。
⑫ 同⑩,第 267 页。
⑬ 同⑦。
⑭ 郑辉:《云霄县尖子山贝丘遗址》,《福建文博》1988 年第 1 期。

Ⅰ式　敛口。标本庵山 H13：2①。

Ⅱ式　敞口，微束领。标本庵山 TS17W2⑥：8②。

Ⅲ式　敞口，斜直领较高。标本蚁山南坡采：28③。

13. 甗形器。见有两式（图 2.33，8～9）：

Ⅰ式标本庵山 H13：1④。Ⅱ式标本蚁山南坡采：27⑤。

（四）青铜器

14. 鼎。见存 A 型。见有一式（图 2.36，1）：

Ⅱ式标本面头岭 M3：1⑥。

15. 斧。见有三式（图 2.36，2～4）：

Ⅵ式标本华美 JH：39⑦。Ⅶ式标本漳浦祖妈林（缺号）⑧。Ⅷ式标本新亨狮尾山 JD2：2⑨。

16. 剑。见有三式，皆仅见于粤东闽南（图 2.36，5～6）：

Ⅰ式　身较短，刃较直，中脊无棱，从尾与茎相接处呈钝角，茎前部近脊有一孔。标本南安大盈寨山（缺号）⑩。

Ⅱ式　刃较斜。标本海丰鲘门圩（缺号）⑪。

17. 矛。见存 B 型。见有五式，其中Ⅰ式仅见于粤东闽南（图 2.36，7～11）：

Ⅰ式　身短，锋刃斜弧，中脊无棱，叶骹相接处斜弧略圆鼓，宽短骹，骹顶径略小于叶底径，骹底端略内凹较浅。标本庵山 TS15W5⑥：5⑫。

Ⅱ式标本埔田宝山岽采：9⑬。Ⅲ式标本海丰鲘门圩（缺号）⑭。Ⅳ式标本饭钵山（缺

① 福建博物院等：《福建晋江庵山青铜时代沙丘遗址 2009 年发掘简报》，《文物》2014 年第 2 期。
② 同①。
③ 福建晋江流域考古调查队：《福建晋江流域考古调查与研究》，第 208 页。
④ 同①。
⑤ 同③，第 212 页。
⑥ 魏峻：《揭东县面头岭墓地发掘报告》，《揭阳考古（2003～2005）》，第 59 页。
⑦ 魏峻：《揭东县华美沙溢遗址调查报告》，《揭阳考古（2003～2005）》，第 187 页。
⑧ 陈存洗、杨琮：《福建青铜文化初探》，《考古学报》1990 年第 4 期。
⑨ 魏峻：《揭东县先秦两汉遗址调查报告》，《揭阳考古（2003～2005）》，第 156 页。
⑩ 庄锦清、林华东：《福建南安大盈出土青铜器》，《考古》1977 年第 3 期。
⑪ 杨少祥、郑政魁：《广东海丰县发现玉琮和青铜兵器》，《考古》1990 年第 8 期。
⑫ 同①。
⑬ 徐坚：《揭东县宝山岽遗址试掘报告》，《揭阳考古（2003～2005）》，第 110 页。
⑭ 同⑪。

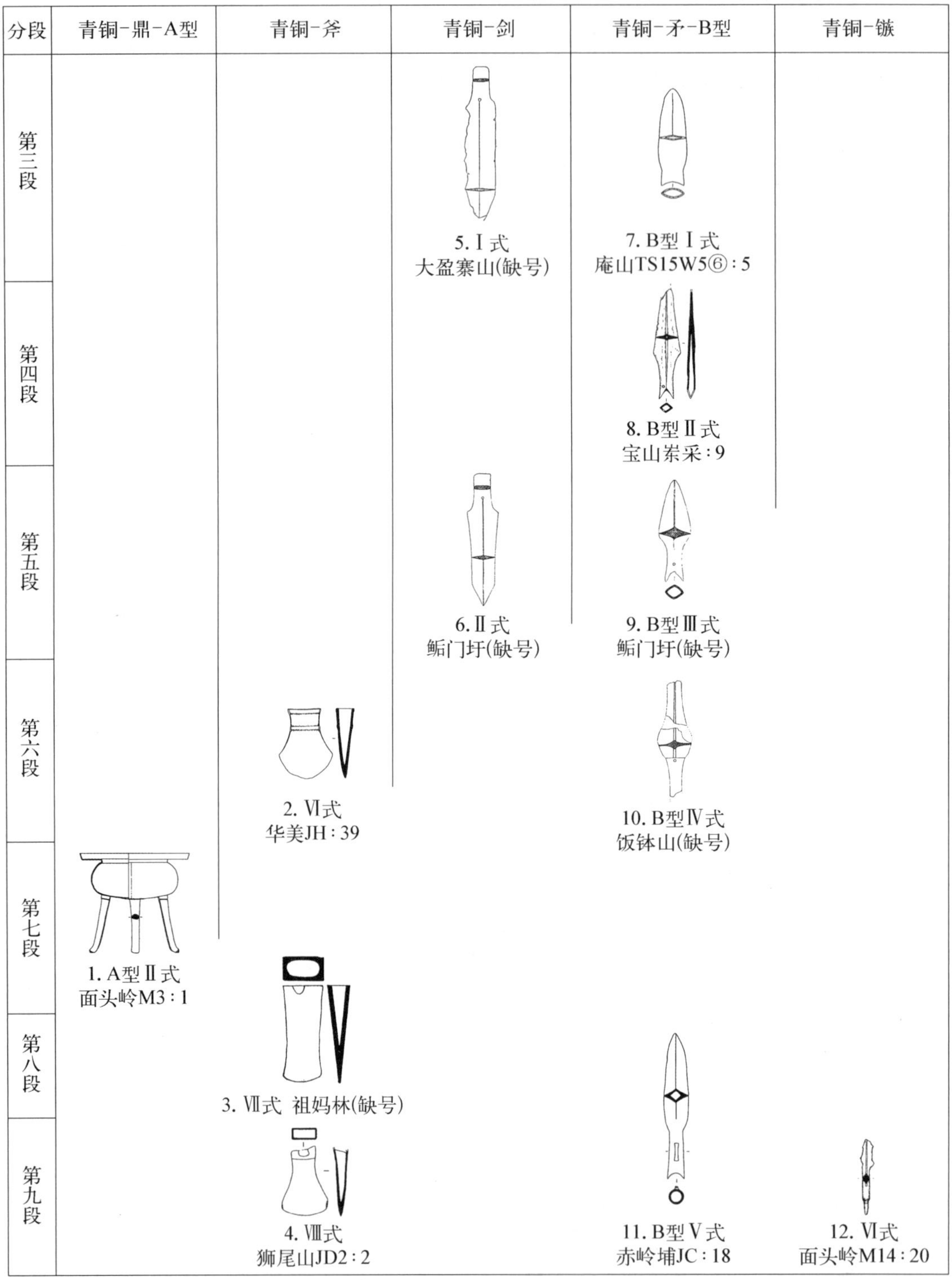

图 2.36　粤东闽南青铜鼎（A 型）、斧、剑、矛（B 型）、镞分期谱系图

号)①。Ⅴ式标本赤岭埔 JC：18②。

18. 镞。见有一式(图 2.36,12)：

Ⅵ式标本面头岭 M14：20③。

二、分组、分段与分期

以上述 18 类器物为主,以其他共存器类为辅,可串联两周时期粤东闽南遗迹单位共 139 个,并将其划分为十一组。本文选择共存关系较好的 68 个单位列入“典型单位分组统计表”(附录 A,表四)。

表中所见各型式器物,在此十一组中呈现出一致序列。可供利用的地层依据较少,目前仅见有寨仔山 G1(第一组)早于寨仔山 T2④(第二组);庵山⑦A、寨仔山 T2④(第二组)早于庵山⑥、⑤、寨仔山 T7③b(第三组)两组地层关系。虽然难以借此确定分组序列的顺序,但从文化面貌相关的太湖杭州湾、浙南闽北与岭南的分期情况来看,这十一组的先后顺序只能是由第一组至第十一组,并可将两周时期的粤东闽南划分为十一段。

综合各段的器物形制、数量比例、器类组合、纹饰及其变化情况来看,第二段与第三段的联系较为密切,其他各段之间有明显区别。如此可将此十一段整合为十期。各期段特征详见附录 B(表一〇、一一)、附录 C(表四)。

第六节　东南沿海的统一分期年代框架

不同地区各段的文化面貌并非一一对应,因而统一分期框架的构建仍需作分层处理。由于不同文化圈的存在,可以先分别整合两个大区的分期框架,再进而整合东南沿海的统一框架。

一、太湖杭州湾—浙南闽北的分期框架

太湖杭州湾—浙南闽北的文化面貌以共性为主,相应的分期整合也较简单。根据各段的典型器类型式,可以将其分期结论一一对应如下④(表 2.1)。

二、岭南—粤东闽南的分期框架

岭南—粤东闽南的文化面貌相对复杂,各段的对应关系需详加甄别。

---

① 黄坤池:《惠来发现春秋瓮棺葬》,《广东省博物馆馆刊》1988 年第 1 刊。

② 魏峻:《揭西县赤岭埔遗址调查报告》,《揭阳考古(2003~2005)》,第 196 页。

③ 魏峻:《揭东县面头岭墓地发掘报告》,《揭阳考古(2003~2005)》,第 61 页。

④ 浙南闽北第六、七段常见的原始瓷碗(杯盅)类 Aa 型Ⅶ、Ⅷ、Ⅸ式,散见于太湖杭州湾第六、七段。但前者所涉单位甚少且罕见明确共存关系,是否可与后者分别严格对应暂未可知,故以虚线标识。类似情况照此处理。

表 2.1　太湖杭州湾—浙南闽北分期对照表

<table>
<tr><th colspan="2">太湖杭州湾</th><th colspan="2">浙南闽北</th><th>共存的典型器类</th></tr>
<tr><td>第一期</td><td>第一段</td><td>第一期</td><td>第一段</td><td>原始瓷豆 Ca 型Ⅰ、Ⅱ式、Da 型Ⅰ式；硬陶坛 A 型Ⅰ式，瓮 A 型Ⅰ式</td></tr>
<tr><td rowspan="2">第二期</td><td>第二段</td><td rowspan="2">第二期</td><td>第二段</td><td>原始瓷豆 B 型Ⅰ式、Ca 型Ⅱ、Ⅲ式、Da 型Ⅱ式；硬陶罐（瓿）类 Ab 型Ⅱ式，坛 A 型Ⅳ式</td></tr>
<tr><td>第三段</td><td>第三段</td><td>原始瓷豆 Aa 型Ⅲ式、B 型Ⅱ式、Ca 型Ⅳ式、Da 型Ⅲ式，罐 B 型Ⅱ、Ⅲ式，盂Ⅱ式；硬陶罐（瓿）类 Aa 型Ⅳ式、Ab 型Ⅳ式、Bb 型Ⅱ式，坛 A 型Ⅴ式，瓮 A 型Ⅲ式</td></tr>
<tr><td>第三期</td><td>第四段</td><td>第三期</td><td>第四段</td><td>原始瓷豆 Aa 型Ⅳ、Ⅴ式、B 型Ⅳ式、Ca 型Ⅴ式、Da 型Ⅳ式，罐 A 型Ⅲ式、B 型Ⅲ式，碗（杯盅）类 B 型Ⅰ式，盂Ⅲ、Ⅳ式；硬陶罐（瓿）类 Aa 型Ⅴ、Ⅵ式、Ab 型Ⅴ式，盂 A 型Ⅴ式</td></tr>
<tr><td rowspan="2">第四期</td><td>第五段</td><td rowspan="2">第四期</td><td>第五段</td><td>原始瓷罐 A 型Ⅲ、Ⅳ式，盂Ⅳ式；硬陶罐（瓿）类 Aa 型Ⅶ式，盂 A 型Ⅵ式</td></tr>
<tr><td>第六段</td><td>第六段</td><td>原始瓷碗（杯盅）类 Aa 型Ⅶ、Ⅷ式</td></tr>
<tr><td rowspan="2">第五期</td><td>第七段</td><td rowspan="2">第五期</td><td>第七段</td><td>原始瓷碗（杯盅）类 Aa 型Ⅸ式；硬陶罐（瓿）类 Ab 型Ⅷ式</td></tr>
<tr><td>第八段</td><td>第八段</td><td>硬陶坛 A 型Ⅺ式</td></tr>
<tr><td>第六期</td><td>第九段</td><td></td><td></td><td></td></tr>
<tr><td>第七期</td><td>第十段</td><td>第六期</td><td>第九段</td><td>原始瓷碗（杯盅）类 Aa 型Ⅺ式、Ab 型Ⅱ式；硬陶罐（瓿）类 Ab 型Ⅹ式，坛 B 型Ⅵ式</td></tr>
<tr><td>第八期</td><td>第十一段</td><td>第七期</td><td>第十段</td><td>原始瓷碗（杯盅）类 Ab 型Ⅲ式；硬陶罐（瓿）类 Ab 型Ⅺ式，坛 B 型Ⅶ式；泥质陶豆Ⅱ式</td></tr>
<tr><td>第九期</td><td>第十二段</td><td>第八期</td><td>第十一段</td><td>硬陶坛 A 型ⅩⅤ式；泥质陶豆Ⅲ式，盒Ⅱ式</td></tr>
<tr><td>第十期</td><td>第十三段</td><td>第九期</td><td>第十二段</td><td>泥质陶盒Ⅲ式</td></tr>
</table>

两地共见因素中，硬陶罐（瓿）类 Db 型皆仅见于第一段，Ec 型Ⅱ式分别流行于粤东闽南第二段与岭南第三段，二者年代应该大致相当。从夹砂陶的式别演变来看，粤东闽南第一、二段之间并无明显缺环，故可总体对应岭南第一至三段。

岭南第三段新出原始瓷豆 Cb 型、硬陶豆 C 型，以横岭山 T0607①：59[①]、东湾：114[②]、

① 广东省文物考古研究所：《博罗横岭山——商周时期墓地 2000 年发掘报告》，第 418 页。
② 陈公哲：《香港考古发掘》，《考古学报》1957 年第 4 期。

鸡山采：3①、九祥岭 91NXG：9② 为其最早形态，与粤东闽南第二段原始瓷豆 Ca 型Ⅲ式特征接近，硬陶豆 D 型Ⅰ式也与粤东闽南原始瓷豆 Da 型Ⅱ式基本相似，应经由后者传播而至，并加以改造。因此，粤东闽南第二段的年代上限应早于岭南第三段。若以粤东闽南第一、二段年代跨度相当，则后者上限应在岭南第一段与第三段之间。

粤东闽南第三段的流行器虽未见于岭南，但所见青铜矛 B 型Ⅰ式早于岭南第五段开始流行的 B 型Ⅱ式，故其年代不晚于后者，可大致对应岭南第四段。

粤东闽南第四段的流行器中，仅青铜矛 B 型Ⅱ式见于岭南第五、六段，第五段中原始瓷豆 Ab 型Ⅱ式、青铜矛 B 型Ⅲ式流行于岭南第六、七段。故可将粤东闽南第四、五段与岭南第五至七段大致对应，第四段的下限应在岭南第五段与第七段之间。

粤东闽南第六段流行硬陶罐（瓿）类 Bd 型Ⅴ式、瓮 B 型Ⅵ式与青铜斧Ⅵ式，皆来自岭南。其中瓮 B 型Ⅵ式流行于岭南第七至十段，其余两者则多见于第九、十段。因粤东闽南第六段遗存甚少，且皆为采集所得，未见共存关系，只得暂时认为与岭南第八至十段年代相当。

粤东闽南第七至十一段的典型器类型式已基本同于岭南，且流行时间大多集中，可将之与岭南第十一至十五段一一对应如下（表 2.2）。

表 2.2　岭南—粤东闽南分期对照表

粤东闽南		岭南		典型器类
第六期	第七段	第七期	第十一段	原始瓷碗 Aa 型Ⅹ式；青铜鼎 A 型Ⅱ式，斧Ⅶ式
第七期	第八段	第八期	第十二段	原始瓷碗（杯盅）类 Aa 型Ⅺ式、Ab 型Ⅱ式；硬陶罐（瓿）类 Ab 型Ⅺ式，Bc 型Ⅱ式，盒Ⅱ式，坛 A 型ⅩⅢ式，碗（杯盅）类 A 型Ⅰ式、B 型Ⅰ式，瓮 A 型Ⅸ式、B 型Ⅶ式，盂 B 型Ⅰ式；青铜斧Ⅶ式，矛 B 型Ⅴ式
第八期	第九段	第九期	第十三段	原始瓷碗（杯盅）类 Ab 型Ⅱ、Ⅲ式；硬陶罐（瓿）类 Ec 型Ⅴ式，盒Ⅱ式，碗（杯盅）类 B 型Ⅱ式，瓮 A 型Ⅹ式；青铜斧Ⅷ式，矛 B 型Ⅴ式，镞Ⅵ式
第九期	第十段	第十期	第十四段	原始瓷碗 Aa 型Ⅻ式；硬陶罐（瓿）类 Bc 型Ⅳ式，盒Ⅲ式，碗 A 型Ⅱ式、B 型Ⅳ式，瓮 A 型Ⅺ式
第十期	第十一段	第十一期	第十五段	硬陶瓮 A 型Ⅻ式，盂 B 型Ⅳ式

① 李子文：《唐家镇大坞环、鸡山遗址调查》，《珠海考古发现与研究》，第 109 页。
② 杨耀林等：《深圳市先秦遗址调查与试掘》，《深圳考古发现与研究》，第 79 页。

三、东南沿海的统一分期框架

照此，可以整合构建东南沿海的统一分期框架。

粤东闽南第一段硬陶坛 A 型Ⅰ式流行于太湖杭州湾第一段，年代应该大致相近。粤东闽南第二至四段的原始瓷豆 Aa 型、B 型、Ca 型、Da 型，同步流行于太湖杭州湾第二至四段，而且粤东闽南第二段所见原始瓷尊Ⅰ式、夹砂陶甗形器Ⅰ式共见于浙南闽北第二段，第三段硬陶敛口盂[①]的同类器如百合 D4M1∶2[②]、上水 D2Q1∶1[③] 集中于太湖杭州湾第三段，第四段硬陶罐（瓿）类 Ad 型Ⅰ式与夹砂陶甗形器Ⅱ式分别流行于太湖杭州湾第三、四段与浙南闽北第四段。如此，可将三个地区的第一至四段相互对照，并串联岭南第一至六段。其中粤东闽南第四段未见太湖杭州湾、浙南闽北同期流行的其他器类，下限可能略早。

至于太湖杭州湾第九至十三段、粤东闽南第七至十一段与岭南第十一至十五段，各段的典型器类型式多有重合之处，可以一一对应。

在此时段之间，不同地区的典型器类少见重合。而太湖杭州湾、浙南闽北、岭南皆分为四段，或可一一对应，并有旁证作为参考。

岭南第七段流行的原始瓷豆 Ac 型Ⅱ式见于江西九江磨盘墩下层，与之共出的原始瓷豆[④]与柴岭山 D34M1∶10[⑤]、左口 M3∶7[⑥] 形制颇似，纹饰、釉色、尺寸也基本接近，应属同时，即太湖杭州湾第五段。另外，同时期岭南硬陶罐横岭山 M111∶2，口微侈，窄折沿，垂腹，平底[⑦]，太湖杭州湾第五段原始瓷罐如火烧山Ⅰ T0403⑤∶4[⑧]，形制大体与之相近，虽然尺寸较小，但整体比例几乎完全相同，年代应相距不远。

岭南第八段所见原始瓷碗（杯盅）类 Aa 型Ⅶ式流行于太湖杭州湾第六段。同一时期杨村坳出土的硬陶敛口圜底钵，折沿甚短略外敞[⑨]，与泥质陶钵如大茅山 M9∶14[⑩] 形制相符；西丽水库硬陶罐 NXX∶18[⑪] 与石狮 D5M5∶1[⑫] 皆敛口微敞，鼓腹略垂；岭南硬陶敞口垂腹罐如石峡 T16②A∶5[⑬]、原始瓷盘如梅花墩 T3③∶25[⑭] 与缸窑山 M11∶5[⑮]、大茅山

---

① 广东省博物馆：《广东平远县西周陶窑清理简报》，《考古》1983 年第 7 期。

② 南京博物院等：《宜兴百合村土墩墓群 D1～D4 发掘报告》，《穿越宜溧山地——宁杭高铁江苏段考古发掘报告》，第 130 页。

③ 南京博物院考古研究所：《江苏金坛县薛埠镇上水土墩墓群二号墩发掘简报》，《考古》2008 年第 2 期。

④ 江西省博物馆等：《九江县沙河街遗址发掘简报》，《江西历史文物》1978 年第 2 期。

⑤ 杭州市文物考古研究所等：《萧山柴岭山土墩墓》，第 279 页。

⑥ 浙江省文物考古所：《浙江淳安左口土墩墓》，《文物》1987 年第 5 期。

⑦ 广东省文物考古研究所：《博罗横岭山——商周时期墓地 2000 年发掘报告》，第 258 页。

⑧ 浙江省文物考古研究所等：《德清火烧山：原始瓷窑址发掘报告》，第 36 页。

⑨ 广东省博物馆等：《广东省和平县古文化遗存调查》，《考古》1991 年第 3 期。

⑩ 镇江博物馆：《江苏武进、宜兴石室墓》，《文物》1983 年第 11 期。

⑪ 杨耀林等：《深圳市先秦遗址调查与试掘》，《深圳考古发现与研究》，第 74 页。

⑫ 浙江省文物考古研究所：《浙江长兴县石狮土墩墓发掘简报》，《浙江省文物考古研究所学刊：建所十周年纪念（1980～1990）》，第 177 页。

⑬ 广东省文物考古研究所等：《石峡遗址——1973～1978 年考古发掘报告》，第 588 页。

⑭ 广东省文物考古研究所等：《广东博罗县园洲梅花墩窑址的发掘》，《考古》1998 年第 7 期。

⑮ 宁波市文物考古研究所等：《浙江慈溪掌起缸窑山墓地发掘报告》，《东南文化》2005 年第 2 期。

M9：15① 的形制也大体接近。这些对比器物皆属于太湖杭州湾第六段。此外，横岭山陶盆 M211TB：1②，敞口无沿深腹，腹壁内凹明显，太湖杭州湾第七段陶盆如三星墩 D3M1：6、D1Q4：14③ 与之颇有相似之处，作敞口卷沿，腹壁稍内凹，第八段陶盆如天目湖庙山 Q2：13④亦属此类，平折沿，腹壁略弧鼓。这三类陶盆的形制呈现出清晰的演变规律，有先后之别。综合上述信息可知，岭南第八段早于太湖杭州湾第七段，年代与太湖杭州湾第六段相当。

岭南第九段所见原始瓷碗（杯盅）类 Aa 型Ⅷ式流行于太湖杭州湾第六、七段。同时期横岭山硬陶罐 M085：13，侈口，窄折沿、广圆肩，近弧折，浅腹，平底⑤，同形之器亦见于太湖杭州湾第七段，如门口田 D1M1：24⑥、火烧山Ⅰ T0506②：3⑦ 等。如此可大致将岭南第九段与太湖杭州湾第七段相对应。

所余岭南第十段、太湖杭州湾第八段，显然亦属同时。

如此可以整合构建东南沿海的统一分期框架如下（表 2.3）：

表 2.3　东南沿海统一分期年代框架

<table>
<tr><th>年代</th><th colspan="2">太湖杭州湾</th><th colspan="2">浙南闽北</th><th colspan="2">粤东闽南</th><th colspan="2">岭南</th></tr>
<tr><td rowspan="2">公元前 1050 年</td><td rowspan="2">第一期</td><td rowspan="2">第一段</td><td rowspan="2">第一期</td><td rowspan="2">第一段</td><td rowspan="2">第一期</td><td rowspan="2">第一段</td><td rowspan="3">第一期</td><td>第一段</td></tr>
<tr><td rowspan="2">第二段</td></tr>
<tr><td rowspan="2">公元前 1010 年</td><td rowspan="4">第二期</td><td rowspan="2">第二段</td><td rowspan="4">第二期</td><td rowspan="2">第二段</td><td rowspan="4">第二期</td><td rowspan="2">第二段</td></tr>
<tr><td>第二期</td><td>第三段</td></tr>
<tr><td rowspan="2">公元前 930 年</td><td rowspan="2">第三段</td><td rowspan="2">第三段</td><td rowspan="2">第三段</td><td rowspan="3">第三期</td><td>第四段</td></tr>
<tr><td rowspan="2">第五段</td></tr>
<tr><td rowspan="3">公元前 830 年</td><td rowspan="3">第三期</td><td rowspan="3">第四段</td><td rowspan="3">第三期</td><td rowspan="3">第四段</td><td rowspan="2">第三期</td><td rowspan="2">第四段</td></tr>
<tr><td rowspan="3">第四期</td><td rowspan="2">第六段</td></tr>
<tr><td rowspan="2">第四期</td><td rowspan="2">第五段</td></tr>
<tr><td>公元前 730 年</td><td rowspan="2">第四期</td><td>第五段</td><td rowspan="2">第四期</td><td>第五段</td><td>第七段</td></tr>
<tr><td>公元前 680 年</td><td>第六段</td><td>第六段</td><td rowspan="3">第五期</td><td rowspan="3">第六段</td><td rowspan="2">第五期</td><td>第八段</td></tr>
<tr><td>公元前 600 年</td><td rowspan="2">第五期</td><td>第七段</td><td rowspan="2">第五期</td><td>第七段</td><td>第九段</td></tr>
<tr><td>公元前 560 年</td><td>第八段</td><td>第八段</td><td>第六期</td><td>第十段</td></tr>
<tr><td>公元前 520 年</td><td>第六期</td><td>第九段</td><td></td><td></td><td>第六期</td><td>第七段</td><td>第七期</td><td>第十一段</td></tr>
<tr><td>公元前 453 年</td><td>第七期</td><td>第十段</td><td>第六期</td><td>第九段</td><td>第七期</td><td>第八段</td><td>第八期</td><td>第十二段</td></tr>
<tr><td>公元前 370 年</td><td>第八期</td><td>第十一段</td><td>第七期</td><td>第十段</td><td>第八期</td><td>第九段</td><td>第九期</td><td>第十三段</td></tr>
<tr><td>公元前 300 年</td><td>第九期</td><td>第十二段</td><td>第八期</td><td>第十一段</td><td>第九期</td><td>第十段</td><td>第十期</td><td>第十四段</td></tr>
<tr><td>公元前 235 年</td><td>第十期</td><td>第十三段</td><td>第九期</td><td>第十二段</td><td>第十期</td><td>第十一段</td><td>第十一期</td><td>第十五段</td></tr>
<tr><td>公元前 202 年</td><td colspan="8"></td></tr>
</table>

① 镇江博物馆：《江苏武进、宜兴石室墓》，《文物》1983 年第 11 期。

② 广东省文物考古研究所：《博罗横岭山——商周时期墓地 2000 年发掘报告》，第 270 页。

③ 南京博物馆等：《江苏金坛连山土墩墓发掘报告》，《考古学集刊》第 10 集，第 188、169 页。

④ 南京博物院等：《溧阳天目湖庙山土墩墓发掘报告》，《印记与重塑：镇江博物馆考古报告集（2001～2009）》，第 105 页。

⑤ 同②，第 293 页。

⑥ 南京博物院等：《溧阳天目湖门口田土墩墓发掘报告》，《印记与重塑：镇江博物馆考古报告集（2001～2009）》，第 133 页。

⑦ 浙江省文物考古研究所等：《德清火烧山：原始瓷窑址发掘报告》，第 29 页。

四、各段的年代范围

东南沿海少见有铭铜器，测年数据较少，而且部分存疑，对各段绝对年代范围的判断需要以外证为主。相较其他地区，太湖杭州湾与中原及皖苏赣的联系更显紧密，可供比较的材料更加丰富。故本书将以西周时期北方出土原始瓷与硬陶的所有单位、东周时期皖苏浙赣粤所有铜器墓作为对比材料，参考铜器断代结论①，判断太湖杭州湾各段的年代范围。余者推算可知（图 2.37、图 2.38，表 2.3）。

太湖杭州湾第一段。长子口 M1 原始瓷豆 M1：99、罐 M1：31 与原始瓷豆 Da 型Ⅰ式、罐 B 型Ⅰ式特征吻合。故此段应为西周早期早段②，约在公元前 1050～前 1010 年。

太湖杭州湾第二段。原始瓷豆广见于中原，B 型Ⅰ式如平顶山 M232：0111，Ca 型Ⅱ式如平顶山 M230：6、M232：072，Ⅲ式如平顶山 M49：1、绛县横水 M2158：128，Da 型Ⅱ式如平顶山 M86：0184、张家坡 M152：131。这些墓葬中，平顶山 M230 不晚于昭王，M232 在西周早期晚段至中期早段，M49 在穆王早期，M86 在穆王晚期③，张家坡 M512 在穆恭之时④，横水 M2158 约在西周中期早段⑤。故此段应为西周早期晚段至中期早段，约在公元前 1010～前 930 年。

太湖杭州湾第三段。原始瓷豆 Aa 型Ⅲ式见于晋侯墓地如 M33：152，Ca 型Ⅳ式见于黄堆老堡子如 95FHM55：24。另张家坡硬陶罍 M165：35 与浙南闽北第三段屯溪 M3：54⑥、岭南第四段横岭山 M086：4⑦ 颇为相似。晋侯墓地 M33 在孝夷之时⑧，张家坡 M165 属夷厉共和⑨，老堡子 M55 为懿孝至西周晚期⑩。故此段应为西周中期晚段至晚期早段，约在公元前 930～前 830 年。

太湖杭州湾第四段。原始瓷罐 B 型Ⅲ式与潜山黄岭⑪陶罐形制近同，另外有召陈原始瓷敛口折腹罐 T165（3A）：4 与浙南闽北第四段硬陶罐如昙石山 96T1507②A：16⑫ 的形制相似。简报判断召陈 T165（3A）：4 为西周晚期早段⑬，但这一时期的典型单位 G1①实属 3C 层，叠压于 3A 层下，后者年代应稍晚至西周晚期晚段为宜。潜山黄岭则属春秋初期偏早⑭。故此段应为西周晚期晚段至春秋初期偏早，约在公元前 830～前 730 年。

---

① 本书对东周铜器墓的年代划分方案以路国权《东周青铜容器谱系研究》（上海古籍出版社，2019 年）为准。这既在于其对东周青铜容器的梳理系统详尽，更在于其所分期段皆有明确年代范围，便于本书参考判断。
② 河南省文物考古研究所等：《鹿邑太清宫长子口墓》，第 199～209 页。
③ 河南省文物考古研究所等：《平顶山应国墓地Ⅰ》，大象出版社，2012 年。
④ 中国社会科学院考古研究所：《张家坡西周墓地》，中国大百科全书出版社，1999 年，第 368 页。
⑤ 山西省考古研究所等：《山西绛县横水西周墓地 M2158 发掘简报》，《考古》2019 年第 1 期。
⑥ 李国梁：《屯溪土墩墓发掘报告》，第 30 页。
⑦ 广东省文物考古研究所：《博罗横岭山——商周时期墓地 2000 年发掘报告》，第 130 页。
⑧ 北京大学考古学系等：《天马—曲村遗址北赵晋侯墓地第五次发掘》，《文物》1995 年第 7 期。
⑨ 同④，第 368 页。
⑩ 周原博物馆：《1995 年扶风黄堆老堡子西周墓清理简报》，《文物》2005 年第 4 期。
⑪ 潜山县文物局：《潜山黄岭春秋墓》，《文物研究》第 13 辑，黄山书社，2001 年，第 125～127 页。
⑫ 福建博物院：《闽侯昙石山遗址：第八次发掘报告》，科学出版社，2004 年，第 104 页。
⑬ 陕西周原考古队：《扶风召陈西周建筑群基址发掘简报》，《文物》1981 年第 3 期。
⑭ 路国权：《东周青铜容器谱系研究》，第 692～693 页。

	太湖杭州湾各段年代对比材料	各段对比单位年代范围
第一段	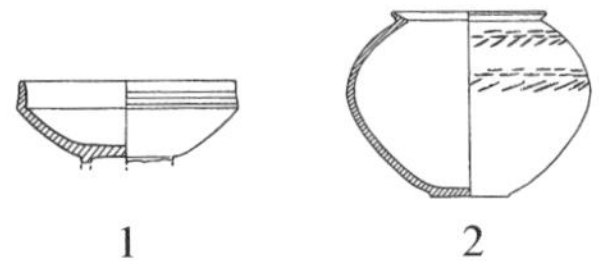	西周早期早段
第二段	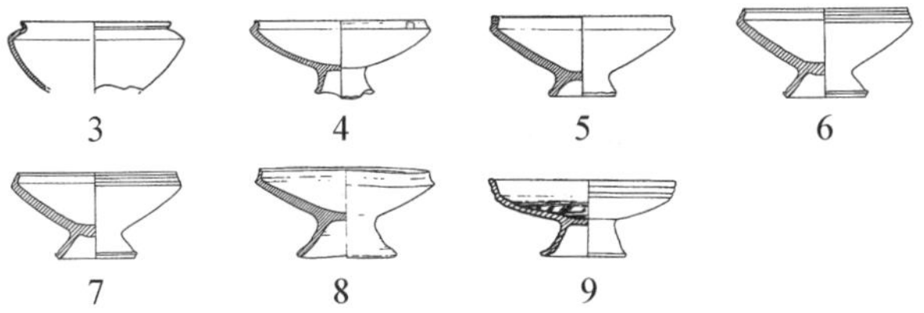	西周早期晚段 | 西周中期早段
第三段	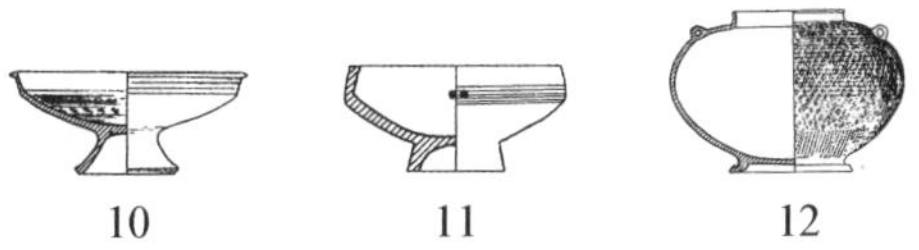	西周中期晚段 | 西周晚期早段
第四段	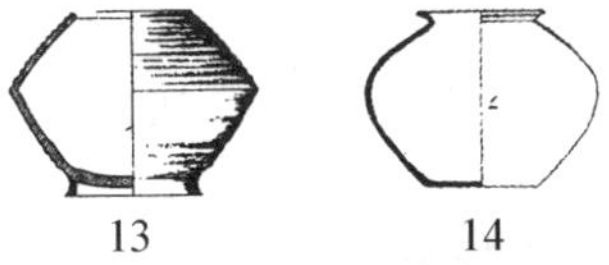	西周晚期晚段 | 春秋初期偏早
第五段	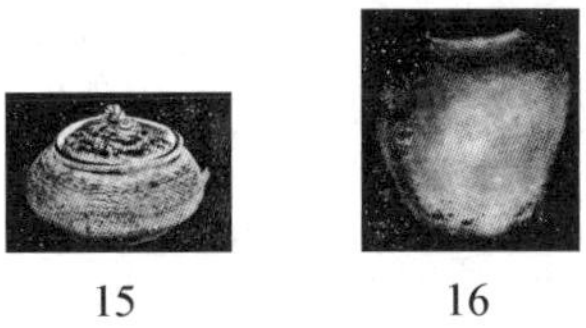	春秋初期，上限稍晚
第六段	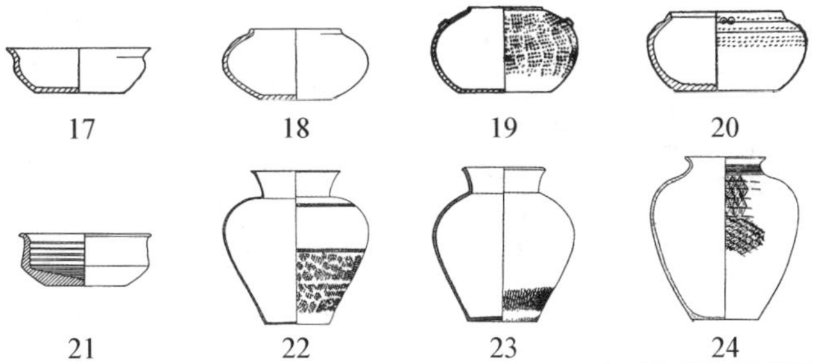	春秋早期

图 2.37　太湖杭州湾各段年代对比材料（一）

1～2. 长子口 M1：99、31　3～7. 平顶山 M232：0111、M230：6、M232：072、M49：1、M86：0184
8. 绛县横水 M2158：128　9、12. 张家坡 M152：131、M165：35　10. 晋侯墓地 M33：152
11. 黄堆老堡子 95FHM55：24　13. 扶风召陈 T165（3A）：4　14. 潜山黄岭（缺号）　15～16. 舒城河口 M1：9、5
17～18. 六安燕山（缺号）　19. 青阳龙岗 M2：4　20、24. 溧水宽广墩（缺号）　21. 邳州九女墩 M6PG2：3
22～23. 乔涧子 M2：11、13

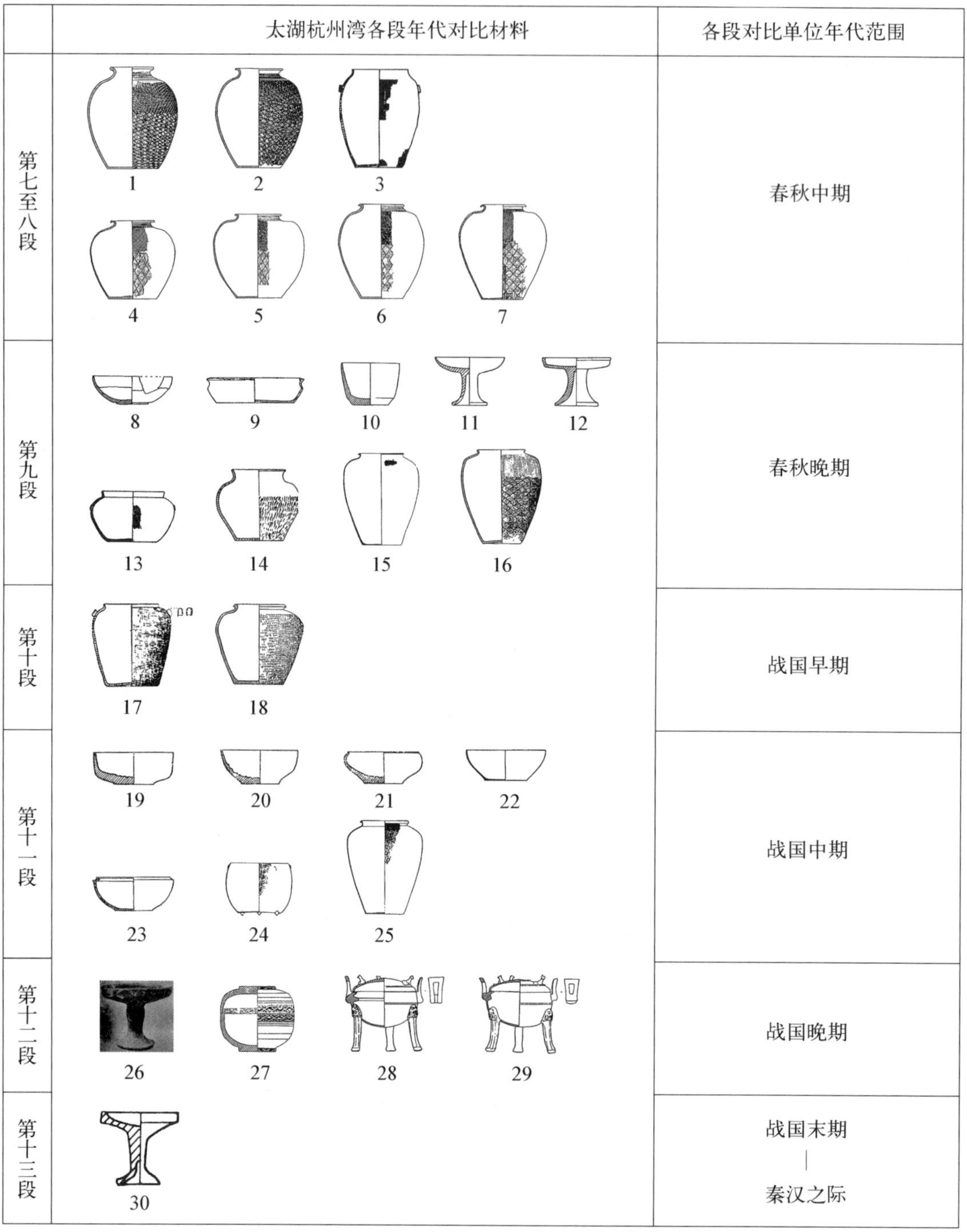

图 2.38　太湖杭州湾各段年代对比材料(二)

1~2. 钟离君柏墓 M1：26、33　3. 九女墩 DII MPG3：1　4~7. 青龙山 M1：114、220、93、94　8. 观上郭堆墩(缺号)　9. 北山顶 MX：2　10~11、16.固始侯古堆 M1P：12、55、124　12、14. 青阳龙岗 M1：16、15　13. 六合程桥 M1：51　15. 王家山：56　17~18. 六合和仁(缺号)　19~21. 高安太阳墟(缺号)　22、24~25. 淮阴高庄 M1：20、28、117　23. 寿县双桥(缺号)　26~27. 秦家桥 M1：20、13　28~29. 白鹭洲 M585：58、78　30. 潜山公山(缺号)

太湖杭州湾第五段。硬陶坛A型Ⅶ式见于舒城河口M1：5，后者共出原始瓷盂M1：9也与火烧山Ⅱ T0304⑨：1[①]基本相似[②]。此墓及基本同时的岭南第七段铜器墓乐昌对面山M59[③]的年代皆在春秋初期[④]。故此段应为春秋初期，上限或稍晚，约在公元前730～前680年。

太湖杭州湾第六段。凤阳乔涧子M2：11、13[⑤]与三星墩硬陶罐D2Q3：3、D2Q3：1[⑥]甚似，六安燕山[⑦]、青阳龙岗M2[⑧]、溧水宽广墩[⑨]所出罐也与火烧山Ⅱ T0304⑦：3[⑩]、便山D404：5[⑪]近同，且六安燕山、溧水宽广墩分见有此段流行的原始瓷碗（杯盅）类B型Ⅲ式、硬陶坛A型Ⅷ式。此四墓年代皆为春秋早期[⑫]。常见于此段及第七段的原始瓷碗（杯盅）类Aa型Ⅶ式亦见于邳州九女墩[⑬]，其年代在春秋中期[⑭]。故此段应为春秋早期，下限或可进入春秋中期，约在公元前680～前600年。

太湖杭州湾第七、八段。除前述邳州九女墩见有原始瓷碗（杯盅）类Aa型Ⅶ式外[⑮]，钟离君柏墓亦见流行于第七段的硬陶坛A型Ⅸ、Ⅹ式[⑯]，丹徒青龙山[⑰]硬陶罐M1：114与第八段鳖墩M2：4[⑱]颇似，硬陶坛M1：93、94的形制符合A型Ⅹ式的特征。这些墓葬皆属春秋中期[⑲]。太湖杭州湾第八、九段流行的原始碗（杯盅）类Aa型Ⅹ式、硬陶坛A型Ⅺ式亦见于春秋晚期的靖安李洲坳[⑳]、九女墩二号墩[㉑]。故第七、八段应为春秋中期，或分属早晚段，下限有进入春秋晚期的可能，约在公元前600～前520年[㉒]。

太湖杭州湾第九段。硬陶坛A型Ⅻ式见于谏壁王家山[㉓]与固始侯古堆[㉔]，后者亦见泥质陶豆Ⅰ式，硬陶罐（瓿）类Aa型Ⅺ式、Ab型Ⅸ式则见于六合程桥一号墓[㉕]与青阳龙

① 浙江省文物考古研究所等：《德清火烧山：原始瓷窑址发掘报告》，第98页。
② 安徽省文物考古研究所：《安徽舒城县河口春秋墓》，《文物》1990年第6期。
③ 广东省文物考古研究所等：《广东乐昌市对面山东周秦汉墓》，《考古》2000年第6期。
④ 路国权：《东周青铜容器谱系研究》，第694～695、746～747页。
⑤ 安徽省文物考古研究所等：《安徽凤阳乔涧子春秋钟离国贵族墓葬发掘简报》，《江汉考古》2015年第2期。
⑥ 南京博物馆等：《江苏金坛连山土墩墓发掘报告》，《考古学集刊》第10集，第175页。
⑦ 安徽省博物馆等：《安徽六安县发现一座春秋时期墓葬》，《考古》1993年第7期。
⑧ 青阳县文物管理所：《安徽青阳县龙岗春秋墓的发掘》，《考古》1998年第2期。
⑨ 刘建国、吴大林：《江苏溧水宽广墩墓出土器物》，《文物》1985年第12期。
⑩ 同①，第96页。
⑪ 浙江省文物考古研究所：《浙江长兴县石狮土墩墓发掘简报》，《浙江省文物考古研究所学刊：建所十周年纪念（1980～1990）》，第144页。
⑫ 同④，第698～701、886～887页。
⑬ 徐州博物馆等：《江苏邳州市九女墩春秋墓发掘简报》，《考古》2003年第9期。
⑭ 同④，第886～887页。
⑮ 同⑬。
⑯ 安徽省文物考古研究所等：《钟离君柏墓》，第355～365页。
⑰ 丹徒考古队：《丹徒青龙山春秋大墓及附葬墓发掘报告》，《东方文明之韵——吴文化国际学术研讨会论文集》，第10～37页。
⑱ 镇江市博物馆等：《江苏金坛鳖墩西周墓》，《考古》1978年第3期。
⑲ 同④，第698～701、886～887页。
⑳ 江西省文物考古研究所等：《江西靖安李州坳东周墓发掘简报》，《文物》2009年第2期。
㉑ 南京博物院等：《江苏邳州市九女墩二号墩发掘简报》，《考古》1999年第11期。
㉒ 鳖墩M2虽然有碳十四测年数据，即距今2 820±105年，树轮校正年代为公元前985年，但前辈学者多有讨论，认为明显早于该墓的实际年代（杨楠：《江南土墩遗存研究》，第81页），并非本书断代之反例。
㉓ 镇江博物馆：《江苏镇江谏壁王家山东周墓》，《文物》1987年第12期。
㉔ 河南省文物考古研究所：《固始侯古堆一号墓》，大象出版社，2004年，第99页。
㉕ 江苏省文物管理委员会等：《江苏六合程桥东周墓》，《考古》1965年第3期。

岗[①]，樟树观上郭堆垴[②]原始瓷碗（杯盅）类可归属于 Ab 型Ⅰ式。另有青阳龙岗豆 M1：16、丹徒北山顶[③]陶盆 MX：2 分别与大墩 M1：4、M2：5[④] 形制相近。这些墓葬以及与此段对应的岭南第十一段铜器墓马头岗 M1、鸟旦山 M1、落雁山 M1、贺州龙中的年代皆属春秋晚期[⑤]。故此段应为春秋晚期，约在公元前 520～前 453 年。

太湖杭州湾第十段。硬陶罐（瓿）类 Ab 型Ⅹ式见于六合和仁[⑥]，后者出土小罐与笔架山 D48M1：1[⑦] 近同。此墓及岭南第十二段铜器墓铜鼓岗 M16 的年代皆属战国早期[⑧]。故此段应为战国早期，约在公元前 453～前 370 年。

太湖杭州湾第十一段。高安太阳墟见有原始瓷碗（杯盅）类 Aa 型Ⅻ式、Ab 型Ⅱ、Ⅲ式[⑨]，淮阴高庄见有原始瓷碗（杯盅）类 Ab 型Ⅲ式、硬陶罐（瓿）类 Ad 型Ⅷ式、坛 A 型ⅩⅣ式[⑩]，寿县双桥[⑪]陶盒与岭南同时期硬陶盒Ⅱ式颇为相似。这些墓葬及岭南第十三段铜器墓如高地园 M2、面头岭 M14、银山岭 M71、M74 的年代皆在战国中期[⑫]。且本段绍兴凤凰山 M1～M3 兼具典型的越、楚文化因素，应早于公元前 306 年楚怀王亡越（详后）。故此段应主要为战国中期，下限稍早，约在公元前 370 年～前 300 年。

太湖杭州湾第十二段。泥质陶豆Ⅲ式、盒Ⅱ式见于舒城秦家桥 M1[⑬]，部分漆质。六安白鹭洲[⑭]陶鼎 M585：58、78 以及武进孟河[⑮]铜鼎与福泉山 M88：15[⑯] 甚为相似。这些墓葬及岭南第十四段铜器墓如背夫山 M1、龙嘴岗 M4、M5、M13、铜鼓岗 M13、银山岭 M22、M119 的年代皆属战国晚期[⑰]。另真山 D1M1 墓主或为春申君黄歇[⑱]，卒于公元前 238 年。故此段主要为战国晚期，约在公元前 300～前 235 年。

太湖杭州湾第十三段。泥质陶豆Ⅳ式与潜山公山Ⅳ阶段所见基本接近，年代属战国末期[⑲]。另如前所述，嘉定外岗、广州罗冈 M4 等单位可能已入秦纪年。故此段应为战国末期至秦汉之际，约在公元前 235～前 202 年。

---

① 青阳县文物管理所：《安徽青阳县龙岗春秋墓的发掘》，《考古》1998 年第 2 期。
② 樟树市博物馆：《江西樟树观上春秋墓》，《南方文物》1997 年第 2 期。
③ 江苏省丹徒考古队：《江苏丹徒北山顶春秋墓发掘报告》，《东南文化》1988 年第 3、4 期。
④ 苏州市考古研究所：《江苏苏州高新区大墩土墩遗存抢救性考古发掘报告》，《东南文化》2015 年第 5 期。
⑤ 路国权：《东周青铜容器谱系研究》，第 702～703、746～747、750～751、786～787、886～888 页。
⑥ 吴山菁：《江苏六合县和仁东周墓》，《考古》1977 年第 5 期。
⑦ 浙江省文物考古研究所等：《浙江安吉笔架山春秋战国墓发掘简报》，《东南文化》2009 年第 1 期。
⑧ 同⑤，第 746～747、888～889 页。
⑨ 江西省文物工作队等：《高安太阳墟春秋墓》，《南方文物》1986 年第 2 期。
⑩ 淮阴市博物馆：《淮阴高庄战国墓》，《考古学报》1988 年第 2 期。
⑪ 寿县博物馆：《寿县双桥战国墓调查》，《文物研究》第 2 期，1986 年，第 11～13 页。
⑫ 同⑤，第 702～703、746～750、890～893 页。
⑬ 舒城县文物管理所：《舒城县秦家桥战国楚墓清理简报》，《文物研究》第 6 辑，黄山书社，1990 年，第 139 页。
⑭ 安徽省文物考古研究所等：《安徽六安市白鹭洲战国墓 M585 的发掘》，《考古》2012 年第 11 期。
⑮ 镇江市博物馆：《江苏武进孟河战国墓》，《考古》1984 年第 2 期。
⑯ 周丽娟：《上海青浦福泉山发现一座战国墓》，《考古》2003 年第 11 期。
⑰ 同⑤，第 704～707、748～751、890～891 页。
⑱ 苏州博物馆：《真山东周墓地：吴楚贵族墓地的发掘与研究》，第 69～73 页。
⑲ 安徽省文物考古研究所等：《安徽潜山公山岗战国墓发掘报告》，《考古学报》2002 年第 1 期。

第三章　格局与变迁：区域文化与社会发展的三个阶段

分期年代框架的建立是考古学研究的基础，但主要倾向于对器类形制演变与共存关系的逻辑梳理，与真实历史之间仍存在一定距离，还需继续明确区域格局及其变迁，以尽量贴近历史之真实，以作为后续社会研究的背景梗概与材料整合线索。由于文化谱系已大体明晰，本书将更多地考虑区域内部关系、区域中心变动、对外文化联系等层面的内容，并辅以考察最高等级墓葬的发现情况，以归纳提炼区域文化与社会发展的不同主题，以划分区域文化与社会发展的主要阶段。

区域文化与社会的发展并非线性上升，而是起伏变化。相应的阶段划分，应更加注重发展趋势的变化，而非局限于发展变化的结果；应更加注重动态起伏过程中的波峰与波谷，注重发展主题的变动趋势与节点，而非单纯以某些器类的有无、几种现象的兴灭作为划分依据。同时，与文化史的“大传统与小传统”相似，区域文化与社会的发展阶段也有“大、小”之别①，后者从属于前者，是其组成而非翻覆②，故需在大阶段内讨论小阶段，即以不同时间尺度，探寻区域文化与社会发展的宏观格局与微观细节。

分区考察的结果表明，东南沿海的区域格局变迁大体同步，可统一分为三个阶段。这也可以与前述分期结论相对照，具体期别皆从属于某一阶段，文化与社会变迁密切相关。

第一节　西周早期早段至晚期早段（公元前1050~前830年）

这一阶段，即太湖杭州湾第一、二期第一至三段，岭南第一至三期第一至五段。东南沿海内部往来密切，对外联系也较频繁，总体蓬勃发展。

太湖杭州湾与浙南闽北的文化面貌以共性与异性相交织。浙南闽北得益于其对外交流的主体地位，在南北交互中确立为区域中心，太湖杭州湾也因其开放性而孕育着新的力量，区域优势的天平逐渐展露出由南向北倾斜的趋向。

此时，岭南—粤东闽南文化圈尚未形成。随着浮滨文化强势影响的消退，两地的

---

① Redfield. Robert, *Peasant society and culture: an Anthropological Approach to Civilization*, Chicago: the University of Chicago Press, 1956.

② 张荣华：《文化史中的大、小传统关系论》，《复旦学报（社会科学版）》2007年第1期。

文化与社会面貌迅速迥异，对外联系的方向与内容各有侧重，呈现出明显的东西之别。在粤中逐渐兴起成为岭南地区中心的同时，区域社会关系却表露出某种“分化”特质。

一、南北之间：太湖杭州湾—浙南闽北的交互与中心确立

如果说夏商时期太湖杭州湾—浙南闽北的交互主要表现在某些装饰风格、技术手段与少量器类等层面的话①，那么西周时期，南北两地之间的文化联系已经愈发密切，文化共性急剧凸显，可以原始瓷为突出代表，所见 8 类典型器物中，除数量较少的碗（杯盅）类 Aa 型与尊外，其余 6 类多共见于各个小区②（图 3.1、表 3.1）。

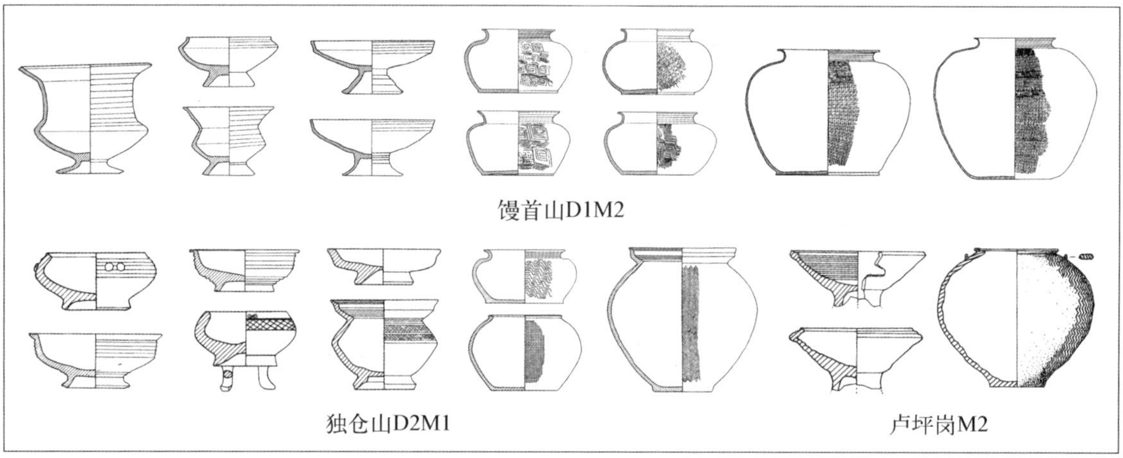

图 3.1　太湖杭州湾—浙南闽北典型器物群举隅（第一阶段）

两地间的文化共性还体现在更多方面。浙南闽北流行的矮体折肩尊虽未见于太湖杭州湾，但后者所见尊类器皆可于前者发现同形或相似者，装饰风格亦多近同。如独仓山 D3M1：3③ 与衢州大石塔（缺号）④，馒首山 D1M2：19、12⑤ 与山林仔 M2：1、SH：01⑥，又如无锡华利湾（缺号）⑦与平天塘 3：1⑧，无锡荣巷（缺号）⑨与屯溪 M7：12⑩，多有相似之处。除温台外，这类器物广见于其他各个小区。不同地区之间以及地区内部的文化交互与共性由此可知（图 3.2）。

① 罗汝鹏：《公元前 20 至前 9 世纪中国东南地区考古学文化研究——以闽浙赣交界地区为中心》，第 207～228 页。

② 这一阶段赣东北无考古发现，不纳入统计。

③ 浙江省文物考古研究所等：《独仓山与南王山——土墩墓发掘报告》，第 47 页。

④ 衢州市文物管理委员会：《浙江衢州市发现原始青瓷》，《考古》1984 年第 2 期。

⑤ 苏州市考古研究所等：《江苏苏州高新区东渚馒首山土墩墓发掘简报》，《东南文化》2013 年第 5 期。

⑥ 福建省博物院：《福建建阳市山林仔遗址的发掘》，《考古》2002 年第 3 期。

⑦ 魏百龄、谢春祝：《无锡华利湾古墓清理简报》，《文物》1956 年第 12 期。

⑧ 牟永抗、毛兆廷：《江山县南区古遗址墓葬调查试掘》，《浙江省文物考古所学刊》，第 80 页。

⑨ 朱江：《江苏南部“硬陶与釉陶”遗存清理》，《考古通讯》1957 年第 3 期。

⑩ 李国梁：《屯溪土墩墓发掘报告》，第 61 页。

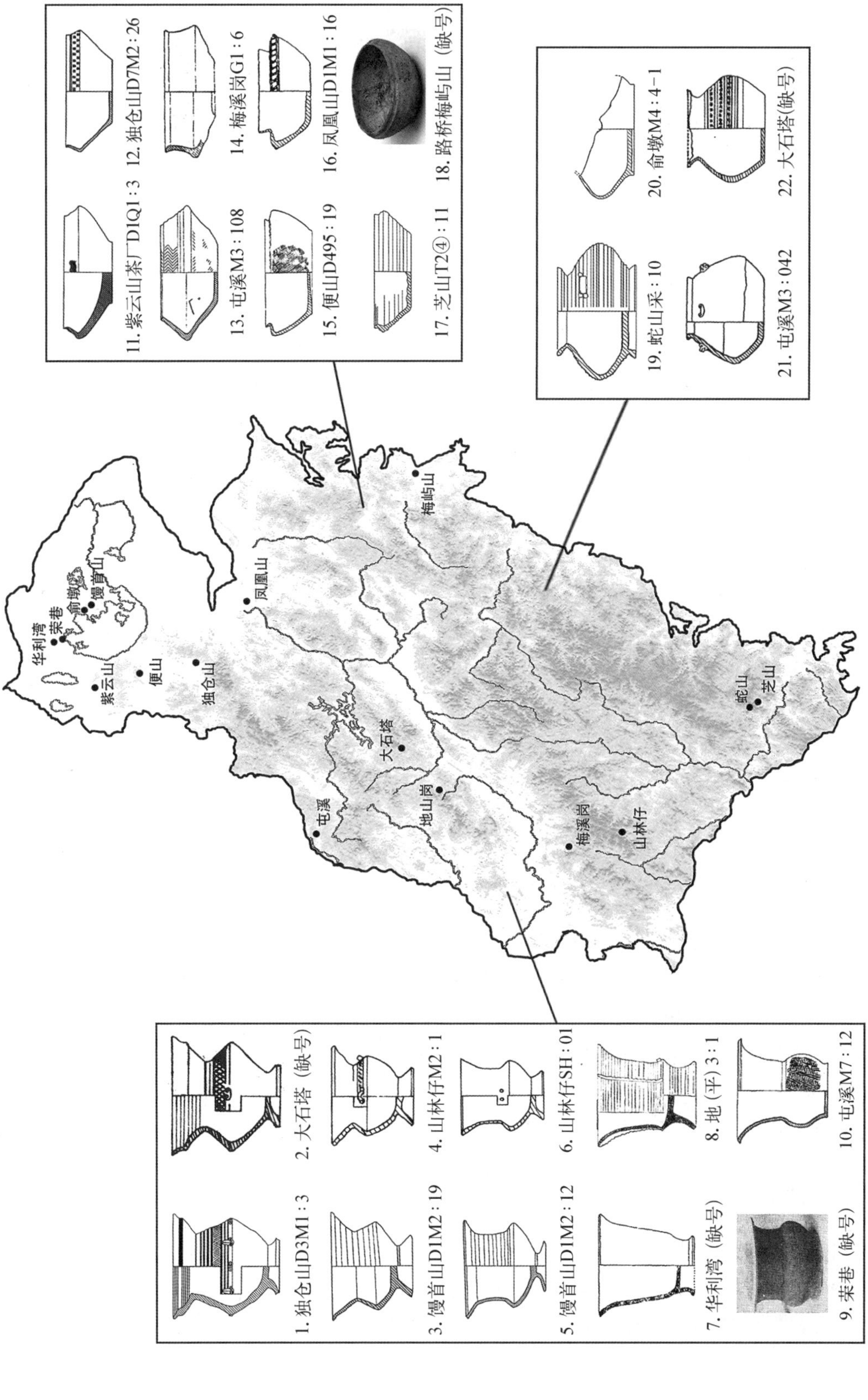

图 3.2　第一阶段太湖杭州湾—浙南闽北的其他文化共性

表 3.1　第一阶段太湖杭州湾—浙南闽北典型器类在各小区的分布情况(有无)

		环太湖	杭嘉湖	宁绍	金衢	屯溪	温台	闽北
原始瓷	豆 Aa 型		√	√	√	√	√	√
	豆 B 型	√	√	√	√	√		√
	豆 Ca 型	√	√	√	√	√	√	√
	豆 Da 型	√	√	√	√	√		√
	罐 B 型		√	√	√	√	√	√
	碗 Aa 型		√					
	盂		√	√	√	√		√
	尊				√	√		√
硬陶	罐(瓿)类 Aa 型	√	√	√	√		√	
	罐(瓿)类 Ab 型		√	√	√			√
	罐(瓿)类 Ac 型		√					
	罐(瓿)类 Ad 型		√					
	罐(瓿)类 Ae 型							√
	罐(瓿)类 Bb 型	√	√	√	√			
	罐(瓿)类 Ca 型							√
	罐(瓿)类 Cb 型							√
	坛 A 型	√	√	√	√			
	瓮 A 型	√	√	√	√	√	√	
	盂 A 型	√	√					

垂腹罐与折肩盆的情况同样如此。在盛行鼓腹、溜肩或鼓肩风格的时代背景下,这种非主流作风竟然广见于各个小区,虽然具体形态各不相同,但仍可确证南北之间文化共性的广泛存在(图 3.2)。更勿论此时两地的陶瓷纹饰种类基本接近,土墩葬式普遍流行。在此南北交互中,太湖杭州湾—浙南闽北文化圈初步形成。

但在强烈的文化共性之外,南北两地间的文化差异同样鲜明。以硬陶为例,典型器类的空间分布明显不同,太湖杭州湾与浙南闽北各有偏好,前者如罐(瓿)类 Bb 型、坛 A 型、盂 A 型,后者如罐(瓿)类 Ae、Ca、Cb 型(表 3.1)。且浙南闽北广泛流行带流器、带鋬(钮、环)器与圈足罐,也可以与太湖杭州湾作明显分别。

带流器总数虽少,但地区差异明显。浙南闽北所见,流皆作管状,器底均为圈足,鋬以位于器顶为主,多与流同侧;太湖杭州湾所见,流或管状或片状,器底或平底或三足,鋬位置无定,而多与流异侧。这种差异显然反映着两地文化偏好的区别。

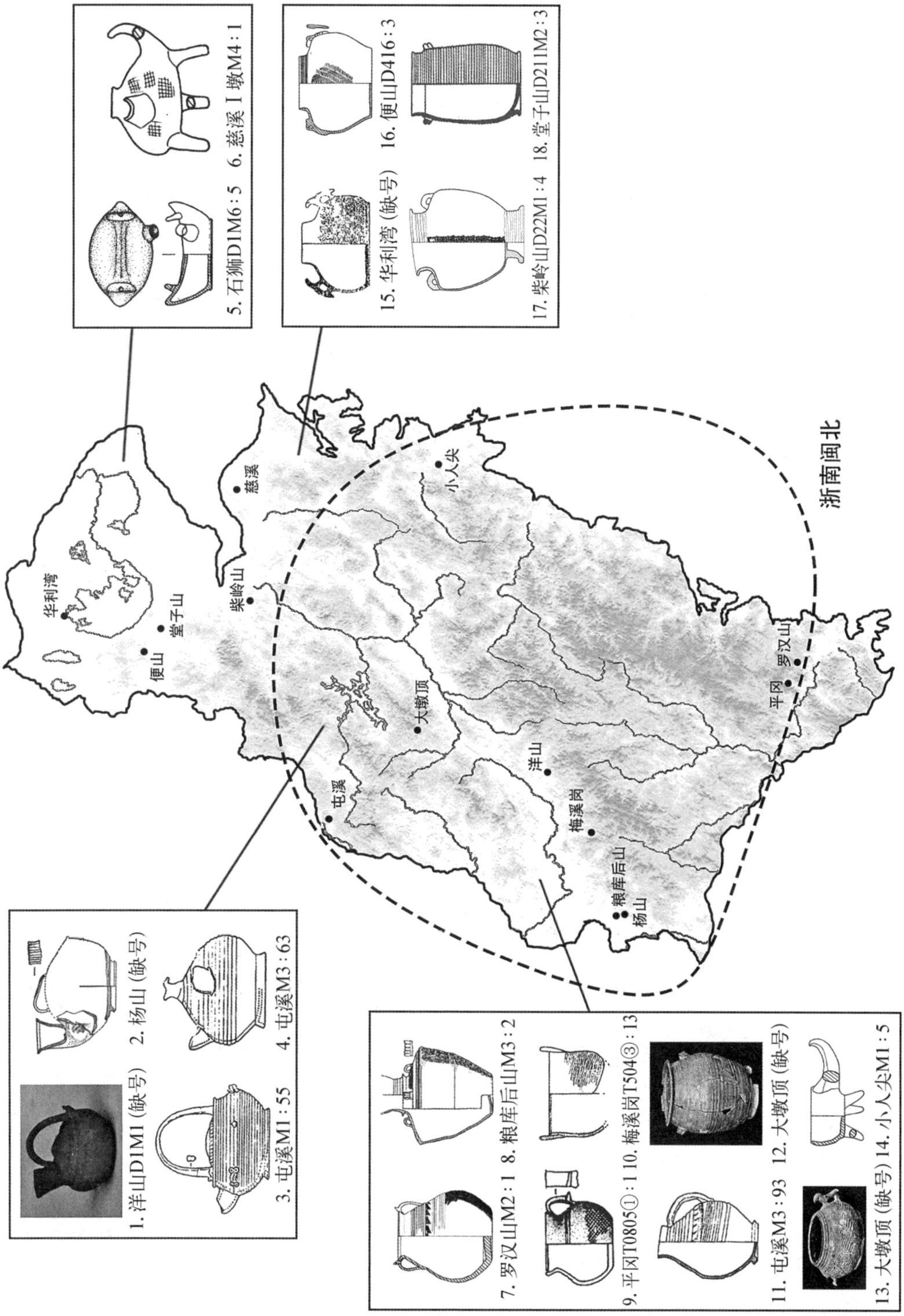

图 3.3 第一阶段太湖杭州湾、浙南闽北陶瓷异性举偶

带鋬（钮、环）器数量较多，相应的文化差异也愈发凸显。浙南闽北鋬、钮、环种类甚多。如管九洋山 D1M1（缺号）、罗汉山 M2：1、平冈 T0805①：1、屯溪 M3：93、西山大墩顶（缺号）、黄岩小人尖 M1：5，分别作提梁鋬、上翻折双长宽鋬、单长宽鋬、单长窄鋬、兽状鋬、长角状鋬[1]；如杨山（缺号）、粮库后山 M3：2、西山大墩顶（缺号），分别作小环钮、横贯状钮、竖贯状钮[2]；如梅溪岗 T504③：13，为双竖环[3]。相比之下，太湖杭州湾带鋬（钮、环）器的发现明显较少，其中除鋬状环钮[4]外，兽状鋬、小环钮、竖贯状钮皆可于浙南闽北寻得类似作风，数量比例则远远不及，无疑应来自后者。圈足罐的情况亦然如此，无论是器物种类，还是数量比例，太湖杭州湾都远逊于浙南闽北（图 3.3，表 3.2）。

表 3.2　第一阶段太湖杭州湾—浙南闽北带鋬（钮、环）器、圈足器的数量比例

		环太湖	杭嘉湖	宁绍	金衢	屯溪	温台	闽北
原始瓷	带鋬（钮、环）数量	1	0	1	3	15	3	8
	比例	4.55%	0.00%	0.79%	**10.71%**	**25.00%**	**14.29%**	**4.12%**
	圈足器数量	0	1	2	3	11	0	2
	比例	0.00%	0.88%	1.59%	**10.71%**	**18.33%**	0.00%	1.03%
	原始瓷总数	22	113	126	28	60	21	194
硬陶	带鋬（钮、环）数量	5	6	5	2	1	2	40
	比例	7.58%	7.89%	7.81%	**13.33%**	**12.50%**	**13.33%**	**26.14%**
	圈足器数量	1	1	1	1	1	1	14
	比例	1.52%	1.32%	1.56%	**6.67%**	**12.50%**	**6.67%**	**9.15%**
	硬陶总数	66	76	64	15	8	15	153
陶瓷器	带鋬（钮、环）数量	6	6	6	5	16	5	48
	比例	6.82%	3.17%	3.16%	**11.63%**	**23.53%**	**13.89%**	**13.83%**
	圈足器数量	1	2	3	4	12	1	16
	比例	1.14%	1.06%	1.58%	**9.30%**	**17.65%**	**2.78%**	**4.61%**
	陶瓷器总数	88	189	190	43	68	36	347

---

① 福建博物院等：《福建浦城管九村土墩墓》；福州市文物考古工作队：《福州市新店罗汉山商周遗址 2008 年度考古发掘简报》，《福建文博》2014 年第 4 期；福州市文物考古工作队：《福建闽侯古洋平冈先秦遗存的发掘》，《东南考古研究》第 3 辑，第 43 页；李国梁：《屯溪土墩墓发掘报告》，第 26 页；金华地区文管会：《浙江衢州西山西周土墩墓》，《考古》1984 年第 7 期。浙江省文物考古研究所等：《黄岩小人尖西周时期土墩墓》，《浙江省文物考古研究所学刊：建所十周年纪念（1980～1990）》，第 204 页。

② 福建省博物馆等：《福建省光泽县古遗址古墓葬的调查和清理》，《考古》1985 年第 12 期；福建省博物馆：《福建光泽池湖积谷山遗址及墓葬》，《东南考古研究》第 3 辑，第 14 页；金华地区文管会：《浙江衢州西山西周土墩墓》，《考古》1984 年第 7 期。

③ 福建省博物馆：《武夷山梅溪岗遗址发掘简报》，《福建文博》1998 年增刊。

④ 浙江省文物考古研究所：《浙江长兴县石狮土墩墓发掘简报》，《浙江省文物考古研究所学刊：建所十周年纪念（1980～1990）》，第 144 页。

此可为两地陶瓷异性之管窥。如果将视野扩大，容易发现两地在陶瓷纹饰、玉器、青铜器方面的差异更为显著，两地应该分属越文化的不同类型，并以浙南闽北的文化面貌更显繁盛，当是区域文化之中心。

此时常见的原始瓷纹饰中，篦齿纹仅见于太湖杭州湾，方格纹、水波纹与斜划纹仅见于浙南闽北。即便是两地共见纹饰，空间分布与数量比例也有明显差异。如曲折纹与锥点纹，广见于浙南闽北各小区，比例多略高，太湖杭州湾仅在与之邻近的宁绍有零星发现；又如粗弦纹与素面，虽于两地广泛分布，但显然以浙南闽北为盛行之地。硬陶纹饰的情况更加复杂。某些纹饰并不互见，如菱格纹、菱格填线纹；某些纹饰则以一地占优，如叶脉纹、席纹。南北之别不容忽视（表3.3）。

表3.3　第一阶段太湖杭州湾—浙南闽北各小区常见纹饰比例统计

		环太湖	杭嘉湖	宁绍	金衢	屯溪	温台	闽北
原始瓷	粗弦纹	18.18%	26.55%	34.13%	**53.57%**	**61.67%**	**33.33%**	**32.47%**
	曲折纹			1.59%	**7.14%**	**6.67%**	**14.29%**	**2.06%**
	梳篦纹	9.09%	35.40%	34.13%	25.00%	25.00%	42.86%	16.49%
	素面	9.09%	15.93%	4.76%	**14.28%**	**8.33%**	**42.86%**	**29.38%**
	锥刺纹	4.55%	1.77%	1.59%	**7.14%**	**13.33%**		**2.06%**
	锥点纹			1.59%	**7.14%**	**1.67%**		**0.52%**
	篦齿纹		3.54%					
	方格纹				17.86%	10.00%		
	水波纹					3.33%		0.52%
	斜划纹							1.55%
	总数	22	113	126	29	60	21	194
硬陶	方格交叉纹		1.32%					1.96%
	方格纹	3.03%	2.63%	7.81%	6.67%	**37.50%**	6.67%	**22.88%**
	回字纹	27.27%	39.47%	59.38%	53.33%	37.50%		0.65%
	曲折纹	34.85%	71.05%	37.50%	53.33%	37.50%	13.33%	1.31%
	水波纹	4.55%	6.58%	6.25%				1.31%
	素面	21.21%	3.95%				**86.67%**	**24.18%**
	席纹	1.52%	3.95%		**20.00%**			**22.22%**

续表

		环太湖	杭嘉湖	宁绍	金衢	屯溪	温台	闽北
硬陶	叶脉纹	3.03%	1.32%	7.81%				0.65%
	云雷纹	16.67%	3.95%	17.19%	13.33%		6.67%	3.92%
	锥刺纹		1.32%		**6.67%**			0.65%
	粗弦纹				**6.67%**	**25.00%**		**5.23%**
	菱格纹		3.95%	6.25%				
	菱格填线纹							0.65%
	斜划纹							3.92%
	锥点纹		1.32%	1.56%				
	总数	66	76	64	15	8	15	153

玉器与青铜器的地区差异更显悬殊。这一阶段的玉器发现于东阳服务区、杨府山 M1、武夷山岗头 M1 等 12 个单位①。除老虎山 D1M11 位于太湖杭州湾、仅随葬 1 件玉玦外，其余尽在浙南闽北，各小区均有发现，并偶见绿松石、水晶饰品。如杨府山 M1 出土玉镯、玦、柄形器、饰及绿松石串饰共 22 件，屯溪 M3 出土玉管、石珠、璜、玦、牙状器、水晶珠及料管饰共 55 件。无论以何者而论，皆当以浙南闽北为最，太湖杭州湾零星所见不过是由其传播而至的结果②（表 3.4，图 3.4）。

表 3.4　第一阶段太湖杭州湾—浙南闽北玉器的发现情况

地　区	单　　位	玉器总数	“玉”器器类	其他材质器类
太湖杭嘉湖	老虎山 D1M11	1	玦 1	
浙南闽北	东阳服务区 D1M2	不明	串饰等	?
	东阳服务区 D2M1	不明	串饰等	?
	衢州西山大墩顶	22	玦 22	

① 浙江省文物考古研究所：《余姚老虎山一号墩发掘》，《沪杭甬高速公路考古报告》，第 51～95 页；陈荣军、沈岳明：《浙江东阳抢救性发掘周代土墩墓》，《中国文物报》2005 年 11 月 25 日第 1 版；金华地区文管会：《浙江衢州西山西周土墩墓》，《考古》1984 年第 7 期；李国梁：《屯溪土墩墓发掘报告》；浙江省文物考古研究所等：《黄岩小人尖西周时期土墩墓》，《浙江省文物考古研究所学刊：建所十周年纪念（1980～1990）》，第 200～205 页；浙江省文物考古研究所等：《浙江瓯海杨府山西周土墩墓发掘简报》，《文物》2007 年第 11 期；福建博物院等：《武夷山市兴田镇岗头西周土墩墓发掘简报》，《福建文博》2017 年第 2 期；福建博物院等：《福建浦城县管九村土墩墓群》，《考古》2007 年第 7 期；福建博物院等：《福建浦城管九村土墩墓》。

② 吴桐：《浙江地区两周时期玉器的兴衰及相关问题》，《考古》2022 年第 1 期。

续表

地　区	单　　位	玉器总数	“玉”器器类	其他材质器类
浙南闽北	衢州庙山尖	40+	玦等	
	衢州孟姜村	不明	玦等	
	屯溪 M1	3		石佩 1;水晶环 2
	屯溪 M3	55	管 1、料管饰残件 43	石珠 2、璜 2、玦 5、牙状器 1;水晶珠 1
	黄岩小人尖 M1	5	玦 1、凸棱环 4	
	瓯海杨府山 M1	22	镯 5、玦 4、柄形器 1、饰 7	绿松石串饰 1、饰 4
	武夷山岗头 M1	2	玦 2	
	管九洋山 D7M1	7	不明	

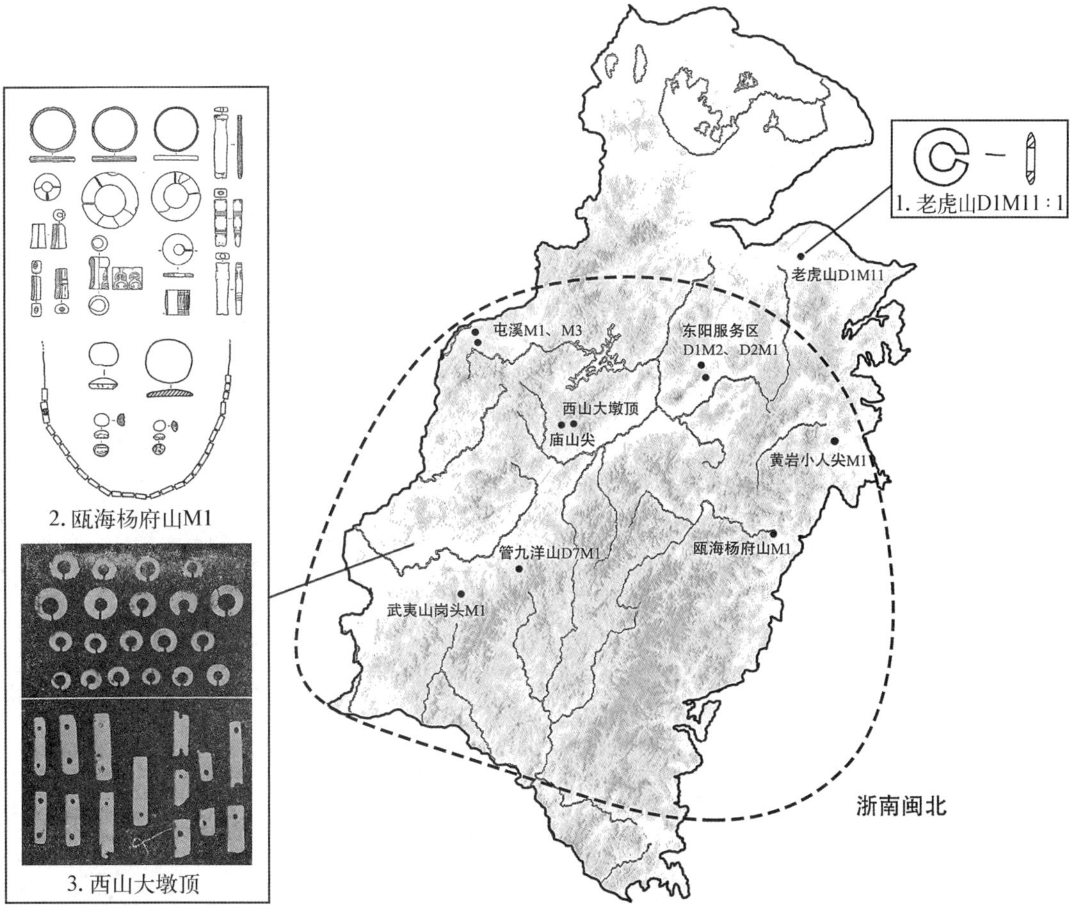

图 3.4　第一阶段太湖杭州湾—浙南闽北玉器的发现情况

青铜器情况亦然。这一阶段青铜器发现于长兴上草楼、萧山杜家村、管九晒谷坪 D1M1 等 29 个单位①，其中 6 个位于太湖杭州湾，23 个位于浙南闽北。前者皆属零星发现，共 10 件包括爵、尊、鼎、簋、剑、铙、甬钟，同类器物在浙南闽北有较多发现，部分形制、纹饰甚至完全相同，应同样由其传播而至。后者所见则异常丰富，共计 33 种 200 余件，含容器 15 种 49 件，发现较多者如杨府山 M1 随葬 61 件、屯溪 M3 随葬 54 件。总数、种类、共存情况皆与太湖杭州湾形成鲜明对比（表 3.5）。

表 3.5　第一阶段太湖杭州湾—浙南闽北铜器的发现情况

地　区	单　　位	铜器总数	器 类 及 数 量
太湖杭嘉湖	溧阳夏桥粮库	3	爵 1、尊 2
	安吉高禹镇中学	1	铙 1
	长兴上草楼	2	簋 1、铙 1
	长兴下箬杨湾村	2	剑 2
	长兴港	1	鼎 1
	萧山杜家村	1	甬钟 1
浙南闽北	东阳服务区 D1M2	不明	饰等
	衢州庙山尖	不明	剑等
	衢州孟姜村	不明	不明
	衢州程家山	不明	斧、削、戈等
	屯溪 M1	18	鼎 4、簋 2、尊 2、卣 2、盘 2、盂 1、五柱器 2、三足器 1、鸟饰 2
	屯溪 M3	54	鼎 6、簋 6、卣 2、盘 5、盒 2、鑑 2、盉 1、壶 1、匕 1、牺尊 1、柱形器 2、跪坐人 4、器盖 2、刀 8、剑 2、斧 1、车饰 8

① 刘兴：《镇江地区近年出土的青铜器》，《文物资料丛刊》5，文物出版社，1981 年，第 106～111 页；周意群：《安吉发现一件西周时期铜铙》，《文物》2005 年第 1 期；浙江省文物管理委员会：《浙江长兴县出土的两件铜器》，《文物》1960 年第 7 期；夏星南：《浙江长兴县发现吴、越、楚铜剑》，《考古》1989 年第 1 期；长兴县革委会报道组：《浙江长兴县发现西周铜鼎》，《文物》1977 年第 9 期；张翔：《浙江萧山杜家村出土西周甬钟》，《文物》1985 年第 4 期；王志雄等：《浙江衢州庙山尖土墩墓出土青铜器初步检测分析》，《河南博物院院刊》第 2 辑；李国梁：《屯溪土墩墓发掘报告》；浙江省文物考古研究所：《黄岩小人尖西周时期土墩墓》，《浙江省文物考古研究所学刊：建所十周年纪念（1980～1990）》，第 200～205 页；台州市文管会等：《浙江玉环岛发现的古文化遗存》，《考古》1996 年第 5 期；温州市瓯海区文博馆：《温州瓯海杨府山出土三件西周青铜鼎》，《东方博物》第 36 辑，第 6～10 页；浙江省文物考古研究所等：《浙江瓯海杨府山西周土墩墓发掘简报》，《文物》2007 年第 11 期；福建省博物馆：《宁德卢坪岗遗址发掘报告》，《福建文博》2002 年第 2 期；福建博物院等：《武夷山市兴田镇岗头西周土墩墓发掘简报》，《福建文博》2017 年第 2 期；福建博物院等：《福建浦城县管九村土墩墓群》，《考古》2007 年第 7 期；福建博物院等：《福建浦城管九村土墩墓》。

续表

地 区	单 位	铜器总数	器类及数量
浙南闽北	屯溪 M7	10	剑 1、戈 1、矛 1、斧 1、镞 6
	黄岩小人尖 M1	22	尊 1、剑 1、戈 4、殳 1、矛 3、镞 2、锥 1、斧 1、锛 2、斗 1、牌饰 1、柄形器 1
	玉环三合潭	1	斧 1
	瓯海杨府山	3	鼎 3
	瓯海杨府山 M1	61	鼎 1、簋 1、铙 1、剑 3、戈 3、矛 49、镞 2、残器 1
	宁德卢坪岗 M1	1	锛 1
	武夷山岗头 M1	1	残器 1
	管九社公岗 D1M1	4	剑 1、矛 1、刮刀 1、镞 1
	管九社公岗 D2M1	7	剑 1、矛 1、锛 1、镞 4
	管九晒谷坪 D1M1	1	剑 1
	管九洋山 D1M1	5	矛 1、刮刀 1、匕首 1、锛 1、镞 1
	管九洋山 D3M1	6	剑 1、矛 1、刮刀 1、镞 3
	管九洋山 D5M1	不明	剑、矛等
	管九洋山 D11M1	不明	尊、杯、盘等
	管九麻地尾 D2M1	3	矛 1、剑 1、戈 1
	管九麻地尾 D8M1	不明	剑等
	管九麻地尾 D10M1	不明	剑、矛、戈、锛、镞
	管九麻地尾 D12M2	不明	剑、矛、戈、锛、镞
	管九鹭鸠岗 D2M1	1	剑 1

可知，在这一阶段的南北交互中，共性与异性复杂交织。太湖杭州湾—浙南闽北文化圈虽已初步形成，但其内核相当复杂。各小区的文化面貌也各有其特色。环太湖敛口小平底盂、杭嘉湖带扉棱器、宁绍圜底器、屯溪鼎与异型器、温台折敛口深腹钵以及闽北双鋬罐、甗形器等都少见于其他小区，却又绝非完全不见。文化圈的形成即建基于这种地区共性与异性、小区共性与异性的复杂交互。在这一过程中，不同地区与不同小区扮演着不同的角色，并尤以浙南闽北凸显出某种中心地位。

梳理本阶段11种典型器类在各段各小区的式别分布、各式别在各小区的年代分布可知，其起源、生产、传播与消费情况各有不同。相应的南北交互可归纳为四种情况：

（1）由浙南闽北向北影响，分布甚广，后逐渐流行于太湖杭州湾，相应的消费中心不断北移，部分逐渐以太湖杭州湾为中心，显示出文化传统的转移。以原始瓷豆Ca型、Da型、硬陶罐（瓿）类Bb型为代表（图3.5）；

（2）由浙南闽北向北影响，分布虽较广，但并未对太湖杭州湾产生明显影响，传播与消费中心虽然渐次北移，但长期位于浙南闽北，文化传统始终停留于此。以原始瓷豆B型、罐B型为代表（图3.6）；

（3）由太湖杭州湾向南影响，分布较广，虽未成为浙南闽北流行器类，但仍占一定比例，只是其传播与消费中心长期停留在太湖杭州湾，相应的文化传统只是向南扩散，而未向南转移。以原始瓷豆Aa型、盂为代表（图3.7）；

（4）由太湖杭州湾向南影响，分布零星，影响有限，文化传统应长期停留于此。以硬陶罐（瓿）类Aa型、Ab型、坛A型、瓮A型为代表（图3.8）。

总体来看，浙南闽北在南北交互中更具优势，却也更显保守。在强势输出的同时，虽同样受到来自太湖杭州湾的影响，但这些北来因素只是被简单地接受，并未产生深刻作用。事实上除原始瓷盂外，其他来自太湖杭州湾的器类数量皆较少，影响皆较微弱。墓葬情况亦然①。浙南闽北虽长期占据南北交互的中心地位，但文化面貌并未随之发生跃进改变，文化与社会发展长期固守于本地传统，并未表现出主动向太湖杭州湾汲取营养的渴望。

相比之下，太湖杭州湾固然长期弱势，但却表现出一种相当开放的状态，并未固守于本地文化传统，而是积极地接纳来自浙南闽北的因素；并非被动地全盘吸纳，而是有所选择与侧重。在充分保留地区传统的同时，其文化面貌不断丰富，并逐渐成为更多器类的消费中心。区域优势的天平开始逐渐展露出由南向北倾斜的可能趋向。

太湖杭州湾—浙南闽北文化圈的形成，即南北不同类型的文化传统交融与碰撞、保留与转移、吸纳与排斥的复杂结果。在此过程中，浙南闽北始终扮演着相当重要的角色，凸显为某种区域中心地位。但这种中心只是相对而言。事实上，这一时期并不存在单一且稳定的区域中心，各小区间的关系高度动态。陶瓷器传播方式的“线下贸易”与“中心地点市场交换”②并存，也证明各小区的重要程度与其间的关系疏密确实因势而变。当然，这些中心地点之间仍有所侧重。在上述第1、第3种交互情况中，中心的意象及其变动较之第2、第4种更加明显。也正是由于南北交互之频繁密切，地处南北交通枢纽的宁绍与金衢，才逐渐发展为南北两地最重要的中心所在。

这种区域中心的确立还体现在墓葬方面，因此更具社会意义（表3.6）。观察各段各小区的最大随葬品总数、原始瓷总数、墓室面积可知，就前两者，即江南墓葬等级判断的核

① 杨楠：《江南土墩遗存研究》，第57~113页。

② 科林·伦福儒、保罗·巴恩著，中国社会科学院考古研究所译：《考古学理论、方法与实践》，文物出版社，2004年，第370~372页。

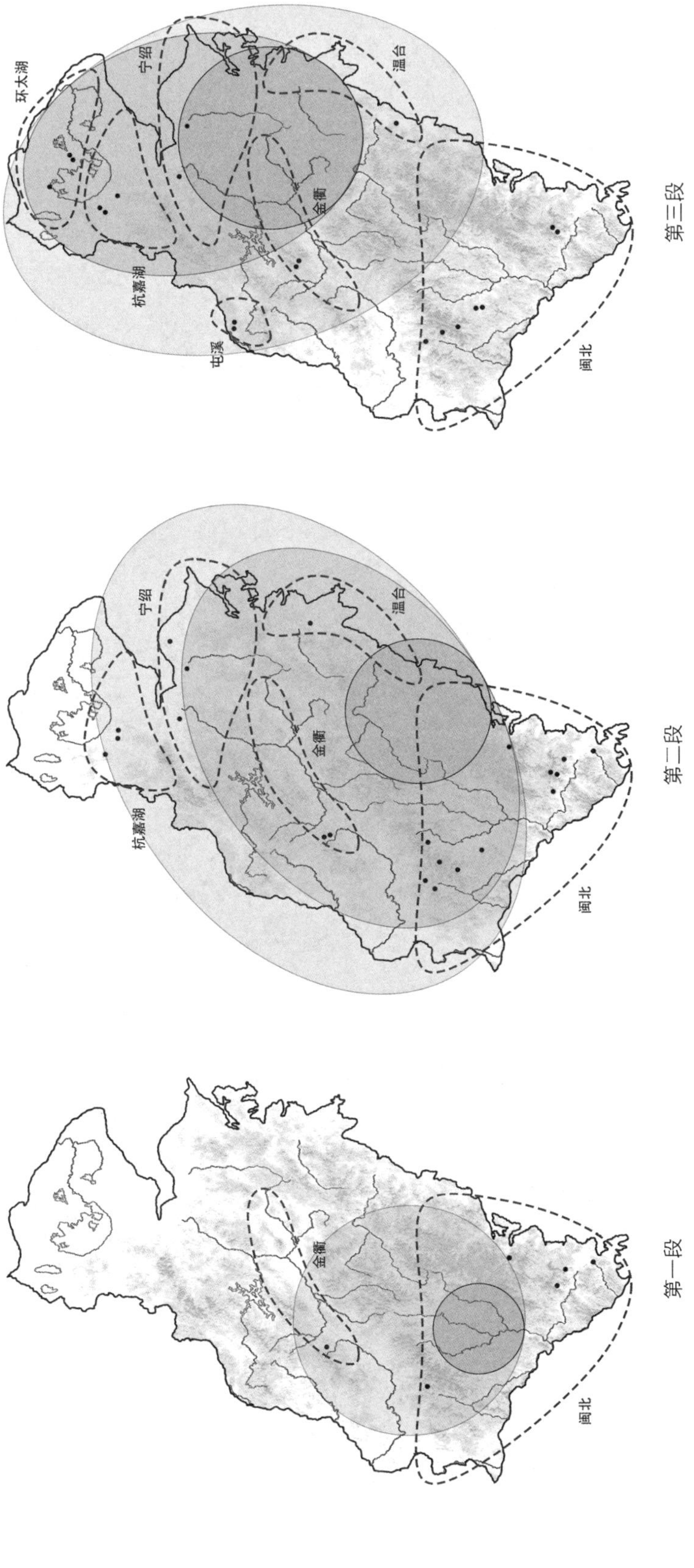

图 3.5　原始瓷豆 Ca 型的分布与传播

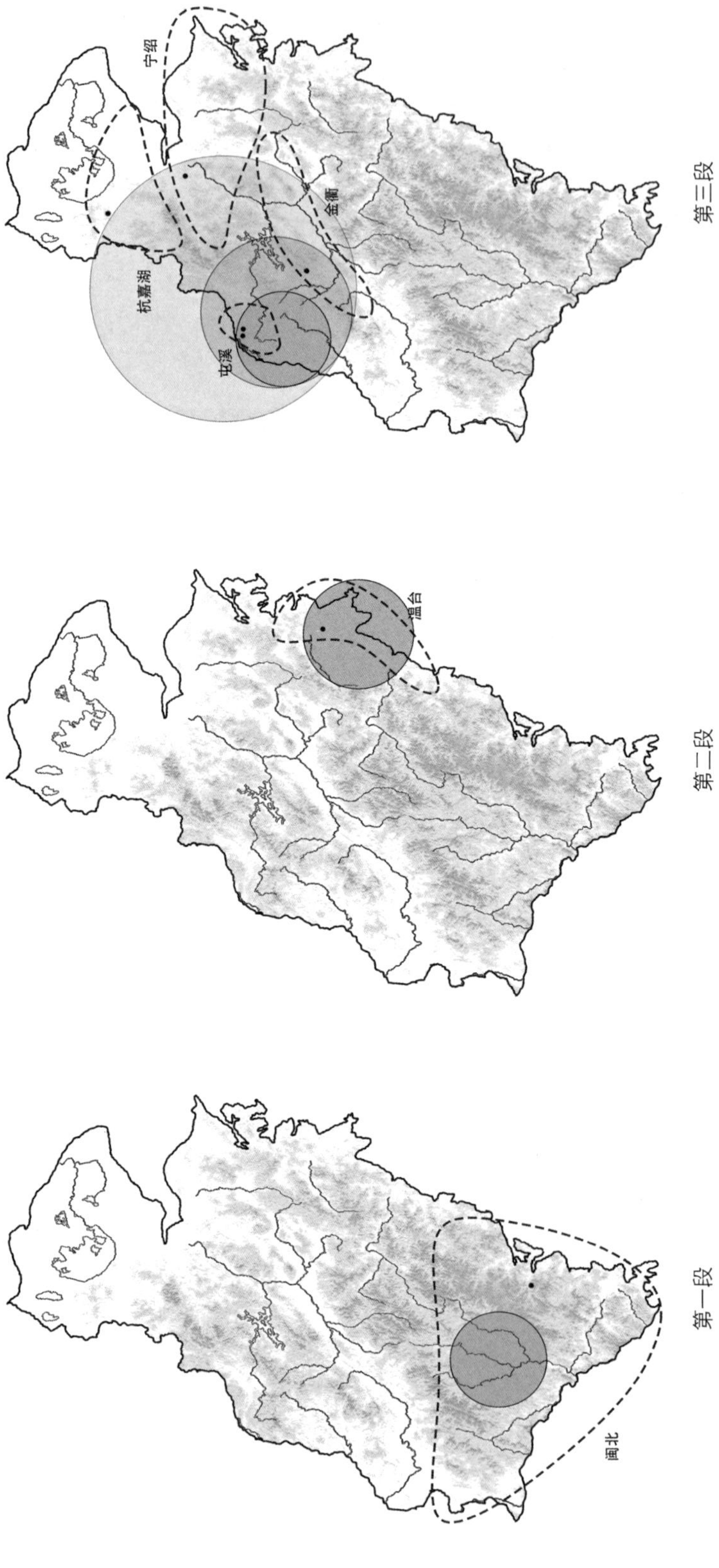

图 3.6　原始瓷罐 B 型的分布与传播

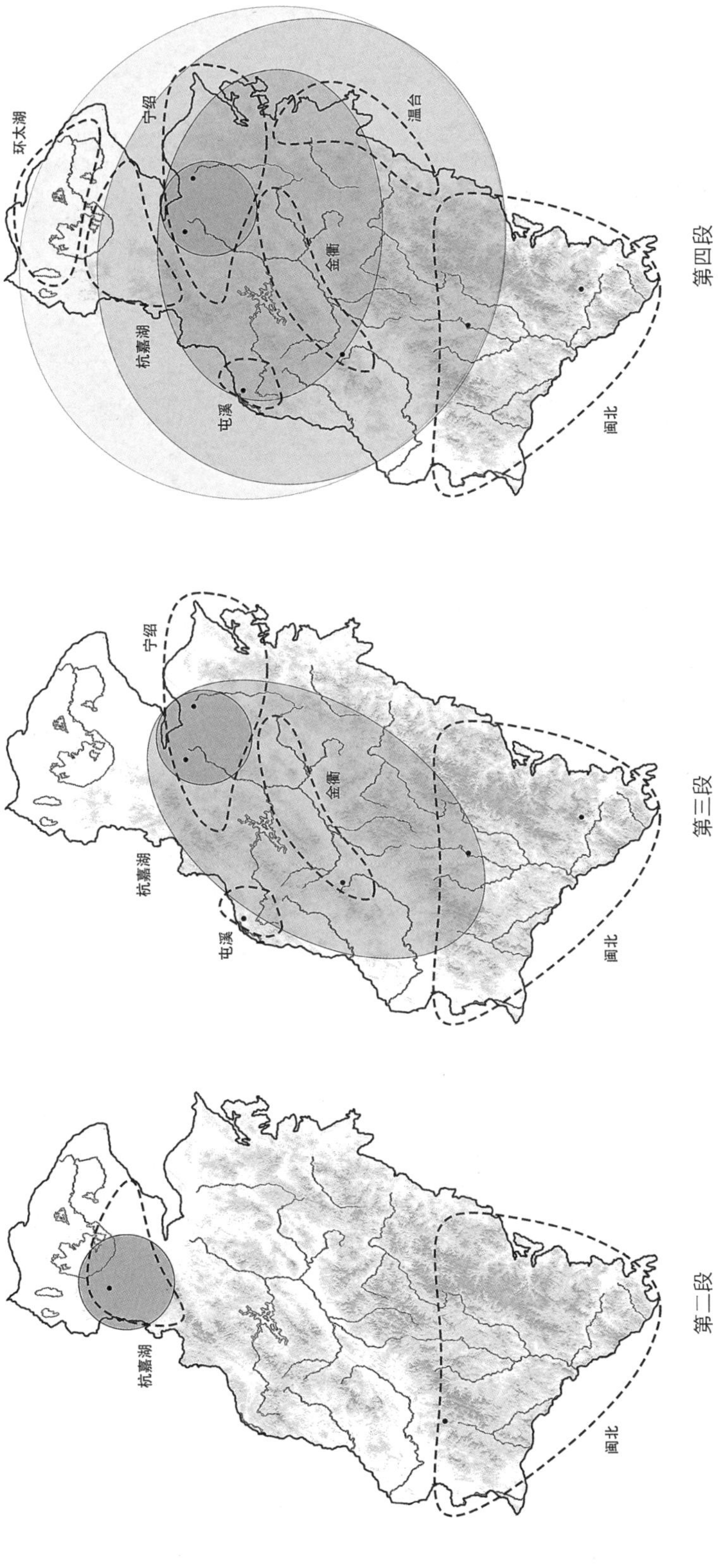

图 3.7　原始瓷盂的分布与传播

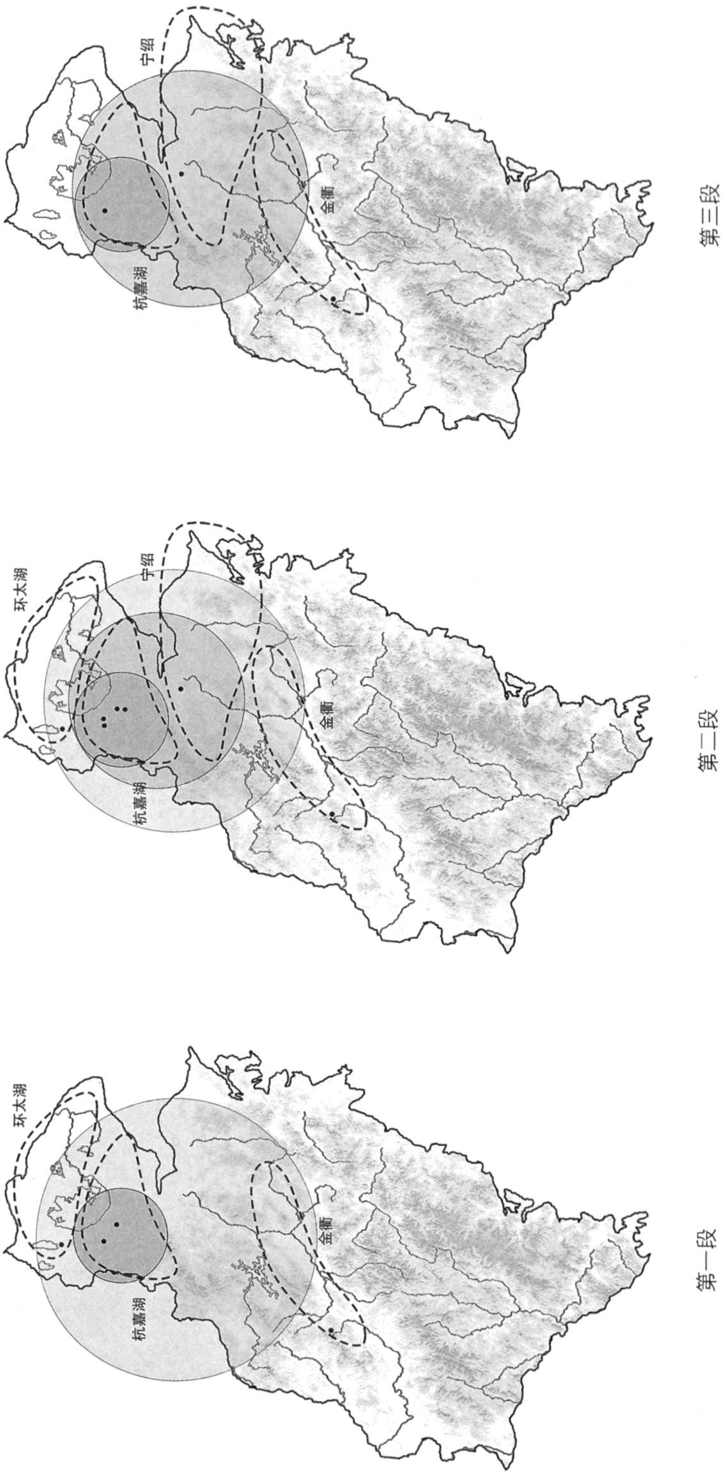

图 3.8　硬陶坛 A 型的分布与传播

表 3.6　第一阶段太湖杭州湾—浙南闽北各小区最高等级墓葬统计

<table>
<tr><th colspan="2">墓　葬</th><th>环太湖</th><th>杭嘉湖</th><th>宁绍</th><th>金衢</th><th>屯溪</th><th>温台</th><th>闽北</th></tr>
<tr><td rowspan="3">最大随葬品总数</td><td>第一段</td><td></td><td>1</td><td>4</td><td>6</td><td></td><td></td><td>10+</td></tr>
<tr><td>第二段</td><td>10</td><td>22</td><td>16</td><td>9</td><td></td><td>78</td><td rowspan="2">22</td></tr>
<tr><td>第三段</td><td>40</td><td>29</td><td>87</td><td>118</td><td>229</td><td>83</td></tr>
<tr><td rowspan="3">最大原始瓷总数</td><td>第一段</td><td></td><td></td><td>1</td><td></td><td></td><td></td><td>4+</td></tr>
<tr><td>第二段</td><td></td><td>13</td><td>7</td><td>5</td><td></td><td>49</td><td rowspan="2">6</td></tr>
<tr><td>第三段</td><td>9</td><td>27</td><td>26+</td><td>28</td><td>89</td><td></td></tr>
<tr><td rowspan="3">最大墓室面积</td><td>第一段</td><td></td><td>4.96</td><td></td><td></td><td></td><td></td><td>11.044</td></tr>
<tr><td>第二段</td><td></td><td>16.74</td><td>17.325</td><td></td><td></td><td>15+</td><td rowspan="2">25.38</td></tr>
<tr><td>第三段</td><td>19.32</td><td>9</td><td>88.83</td><td>83.06</td><td>54</td><td>5+</td></tr>
</table>

心因素①而言，本阶段最高等级墓葬皆在浙南闽北。虽然太湖杭州湾最高等级墓葬的内涵随时间推移有长足发展，如第三段凤凰山 D1M1 随葬品总数可能达到 87 件②，但与同时期屯溪 M3 随葬 229 件、西山大墩顶随葬 118 件的体量相比，仍远远不及。甚至从最大原始瓷总数来看，南北之间的等级差距还有持续扩大的趋势。

就墓室面积而言，第二、三段虽看似以慈溪Ⅱ墩 M2③、柴岭山 D30M1④ 面积最大，但浙南闽北的数据实际上可待商榷。第二段中，小人尖 M1 为平地掩埋，面积不明⑤。其随葬品分布范围不小于 15 平方米，接近慈溪Ⅱ墩 M2，实际面积有超越的可能。且管九土墩墓群因资料发表有限，具体墓葬的年代尚不明确。其中面积最大者洋山 D7M1⑥ 为 25.38 平方米，若属第二段，则此时最大墓室面积仍在浙南闽北。第三段时柴岭山 D30M1 面积虽略高于庙山尖，但后者数据仅包括墓室而未涉及墓道。若一并计算，则总面积可达 107.06 平方米。柴岭山 D30M1 未设墓道，墓室面积的计算也以白膏泥为准，略大于石床，

① 莫慧璇：《略论江南地区大型土墩墓的等级标志》，《四川文物》2007 年第 3 期；吴桐、邹冠男：《从墓葬等级看浙北两周社会及其变迁——浙北平原中小型土墩墓的统计研究》，《古代文明》第 15 卷，上海古籍出版社，2021 年，第 100～112 页。

② 浙江省文物考古研究所等：《浙江上虞驿亭凤凰山西周土墩墓》，《南方文物》2005 年第 4 期。

③ 浙江省文物考古研究所：《慈溪市彭东、东安的土墩墓与土墩石室墓》，《浙江省文物考古研究所学刊：建所十周年纪念（1980～1990）》，第 185～199 页。

④ 杭州市文物考古研究所：《萧山柴岭山土墩墓》，2013 年。

⑤ 浙江省文物考古研究所等：《黄岩小人尖西周时期土墩墓》，《浙江省文物考古研究所学刊：建所十周年纪念（1980～1990）》，第 200～205 页。

⑥ 福建博物院等：《福建浦城县管九村土墩墓群》，《考古》2007 年第 7 期。

墓室形制与规模都逊色于浙南闽北。更勿论孟姜村三号墩直径 70 米，当为此时之最①。

从墓葬材料来看，确应以浙南闽北为这一阶段的区域中心，其内部中心多次变动，终由闽北至于金衢。太湖杭州湾以第三段为界，表现出迅速发展的趋向。如柴岭山 D30M1 设有白膏泥、树皮等封护措施，如凤凰山 D1M1 随葬品总数达 87 件，与第一、二段最高等级墓葬简单形制、随葬少量器物的情况迥然有别。此二墓皆位于宁绍，可再次证明宁绍确因地理位置开始具有某种特殊的区域地位。但若视之为太湖杭州湾的唯一中心，则为时尚早。从地区青铜器主要集中于杭嘉湖来看，其显然继承了商代的区位优势②，并在地区文化与社会发展中仍然扮演着某种重要的角色。

如果说金衢与宁绍相对优势地位的逐渐确立，是其地处南北两地之间交通枢纽的直接结果，那么这一阶段浙南闽北作为区域中心的确立，则无疑仰赖于其占据了对外交流的主体地位。除学界讨论较多的，以青铜器、原始瓷为代表的与中原之间的双向联系③外，还包括与湖南、粤东闽南、岭南的文化往来（图 3.9）。

与湖南的联系主要以青铜器为载体。屯溪不同风格的越式鼎 M1：80、M3：012、M3：11 皆始见于湖南④，东传至此后，又因地制宜地模仿、改造出某些形制相似的原始瓷鼎。相比之下，浙南闽北对湖南的影响相当薄弱，目前仅澧县宝宁桥出土 1 件直口折腹豆⑤与原始瓷豆 Da 型 Ⅰ 式形制稍似。

与粤东闽南、岭南的联系更多地体现在玉器与陶瓷器方面，二者的传播方向恰好相反。玉器所见，浙南闽北以玦为主，多见数玦同出一墓，类似现象常见于环珠江口⑥。考虑到太湖杭州湾—浙南闽北自良渚中期以来便少见玉玦⑦，且同时期环珠江口发现有大量玉石玦作坊⑧，当是由后者向北传播。除玦外，粤东闽南、岭南还出土一定数量的凸纽形玦⑨与有领璧环⑩，在浙南闽北也有零星发现，分别见于西山大墩顶与小人尖 M1，应同属北传之物。

陶瓷器方面，则主要表现为浙南闽北文化传统的南传。其表现形式随距离增加而有所不同。对邻近的粤东闽南，多表现为器类的直接传播，如原始瓷豆 Ca 型、Da 型、尊、硬

---

① 黄昊德等：《越国考古》，浙江人民出版社，2022 年，第 117～118 页。

② 郑建明：《夏商原始瓷略论稿》，文物出版社，2015 年，第 224～257 页。

③ 马承源：《吴越文化青铜器的研究——兼论大洋洲出土的青铜器》，《吴越地区青铜器研究论文集》，两木出版社，1997 年，第 3～24 页；陈小三：《长江中下游周代前期青铜器对中原地区的影响》，《考古学报》2017 年第 2 期；杨楠：《论商周时期原始瓷器的区域特征》，《文物》2000 年第 3 期；黎海超：《金道瓷行：商周时期北方地区印纹硬陶和原始瓷器》，上海古籍出版社，2018 年。

④ 向桃初：《“越式鼎”研究初步》，《古代文明》第 4 卷，文物出版社，2005 年，第 70 页。

⑤ 何介均、曹传松：《湖南澧县商周时期古遗址调查与试掘》，《湖南考古辑刊》第 4 辑，岳麓书社，1987 年，第 4 页。

⑥ 邓聪：《环状玦饰研究举隅》，《东亚玉器》，香港中文大学中国考古艺术研究中心，1998 年，第 86～99；杨建军：《岭南商周时期埋葬习俗的若干问题》，《江汉考古》2010 年第 2 期。

⑦ 方向明：《良渚文化用玉种类的考古学认识》，《东方博物》第 15 辑，浙江大学出版社，2005 年，第 8～18 页。

⑧ 吴沫、丘志力：《广东博罗横岭山先秦墓地出土玉器探析》，《东南文化》2005 年第 3 期。

⑨ 干小莉：《从凸纽形玦看环南海区域土著文化的交流》，《南方文物》2008 年第 2 期。

⑩ 张强禄：《从华南有领璧环看夏商礼制南渐》，《古代文明》第 13 卷，上海古籍出版社，2019 年，第 57～91 页。

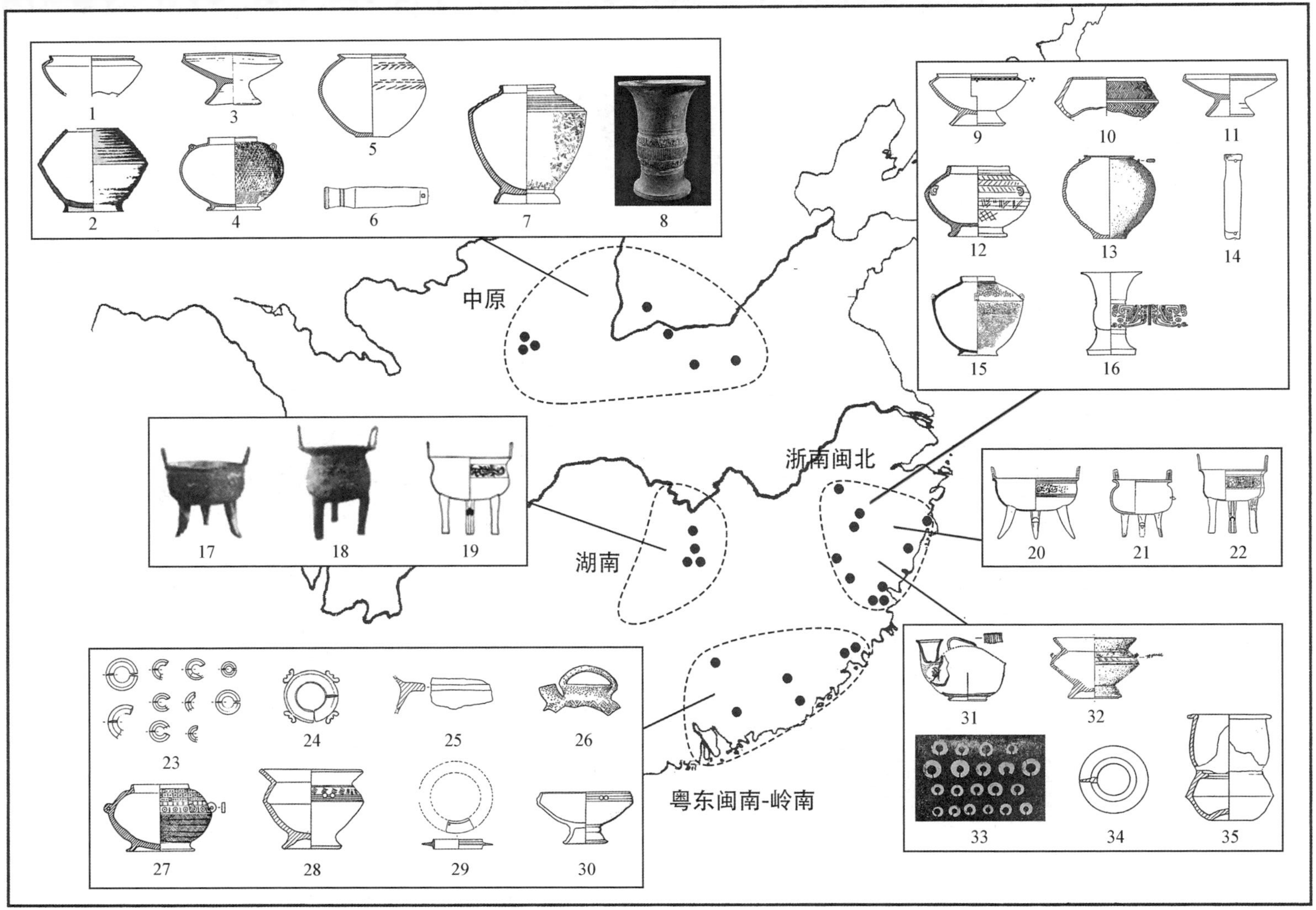

图 3.9　浙南闽北与外界交流的主要内容

1. 平顶山 M232：0111　2. 召陈 T165(3A)：4　3. 绛县横水 M2158：128　4、6. 张家坡 M165：35、M44：4　5. 长子口 M1：31　7. 北窑 M6：6　8. 竹园沟 M13：4　9. 葫芦山 TS6E3②：16　10. 昙石山 T1507②A：16　11. 芝山 G2：2　12、20~22. 屯溪 M3：54、M1：80、M3：012、M3：11　13. 卢坪岗 M2：3　14. 杨府山 M1：20　15. 大麦山 M2：12　16、34. 小人尖采：9、M1：2　17. 长沙金井干塘Ⅲ型鼎　18. 湘乡市博藏鼎　19. 97 株白 M1：1　23、27. 横岭山 M293：3~12、M086：4　24、29. 石峡 M113：4、T82②A：1　25. 蚁山南坡采：27　26. 水口山(缺号)　28. 尾山仔 M1：1　30. 面头岭 M20：2　31. 杨山(缺号)　32、35. 黄科山(缺号)、M4：2　33. 西山大墩顶(缺号)

陶罐（瓿）类 Ad 型、坛 A 型、夹砂陶甗形器等皆见于此。且距离愈远，位置愈南，直接传播的种类愈少，至岭南则消失不见，转而表现为改造型器物的出现，即以原始瓷豆 Ca 型、Da 型为母本的原始瓷豆 Cb 型、Db 型、硬陶豆 C 型、D 型①。这种影响方式的差异，也暗示着粤东闽南、岭南之间文化与社会的“东西之别”。

这些外来影响以玉器、青铜器为代表，催生了屯溪、孟姜村、杨府山 M1 等高等级墓葬的突然涌现。正是外界对这一地区的资源需求，繁盛着浙南闽北的区域优势②。只是，如此繁华仿若烈火烹油，煎熬着浙南闽北的生命力，使其区域中心地位的维系依赖于同外界的关系，使其在与太湖杭州湾的南北交互中固守于本地传统，虽具优势却显保守。当这种对外交流的主体地位丧失之时，其衰落也就无法避免。

二、东西之别：粤东闽南、岭南的文化与社会差异

不同于太湖杭州湾—浙南闽北的南北交互，此时粤东闽南与岭南的文化面貌迥然有别（图 3.10）。除硬陶罐（瓿）类 Db 型、Ec 型、青铜矛 B 型等少量器物以外，两地典型器类未见共通者，夹砂陶仅流行于粤东闽南，岭南始终以原始瓷、硬陶为大宗，具体纹饰也多有差异（表 3.7）。两地间的这种偶然联系，应该是由相邻的地理位置所导致，至于文化圈的形成尚无端倪。事实上，地区之间的差异还可体现在生产工具、生活用器、青铜礼乐器、玉器等文化与社会生活的诸多层面。

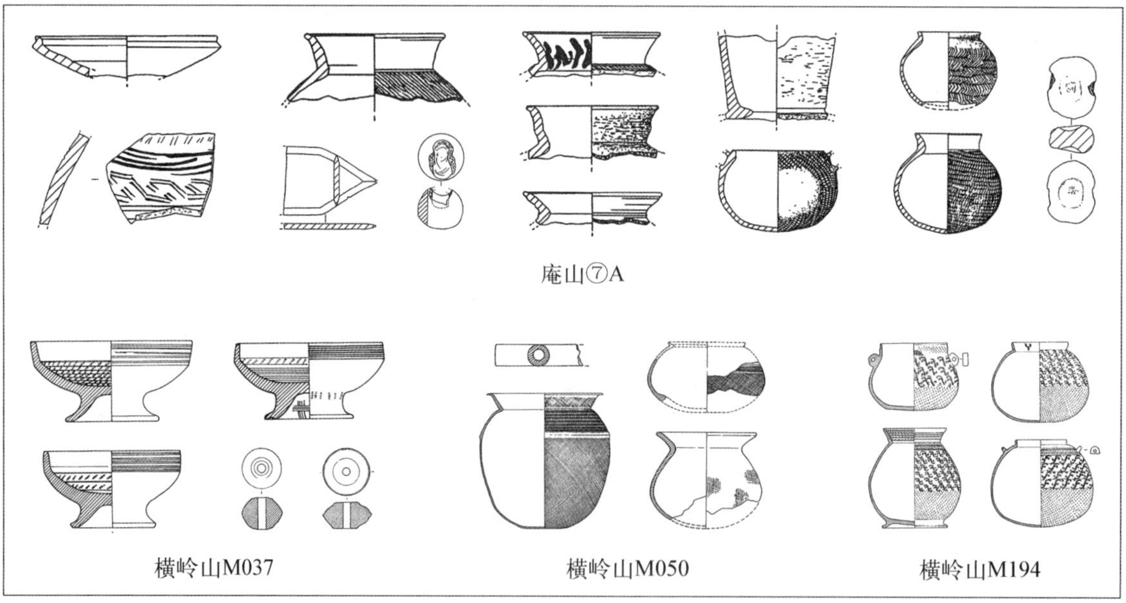

图 3.10　岭南、粤东闽南典型器物群举隅（第一阶段）

① 吴桐：《山海之间：两周时期“江南—岭南”的文化交流线路及其变迁》，《东南文化》2022 年第 3 期。
② 吴桐：《浙江地区两周时期玉器的兴衰及相关问题》，《考古》2022 年第 1 期。

表 3.7 第一阶段岭南—粤东闽南各小区常见纹饰比例统计

硬陶纹饰	闽 南	粤 东	粤 中	粤 北
粗弦纹	3.45%	3.57%	**34.25%**	**13.33%**
方格纹	31.03%	53.57%	57.53%	43.33%
素面	31.03%	25.00%	9.59%	30.00%
席纹	13.79%		3.42%	3.33%
云雷纹	3.45%	17.86%	7.53%	20.00%
重菱格凸块纹		3.57%	**10.27%**	**6.67%**
点彩		39.29%		
篮纹		3.57%		
梯格纹		3.45%		
斜划纹		13.79%		
漩涡纹		3.57%		
夔纹			21.92%	20.00%
重圈纹				3.33%
锥刺纹			15.75%	23.33%
总数	29	28	146	30

生产工具方面，粤东闽南以青铜弧刃锛①、鱼钩、凹石为主，后两者多与水产品的获取及加工有关②。从长汀赢坪③出土的鱼钩石范来看，即便是在山地的生产生活中，水产品也占据着较为重要的地位。相比之下，岭南常见的生产工具则以青铜刮刀、斧、砺石为主，更偏向于对陆地资源的利用④。两地的经济策略各有侧重（图 3.11）。

① 此类器命名尚不统一，有少量学者称之为钁（如柯凤梅、陈豪：《莆田县发现一件青铜器》，《福建文博》1979年第1期）。因其形制以单面刃为主，与锛的特征相近，且称锛者较多，故本文沿用此称。

② 付永旭：《试论华南地区的凹石》，《考古》2019年第8期。

③ 福建博物院等：《长汀县赢坪史前遗址发掘简报》，《福建文博》2013年第4期。

④ 虽然两地生产工具偶见相似，商代砺石曾偶见于鸟仑尾、饶平、后山，本阶段横岭山也发现弧刃锛如T0503：3，但数量皆甚少，并不足以否定两地基本经济策略的差异（福建博物院文物考古研究所等：《鸟仑尾与狗头山——福建省商周遗址考古发掘报告》，科学出版社，2004年；广东省博物馆等：《广东饶平县古墓发掘简报》，《文物资料丛刊》8，文物出版社，1983年，第100~105页；广东省文物考古研究所等：《广东普宁市池尾后山遗址发掘简报》，《考古》1998年第7期）。

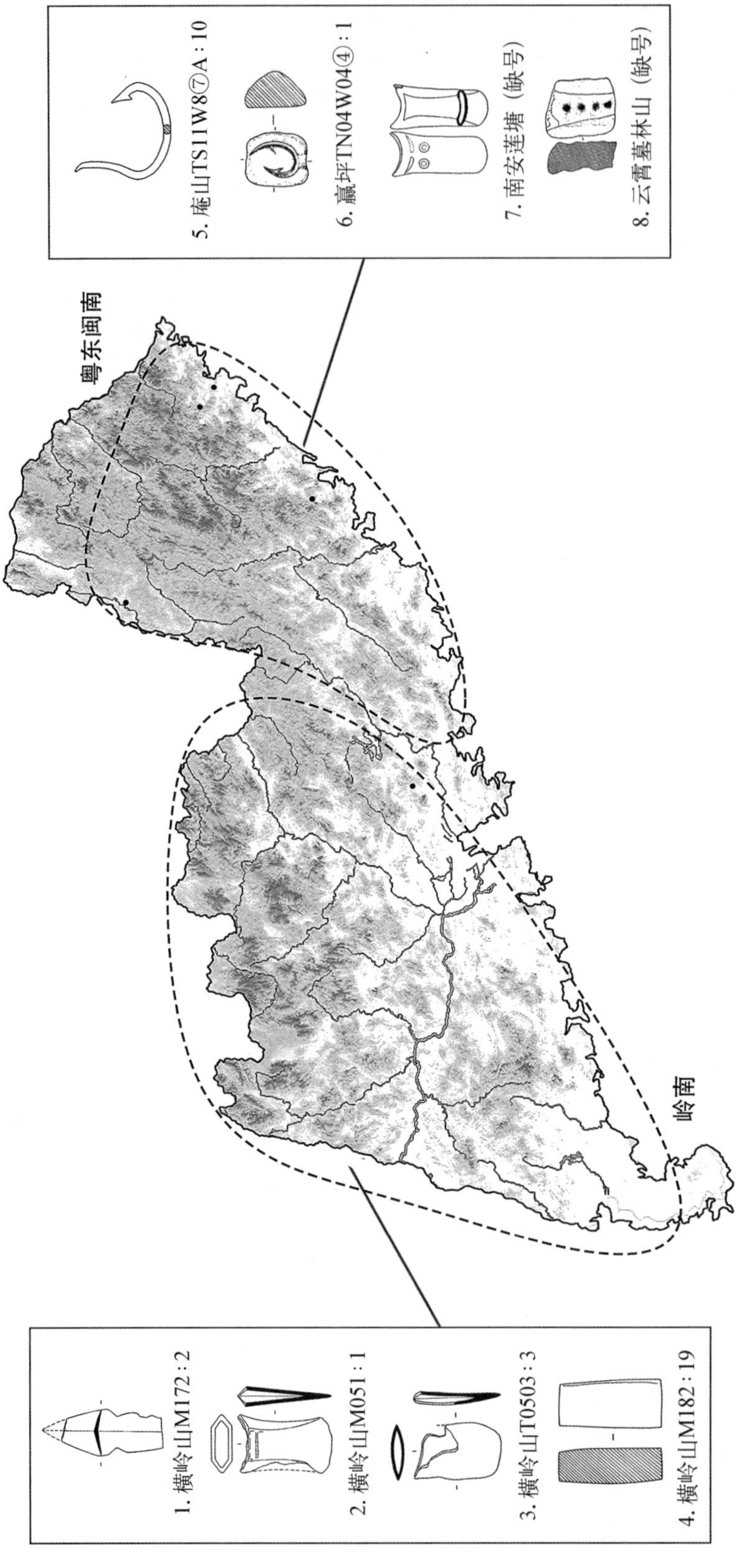

图 3.11　第一阶段岭南、粤东闽南的生产工具差异

在不同的经济策略下，生活用器自然也会有所不同。即便不考虑功能，仅以形制而论，也足以窥见地区差异。以炊器为例，除矮石岗、石峡、横岭山①发现少量鼎外，两地炊器皆以釜为主，并与支脚配套使用，但具体形制、种类竟无一例相同。

岭南釜可分五类，横岭山墓地皆有发现，敞口釜如 M242：6，带流釜如 M058：1，大盘口扁鼓腹釜如 M130：6(+)，小盘口垂凸腹釜如 M137：1(+)，盘口内环耳釜如 M242：8②，皆未见于粤东闽南。粤东闽南釜可分四类，除典型器类 A 型折腹釜、B 型圆鼓腹釜外，还有直腹釜如墓林山 88T401：4③、斜弧腹釜如音楼山 T0827⑤：45④，同样未见于岭南。支脚情况亦然。岭南常见亚腰形支脚如横岭山 M242：4⑤，粤东闽南则以倒蹄形、角形支脚最为流行，如庵山 H29：2、H36：13⑥。其他生活用器的形制风格也多有不同。以圈足器为例。岭南所见以罐为主，形制多样，皆属盛储藏器；粤东闽南圈足器却以水器为大宗，包括杯、壶、盘、提梁盉等⑦，与岭南所见全无相似(图 3.12)。

至于涉及社会更高层次的青铜礼乐器、玉器，同样差异显著。本阶段青铜礼乐器多见于岭南⑧，粤东闽南仅在大盈寨山⑨出土 8 件铜铃，种类与体量都远逊前者。玉器也以岭南发现最多，种类以玦为主，如横岭山 M293 出土 10 件，并有一定数量的玉管。粤东闽南玉器包括璜、环、玦三类，不仅总数较少，而且部分代之以石质甚至陶质，如庵山石玦 TS17W3⑥：4、赢坪陶环 TN06W05③：2⑩。这也暗示两地社会发展水平应有高下之别，岭南社会相对发达(图 3.13)。

在不同地区之间显露出明显差异的同时，地区内部的文化面貌也并非完全一致。粤东闽南第一段以硬陶罐(瓿)类 Db 型、盆为典型遗物，以虎林山 M20⑪ 为典型单位，部分属于浮滨文化的最晚阶段。在其迅速消亡之后，本地土著文化重新占据主导地位，闽南、粤东分别以音楼山—庵山类型、华美文化为主，漳州以南的遗存面貌接近后者⑫。虽然这一阶段粤东考古发现较少，但是以平远水口山⑬为代表的硬陶遗存，显然与闽南以夹砂陶

---

① 广东省文物考古研究所等：《广东韶关市矮石墓地发掘简报》，《南方文物》2008 年第 3 期；广东省文物考古研究所等：《石峡遗址——1973～1978 年考古发掘报告》。

② 广东省文物考古研究所：《博罗横岭山——商周时期墓地 2000 年发掘报告》，第 81、101、164、261 页。

③ 福建省博物馆：《福建墓林山遗址发掘简报》，《东南文化》1993 年第 3 期。

④ 福建晋江流域考古调查队：《福建晋江流域考古调查与研究》，第 308 页。

⑤ 同②，第 101 页。

⑥ 福建博物院等：《福建晋江庵山青铜时代沙丘遗址 2009 年发掘简报》，《文物》2014 年第 2 期。

⑦ 福建博物院等：《虎林山遗址——福建漳州商周遗址发掘报告之一》，第 94 页；广东省博物馆：《广东平远县西周陶窑清理简报》，《考古》1983 年第 7 期。

⑧ 广东省文物考古研究所：《广东出土先秦青铜器》，科学出版社，2020 年，第 1～6、31、45～46、53～54 页。贺州市博物馆：《广西贺州市马东村周代墓葬》，《考古》2001 年第 11 期。

⑨ 庄锦清、林华东：《福建南安大盈出土青铜器》，《考古》1977 年第 3 期。

⑩ 同⑥；福建博物院等：《长汀县赢坪史前遗址发掘简报》，《福建文博》2013 年第 4 期。

⑪ 福建博物院等：《虎林山遗址——福建漳州商周遗址发掘报告之一》，第 93～94 页。

⑫ 魏峻：《粤东闽南地区先秦考古学文化的分期与谱系》，第 140～165 页。

⑬ 广东省博物馆：《广东平远县西周陶窑清理简报》，《考古》1983 年第 7 期。

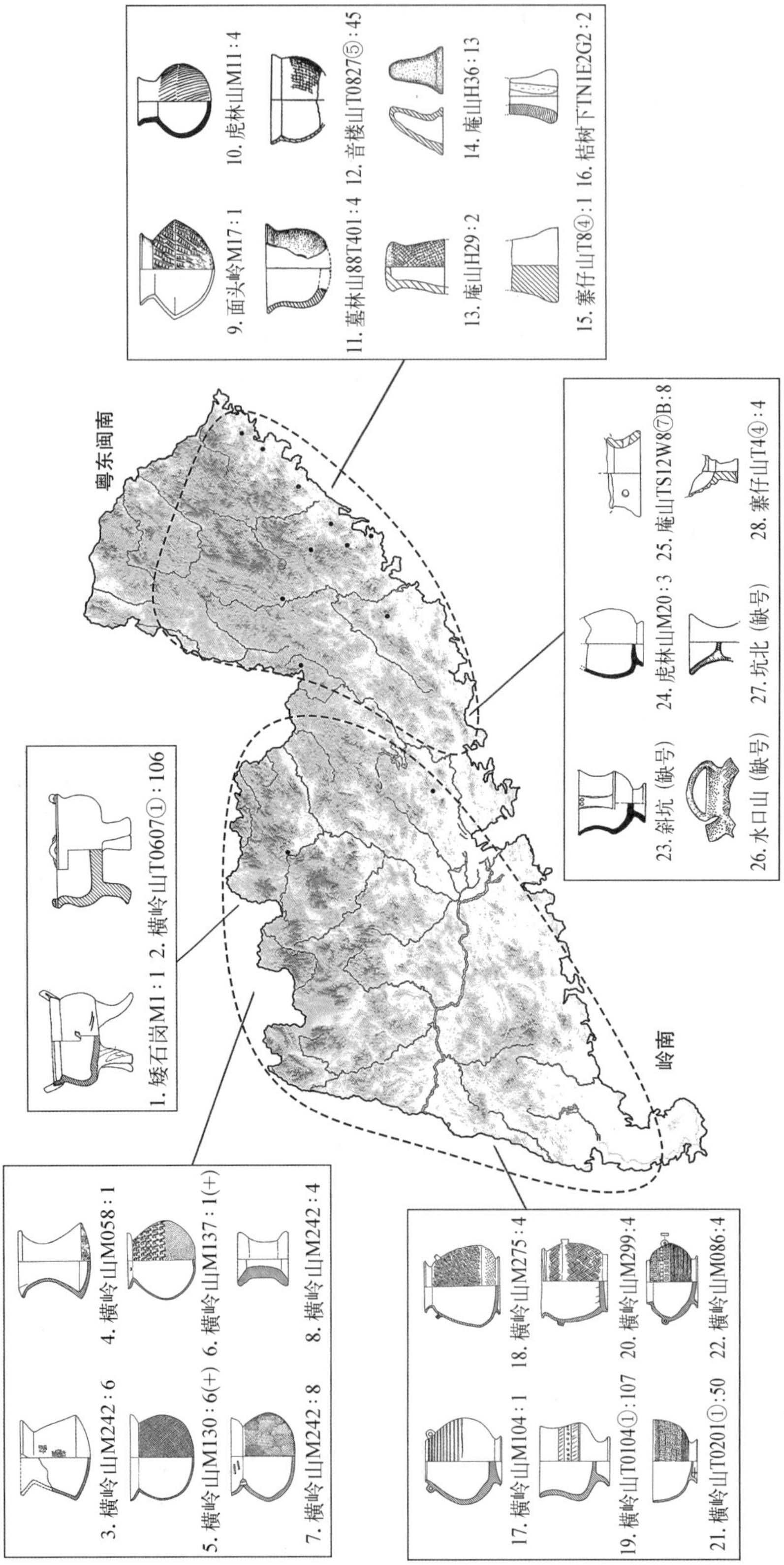

图 3.12 第一阶段粤东闽南、岭南的生活用器差异

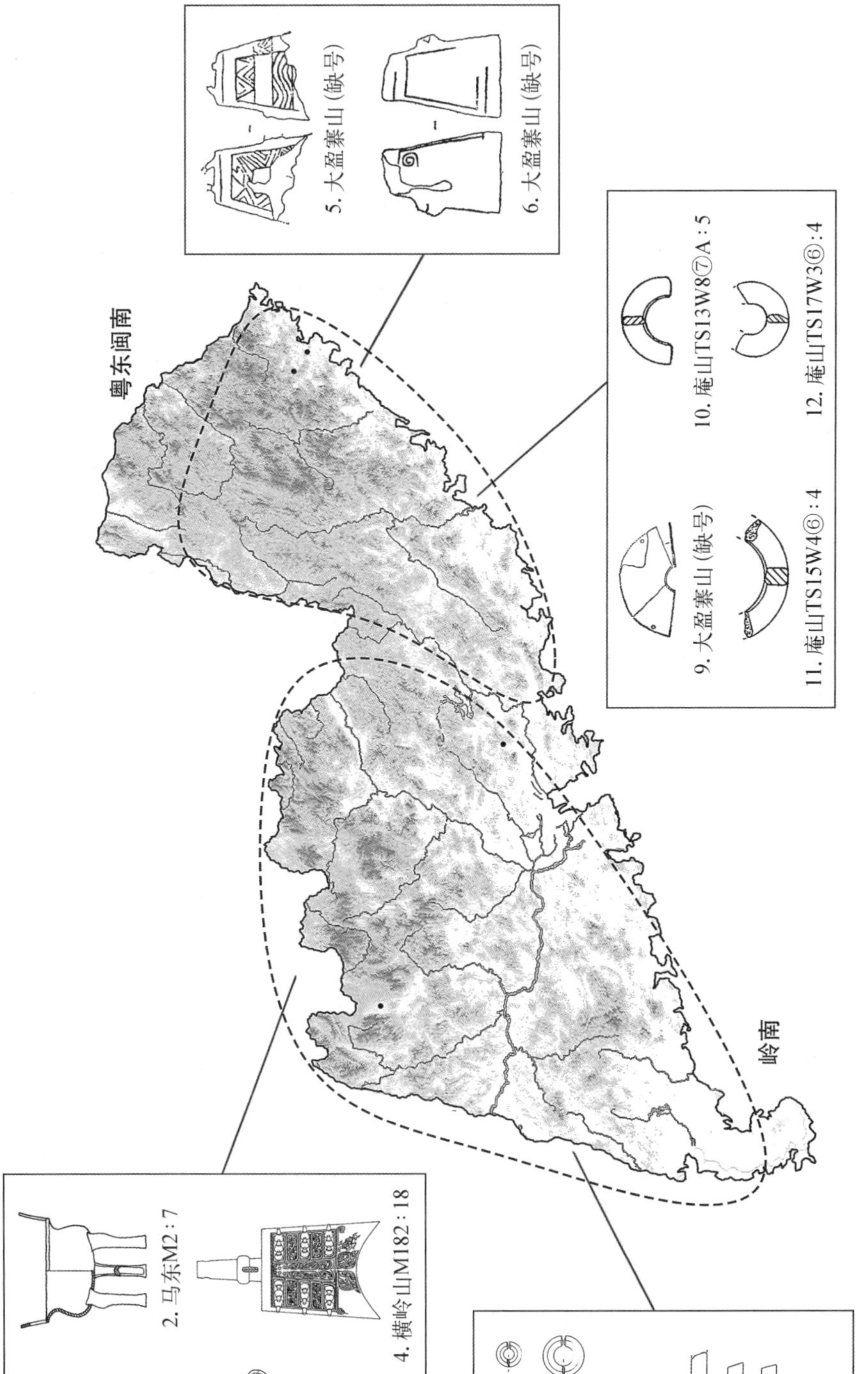

图 3.13　第一阶段岭南、粤东闽南的青铜礼乐器及玉器差异

为主要内容的文化面貌有显著差异①。此时，岭南遗存多集中于粤中、粤北，桂东北仅见两座铜器墓，粤西则尚为空白。即便是文化面貌基本一致的粤中、粤北，其典型器类的具体种类与比例分布也仍有所差距。

地区之间及地区内部的这种文化差异，同样可映射至社会层面，并突出表现为最高等级墓葬内涵的差异。从最大随葬品总数、青铜礼乐器总数、青铜器总数和墓室面积来看，各段最高等级墓葬基本都集中在岭南，粤东闽南多有不及②。在岭南内部，粤中较之粤北始终更具优势，至少在第一至三段皆为地区单一中心所在（表 3.8）。

表 3.8　第一阶段粤东闽南—岭南各小区最高等级墓葬统计

<table>
<tr><th colspan="2"></th><th>粤　中</th><th>粤　北</th><th>桂东北</th><th></th><th>闽南</th><th>粤　东</th></tr>
<tr><td rowspan="5">最大随葬品总数</td><td>第一段</td><td>13</td><td></td><td></td><td rowspan="2">第一段</td><td rowspan="2"></td><td rowspan="2">2</td></tr>
<tr><td>第二段</td><td>8</td><td></td><td></td></tr>
<tr><td>第三段</td><td>14</td><td>9</td><td></td><td>第二段</td><td>1</td><td>4</td></tr>
<tr><td>第四段</td><td>13</td><td>6</td><td>1?</td><td rowspan="2">第三段</td><td rowspan="2">25?</td><td rowspan="2">1</td></tr>
<tr><td>第五段</td><td>20</td><td></td><td>15</td></tr>
<tr><td rowspan="5">最大青铜礼乐器总数</td><td>第一段</td><td></td><td></td><td></td><td rowspan="2">第一段</td><td rowspan="2"></td><td rowspan="2"></td></tr>
<tr><td>第二段</td><td></td><td></td><td></td></tr>
<tr><td>第三段</td><td>1</td><td></td><td></td><td>第二段</td><td></td><td></td></tr>
<tr><td>第四段</td><td>1</td><td></td><td>1?</td><td rowspan="2">第三段</td><td rowspan="2">?</td><td rowspan="2"></td></tr>
<tr><td>第五段</td><td>2</td><td></td><td>10</td></tr>
<tr><td rowspan="5">最大青铜器总数</td><td>第一段</td><td></td><td></td><td></td><td rowspan="2">第一段</td><td rowspan="2"></td><td rowspan="2"></td></tr>
<tr><td>第二段</td><td></td><td></td><td></td></tr>
<tr><td>第三段</td><td>2</td><td>1</td><td></td><td>第二段</td><td></td><td></td></tr>
<tr><td>第四段</td><td>1</td><td></td><td>1?</td><td rowspan="2">第三段</td><td rowspan="2">20?</td><td rowspan="2"></td></tr>
<tr><td>第五段</td><td>11</td><td></td><td>15</td></tr>
</table>

① 有学者认为，水口山类遗存介于虎头埔文化与浮滨文化之间，年代不晚于商代（吴春明：《从考古看华南沿海先秦社会的发展》，《厦门大学学报（哲学社会科学版）》1997 年第 1 期）。但一方面，虎头埔文化的后续要到茅岗、后山、后沙湾等遗存中寻找（李岩：《虎头埔文化诹议》，《考古学研究（十）》，科学出版社，2012 年，第 603～610 页），水口山与之明显有别，并非其去向。另一方面，以硬陶罐（瓿）类 Ec 型、提梁盉为代表，水口山与横岭山、杨山、管九西周遗存相近甚至相同，年代显然应属西周，可代表这一阶段粤东的部分文化面貌。

② 粤东闽南第三段大盈寨山铜器群据简报判断可能为墓葬，但判断依据仅是铜器分布较为集中，并不能排除其他性质遗存的可能。如南安水头乡下埕村曾在半山腰岩石下发现摆放密集、排列整齐的成套石锛，显然并非墓葬（张仲淳、郑东：《福建南安县发现成套石锛》，《考古》1993 年第 4 期）。而且寨山铜器的年代也有早晚之别，是否可以代表粤东闽南第三段的最高等级墓葬尚可存疑。即便以其为墓葬，随葬品规格也不及岭南，墓室面积也明显较小。当然就地区内部而言，至少在最高等级墓葬方面，闽南可能要略高于粤东。

续表

		粤　中	粤　北	桂东北		闽南	粤　东
最大墓室面积	第一段	3.331			第一段		2.242
	第二段	3.904					
	第三段	4.955	4.272		第二段	2.052	1.504
	第四段	7.365	1.673		第三段	2?	0.47
	第五段	5.635		7.6			

第四段开始情况稍显复杂，桂东北出现铜器墓。第五段时，贺州马东 M2① 的等级明显超过横岭山 M182，随葬 9 件甬钟②、1 件铜鼎。但这并不意味着地区中心的转移。无论是从此前、此后各小区的发展态势，还是从第二阶段岭南文化辐射的情况来看，显然都应以粤中占据绝对优势。而桂东北在此前的第一至三段、此后的第六至十段，皆未有考古发现，第四、五段的铜器墓更像是外界刺激之下的昙花一现、无根之萍。综合粤中青铜礼乐器源自湖南、桂东北与粤西铜器种类及同类器数量多于粤中的情况来看，桂东北更可能是流通中转，其青铜礼乐器的更多发现应与资源流通方式及地理位置优势有关，而非社会地位的表征③。地区中心应长期位于粤中（图 3.14）。

虽然这一阶段粤东闽南与岭南之间呈现出明显的东西之别，但情况并非一贯如此。在晚商浮滨文化兴盛之时，两地虽分属不同文化类型④，但文化联系相当密切。浮滨文化中的长颈大口尊、圈足豆、带流壶、圈足壶、圈足罐、石戈等典型器物在岭南多有发现，部分器物的施釉、穿孔特征也与粤东闽南所见一般无二。甚至岭南第一段硬陶罐（瓿）类 Db 型仍与虎林山所见几乎完全相同，同属浮滨文化最晚阶段。在浮滨文化消退之后，两地之间的联系才发生明显转变。一方面，地区间的联系明显减少，文化与社会差异不断放大，相似器类少见，典型器类的交流异常缺乏。另一方面，即便是相似的器类，具体形制也多有差别，不复浮滨文化盛行之时的景象。

以豆、尊、杯为例。这一阶段两地皆见敛口豆、直口豆、折肩尊及弧折腹杯，但与粤东闽南相比，岭南敛口豆的敛口程度略低，圈足外撇更显；直口豆下腹略弧鼓，豆盘更平；折肩尊口沿更长，且口径大于肩径；弧折腹杯口径略小，无錾，且腹壁更趋圆润。这些器类的出现虽受到来自粤东闽南的影响，但已然不似浮滨文化的直接传播，而是岭南本地改造的结果。这一转变的发生显然与浮滨文化消退有关（图 3.15）。

① 贺州市博物馆：《广西贺州市马东村周代墓葬》，《考古》2001 年第 11 期。

② 简报称马东 M2 随葬青铜礼乐器仅有鼎、甬钟各 1 件，但“据贺州市博物馆胡庆生馆长介绍，M2 出土的甬钟原有 9 件，最初只追回简报介绍的那一件”（高成林：《商周时期湖南与岭南的交通——以出土铜器为中心》，《湖南考古辑刊》第 12 辑，科学出版社，2016 年，第 240~262 页）。

③ 吴桐：《岭南地区两周时期铜鼎研究二题》，《东南文化》2023 年第 5 期。

④ 李岩：《广东早期青铜时代遗存述略》，《考古》2001 年第 3 期。

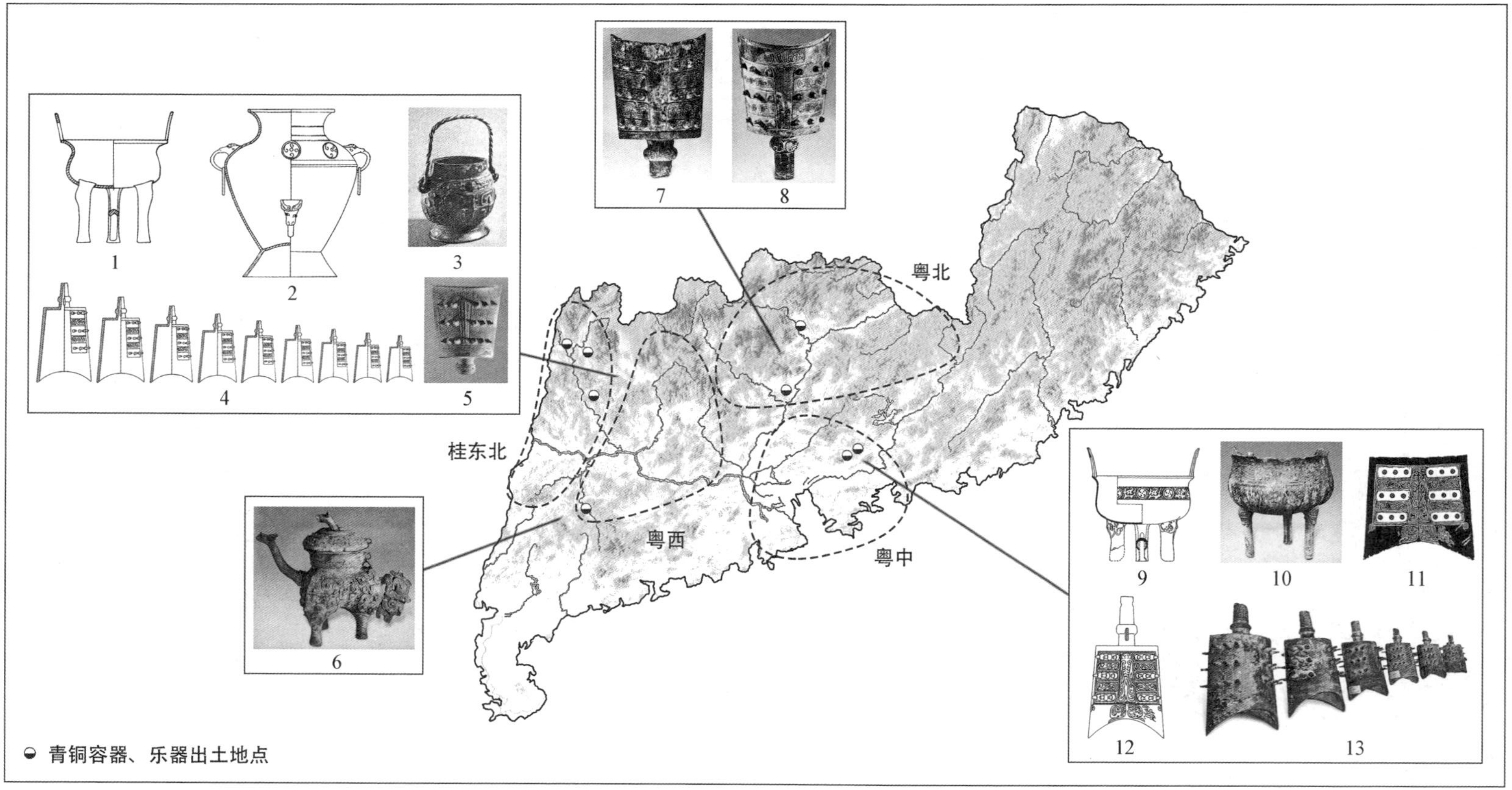

图 3.14　湖南南传青铜礼乐器的空间分布

1、2、4. 贺州马东 M2：7、M1：1、M2：3　3. 兴安收购站　5. 灌阳钟山　6. 信宜松香厂　7. 清远佛冈　8. 韶关曲江　9、11、12. 横岭山 M201：1、M182：18、M182：1　10. 惠州惠阳　13. 博罗散屋

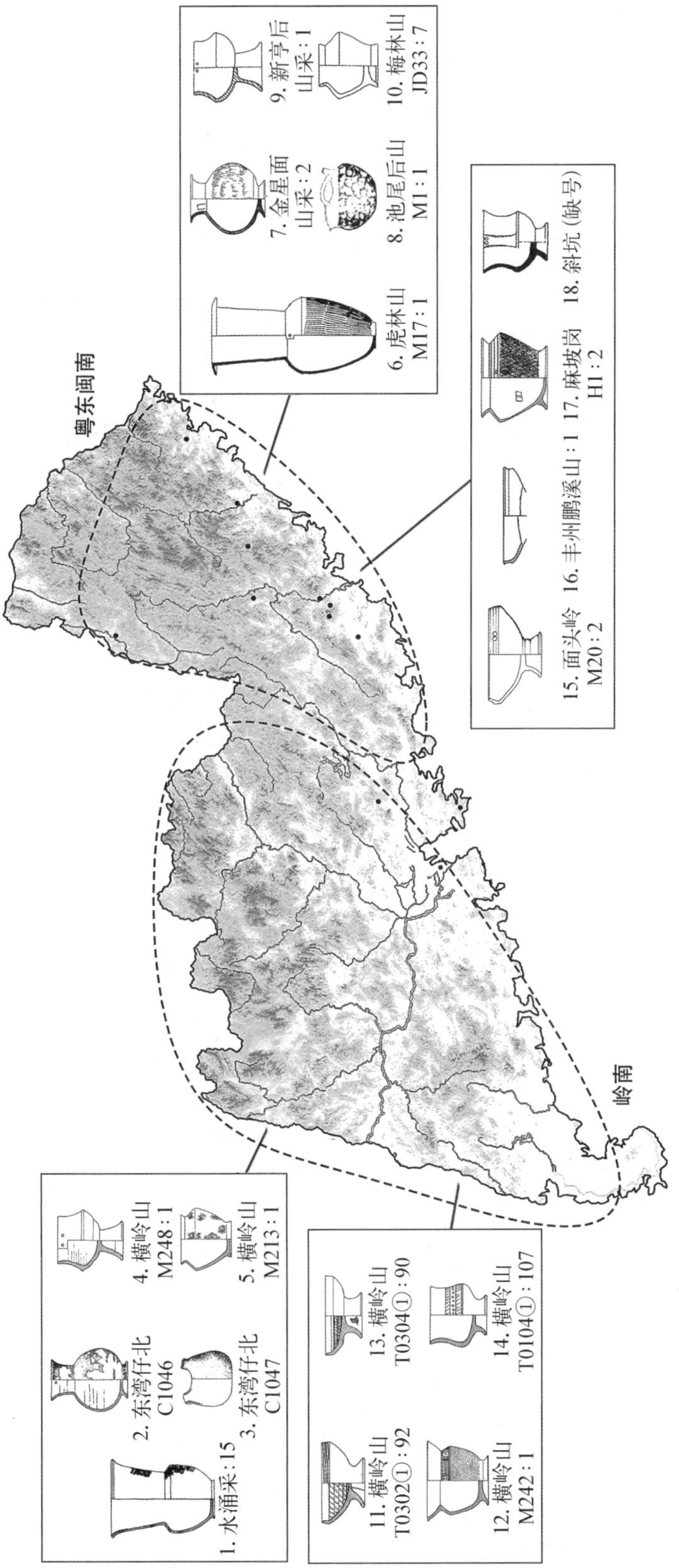

图 3.15　浮滨文化消退前后粤东闽南与岭南间的文化联系

考虑到浮滨文化受到商文化或吴城文化强烈影响[①]，并在此刺激下出现社会等级的进一步分化与输入型的次生文明[②]，其在公元前10世纪初的消退，以及此后土著文化的复兴、等级分化的衰颓[③]、区域影响力的锐减，在很大程度上可理解为中原商周更迭、西周王朝未关注于此的必然结果。正是在这种强势文化影响消退与后续补进文化影响相对弱势[④]的共同作用下，粤东闽南乃至岭南的文化与社会发展转而更多地依靠本地区的自然地理环境与资源禀赋，在沿海沙丘、贝丘与冲积平原分别出现偏向海洋[⑤]和偏向陆地[⑥]的不同资源获取策略，并进而导致两地日常生活联系的减少，及文化与社会发展的东西之别。

在浮滨文化消退之后，粤东闽南与岭南的对外交流分别重构，交流方向与对象的差异也进一步加剧了这种东西之别。概括而言，粤东闽南的对外交流多面向位于东侧的浙南闽北，岭南则在受到东侧影响的同时，与西侧的湖南保持着更加密切的联系。

除前述以典型器类为代表的文化交流之外，粤东闽南与浙南闽北之间还存在更多联系。如水口山提梁盉、敛口圜底钵[⑦]、赢坪直口深斜直腹豆[⑧]、斜坑弧壁折腹杯[⑨]、庵山角形支脚、直腹圜底罐[⑩]皆可在浙南闽北发现几乎完全相同的器物。庵山、音楼山、蚁山的某些带鋬器也不排除可能受到来自浙南闽北的影响。虽然大盈寨山的青铜器在浙南闽北发现较少，其中扁茎柳叶形剑更可能来自中原[⑪]，但或以浙南闽北为其重要中转。与晚商浮滨文化相比，这种交流更多地局限于器物本身，相应的影响因此局限于文化面貌而未深入社会层面，故而相对弱势。

以粤东闽南为中转，岭南与浙南闽北也保持着一定的联系，以改造型器物为主要载体，形制相同者仅直口扁鼓腹罐横岭山M086：4[⑫]一例，与屯溪M3：54[⑬]颇似。同一文化因素的不同影响方式，即传播型与改造型的差异，自然会影响着不同地区的文化面貌，从而进一步扩大源自不同地理环境、不同资源禀赋的文化与社会差异。只是，文化影响方式的直接与否并不能代表其重要程度。原始瓷豆Cb型、Db型虽为改造型器物，但在粤中第三至五段原始瓷中占到相当大的比例，硬陶豆C型、D型也与硬陶罐（瓿）类Eb型、Ec

① 邱立诚、曾骐：《论浮滨文化》，《潮学研究》6，汕头大学出版社，1997年，第19~34页；邱立诚：《再论浮滨文化》，《饶宗颐学术研讨会论文集》，海天出版社，2007年，第10~21页。

② 陈文：《虎林山墓地与次生文明出现》，《庆祝张忠培先生八十岁论文集》，科学出版社，2014年，第309~321页。

③ 吴春明：《从考古看华南沿海先秦社会的发展》，《厦门大学学报（哲学社会科学版）》1997年第1期。

④ 吴桐：《山海之间：两周时期“江南—岭南”的文化交流线路及其变迁》，《东南文化》2022年第3期。

⑤ 魏峻：《粤东地区考古学文化与环境的互动》，《南方文物》2008年第1期。

⑥ 赵善德：《运用考古资料探索先秦岭南文化的尝试》，《文博》2003年第4期；赵善德：《考古视野的岭南古越族》，《暨南史学》第18辑，暨南大学出版社，2014年，第1~9页。

⑦ 广东省博物馆：《广东平远县西周陶窑清理简报》，《考古》1983年第7期。

⑧ 福建博物院等：《长汀县赢坪史前遗址发掘简报》，《福建文博》2013年第4期。

⑨ 林忠干：《福建出土原始青瓷的初步研究》，《东南文化》1989年第4、5期。

⑩ 福建博物院：《福建晋江庵山青铜时代沙丘遗址2009年发掘简报》，《文物》2014年第2期。

⑪ 田伟：《试论两周时期的青铜剑》，《考古学报》2013年第4期。

⑫ 广东省文物考古研究所：《博罗横岭山——商周时期墓地2000年发掘报告》，第130页。

⑬ 李国梁：《屯溪土墩墓发掘报告》，第30页。

型同属本阶段岭南地区的流行器类。传播型器物反而并未改变粤东闽南土著文化的基本面貌。浙南闽北向南影响的重要程度,恰恰与其影响方式的直接与否成反比。相比于粤东闽南的被动接受,岭南对浙南闽北文化因素的利用显然更加主动,地区文化与社会发展也因此更具活力。

这一阶段岭南还可以看到来自西侧的强烈影响。除偶见以垂折腹釜、簋为代表的赣南因素外,尤以与湖南的联系为主,涉及工具兵器、生活用器、青铜礼乐器与玉器等诸多层面。工具兵器如戈、锛、刮刀、人面纹剑,生活用器如内环耳釜、扁鼓腹罐、垂腹罐、垂腹釜,青铜礼乐器包括鼎、罍、甬钟,玉器如玉管。两地所见皆高度相似,并主要表现为直接传播型器物的互见,以湖南对岭南的影响占主导地位。如刮刀起源于晚商时期的湖南①,内环耳釜为湖南商周时期的典型器物;如青铜戈、人面纹剑、罍、甬钟等间接来自中原,经湖南株洲、长沙、宁乡、湘潭等地②中转而至;如青铜鼎呈现出的明显越式鼎作风,最早出现在湖南③,望城高砂脊 AM1:3④ 为其最早形态;如玉管大量流行于宁乡黄材、炭河里、衡阳杏花村⑤,无论材质,还是管端斜削形态皆与岭南所见相同,同样属于文化交流的产物(图 3.16)。

这些湖南因素进入岭南的主要路径是经潇湘水道入桂东北,再转西江至粤中⑥,正可与桂东北铜器墓的突然出现相对照。当然,由湘江转舂陵江或耒水入北江同样可以到达粤中,但这一阶段粤北发现的湖南因素较少,目前仅有清远佛冈与韶关曲江铜铙⑦、石峡人面纹剑三例,而且相似的铜铙还见于桂东北灌阳钟山⑧,不能完全排除由桂东北东传而至的可能。尽管赣南因素应是经由粤北南下,但综合来看,此时粤北尚未成为岭南与外界交流的主要途径,这可能也是粤北文化与社会发展逊色于粤中的重要原因之一(图 3.14)。

只是,青铜礼乐器种类与数量由桂东北向粤中、由非中心向中心的递减趋势也表明,粤中虽为这一阶段的地区中心,但湖南因素的传播却仅仅以其为事实终点,而非明确目的地。传播方式更多地受到传播距离的影响,呈现出“线下贸易”的特征,桂东北与粤中之间的社会关系因此相对平等而疏离。粤北铜铙与桂东北的关系虽然尚不明确,但其未见于粤中的现象同样证明,其间文化面貌虽大体接近,但社会联系并不甚紧密,从而勾勒出岭南不同小区之间社会关系的“分化”特征。这一特征长期存续,在岭南—粤东闽南文化

---

① 高至喜:《刮刀起源小议》,《中国文物报》1989 年 10 月 27 日第 3 版。

② 雷芬:《株洲白关西周晚期越人墓出土的青铜器》,《湖南考古辑刊》第 7 辑,求索杂志社,1999 年,第 126~127 页;湖南省博物馆:《长沙县出土春秋时期越族青铜器》,《湖南考古辑刊》第 2 辑,岳麓书社,1984 年,第 35~37 页;益阳地区博物馆:《宁乡黄材出土周初青铜罍》,《湖南博物馆文集》,岳麓书社,1991 年,第 141+140 页;袁家荣:《湘潭青山桥出土窖藏商周青铜器》,《湖南考古辑刊》第 1 辑,岳麓书社,1982 年,第 21~24 页。

③ 向桃初:《“越式鼎”研究初步》,《古代文明》第 4 卷,第 65~104 页。

④ 湖南省文物考古研究所等:《湖南望城县高砂脊商周遗址的发掘》,《考古》2001 年第 4 期。

⑤ 高至喜:《湖南宁乡黄材发现商代铜器和遗址》,《考古》1963 年第 12 期;湖南省文物考古研究所等:《湖南宁乡炭河里西周城址与墓葬发掘简报》,《文物》2006 年第 6 期;郑均生、唐先华:《湖南衡阳发现商代铜卣》,《文物》2000 年第 10 期。

⑥ 高成林:《商周时期湖南与岭南的交通——以出土铜器为中心》,《湖南考古辑刊》第 12 辑,第 240~262 页。

⑦ 广东省文物考古研究所:《广东出土先秦青铜器》,第 53~54 页。

⑧ 广西壮族自治区文物管理委员会:《广西出土文物》,文物出版社,1978 年。

圈逐渐形成的过程中，长期构成了区域社会发展的重要底色①。

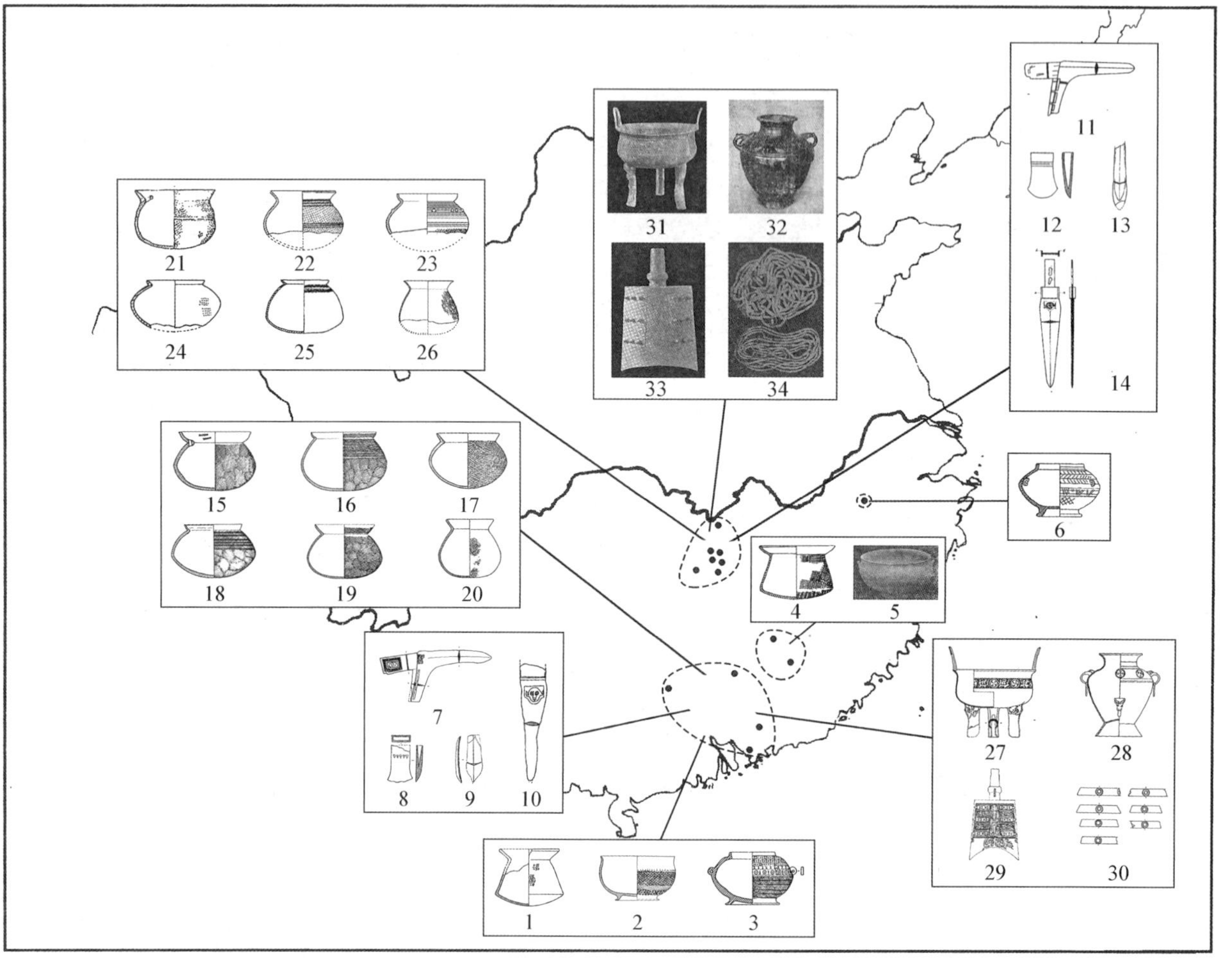

图 3.16　第一阶段岭南与江西、江浙及湖南的文化联系

1～3、7、15～16、18～20、27、29～30. 横岭山 M242：6、M293：2、M086：4、M182：2、M242：8、M245：2、M242：3、M170：3、M331：1、M201：1、M182：1、M177：3～9　4. 赣州竹园下 H17：1　5. 于都银坑圩　6. 屯溪 M3：54　8、10、28. 马东 M2：6、M2：1、M1：1　9. 石峡 T46②AH69：2　11～12. 株洲白关 M1：2、3　13、24～25. 高砂脊 AM1：29、AM19：25、AM11：9　14. 长沙金井　17. 白沙坑采：12　21. 对门山 T2H7③：24　22～23、26. 炭河里 05G5⑥：31、65、05G5⑦：21　31. 湘潭青山桥 J1：11　32. 宁乡黄材益阳　33. 湘潭青山桥　34. 宁乡黄材

第二节　西周晚期晚段至春秋中期（公元前 830～前 520 年）

这一阶段，即太湖杭州湾第三至五期第四至八段，岭南第四至六期第六至十段。东南

① 吴桐：《岭南地区两周时期铜鼎研究二题》，《东南文化》2023 年第 5 期。

沿海内部往来明显疏离，与外部的联系也不甚频繁，社会发展相对缓慢。

因淮夷叛周，中原王朝与南方的联系突然隔断，浙南闽北因而衰落，太湖杭州湾代之兴起。同时，以宁镇为核心的吴文化持续东进至环太湖。太湖杭州湾的内部关系，在外力与内力的共同作用下不断重构。

浙南闽北的衰落也部分影响着粤东闽南土著文化的衰退，岭南文化因素趁势东扩西进，岭南—粤东闽南文化圈基本形成。在文化融合的同时，粤中的对外影响却局限于文化面貌而未深入社会层面。借助交通优势，粤北实现长足进步，区域内部显露出明确的分化事实与分化倾向。

一、变局：太湖杭州湾的兴起与内部重构

在第一阶段末，区域优势的天平开始逐渐展露出由南向北倾斜的某种可能趋向。随着时间推移，在第二阶段早期（太湖杭州湾第四、五段），这种趋向被迅速放大，最终表现为浙南闽北的衰落与太湖杭州湾的兴起（图 3.17）。

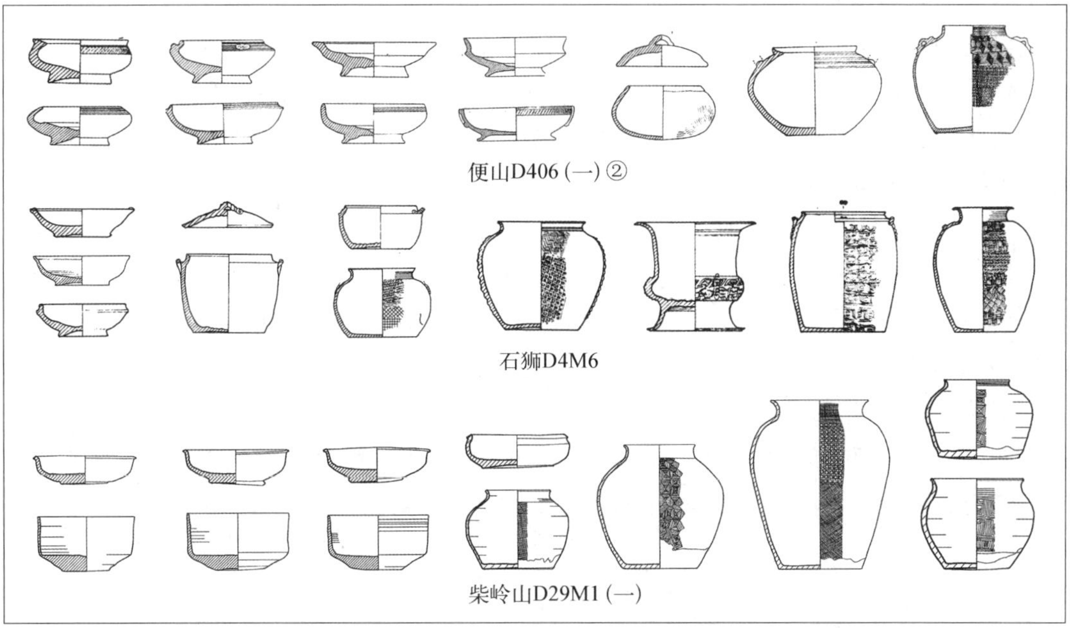

图 3.17　太湖杭州湾—浙南闽北典型器物群举隅（第二阶段）

第四段时，浙南闽北已经表露出明显的衰落倾向，南北之间的力量对比发生转折。以原始瓷的发现为例，浙南闽北与太湖杭州湾在第一、第二阶段先后占优。第四段以来，浙南闽北的增速骤缓，自第五段始，数量急剧下降，近乎消失；太湖杭州湾同样以第四段为界，原始瓷的数量、比例首次超越浙南闽北，第五至八段，整体发现虽然略显衰颓，但仍然基本保持着相对稳定的发展态势，并逐渐拉大与浙南闽北的差距。正是从这一时期开始，浙南闽北由盛转衰，太湖杭州湾由弱渐强（表 3.9）。

表 3.9 第一至八段太湖杭州湾—浙南闽北原始瓷统计

原始瓷		第一阶段			第二阶段				
		一段	二段	三段	四段	五段	六段	七段	八段
太湖杭州湾	数量	2	64	195	849	136	166	240	215
	比例	0.11%	3.43%	10.44%	**45.47%**	**7.28%**	**8.89%**	**12.85%**	**11.52%**
浙南闽北	数量	25	111	167	207	24	6	9	0
	比例	**4.55%**	**20.22%**	**30.42%**	37.70%	4.37%	1.09%	1.65%	0.00%

类似的转变还发生在青铜器、玉器等方面。这一阶段青铜器集中发现于第四、五段①，涉及溧阳上沛、无锡北周巷、上饶马鞍山 M1 等 13 个单位②，6 个位于太湖杭州湾，7 个位于浙南闽北，后者年代集中于第四段。太湖杭州湾的发现仍属零星采集，数量较少仅 11 件左右，容器种类稍增至 6 种，较之前一阶段未有明显变化。浙南闽北铜器的分布范围则明显缩小，不见于金衢、温台，种类与总数不过 13 种 44 件，容器仅存尊、盂、簋、盘 4 种 6 件，较前一阶段总计 33 种 200 件、容器 15 种 49 件的体量相去甚远。而且浙南闽北的这些铜器，多属于融合型，中原型铜器消失无存，来自湖南的影响也大为减弱。随葬铜器最多不超过 16 件，容器不超 2 件，不复杨府山 M1 随葬 60 余件铜器、屯溪 M3 随葬近 30 件铜容器之盛况。随着铜器的锐减，仿铜礼器开始流行。如屯溪 M4、M5、M8 皆随葬仿铜兽形鋬折肩尊，与青阳汪村龙耳尊、桐城圈足罍、湘阴圈足罍的形制相似③，年代接近④，应该是青铜尊的替代品。其出现与流行可视为浙南闽北衰落的又一物证（表 3.10，图 3.18）。

玉器于浙南闽北亦不复流行，一例未见⑤。而此前仅发现 1 件玉玦的太湖杭州湾，却在第四段出现了随葬 70 件玉器的墓葬，即江阴大松墩⑥。虽然除此例外，这一地区的玉器发现仍然稀少零星，但与浙南闽北之间的对比已然逆转而更具优势（图 3.18）。

---

① 路国权：《东周青铜容器谱系研究》，第 884～889 页。

② 刘兴：《镇江地区近年出土的青铜器》，《文物资料丛刊》5，第 106～111 页；夏星南：《浙江长兴县发现东周青铜器》，《文物》1981 年第 12 期；冯普仁：《无锡北周巷青铜器》，《考古》1981 年第 4 期；倪振逵：《淹城出土的铜器》，《考古》1959 年第 4 期；赵玉泉：《武进淹城遗址出土春秋文物》，《东南文化》1988 年第 4、5 期；夏星南：《浙江长兴县发现吴、越、楚铜剑》，《考古》1989 年第 1 期；李国梁：《屯溪土墩墓发掘报告》；福建博物院等：《福建浦城县管九村土墩墓群》，《考古》2007 年第 7 期；福建博物院等：《福建浦城管九村土墩墓》；江西省上饶县博物馆：《上饶县马鞍山西周墓》，《东南文化》1989 年第 4、5 期。

③ 石谷风：《青阳出土的西周晚期铜器》，《安徽文博》1983 年总第 3 期；安徽大学等：《皖南商周青铜器》，文物出版社，2006 年，第 60～61 页；安徽大学等：《安徽江淮地区商周青铜器》，文物出版社，2014 年，第 175 页；湖南省博物馆：《湖南省博物馆》，文物出版社，1983 年，第 32 页。

④ 张爱冰：《安徽青阳汪村出土青铜器的年代及其相关问题》，《东南文化》2011 年第 4 期。

⑤ 吴桐：《浙江地区两周时期玉器的兴衰及相关问题》，《考古》2022 年第 1 期。

⑥ 陈晶、陈丽华：《江苏省江阴县大松墩土墩墓》，《文物》1983 年第 11 期。

表 3.10 第二阶段太湖杭州湾—浙南闽北铜器的发现情况

地 区	单 位	铜器总数	器 类 及 数 量
太湖杭嘉湖	溧阳上沛	1	鼎 1
	无锡北周巷	3	簋 2、斧 1
	武进淹城	3+	尊 1、盘 1、匜 1，等
	长兴李家巷	1	壶 1
	长兴白水滩	1	剑 1
	长兴雉城	2	剑 2
浙南闽北	屯溪 M2	3	尊 1、簋 1、饰 1
	屯溪 M4	13	尊 1、刻刀 1、剑 1、斧 1、戈 1、矛 1、镞 7
	屯溪 M5	7	尊 1、盂 1、刀 4、斧 1
	屯溪 M6	1	尊 1
	屯溪 M8	1	剑 1
	管九麻地尾 D11M1	16	剑 1、锛 1、刮刀 1、戈 1、矛 1、镞 11
	马鞍山 M1	3	盘 1，等

作为曾经地区繁荣的象征，青铜器与玉器的衰落可视为浙南闽北与外界联系断裂之见证。随着西周中期以来淮夷叛周，南方与周王朝的联系被隔断，中原的原始瓷迅速减少，此前以原始瓷豆 Ca 型、Da 型为代表的“浙南闽北传统”几近消亡。资源流通关系的变动使得区域互动的主体逐渐让渡于宁镇—太湖杭州湾。后者的代表器物原始瓷豆 Aa 型，开始逆势传播至中原。如周原贺家北 M30 随葬的 6 件原始瓷豆尽属此类①。类似的情况也见于岭南。改造自原始瓷豆 Aa 型的 Ab 型、Ac 型豆开始出现，源自“浙南闽北传统”的原始瓷豆 Cb 型、Db 型占比则突然下降，不复此前如日中天之态。尽管在此时的区域互动中，宁镇发挥着更为重要的作用②，但作为原始瓷豆 Aa 型的起源地，太湖杭州湾已然主动或被动地冲击着浙南闽北的中心地位。

随着对外交流主体地位的转移，两地的力量对比迅速拉近。第四段各小区的最高等级墓葬中，虽以马鞍山 M1③ 等级最高，但其随葬品总数不过 160 余件，与此前屯溪 M3 随

① 周原考古队：《2015 年周原遗址贺家北(Ⅱ C3 区)墓葬发掘简报》，《考古与文物》2019 年第 5 期。
② 吴桐：《山海之间：两周时期“江南—岭南”的文化交流线路及其变迁》，《东南文化》2022 年第 3 期。
③ 江西省上饶县博物馆：《上饶县马鞍山西周墓》，《东南文化》1989 年第 4、5 期。

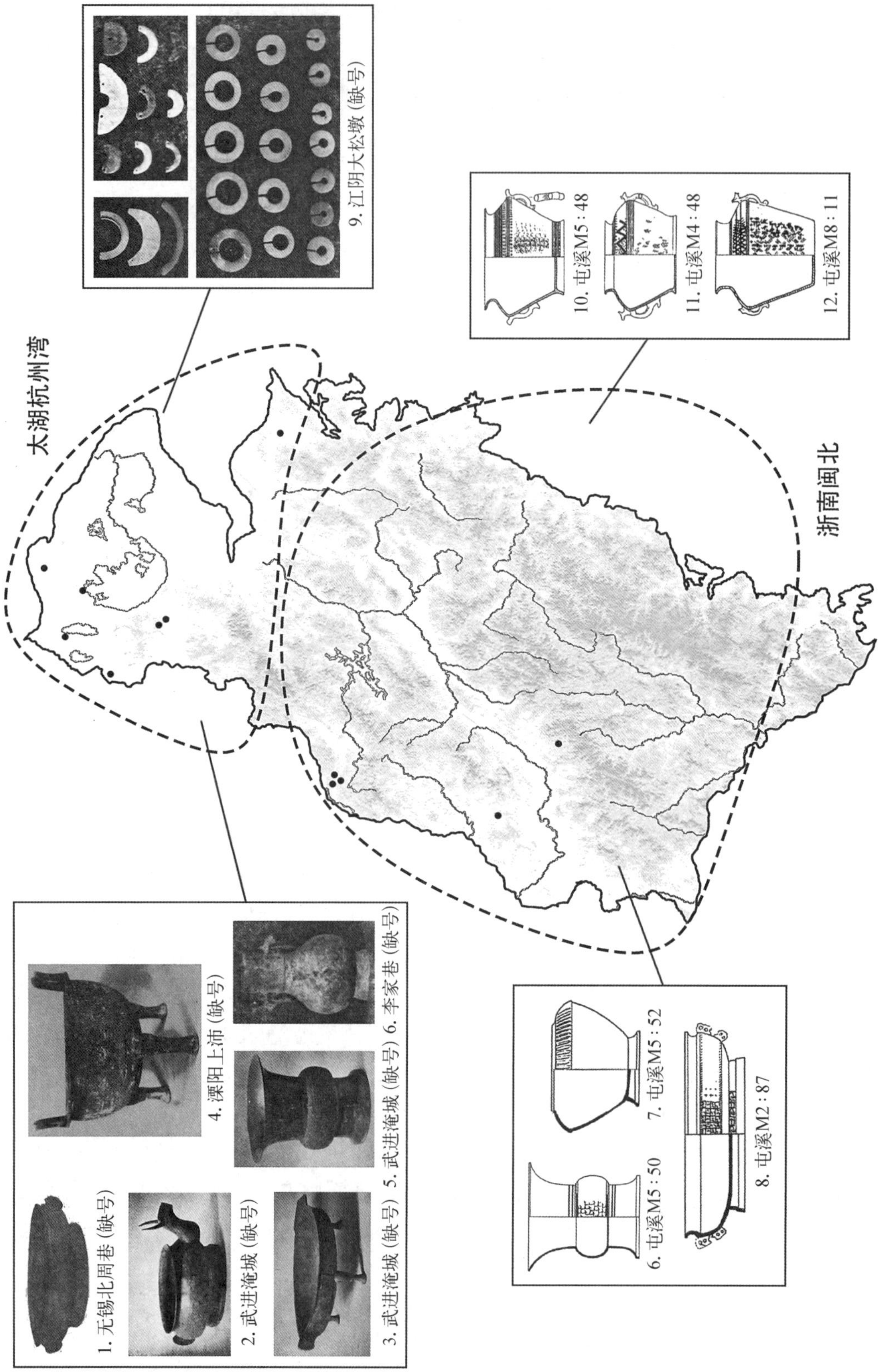

图 3.18　第四段太湖杭州湾—浙南闽北铜器与玉器的分布情况

葬229件的体量有明显差距，而且墓室形制简单，未见墓道构造与封护措施。此墓既是曾经繁盛之孑遗，也是如今衰落之绝唱。与此勉力维系相比，太湖杭州湾表现出近乎跨越式的发展。如环太湖较前一阶段，最大随葬品总数超出53件，原始瓷总数超出80件，墓室面积超出近40平方米。地区间社会发展的此消彼长，使得最高等级墓葬的差距不再悬殊。柴岭山D31M1随葬品总数逾越百件，较马鞍山M1已然相去不远，并略高于义乌平畴，墓室面积也大于后者①。屯溪M5虽然随葬7件青铜器，但随葬品总数76件，原始瓷55件，柴岭山D31M1至少应与之列属同一等级。地区之间的力量对比相对均衡，浙南闽北不再一地独大（表3.11）。

表3.11　第三至五段太湖杭州湾—浙南闽北各小区最高等级墓葬统计

		环太湖	杭嘉湖	宁绍	金衢	屯溪	温台	闽北	赣东北
第三段	最大随葬品总数	40	29	87	118	229	83	22?	
	最大原始瓷总数	9	27	26+	28	89		6?	
	最大墓室面积	19.32	9	88.83	83.06	54	5+	25.38?	
第四段	最大随葬品总数	93	40	107	104	76	18	11	160+
	最大原始瓷总数	89	33	103	100	55	9	8	100+
	最大墓室面积	56	15.3	24.27	15.642	35.2			144+
第五段	最大随葬品总数	16	41	13	13		16		
	最大原始瓷总数	7	28	12	13		8		
	最大墓室面积	11.556	17.05	7.92	13.34		8.1		

如果说第四段时浙南闽北尚且保有某种优势的话，第五段时这种优势已消失殆尽，太湖杭州湾代之兴起。除逐渐悬殊的原始瓷比例，以及原始瓷碗（杯盅）类Aa型、硬陶罐（瓿）类Ac型、Ad型等"太湖杭州湾传统"的广泛流行外，"浙南闽北传统"的生产、传播与消费中心已经尽数向北转移至宁绍一带（表3.12）。岭南所见来自宁镇—太湖杭州湾的影响也更显强势，原始瓷豆Ac型的占比遽然跃升至85%以上，Cb型、Db型则锐减至10%以下，迅速实现对浙南闽北影响的取代。最大随葬品总数、原始瓷总数、墓室面积的对比无不指明，此时区域中心已明确转移至太湖杭州湾，浙南闽北全面衰落（表3.11）。

① 金华地区文管会：《浙江义乌县平畴西周墓——兼论原始青瓷器的制作工艺》，《考古》1985年第7期。

表 3.12　第四、五段太湖杭州湾—浙南闽北主要器类消费中心的北移

		环太湖	杭嘉湖	宁绍	金衢	屯溪	温台	闽北	赣东北
第三段	原始瓷豆 B 型		8.05%	3.41%	15.00%	10.00%		14.10%	
	原始瓷豆 Ca 型	20.00%	26.44%	27.27%	30.00%	8.33%	33.33%	17.95%	
	原始瓷罐 B 型		2.30%	2.27%	5.00%	8.33%			
	硬陶罐(瓿)类 Bb 型	6.00%	5.41%	7.14%	20.00%				
第四段	原始瓷豆 B 型	1.09%	1.98%	3.39%	16.67%	23.53%		27.45%	13.33%
	原始瓷豆 Ca 型	15.76%	3.57%	20.82%	15.38%	26.67%	17.24%	<24.14%	25.00%
	原始瓷罐 B 型	1.63%	1.19%	1.21%		5.88%			6.67%
	硬陶罐(瓿)类 Bb 型	3.77%		11.36%					
第五段	原始瓷豆 B 型		1.09%	17.24%					
	原始瓷豆 Ca 型		1.09%	10.34%			21.43%		
	原始瓷罐 B 型		2.17%						
	硬陶罐(瓿)类 Bb 型			20.00%					

注：温台第三、第五段数据较少，33.33%、21.43%的比例不能反应真实情况。

但是，社会的衰落并不等同于人群的消亡。浙南闽北人群可能在地区衰落之初便已向西、向北转移。向西主要是转移到江西境内，以马鞍山 M1 的出现为代表。浙南闽北与江西自然环境相似，生产生活相近，自夏商以来便有密切联系①。第一阶段时，赣江、抚河流域出土原始瓷豆尽属“浙南闽北传统”，如进贤寨子山（缺号）、德安陈家墩（缺号）、清江筑卫城 T24②：19、新余赵家山 H4：5、T11②：3 等②，太湖杭州湾的影响几乎不见。在此背景下，浙南闽北人群的向西转移可谓顺理成章。第四段以来，以原始瓷豆 Aa 型为代表的“太湖杭州湾传统”始现于江西，主要分布在赣江流域③，此地曾经流行的原始瓷豆 B 型、Ca 型的生存空间被向东压缩至上饶一隅。马鞍山 M1 原始瓷豆尽属 B 型、Ca 型、Da 型，而未见一例 Aa 型，墓主人文化偏好应倾向于浙南闽北，此墓的出现应当代表着浙南闽

① 罗汝鹏：《公元前 20 至前 9 世纪中国东南地区考古学文化研究——以闽浙赣交界地区为中心》，第 229～259 页。

② 刘诗中、高宁桂：《江西进贤县寨子峡遗址》，《考古》1986 年第 2 期；邱文彬等：《江西德安、永修界碑岭商周遗址调查》，《南方文物》1993 年第 2 期；江西省博物馆等：《江西清江筑卫城遗址第二次发掘》，《考古》1982 年第 2 期；江西省文物考古研究所等：《江西新余赵家山西周遗址发掘简报》，《南方文物》2003 年第 2 期。

③ 江西省文物工作队等：《九江神墩遗址发掘简报》，《江西历史文物》1987 年第 2 期；江西省文物考古研究所等：《陈家墩遗址第二次发掘简报》，《南方文物》2000 年第 3 期；江西省文物管理委员会：《江西清江营盘里遗址发掘报告》，《考古》1962 年第 4 期。

北人群的西迁。从长时段的区域文化演进来看，赣江两侧的这种文化差异、平原与山区不同文化传统的并行，早已见于商代，即吴城文化与万年类型之间的东西对立，马鞍山M1恰位于万年类型的核心区。与其说这是一种历史的巧合，不如说更像是一种历史的惯性。

浙南闽北人群的向北转移虽然缺乏明确证据，但仍可寻觅其端倪。重新审视太湖杭州湾第一至八段原始瓷的数量比例发现，第四段高潮过后，第五段迅速回落至地区原始瓷发展的基本态势，前者的出现因此颇显突兀。最高等级墓葬所见，第五段也远不及第四段。由此推测，第四段时太湖杭州湾的突然蓬勃，应非地区自然发展的结果，而更像是短暂外来刺激下的产物，并在浙南闽北彻底衰落后，重返至原本的发展道路。这一刺激很可能就是浙南闽北人群的北迁。第四段时大松墩玉器随葬的出现可能就是其产物，同时期皇坟堆、三合塔山随葬仿铜礼器的短暂集中发现①，也可能是屯溪人群北上的结果。此外，硬陶纹饰的变化亦可为此人群转移提供证据。第一至四段，席纹与方格纹流行于浙南闽北，此后却突然盛行于太湖杭州湾，并更具优势。如果说这是文化影响的结果，则无法解释为何此影响发生在浙南闽北衰落时期，也无法解释为何表现在向北影响甚微的硬陶纹饰方面。以区域互动的总体态势而论，这一变动显然应以人群迁徙为主要原因。浙南闽北的衰落与太湖杭州湾的兴起，也并非简单的过程与结果，还有着深刻的因果关联。

在浙南闽北的影响之外，从第四段开始，太湖杭州湾，特别是环太湖也持续受到来自宁镇地区吴文化的强烈影响，地区内部不断经历着分化与重构。欲明晰这一进程，需先确定吴、越文化之差异。学界一般认为，宁镇是吴文化的核心区，浙北平原是越文化核心区，二者除一墩多墓是否作向心式布局②外，器类形制与质地的差异也可作为墓葬族属判别的重要依据，并主要体现在炊器与泥质陶两个方面。

炊器方面，宁镇流行的鬲、鼎、釜罕见于浙北平原，后者仅出土两件陶鬲③，二者差异显而易见。自第四段以来，鬲始见于环太湖，如金坛牯牛墩、三星墩、宜兴百合④等地皆有发现，吴文化已然东进。但因鬲逐渐被鼎取代⑤，其分布范围限于太湖西侧，难以反映吴文化东进的完整态势，因此需着重考虑鼎、釜的分布情况。

与鬲不同，鼎并非宁镇独有。第一阶段柴岭山D5发现鼎足⑥，第二阶段浙北平原也发现一定数量的鼎。但一方面，这些鼎的年代集中在第四、五段，不同于吴文化的长期

---

① 姚仲源：《浙江德清出土的原始青瓷器——兼谈原始青瓷生产和使用中的若干问题》，《考古》1982年第4期；朱建明：《浙江德清三合塔山土墩墓》，《东南文化》2003年第3期。

② 杨楠：《江南土墩遗存研究》，第85～107页。

③ 刘建国、刘兴：《丹徒下湖战国遗址——兼论后吴文化的两个问题》，《东南文化》1992年第6期；林正贤：《杭州市石塘村发现战国窖藏》，《东南文化》1993年第3期。

④ 南京博物院等：《江苏金坛茅东村牯牛墩土墩墓发掘报告》，《东南文化》2019年第1期；南京博物馆等：《江苏金坛连山土墩墓发掘报告》，《考古学集刊》第10集，第161～194页；南京博物院等：《宜兴百合村土墩墓群D1～D4发掘报告》，《穿越宜溧山地——宁杭高铁江苏段考古发掘报告》，第80～136页。

⑤ 付琳：《江南地区两周时期墓葬研究》，吉林大学博士学位论文，2014年，第120页。

⑥ 杭州市文物考古研究所等：《萧山柴岭山土墩墓》，第102页。

流行；另一方面，这些鼎大多为原始瓷质，与吴文化的夹砂陶鼎不甚相同。而且从形制来看，浙北平原鼎的口径普遍小于腹径①，温台所见亦然②，这一特征可能继承自屯溪的原始瓷鼎③，这种文化联系也可以与上述皇坟堆、三合塔山仿铜礼器短暂出现背后的浙南闽北人群北上相呼应。宁镇鼎的特征则恰好相反，口径大多等于或略大于腹径④。此类夹砂陶鼎应确属吴文化特色，相应单位也应归属吴文化。自第四段始，这种鼎便在环太湖大量出现，东界在常熟西岭⑤，第五、六段稍西移至金坛、武进一带⑥，第七段再至西岭⑦，第八段持续东进至苏州真山、阳山附近⑧。吴文化多见鼎、釜组合，釜的分布态势与此基本相同。故就炊器而言，吴文化在环太湖总体呈现出持续东进的态势，其间略有波折。当然，第四段西岭所见夹砂陶鼎也不排除是文化交流而非吴文化扩张的结果。

从泥质陶的情况来看，这种波折的实际影响可能较小。第一、第二阶段浙北平原泥质陶数量稀少，即便偶见随葬也一般不超过 2 件。目前随葬 2 件以上泥质陶的墓葬共计 13 座，其中 5 座随葬 2 件以上泥质陶容器，仅占同时期墓葬总数的 2.6%。相比之下，宁镇的泥质陶则占有较高比重，如溧水凤凰井出土 21 件⑨。故随葬 3 件及以上泥质陶容器的墓葬有较大可能属吴文化范畴。第四、五段时其东界在金坛、溧阳一带⑩，第六段东移至无锡墙门⑪，第七段更东达于西岭⑫，第八段继续东进至苏州真山、新塘⑬。吴文化持续东进，最晚在第六段，其影响已抵太湖东岸（图 3.19）。

正是吴文化的持续东进导致了太湖杭州湾内部的南北分化，构建出新的南北关系。以原始瓷豆 Aa 型、硬陶罐（瓿）类 Aa 型、坛 A 型等典型器类消费中心的北移为标志，环太湖逐渐占据优势地位。以墓葬而论，至少自第六段始，环太湖已经成为区域中心所在（表 3.13）。

---

① 浙江省文物考古研究所等：《德清火烧山原始瓷窑址发掘报告》，第 48 页；杭州市文物考古研究所等：《萧山柴岭山土墩墓》，第 120 页；浙江省文物考古研究所：《浙江长兴县石狮土墩墓发掘简报》，《浙江省文物考古研究所学刊：建所十周年纪念（1980～1990）》，第 178 页；宁波市文物考古研究所等：《浙江宁波镇海鱼山遗址Ⅰ期发掘简报》，《东南文化》2016 年第 4 期。

② 浙江省文物考古研究所等：《浙南石棚墓调查发掘报告》，第 67 页；俞天舒：《浙江瑞安凤凰山周墓清理简报》，《考古》1987 年第 8 期。

③ 李国梁：《屯溪土墩墓发掘报告》，第 29 页。

④ 南京博物馆等：《句容浮山果园土墩墓发掘报告》，文物出版社，2019 年。

⑤ 苏州博物馆等：《江苏常熟市虞山西岭石室土墩的发掘》，《考古》2001 年第 9 期。

⑥ 南京博物馆等：《江苏金坛连山土墩墓发掘报告》，《考古学集刊》第 10 集，第 161～194 页。王岳群：《江苏武进淹城龙墩墓葬发掘简报》，《东南文化》2005 年第 3 期。

⑦ 同⑤。

⑧ 苏州博物馆：《江苏苏州浒墅关真山大墓的发掘》，《文物》1996 年第 2 期；苏州市考古研究所：《苏州阳山俞墩土墩墓发掘简报》，《东南文化》2012 年第 4 期。

⑨ 刘兴、刘建国：《溧水凤凰井春秋土墩墓》，《东南文化》1989 年第 4、5 期。

⑩ 南京博物院等：《江苏金坛茅东村牯牛墩土墩墓发掘报告》，《东南文化》2019 年第 1 期；南京博物院等：《溧阳天目湖庙山土墩墓发掘报告》，《印记与重塑：镇江博物馆考古报告集（2001～2009）》，第 102～120 页。

⑪ 朱江：《江苏南部"硬陶与釉陶"遗存清理》，《考古通讯》1957 年第 3 期。

⑫ 同⑤。

⑬ 苏州市考古研究所：《江苏苏州真山土墩墓（D33）发掘简报》，《文物》2016 年第 5 期；苏州博物馆：《苏州市长桥新塘战国墓地的发掘》，《考古》1994 年第 6 期。

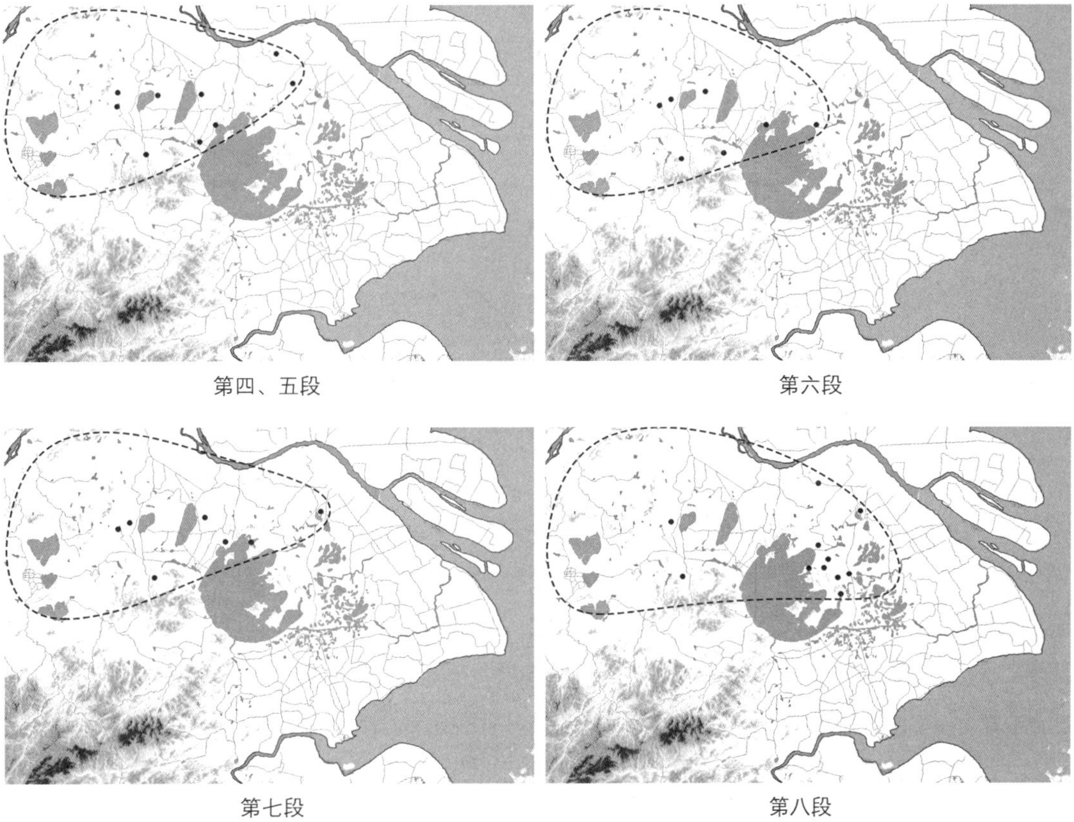

图 3.19　吴文化在环太湖东进的整体态势

表 3.13　第二阶段太湖杭州湾各小区最高等级墓葬统计

		环太湖	杭嘉湖	宁　绍
第四段	最大随葬品总数	93	40	107
	最大原始瓷总数	89	34	103
	最大墓室面积	56	15.3	24.27
第五段	最大随葬品总数	16	41	13
	最大原始瓷总数	7	28	12
	最大墓室面积	11.556	17.05	7.92
第六段	最大随葬品总数	50	34	31
	最大原始瓷总数	26	27	10
	最大墓室面积	33.6	12.54	7.56

续表

		环太湖	杭嘉湖	宁　绍
第七段	最大随葬品总数	35	11	28
	最大原始瓷总数	13	6	23
	最大墓室面积	12.24	不明	12.062
第八段	最大随葬品总数	12 573	18	27
	最大原始瓷总数	22	11	16
	最大墓室面积	86.85	12	9.916

第四段时，宁绍最大随葬品总数、原始瓷总数最多，环太湖随葬品总数略少但以玉器为主，且墓室面积超过其他小区，区域地位或与宁绍大致相近。第五段时，地区发展回复至原本的道路，最高等级墓葬的体量远不及前一段，其中尤以宁绍与环太湖回落明显。杭嘉湖因位于地区中部，无论是受南侧还是西侧的影响都不直接也不强烈，所以并无明显的兴衰，相比之下反而成为相对的地区中心。第六段以来，随着吴文化持续东进，杭嘉湖的短暂中心地位迅速丧失，并北移至环太湖。直至第八段“通吴于上国”，吴国与晋楚之间的关系迅速密切，环太湖与浙北平原的差距愈发悬殊。以真山 D9M1① 为代表，环太湖最高等级墓葬的体量已为后者所远远不及。如果说吴越各有其中心的话，那么此时的环太湖作为吴国中心，无疑已经牢牢占据了区域中心的地位。

在太湖杭州湾呈现出吴越南北分化的同时，越地内部杭嘉湖与宁绍之间的关系也在不断地调整重构。除部分始终流行于宁绍的器类如原始瓷盂、硬陶罐（瓿）类 Bb 型、坛 B 型外，本阶段的典型器类一度多见于杭嘉湖，以硬陶罐（瓿）类 Ba 型、瓮 A 型为代表，流行时间不晚于第五段。考虑到东苕溪流域自夏商以来便分布有密集窑址群②，并存在湖州下菰城、余杭小古城等商代城址，杭嘉湖优势地位的取得显然是在外界的强势影响消失背景下，接续早期历史基础，重新发挥资源禀赋优势的结果③。宁绍虽因地缘优势的丧失而稍显弱势，但并未完全衰落。在充分保留、发扬自身传统的同时，与杭嘉湖的联系依旧密切，且自原始瓷碗（杯盅）类 Aa 型取代原始瓷豆成为主要流行器物以来，便始终作为其消费中心。或正是由于这种经济优势的存在，最迟至第六段，一度流行于杭嘉湖的器类已尽

① 有学者认为，真山 D9M1 为春秋晚期越墓，约在公元前 558～前 453 年（张敏：《吴越贵族墓葬的甄别研究》，《文物》2010 年第 1 期），与太湖杭州湾第八、九段的绝对年代相当。但其随葬品特征属第八段，不晚于公元前 520 年，故应为吴墓而非越墓。首先，鼎 D9M1∶27 与第九段鼎如大墩 M1∶7 造型明显不同，应略早于后者；其次，原始瓷罐 D9M1∶18 与第八段金坛晒土场 D1M2∶3 颇似；最后，玉器饰浮雕虺龙纹为春秋晚期早段风格，年代在公元前 560～前 520 年（孙庆伟：《周代用玉制度研究》，上海古籍出版社，2008 年，第 127 页）。综合考虑，真山 D9M1 应为第八段之吴墓。

② 浙江省文物考古研究所等：《东苕溪流域夏商时期原始瓷窑址》，文物出版社，2015 年。

③ 郑建明：《夏商原始瓷略论稿》，第 224～257 页。

数转向以宁绍为新的中心①。区域优势的天平再次倾斜，宁绍重新确立了优势地位，并成为第三阶段越国都城之所在（表 3.14）。

表 3.14　杭嘉湖与宁绍之间中心的往复

	第四段	第五段	第六段	第七段	第八段	
最高等级墓葬		-·-	-·-			杭嘉湖
	——			——	——	宁绍
原始瓷豆 Ca 型						杭嘉湖
	——					宁绍
原始瓷豆 Da 型						杭嘉湖
	——					宁绍
原始瓷罐 A 型		-·-				杭嘉湖
	——					宁绍
硬陶罐（瓿）类 Aa 型		-·-	-·-	-·-	-·-	杭嘉湖
	——					宁绍
硬陶瓮 A 型		-·-	-·-	-·-	-·-	杭嘉湖
	——					宁绍
原始瓷罐 B 型	-·-	-·-				杭嘉湖
			——			宁绍
原始瓷碗（杯盅）类 Aa 型	-·-					杭嘉湖
		——	——	——	——	宁绍
硬陶罐（瓿）类 Ab 型	-·-	-·-				杭嘉湖
			——	——	——	宁绍
硬陶罐（瓿）类 Ac 型	-·-	-·-				杭嘉湖
			----	——		宁绍
硬陶罐（瓿）类 Ad 型	-·-	-·-				杭嘉湖
			——	——	——	宁绍

① 吴桐：《浙江地区两周时期玉器的兴衰及相关问题》，《考古》2022 年第 1 期。

这种越地中心的往复在墓葬方面表现得更加明显。第四段时，宁绍的最大随葬品总数、原始瓷总数、墓室面积皆远超杭嘉湖，这显然与来自浙南闽北的影响密切相关。随着第五段以来浙南闽北彻底衰落，因其而生的优势地位自然也随之而亡，宁绍最高等级墓葬规模与随葬品体量呈断崖式下降，杭嘉湖稳步发展为越地中心。但是杭嘉湖的优势在于生产而非消费，宁绍的优势则与之互补，二者间恰好构成和谐的经济联动关系。在此关系下，宁绍的社会发展如枯木逢春，再发新枝。相反，第六段时吴文化的东进，部分冲击到杭嘉湖，宁绍最高等级墓葬虽仍略逊色，但已不似前段一般悬殊。第七段以来，随着吴文化的持续东进与越文化的不断退缩，杭嘉湖的原始瓷生产陷入衰落期①，宁绍消费优势的重要意义也愈发凸显，区域优势的天平重新由北向南转移，宁绍再度成为越地中心所在。第八段时，赣东北以贵溪 M1 为代表，随葬器物与浙北平原几无二致，表明后者的实力有所提升，已向外辐射。这或可暗合鲁昭公五年越国从楚伐吴的记载，并孕育着下一阶段初期的吴越争锋。

二、融合：粤东闽南的衰落与岭南文化的辐射

这一阶段，在粤东闽南土著文化衰落、岭南文化辐射的共同作用下，岭南—粤东闽南文化圈逐渐形成，区域发展主题由分隔转向为融合（图 3.20）。

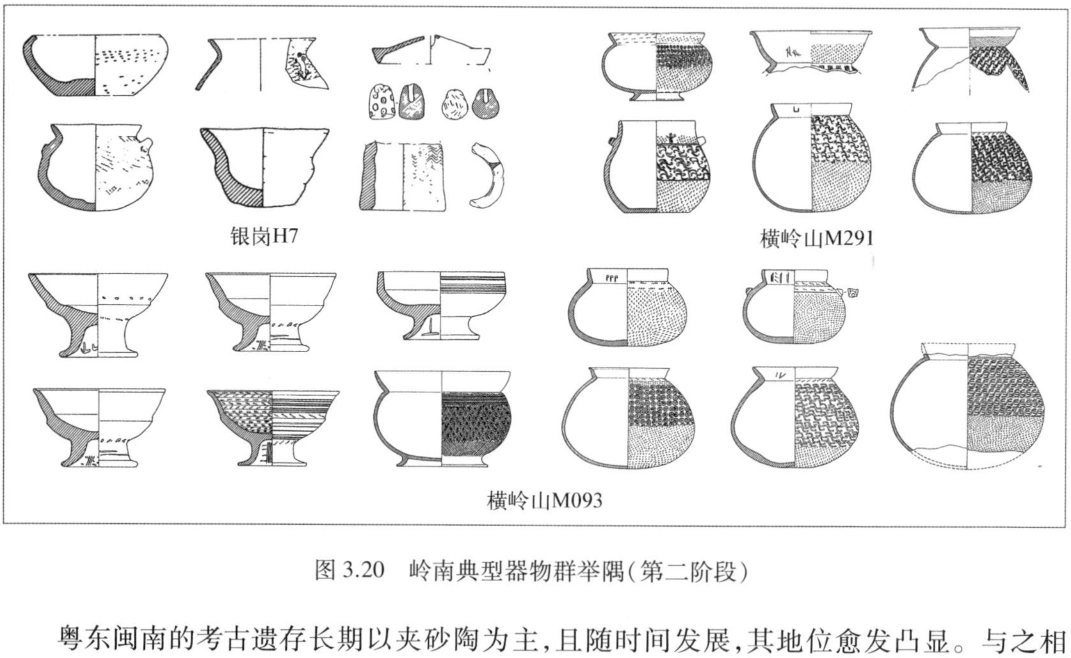

图 3.20　岭南典型器物群举隅（第二阶段）

粤东闽南的考古遗存长期以夹砂陶为主，且随时间发展，其地位愈发凸显。与之相比，硬陶、原始瓷虽然也占一定比例，但总体数量较少，第三段时更是呈现出明显的下降趋势，与夹砂陶的差距陡然增大。因此，夹砂陶的数量、比例变化可以在很大程度上代表粤

① 郑建明：《春秋中晚期原始瓷的衰落与吴文化的南下》，《东南文化》2019 年第 5 期。

东闽南土著文化的发展态势，其在第二阶段初期即第四段的锐减，自然也就反映着地区的衰落。第三段硬陶、原始瓷的减少或可为之先声。虽然目前尚未见有明确属于这一阶段的墓葬，但从青铜器、玉器的发现情况来看，除埔田宝山岽①出土一件青铜矛外，粤东闽南几乎再未有青铜器发现，玉器同样罕见，相比前一阶段确已明显衰落（表3.15）。

表3.15 第一、二阶段粤东闽北的陶器统计

	第一阶段			第二阶段		
	第一段	第二段	第三段	第四段	第五段	第六段
夹砂陶	15	41	79	33		
原始瓷	1	9	1	6	1	
硬陶	10	30	17	9		9

与此同时，岭南却呈现出一种蓬勃发展的状态。虽稍显波折，但原始瓷、硬陶的数量比例基本稳定发展，并且较前一阶段有明显进步。墓葬方面，虽然不复见青铜鼎、甬钟等礼乐器，但无论是最大随葬品总数、青铜器总数还是墓室面积，各段均有长足发展，尤以最大随葬品总数与墓室面积增长明显（图3.21）。

在稳步发展的基础上，岭南对周边文化的辐射渐趋强烈，首当其冲者便是粤东闽南。岭南第六、七段时，以原始瓷豆Ab型为代表的文化因素已传至揭东一带。但此时粤东闽南尚未完全衰落，土著传统仍有所保留，来自岭南的影响相对有限，目前可明确者仅新亨新岭矿场②一例。至岭南第八至十段，情况则发生明显变化，以夔纹陶为代表的典型岭南因素已经在粤东闽南占据了主导地位，在北至龙川荷树排、蕉岭东山，南至普宁龟山、花鼓岩、潮安梅林湖，西至惠东安墩大埔顶山、紫金在光顶，东至长泰覆船山、古雷半岛的广大范围③内多有发现。同时，本地的土著传统基本消失，地区整体文化面貌与岭南所见完全一致，岭南—粤东闽南文化圈业已形成（图3.22）。

在此过程中，岭南文化的辐射发挥着最直接、最重要的作用。但与前一阶段相比，粤东闽南遗址数量骤减，单个遗址面积明显减小，遗址文化堆积变薄④。这些现象表明，来

① 徐坚：《揭东县宝山岽遗址试掘报告》，《揭阳考古（2003~2005）》，第110页。

② 魏峻：《揭东县先秦两汉遗址调查报告》，《揭阳考古（2003~2005）》，第150页。

③ 广东省文物考古研究所等：《广东龙川荷树排遗址发掘简报》，《华南考古（2）》，第180~206页；广东省文物考古研究所等：《广东省蕉岭县东山、河岭遗址调查发掘简报》，《南方文物》2006年第3期；广东省文物考古研究所等：《广东普宁龟山先秦遗址2009年的发掘》，《文物》2012年第2期；吴雪彬等：《广东普宁两处先秦遗存的调查》，《南方文物》1999年第2期；曾广亿：《广东潮安梅林湖西岸新石器时代遗址》，《考古》1965年第2期；谢帝水、邱立诚：《惠东县安墩发现青铜戈》，《广东省博物馆馆刊》1988年第1刊；广东省博物馆：《广东紫金县在光顶遗址的试掘》，《考古》1964年第5期；郑辉、陈兆善：《九龙江流域先秦文化发展序列的探讨》，《福建历史文化与博物馆学研究》，第96页；吴春明：《粤东闽南早期古文化的初步分析》，《东南考古研究》第1辑，第68~81页。

④ 魏峻：《粤东地区考古学文化与环境的互动》，《南方文物》2008年第1期。

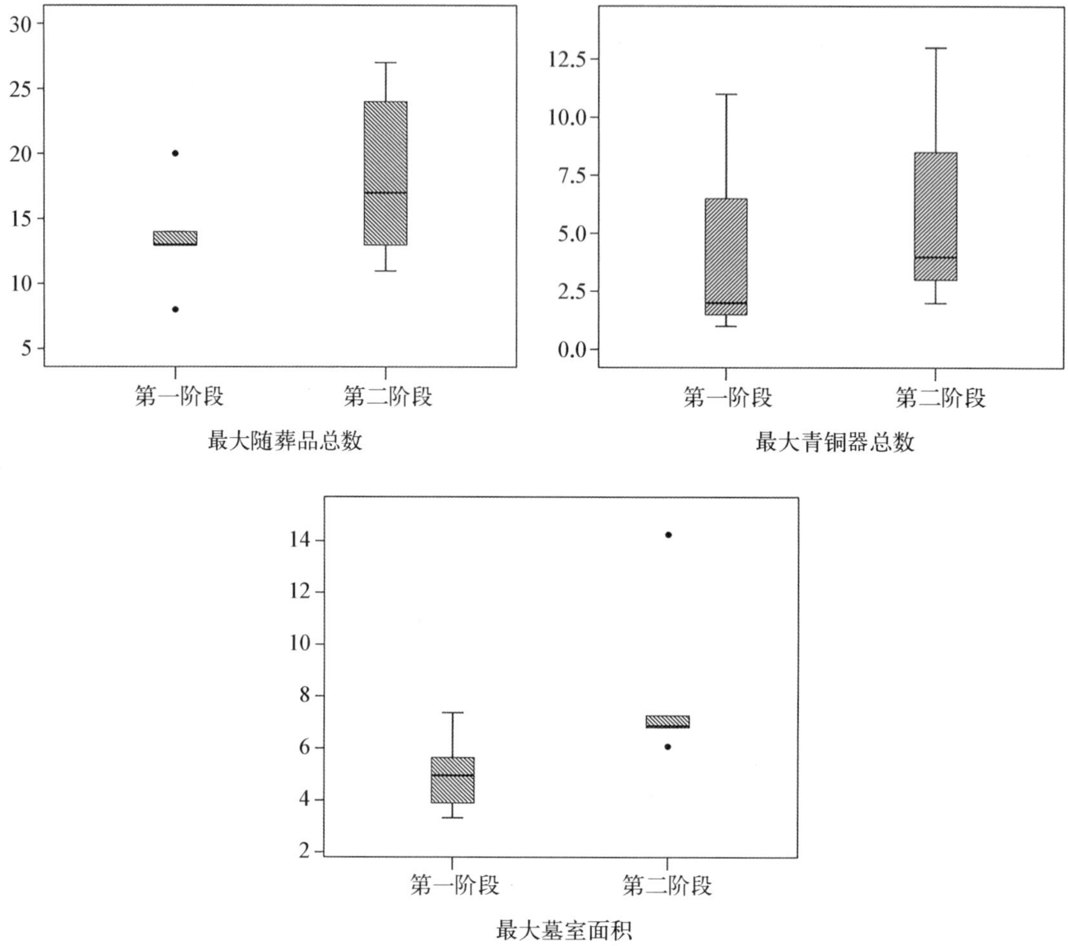

图 3.21　第一、第二阶段粤中最高等级墓葬情况对比

自岭南的影响虽然改变了粤东闽南的文化面貌，但对于社会发展的改造却相当有限，后者仍延续着本阶段初期以来的衰落倾向，但这一倾向显然是岭南文化辐射的原因，而非结果。从自然环境来看，粤东闽南的气候长期稳定，以湿热为主①，生存环境与资源获取策略应未发生明显变化，地区衰落也应与环境变动无关。目前相关者似仅有同时期浙南闽北的衰落一事，江南与岭南文化联系的主体转变为宁镇，交流路径也从粤东闽南的沿海线路转移至江西的赣江流域②。这或许是粤东闽南衰落的原因之一，但恐怕也不是主要原因。粤东闽南的文化面貌长期以土著传统为主，沿海交流路网的中断固然会对地区发展产生消极影响，但绝不会具有决定性的作用，相关原因仍需在地区内部寻找。只是由于材料所限，目前暂难有圆满的回答。

① 李平日等：《韩江三角洲》，海洋出版社，1987 年，第 164～166 页。
② 吴桐：《山海之间：两周时期“江南—岭南”的文化交流线路及其变迁》，《东南文化》2022 年第 3 期。

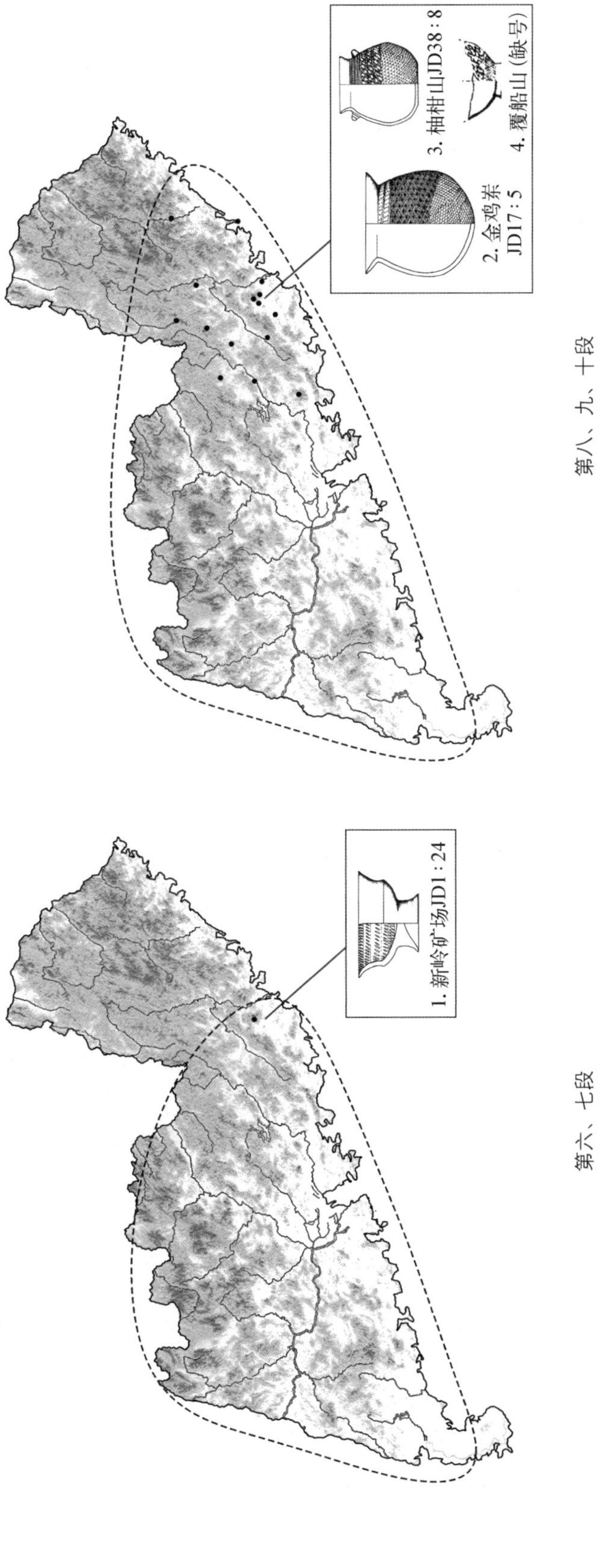

图 3.22　岭南文化因素的东扩

除向东辐射外，以粤中为核心的岭南因素也向西到达粤西小区。封开杏花河两岸多见夔纹陶片，部分遗址如罗沙岗还发现硬陶豆 A 型等器物①，总体文化面貌与粤中高度相似，显然已被纳入岭南—粤东闽南文化圈。但与其对粤东闽南的影响相似，粤中对粤西的影响同样停留在文化面貌上，在社会层面明显薄弱。以墓葬为例，除年代晚至第十段的铜鼓岗 M22 为土坑墓外②，本阶段所见粤西墓葬多为二次拣骨的瓮棺葬③，与粤中长期流行的土坑墓相比，无论葬俗、葬具、葬式皆有明显差异。可知以粤中为核心的岭南文化的辐射，虽然明显却并不强烈，虽然主动却并不深入。粤中固然延续着前一阶段以来的区域优势地位，但更像是在衰落地区如粤东闽南、空白小区如粤西衬托之下的相对优势。不同阶段最高等级墓葬的情况亦表明，粤中社会仅平稳发展，未有显著突破。这也为第三阶段外来强烈刺激下粤中的衰落埋下伏笔。

当然，岭南文化辐射的影响也不宜因此被低估。事实上，其辐射范围并不仅限于粤东闽南与岭南内部，还向北影响湖南、江西等地，闽北将乐附近也有零星发现④。除耒阳灶市与资兴旧市见有几件流行于岭南的原始瓷盘、豆 Ac 型外⑤，湖南所见岭南因素以夔纹为主，并主要分布在湘江上游，在江华拱门山、零陵菱角塘、永兴新村、寨上、衡阳周子头、攸县玉郎⑥等地皆有发现。其中位于南岭北侧耒水、舂陵江上游和武水上游的部分遗址，如桂阳千家坪、临武陶家都表现出非常浓郁的岭南文化特征⑦。有学者认为，这一地区已被纳入岭南—粤东闽南文化圈。但从地区整体文化面貌来看，此地自商代后期以来长期流行的鼎、鬲、鬶等三足器罕见于岭南，硬陶的数量比例也很低⑧，同时期岭南典型器类如硬陶罐（瓿）类 Ea 型、Eb 型、Ec 型、Ed 型、瓮 B 型，同样未见于此，两地文化面貌差异明显，仍应以分属不同文化系统为宜（图 3.23）。

与湖南不同，江西所见岭南因素以典型器物而非纹饰为主。如安义铜锣山（缺号）⑨口部虽残，但所余部分与横岭山 M325：3⑩ 接近，属原始瓷豆 Ac 型Ⅱ式，筑卫城 T4②：1⑪ 属

---

① 杨式挺、邓增魁：《广东封开县杏花河两岸古遗址调查与试掘》，《考古学集刊》第 6 集，第 63~82 页。

② 广东省博物馆：《广东广宁县铜鼓岗战国墓》，《考古学集刊》第 1 集，第 111~119 页。

③ 同①。

④ 李岩：《广东印纹陶及原始瓷发展脉络》，《中国南方先秦考古学术研讨会论文集》，第 33~55 页。

⑤ 湖南省博物馆等：《耒阳春秋、战国墓》，《文物》1985 年第 6 期；湖南省博物馆等：《资兴旧市春秋墓》，《湖南考古辑刊》第 1 辑，第 25~31 页。

⑥ 湖南省文物考古研究所：《坐果山与望子岗》，科学出版社，2010 年；周世荣：《湖南零陵菱角塘古遗址调查与清理》，《考古》1965 年第 9 期；唐解国：《湖南零陵地区印纹陶种类及分布》，《南方文物》1997 年第 2 期；郴州地区文物事业管理处：《湖南郴州先秦时期遗址调查》，《考古》1993 年第 11 期；衡阳市博物馆：《衡阳市周子头遗址发掘简报》，《湖南考古辑刊》第 3 辑，第 31~35 页；株洲市博物馆等：《湖南攸县商周遗址调查报告》，《湖南考古辑刊》第 6 辑，第 76~91 页。

⑦ 尹检顺：《桂阳千家坪遗址发掘》，《湖湘文化考古之旅（2011）》，湖南省文物考古研究所，2011 年，第 54~57 页；湖南省文物考古研究院等：《桂阳千家坪》，科学出版社，2022 年；高成林：《商周时期湖南与岭南的交通——以出土铜器为中心》，《湖南考古辑刊》第 12 辑，第 240~262 页。

⑧ 杨难得：《湘江中上游商周时期考古学文化研究》，湖南大学硕士学位论文，2012 年，第 97~98 页。

⑨ 江西省文物考古研究所：《江西安义县两处古遗址调查》，《江西文物》1989 年第 3 期。

⑩ 广东省文物考古研究所：《博罗横岭山——商周时期墓地 2000 年发掘报告》，第 284 页。

⑪ 江西省博物馆等：《清江筑卫城遗址发掘简报》，《考古》1976 年第 6 期。

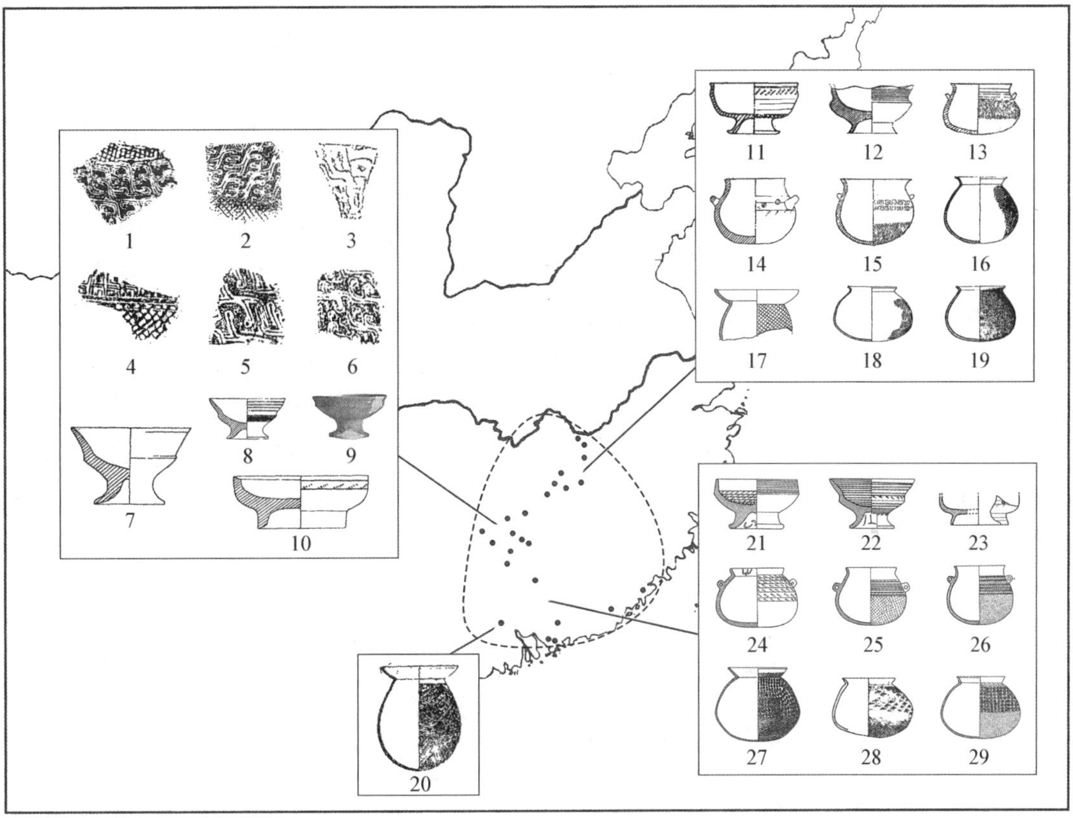

图 3.23　岭南文化因素的向外扩散

1. 衡阳周子头　2. 零陵菱角塘　3. 永兴新村　4. 攸县玉郎　5、6. 永兴寨上　7~8、10. 耒阳灶市 M3：4、M8：2、M20：1
9. 资兴旧市 M544：1　11、14. 筑卫城 T4②：1、T24①A：3　12. 安义铜锣山　13. 万载天子街　15. 万载井窝里
16. 新余拾年山 T9②：4　17. 田中古城 78PXS 采：1　18. 陈家墩 J6：2　19. 宜丰秋形垴 06YQ Ⅰ采：1
20. 封开牛围山　21~22、24~26、29. 横岭山 M264：4、M325：3、M133：3、T0304①：42、M131：1、M093：9(+)
23. 石峡 T64②A：30　27. 西丽水库 NXX：16　28. 大梅沙 T204②：4

原始瓷豆 Cb 型Ⅱ式，陈家墩 J6：2[1] 属硬陶罐（瓿）类 Ea 型Ⅶ式，筑卫城 T24①A：3[2]、万载井窝里（缺号）及天子街（缺号）[3]分属 Eb 型Ⅱ、Ⅲ式，宜丰秋形垴 06YQ Ⅰ采：1[4]属 Ec 型Ⅲ式，新余拾年山 T9②：4[5] 属 Ed 型Ⅱ式，田中古城 78PXS 采：1[6] 属硬陶瓮 B 型Ⅵ式。夔纹反而暂未发现（图 3.23）。

观察湖南与江西所见岭南因素的空间分布可知，其可能的传播路径貌似是由粤北入潇湘流域，沿湘江北上，在攸县附近经九岭山—罗霄山廊道入江西，由袁河入赣江，直至鄱

① 江西省文物考古研究所等：《江西德安县陈家墩遗址发掘简报》，《南方文物》1995 年第 2 期。
② 江西省博物馆等：《江西清江筑卫城遗址第二次发掘》，《考古》1982 年第 2 期。
③ 万载县博物馆：《万载县商周遗址的调查》，《江西历史文物》1986 年第 2 期。
④ 江西省文物考古研究所等：《江西宜丰县秋形垴商周遗址发掘简报》，《南方文物》2009 年第 2 期。
⑤ 江西省文物考古研究所等：《江西新余拾年山遗址》，《考古学报》1991 年第 3 期。
⑥ 萍乡市博物馆：《江西萍乡市田中古城遗址调查简报》，《考古》2011 年第 2 期。

阳湖。但考虑到两地岭南因素的不同表现形式，其间应并不存在以岭南因素为主要内容的文化联系，岭南与江西之间更可能有着直接的联系。其路径很可能是由粤北过梅关入江西，顺赣江北上。萍乡、新余、宜丰等地所见应是由赣江支流袁河、锦江而非湘江传播而至的结果。虽然目前赣南尚未发现岭南因素北上的直接证据，但从江南因素的传播来看，这一路径的存在概率应当较大。

从江西所见典型器类在岭南各小区的数量比例分布来看，这两条文化传播路径的起点皆在粤中，但作为其北上的必由之路，粤北的区域地位较前一阶段已有明显突破。自本阶段初即岭南第六段以来，粤北的考古材料明显增多，硬陶的数量迅速上升，至第八段达到峰值，为第一阶段之倍，原始瓷也开始出现，并同样于第八段发现最多。具体典型器类的情况亦然。这种不同阶段的文化面貌差异表明，第二阶段时粤北开始在区域社会中发挥着更加重要的作用。这种重要性不仅在于其作为岭南因素北传的必由之路，还在于来自江南、赣湘的影响主要由此进入岭南。粤北事实上成为此时岭南地区与外界联系的主要渠道，甚至唯一孔径（表3.16）。

表3.16　第一、二阶段粤北典型器类的发现情况（有无）

	第一阶段			第二阶段				
	第三段	第四段	第五段	第六段	第七段	第八段	第九段	第十段
原始瓷豆Cb型								
硬陶豆C型					√			
原始瓷豆Db型						√		
硬陶豆D型		√						
原始瓷豆Ab型						√		
原始瓷豆Ac型					√	√	√	
硬陶豆A型					√	√		

这一阶段来自江南的文化因素主要是原始瓷碗（杯盅）类Aa型，只是在江南对外联系总体稍颓的情况下，此类器于岭南仅见三件，集中于粤北，即杨村坳（缺号）与石峡T40②A：11、T41②AH76：1[1]，分属Ⅶ式与Ⅷ式，应经江西传播而至。樟树樊城堆原始瓷杯78T4②：26、41[2]与上海金山戚家墩（缺号）[3]的形制相同，尺寸接近，同属原始瓷碗（杯盅）类Aa型Ⅴ式，并与原始瓷豆Aa型沿赣江南下的线路相吻合。此外，粤北龙子山

① 广东省博物馆等：《广东省和平县古文化遗存调查》，《考古》1991年第3期；广东省文物考古研究所等：《石峡遗址——1973～1978年考古发掘报告》，第590页。

② 江西省文物工作队等：《清江樊城堆遗址发掘简报》，《江西历史文物》1985年第2期。

③ 上海市文物保管委员会：《上海市金山县戚家墩遗址发掘简报》，《考古》1973年第1期。

M1 发现 1 件鼎状带流带鋬盉①，形似器目前仅见九江磨盘墩下层的敛口带鋬鼎②，这也可以在一定程度上证明粤北与鄱阳湖之间赣江通路的存在。

相比江南与江西，湖南对岭南的影响更加丰富，并以青铜器为主。礼乐器方面，除粤中增城棠村残鼎③外，皆集中于粤北。如对面山 M59：1④ 源头应为湖南陶质釜形鼎⑤，最早青铜形态如黄材栗山（缺号）⑥腹更深、整体圆鼓，后南传至此；又如龙子山 M1（缺号）⑦与湘潭青山桥 J1：10⑧ 几乎完全相同，同样最早起源于湖南⑨。兵器方面，青铜矛 A 型始见于粤北，粤中最早者皆属Ⅱ式，湖南虽未发现与Ⅰ式如石峡 T15②A：5⑩ 完全相同者，但后者叶骹相接处斜弧内凹的作风却广见于湖南，高砂脊 AM12：14 与灶市 M22：4⑪ 等俱是如此，而且年代不晚于西周晚期，粤北铜矛的出现显然是受其影响的结果。至于新出现的青铜镞，如横岭山 M182：7⑫，同类器亦可见于湖南，即旧市 M323：6，同墓 M323：5 与之略似而后锋稍高于关⑬，从演变规律来看，旧市铜镞显然早于岭南所见。考虑到本阶段桂东北未有考古发现，湖南因素的南传路径应是由湘江转舂陵江或耒水直接入北江，粤北已是粤湘往来的最重要渠道（图 3.24）。

可以发现，除青铜镞外，来自江南、赣湘的文化因素更多或更早地出现于粤北，粤中发现较少或较晚，部分外来因素甚至不见于此。这种传播方式表明，粤北与粤中之间的联动并非传播路径与目的地的关系。作为粤中与岭北的中间地带，粤北更像是因交通优势而发展出的独立社会，虽限于地理环境、资源禀赋、历史基础等原因，其文化与社会发展程度逊色于粤中，却绝非在政治上统属于后者。粤中的区域中心地位更偏向于文化而非社会。这既与粤中对外文化辐射过程中“虽明显却并不强烈、虽主动却并不深入”的特点相符，也与“扬汉之南，百越之际，敝凯诸夫风余靡之地，缚娄、阳禺、驩兜之国，多无君”⑭的记载相契合。可以说，岭南内部已经出现了明确的分化事实与分化倾向。本阶段末，粤西出现随葬 12 件铜工具、兵器的墓葬即铜鼓岗 M22⑮，仅就随葬铜器数量而言，已超过同期粤中所见，在再次证明岭南地区内部分化倾向的同时，也可视为下一阶段湖南越人南下所带来的区域格局剧变之前引。

---

① 广东省博物馆等：《广东省和平县古文化遗存调查》，《考古》1991 年第 3 期。
② 江西省博物馆等：《九江县沙河街遗址发掘简报》，《江西历史文物》1978 年第 2 期。
③ 广东省文物考古研究所：《广东出土先秦青铜器》，第 7 页。
④ 广东省文物考古研究所等：《广东乐昌市对面山东周秦汉墓》，《考古》2000 年第 6 期。
⑤ 向桃初：《“越式鼎”研究初步》，第 65～104 页。
⑥ 高成林《商周时期湖南与岭南的交通——以出土铜器为中心》，《湖南考古辑刊》第 12 辑，第 240～262 页。
⑦ 同①。
⑧ 袁家荣：《湘潭青山桥出土窖藏商周青铜器》，《湖南考古辑刊》第 1 辑，第 21 页。
⑨ 同⑤。
⑩ 广东省文物考古研究所等：《石峡遗址——1973～1978 年考古发掘报告》，第 594 页。
⑪ 湖南省文物考古研究所等：《湖南望城县高砂脊商周遗址的发掘》，《考古》2001 年第 4 期；湖南省博物馆等：《耒阳春秋、战国墓》，《文物》1985 年第 6 期。
⑫ 广东省文物考古研究所：《博罗横岭山——商周时期墓地 2000 年发掘报告》，第 140 页。
⑬ 湖南省博物馆：《资兴旧市春秋墓》，《湖南考古辑刊》第 1 辑，第 28 页。
⑭ 吕不韦编，许维遹集释：《吕氏春秋·恃君览》，中华书局，2009 年，第 546 页。
⑮ 广东省博物馆：《广东广宁县铜鼓岗战国墓》，《考古学集刊》第 1 集，第 111～119 页。

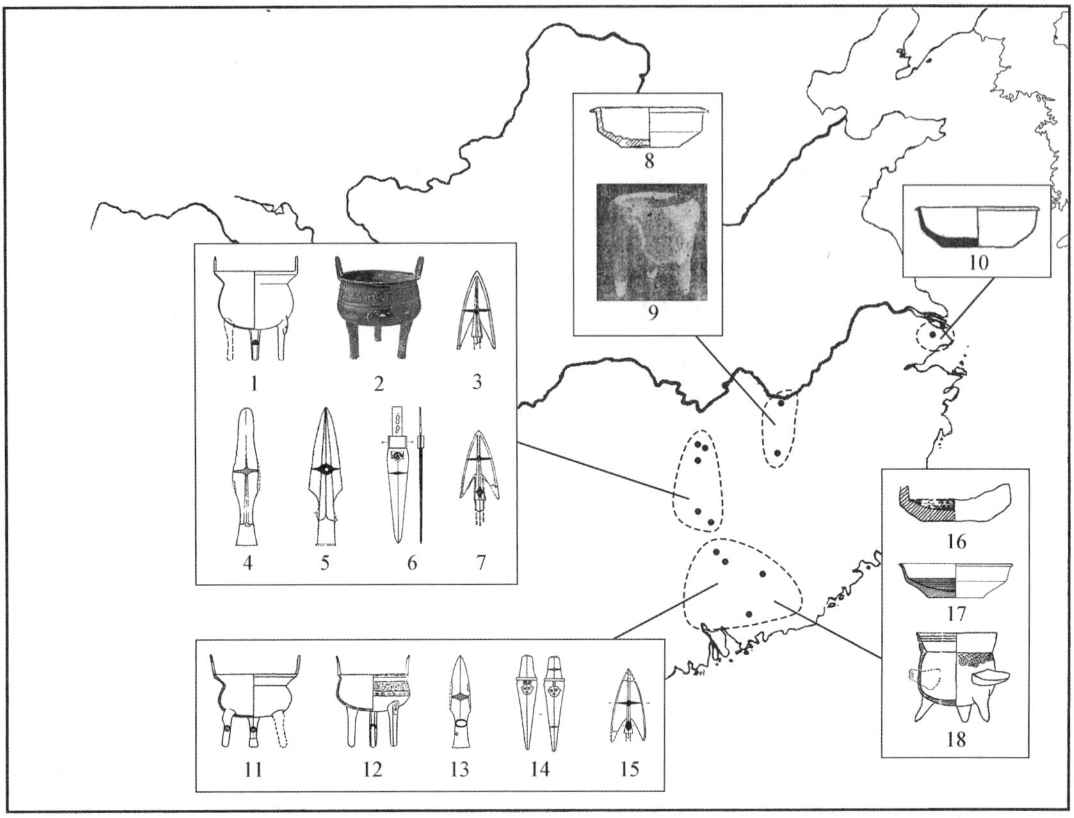

图 3.24　第二阶段岭南发现的江南、江西、湖南文化因素

1. 黄材栗山　2. 湘潭青山桥 J1：10　3、7. 资兴旧市 M323：6、M323：5　4. 高砂脊 AM12：14　5. 耒阳灶市 M22：4　6. 长沙金井　8. 樟树樊城堆 78T4②：26. 41　9. 九江磨盘墩下层　10. 金山戚家墩　11. 对面山 M59：1　12、18. 和平龙子山 M1　13~14、17. 石峡 T15②A：5、T15②A：7、T41②AH76：1　15. 横岭山 M182：7　16. 和平杨村坳

第三节　春秋晚期至秦汉之际（公元前520~前202年）

这一阶段，即太湖杭州湾第六至十期第九至十三段，岭南第七至十一期第十一至十五段。东南沿海内部往来再度紧密，对外联系也进入新的高潮，为进入华夏文明奠定着文化与社会的基础。

随着“代理人战争”的发生，太湖杭州湾的吴越两国先后登上争霸中原的舞台，在内部与外界的互动角力中，文化面貌焕然一新，地区内部的关系不断激荡。浙南闽北受其影响略有复苏，但并非越国经营的重心。

在太湖杭州湾与湖南的强烈影响下，岭南—粤东闽南的文化与社会发生剧变，粤东闽南作为太湖杭州湾越文化因素的南下路径再度兴起，粤西、桂东北则由于湖南越人的南下而崛起成为新的区域中心，内部分化加剧，整体呈现东西并立的态势。

一、争锋：吴越霸业与楚人入越

公元前546年弭兵之盟后，晋楚争锋转为“代理人战争”，晋国教吴反楚，楚越结盟抗吴①，两国开始活跃在中原政治舞台。太湖杭州湾—浙南闽北的文化与社会由此进入新的阶段（图3.25）。

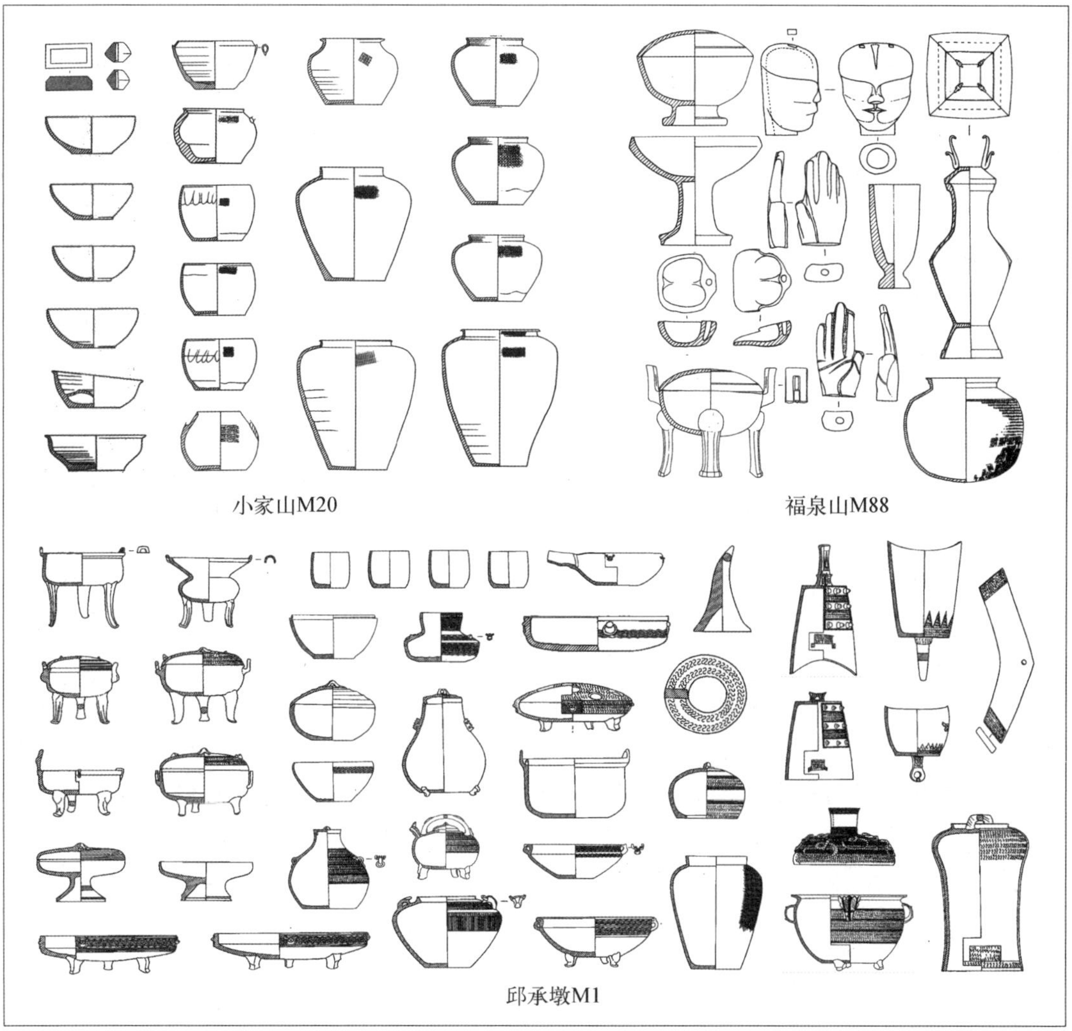

图3.25　太湖杭州湾典型器物群举隅（第三阶段）

这一阶段的初期即第九段，是吴楚、吴越争霸的重要时期。太湖杭州湾的文化面貌在承续早期文化传统的同时，与外界互动突然频繁，受到的外来影响迅速加剧，青铜器、玉器

① 董珊：《吴越题铭研究》，科学出版社，2014年，第1页。

与高等级墓葬实现飞跃式发展。

除涌现的青铜工具与兵器①外，这一时期太湖杭州湾还发现大量铜容器。铜器总数近 160 件，集中分布于环太湖，主要包括薛埠东进、枫桥何山、虎丘千坟墩、新苏丝织厂、松江凤凰山②，浙北平原仅见坡塘 M306③。由于越墓罕见随葬青铜器④，所以三座铜器墓，即枫桥何山、虎丘千坟墩与坡塘 M306，应非越墓。前两者位于吴国都城姑苏附近，当属吴墓，其出现不仅与吴国都城东迁⑤有关，更可以反映吴楚争霸的具体内容（表 3.17、图 3.26）

表 3.17　第九段太湖杭州湾—浙南闽北铜器的发现情况

地　区	单　　位	铜器总数	铜容器总数	铜容器种类及数量
环太湖	薛埠东进	1	1	鉴 1
	虎丘千坟墩	7	7	鼎 2、壶 1、豆 1、盉 1、盘 1、匜 1
	新苏丝织厂	56	3	鼎 2、舟 1
	枫桥何山	33	11	鼎 5、盉 1、簠 2、缶 1、匜 1、盘 1
	松江凤凰山	1	1	尊 1
宁绍	坡塘 M306	59	14	鼎 4、甗 1、甗形盉 1、盉 1、罍 1、盆 1、炉 1、尊 1、豆 1、壶 1、洗 1

枫桥何山，随葬青铜容器 11 件，包括鼎 5、簠 2、缶 1、盘 1、匜 1、盉 1 件。其中鼎、簠、缶、盘、匜，无论形制还是组合，都常见于同时期楚墓，如襄阳山湾 M14⑥。其盉铭“楚叔之孙途为之盉”，应出自楚国王族无疑。其 5 鼎为“2+1 箍口鼎+2 折沿越式鼎”，越式鼎流行于宁镇皖南，“制作简单而质朴”，与之共出的原始瓷碗（杯盅）类、硬陶罐（瓿）类也是太湖杭州湾的典型器类，不宜认为属于“楚国贵族墓”⑦。在吴楚多征伐的背景下，吴地所见楚国铜器很可能是公元前 506 年伐楚之战的战利品，且不排除出自楚国王族墓的可能。另外，此 5 鼎与同时期楚国大夫墓常见的“箍口鼎+折沿鼎”组合⑧高度相似，并与淅川下寺

---

① 郑小炉：《吴越和百越地区周代青铜器研究》，第 15～25、27～32 页。
② 刘兴：《镇江地区近年出土的青铜器》，《文物资料丛刊》5，第 106～111 页；吴县文物管理委员会：《江苏吴县何山东周墓》，《文物》1984 年第 5 期；苏州博物馆考古组：《苏州虎丘东周墓》，《文物》1981 年第 11 期；苏州博物馆考古组：《苏州城东北发现东周铜器》，《文物》1980 年第 8 期；中国青铜器全集编辑委员会：《中国青铜器全集》11，文物出版社，1997 年，图 27。
③ 浙江省文物管理委员会等：《绍兴 306 号战国墓发掘简报》，《文物》1984 年第 1 期。
④ 张敏：《吴越贵族墓葬的甄别研究》，《文物》2010 年第 1 期；陈元甫：《越国贵族墓葬制葬俗初步研究》，《东南文化》2010 年第 1 期。
⑤ 张敏：《吴国都城初探》，《南方文物》2009 年第 2 期。
⑥ 湖北省博物馆：《襄阳山湾东周墓葬发掘报告》，《江汉考古》1983 年第 2 期。
⑦ 刘兴：《从江苏东周时期遗存看楚文化东渐》，《楚文化研究论集》第 1 集，荆楚书社，1987 年，第 281～292 页。
⑧ 张闻捷：《楚国青铜礼器制度研究》，厦门大学出版社，2015 年，第 170 页。

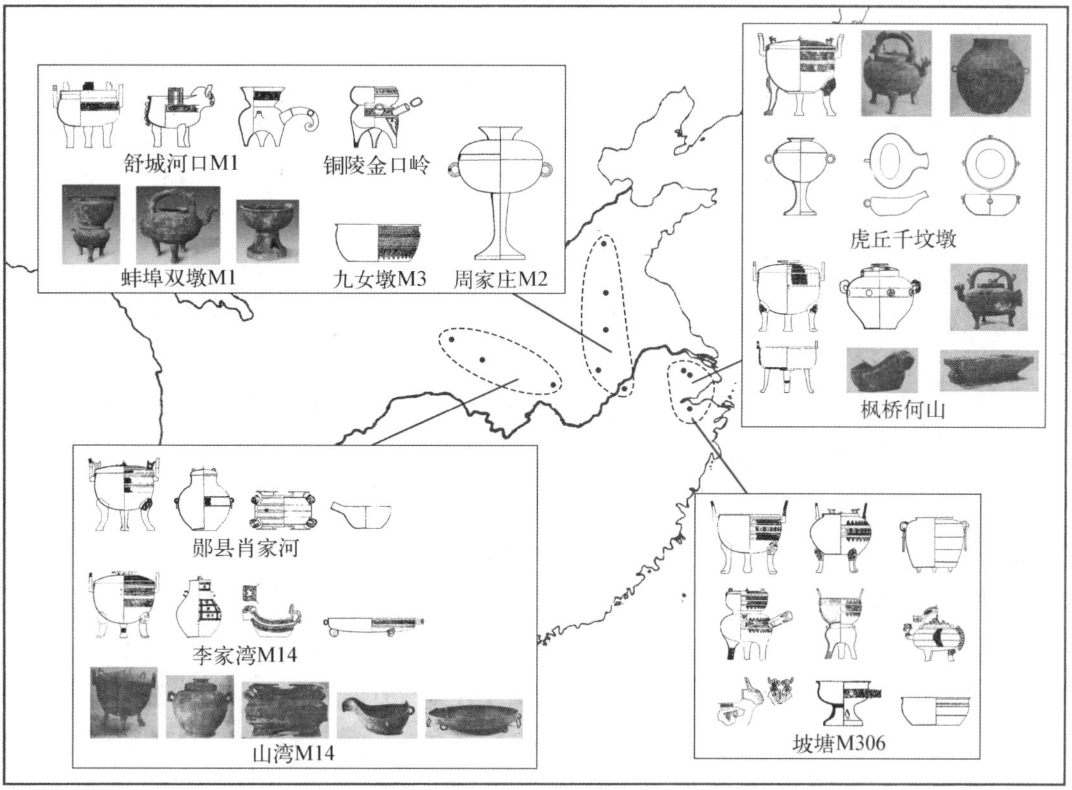

图 3.26　第九段太湖杭州湾出土青铜容器及其外来文化因素

M3①、南阳彭射墓②随葬 5 鼎的数量构成（2+1+2 或 3+2）相同，共出 2 簠则可能是对楚墓“偶数制”③的模仿或遵循。墓主人不仅可能是吴国大夫，还可能是参与伐楚的楚人。

虎丘千坟墩，随葬青铜容器 7 件，包括鼎 2、壶 1、盘④ 1、匜 1、豆 1、盉 1 件。其中鼎、壶、盘、匜的器形、组合，也都常见于同时期楚墓，如麻城李家湾 M14⑤，但豆、盉明显受到山东、江淮一带的影响，于新泰周家庄、蚌埠双墩等地多有发现⑥，葬具则是江南常见的独木棺，文化因素颇为复杂，不宜认为“表现出较单纯的楚文化特点”⑦。只是，与同时期高等级吴墓如丹徒北山顶⑧、谏壁王家山⑨或鼎缶或盉匜盘鉴的组合相比，其鼎壶盘匜的组合与楚文化之间的关系显然要密切得多。无论墓主人是吴人还是奔吴之楚人，无论其楚

① 河南省文物研究所等：《淅川下寺春秋楚墓》，文物出版社，1991 年，第 103～211 页。
② 南阳市文物考古研究所：《河南南阳春秋楚彭射墓发掘简报》，《文物》2011 年第 3 期。
③ 张闻捷：《楚国青铜礼器制度研究》，第 54 页。
④ 简报称此器为“鉴”。同类器多见于同时期的楚墓，相关简报及报告多称其为“盘”。故本书将其改称为“盘”。
⑤ 湖北省文物考古研究所：《湖北麻城市李家湾春秋楚墓》，《考古》2000 年第 5 期。
⑥ 山东省文物考古研究所等：《山东新泰周家庄东周墓发掘简报》，《文物》2013 年第 4 期；安徽省文物考古研究所等：《安徽蚌埠双墩一号春秋墓发掘简报》，《文物》2010 年第 3 期。
⑦ 杨权喜：《绍兴 306 号墓文化性质的分析——兼述楚文化对吴越地区的影响》，《东南文化》1992 年第 6 期。
⑧ 江苏省丹徒考古队：《江苏丹徒北山顶春秋墓发掘报告》，《东南文化》1988 年第 3、4 期。
⑨ 镇江博物馆：《江苏镇江谏壁王家山东周墓》，《文物》1987 年第 12 期。

器是伐楚所获还是交换所得，其时吴楚之间的社会互动都应相当密切而深刻①。

至于坡塘M306，随葬青铜容器14件，包括鼎4、甗1、甗形盉1、盉1、罍1、盆②1、炉1、尊1、豆1、壶1、洗1件。多数器物如小口鼎、牺首鼎、甗、甗形盉、罍皆可于江淮发现同类器③，平底盆与镂孔豆长期流行于淮水流域黄、养、樊、钟离诸国④，“对鼎”的作法则继承自徐舒文化传统⑤，小口鼎、罍、炉的铭文更直接证明其为徐器，墓道位于墓室一角的情况也常见于与江淮联系密切的山东地区如莒南大店M1、M2⑥等。有学者认为墓主是嫁入越国的徐王元女⑦。但从墓葬形制、葬具、葬仪、随葬品来看，罕见越文化因素，此墓更可能是迁入越国的徐人墓。其出现应与公元前512年吴灭徐后“公族子弟，散之徐、扬二州间”有关⑧，是吴国北上争霸的产物。

在青铜器之外，玉器也表现出迥异于前的发展态势。不仅在各小区多有发现，各单位出土数量亦明显飞跃。多者如东阳前山D2M1总计可达2944件（组）⑨，少者如印山M1（被盗）尚存31件（组）⑩。种类与材质也更加丰富多样，具体随葬呈现出鲜明的礼制特征⑪。其中尤以越地变化最为明显，较之前一阶段的零星发现，可谓天翻地覆，显然是外来强烈刺激下的新兴产物⑫，并且以楚文化的影响为重⑬。其出现与流行，应与吴国破楚灭徐背景下，楚徐两国与越地的密切联系有关（表3.18）。

外来刺激所导致的社会剧变同样体现在高等级墓葬方面。此时越地最高等级墓葬当属印山M1与安吉八亩墩，二者皆有壕沟环绕，封土高大呈覆斗状，内设有膏泥、树皮、木炭等多重封护。虽盗扰严重，但无论是从随葬品总数、原始瓷数量，还是从墓室面积、墓地布局来看，前两个阶段的最高等级越墓皆难望其项背。八亩墩甚至还发现环绕中心主墓的双重陪葬墓共计三十余座，更为此前所未见⑭。

---

① 张闻捷、陈沁菲：《安吉八亩墩越墓用鼎制度初考——兼论春秋晚期楚越礼制文化交流》，《江汉考古》2022年第5期。

② 简报称此器为“鉴”。同类器多见于同时期的淮河流域，相关简报及报告多称其为“盆”，且有自名铜器如“息子行盆”“曾太保盆”。因此本书将其改称为“盆”。

③ 安徽省文物考古研究所等：《安徽舒城县河口春秋墓》，《文物》1990年第6期；安徽大学等：《皖南商周青铜器》，第86~87页；安徽省文物考古研究所等：《安徽蚌埠双墩一号春秋墓发掘简报》，《文物》2010年第3期；孔令远、陈永清：《江苏邳州市九女墩三号墩的发掘》，《考古》2002年第5期。

④ 张闻捷：《汉淮诸国青铜礼制初探》，《中国国家博物馆馆刊》2014年第11期；河南信阳地区文管会等：《春秋早期黄君孟夫妇墓发掘报告》，《考古》1984年第4期；南阳地区文物工作队：《河南桐柏县发现一批春秋铜器》，《考古》1983年第8期；河南省博物馆等：《河南信阳市平桥春秋墓发掘简报》，《文物》1981年第1期；安徽省文物考古研究所等：《安徽凤阳卞庄一号春秋墓发掘报告》，《文物》2009年第8期。

⑤ 刘和惠：《楚文化的东渐》，湖北教育出版社，1995年，第61~62页。

⑥ 山东省博物馆等：《莒南大店春秋时期莒国殉人墓》，《考古学报》1978年第3期。

⑦ 李零：《绍兴坡塘306号墓的再认识》，《中国国家博物馆馆刊》2020年第6期。

⑧ 董楚平：《涂山氏后裔考》，《中国史研究》1994年第1期。

⑨ 浙江省文物考古研究所等：《浙江东阳前山越国贵族墓》，《文物》2008年第7期；浙江省文物考古研究所：《浙江越墓》，科学出版社，2009年，第2~46页。

⑩ 浙江省文物考古研究所：《印山越王陵》，文物出版社，2002年。

⑪ 张敏：《越国玉器的等级研究》，《东南文化》2011年第4期。

⑫ 吴桐：《浙江地区两周时期玉器的兴衰及相关问题》，《考古》2022年第1期。

⑬ 孙庆伟：《周代用玉制度研究》，第127~130页。

⑭ 黄昊德等：《越国考古》，第281~288页。

表 3.18　第九段太湖杭州湾—浙南闽北玉器的发现情况

地区	单　位	玉器总数	“玉”器器类	其他材质器类
环太湖	鸡笼山 D1M1	202	珑 1、玦 3、璜 4、觽 1	水晶饰 1；绿松石珠 162、片 30
	吴县严山	420	璧 29、环 10、瑗 3、璜 27、琮 1、佩 6、拱形饰 1、珑 9、觽 20、弯钩形器 1、镯 2、饰 18、管 72、珠 4、斧 1	绿松石珌 2、觽 1、玦形饰 2、管 24、珠 100、饰 3；玛瑙环 1、管 22、珠 8；料珠 33
杭嘉湖	安吉八亩墩	不明	玉饰等	绿松石饰等
宁绍	印山 M1	31 件(组)	镇 19、构 2、剑 1、镞 2、玦 1、珠(管)2 组、饰 4	
	坡塘 M306	1159	瑗 6、琥 1、佩 27、环 6、蝉 1、鸟 2、饰 4、兽面 1	玛瑙管 32、1 笄、珠 66；绿松石珠 1003
金衢	前山 D2M1	2 944 件(组)	樽 1、臂环 2、环 27、璜 1、饰 1178、剑首 1、剑格 1、珠管等	玛瑙(水晶)觽 4、环 7、饰 93、管 57、珠 319、料 8；绿松石剑首 2、格 1、玦 17、环 56、饰 98、管 461、珠 562；料、半成品等

得益于外来影响的强烈刺激。越国的文化与社会迅速发展。允常之世“拓土始大，称王”①，“以战吴人”②，拉开了吴越争霸的序幕。从吴国“始用师于越”到越灭吴③，在近四十年的时间里，吴越多相征伐，胜负无定。文字记载固然波澜壮阔，但对考古材料而言，时段未免短暂，具体进程殊难把控，仅其结果尚有据可循。吴县严山玉器窖藏④或可为灭吴之见证。从形制与纹饰来看，这批玉器确实属春秋晚期，因其邻近吴国都城，学者多认为是吴国窖藏⑤，部分学者意见相左，认为吴墓不随葬玉器，此应是越国窖藏⑥。但前述吴墓真山 D9M1 已随葬大量玉器，其纹饰多为虺龙纹，严山所见与之近同，而区别于越国玉器普遍饰卷云纹的作法。此外，宁镇地区丹徒粮山 M2、镇江大墩 D1M1⑦ 也见玉器随葬，所以吴墓并非不随葬玉器。而且是否随葬玉器与是否使用玉器并不完全等同。《国语·越

① 司马迁：《史记·越王勾践世家》，《史记正义》引《舆地志》，北京，中华书局，1982 年，第 1740 页。
② 北京博华文盛文化艺术公司藏“越王者旨剑”剑铭。者旨即为允常（董珊：《吴越题铭研究》，第 43~44 页）。
③ 杨伯峻：《春秋左传注》（修订本），中华书局，2009 年，第 1516、1719 页。
④ 吴县文物管理委员会：《江苏吴县春秋吴国玉器窖藏》，《文物》1988 年第 11 期。
⑤ 杨建芳：《吴县严山窖藏玉器研究》，《玉文化论丛》3，文物出版社，2009 年，第 192~212 页；姚勤德、龚金元：《吴国王室玉器》，上海人民美术出版社，1996 年；肖梦龙：《春秋时期吴国王室玉器研究》，《东亚玉器》Ⅱ，香港中文大学中国考古艺术研究中心，1998 年，第 98~104 页；钱公麟：《关于吴县严山春秋玉器窖藏性质的再认识》，《东南文化》1999 年第 2 期；杨秀侃：《吴越玉器研究》，复旦大学博士学位论文，2011 年。
⑥ 张敏：《吴越贵族墓葬的甄别研究》，《文物》2010 年第 1 期。
⑦ 镇江博物馆：《江苏丹徒粮山石穴墓》，《考古与文物》1987 年第 4 期；镇江市博物馆：《江苏丹徒薛家村大墩、边墩土墩墓发掘简报》，《东南文化》2010 年第 5 期。

语上》记载文种使吴求和时，"以金玉、子女赂君之辱；请勾践女女于王……越国之宝器毕从"①，清华简《越公其事》篇的相关记载与之颇可印证②，可知吴国贵族应有使用玉器的习惯。而窖藏多与突发事件有关，文献未见春秋晚期越人自姑苏奔亡之事，却有吴人出奔。综合来看，严山窖藏应属吴国为宜，可能就是越人灭吴的见证。

吴国既亡，越国独大，区域发展的主题自然转向以越国北上争霸为核心。自勾践徙琅琊至"楚王酓璋奄荒南越"③，其间百余年为越国鼎盛之时，即第十、十一段。

此时，太湖杭州湾作为江南与外界交流的新主体，文化面貌终于突破了地区传统的束缚，在泥质陶大量涌现的同时，陶瓷业发展至鼎盛阶段。窑址窑区增多，技术工艺提高，器类丰富，远超以往。"除生产日用器皿外，还大量生产礼器、乐器、兵器、工具及农具等，几乎涵盖了社会的各个方面"④。其中盆形鼎、錞于、勾鑃、乳状足等可能继承自吴文化，兽首鼎等可能来自徐舒文化，盘口鼎或由岭南经江西传播而至，箍口鼎、子母口鼎、编钟、鼓座应主要受楚文化影响，另有部分中原因素，呈现出多元文化荟萃的盛况。这应当益于勾践"十年生聚，十年教训"所做的一系列改革。据《越公其事》《越绝书》记载，勾践积极关注经济发展，工商与农渔并重，积极开展借贷与物资转运等商业活动，使得越国逐渐成为各国物资交流的重要中转站⑤。在此基础上，越国国力渐盛，终能灭吴争霸，并在此过程中逐渐拓展对外交流的广度与深度，在仿制器物的同时，亦仿效其制度⑥，开始主动地融入华夏文明。

随着越国渐盛，太湖杭州湾的考古发现转而集中在杭嘉湖与宁绍。曾属吴国的环太湖与宁镇陡然凋零，零星发现亦多局限在苏州附近（图 3.27）。即便认为越国对吴国旧都有所经营⑦，也仍应以越国故地为重心，绍兴因此多见高等级墓葬。但值得注意的是，自春秋晚期以来杭嘉湖也表现出相当强劲的发展态势。安吉八亩墩的规模几可与印山 M1 比肩，战国早中期也发现长兴鼻子山、安吉龙山 D141M1 等高等级墓葬，并建有安吉古城⑧，俨然为越国次级中心。蒙文通有勾践分封之论，认为"勾践之世已封子弟为王为君：……'东瓯，越王所立也，即周元王四年越相范蠡所筑。'是为勾践行分封之确证。《越绝书》又有麋王、荆王、干王、摇王"⑨。从区域格局变迁的长期态势来看，越地内部确实存

① 徐元诰：《国语集解 · 越语上》，中华书局，2002 年，第 568 页。

② 李学勤：《清华大学藏战国竹简（柒）》，中西书局，2017 年，第 114～118。

③ 李家浩：《楚王酓璋戈与楚灭越的年代》，《文史》第 24 辑，中华书局，1985 年，第 15～21 页。

④ 郑建明、林毅：《战国原始瓷编钟的出现与楚文化的影响》，《湖南省博物馆馆刊》第 14 辑，岳麓书社，2018 年，第 141～149 页。

⑤ 李学勤：《清华大学藏战国竹简（柒）》，第 130～139 页；李步嘉：《越绝书校释》卷 4《越绝计倪内经第五》，中华书局，2013 年，第 109～113 页；李守奎：《〈越公其事〉句践灭吴的历史事实及故事流传》，《文物》2017 年第 6 期；刘成群：《清华简〈越公其事〉与句践时代的经济制度》，《社会科学》2019 年第 4 期。

⑥ 张闻捷：《者汈编钟与越国乐制》，《东南文化》2018 年第 5 期；吴桐：《越国仿铜乐器的器用与等级》，《考古》2023 年第 2 期。

⑦ 张敏：《吴越文化比较研究》，第 164～188 页。

⑧ 浙江省文物考古研究所等：《浙江安吉古城遗址 2017 年发掘简报》，《考古》2021 年第 9 期；田正标、游晓蕾：《安吉古城及上马山汉墓群的调查与发掘》，《秦汉土墩墓考古发现与研究——秦汉土墩墓国际学术研讨会论文集》，文物出版社，2013 年，第 52～57 页。

⑨ 蒙文通：《越人迁徙考》，《越史丛考》，人民出版社，1983 年，第 31 页。

在不同的地缘集团①。所谓勾践分封,应该是“欲霸中国”背景下,越国王族对强势地缘集团的笼络,对西周分封故事的仿效,越国国家由此整合。杭嘉湖曾经长期为越地文化与社会重心,一度与绍兴平分秋色,八亩墩墓主很可能就是被笼络的诸王王室成员,成为诸王王后。

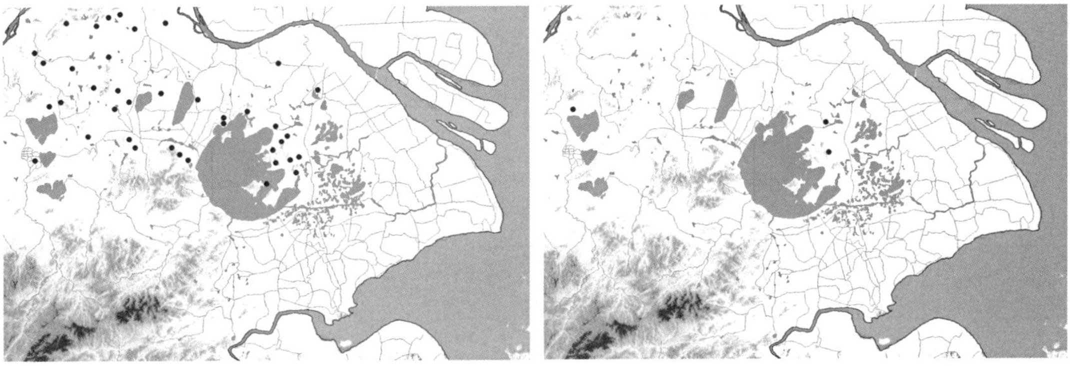

第八、九段　　第十、十一段

图 3.27　环太湖及宁镇第八、九段与第十、十一段墓葬发现情况对比

在越国繁盛的过程中,浙南闽北亦稍显复兴,文化面貌与太湖杭州湾完全一致,成为越文化向南传播的重要途径。但其考古发现仍总体零星,数量较少,最多者如贵溪 M10 随葬品总数 48 件,再未见前山 D2M1 随葬大量玉器之例,与越国高等级墓葬动辄随葬数百件器物的体量不可同日而语,表明此地区并非越国经营之重心。《国语·越语上》记载“勾践之地,南至于句无”,韦昭注“今诸暨有句无亭是也”,沈镕曰“今浙江诸暨五十里有句乘山,括地志以为即句无也”,《水经·浙江水注》言“先名上诸暨,亦曰句无也”。可知越国南界大致在太湖杭州湾与浙南闽北交界处,后者虽然属于越文化范畴,却并非越国的政治领土。如闽越即由“土著的闽与客族的越、华夏文化融合生成”,是百越的一支,而非越国的组成②。由此观之,越国的强盛并未带来其在区域内部的强势扩张、土地兼并以及严格的政治经营。相反,在灭吴后,越国携胜利之势将争霸视野迅速地投向北方中原地区,“以兵北渡淮,与齐、晋诸侯会于徐州,致贡于周。……诸侯毕贺,号称霸王”③。

因其北上争霸,以原始瓷与硬陶为代表的越文化因素再度广见于中原,一改春秋时期仅于洛阳、侯马零星发现之颓势④,在晋冀鲁豫以及苏北多地皆有发现⑤,并大致呈现出由

① 吴桐:《浙江地区两周时期玉器的兴衰及相关问题》,《考古》2022 年第 1 期;吴桐、邹冠男:《从墓葬等级看浙北两周社会及其变迁——浙北平原中小型土墩墓的统计研究》,《古代文明》第 15 卷,第 100~112 页。

② 吴春明:《闽文化刍议》,《厦门大学学报(哲学社会科学版)》1990 年第 3 期。

③ 司马迁:《史记·越王勾践世家》,《史记正义》引《舆地志》,第 1746 页。

④ 安金槐:《河南原始瓷器的发现与研究》,《中原文物》1989 年第 3 期;洛阳市文物工作队:《洛阳市针织厂东周墓(C1M5269)的清理》,《文物》2001 年第 12 期;畅文斋:《侯马发现了春秋时代的釉陶》,《文物》1960 年第 8、9 期;侯马市考古发掘委员会:《侯马牛村古城南东周遗址发掘简报》,《考古》1962 年第 2 期。

⑤ 畅文斋:《侯马发现了春秋时代的釉陶》,《文物》1960 年第 8、9 期;侯马市考古发掘委员会:《侯马牛村古城南东周遗址发掘简报》,《考古》1962 年第 2 期;山西省考古研究所侯马工作站:《新绛柳泉墓地调查、发掘报告》,《晋都新田》,山西人民出版社,1996 年,第 145~187 页;孟昭林:《河北省涞水县永乐村发现一批战国铜、陶器》,(转下页)

南到北、从东到西的传播态势，应与勾践徙都琅琊有关（图 3.28）。此后越王朱句克滕、灭郯、亡缯、削莒，大显于中原①。其时越国会稽、琅琊与姑苏三都并存②，会稽为祖庭故地，琅琊为争霸前沿，姑苏经营相对较少。至战国中期即第十一段，情况再次转变。越王翳三十三年（公元前 379 年）受挫，后复迁于姑苏，"其后或居吴或居琅琊，南北不常厥都"③，姑苏的重要性逐渐凸显。楚宣王二十四年（公元前 346 年）前后，越王无疆去琅琊，失淮泗之地，姑苏遂成为越国最重要的都城所在，其附近以邱承墩为代表的高等级墓葬规模已经远超浙北平原，区域中心再度北移（表 3.19）。

表 3.19　第十、十一段太湖杭州湾—浙南闽北各小区最高等级墓葬统计

		环太湖	杭嘉湖	宁绍	金衢	赣东北
第十段	最大随葬品总数	29	54	128	19	33
	最大原始瓷总数	7	19	58	7	9
	最大墓室面积	38.64	27.6	28	10.16	
第十一段	最大随葬品总数	1 098	267	64?		48
	最大原始瓷总数	581	81	37		2
	最大墓室面积	148.68	113.96	175?		

稍晚于区域中心的变动，"楚式墓"④开始出现。如绍兴凤凰山 M2⑤ 随葬泥质陶"子母口鼎 2、敦 2、壶 2、盘 2、匜 2"的形制、组合以及偶数成组的方式都与同时期楚墓极为相似⑥，共出漆豆也主要流行于楚地，表现出相当浓烈的楚文化色彩，其绝对年代应与望山 M1 接近，在公元前 332 年前后⑦。自战国早期以来，越墓随葬泥质陶的数量迅速增加，部分器类的出现也明确受到楚文化的影响，但器类组合却与楚墓完全不同，形制与器用也多

（接上页）《文物参考资料》1955 年第 12 期；河北省文物管理委员会：《河北石家庄市市庄村战国遗址的发掘》，《考古学报》1957 年第 1 期；山东省文物考古研究所等：《曲阜鲁故城》，齐鲁书社，1982 年，第 144～145 页；吕常凌：《山东文物精粹》，山东美术出版社，1996 年，第 57 页；山口县芏秋美术馆等：《瓷器的诞生——原始瓷器》，2000 年，第 70～71 页；王会田、崔建军：《山东淄博市临淄区发现一座战国墓葬》，《考古》2008 年第 11 期；刘延常、徐倩倩：《山东地区越文化遗存分析》，《东方考古》第 9 集，科学出版社，2012 年，第 339～348 页；王青等：《山东邹城邾国故城遗址 2015～2018 年田野考古的主要收获》，《东南文化》2019 年第 3 期；郎剑锋：《东周时期吴越地区原始瓷对北方的影响——从山东临淄齐墓出土釉陶罍谈起》，《江汉考古》2019 年第 5 期；洛阳市文物工作队：《洛阳市唐宫西路东周墓发掘报告》，《文物》2003 年第 12 期；淮阴市博物馆：《淮阴高庄战国墓》，《考古学报》1988 年第 2 期；江苏省文物工作队：《江苏连云港市九龙口商和战国遗址》，《考古》1962 年第 3 期。

① 蒙文通：《古族甄微》（蒙文通文集第二卷），巴蜀书社，1993 年，第 417 页。
② 付琳：《吴越之迹：江南地区早期国家形态变迁》，第 123～124 页。
③ 钱穆：《先秦诸子系年考辨》，上海书店，1992 年，第 326～330 页。
④ 杨哲峰：《关于江东地区"楚式墓"的发现与研究》，《东方博物》第 42 辑，浙江大学出版社，2012 年，第 81～90 页。
⑤ 绍兴县文物管理委员会：《绍兴凤凰山木椁墓》，《考古》1976 年第 6 期。
⑥ 尚如春：《东周时期楚国社会变迁研究》，吉林大学博士学位论文，2019 年。
⑦ 湖北省文物考古研究所：《江陵望山沙塚楚墓》，文物出版社，1996 年。

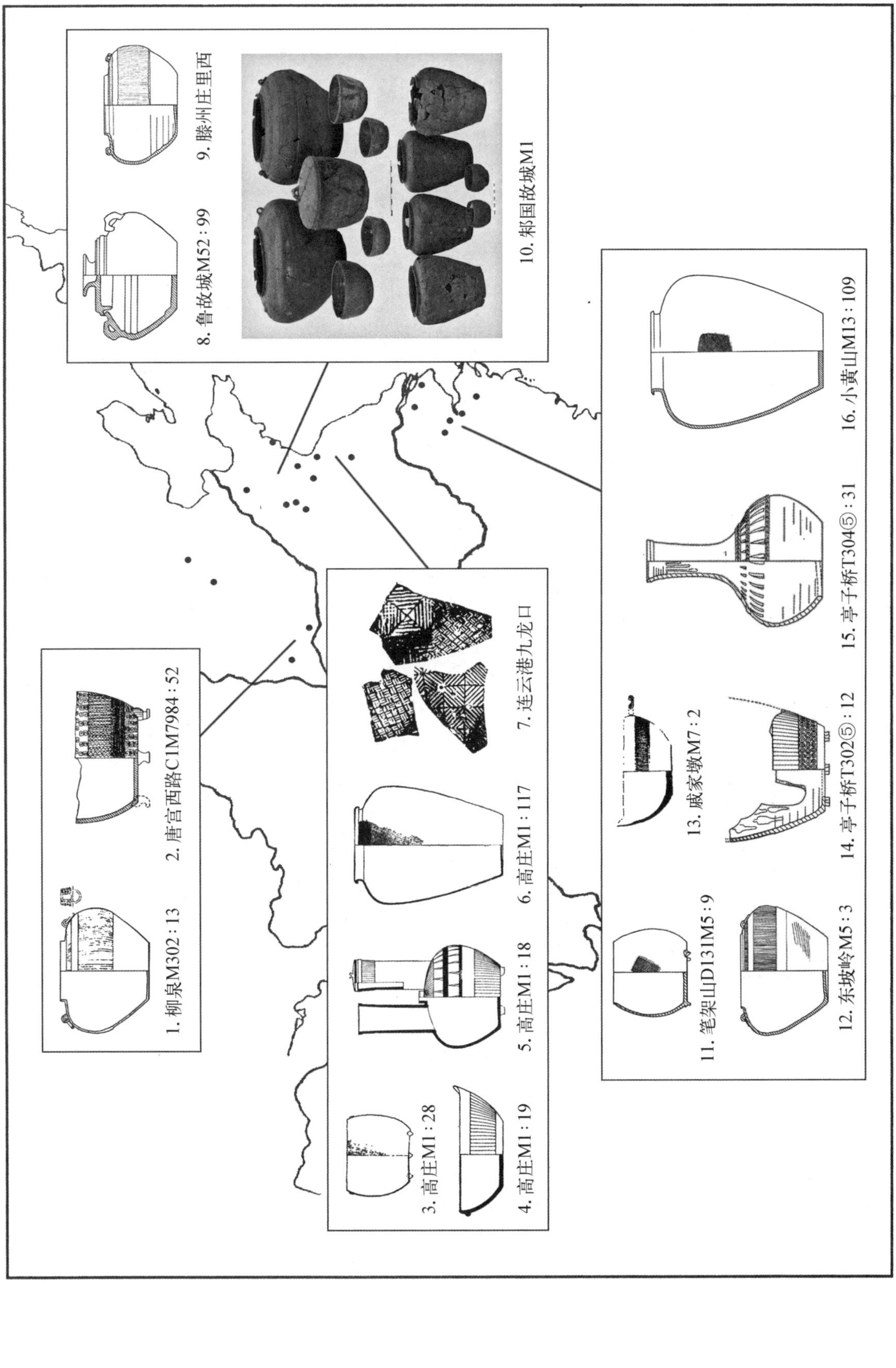

图 3.28　第十、十一段北方原始瓷及硬陶的分布情况

具本地特色①。显然，这种楚式风格的出现并非简单文化交流的结果。从共出器物与葬具来看，凤凰山 M2 还兼具典型越文化特征，墓主仍应以越人为宜。此类“楚+越式墓”的出现很可能与公元前 333 年楚威王败越有关（表 3.20）。

表 3.20　第十、十一段太湖杭州湾随葬泥质陶的情况（10 件以上）

小区	单　位	泥质陶总数	器类及数量	占随葬品比例
环太湖	老坟墩	25	鼎 3、器盖 1、甑 1、釜 2、盆 8、纺轮 8、镇 2	48.08%
	邹家墩	15	鼎 3、甑 1、盆 4、罐 1、器盖 3、璧 2、纺轮 1	32.61%
	曹家坟	23	盆 9、角形器 7、璧 3、纺轮 4	24.73%
	杜家坟	60	鼎 2、盆 3、璧 28、角形器 24、纺轮 3	81.03%
	万家坟	219	鼎 20、盉 1、匜 2、沥水器 1、盆 36、炉盘 3、角形器 71、璧 68、纺轮 5	42.20%
	老虎墩	28	角形器 12、璧 12、纺轮 4	7.59%
	邱承墩	337	盆 85、角形器 136、璧 113	30.69%
杭嘉湖	垅坝 D12M2	14	甑 1、盘 6、豆 5、罐 1、盆 1	29.17%
	戚家墩 M2	22	盆 19、罐 2、甑 1	40.74%
	龙山 D141M1	40	瑗 3、纺轮 3、角形器 31、鼎 2、器盖 1	14.98%
	海盐黄家山	20	纽钟 2、磬 4、角形器 14	26.32%
宁绍	茅家山 M324	28	编钟 17、编磬 11	41.18%
	小黄山 M13	37	罐 1、瓮 2、甑 1、杯 1、盆 3、器盖 1、纺轮 8、鼎 1、瓮 2、豆 15、杯 2	27.61%
	横河 M1	58	瑗 16、纺轮 6、盆 5、器盖 1、器耳 1、镇 4、角形器 25	96.67%
	凤凰山 M3	25	鼎 5、壶 2、甗 1、罐 2、盆 7	26.60%
	凤凰山 M2	23	鼎 4、盉 1、壶 2、盘 2、盆 2、豆 2、匜 2、甗 1、镦 2、罐 4、甑 1	74.19%

关于楚亡越的时间，历来多有讨论，自黄以周提出楚亡越在公元前 306 年②以来，学界多赞同此说③，认为无楚威王败越事④。随着中山王鼎铭“（越）五年覆吴，克并之至于

① 吴桐：《越国仿铜乐器的器用与等级》，《考古》2023 年第 2 期。

② 黄以周：《史说略·史记越世家补并辩》，《儆季杂著》第五册。

③ 陈梦家：《六国纪年》，上海人民出版社，1956 年，第 105~106 页；杨宽：《战国史》，上海人民出版社，1980 年，第 330 页；陈振裕：《楚灭越的年代问题》，《江汉论坛》1980 年第 5 期。

④ 杨宽：《关于越国灭亡年代的再商讨》，《江汉论坛》1991 年第 5 期。

今”的释读，此说似成定论①。但“楚王酓璋戈”铭文记载，“楚王酓璋奄荒南戉，用作𨌲戈，以昭扬文武之[德]”，楚王酓璋即楚威王熊商，南戉即越国，可知楚威王之世确有败越之举②。至于中山王鼎铭也存在错误断读的可能，张政烺、李学勤等认为应是“（越）五年覆吴，克并之，至于今尔毋大而泰……”③，只是以吴越史事对今人劝勉，并不能证明无楚威王败越事。论者多以楚威王“大败越，杀王无疆”与楚怀王“五战三胜而亡之”“东取地于越”的记载相矛盾，认为二者必有一误，但从考古材料来看，此二事皆真实存在，所谓矛盾正如李学勤所言，是因为将败越、亡越与灭越④等概念混为一谈所致⑤。之所以楚怀王时仍需“五战三胜而亡之”，正是因为楚威王实为败越而非灭越，并且在败越之后“昭扬文武之德”，主动或被动地效仿周武王“布令于商，昭显文德”之故事，对越政策相对“怀柔”⑥。越国仍然存续，军事实力得以保存。在战国晚期“典型楚墓”大量出现之前，短暂出现凤凰山 M2 等“楚+越式墓”与典型越墓的共存，或许正是此“怀柔”的产物，具体墓葬的年代也确实与楚威王败越更为接近。⑦

第十二、十三段时，随着楚怀王亡越“郡江东”、顷襄王迁陈（公元前 278 年）、考烈王迁寿春（公元前 241 年），楚国逐渐以长江下游为中心，其文化强势东拓，导致了太湖杭州湾、浙南闽北的迅速衰落，以原始瓷与硬陶为代表的越文化分布范围逐渐退缩，区域大部分地区逐渐被纳入楚文化的范围。与楚威王迫于形势的怀柔政策不同，此时楚国对太湖杭州湾已有相当程度的直接经营，除分封春申君、郢陵君⑧外，更直接出现随葬偶数鼎、盒、钫、杯、俑头的典型楚墓。其分布范围自环太湖渐次南移，第十三段时已至于宁绍。从而勾勒出楚越之间“尽取故吴地，至浙江”的最后角力。⑨ 直至“王翦遂定荆江南地，降越君，置会稽郡”⑩，太湖杭州湾—浙南闽北终于被纳入中原王朝的政治版图（图 3.29）。

二、分化：岭南—粤东闽南内部的关系重组与中心往复

这一阶段，岭南—粤东闽南的文化面貌同样发生翻天覆地的变化。先前普遍流行的夔纹、圜底风格被米字纹、平底的作法迅速取代，由夔纹陶类型转为米字纹陶类型。长期流行的豆也被碗（杯盅）类突然取代，且分布范围更广，呈现出不同以往的迅猛发展态势（图 3.30）。

---

① 李学勤、李零：《平山三器与中国史的若干问题》，《考古学报》1979 年第 2 期。
② 李家浩：《楚王酓璋戈与楚灭越的年代》，《文史》第 24 辑，第 15~21 页。
③ 张政烺：《中山王壶及鼎铭考释》，《古文字研究》第 1 辑，中华书局，1979 年，第 208~232 页；李学勤：《关于楚灭越的年代》，《江汉论坛》1985 年第 7 期。
④ 文献中的“灭越”。其实都是“楚怀王亡越”。越国灭于秦王政二十五年“降越君，置会稽郡”（公元前 222 年），并无楚灭越之事。对此学界已有共识。
⑤ 李学勤：《关于楚灭越的年代》，《江汉论坛》1985 年第 7 期。
⑥ 李家浩：《楚王酓璋戈与楚灭越的年代》，《文史》第 24 辑，第 15~21 页。
⑦ 吴桐：《败越与亡越——江东地区战国中晚期“楚式墓”研究》，《考古》2025 年第 2 期。
⑧ 李学勤：《从新出青铜器看长江下游文化的发展》，《文物》1980 年第 8 期。
⑨ 同⑦。
⑩ 司马迁：《史记·秦始皇本纪》，第 234 页。

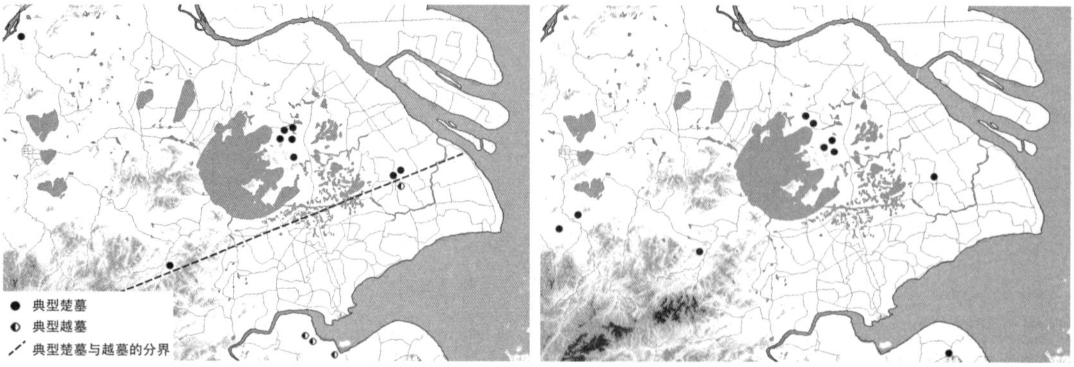

战国晚期早段　　战国晚期晚段

图 3.29　第十二、十三段太湖杭州湾典型楚墓与典型越墓的分布范围变迁

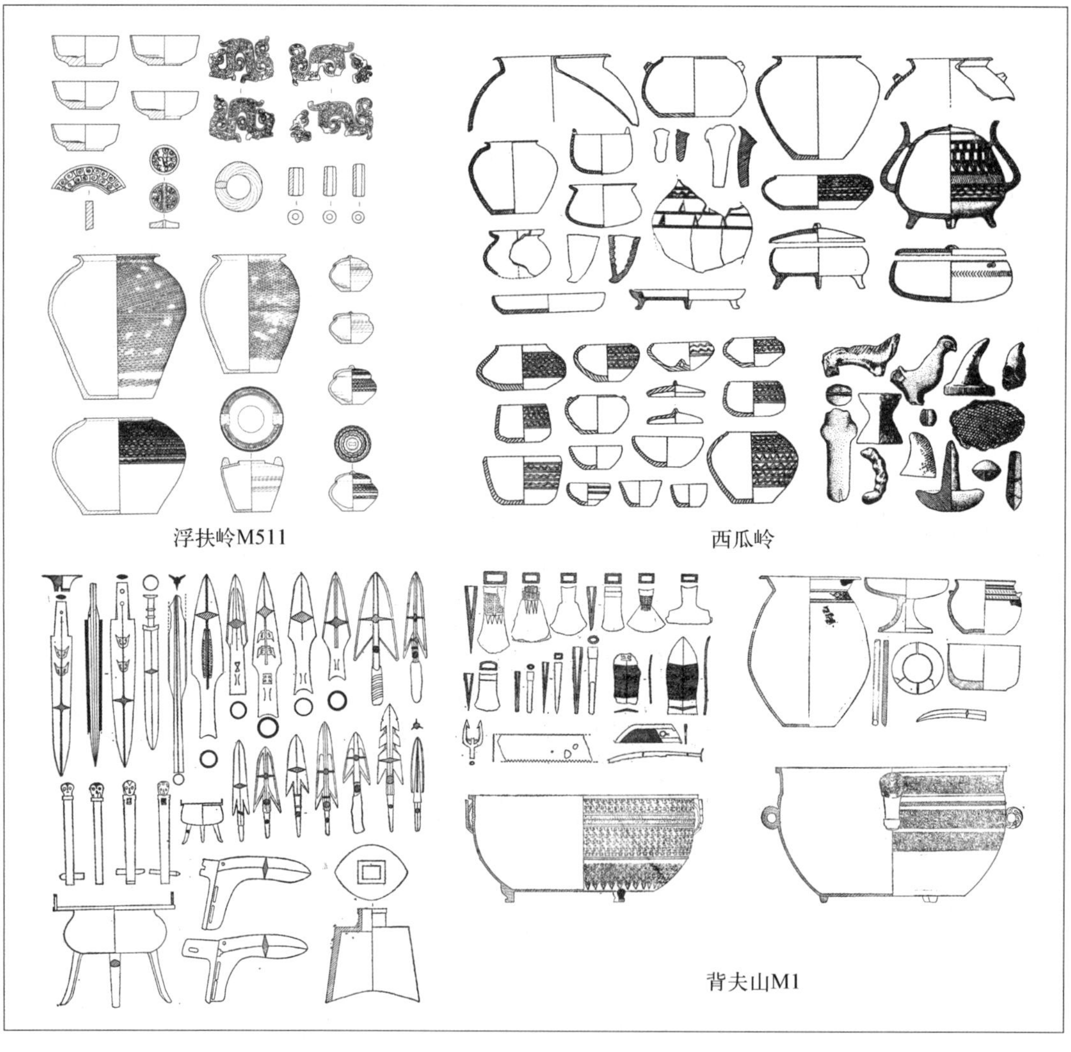

图 3.30　岭南典型器物群举隅(第二阶段)

这些典型米字纹主要见于硬陶罐（瓿）类 Ab 型、Ac 型、坛 A 型、瓮 A 型，其他器类虽亦有发现，如硬陶罐（瓿）类 Ec 型Ⅴ式赤岭埔 JC：14[1]，但数量甚少，硬陶罐（瓿）类 Af 型、Bc 型甚至一例未见。米字纹的这些主要载体，长期流行于太湖杭州湾，因此米字纹陶类型对夔纹陶类型的取代，也就是越国兴盛背景下太湖杭州湾向南强烈影响的结果[2]。直接来自太湖杭州湾的碗（杯盅）类对岭南本土改造的原始瓷豆 Ab 型、Ac 型、硬陶豆 A 型、B 型的突然取代，亦可为此物证。

在太湖杭州湾向南强势影响的过程中，其文化传播线路也再度转变。这一影响的主要内容，即原始瓷碗（杯盅）类 Aa 型、Ab 型、硬陶罐（瓿）类 Ab 型、Ac 型、坛 A 型、瓮 A 型于岭南第十一、十二段陆续出现。考察各器类在各小区的式别与数量分布可以发现，粤东闽南在其出现与传播过程中始终发挥着相当重要的作用：部分器类最早仅见于粤东闽南，如硬陶罐（瓿）类 Ac 型、坛 A 型；部分器类的最早式别以粤东闽南发现最多，如原始瓷碗（杯盅）类 Aa 型、硬陶瓮 A 型。这些来自太湖杭州湾的文化影响主要经由粤东闽南渐次传播，最终普遍流行（表 3.21）。

表 3.21　第十一、十二段岭南—粤东闽南所见太湖杭州湾文化因素

		桂东北	粤西	粤北	粤中	粤东	闽南
第十一段	原始瓷碗（杯盅）类 Aa 型	X_{1}				VIII_{1}、X_{2}	X_{1}
	硬陶坛 A 型					XI_{1}、XII_{1}	XI_{1}
第十二段	原始瓷碗（杯盅）类 Aa 型				IX_{1}、XI_{1}	IX_{1}、XI_{6}	X_{2}
	原始瓷碗（杯盅）类 Ab 型		II_{3}			II_{16}	
	硬陶罐（瓿）类 Ab 型		XI_{1}、XII_{2}	XI_{1}	XI_{1}	X_{4}、XI_{1}	X_{1}
	硬陶罐（瓿）类 Ac 型					V_{2}	
	硬陶坛 A 型		XIII_{1}			XI_{1}、XIII_{1}	XI_{1}
	硬陶瓮 A 型	X_{1}			IX_{1}	IX_{3}、X_{1}	IX_{3}

至于此前作为江南因素南传孔道的粤北，则已然丧失了在文化传播中的优势地位，仅于第十二段发现 1 件硬陶罐（瓿）类 Ab 型Ⅺ式，虽然同属此类器的最早式别，但数量远不及粤东，应由后者传播而至。江南与岭南的文化交流线路，重新由赣江让渡为以粤东闽南为主。这种“沿海—内陆—沿海”的文化交流线路变动，恰好与“浙南闽北—宁镇及环太湖—浙北平原”，或者说“越—吴—越”的区域中心转移相对应，后者主体地位的反复还直

[1] 魏峻：《揭西县赤岭埔遗址调查报告》，《揭阳考古（2003～2005）》，第 194 页。
[2] 吴桐：《从平底夔纹陶器看岭南“米字纹陶”遗存》，《考古》2024 年第 1 期。

接导致了江南与岭南联系密切程度的“密切—疏离—密切”。这也暗示吴、越文化与社会，应分别具有倾向陆地与倾向海洋的不同特质。

虽然受到太湖杭州湾的强烈冲击，但岭南—粤东闽南的文化传统并未完全消失，夔纹仍偶见于封开利羊墩、五华棉洋墟、深圳叠石山①等遗址。但一方面，这些遗址中常见米字纹与夔纹并存，并且以前者为主，夔纹仅零星发现；另一方面，此时饰夔纹的完整器如利羊墩 H1：3②、惠来饭钵山(缺号)③皆作平底，曾经的圜底作风不复存在。这显然是受米字纹陶作风影响与改造的结果，不宜将夔纹的零星存续与夔纹陶类型的长期存在画等号。除夔纹外，前一阶段的孑遗如硬陶罐(瓿)类 Ea 型、Eb 型、Ec 型、瓮 B 型同样仍有发现，在部分保留区域传统的同时，也受到米字纹陶的影响，由圜底改造为平底，表现出一种时代特征，可视为米字纹陶类型的组成而非抵牾(图 3.31)。

在陶瓷面貌剧变的同时，青铜器也有显著变化。不同于此前数量较少、分布零星的情状，这一阶段的青铜器总数、铜容器种类、分布范围皆有显著突破。随葬青铜器最多者达 136 件，即罗定南门垌 M1④，超过前一阶段岭南青铜器的总和。铜容器开始在桂东北、粤西、粤东大量出现，共计 9 种 83 件，涉及单位 39 个，与前一阶段仅于粤北个别墓葬发现 1 种 5 件的体量判然有别。这显然不是区域自然发展的结果。

从青铜容器来看，各小区种类大致呈现出由西向东递减的趋势。桂东北最多共 5 类 13 种，粤西次之 5 类 10 种，粤北再次 4 类 4 种，粤东最少仅 3 类 3 种。且除尊仅见于桂东北、鉴缶仅见于粤西、簋仅见于粤北、三足罍仅见于粤东外，共见器类的分布同样呈现出由西向东递减的趋势。如盉仅见于桂东北与粤西，如罍仅见于桂东北与粤北，其中又以鼎的表现最为明显。桂东北共有 8 种鼎，蹄足鼎、箍口鼎、盘口鼎、半球腹鼎、折沿鼎、盆形鼎、兽首鼎与小盘口鼎，涵盖了这一阶段所有铜鼎类型；粤西略少，共存蹄足鼎、箍口鼎、盘口鼎、折沿鼎与小盘口鼎 5 种；粤北更少，仅有箍口鼎与半球腹鼎 2 种；粤东最少，仅存盘口鼎 1 类。后三者所见皆可发现于桂东北，后者显然在以铜容器为代表的外来文化传入过程中扮演着相当重要的角色⑤(表 3.22，图 3.32)。

---

① 杨式挺等：《广东封开利羊墩墓葬群发掘简报》，《南方文物》1995 年第 3 期；邱立诚、李雄坤：《广东五华县棉洋墟发现一座战国墓》，《考古》1988 年第 10 期；深圳博物馆：《深圳市叠石山遗址发掘简报》，《文物》1999 年第 11 期。

② 杨式挺等：《广东封开利羊墩墓葬群发掘简报》，《南方文物》1995 年第 3 期。

③ 黄坤池：《惠来发现春秋瓮棺葬》，《广东省博物馆馆刊》1988 年第 1 刊。有学者认为此器年代在春秋时期(如邱立诚：《广东青铜文化的土著特色》，《考古与文物》1999 年第 2 期；邱立诚：《广东青铜时代文化类型初探》，《纪念黄岩洞遗址发现三十周年论文集》，第 271～282 页)，但共存铜戈的形制与《集成》11356 号戈颇为相似，后者刻铭“廿二年邮阴令韩□右库工师莧冶竖”，属战国中晚期无疑(黄盛璋：《试论三晋兵器的国别和年代及其相关问题》，《考古学报》1974 年第 1 期；苏辉：《秦、三晋纪年兵器研究》，中国社会科学院研究生院硕士学位论文，2002 年)。其他形似者如魏“十四年郲下库”戈、拍马山“卅四年顿丘”戈同样属于战国中期(井中伟：《先秦时期青铜戈・戟研究》，吉林大学博士学位论文，2006 年)。因此不宜认为春秋时期岭南已经出现夔纹平底瓮，这种平底作风应确是受米字纹陶影响与改造的结果。

④ 广东省博物馆：《广东罗定出土一批战国青铜器》，《考古》1983 年第 1 期。

⑤ 何介均：《试论岭南青铜文化》，《深圳考古发现与研究》，第 192～201 页。

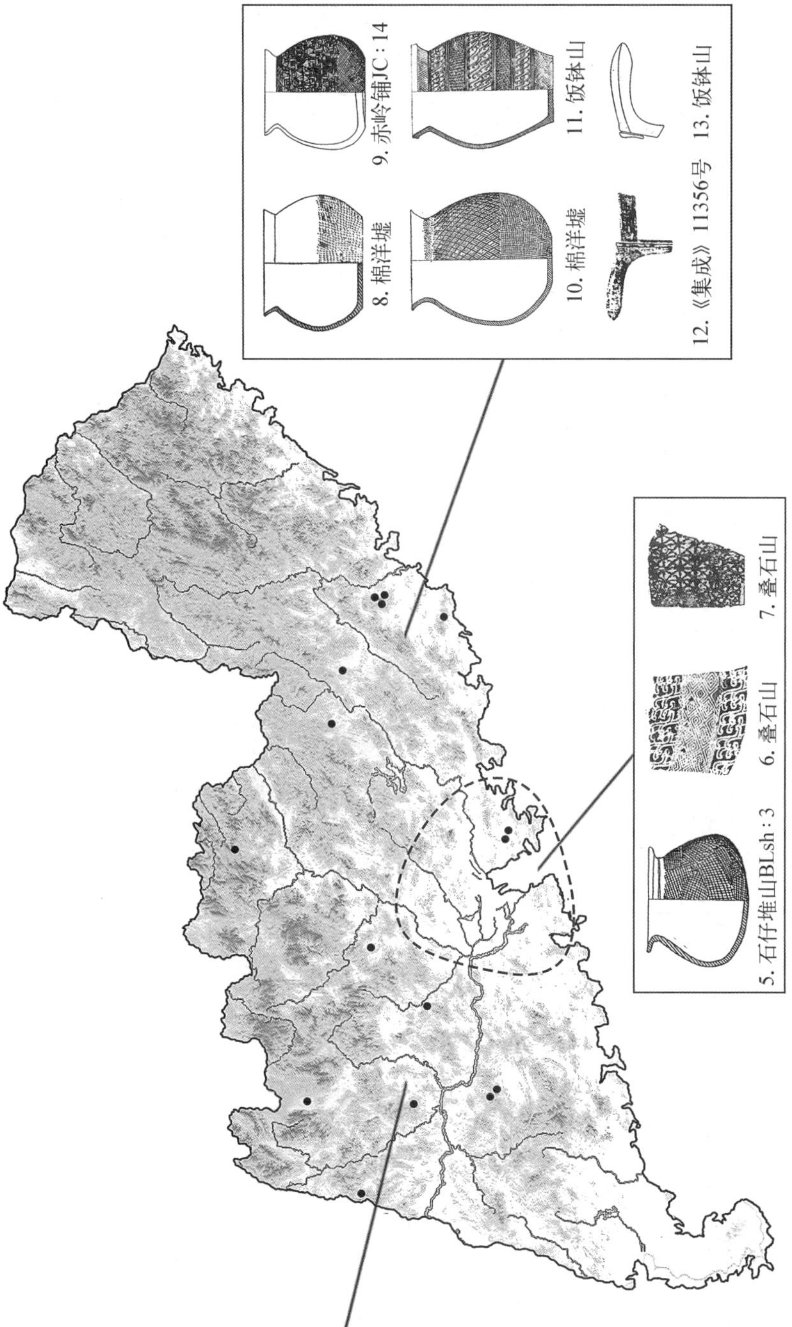

图 3.31　三阶段岭南—粤东闽南所见早期文化传统

表 3.22　第三阶段岭南—粤东闽南铜容器的发现情况

地　区	单　　位	铜器总数	铜容器总数	铜容器种类及数量
桂东北	恭城秧家	33	8	鼎 5、罍 1、尊 2
	贺州龙中	18	6	鼎 4、罍 1、盉 1
	梧州塘源	1	1	鼎 1
	银山岭 M108	23	1	鼎 1
	银山岭 M110	9	2	鼎 1、盆 1
	银山岭 M119	6	2	鼎 1、盆 1
	银山岭 M153	2	1	鼎 1
	银山岭 M22	2	1	鼎 1
	银山岭 M71	6	2	鼎 1、盘 1
	银山岭 M74	23	2	鼎 1、盆 1
粤西	高地园 M1	14	3	鼎 2、鉴 1
	高地园 M2	4	1	鼎 1
	拦马山	7	1	鼎 1
	利羊墩 M2	1	1	鼎 1
	龙嘴岗 M13	6	1	盘 1
	龙嘴岗 M16	20	1	鼎 1
	龙嘴岗 M17	1	1	鼎 1
	龙嘴岗 M4	18	1	鼎 1
	龙嘴岗 M5	32	1	鼎 1
	龙嘴岗 M8	28	1	盘 1
	罗定背夫山	98	4	鉴 2、鼎 2
	落雁山 M1	15	1	鼎 1
	猛虎头山	不确	1	鼎 1
	南门垌 M1	136	7	鼎 3、缶 1、鉴 2、盉 1

续表

地　区	单　　位	铜器总数	铜容器总数	铜容器种类及数量
粤西	乌旦山 M1	59	4	鼎 3、盉 1
	铜鼓岗 M13	8	1	鼎 1
	铜鼓岗 M16	35	3	鼎 1、盘 2
粤北	对面山 M148	9	1	鼎 1
	对面山 M151	1	1	鼎 1
	对面山 M183	3	1	鼎 1
	马头岗 M1	27	5	鼎 2、簋 1、罍 1、缶 1
	马头岗 M2	39	1	罍 1
粤东	面头岭 M1	7	4	鼎 3、盘 1
	面头岭 M2	1	1	盘 1
	面头岭 M3	2	2	鼎 2
	面头岭 M7	2	1	鼎 1
	面头岭 M11	3	3	盘 2、耳 1
	面头岭 M14	26	2	盘 2
	面头岭 M24	3	2	盘 1、罍 1

从形制来看，桂东北铜容器多可于湖南发现同类器，后者所见蹄足鼎如岳阳凤形嘴 M1∶2①、箍口鼎如郴州高山背（缺号）②、盘口鼎如衡南保和圩（缺号）③、半球腹鼎如衡阳市博物馆藏鼎④、折沿鼎如湘潭古塘桥（缺号）⑤、盆形鼎如桃江腰子仑 M098∶1⑥、觯形尊如衡山霞流（缺号）⑦、罍如湘乡牛形山（缺号）⑧、盉如长沙三公里 M1∶100⑨、盆如常德寨

① 岳阳市文物工作队：《湖南省岳阳县凤形嘴山一号墓发掘简报》，《文物》1993 年第 1 期。
② 龙福连：《郴州市出土的战国越人墓》，《湖南考古辑刊》第 4 辑，第 176 页。
③ 湖南省博物馆：《湖南衡南、湘潭发现春秋墓葬》，《考古》1978 年第 5 期。
④ 高成林：《商周时期湖南与岭南的交通——以出土铜器为中心》，《湖南考古辑刊》第 12 辑，第 240~262 页。
⑤ 同③。
⑥ 益阳市文物管理处：《湖南桃江腰子仑春秋墓》，《考古学报》2003 年第 4 期。
⑦ 周世荣：《蚕桑纹尊与武士靴形钺》，《考古》1979 年第 6 期。
⑧ 陈建明：《湖南商周青铜器陈列》，湖南省博物馆。
⑨ 长沙市文物考古研究所：《湖南长沙三公里楚墓发掘简报》，《文物》2007 年第 12 期。

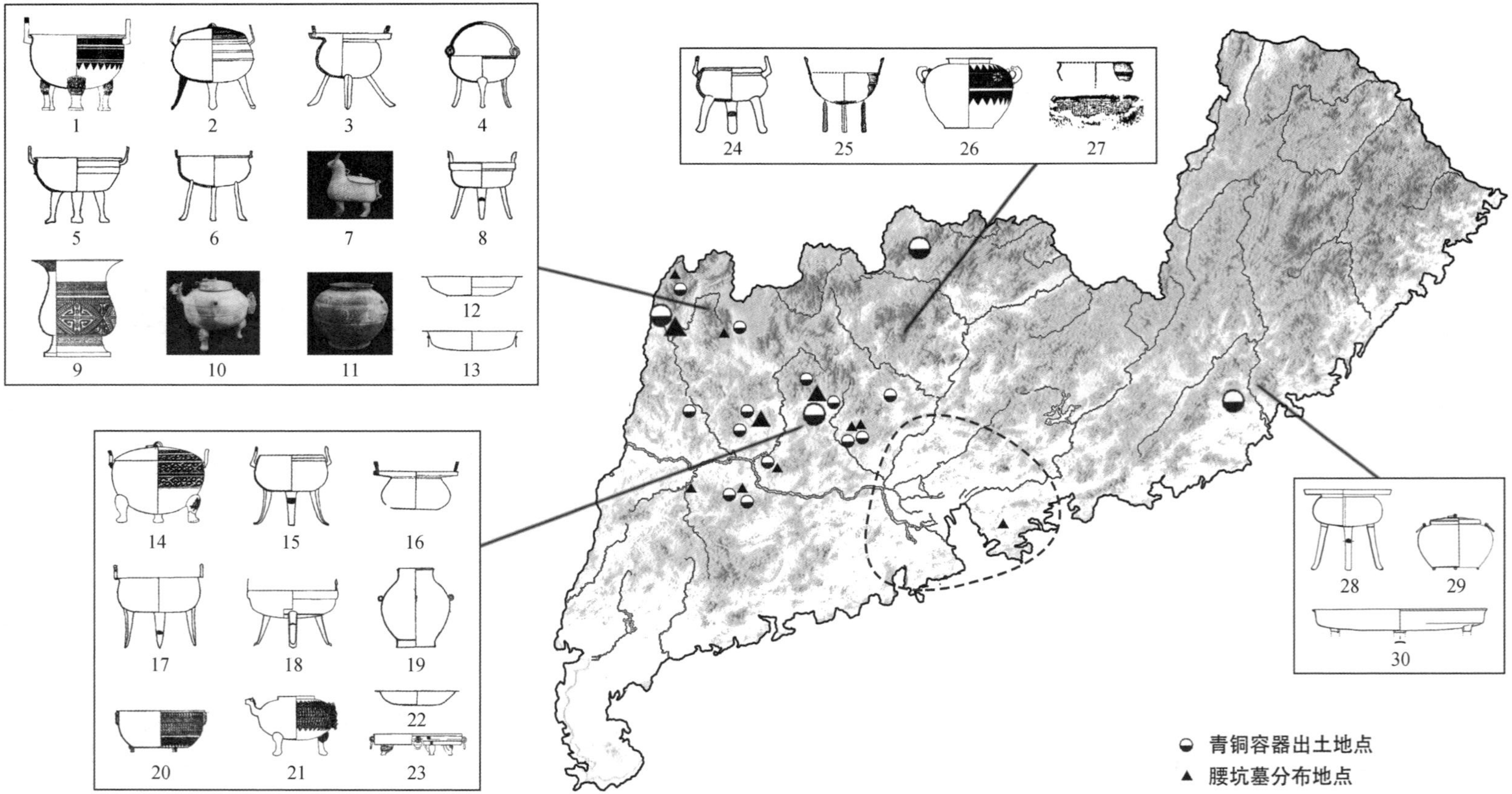

图 3.32　第三阶段岭南—粤东闽南青铜容器及腰坑墓的分布情况

1、4、9. 恭城秧家　2、8、12~13. 银山岭 M22：14、M71：1、M135：1、M119：11　3、5~7、10~11. 贺州龙中 14、19. 南门垌 M1：1、4　15. 铜鼓岗 M13：1　16、21. 鸟旦山 M1：1、4　17~18、22~23. 龙嘴岗 M5：37、M17：1、M13：8、M8：18　20. 背夫山 M1：62　24. 对面山 M148：1　25~27. 马头岗 M1：001、M2：001、M1：003　28~30. 面头岭 M3：1、M24：2、M11：15

子岭 M1∶58[①] 与桂东北所见皆颇为相似，显然应由其南传而至[②]。具体路径当与第一阶段基本相同。作为前一阶段文化交流的重要孔径，粤北虽由于桂东北的再度崛起而不复优势，但也并未完全丧失其沟通南北的作用。如果说粤北的箍口鼎、罍可能间接来自桂东北的话，那么以清远马头岗 M1∶001、M2∶004[③] 为代表的牛角形饰作风与越式甬钟[④]则未见或少见于桂东北与粤西，当是湖南直接传入，后渐次影响至粤中小区[⑤]（图 3.33）。

与此前相比，这一阶段湖南对岭南的影响还伴随着人群迁徙，主要表现为腰坑墓的大量出现。此前岭南仅偶见腰坑墓，占同时期墓葬总数的 3%弱，第三阶段时腰坑墓突然涌现，集中分布于桂东北（96 座）、粤西（15 座），分别占同时期墓葬总数的 81.35%、40.54%。春秋时期，湖南越人墓多见腰坑，本阶段岭南腰坑墓的分布与铜容器的出土地点高度重合，呈现出明显的相关性，应同为湖南影响的结果[⑥]。事实上，桂东北、粤西墓葬的形制、随葬品组合，也与湖南春秋越人墓多有相似[⑦]。如果说两地铜器种类与形制的相似还可以简单解释为物质文化交流的话，那么以窄坑墓、腰坑墓、随葬“铜质生活用具+铜兵器+铜工具+少量陶器+玉器+砺石/纺轮”[⑧]为代表的葬俗近同，则主要与人群迁徙有关，即受楚文化南渐影响的湖南越人南迁[⑨]（图 3.33）。

玉器的变化同样明显。以桂东北发现最多，粤西至闽南发现较少，多者如浮扶岭 M511[⑩] 出土 8 件，少者如石牛山 M1[⑪] 仅有 1 件，就空间分布而言，呈现出明显的东西差异。这种差异还体现在玉器种类方面。位于东侧的闽南、粤中玉器种类较多，包括玉璧、佩饰、璜、环、玻璃管，未见或罕见于较早阶段，而与同期太湖杭州湾的流行器类高度相似，显然受到后者影响。位于西侧的粤西、桂东北玉器种类较少，以玦为大宗，偶见觿、镯。虽然此前粤中长期流行玉玦，但一方面，其常见多件玉玦随葬，而桂东北随葬玦多仅 1 件；另一方面，其随葬玉玦的比例呈下降趋势，第一阶段 12.73%，第二阶段 8.57%，第三阶段基本消失不见，而桂东北随葬比例可达 15.45%，显然不宜视为粤中传统的转移，而更可能与湖南越人南迁有关（表 3.23）。

---

① 常德市文物处：《湖南常德寨子岭一号楚墓》，《湖南考古（2002）》，岳麓书社，2004 年，第 402～410 页。

② 兽首鼎虽暂未见于湖南，但与之同属江淮传统的甗形盉却发现于衡南（湖南省博物馆：《湖南衡南、湘潭发现春秋墓葬》，《考古》1978 年第 5 期）。且在春秋中期前后，湖南曾受到来自长江下游的强烈影响（向桃初：《湘江流域商周青铜文化研究》，线装书局，2007 年，第 230～231 页），因此岭南兽首鼎应同样是经湖南传播而至。

③ 广东省文物管理委员会：《广东清远发现周代青铜器》，《考古》1963 年第 2 期；广东省文物管理委员会：《广东清远的东周墓葬》，《考古》1964 年第 3 期。

④ 高至喜：《两湖两广出土春秋越式甬钟研究》，《湖南省博物馆馆刊》第 1 辑，船山学刊，2004 年。

⑤ 邱立诚、黄观礼：《广东博罗出土一组青铜编钟》，《考古与文物》1987 年第 6 期。

⑥ 洪德善：《岭南腰坑葬及相关问题探讨》，《广西博物馆文集》第 6 辑，广西人民出版社，2009 年，第 92～101 页；洪德善：《岭南腰坑葬其族属研究》，《四川文物》2010 年第 4 期；张义中：《岭南地区腰坑习俗浅探》，《长沙大学学报》2013 年第 4 期。

⑦ 李龙章：《湖南两广青铜时代越墓研究》，《考古学报》1995 年第 3 期。

⑧ 胡平平：《楚文化南渐的考古学观察》，吉林大学博士学位论文，2019 年，第 142 页。

⑨ 同⑦；黄展岳：《两广先秦文化》，《文物与考古论集》，文物出版社，1986 年，第 167～176 页。

⑩ 广州市文物考古研究所：《广东增城浮扶岭 M511 发掘简报》，《文物》2015 年第 7 期。

⑪ 福建省博物馆：《漳州发现商周、西汉墓葬》，《福建文博》2001 年第 1 期。

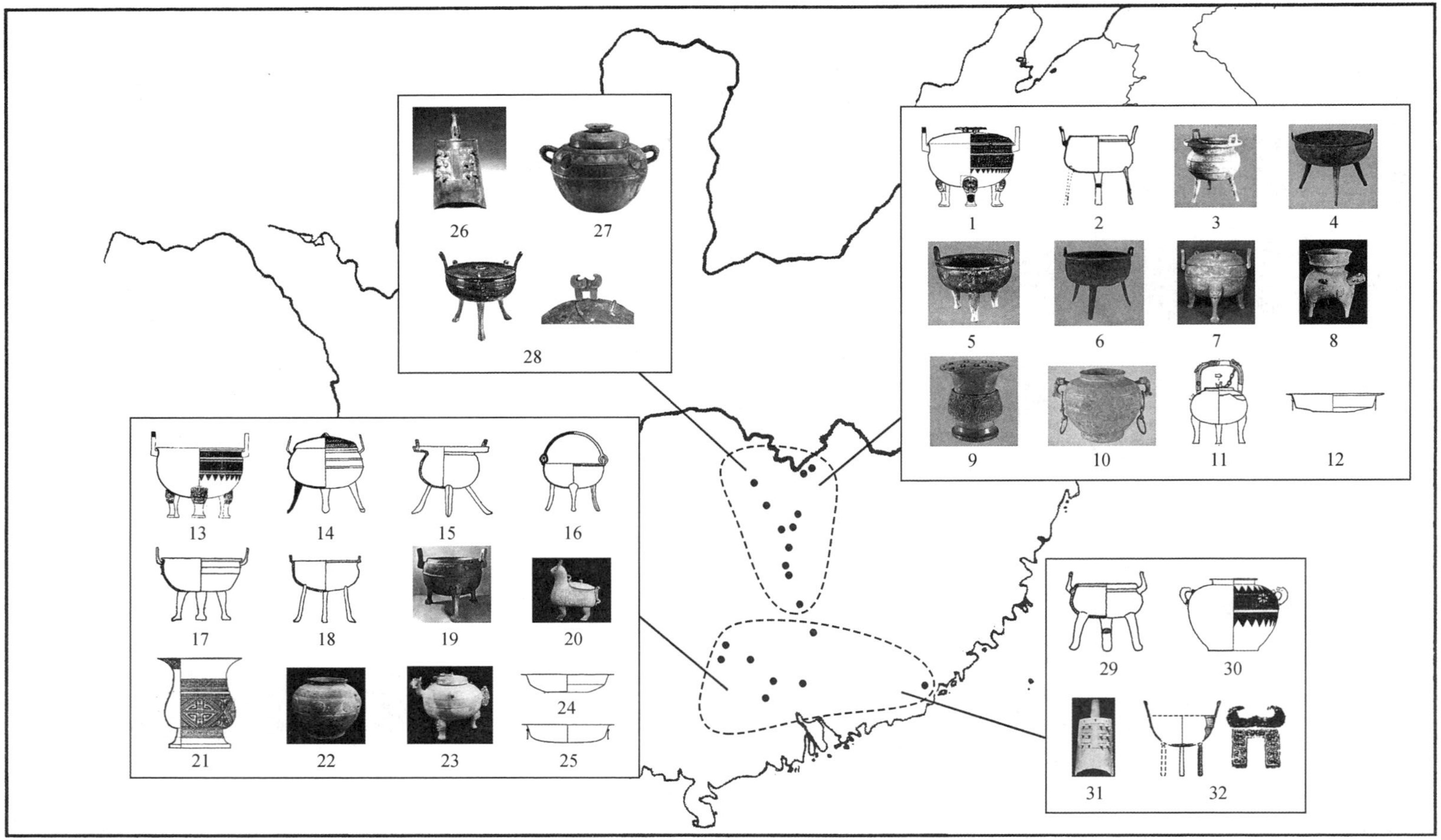

图 3.33　第三阶段岭南—粤东闽南铜容器与湖南等地的联系

1. 岳阳凤形嘴 M1∶2　2. 郴州高山背　3、8. 衡南保和圩　4. 衡阳市博物馆藏　5. 湘潭古塘桥　6. 桃江腰子仑 M098∶1　7. 长沙浏城桥 M01　9. 衡山霞流　10. 湘乡牛形山　11. 长沙三公里 M1∶100　12. 常德寨子岭 M1∶5813、16、21. 恭城秧家　14、24~25. 银山岭 M22∶14、M135∶1、M119∶11　15、17~18、20、22~23. 贺州龙中　19. 梧州塘源　26. 湘乡大茅坪　27. 湖南省博物馆藏(25355 号)　28. 湘乡何家湾 M1∶4　29. 对面山 M148∶130~32. 马头岗 M2∶004∶2 号、001、M1∶001

表 3.23　第三阶段岭南—粤东闽南玉器的发现情况

地　区	单　　位	玉器总数	"玉"器器类	其他材质器类
闽南	石牛山 M1	1	璧 1	
粤中	浮扶岭 M511	8	佩饰 3、璜 1、环 1	玻璃管 3
粤西	背夫山 M1	3	玦 2、觿 1	
桂东北	银山岭 M77	1	玦 1	
	银山岭 M153	14	玦 14	
	银山岭 M24	1	玦 1	
	马山 M3	1	镯 1	
	灵川富足	1	玦 1	
	银山岭 M64	7	玦 2	绿松石 5
	银山岭 M22	6	玦 6	
	银山岭 M119	2	玦 2	
	银山岭 M65	1	玦 1	

照此，在来自东侧太湖杭州湾、西侧湖南的影响下，岭南—粤东闽南的物质文化面貌发生了翻天覆地的变化，以陶瓷器、青铜器、玉器为代表，大致呈现出东西并立的态势。这种不同方向、不同内容、不同方式的文化与社会交流也深刻影响着岭南—粤东闽南的内部关系。

考察最高等级墓葬易知，自第十一段起，区域内部的分化倾向持续放大，桂东北与粤西异军突起，取代粤中成为新的中心。最晚到第十二段时，粤西已经确立了单一中心的地位，直至第十四段。粤北与粤东同样发展迅速，以粤东表现尤为突出，最晚到第十三段时，粤东最高等级墓葬的各项内容均超越粤北与粤中。粤西、桂东北及粤东的异军突起，显然与湖南越人南迁以及太湖杭州湾文化南下密切相关。特别是桂东北与粤西此前罕有发现，几可称之为无人区，为湖南越人南迁提供了天然的目的地(表 3.24)。

表 3.24　第三阶段岭南—粤东闽南各小区最高等级墓葬统计

		桂东北	粤西	粤北	粤中	粤东	闽南
第十一段	最大随葬品总数	33	63	43	3	2	
	最大青铜礼乐器总数	10	5	13		2	

续表

		桂东北	粤西	粤北	粤中	粤东	闽南
第十一段	最大青铜器总数	33	59	39	2	2	
	最大墓室面积	32+	19.95+		2.55	5.55+	
第十二段	最大随葬品总数	25	40	11	12	17	3
	最大青铜礼乐器总数	1	3	1		2	
	最大青铜器总数	7	35	3+	4	3	
	最大墓室面积	7.41	10.624		2.803	2.616	5.634+
第十三段	最大随葬品总数	40+	137	14	2	36	6
	最大青铜礼乐器总数	2	14	1		4	
	最大青铜器总数	23	136	9	2	26	
	最大墓室面积	9.905	8		1.142+	2.94+	6.675+
第十四段	最大随葬品总数	49	116		31	3	
	最大青铜礼乐器总数	2	5				
	最大青铜器总数	48	98			2	
	最大墓室面积	8.4	8		63.110	?	
第十五段	最大随葬品总数	?	?		31	1	
	最大青铜礼乐器总数	?	?				
	最大青铜器总数	?	?				
	最大墓室面积	5.39	?		12.578	?	

虽然粤中曾长期作为区域中心，但其对外文化辐射虽明显却不强烈、虽主动却不深入，发展模式相对保守。这可能与粤中位于岭南唯一的冲积平原的地理优势有关。这里水热充足，资源优渥，日常生活完全可以自给自足，因而缺乏主动扩张的需求与动力。同时，粤中与外界之间由于地理阻隔难以有直接交流，需要以粤西、桂东北、粤北、粤东为其中转。外来因素的种类与数量分布因此大多随距离增加而递减，相应的文化交流并非以粤中为明确目的地，后者的发展因此呈现出某种被动的保守状态。正是这种主动与被动共同交织出的保守发展态势，使得粤中在外来强势文化与人群南下的过程中不断受到冲击，而非借此跳板实现文化与社会的飞跃式发展，并在各小区社会力量的此消彼长中逐渐

丧失其中心地位。

当然，这一区域中心地位的丧失并非一蹴而就。虽然湖南越人的南迁使得粤西及桂东北在第十一段时已成为区域最高等级墓葬所在，但这更多地侧重于各小区的力量对比而非社会关系。从本地起源或改造的典型器类来看，除硬陶罐（瓿）类 Af 型消费中心始终在粤西、桂东北一带外，其他器类的中心皆渐次由粤中向西转移。这一转移始于第十一段，以硬陶瓮 B 型为代表，硬陶碗（杯盅）类 A 型、盒稍晚，硬陶罐（瓿）类 Bc 型更晚，至第十三段时，桂东北才取代粤中成为新的消费中心，后者的中心地位才彻底丧失。从来自太湖杭州湾的典型器类来看，最晚在第十三段，这些器类及相应改造型器类的消费中心已实现由粤东向粤西、桂东北的转移。其中又以粤西更具优势，成为无可争议的中心所在。

这种区域中心转移所表现出的渐进特征、表明，区域内部各小区之间的关系应相对温和，即便是先后不同中心之间，也并不存在大规模的强烈政治军事对抗。区域中心的转移只是社会发展程度较高的人群迁入所导致的必然结果。从这一角度来看，粤中的衰落更像是一种相对衰落。窑址的发现也表明，此时的粤中可能在消费之外更多地承担着区域陶瓷生产的作用。如博罗银岗，生产规模于本阶段急剧扩大，“面积达 10 余万平方米……未发掘的岗墩上大片大片的陶片俯拾皆是……遗存相当丰富”①，陶瓷器种类齐全，显然是当时区域陶瓷生产的重要中心。从始兴白石坪山的情况来看，在本阶段偏晚，粤北兴起为又一重要的陶瓷产地，并由此构成“粤中—粤北生产中心”与“粤西—桂东北消费中心”的另一种东西并立样态。

本阶段末期即第十五段时，区域格局再度变动，粤西及桂东北的发现锐减，各小区最高等级墓葬以粤中园岗山 M1 的随葬品最多、墓室面积最大。主要典型器类如原始瓷碗（杯盅）类 Ab 型、硬陶盒、坛 A 型、碗（杯盅）类 A 型、瓮 A 型的消费中心也回转至粤中，东西并立格局消失，粤中一地独大。如同其出现一般，并立格局的消失同样受到外来强势文化与人群南下的影响。桂东北与粤西的衰退应与秦攻百越有关。始皇兵分五路开拓南疆，“一军塞镡城之岭，一军守九嶷之塞，一军处番禺之都，一军守南野之界，一军结余干之水”②，桂东北与粤西正是战斗最激烈之所在。秦军“三年不解甲弛弩。……杀西瓯君译吁宋。而越人皆入丛薄中，与禽兽处，莫肯为秦虏。……杀尉屠睢，伏尸流血数十万”③，后桂东北与粤西迅速衰落。待秦破百越建城番禺，区域中心也随之重回粤中。在秦并天下的影响之外，粤中的复兴应还与太湖杭州湾越人的南下有关。在楚越长期角力中，越国世系虽未断绝，但越人的生存空间一直被不断地压缩，部分越人向南迁徙至岭南④，最晚在第十四段时已到达粤中。以浮扶岭 M511 为代表，其平底墓道、铺石床、人字形椁的作

① 赵善德、郭菁菁：《东周时期东江流域文化遗存研究》，《暨南学报（哲学社会科学版）》2010 年第 5 期；赵善德：《先秦东江三角洲先民择地谋生论》，《兰州学刊》2013 年第 7 期。

② 刘文典：《淮南鸿烈集解》，中华书局，2013 年，第 383 页。

③ 同上书。

④ 郑小炉：《东南地区春秋战国时期的“镇”——古越族向岭南迁徙的一个例证》，《边疆考古研究》第 2 辑，科学出版社，2004 年，第 195～204 页。

风与越国贵族墓的葬俗①高度近同，随葬品也颇为相似。正是在来自东西两侧的影响之下，岭南—粤东闽南逐渐被纳入华夏体系。

第四节　东南沿海文化与社会发展的两个特征

在两周时期东南沿海文化与社会发展的三个阶段中，各大区的具体内容虽有差异，发展方向却基本相似，大致以春秋晚期为界，由区域内部的整合逐渐转向外部的融入或进入华夏文明。尽管其方式、内容、程度多有差异，但总体呈现为一种时代特征。此进程突出表现有两个特征：

一、区域发展的不平衡性。太湖杭州湾—浙南闽北与岭南—粤东闽南的发展阶段虽大体同步，但后者的发展主题明显滞后于前者。太湖杭州湾—浙南闽北文化圈形成于第一阶段，岭南—粤东闽南文化圈至第二阶段方才形成；第三阶段时太湖杭州湾已与中原等地有密切的联系，并在争霸过程中表现出主动融入华夏文明的发展意图，而岭南—粤东闽南仍偏安一隅，直至秦并百越才被动地进入中原王朝的政治版图。正是这种区域发展主题的先后导致了区域发展水平的高低。以屯溪 M3、真山 D9M1、邱承墩为代表，太湖杭州湾—浙南闽北各阶段最高等级墓葬的体量皆远超岭南—粤东闽南。如若将其置于完整的中国版图，则更呈现出由中原中心向海疆边缘递减的圈层结构。这种区域发展的不平衡性，及其进入华夏文明的主动与被动之别，显然与其距离中原的远近、受中原影响的深浅密不可分。

二、区域发展主题转变的外因性。无论是浙南闽北的兴衰与复苏、环太湖的兴起与衰退，还是粤东闽南与岭南的东西差异或东西并立格局，在其出现与形成的过程中，与外界的联系及其变动始终发挥着相当重要的作用，区域发展主题的转变更多地取决于外因，而非内生的结果。当对外联系减少时，如第二阶段，东南沿海文化与社会发展也相对迟缓，呈现出明显的保守性特征。太湖杭州湾的陶瓷器长期固守本地传统，浙北平原高等级墓葬内涵迟滞，粤中的对外文化辐射虽明显却并不强烈、虽主动却并不深入。一旦发生外来强烈影响，区域发展则迅速突变，如第三阶段，太湖杭州湾物质文化面貌迅速突破了地区传统的束缚，越国社会明显转型，岭南的转变虽然更显被动，但其内部关系的重组与中心的往复，皆是外来影响直接作用的产物。从某种角度来看，东南沿海区域发展主题的转变，或可理解为不同外因所赋予的不同时代主题。

这两个特点对于理解两周时期东南沿海的社会发展模式、转型态势及其差序格局有重要意义，但也还只是从区域文化与社会发展主题的角度初步勾勒其宏观框架。欲明晰其具体内涵与更多细节，还需要对不同阶段的墓葬等级秩序与制度、对陶瓷生产与消费视野下的经济生活作更加细致与尽量全面的考察。

---

① 陈元甫：《越国贵族墓葬制葬俗初步研究》，《东南文化》2010 年第 1 期；孙华：《绍兴印山大墓的若干问题——读〈印山越王陵札记〉》，《南方文物》2008 年第 2 期。

第四章　秩序与制度：墓葬等级架构与社会关系

考古学研究中，对社会问题的探讨大多建基于聚落、墓葬材料，但两周时期东南沿海聚落发现零星，近年虽有绍兴大湖头、亭山等重要发现，但材料尚未发表，年代也相对集中于战国时期。相比之下，墓葬材料的发现发表皆异常丰富，相应的社会研究当以后者为重。具体可以从墓葬等级、随葬品器用、墓室营建、墓地布局等角度出发，探讨墓葬背后的等级架构与社会关系。

墓葬研究需要以等级划分为基础。目前学界习用的商周墓葬等级划分方法是“将墓葬按墓室面积排列，然后观察随葬品和殉葬遗存随墓室面积增减而发生的变化，找出变化较大的临界点，作为不同等级墓葬墓室面积的分界，最终确定各等级墓葬墓室面积的范围”①。这一方法适用于中原，但对东南沿海而言却未必如此。

太湖杭州湾—浙南闽北长期流行土墩墓，形制多样，包括平地掩埋、浅坑、石床、石框、石室等多种形态。其中平地掩埋与石室土墩一室多墓都缺乏明确的墓室面积，而且墓室面积与随葬品数量、种类之间并未呈现出明显的相关性，部分墓葬面积甚小而有大量随葬品，又或情形反之，难以仅凭某一因素划分墓葬等级②。

岭南—粤东闽南墓葬多位于山丘、岗地，保存情况受自然与人为因素影响较大。如横岭山墓葬多是口大底小，部分差异甚至可谓悬殊。在未能明确实际深度的情况下，难以径直将墓室面积等同于墓葬规模。考虑到墓室越深，墓底与墓口的面积差距可能越大，简单计算墓底与墓口的平均值很可能与实际的墓葬规模相悖，更勿论以其作为等级划分的主要依据。

因此，对东南沿海墓葬等级的划分需要综合多种因素，需要充分利用定量研究的手段，需要寻求尽量客观而非相对主观的划分方案，以求尽量接近历史之真实。此外，就东南沿海墓葬发现发表的具体情况来看，其空间分布甚不均衡，以太湖杭州湾与岭南发现最多，浙南闽北发现明显较少，粤东闽南则更是零星。所以相关研究当以前两者为主，仅于必要时，对后两者作补充讨论。

---

① 郜向平：《商系墓葬研究》，科学出版社，2011 年，第 18 页。

② 莫慧璇：《略论江南地区大型土墩墓的等级标志》，《四川文物》2007 年第 3 期；吴桐、邹冠男：《从墓葬等级看浙北两周社会及其变迁——浙北平原中小型土墩墓的统计研究》，《古代文明》第 15 卷，第 100~112 页。

第一节　太湖杭州湾墓葬研究

目前，太湖杭州湾有明确材料发表的两周墓葬共 400 余座，具体年代分布不均。多者如第四段共计 67 座，少者如第一段仅不足 10 座，显然难以各段为研究尺度，而应以区域文化与社会发展的不同阶段为尺度进行考察。这样既能尽量均衡墓葬材料的时间分布差异，又能将研究结论置于具体的时代背景下，从而避免因割裂不同发展阶段所可能导致的误读。

太湖杭州湾长期流行土墩墓，春秋晚期以来逐渐衰落，至战国晚期已近乎消失，典型楚墓①开始出现。虽然从区域发展主题来看，这只是“争锋”的一个小阶段，但就墓葬内涵的区别而言，显然应将之与同时代的其他小阶段进行区分。因此本章的相关讨论将以四个阶段为尺度。即前述第一阶段、第二阶段、第三阶段早段（春秋晚期至战国中期）与第三阶段晚段（战国晚期至秦汉之际）。

一、墓葬等级划分与社会结构

太湖杭州湾土墩墓的等级划分需要综合考虑墓室面积、随葬品数量、种类等多种因素。具体可以墓室面积、随葬品总数、原始瓷数量、硬陶数量、原始瓷种类、硬陶种类等六种因素为主②，不同阶段的情况略有差异。

需要注意的是，土墩墓形制多样，可以大致分为“平地掩埋—浅坑墓”“石床—石框墓”与“石室土墩”三类，另外还偶见“土（岩）坑墓”③，不同形制本身可能也具有一定的等级意味。只有首先明确不同形制墓葬之间各种等级分析因素的具体关系，才能确定是否需要以“墓葬形制”作为等级划分的又一考察因素。对土墩墓流行阶段，即第一、第二阶段，不同墓葬形制的不同等级分析因素分别进行一元方差分析，发现对于各个因素而言，均未表现出明显的差异（P>0.05）。因此等级划分无须特意区分墓葬形制，可以归并处理（表 4.1）。

表 4.1　第一、第二阶段太湖杭州湾各等级分析因素的一元方差分析

		差异源	SS	df	MS	F	**P-value**	F crit
第一阶段	墓室面积	组间	171.949	2	85.975	0.350	**0.707**	3.226
	随葬品总数	组间	227.406	2	113.703	0.672	**0.515**	3.153

① 杨哲峰：《关于江东地区“楚式墓”的发现与研究》，《东方博物》第 42 辑，第 81~90 页。

② 吴桐、邹冠男：《从墓葬等级看浙北两周社会及其变迁——浙北平原中小型土墩墓的统计研究》，《古代文明》第 15 卷，第 100~112 页。

③ 浅坑墓与土坑墓的区别在于墓室深度，浅坑墓深度多在 10~40 厘米。本书采用付琳的意见，以 40 厘米为界区分浅坑墓与土坑墓。前者浅于 40 厘米，后者深于 40 厘米（付琳：《江南地区两周时期墓葬研究》，第 44 页）。

续表

		差异源	SS	df	MS	F	**P-value**	F crit
第一阶段	原始瓷数量	组间	1.233	2	0.616	0.005	**0.995**	3.153
	硬陶数量	组间	110.716	2	55.358	2.499	**0.091**	3.153
	原始瓷种类	组间	0.990	2	0.495	0.281	**0.756**	3.153
	硬陶种类	组间	6.594	2	3.297	2.075	**0.135**	3.153
第二阶段	墓室面积	组间	1 928.719	2	964.359	5.000	0.008	3.064
	随葬品总数	组间	1 110.766	2	555.383	2.619	**0.076**	3.045
	原始瓷数量	组间	672.244	2	336.122	1.923	**0.149**	3.048
	硬陶数量	组间	29.446	2	14.723	0.920	**0.400**	3.047
	原始瓷种类	组间	6.429	2	3.215	1.145	**0.320**	3.048
	硬陶种类	组间	1.384	2	0.692	0.462	**0.631**	3.048

由于上述六种等级分析因素的相关关系较为复杂，仅靠观察寻找其分界，既繁琐又主观，所以本文借鉴 K 均值聚类方法分别考察其 15 种组合关系，并以最优分组结果为等级划分提供线索①，以求尽量客观准确地划分墓葬等级。

太湖杭州湾第一阶段有明确材料发表的墓葬共 67 座，其中公布墓室面积者 46 座，随葬品以原始瓷与硬陶为主。对 46 座墓葬六种因素的 15 种组合分别进行 K 均值聚类。分析结果表明，除墓室面积外，其余五种因素的相关性较强，不同等级的墓室面积多无明显差异。因此有必要排除墓室面积，而主要依据其余五种因素，对 67 座墓葬重新进行 K 均值聚类。

可知对这 67 座墓葬而言，在五种因素的 10 种组合中，“随葬品总数—原始瓷种类”“随葬品总数—硬陶数量”与“原始瓷数量—硬陶数量”的最优分组数为 4 类，“原始瓷数量—原始瓷种类”与“原始瓷数量—硬陶种类”为 5 类，其他 5 种组合的最优分组数均为 3 类。据此可得出如下分类线索（图 4.1）：

a. 随葬品总数以 12 件、25 件、40 件为界分四类；

b. 原始瓷数量以 4 件、10 件、18 件、30 件为界分五类；

c. 硬陶数量以 6 件、15 件为界分三类；

d. 原始瓷种类以 3 类为界分两类；

① 吴桐、邹冠男：《从墓葬等级看浙北两周社会及其变迁——浙北平原中小型土墩墓的统计研究》，《古代文明》第 15 卷，第 100~112 页。

e. 硬陶种类以 2 类为界分两类。

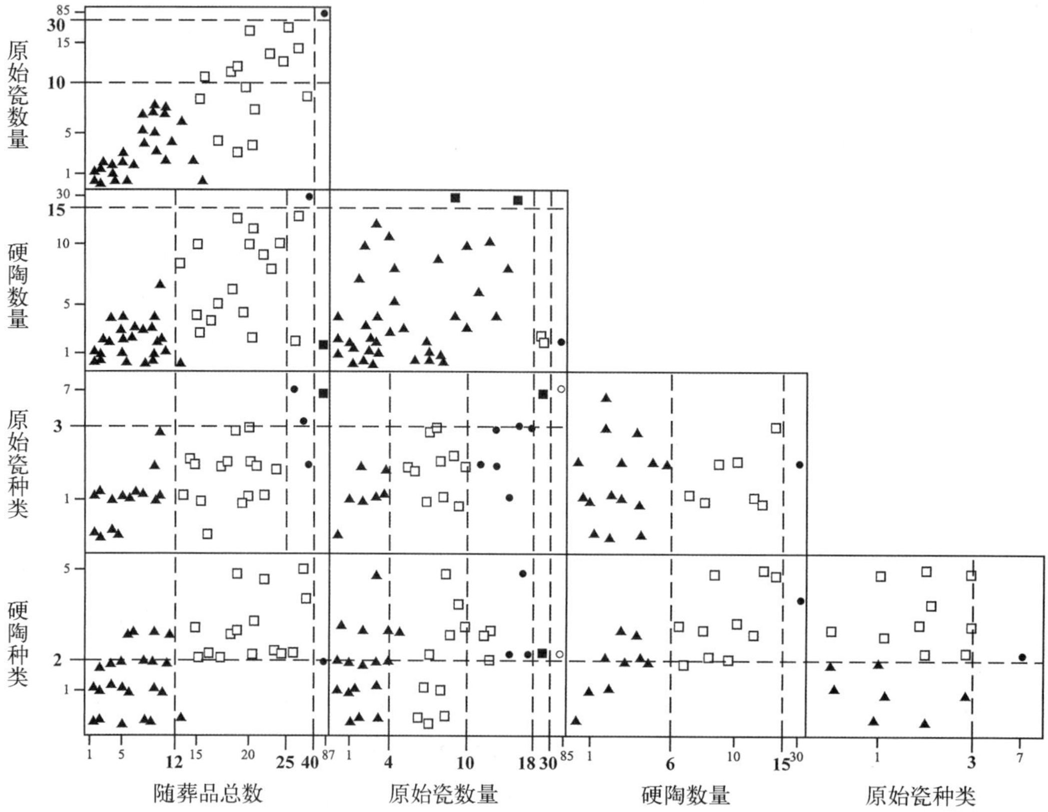

图 4.1　第一阶段太湖杭州湾各等级分析要素组合的最佳分组方案

这些线索可以将第一阶段的 67 座墓葬统一划分为五个等级，从低到高，依次记为第Ⅴ至第Ⅰ等级（表 4.2）。对此等级划分结果的准确性可以进行 t 检验。结果表明，墓葬较多的第Ⅱ、Ⅲ等级的随葬品总数、原始瓷数量及种类有明显差异（P<0.05），第Ⅲ、Ⅳ等级的随葬品总数、原始瓷数量、硬陶数量及硬陶种类同样差异明显，至于第Ⅳ、Ⅴ等级的五种因素皆有显著差异。而且对不同等级而言，墓室面积皆大体接近，确非等级划分的主要依据。可知，这一等级划分方法与结果应颇为可靠（表 4.3）。

表 4.2　第一阶段太湖杭州湾墓葬等级划分方案

	随葬品总数	原始瓷数量	硬陶数量	原始瓷种类	硬陶种类	墓室面积
第Ⅴ等级	1~5 件	0~3 件	0~2 件	≤1 类	0~2 类	
第Ⅳ等级	6~12 件	4~7 件	3~6 件	≤3 类	≤3 类	
第Ⅲ等级	13~25 件	8~18 件	7~14 件	≤3 类	≤3 类	

续表

	随葬品总数	原始瓷数量	硬陶数量	原始瓷种类	硬陶种类	墓室面积
第Ⅱ等级	26~40 件	19~30 件	15~30 件	>3 类	>3 类	
第Ⅰ等级	41~90 件	31~65 件		>2 类	>2 类	>50 平方米

表 4.3　第一阶段太湖杭州湾等级划分方案的 t-检验

比较对象	参数	随葬品总数	原始瓷数量	硬陶数量	原始瓷种类	硬陶种类	墓室面积
第Ⅱ、Ⅲ等级	t Stat	−4.6452	−3.5691	−0.5922	−4.4741	−0.8509	1.0026
	P 双尾	**0.0001**	**0.0013**	0.2810	**0.0002**	0.2037	0.1672
	t 双尾临界	1.7459	1.7459	1.7459	1.7459	1.7459	1.7709
第Ⅲ、Ⅳ等级	t Stat	−9.5411	−2.6140	−3.2051	−1.4908	−2.4029	−1.9810
	P 双尾	**0.0000**	**0.0071**	**0.0017**	0.0736	**0.0116**	**0.0308**
	t 双尾临界	1.7011	1.7011	1.7011	1.7011	1.7011	1.7247
第Ⅳ、Ⅴ等级	t Stat	−9.7905	−7.0092	−2.7178	−3.5421	−2.0606	−0.7748
	P 双尾	**0.0000**	**0.0000**	**0.0049**	**0.0005**	**0.0230**	0.2233
	t 双尾临界	1.6849	1.6849	1.6849	1.6849	1.6849	1.7171

因此，可使用 K 均值聚类方法对第二阶段 207 座、第三阶段早段 95 座、第三阶段晚段 48 座有明确材料发表的墓葬进行等级划分。其中，多见浅坑、土坑墓的第三阶段早晚段，可以墓室面积、随葬品总数、原始瓷数量、硬陶数量、泥质陶数量作为主要分析因素，玉器、青铜器作为辅助因素。具体过程不再赘述。

如此可将太湖杭州湾两周时期 400 余座墓葬统一划分为七个等级，从低到高记为第七至第一等级。第一阶段至第三阶段早段，等级间差异以随葬品总数与原始瓷数量表现最为鲜明，墓室面积或适用于高等级墓葬；第三阶段晚段，等级间差异主要体现在墓室面积与随葬品总数方面。可据此概括不同阶段的等级划分标准（表 4.4）。

从墓葬等级的划分结果来看，在楚人入越之前，太湖杭州湾的社会发展总体呈现为稳步上升、逐渐复杂的态势。不仅表现为墓葬等级与社会结构的渐次分化，由五等而六等，再由六等而七等，同时也反映在墓葬内涵的不断丰富上。以第七等级为例，第一阶段随葬品总数不超过 5 件，原始瓷数量不超过 3 件；第二阶段随葬品总数上限已在 10 件，原始瓷数量的上限也提升至 7 件，与第一阶段第六等级的内涵基本一致；第三阶段早段时又进一

表 4.4　不同阶段太湖杭州湾墓葬等级划分标准

		第一等级	第二等级	第三等级
第一阶段	随葬品总数			41～90 件
	原始瓷数量/墓室面积			31～65 件/>50 平方米
第二阶段	随葬品总数		>110 件	71～110 件
	原始瓷数量/墓室面积		>85 平方米	51～110 件
第三阶段早段	随葬品总数	>500 件	121～500 件	81～120 件
	原始瓷数量/墓室面积	>200 件/>120 平方米	61～200 件/81～120 平方米	51～60 件/40～80 平方米
第三阶段晚段	墓室面积		>100 平方米	31～40 平方米
	随葬品总数			71～125 件

		第四等级	第五等级	第六等级	第七等级
第一阶段	随葬品总数	26～40 件	13～25 件	6～12 件	1～5 件
	原始瓷数量/墓室面积	19～30 件	8～18 件	4～7 件	0～3 件
第二阶段	随葬品总数	41～70 件	21～40 件	11～20 件	1～10 件
	原始瓷数量/墓室面积	26～50 件	16～25 件	8～15 件	0～7 件
第三阶段早段	随葬品总数	61～80 件	41～60 件	21～40 件	1～20 件
	原始瓷数量/墓室面积	41～50 件	21～40 件	11～20 件	1～10 件
第三阶段晚段	墓室面积	16～30 平方米	11～15 平方米	1～10 平方米	
	随葬品总数	41～70 件	21～40 件	11～20 件	1～10 件

步发展，随葬品总数不超过 20 件、原始瓷数量不超过 10 件者皆属此类，墓葬内涵已经介于第一阶段第六与第五等级之间。至于不同阶段最高等级墓葬的差异更是显著。

第三阶段晚段则发生明显变化。一方面，墓葬等级减少至六个等级，另一方面，与第三阶段早段同等级墓葬相比，其内涵可能有所回落。如第七至第四等级的随葬品总数分别为 1～10 件、11～20 件、21～40 件、41～70 件，略逊色于第三阶段早段的同等级墓葬，反而与第二阶段的情况基本相同。这固然是由于楚人入越冲击着太湖杭州湾的发展轨迹，但需要注意的是，典型楚墓与越墓之间的葬俗差异明显，陶瓷器之外亦有其他随葬品，随葬品总数的相同并不意味着墓葬内涵的一致，不宜简单认为第三阶段晚段的社会发展程度与第二阶段所见无二，而仍应高于后者。

在纵向比较之余，还可利用卡方检验横向比对同一阶段、不同小区的情况。发现第二阶段与第三阶段晚段，墓葬等级与地域之间存在明显的关联性，不同小区的等级分布有所差异（$\alpha<0.1$）；第一阶段与第三阶段早段，不同小区的等级分布则基本相同。这恰可与区域格局变迁的结论相印证。前者差异的出现，应分别与太湖杭州湾的内部重构、楚人“尽取故吴地，至浙江”的蚕食有关。后者则概因第一阶段并无单一中心、第三阶段早段越国灭吴后一家独大（表 4.5）。

表 4.5　不同阶段太湖杭州湾墓葬等级与地域关联性的卡方检验

比较对象	χ^2	df-自由度	χ^2临界	α-显著性水平	V-关联强度	n-样本量
第一阶段	11.795	8	13.362	0.161	0.297	67
第二阶段	17.442	10	15.987	**0.065**	0.205	207
第三阶段早段	8.256	12	18.549	0.765	0.213	95
第三阶段晚段	21.734	10	15.987	**0.017**	0.476	48

虽然墓葬等级并不能完全等同于社会阶层，但仍然可以映射社会结构的部分内容。统计不同阶段、不同等级墓葬的数量比例，可以绘制相应的社会结构（图 4.2）。

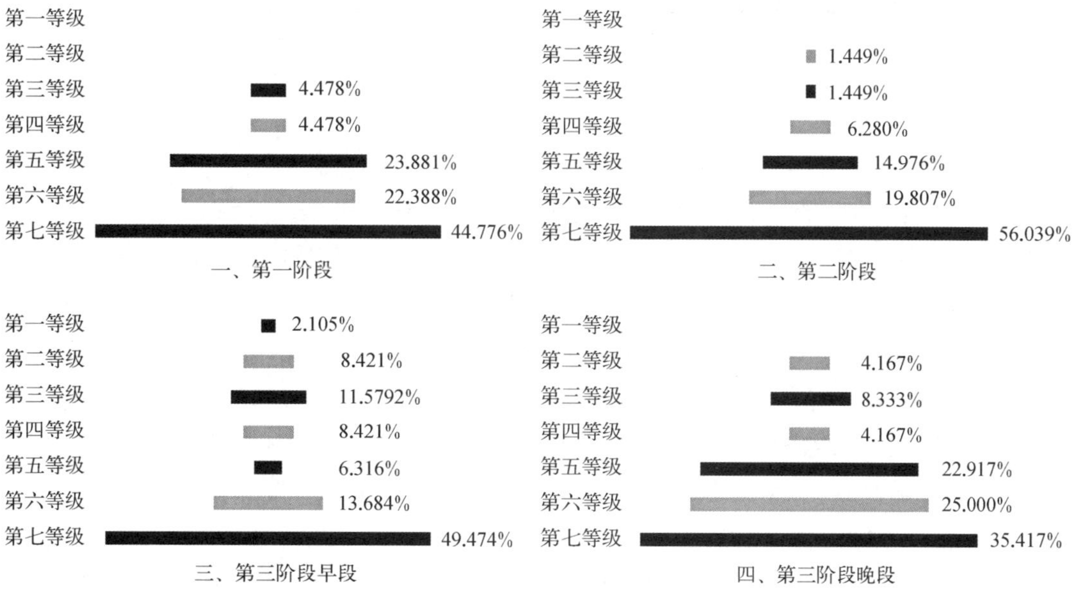

图 4.2　不同阶段太湖杭州湾的社会结构

第一阶段时，太湖杭州湾的社会结构稍似金字塔形而仍有明显差距。第七至第五等级占比 90%以上，第四与第三等级、第五与第六等级的比例相近或相同，暂未见随等级提升比例递减的趋势，第五等级占比甚至略高于第六等级。这一时期虽然已经有明确的社会分化，但社会结构显然以均衡为主要特征，尚未形成与典型金字塔形结构一般严格的制度性或者说政治性分层。

第二阶段时，社会结构呈现出明显的金字塔形特征。从绝对比例来看，这一变动的主要方式是第四至第二等级、第七至第五等级的内部调整，而非高等级或较低等级之间的人群流动。相比第一阶段，政治因素的影响已有所加强。但这并非地区独立发展的结果，其动因主要来自外部环境，即宁镇与浙南闽北的影响。

相关研究表明，第一阶段宁镇、浙南闽北的社会结构呈现为明显的金字塔形，且似是在原本均衡的社会中突然催生出少量的高等级人群，其出现应当与来自中原的青铜器及其背后的某些政治因素的影响密切相关①（图 4.3）。第二阶段时吴文化的东进与浙南闽北人群的北上，自然会将这种政治因素扩散至太湖杭州湾②，并突出表现为不同小区的社会结构差异。

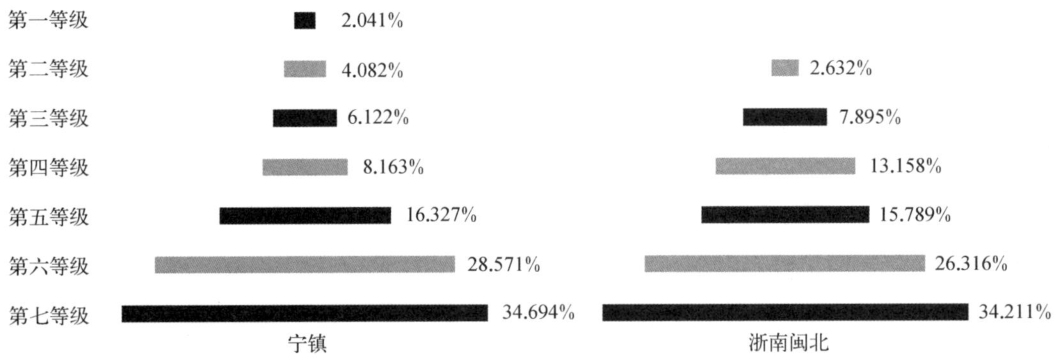

图 4.3　第一阶段宁镇、浙南闽北的社会结构

分别考察这一时期环太湖、杭嘉湖、宁绍的社会结构可以发现，其复杂程度明显不同，以环太湖最为复杂、宁绍次之、杭嘉湖再次，与前述区域格局颇为吻合。而且三者的社会结构均未似第一阶段宁镇、第二阶段太湖杭州湾一般呈现为相对明显的金字塔形结构，特别是环太湖与宁绍，第六、第五等级的比例皆大于同时期地区整体的同等级数据，反而更接近第一阶段的情况。地区整体之所以呈现出相对鲜明的金字塔形结构，显然是杭嘉湖少见第六、第五等级墓葬所导致的统计偏误（图 4.4）。综合来看，第二阶段太湖杭州湾的社会结构应仍以均衡为主要特征，政治色彩虽略有增强，但对社会结构的塑造相对有限。一般认为，经济力量作用下的社会相对均衡，接近橄榄形结构，政治力量作用下的社会则更显分化，偏向金字塔形结构③。第一、第二阶段，太湖杭州湾主体均衡、略近金字塔形的社会结构，应当是政治力量与经济力量共同作用的结果，并以后者发挥着更为重要的作用④。

① 吴桐：《浙江地区两周时期玉器的兴衰及相关问题》，《考古》2022 年第 1 期。
② 吴桐、刘睿喆：《论两周越墓的夸富葬俗》，《东南文化》2024 年第 5 期。
③ 赵辉：《中国的史前基础——再论以中原为中心的历史趋势》，《文物》2006 年第 8 期。
④ 同①。

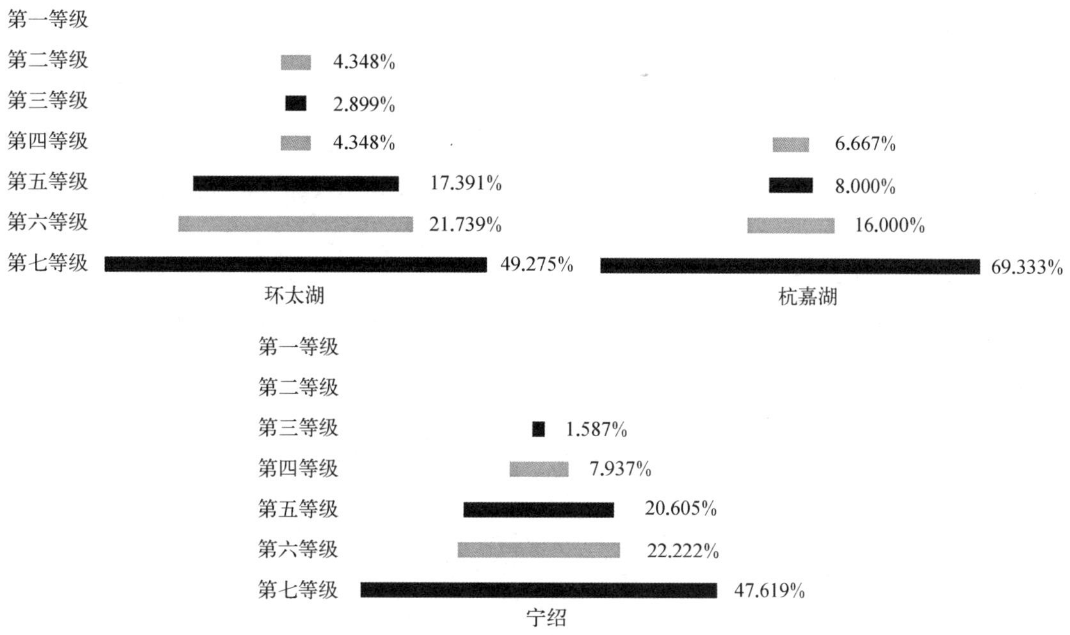

图 4.4　第二阶段太湖杭州湾各小区的社会结构

第三阶段早段时，太湖杭州湾的社会结构又有明显变动，呈现近似“橄榄形+金字塔形”的复合特征。其中第七至第一等级总体近似金字塔形，第五至第一等级则呈现为典型的橄榄形。显然，在从上到下强调以政治力量塑造等级制度的同时，经济力量在较高等级中仍占据着较为重要地位。如果说金字塔形结构的出现，是外来强烈刺激与争霸背景下越国社会政治化转型的表征，那么橄榄形结构或者说主体均衡社会结构的延续，则无疑为此转型添加了不可或缺的主动性色彩。

第三阶段晚段时，“橄榄形+金字塔形”的复合结构不复存在。楚人入越极大压缩着越人的生存空间，后者的文化与社会传统渐趋末路。在此等级架构的长期过程中，经济力量与政治力量始终共同塑造着地区的社会结构，并随着外来影响的加剧呈现出此消彼长的态势，从而勾绘出太湖杭州湾独具特色的、不同于中原的发展路径。

二、随葬品器用与社会秩序及制度①

从等级划分的结果来看，随葬品器用可在相当大的程度上反映太湖杭州湾的社会秩序与制度。地区随葬品以陶瓷器为大宗，第三阶段始见有少量玉石、漆木器。关于玉器的器用，学界讨论已较为成熟②，故本文的研究将以陶瓷器为主。

① 参见吴桐、刘睿喆：《论两周越墓的夸富葬俗》，《东南文化》2024 年第 5 期。

② 张敏：《吴越贵族墓葬的甄别研究》，《文物》2010 年第 1 期；陈元甫：《越国贵族墓葬制葬俗初步研究》，《东南文化》2010 年第 1 期；张敏：《越国玉器的等级研究》，《东南文化》2011 年第 4 期。

（一）第一阶段

第一阶段，陶瓷器包括原始瓷、硬陶、泥质陶、夹砂陶四种材质。原始瓷为绝对大宗，各等级普遍随葬。硬陶数量虽然较多，但第三等级随葬频率已然骤减。泥质陶的随葬频率随等级提升先增后降，高等级墓葬可能对其略有排斥，低等级随葬的具体器类多为原始瓷豆、盘的形似器，很可能是后者的替代品，而且总体数量较少，其有无、其组合与等级之间并不存在明显关联，更勿论存在某种等级序列或等级规范。夹砂陶偶见随葬于第六、第五等级的 4 座墓葬，总数不过 9 件，无须过多关注。因此可以原始瓷作为随葬品器用的主要考察对象（表 4.6）。

表 4.6　第一阶段太湖杭州湾不同材质陶瓷器的随葬频率（%）

	第七等级	第六等级	第五等级	第四等级	第三等级	器物总数
原始瓷	60.00	100.00	100.00	100.00	100.00	381
硬陶	66.67	86.67	93.75	100.00	33.33	241
泥质陶	13.33	20.00	81.25	33.33		48
夹砂陶		6.67	18.75			9

此时，原始瓷器类主要有豆、盂、碗（杯盅）、簋、碟、罐、尊、盘、盆九种，形制简单，以日常用器为主。除第七等级外，各等级器类大体相当，主要器物在不同等级的随葬频率也无明显差异。豆始终为随葬之大宗。盂、碗（杯盅）、簋、碟、罐虽看似呈现出随等级提升频率增加的可能趋向，但第四、第三等级所见皆仅一例，第六、第五等级同样以一例为主，这一趋向的出现可能只是偶然。分别见于第四、第三等级的盘、盆亦属孤例。故可确证者，唯此日常用器普遍随葬于各个等级而已。相比之下，尊似乎具有某种等级意味。其形制复杂多样，于第四等级各墓均有发现，只是第三、第六等级亦各见一例。这表明尊并非高等级墓葬独有，后者也未必全部随葬尊，相应的等级意味或许存在，却尚未构建出清晰的等级序列，随葬器用也无明确的等级规范，尚难称其为礼器（表 4.7）。

表 4.7　第一阶段太湖杭州湾原始瓷主要器类的等级随葬频率（%）

	豆	盂	碗（杯盅）	簋	碟	罐	尊	盘	盆	墓葬总数
第七等级	58.62	6.90								29
第六等级	93.33	13.33	6.67	6.67	6.67	6.67	6.67			15

续表

	豆	盂	碗(杯盅)	簋	碟	罐	尊	盘	盆	墓葬总数
第五等级	75.00	3.13	37.50	6.25		25.00				16
第四等级	100.00	33.33	33.33		33.33	33.33	100.00	33.33		3
第三等级	100.00	33.33	33.33	33.33	33.33		33.33		33.33	3

从随葬组合来看，同样未见明确的等级序列与等级规范。各个等级皆以单类豆最为多见，并以豆为随葬组合之常备。其他组合亦可互见，如“豆+碟”组合共见于第六与第四等级，又如第六与第五等级的组合基本雷同、第七至第五等级的组合无显著区别，仅单类豆的比例略有降低。虽然以器类而论，第七至第五等级最多不过三种，第四、第三等级上限远超于此，但实际逾者不过二墓，即第四等级独仓山 D2M1①、第三等级凤凰山 D1M1②，除此二例外，第四、第三等级更常见随葬单类豆或两种器类，与较低等级的区别只在于数量差异。如第三等级便山 D429(一)随葬品 55 件③、第六等级德清独仓山 D8M2 随葬品 8 件④，皆尽数为豆。至于各等级内部的随葬组合更是散乱无规律，甚至呈现出随等级提升渐趋多样的态势。以“组合种数/墓葬总数”衡量其多样性，第七至第三等级可由 10.34%跃迁至 100%，最高等级墓葬的随葬组合竟然无一例相同。显然此时并不存在某种等级规范，而充斥着个性选择。等级越高，则选择能力越强，选择空间越大，选择结果越多样。由于“礼器相对缺失”，其选择对象以简单日常用器为主，故其选择能力或者说等级高低的表现方式，更多地倾向于展现墓主人的经济力量而非政治力量，是经济观念而非政治观念影响作用的产物(表 4.8)。

表 4.8　第一阶段太湖杭州湾不同等级原始瓷的随葬组合

	随葬组合情况	墓葬数量	墓葬总数	组合种数/墓葬总数
第七等级	豆	16	29	10.34%
	盂	1		
	豆+盂	1		

① 浙江省文物考古研究所等：《独仓山与南王山——土墩墓发掘报告》，第 38~45 页。

② 浙江省文物考古研究所等：《浙江上虞驿亭凤凰山西周土墩墓》，《南方文物》2005 年第 4 期。

③ 浙江省文物考古研究所：《浙江长兴县便山土墩墓发掘报告》，《浙江省文物考古研究所学刊：建所十周年纪念(1980~1990)》，第 128~169 页。

④ 同①，第 72~76 页。

续表

	随葬组合情况	墓葬数量	墓葬总数	组合种数/墓葬总数
第六等级	豆	10	15	40.00%
	碗	1		
	豆+碟	1		
	豆+簋	1		
	豆+盂+罐	1		
	豆+盂+尊	1		
第五等级	豆	5	16	43.75%
	碗	1		
	豆+碗	2		
	豆+簋	1		
	碗+盂	3		
	豆+罐	2		
	豆+盂+罐	2		
第四等级	豆+尊	2	3	66.67%
	豆+碗+盂+碟+盘+罐+尊	1		
第三等级	豆	1	3	100.00%
	豆+碟	1		
	豆+碗+盂+簋+盆+尊	1		

类似的对经济力量的彰显更可体现在随葬数量方面。细查各墓随葬情况发现，以数量计，可将这些器物分为三类：A类，豆；B类，盂、碗（杯盅）、簋、碟；C类，罐、尊、盘、盆。A类数量最多，且随等级提升渐呈指数型增长，第五等级所见已多在10件左右。B类于第七等级尚与之接近，随等级提升，数量差距逐渐拉大，至第三等级已难望其项背。其数以1~4件为主，第三等级随葬最多者即驿亭凤凰山D1M1[①]也不过8件，而同墓随葬豆44件，是其5倍有余。即便辅以硬陶同形器，较之A类仍明显不及。C类数量更少，仅1~2件（图4.5）。

① 浙江省文物考古研究所等：《浙江上虞驿亭凤凰山西周土墩墓》，《南方文物》2005年第4期。

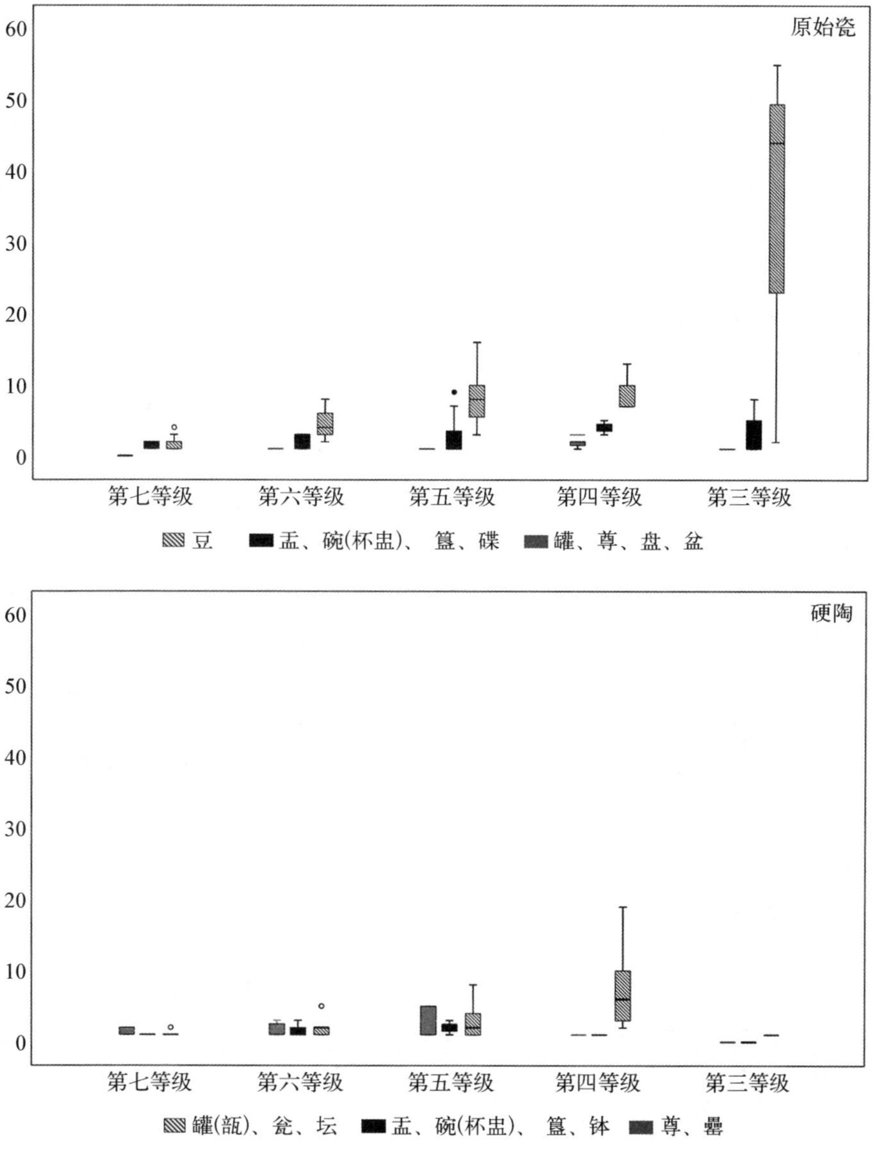

图 4.5 第一阶段太湖杭州湾不同等级原始瓷、硬陶主要器类的随葬数量范围

显然无论是从随葬频率、组合，还是从数量来看，在第七到第三等级的全部墓葬及其背后的整个社会中，普遍存在对豆的推崇与追求，随葬原始瓷皆以此为核心，盂、碗（杯盅）可为其补充。不仅低等级墓葬多仅随葬此类器物，高等级墓葬也表现出同样的，甚至更加强烈的追求。这种普遍、重复随葬同一简单日常用器的行为，所指向的只能是对财富大量拥有的渴求①，可概称之为“夸富葬俗”。豆即是此时最重要的“夸富物”，相应的等级秩序也由此夸耀性财物主导构建。当然，这与政治组织的存在并不矛盾。夸富只是手段，

① 张弛：《屈家岭—石家河文化的聚落与社会》，《考古学研究（十）》，科学出版社，2012 年，第 324~351 页。

显贵才是目的，只是就等级架构的具体方式而言，是以经济力量而非政治力量、以“经济观”而非“政治观”为主要逻辑。

硬陶的随葬情况也与此相近。以罐（瓿）、坛、瓮为大宗，属日常盛储器。器类分布、组合并无明确等级意味，而多见普遍、重复随葬。如第六等级妙西独山头D1M5随葬罐（瓿）2、瓮5件①，如第四等级苏州馒首山D1M2随葬罐（瓿）19、瓮10件②。无论这些器物的大量随葬是服务于盛储行为，还是意指“盛储”本身，这种重复随葬所表现的同样只能是对大量拥有财富的渴求与彰显。这也可以与前述墓葬等级划分以随葬品总数为首要依据的研究结论相呼应。只是相比原始瓷，此时硬陶随葬频率稍低，数量略少，且罕见于最高等级墓葬，仍应以原始瓷豆为这一阶段最重要的“夸富物”。这种以“经济观”主导构建的社会秩序，或可上承自龙山时代长江流域“重富轻贵”的丧葬传统③（图4.5）。

浙南闽北的墓葬集中发现于这一阶段，因此有必要对其另行分析，以互为镜像。

这一阶段浙南闽北墓葬可分为六个等级，即第七至第二等级，随葬品包括陶瓷器、玉石器与青铜器。陶瓷器的随葬情况与太湖杭州湾相似。原始瓷的随葬组合较太湖杭州湾同等级墓葬略显丰富，其组合上限勾勒出较清晰的等级序列，以第四等级为界，可大致分为两类：第一类为第七至第四等级，器类组合略混杂，单类器与多类器均较多见；第二类为第三、第二等级，随葬多类器物，未见单类器（表4.9）。其中最高等级墓葬屯溪M3除随葬常见的豆、罐、尊等器外，还随葬仿铜礼器与杂器，如鼎、盉、壶、瓶、漏斗④。这些器类不见于其他等级，可能具有一定的“礼器”性质，与太湖杭州湾“礼器相对缺失”的情况明显有别。由此推测，此时浙南闽北的墓葬等级及其背后的社会秩序不仅更显复杂，而且政治力量应在其间发挥着更为重要的作用。

表4.9 第一阶段浙南闽北不同等级原始瓷的随葬组合

	组合情况	数量	墓葬总数
第七等级	豆	5	13
	罐	1	
	豆+盂	1	
第六等级	豆	3	10
	豆+尊	1	

① 浙江省文物考古研究所等：《湖州妙西独山头土墩墓发掘简报》，《东方博物》第36辑，第72~80页。

② 苏州市考古研究所等：《江苏苏州高新区东渚馒首山土墩墓发掘简报》，《东南文化》2013年第5期。

③ 韩建业：《龙山时代的三个丧葬传统》，《江汉考古》2019年第4期。

④ 李国梁：《屯溪土墩墓发掘报告》，第3~30页。

续表

	组合情况	数量	墓葬总数
第六等级	豆+碗+盂+罐	1	10
	豆+罐+瓮+纺轮	1	
第五等级	罐	1	6
	豆+尊	1	
	豆+簋+碟+罐	1	
第四等级	豆	1	5
	盂	1	
	豆+罐	1	
	豆+盂+罐+盘	1	
	豆+盂+簋+罐+尊+器盖	1	
第三等级	豆+簋+罐+尊	1	3
	豆+盂+碟+罐+盉+尊	1	
第二等级	豆+盂+杯+罐+盉+尊+鼎+壶+瓶+圆座+漏斗	1	1

只是,这些可能的"礼器"仅随葬于最高等级墓葬,就等级架构的实际效用而言,尚不成序列。原始瓷的随葬频率、随葬组合虽然大致以第四等级为界,呈现出一定的等级序列,但规范性明显缺失,与严格的等级制度相比仍有明显差距。抛开中原等地的外来政治影响,浙南闽北的原初社会结构应与太湖杭州湾相近,俱以均衡为主。其各个等级同样以豆为随葬之必选,等级越高则随葬数量越多,与太湖杭州湾所见颇为一致,表现出同样的对财富的强烈彰显与追求。"夸富物"与"礼器"共存,浙南闽北社会秩序的构建应该是经济力量与政治力量、"经济观"与"政治观"共同作用的结果。只是后者主要局限于社会的顶层,就社会整体而言,仍以前者为主导。

浙南闽北玉石器随葬同样可以第四等级为界分为两类：第一类为第七至第四等级,仅随葬单类玦,随葬数量随等级提升而增加,最甚者如西山大墩顶随葬 22 件[①],与豆的随葬情状近同,同属"夸富物";第二类为第三、第二等级,随葬多种玉器,上限可达六种,且见有石、绿松石、水晶等多种材质,虽然具体的器类、数量、材质尚无明确规律,但其随葬本身已具备较为明确的等级意味。玉石器所构建的社会秩序应是较低等级彰显经济力量与

① 金华地区文管会:《浙江衢州西山西周土墩墓》,《考古》1984 年第 7 期。

高等级塑造经济、政治身份的双重产物(表 4.10)。

表 4.10　第一阶段浙南闽北玉器的随葬情况

		玉石器总数	玉　　器	其　　他
第七等级	罗汉山 M10	1	玦 1	
第六等级	岗头 M1	2	玦 2	
第四等级	西山大墩顶	22	玦 22	
第三等级	小人尖 M1	5	凸棱环 4、玦形饰 1	
	屯溪 M1	3		水晶环 2,石佩 1
	杨府山 M1	19	镯 5、玦 4、柄形器 1、饰 7	绿松石串饰 1、饰 1
第二等级	屯溪 M3	54		石珠 2、环 2、玦 5、牙状器 1,水晶珠 1,料管残件 43

相比之下,青铜器的器用规律呈现出更加明显的制度性倾向。根据功能可将之分为四类:A 类,工具如斧、锛、刮刀等;B 类,兵器如剑、戈、镞等;C 类,杂器与车马器如柄形器、柱形器、车饰等;D 类,容器如鼎、尊、卣等。其随葬建构出秩序井然的等级序列。第七等级仅随葬 A 类器,第六等级除有 1 例杂器外皆仅随葬 B 类器,第五与第四等级多为 A+B 的组合,第四等级偶见随葬 D 类,第三等级普遍为 D+其他的组合,且除小人尖 M1 外,组合上限多不超两种,第二等级则囊括四种类型在内,构成 A+B+C+D 的完整组合。这四类器物的随葬比例亦可与此序列相印证,随着墓葬等级提升,A 类比例渐降,C、D 类比例跃升,与陶瓷器所见简单日常用器的普遍、重复随葬判然有别。显然墓主人随葬青铜器并非出于对经济力量的简单彰显与追求,而更希望借此建立某种相对严格的等级身份秩序乃至制度(表 4.11)。

表 4.11　第一阶段浙南闽北铜器的随葬情况

		工　具	兵　器	杂器与车马器	容　器
第七等级	卢坪岗 M1	√			
	罗汉山 M10	√			
第六等级	晒谷坪 D1M1		√		
	鹭鸠岗 D2M1		√		

续表

		工　具	兵　器	杂器与车马器	容　器
第六等级	麻地尾 D8M1		√		
	岗头 M1			?	
第五等级	麻地尾 D10M1	√	√		
	麻地尾 D12M2	√	√		
	麻地尾 D2M1		√		
	社公岗 D1M1	√	√		
	洋山 D1M1	√	√		
第四等级	屯溪 M7	√	√		
	社公岗 D2M1	√	√		
	洋山 D11M1	√	√		
	洋山 D3M1	?	?		√
第三等级	小人尖 M1	√	√	√	√
	屯溪 M1			√	√
	杨府山 M1		√		√
第二等级	屯溪 M3	√	√	√	√

考虑到浙南闽北青铜器的出现与使用主要受到中原等地的影响，这种对于“政治”的追求应当也是受外界影响的、昙花一现的产物。太湖杭州湾相对单纯的、以“经济观”主导的等级架构，更可能建基于本地区的文化与社会传统。二者之异同，恰可从不同侧面再次印证“夸富葬俗”的存在。

（二）第二阶段

第二阶段，墓葬情况稍显复杂，越墓与吴墓并存于环太湖。在以陶瓷器为随葬大宗的同时，还出现少量玉石器、金属器及漆木器，并多见于吴墓，相应的社会秩序或制度也有所不同。因吴文化在太湖杭州湾的存续时间、分布空间皆远逊越文化，故本文对随葬品器用的讨论以越墓为主。又因具体随葬情况与前一阶段基本接近，故相关讨论仅以原始瓷为例。至于吴越墓葬的甄别标准，可参看第三章第二节。

此时，原始瓷器类主要包括碗（杯盅）、豆、盂、簋、盘、罐、器盖、尊、钵、碟、鼎、卣、盉等。其中豆的优势地位逐渐被碗（杯盅）取代，罐的主要形制由之前的盘口罐转为筒形罐。除筒形罐、尊、鼎、卣、盉外，其他器类的形制皆较简单，应属日常用器为宜，而且普遍随葬于各个等级，随葬频率随等级提升增幅明显。显然，这些器类本身并无等级排他性，不同等级的序列选择也只是建基于墓主人的经济力量。筒形罐、尊的情况与之相似，形制虽略显复杂，但仍广见于不同等级。以筒形罐为例，第七等级如唯亭夷陵山①、第六等级如缸窑山 M11② 皆有发现，尚难以径直将之归属于礼器的范畴。其随葬与否，更可能与墓主人的等级无关（表 4.12）。

表 4.12　第二阶段太湖杭州湾不同等级原始瓷主要器类的随葬频率（%）

	碗（杯盅）类	豆	盂	簋	盘	罐	器盖
第七等级	44.23	21.15	15.38	0.96	3.85	6.73	2.88
第六等级	84.38	31.25	21.88	3.13	18.75	3.13	15.63
第五等级	72.73	40.91	72.73	4.55	22.27	27.27	18.18
第四等级	44.44	55.56	11.11	11.11	55.56	55.56	33.33
第三等级	33.33	100.00	66.67	66.67	66.67	100.00	33.33
	尊	钵	碟	鼎	卣	盉	墓葬总数
第七等级	0.96	0.96					104
第六等级	3.13	15.63	3.13				32
第五等级			13.64				22
第四等级	33.33	22.22	77.78	22.22	22.22	11.11	9
第三等级							3

相较于此，鼎、卣、盉则表现出较为强烈的等级意味。其形制仿自青铜器，与此前浙南闽北所见仿铜礼器颇为相似③，且尽数随葬于高等级墓葬，兼具等级序列性与规范性，确属礼器无疑。但需要注意的是，这些器物数量甚少，不过 13 件，仅随葬于第四等级德清皇坟堆④、

① 南波：《吴县唯亭公社夷陵山出土印纹陶、釉陶器物》，《文物》1977 年第 7 期。
② 宁波市文物考古研究所等：《浙江慈溪掌起缸窑山墓地发掘报告》，《东南文化》2005 年第 2 期。
③ 李国梁：《屯溪土墩墓发掘报告》，第 23～29、42～45、49～51 页；浙江省文物考古研究所：《古越瓷韵：浙江出土商周原始瓷集粹》，文物出版社，2010 年。
④ 姚仲源：《浙江德清出土的原始青瓷器——兼谈原始青瓷生产与使用中的若干问题》，《文物》1982 年第 4 期。

三合塔山①，未见于其他高等级墓葬，且年代集中在第四段，即西周晚期晚段至春秋初期偏早，恰当浙南闽北衰落、太湖杭州湾代之兴起之际。与其视之为某种时代特征，还不如说更可能是浙南闽北人群迁徙影响下的昙花一现。结合玉器的发现情况来看，这些仿铜礼器的短暂出现，确应是西周晚期以来浙南闽北衰落过程中，人群外迁的结果。后者第一阶段时以某种"政治"追求塑造社会秩序乃至制度的作风自然也会对太湖杭州湾产生一定影响。由于同中原等地联系的断裂，这些间接传入的外来政治因素终成无源之水，而淹没于本地区"夸富葬俗"的洪流之中。

在短暂的器类传播之外，浙南闽北对太湖杭州湾的持续影响更多地体现在随葬组合方面。具体表现为开始部分地以组合丰富程度彰显身份等级。因各等级组合异常繁复多样，本文难以赘列，故代之以统计各组合的器类种数。从第七至第五等级，组合上限由三种至五种再至七种，而且随葬单类器物的比例迅速降低，竟由 47.12%锐减至 13.64%，仅余 1/4 强。至于第四、第三等级，尽数随葬四种以上器类，与此前以一到两种器类为主的情况判然有别。随葬组合的丰富程度已新兴为太湖杭州湾等级架构的又一重要内容（表 4.13）。

表 4.13　第二阶段太湖杭州湾不同等级原始瓷的随葬组合

	第七等级	第六等级	第五等级	第四等级	第三等级
一种	47.12%	37.50%	13.64%		
两种	18.27%	28.13%	36.36%		
三种	4.81%	18.75%	18.18%		
四种		9.38%	9.09%	33.33%	33.33%
五种		3.13%	9.09%	22.22%	66.67%
六种			4.55%	22.22%	
七种			4.55%	22.22%	
墓葬总数	104	32	22	9	3
组合种数/墓葬总数	16.35%	50.00%	68.18%	100.00%	100.00%

只是从组合内容来看，其本质仍是简单日常用器的排列组合，不同等级所见多有重合。如萧山柴岭山墓地，第六等级 D1M2"豆+盂+盘+钵+尊"，第五等级 D19M1"碗（杯盅）+豆+盂+盘+钵+碟+器盖"，第四等级 D34M2"碗（杯盅）+豆+盂+盘+钵+碟+罐"，第三

① 朱建明：《浙江德清三合塔山土墩墓》，《东南文化》2003 年第 3 期。

等级 D31M1“豆+盂+盘+罐+器盖”①。相应的等级架构重心仅在于器类种数而非内容，仍以经济力量而非政治力量为导向，不过是对传统“夸富葬俗”的补充而非突破。更勿论从“组合种数/墓葬总数”来看，随葬组合的规范性甚至不及前一阶段。严格等级制度的出现仍然缺乏合适的土壤，等级表达方式仍然“重富轻贵”。

在部分强调以器类种数构建等级序列的同时，随葬数量，特别是“夸富物”数量的重要性仍然存续。在豆消失之后，碗（杯盅）作为新的代表性“夸富物”，成为各等级随葬之首备与大宗。如第七等级上虞羊山 D1M2 随葬品 5 件尽为此器②，第五等级慈溪 M9 随葬品 15 件中 14 件为碗（杯盅）③，又如第三等级常熟西岭 D1 随葬品 93 件中碗（杯盅）占据 67 件之多④。盂可为其补充。即便是随葬仿铜礼器墓，亦有借助随葬数量彰显等级之意。皇坟堆随葬罐 11、尊 7 件，塔山随葬碗（杯盅）10、鼎 7、尊 9 件，可视为传统“夸富葬俗”与外来政治因素的短暂结合，并可为第三阶段礼制变革之前导。

这一阶段在来自浙南闽北的影响下，太湖杭州湾的等级表达方式发生某种变化。在继续以夸耀性财物彰显身份等级的同时，开始部分地关照随葬器类种数，并且短暂出现以仿铜礼器为代表的“夸富葬俗”与政治因素的简单结合。虽然此时的墓葬等级架构仍以“经济观”、经济力量占据最主要与最重要的地位，但是“政治观”、政治力量的作用也确实呈现出某种逐渐增强的可能趋向。

（三）第三阶段早段

第三阶段早段，太湖杭州湾的随葬品极为丰富，除骨甲贝器外，其他材质皆有发现，但仍以陶瓷器为主。由于社会的突变式发展，陶瓷生产虽达历史顶峰⑤，却难以完全满足社会需求，开始以硬陶、泥质陶同形器为其重要补充。这导致不同质地之间不再具有高下之别⑥，如第二等级鸿山万家坟随葬品 519 件，竟然无 1 件原始瓷，而俱作硬陶、泥质陶材质⑦。因此可对陶瓷器作统一考察，不必再区分其质地。

受外来文化影响，此时越国的物质文化面貌突破了传统束缚，陶瓷器类异常丰富⑧。其中最重要的便是以仿铜乐器为代表的“礼器”的出现。研究表明，其器用特征兼具目标制度性与方式秩序性，即“富贵并重”⑨。

目标制度性是指，仿铜乐器构建出明确的等级序列。具体地，其仅随葬于高等级墓

① 杭州市文物考古研究所等：《萧山柴岭山土墩墓》，第 72~74、173~176、247~263、280~285 页。
② 浙江省文物考古研究所等：《上虞羊山古墓群发掘》，《沪杭甬高速公路考古报告》，第 96~126 页。
③ 浙江省文物考古研究所：《慈溪市彭东、东安的土墩墓与土墩石室墓》，《浙江省文物考古研究所学刊：建所十周年纪念（1980~1990）》，第 185~199 页。
④ 苏州博物馆等：《江苏常熟市虞山西岭石室土墩的发掘》，《考古》2001 年第 9 期。
⑤ 陈元甫：《浙江地区战国原始瓷生产高度发展的原因探析》，《东南文化》2014 年第 6 期。
⑥ 吴桐：《越国仿铜乐器的器用与等级》，《考古》2023 年第 2 期。
⑦ 南京博物院等：《鸿山越墓发掘报告》，文物出版社，2007 年，第 55~114 页。
⑧ 郑建明、林毅：《战国原始瓷编钟的出现与楚文化的影响》，《湖南省博物馆馆刊》第 14 辑，岳麓书社，2018 年，第 141~149 页。
⑨ 同⑥。

葬，即第四至第一等级，与玉器随葬情况完全相同，可作为区分高等级与低等级墓葬的又一参考标准；同时，随葬总数、频率、种类与组合也呈现出明显的等级序列，随着等级提升总数不断增加，频率不断提高，种类不断增多，组合不断丰富。

第四等级随葬乐器5件左右，随葬频率22.22%~36.36%，乐器1种，或为甬钟，或为勾鑃。第三等级随葬总数明显提高，集中于28~35件，随葬频率突增至50.00%~55.56%，乐器2~6种不等，以甬钟为核心，辅以其他乐器。第二等级随葬总数跃升至90件左右，频率虽然仅部分高于第三等级，但考虑到该等级墓葬大多被盗严重，而存余3墓中便有2墓随葬大量乐器，故其随葬频率不宜被低估，有较大可能在66.67%左右，乐器种类计6~8种，原仅偶见于第三等级的钲成为随葬之必备，基本形成"甬钟+镈钟+磬+錞于+勾鑃+钲"的固定组合，个别墓葬零星随葬鼓座、缶。至于第一等级的随葬乐器已逾百件，乐器种类与组合更趋丰富而完备，形成8种乐器"甬钟+镈钟+磬+錞于+勾鑃+钲+鼓座+缶"的完整组合。第一等级的情况虽因仅存1墓具有一定的偶然性，但前述种种已共同表明，仿铜乐器的随葬种类、组合、总数与频率，皆随墓葬等级提升渐次增加，相应的等级序列也由此构建（表4.14）。

表4.14　第三阶段早段太湖杭州湾仿铜乐器的随葬情况

等　级	单　位	仿铜乐器随葬情况	乐器总数	随葬频率
第四等级	老鸦桥M1	甬钟4	4	22.22%~36.36%
	石马料	勾鑃7	7	
第三等级	石塘M1	甬钟、镈钟等	30+	50.00%~55.56%
	茅家山M324	甬钟17、磬11	28	
	秦家山	甬钟18、磬6、錞于6、钲1	31	
	黄家山	甬钟13、镈钟2、磬4、錞于2、勾鑃14	35	
	鼻子山M1	甬钟7、镈钟3、磬13、錞于3、勾鑃8、钲1	35	
第二等级	老虎墩	甬钟11、镈钟28、磬20、錞于7、勾鑃23、钲2	91	33.33%~66.67%
	万家坟	甬钟24、镈钟16、磬18、錞于2、勾鑃23、钲2、鼓座1、缶1	87	
第一等级	邱承墩	甬钟26、镈钟15、磬16、錞于10、勾鑃29、钲3、鼓座4、缶3	106	100.00%

方式秩序性是指，在等级表达结果呈现出严格序列性的同时，其表达方式的规范性却大多处于被忽视的境地。具体地，仿铜乐器仅以随葬总数作为等级表达方式的重中之重，种类与组合的等级规律虽相对清晰有序，但规范性未尽严格。在随葬种类随等级提升不

断增多的同时，并未出现某种等级标识物。第一等级所见鼓座、缶可零星见于第二等级，第二、第一等级固定随葬的钲同样偶见于第三等级，呈现出某种过渡色彩，而不具备严格的等级区分意味。各等级内部的乐器种类与组合，同样以散乱为主要特征。以第三等级为例，此 5 墓竟分见 5 种不同乐器组合，虽皆以甬钟为核心，但配套乐器不一而足，或为镈，或为磬，或为錞于、勾鑃，又或为其他组合。乐器的种类与组合虽也是墓葬等级架构的重要表达方式，但具体随葬选择却自由而随意。至于其他可能利用的等级表达方式，如数量构成、成组方式、质地、通高以及随葬陈列，更是以随意散乱为主要特征，不足以明确标识其等级，更勿论规范其制度。

以甬钟成组方式为例。综合质地、形制、纹饰、通高等因素，可将材料发表详尽的老鸦桥 M1 等 6 座墓葬所见的 84 件甬钟分为 23 组。而无论是同一墓葬内部，还是同一等级内部，又或是不同等级之间，其成组方式皆千差万别。如黄家山为“3 件圆鼓钟+10 件圆筒钟”，后者逾前者之三倍，同属第三等级的鼻子山 M1 以 3 件组合为主，构成“3+3+1”的组合。但这种 3 件成组的情况亦非常例，在第二、第一等级中，甬钟成组方式更为多样，也更加随意。老虎墩为“4 件硬陶环形悬虫+4 件硬陶兽形悬虫+3 件原始瓷钟”，万家坟虎形悬虫 2 组各 4 件，环形悬虫 3 组中除 1 组 3 件鼓部素面外，其余 2 组同为 6 件，共同构成“4+4+3+6+6”的组合，较 3~4 件的成组方式有明显突破。邱承墩的情况则更加复杂。10 件虎形悬虫多为两两成组，16 件蛇形悬虫中除 2 件分别独立成组外，其余 14 件可分 2 组，1 组 4 件篆带饰小乳钉纹，1 组 10 件篆带饰斜划纹，呈现为“2+2+2+4+1+1+4+10”的组合。可知，各墓随葬甬钟的成组方式并无固定规律。3~4 件成组的做法固然相对常见，但未尽规范，而且随墓葬等级提升，成组方式也愈发复杂多样，不仅有 6 件、10 件成组，更常见 1 件、2 件单独成组。即便以 1 件、10 件成组而论，也并非第一等级所特有，亦见于第三、第四等级，呈现出明显的随意散乱特征，不过是仿铜乐器器用的等级表达重心仅在于随葬总数的又一注脚（表 4.15）。

表 4.15　第三阶段早段太湖杭州湾仿铜甬钟的成组方式

等　级	单　位	形制/质地	纹　　饰	通高（cm）	数量
第四等级	老鸦桥 M1	九棱形甬	主体 C 形纹，篆带小乳丁纹	27	1
第四等级	老鸦桥 M1	圆柱形甬	主体素面，篆带小乳丁纹	27~29.2	3
第三等级	黄家山	钟体圆鼓	篆带小乳丁纹	不明	3
第三等级	黄家山	钟体圆筒	篆带斜划纹	32.1~43.2	10
第三等级	鼻子山 M1	钟体圆筒	篆带斜划纹	38.4~42	3
第三等级	鼻子山 M1	钟体圆筒	篆带小乳丁纹	35.6~39.4	3
第三等级	鼻子山 M1	钟体圆筒	篆带小乳丁纹	23.4	1

续表

等　级	单　位	形制/质地	纹　　饰	通高(cm)	数量
第二等级	老虎墩	硬陶环形悬虫	篆带剔印纹	31~34.2	4
		硬陶兽形悬虫	篆带剔印纹	36~37.3	4
		原始瓷	篆带小乳丁纹	25.3~31.5	3
	万家坟	虎形悬虫	篆带小乳丁纹	28.3~32	4
			主体锥点纹、C 形纹	30.2~32.8	4
		环形悬虫	鼓部素面,主体锥点纹、C 形纹	34.8~35	3
			鼓部有纹,主体锥点纹	29~33.8	6
			鼓部有纹,主体 C 形纹	29~33.8	6
第一等级	邱承墩	虎形悬虫	篆带小乳丁纹	29.6	2
			甬顶 C 形纹,篆带斜划纹	41.5~43.2	2
			甬顶素面,篆带斜划纹	43.6~45.2	2
			篆带连珠纹	37.7~39.4	4
		蛇形悬虫	甬顶 C 形纹,篆带斜划纹	34	1
			主体素面,篆带小乳丁纹	37.6	1
			主体 C 形纹,篆带小乳丁纹	33.9~41.2	4
			主体 C 形纹,篆带斜划纹	33.4~41.4	10

如果说这种制度性目标与仿铜乐器本身的出现,是春秋晚期以来越国受中原等地强烈影响而迅速政治化的必然产物,那么这种秩序性的等级表达方式,或者说对随葬乐器总数本身的高度重视,则无疑根植于春秋晚期之前太湖杭州的“夸富葬俗”。二者结合之下,太湖杭州的墓葬等级架构已然突破了秩序的约束,开始在一定程度上显露出制度的意味。

仿铜礼器的随葬情况同样如此。以发现较多的鼎为例,根据形制差异可将其分为六型,即盆形鼎、深腹鼎、甗形鼎、兽面鼎、箍口鼎与罐形鼎,器类与比例皆呈现出一定的等级序列。其中盆形鼎、甗形鼎与兽面鼎分布普遍,在不同等级的数量比例并无显著变化。仅以器类而论,等级序列的主要载体为深腹鼎、箍口鼎与罐形鼎,分别在第七等级、第六至第三等级、第二至第一等级占据主要地位,只是尚不具排他性。从数量来看,其等级表达方式又与对经济力量的追求相混杂。随葬总数仅是大致随等级提升而增加,但并不严格,同一等级内部与不同等级之间仍不具备明确的等级规范。如第二等级所见分别随葬 4、10、20 件，显然不可等同视之。相比仿铜乐器，仿铜鼎对于等级制度的贡献可谓有限（表 4.16）。

表 4.16　第三阶段早段太湖杭州湾仿铜鼎的随葬情况

		A－盆形鼎	B－深腹鼎	C－甗形鼎	D－兽面鼎	E－箍口鼎	F－罐形鼎	总数
第七等级	仪桥岭 M212	1						1
	严村 M227			1				1
	周家山 M40		2					2
	周家山 M5		2					2
	严村 M137	2		1				3
第六等级	严村 M143	1						1
	严村 M144	1		1				2
	严村 M145	2						2
	严村 M134	2		1				3
	严村 M118	4						4
	严村 M152	3		1				4
	云巢龙湾		1	1	1	1		4
	牛山 M17		2	1		2		5
第五等级	严村 M135			1				1
	老坟墩	2		1				3
	凤凰山 M2	1			1	2		4
	崇贤 M3	1		1	1	2		5
	祝家山 M1	2		1		2		5
第四等级	崇贤 M2	1		1	1	4		7
	崇贤 M1			2	1	1		4
	小家山 M17	2	1	2	2	2		9
	杜家坟							2

续表

		A-盆形鼎	B-深腹鼎	C-甗形鼎	D-兽面鼎	E-箍口鼎	F-罐形鼎	总数
第四等级	上灶大校场	5		1	2	4		12
	洪家墩	1		1		9		11
	邹家墩	2					1	3
	海盐黄家山	1		1		2	1	5
第三等级	小黄山 M13					1		1
	凤凰山 M3	1				4		5
第二等级	老虎墩	2			2		4	10（残 2）
	龙山 D141M1				2		2	4
	万家坟	7		6			7	20
第一等级	邱承墩	4		3	3		9	19

只是，仿铜礼乐器、玉器都主要集中在高等级墓葬，即第四至第一等级，相应的等级制度构建也因此局限在高等级墓葬内部，及其与低等级墓葬之间。就太湖杭州湾的全部等级而言，其等级架构仍然在很大程度上仰赖于“夸富葬俗”，并与第二阶段相似，突出表现为以碗（杯盅）为代表的“夸富物”的普遍重复随葬。如第七等级安吉笔架山 D48M1 随葬品 11 件中 8 件为碗（杯盅）①，第五等级平水祝家山 M1 随葬此类器 21 件、第三等级嵊州小黄山 M13 随葬 60 件，近随葬总数之半②，又如第一等级鸿山邱承墩随葬 258 件③。显然在政治化转型的同时，对财富大量拥有的渴求与彰显仍然存续，在墓葬等级架构的实践中，“夸富物”仍然与礼器并行。

事实上，这一时期“夸富物”的内涵也在不断丰富，新出现角形器、陶瓷质璧瑗，突破了简单日常用器的范畴。从形制来看，角形器可能模拟犀角，璧瑗则直接仿自同时期的玉石璧瑗。前者为“角中之贵”④，后者乃“以玉比富”⑤，皆是财富的象征⑥。相比借助随葬器用、由日常用器塑造而来的“夸富物”，角形器、璧瑗本身更可直接视为财富标识或者符号。“夸富物”的内涵由具物到符号的扩充，表明太湖杭州湾的墓葬等级架构与社会发展

① 浙江省文物考古研究所等：《浙江安吉笔架山春秋战国墓发掘简报》，《东南文化》2009 年第 1 期。
② 浙江省文物考古研究所等：《绍兴越墓：绍兴越国王陵及贵族墓考古报告》，第 54~69、120~150 页。
③ 南京博物院等：《鸿山越墓发掘报告》，第 170~318 页。
④ 贾公彦疏：《周礼注疏》卷 15《掌节》，《十三经注疏（清嘉庆刊本）》，中华书局，2009 年，第 1594 页。
⑤ 邵望平、高广仁：《先秦古玉社会功能的演变》，《邵望平史学、考古学文选》，山东大学出版社，2013 年，第 299~316 页。
⑥ 黄昊德：《角形器功能初探》，《浙江省文物考古研究所学刊》第九辑，科学出版社，2009 年，第 273~283 页。

已经步入新的阶段。

这一阶段太湖杭州湾在吴越、越楚争锋的过程中加速融入华夏文明，无论是文化还是社会，都受到来自楚地及中原的强烈影响，文化与社会发展道路突变，主要表现为礼器与礼制的出现，以及“政治观”与政治力量对社会制度的明显塑造。同时，地区传统的“夸富葬俗”仍有所保留与改造，在墓葬等级架构中仍发挥着重要作用。“经济观”与“政治观”、经济力量与政治力量在共同构建、规范社会秩序乃至社会制度的同时，后者逐渐占据了更加重要的地位。

（四）第三阶段晚段

第三阶段晚段，墓葬发现较少，而且出现大量典型楚墓，与越墓分属不同的政治集团，故需对其随葬品器用做分别考察。

越墓随葬品仍以陶瓷器为主，玉器及青铜器较少，仅见于最高等级，即第三等级，显然延续了前一阶段的制度性特征。此前流行的仿铜礼乐器近乎消失，虽偶见鼎、盉，但曾经的序列性特征不复存在。对经济力量的追求在新的时代被再次强调，“夸富物”普遍、重复地随葬于同一墓葬。如第三等级严村 M289 随葬碗（杯盅）8 件、罐（瓿）15 件、角形器 54 件、璧瑗 32 件①。随着楚人入越，“越从此散”，越国的文化与社会发展陷入低谷。在前一阶段与诸国争锋、昂扬进取、主动转型中所表现出的对“政治”的追求，以及对制度的塑造，无能存续。在高等级墓葬凋亡的同时，传统的“夸富葬俗”再次成为社会秩序构建的主要基调。

典型楚墓随葬品以泥质陶为主，器形、组合与典型楚文化一般无二②，青铜与漆木器也有一定数量的发现。泥质陶方面，除第七等级器类较少外，第六至第二等级多见“鼎+盒（豆）+壶（钫）+盘+匜+勺”的偶数制组合以及陶俑随葬，不同等级之间保持一致。青铜与漆木器的器用则颇具制度色彩。铜器组合随等级提升不断丰富，数量不断增加。第六至第五等级大多随葬单件镜，偶见杂器，第四等级开始出现兵器，第三等级常见“容器+兵器”，第二等级以“容器+兵器+杂器”为主，形成较为明显的等级序列。漆木器数量甚少，但明显集中于高等级墓葬，显然也具有相当明确的等级意味与制度性色彩。

三、墓室营建背后的社会秩序、制度与社会关系

尽管在等级划分的讨论中，墓室面积的区分作用并不显著，但就墓室营建而言，仍可透见社会图景的更多细节。自第三阶段以来，太湖杭州湾高等级墓葬的营建异常复杂，见有器物坑、墓道、墓内分室、环壕等新的因素，学界关注颇多，无疑是此时墓葬等级制度架

① 浙江省文物考古研究所等：《浙江上虞凤凰山古墓葬发掘报告》，《浙江省文物考古研究所学刊：建所十周年纪念（1980～1990）》，第 206～257 页。

② 尚如春：《东周时期楚国社会变迁研究》，吉林大学博士学位论文，2019 年，第 41～44 页。

构的重要内容。但其内涵已然明晰，年代又集中于第三阶段，从历时演进的角度来看，无须赘言。因此本书将更加侧重对太湖杭州湾常见的土墩墓墓室营建的考察。太湖杭州湾的土墩墓形制多样，又常见一墩多墓①，可从墓葬形制、墓室面积、一墩墓数的角度出发，分别探讨其等级秩序或制度的构建，及其背后的社会关系。

（一）墓葬形制

墓葬形制与等级之间关联性有无的确定，可利用卡方检验。鉴于不同阶段、不同小区之间的可能差异，应对其分别检验，第三阶段晚段暂不涉及（表4.17）。

表4.17　太湖杭州湾不同阶段、不同小区墓葬形制与等级关联性的卡方检验

		χ^2	df－自由度	χ^2临界	α－显著性水平	V－关联强度	n－样本量
第一阶段	杭嘉湖	17.180	8	13.362	**0.028**	0.554	28
	宁绍	2.300	6	6.251	0.513	0.282	29
第二阶段	环太湖	23.800	15	22.307	0.069	0.347	66
	杭嘉湖	10.709	6	10.645	0.098	0.269	74
	宁绍	18.975	8	13.362	**0.015**	0.412	56
第三阶段早段	环太湖	8.000	6	10.646	0.238	0.707	16
	杭嘉湖	13.580	10	15.987	0.193	0.521	25
	宁绍	35.962	12	18.549	**0.000**	0.655	42

第一阶段，墓葬形制包括“平地掩埋—浅坑墓”“石床—石框墓”与“石室土墩”，墓葬集中分布在杭嘉湖与宁绍。“土（岩）坑墓”及环太湖墓葬甚少，暂不讨论。

检验结果表明，杭嘉湖的墓葬形制与等级关联性较强（$\alpha<0.05$）。具体而言，第七等级中“平地掩埋—浅坑墓”占优，第六等级中这一优势地位则被“石床—石框墓”所取代，第五至第三等级仅见石构墓。但石构墓在较低等级中同样发现较多，并不具备排他性。而且第四、第三等级的墓葬皆仅一例，难以据此断言“平地掩埋—浅坑墓”不适用于高等级墓葬。从不同形制的实际发现来看，所谓墓葬形制与等级之间的较强关联，或许并非社会规范的结果，而更可能是墓主的个性选择。

同一时期，宁绍以“平地掩埋—浅坑墓”与“石床—石框墓”为主，二者与等级之间并无明确关联。这种无关性不仅表现为第三等级的两座墓葬分属两种形制，还表现为第七

① 杨楠：《江南土墩遗存研究》，第85～107页；付琳：《试分江南周代土墩墓中“一墩多墓”的结构与形式》，《南方文物》2015年第3期；田正标：《吴越土墩墓的形制结构及相关问题》，《百越文化研究》，第318～336页。

至第五等级中，不同形制的比例大体相当，虽略呈现出某种此消彼长的态势，但最低仍在40%左右，不具备排他性。杭嘉湖与宁绍的发现基本相似，即便认为石构墓可能在某些等级中占优，但墓葬形制本身的等级意味并不浓烈。

第二阶段，“土（岩）坑墓”与环太湖墓葬的数量明显增加，可以一并纳入讨论。除宁绍外，墓葬形制与等级之间皆无明显关联性。以环太湖为例。虽然在第七至第五等级中“平地掩埋—浅坑墓”渐衰，第四至第二等级中“石室土墩”与“土（岩）坑墓”占优，但从具体比例来看，第六、第五与第三、第二等级中，皆以“石室土墩”为主，占比50%以上，普遍流行于各个等级。不同等级间具体比例的高低，很可能是受营造成本与墓主人财力的影响，而非身份等级与制度规范的结果（表4.18）。

表4.18　第二阶段环太湖各等级墓葬形制分布比例（%）

	第七等级	第六等级	第五等级	第四等级	第三等级	第二等级
平地掩埋—浅坑墓	60.61	14.29	25.00	50.00		
石床—石框墓	3.03	21.43	16.67			
石室土墩	21.21	50.00	50.00		100.00	66.67
土坑墓	15.15	14.29	8.33	50.00		33.33
墓葬数量	33座	14座	12座	2座	2座	3座

宁绍罕见“土（岩）坑墓”而以其他形制为主，第五、第三等级中石构墓的比例竟高达100%。但同样不能忽视的是，各等级几乎尽以石构墓占据绝对优势。以“石室土墩”为例，其占比皆在40%以上，最低等级墓葬亦然如此。曾有学者推测，“石室土墩”是于越精英最为流行的墓葬形制，墓主应该具有一定地位①。前者固然没有问题，但却不能认为此类形制独属于高等级人群。统计结果之所以呈现为关联性特征，主要还是最高等级墓葬较少，仅有1座的缘故。若将第三等排除在外，重新进行卡方检验，则应显示为墓葬形制与等级的无关联性（$\alpha=0.053>0.05$）。杭嘉湖的发现与此大体相似，不同墓葬形制本身确实没有明确的等级高下。与其说较高等级墓葬常见石构墓是出于某种等级规范，还不如说对具体墓葬形制的选择更多地受到了墓主经济实力而非社会地位的影响，高等级墓葬中石构墓的流行与“平地掩埋—浅坑墓”的少见正是墓主经济实力的反映。这也可以与随葬品器用流行以夸耀性财物而非政治性礼器构建社会秩序的地区传统相对照。

第三阶段早段，“石床—石框墓”消失无存，“平地掩埋—浅坑墓”多以“浅坑墓”为主，

① 付琳：《吴越之迹：江南地区早期国家形态变迁》，第123～124页。

“石室土墩”虽仍有发现，但土墩墓的传统已然呈现出衰落的趋向。受吴、楚及中原等地影响，“土（岩）坑墓”成为墓葬形制的主流。如杭嘉湖所见，第五至第二等级已尽属此形制，传统的“浅坑墓”与“石室土墩”仅在第七、第六等级有所保留；又如环太湖所见，第七、第六等级与第五至第一等级分属“浅坑墓”与“土（岩）坑墓”。此时，墓葬形制已具有鲜明的等级差异，只是主要表现为简单二分而未成序列。概因如此，其检验结果才主要表现为无关性。

至于宁绍检验结果的差异，只是第七等级中“浅坑墓”的大量存在，及第四等级中“石室土墩”的部分保留，才导致形制与等级关联性的统计结论出现。“土（岩）坑墓”于此小区，同样自上而下地流行开来。从营造成本来看，多数“土（岩）坑墓”显然不及“石室土墩”结构复杂、成本高昂，其自上而下的流行，应是受背后的文化与政治意义所决定，可以视为越国礼制变革、主动融入华夏文明的重要表现。

从这一点来看，墓葬形制间的等级差异固然可能代表了一定的等级秩序，却也难以言明这种可能秩序的出现究竟是制度规范下的产物，还是上层吸纳外来因素与下层坚守本地传统之间角力的结果。即便其等级意味不甚浓烈，但是这种二分现象的出现，已然也意味着墓葬形制开始参与等级架构当中，并显露出某种“政治”追求的萌芽与发展，较之此前墓主人出于经济力量而随机选择墓葬形制的情况已有所突破。

（二）墓室面积

如前所述，在第一、第二阶段墓室面积与等级关联性较弱，并非等级划分的主要标识，但这并不意味着墓室面积完全不具备等级意义。分别考察不同阶段、不同等级的墓室面积范围可以发现（图 4.6）：

第一阶段时，第七至第四等级的面积区间基本一致，具体情况略有参差，如第七等级面积最大者柴岭山 D17M2① 可达 16 平方米，大于第六等级独仓山 D8M2② 所见 12.1 平方米，第五等级面积最大者柴岭山 D8M1③39 平方米，大于第四等级馒首山 D1M2④ 所见 19.3 平方米，且第五、第四等级面积最小者仅 4 平方米左右，小于第七、第六等级的多数墓葬。就第七至第四等级而言，不同等级之间并不存在明显的面积差异，更勿论等级序列。当然，第三等级的墓室面积要远高于其他等级。如果说一定存在某种等级秩序的话，那么也仅是最高等级（第三等级）与其他等级之间的简单二分。

第二阶段的情况与此基本相同，第七至第四等级墓室面积的范围区间以及中位数均较一致，没有明显差别，仅第二与第三等级、第三与第七至第四等级之间有所差异，随等级提升墓室面积迅速增加，呈现出一定的等级序列。与前一阶段的简单二分相比，墓室面积

① 杭州市文物考古研究所等：《萧山柴岭山土墩墓》，第 152 页。
② 浙江省文物考古研究所等：《独仓山与南王山——土墩墓发掘报告》，第 74 页。
③ 同①，第 110 页。
④ 苏州市考古研究所等：《江苏苏州高新区东渚馒首山土墩墓发掘简报》，《东南文化》2013 年第 5 期。

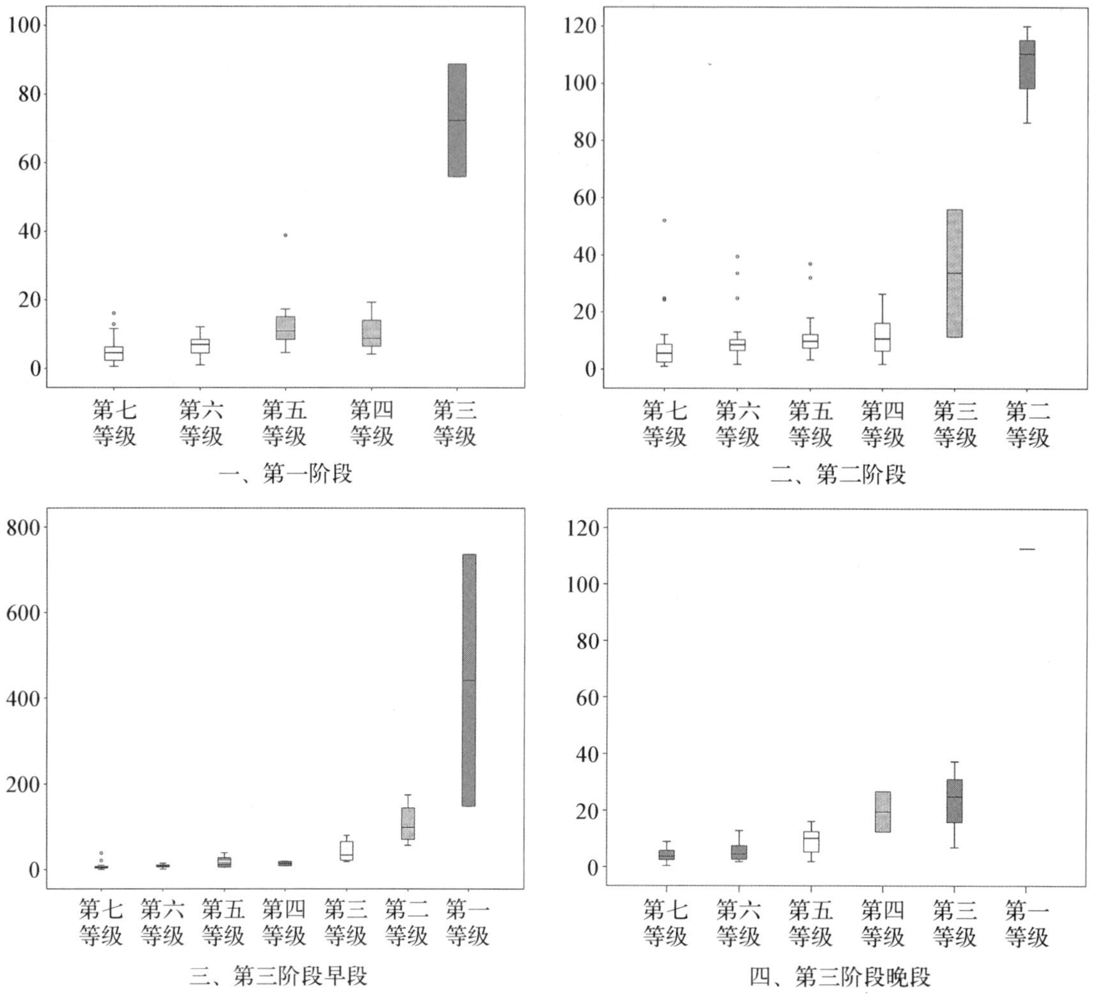

图 4.6　太湖杭州湾不同阶段、不同等级的墓室面积区间

背后的等级秩序渐趋复杂，可以分为最高等级（第二等级）、次高等级（第三等级）与其他等级三个序列。

第三阶段早段，此等级序列进一步分化，第七至第四等级的面积水平仍基本一致，但第一与第二等级、第二与第三等级、第三与第七至第四等级之间皆差异明显，等级序列由三分而四分。第三阶段晚段甚至可以进一步细化至五分。

显然随时代发展，太湖杭州湾墓室面积的等级序列不断细化，由最初的简单二分复杂至五分。除第三阶段晚段外，此等级序列的细化与等级结构的分化密切相关——第二等级出现，序列由二分为三分；第一等级出现，由三分再四分。至于第七至第四等级之间则长期保持着基本一致的水平。由此来看，墓室面积的等级序列应主要面向高等级墓葬，至第三阶段晚段才下及较低等级，这也可以在一定程度上同社会发展中经济力量与政治力量的角力消长相呼应。

（三）一墩多墓

一墩多墓罕见于第三阶段晚段，且少见于"土（岩）坑墓"，故相关讨论可以其他三种形制为主，并集中于第一至第三阶段早段。又因吴越一墩多墓的结构、形制多有差别，且学界于吴墓讨论较多，故本文对第二阶段的讨论暂不涉及环太湖。

卡方检验结果表明，对于"平地掩埋—浅坑墓""石床—石框墓"与"石室土墩"而言，除个别阶段、个别小区外，不同墓葬形制的情况大体相同，一墩墓数与等级间大多无关。以"石室土墩"为例。第一、第二阶段各等级中，一室多墓均占主要地位，比例达50%以上，甚至部分地随等级提升逐渐增加。一室一墓始终次之。高等级墓葬同样如此。第三阶段早段情况有所变动，一室多墓仅见于第七等级，第六、第五等级以一室一墓占优，呈现出一定的等级秩序，这一时期检验结果的无关性应是其样本量甚少仅有6墓所致（表4.19、表4.20）。

表4.19　太湖杭州湾各阶段石床—石框一墩墓数与等级关联性的卡方检验

		χ^2	df-自由度	χ^2临界	α-显著性水平	V-关联强度	n-样本量
第一阶段	杭嘉湖	6.107	3	6.251	0.107	0.824	9
	宁绍	2.500	3	6.251	0.475	0.408	15
	太湖杭州湾	3.140	4	7.779	0.535	0.341	27
第二阶段	杭嘉湖	2.925	3	6.251	0.403	0.646	7
	宁绍	7.063	3	6.251	**0.070**	0.767	12
	太湖杭州湾	5.928	4	7.779	0.205	0.559	19

表4.20　太湖杭州湾各阶段石室土墩一墩墓数与等级关联性的卡方检验

		χ^2	df-自由度	χ^2临界	α-显著性水平	V-关联强度	n-样本量
第一阶段	太湖杭州湾	1.982	3	6.251	0.576	0.424	11
第二阶段	杭嘉湖	4.078	3	6.251	0.253	0.308	43
	宁绍	6.016	3	6.251	0.111	0.448	30
	太湖杭州湾	1.212	3	6.251	0.750	0.129	73
第三阶段早段	太湖杭州湾	3.000	2	4.605	0.223	0.202	6

如此，可以整合不同形制的墓葬材料。对不同阶段一墩墓数与等级的关联性重新检验，结果同样指向以第三阶段为界，相应等级秩序由无到有（表 4.21）。在第一、第二阶段各等级中，一墩多墓几乎皆占有优势地位，第三阶段早段以来，一墩多墓仅见于第七至第五等级，比例随等级提升不断下降，至第五等级已明显低于一墩一墓，至于第四至第一等级则尽为后者。这在很大程度上与墓葬形制的变动有关，是适用于单人葬的"土（岩）坑墓"自上而下流行所导致的必然结果，正可与越国社会转型、政治力量渐趋凸显的区域发展主题相对照。

表 4.21 太湖杭州湾各阶段墓葬等级与一墩墓数关联性的检验

	χ^2	df -自由度	χ^2临界	α -显著性水平	V -关联强度	n -样本量
第一阶段	3.88	4	7.779	0.430	0.257	59
第二阶段	5.873	4	7.779	0.209	0.211	132
第三阶段	16.054	6	10.645	**0.013**	0.611	43

另一方面，第一、第二阶段时一墩墓数与等级的无关性，也暗示一墩多墓的各墓之间并不存在中心主墓与陪葬墓的关系。不同墓葬的年代间隔大多较长，部分甚至达百年以上，如独仓山 D8M1、M2 竟逾 300 年①；其等级差异分明，如独仓山 D9M1、M2 与 M3②，分属当时第七等级与第四等级墓葬；其空间分布混杂，如便山 D406①、②所见低等级墓葬叠压高等级墓葬之上③。这些特征显然与血缘家族相去甚远，而与地缘关系的丧葬表征颇为吻合。而且这些墓上大多有凸出地表、明显可辨的土墩，一墩多墓应是主动选择、主动集聚的结果，而非无意识行为的产物。

这一点在石室土墩中表现得尤为明显。在排除等级的影响之后，石室土墩的复杂设计、高额成本与开放式结构、随意使用之间的矛盾，只可能是地缘关系的产物。且杨家埠 D46 捡骨瓮棺葬④、东阳服务区 D1M2、D2M1 多具烧骨共出于一墓⑤、草甘山多人二次葬⑥、杭甬高速公路二次迁葬⑦等现象表明，越墓中确实存在主动的、无关等级、无关血缘的集聚行为，其背后的社会关系当以地缘为主⑧。石室土墩这一复杂设计的开放空间，实

① 浙江省文物考古研究所等：《独仓山与南王山——土墩墓发掘报告》，第 72~76 页。
② 同上书，第 76~88 页。
③ 浙江省文物考古研究所：《浙江长兴便山土墩墓发掘报告》，《浙江省文物考古研究所学刊：建所十周年纪念（1980~1990）》，第 133、160 页。
④ 胡继根：《湖州市杨家埠西周至六朝及明代墓葬》，《中国考古学年鉴（2010）》，文物出版社，2011 年，第 238~239 页。
⑤ 陈荣军、沈岳明：《浙江东阳抢救性发掘周代土墩墓》，《中国文物报》2005 年 11 月 25 日第 1 版。
⑥ 黄昊德等：《越国考古》，第 200~201 页。
⑦ 陈元甫：《杭甬高速公路商周至宋代墓葬》，《中国考古学年鉴（1993）》，文物出版社，1995 年，第 145 页。
⑧ 吴桐、邹冠男：《从墓葬等级看浙北两周社会及其变迁——浙北平原中小型土墩墓的统计研究》，《古代文明》第 15 卷，第 100~112 页。

为满足地缘人群集聚丧葬的需要，相应的高额成本也应是由地缘人群共同承担，因此在墓葬形制明显复杂于其他墓葬的同时，却被不同年代、不同等级的不同墓主人所共享。即便是对于高等级墓葬、高身份人群而言，独立性也同样缺乏，直到适用于单人葬的“土（岩）坑墓”自上而下流行，方才逐步发端。墓葬集聚性与独立性的这种此消彼长也表明，第三阶段早段以来，“政治观”与政治力量在社会秩序架构中发挥着越来越重要的作用，等级制度开始逐渐显露，社会发展道路已然突破“经济观”的传统框架，发生明显的政治化转型。

四、墓地布局视野下的社会关系

在微观的随葬品与墓室营建之外，更可从宏观的墓地布局的角度勾绘社会图景。目前学界对太湖杭州湾的墓地布局研究较少，仅见有夹山①、小山②、俞墩③三例。随着考古材料不断涌现，对更多墓地的研究已经成为可能。

目前发掘数量较多、材料公布较好的墓地以便山东山脊④、独仓山⑤、柴岭山⑥、凤凰山⑦为代表。余者或数量甚少如慈溪彭东、东安⑧，或发表不详如同公湾小山⑨，又或缺乏平面图如长兴石狮⑩，难于分析。故相关讨论集中于上述四个墓地。

（一）便山东山脊

便山东山脊目前已全面揭露，共发掘土墩29座、墓葬48例。除D411①为南朝墓、D409与D428未见随葬品外，余者皆属两周时期。这45座墓葬的年代集中于第一至八段。根据下葬顺序、相对距离远近、分布疏密及地势变化⑪，可将之分为六个墓区。由北向南、从低到高记为Ⅰ～Ⅵ区（表4.22，图4.7）。

从形成过程来看，位居中部的Ⅱ、Ⅲ区年代最早，出现于第一段；两侧Ⅰ、Ⅳ区稍晚，最早见于第二段；海拔最高的Ⅴ、Ⅵ区要到第三段方才出现，表露出从中间到两边的可能拓展趋向，或许存在一定规划。但从墓区等级来看，这种可能的规划应与等级无关。可以各墓区最高等级墓葬为依据判断墓区相对等级的高低，Ⅵ区相对等级最高，Ⅱ区次之，Ⅳ区

① 杨楠：《夹山商周时期土墩墓遗存的发掘及若干问题》，《考古学研究（八）》，第235～243页。
② 丁金龙、王霞：《苏州东渚小山墓地初步研究》，《苏州博物馆建馆五十周年纪念文集》，第13～16页。
③ 唐锦琼：《苏州俞墩墓地再辨析》，《南方文物》2017年第4期。
④ 浙江省文物考古研究所：《浙江长兴便山土墩墓发掘报告》，《浙江省文物考古研究所学刊 建所十周年纪念（1980～1990）》，第128～169页。
⑤ 浙江省文物考古研究所等：《独仓山与南王山——土墩墓发掘报告》。
⑥ 杭州市文物考古研究所等：《萧山柴岭山土墩墓》。
⑦ 浙江省文物考古研究所等：《浙江上虞凤凰山古墓葬发掘报告》，《浙江省文物考古研究所学刊：建所十周年纪念（1980～1990）》，第206～257页。
⑧ 浙江省文物考古研究所：《慈溪市彭东、东安的土墩墓与土墩石室墓》，《浙江省文物考古研究所学刊：建所十周年纪念（1980～1990）》，第185～199页。
⑨ 丁金龙、王霞：《苏州东渚小山墓地初步研究》，《苏州博物馆建馆五十周年纪念文集》，第13～16页；丁金龙、牛煜龙：《苏州市同公湾小山春秋墓地》，《中国考古学年鉴（2010）》，第217～218页。
⑩ 浙江省文物考古研究所：《浙江长兴县石狮土墩墓发掘简报》，《浙江省文物考古研究所学刊：建所十周年纪念（1980～1990）》，第170～184页。
⑪ 吴桐：《血缘与地缘：殷墟西区墓地制度再研究》，《西部考古》第19辑，第56～67页。

表 4.22 便山东山脊各墓区的发现情况

墓　区	墓葬数量	使用时间	等级情况		
			墓葬等级	最高等级数量	墓区相对等级
Ⅰ区	10	第 2~8 段	第 7~5 级	1	Ⅳ
Ⅱ区	5	第 1、4、6~8 段	第 7~4 级	1	Ⅱ
Ⅲ区	8	第 1、3、5~7 段	第 7~5 级	1	Ⅳ
Ⅳ区	9	第 2~4、6 段	第 7、5 级	3	Ⅲ
Ⅴ区	12	第 3~4、6~8 段	第 7~5 级	1	Ⅳ
Ⅵ区	2	第 3、5 段	第 5、3 级	1	Ⅰ

再次，Ⅰ、Ⅲ、Ⅴ区相对等级最低。不同等级墓区混杂分布，除Ⅵ区外，皆未表现出与形成顺序又或海拔高度的相关性，布局特征以随性混杂为主。即便认为存在某种等级规划，也仅局限于最高等级墓葬，即 D429(一)。

但事实上，从各墓区的等级结构来看，并不宜认为此墓地已经见有高等级墓区或高等级墓葬的集聚现象。如Ⅵ区所见，D429 内有两墓，年代较早者 D429(一)属第三等级，年代较晚者 D429(二)属第五等级，且在前者下葬至少 100 年后才与之共葬同一石室，二者之间显然并不存在政治或血缘关系，而更可能是本地区墓葬集聚习俗影响下的地缘结果。其他墓区的情况也基本相同。由此可见，墓区相对等级较高并不直接指向高等级墓区，墓区相对等级之间的参差也并不等同于社会分化，更勿论存在某种政治规划。欲明晰墓地布局之内涵，还需对墓区内部的情况详加讨论。

各墓区墓葬数量皆较少，以 5~10 座为主，最多不超过 12 座，与同时期中原墓区相比，呈现出明显的小型化与分散化态势。等级结构方面，除Ⅳ区外，各区最高等级墓葬仅有 1 例，而且随等级降低墓葬数量增多。如Ⅰ区第七等级 6 座、第六等级 3 座、第五等级 1 座；又如Ⅳ区第七等级 6 座、第五等级 3 座，总体结构均衡，与地区整体的等级结构特征近同。各墓区内部未见较高等级墓葬集聚，不同等级反而大多混杂分布。如Ⅳ区第五等级 3 座，皆与第七等级墓共处同一石室。墓区内部这种墓葬等级较多、结构分化、分布混杂、年代间隔较长的特点很难与血缘关系相联系，即很难认为这些墓区属于族墓地，而更像是一个小型的地缘社会。

曾有学者研究过良渚时期的聚落形态，认为以苏州独墅遗址为代表的聚落人口不超过 14 个，大约包括 3~4 核心家庭①。这种规模显然与东山脊墓区的体量高度接近，后者

① 王宁远：《遥远的村居：良渚文化的聚落和居住形态》，浙江摄影出版社，2007 年，第 78 页。

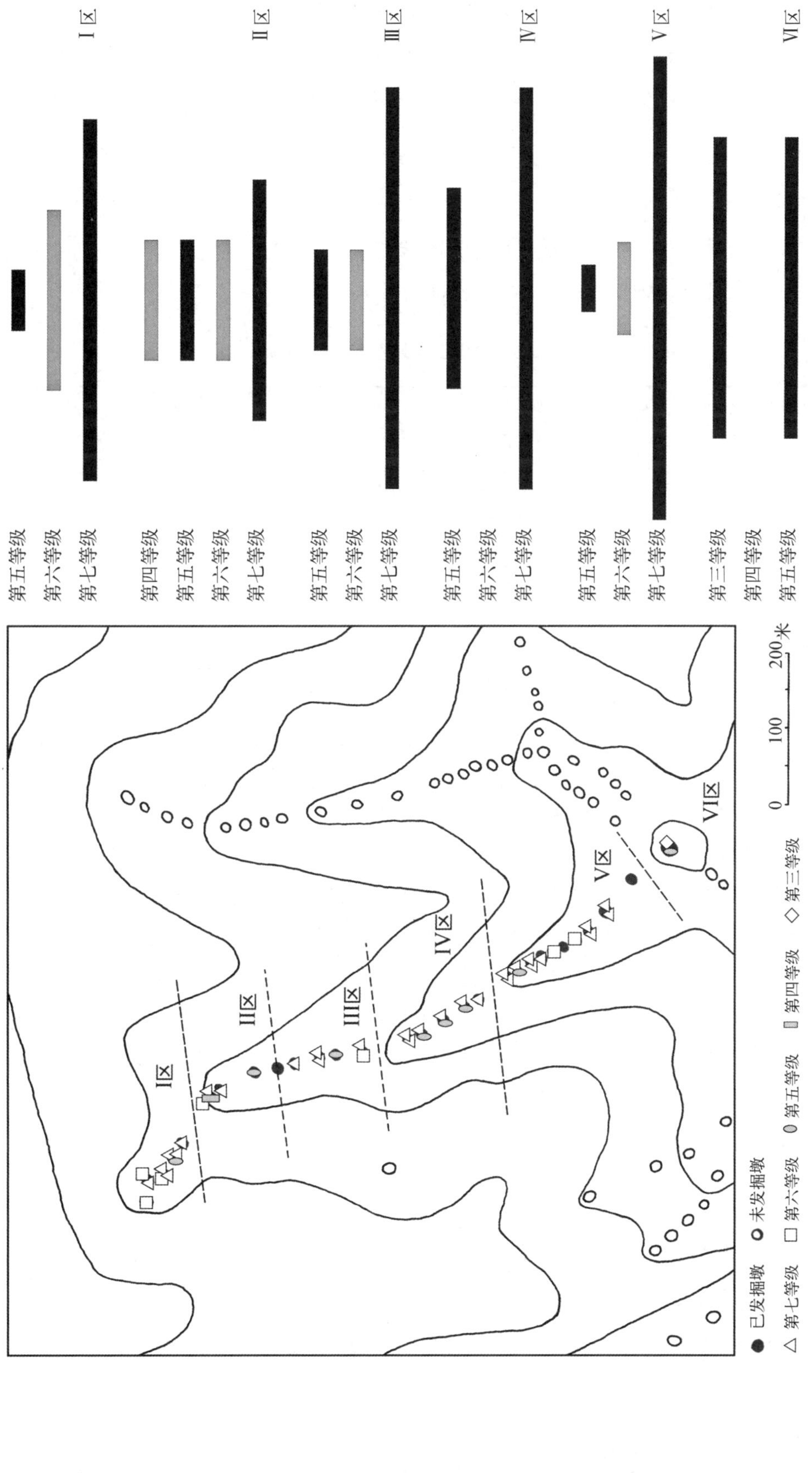

图4.7　便山东山脊的分区与墓葬等级

很可能对应着地缘村落。当然，考虑到墓葬的年代间隔与村落的代际发展，具体村落的丧葬空间应该并不局限于某个墓区，多个墓区的联结方能复现相对完整的地缘村落。东山脊墓地，可能正是由一个个的地缘墓区集聚形成，对应一个或多个、完整或局部的地缘村落。

（二）独仓山

独仓山共发掘土墩 10 座、墓葬 15 例，年代集中于第二至第九段。可分为三个墓区，由北向南、从高到低记为Ⅰ~Ⅲ区（表 4.23，图 4.8）。

表 4.23　独仓山各墓区的发现情况

墓　区	墓葬数量	使 用 时 间	等　级　情　况		
			墓葬等级	最高等级数量	墓区相对等级
Ⅰ区	9	第 3~4、6~9 段	第 7~4 级	1	Ⅱ
Ⅱ区	3	第 4、8 段	第 7~6 级	1	Ⅲ
Ⅲ区	4	第 2~4 段	第 6~4 级	1	Ⅰ

这些墓区中，Ⅲ区出现最早，在第二段；Ⅱ区稍晚出现于第三段；Ⅰ区迟至第四段。就海拔而言，大致从低到高发展形成，海拔最低的Ⅲ区相对等级最高，海拔最高的Ⅱ区相对等级最低。这不仅与同时期中原周人墓地的等级、海拔规律全然相悖①，与同地而处的东山脊也有显著差异。墓区的具体选择更可能是地形、年代等因素影响的结果，因此呈现出一种颇为随意的状态。

这一墓地同样未见高等级墓区。除 1 座第四等级墓葬外，Ⅲ区尚有第六等级 1 座、第五等级 2 座；Ⅰ区更有第七等级 3 座、第六等级 3 座、第五等级 2 座，内部等级相对完整，等级结构总体均衡。虽然Ⅱ区墓葬年代相对集中在第二至四段，墓葬等级大体接近，属第七、第六等级，但数量甚少不过 3 座，哪怕认为可能属于血缘家族墓地，也不宜推及至墓地整体，或许只是地缘组织内部的某个血缘家庭。总体来看，独仓山墓地仍然表现出小型化、分散化的态势与鲜明的地缘特征。

（三）柴岭山

柴岭山共发现发掘土墩 37 座、墓葬 59 例。除 D10M1 与 D30M2 无随葬品、D18M2 与 D21M2 年代较早外，其余 55 墓年代集中在第一至十段。可将之分归为十个墓区，从东到

---

① 孙华：《周代前期的周人墓地》，《远望集——陕西省考古研究所华诞四十周年纪念文集》（上），陕西人民美术出版社，1998 年，第 265~289 页。

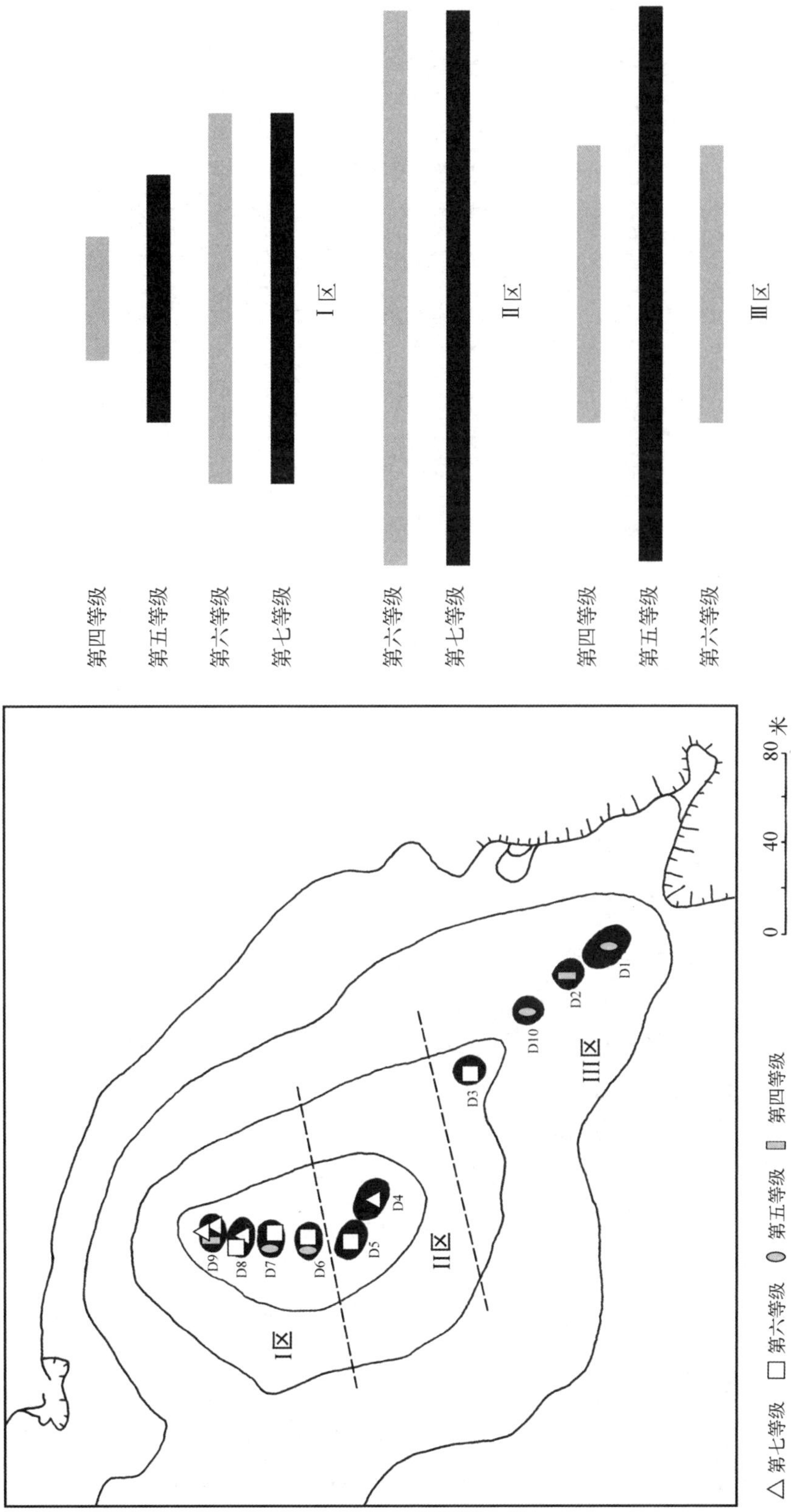

图 4.8　独仓山的分区与墓葬等级

西、由北向南记为Ⅰ~Ⅹ区。这些墓区虽然分处不同山体或山脊，但统属同一山区，具体海拔仍有高低之分。以Ⅸ区海拔最高，Ⅰ、Ⅱ、Ⅷ区次之，Ⅲ、Ⅳ、Ⅶ、Ⅹ区再次，Ⅵ区海拔仅高于Ⅴ区（表 4.24，图 4.9）。

表 4.24 柴岭山各墓区的发现情况

墓 区	墓葬数量	使用时间	等级情况		
			墓葬等级	最高等级数量	墓区相对等级
Ⅰ区	5	第 3~4、6~7 段	第 7、6 级	1	Ⅳ
Ⅱ区	4	第 4~5、8 段	第 7、6 级	3	Ⅲ
Ⅲ区	7	第 2~5、7 段	第 7、6、4 级	1	Ⅱ
Ⅳ区	8	第 3~4、7 段	第 7、6、5、4 级	1	Ⅱ
Ⅴ区	4	第 3~4、6~7 段	第 6、5、3 级	2	Ⅰ
Ⅵ区	1	第 10 段	第 7 级	1	Ⅴ
Ⅶ区	2	第 8、10 段	第 7、6 级	1	Ⅳ
Ⅷ区	4	第 2~4 段	第 7、6、4 级	1	Ⅱ
Ⅸ区	13	第 1~4、7 段	第 7、6、5、4 级	1	Ⅱ
Ⅹ区	7	第 3~5 段	第 7、6、5、4 级	1	Ⅱ

从形成过程来看，Ⅸ区早在第一段便已出现，Ⅲ、Ⅷ区稍晚至第二段，第三段Ⅰ、Ⅳ、Ⅴ、Ⅹ区纷纷出现，再晚的Ⅱ、Ⅶ、Ⅵ区分别出现于第四段、第八段与第十段。其并未依据与Ⅸ区的距离远近、海拔的高低依次出现，表现出较为鲜明的随意性。这也与墓地范围内山体较多、分布较散的地形特点相吻合。

而且从等级来看，以海拔最低的Ⅴ区相对等级最高，海拔略高的Ⅵ区则等级最低，仅见第七等级墓葬，海拔最高的Ⅸ区与Ⅲ、Ⅳ、Ⅷ、Ⅹ区的相对等级相同，其余墓区的相对等级亦多有参差，与海拔高低、形成早晚之间并无明显的相关性，未见高等级墓区，不同墓区之间也并没有表现出分化倾向。Ⅴ区虽然有 2 座第三等级墓葬，但同样有 1 座第七等级墓及 1 座第五等级墓，Ⅲ、Ⅳ、Ⅷ、Ⅹ区虽然皆见 1 座第四等级墓葬，但仍以第七、第六等级为主，占比均达 55%以上，最高者接近 86%。这也再次证明柴岭山墓地布局之随性混杂。

墓区内部的情况同样如此，与东山脊、独仓山可以互鉴。墓葬数量较少，最多者即Ⅸ区不过 13 座，不超 5 座者达半数以上，同时等级相对完备、不同等级分布混杂、年代间隔较长，未见葬俗分化或集聚。这显然是地缘关系的产物。

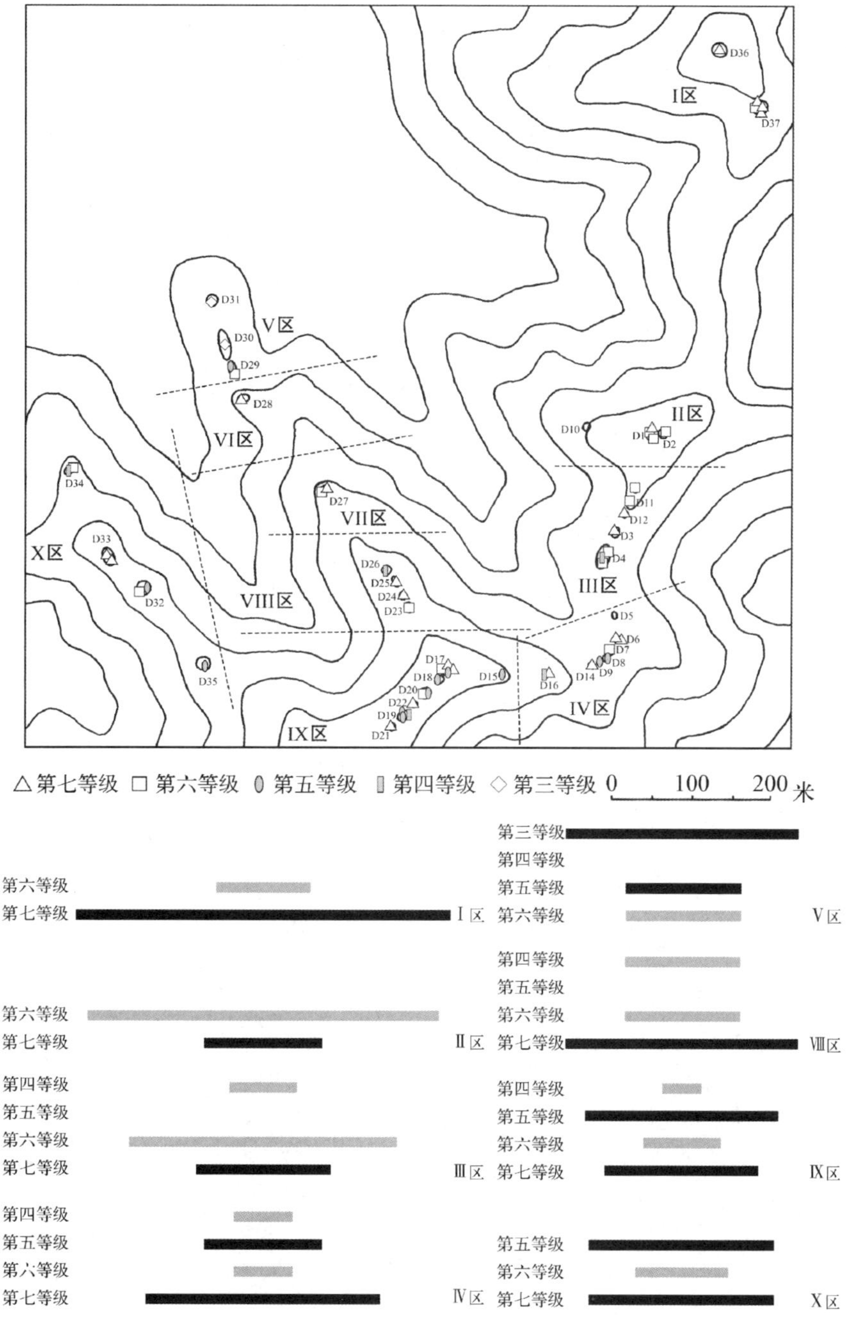

图 4.9　柴岭山的分区与墓葬等级

（四）凤凰山

凤凰山共发现发掘两周墓葬 58 座，除少数年代较早外，大多集中在第七至第十二段，以第十一、十二段数量最多。可将之分为六个墓区，从北到南记为Ⅰ～Ⅵ区。除Ⅴ区海拔稍高外，其余海拔大体一致。第十一段之前，墓葬零星见于Ⅰ、Ⅲ、Ⅳ区，分属李家山、野猫墩、林场三个山丘，其间存在明显的空白地带。随着第十一段以来墓葬的大量涌现，这些空白才被填补，连结成规模较大的墓地（表 4.25，图 4.10）。

表 4.25　凤凰山各墓区的发现情况

墓　区	墓葬数量	使 用 时 间	等 级 情 况		
			墓葬等级	最高等级数量	墓区相对等级
Ⅰ区	15	第 2、7、11～12 段	第 7、6 级	2	Ⅳ
Ⅱ区	5	第 11～12 段	第 7、6 级	2	Ⅳ
Ⅲ区	25	第 5、8～12 段	第 7、6、5、4 级	1	Ⅱ
Ⅳ区	9	第 3、11～12 段	第 7、6、3 级	1	Ⅰ
Ⅴ区	3	第 12 段	第 7、6、5 级	1	Ⅲ
Ⅵ区	1	第 12 段	第 7 级	1	Ⅴ

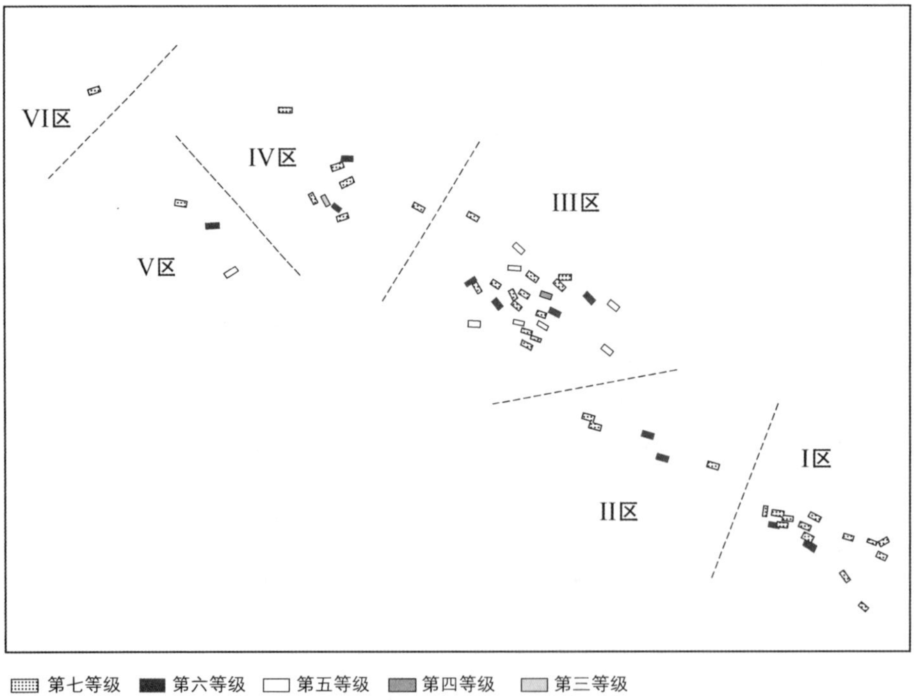

图 4.10　凤凰山的分区与墓葬等级

相对等级方面，仍然未见明确等级规划。虽然以Ⅳ区为中心，两侧等级递减，但前者最高等级墓葬即第三等级墓不过 1 例，此外皆属第七、第六等级，与Ⅰ、Ⅱ、Ⅴ区情况总体接近。不宜认为存在某种等级区隔。

尽管从墓区内部墓葬的具体年代、等级、数量、分布等情况来看，社会关系应该同样以地缘关系为主，但与早期墓地不同的是，凤凰山各墓区墓葬数量的差异颇显悬殊。多者如Ⅰ、Ⅲ区在15座以上，Ⅲ区甚至可达25座，较之东山脊最多12座、独仓山最多9座、柴岭山最多13座的体量，已经有明显突破。而且凤凰山墓地所处的三座山丘相连为一个规模较大、分布较密集的墓地，总体上呈现出一定的大型化与聚合化态势，区别于此前的小型化与分散化特征。此墓地主要形成于第十一、十二段，如Ⅲ区25座墓葬中有20座属于这两段，可知这种区别应该主要是时代差异而非地域或地理差异所导致的结果。

综合而言，太湖杭州湾的墓地布局长期缺乏明确的等级规划与等级分野，形成于某种约定俗成的散漫秩序而非严格的制度，“政治观”与政治力量的作用有限。各墓区内部或存在小规模的血缘单位，但数量很少，证据亦不足，各墓区更可能对应着地缘组织。其复制扩大的结果，便是长兴便山等土墩墓地，其连接构筑的丧葬空间，便是缩小后的城市地图。在太湖杭州湾地区，地缘关系长期构成了社会关系的核心。

以第三阶段为界，墓区与墓地布局曾经的小型化、分散化特征，开始呈现大型化、聚合化的转变趋向。相应的地缘关系与地缘组织由小渐大、由散渐合。太湖杭州湾的社会发展渐趋整合，政治力量应在此整合过程中发挥着相当重要的作用。这种社会关系的变动，既符合吴越、越楚争锋的区域发展主题，也与等级架构的制度化重塑相契合。

五、高等级墓葬的独立性倾向

第三阶段以来，太湖杭州湾墓葬等级架构与社会关系中政治力量的增强，还体现为高等级墓葬的独立性倾向的出现。第一、第二段时，在东山脊、独仓山、柴岭山等墓地中，皆未见高等级墓葬集中分布，便山D429(一)、独仓山D9M3、柴岭山D31M1的等级虽为一时之最，但仍与低等级、长间隔的墓葬混杂分布。第三阶段时，以印山越王陵、安吉八亩墩为代表的最高等级墓葬多配套独立陵园，呈现出明显的独立性，应是太湖杭州湾社会变革的重要表现之一。如此，可以梳理各段各小区最高等级墓葬的独立性有无，以进一步明确其背后的社会发展进程。

关于墓葬的独立性，可以有如下判断标准：(1) 若具环壕等隔离或封闭设施则必具独立性；(2) 若独自占有某一地理单元(山丘、山顶)则必具独立性；(3) 若同一地理单元多墓共存，而且年代相同，布局规整，主次有别，则等级较低者可能为附属陪葬墓，高等级墓葬仍具独立性(表4.26)。

第一阶段，各段各小区最高等级墓葬共计10座①，除凤凰山D1M1独葬凤凰山顶、符合第(2)标准外，余者皆与较低等级墓葬杂处。一墩多墓者存在明显的年代间隔，如便山

① 简报认为在这10座墓葬中，紫云山Ⅰ区D1Q2属器物群，虽未见墓坑，但其器物分布面积与紫云山Ⅰ区D1M5接近(南京博物院：《宜兴紫云山茶厂古代墓地发掘报告》，《穿越宜溧山地——宁杭高铁江苏段考古发掘报告》，第137~188页)，不能排除是平地掩埋墓的可能，故暂以其为这一时期环太湖的最高等级墓葬。

D429(一)、慈溪 D2M2,一墩一墓者则与其他土墩紧密相邻,如独仓山 D1M1。这一阶段高等级墓葬罕见独立性。

表 4.26　太湖杭州湾各段各小区的最高等级墓葬

<table>
<tr><th></th><th>分　段</th><th>环太湖</th><th>杭嘉湖</th><th>宁　绍</th></tr>
<tr><td rowspan="5">第一阶段</td><td>第一段</td><td></td><td>杨家埠 D4M13</td><td>柴岭山 D22M1</td></tr>
<tr><td rowspan="2">第二段</td><td rowspan="2">紫云山 1 区 D1Q2</td><td rowspan="2">独仓山 D1M1</td><td>柴岭山 D17M4</td></tr>
<tr><td>慈溪 D2M2</td></tr>
<tr><td rowspan="2">第三段</td><td rowspan="2">馒首山 D1M2</td><td rowspan="2">便山 D429(一)</td><td>柴岭山 D30M1</td></tr>
<tr><td>凤凰山 D1M1</td></tr>
<tr><td rowspan="10">第二阶段</td><td rowspan="2">第四段</td><td rowspan="2">西岭 D1</td><td>三合塔山</td><td rowspan="2">柴岭山 D31M1</td></tr>
<tr><td>便山 D406②</td></tr>
<tr><td rowspan="2">第五段</td><td>潢潼 D3</td><td rowspan="2">石狮 D4M6</td><td rowspan="2">柴岭山 D34M1</td></tr>
<tr><td>四顶山 M10</td></tr>
<tr><td rowspan="2">第六段</td><td>鳖墩 M1</td><td rowspan="2">独仓山 D9M3</td><td rowspan="2">柴岭山 D29M1－1</td></tr>
<tr><td>庙山 M1</td></tr>
<tr><td rowspan="2">第七段</td><td>潢潼 D1</td><td>独仓山 D6M1</td><td>柴岭山 D19M2</td></tr>
<tr><td>潢潼 D2 乙</td><td>便山 D497 东西</td><td>慈溪 M9</td></tr>
<tr><td rowspan="2">第八段</td><td>真山 D9M1</td><td rowspan="2">独仓山 D5M1</td><td rowspan="2">羊山 D3</td></tr>
<tr><td>曹家墩 D3M1</td></tr>
<tr><td rowspan="7">第三阶段</td><td rowspan="2">第九段</td><td>鸡笼山 D1M1</td><td rowspan="2">八亩墩</td><td rowspan="2">印山</td></tr>
<tr><td>枫桥何山</td></tr>
<tr><td>第十段</td><td>真山 D16M1</td><td>崇贤 M2</td><td>小黄山 M13</td></tr>
<tr><td rowspan="2">第十一段</td><td rowspan="2">邱承墩</td><td rowspan="2">龙山 D141M1</td><td>小家山 M17</td></tr>
<tr><td>上灶大校场</td></tr>
<tr><td>第十二段</td><td>真山 D1M1</td><td>垅坝 D14M5</td><td>猪肉岙 M1</td></tr>
<tr><td>第十三段</td><td>真山 D3M1</td><td>五福 M1</td><td></td></tr>
</table>

第二阶段，各段各小区最高等级墓葬共计22座，其中常熟西岭D1、三合塔山、无锡庙山M1、真山D9M1、曹家墩D3M1表现出较为明显独立性。如三合塔山独葬于塔山之巅符合第（2）标准，又如曹家墩D3M1外有环壕符合第（1）标准。从此5墓的空间分布与文化因素来看，除三合塔山外，其余4墓皆位于环太湖，且具有明显的吴文化特征。可知，这一阶段高等级墓葬的独立性虽有所增强，却并非地区社会自然发展的结果，而受到与中原联系密切的吴文化东进的深刻影响。就越文化、越墓而言，独立性仍甚为罕见。

第三阶段，早晚段情况基本相同，可一并讨论。此时各段各小区最高等级墓葬共16座，除真山D16M1、崇贤M2、五福M1、垅坝D14M5、小家山M17外，皆具有较强的独立性。如八亩墩、印山、小黄山M13皆有环壕符合第（1）标准，如龙山D141M1独葬于龙山之巅符合第（2）标准，又如八亩墩与小黄山M13环壕内虽有低等级墓葬共存，但年代皆基本同时，且此二墓位居环壕中心，显然为中心主墓，余者为附属陪葬墓，符合第（3）标准。五福M1、垅坝D14M5的墓地情况尚不明确，暂时不能排除周围墓葬为陪葬墓的可能。至于真山D16M1实属第七等级，崇贤M2与小家山M17实属第四等级，独立性的缺失应与其等级较低有关。这一阶段，高等级墓葬的独立性已显著增强，空间分布已遍及各小区。

太湖杭州湾高等级墓葬的独立性随时代发展逐渐增强，来自吴文化与中原等地的影响先后在这一进程中发挥着重要作用。第一阶段时，高等级墓葬罕见独立性，社会秩序相对薄弱；第二阶段时，独立性有所增强，但主要局限在吴文化影响下的环太湖，越地的高等级墓葬仍多见混杂分布，"政治观"作用的提升仍较有限；第三阶段以来，太湖杭州湾社会剧变，高等级墓葬普遍流行独立墓地，社会等级、社会秩序被制度化重塑，"政治观"开始在社会制度的构建中发挥某种决定性的作用。

六、"经济观"与"政治观"的消长

对太湖杭州湾墓葬等级架构与社会关系的考察表明，不同内容、不同侧面所揭示的社会图景、发展进程、作用机制皆可以相互印证，以第三阶段为界，曾经等级架构的秩序性结果，开始在新的时代背景下发生制度化重塑。

一般而言，制度的出现大多与"政治观"的发展高度相关，兼具明确的序列性与规范性色彩。相比之下，秩序的内涵则要宽泛的多。序列性固然为其所必备，或者说正是其力图构建的结果，但具体构建方式却并无严格的规范性要求，只需要社会整体的普遍认同即可，哪怕仅是约定俗成，又或是范水模山。相应的等级序列的具体表现，也因此呈现出某种随意散乱的特征。第一、第二阶段时，无论太湖杭州湾的政治组织形态如何，至少在等级表达方式上，并未表露出显著的、来自"政治观"的影响，而倾向于以夸耀性财物彰显身份，等级差异多体现在随葬品总数与原始瓷数量的多寡上，是"经济观"主导的产物。从这一角度来看，本文所说的"秩序"，事实上仅指以"经济观"主导构建的等级秩序。相应地，第三阶段以来等级秩序的制度化重塑，实际上就是社会发展中"经济观"与"政治观"此消彼长的结果。

在此制度化重塑的过程中，社会结构不断复杂，由大致均衡逐渐趋向为“橄榄形+金字塔形”结构；随葬品器用由“礼器相对缺失”“重富轻贵”转向以玉器、仿铜乐器建构等级制度，同时还兼顾以碗（杯盅）等“夸富物”为代表的对经济力量的追求；墓葬形制的选择与使用逐渐规范，并呈现出一定的排他性，由平衡营造成本与墓主人财富的经济选择转变为上层土（岩）坑墓、下层土墩传统的政治二分；墓室面积的等级序列随等级的分化渐趋细化，由二分至三分，再至四分、五分，最终成为等级制度表达的又一重要载体；地缘关系长期占据社会关系的主导地位，地缘组织由小渐大、由散渐合；高等级墓葬的独立性显著增强。“政治观”的作用愈发显著，其塑造的社会制度不断完善，并自上而下地流行开来，地区社会发生政治化转型。

如果说“经济观”是长期以来的地区传统的话，那么第三阶段以来迅速增强的“政治观”则具有浓郁的外来色彩。逐渐规整的金字塔形社会结构、彰显等级制度的玉器与仿铜乐器、自上而下流行的土（岩）坑墓、扩大的地缘组织、高等级墓葬的独立性趋向等政治表达，皆非本地区自然发展的结果，而是吴、楚、中原等外部文化与社会强烈影响的产物。这一进程虽然自第一阶段便已隐现端倪，但直至第三阶段方才迅猛发展。“政治观”作用的显著增强，与“争锋”的区域发展主题密切相关，太湖杭州湾与外来文化、外界社会之间的关系由被动接受转变为主动吸纳。由此观之，太湖杭州湾墓葬等级架构由略显混杂的秩序性向逐渐规范的制度性的演变，不仅仅是传统“经济观”与外来“政治观”在社会发展中的重要程度此消彼长的必然结果，更是太湖杭州湾在新的时代背景下，主动融入华夏文明的真实写照。

第二节　岭南墓葬研究

目前岭南地区有明确材料发表的两周墓葬共500余座，时间分布亦不均衡，同样应以区域文化与社会发展的不同阶段为研究尺度。在第三阶段晚段，即第十四、十五段，东西并立格局消失，粤中重新成为区域中心，但是墓葬内涵与早段所见并无显著差异，因此本节对岭南墓葬的研究仍遵循前述第一至第三阶段的划分。

一、墓葬等级划分与社会结构

岭南两周墓葬多为土坑墓，其中81墓未见随葬品，难以判定年代，可将其余400余座墓葬作为主要研究对象。墓葬等级划分仍使用K均值聚类方法，过程从略。

第一阶段69座墓可以墓室面积、随葬品总数、硬陶数量、青铜器数量、硬陶种类为主要分析因素，原始瓷、玉器为辅助因素，分为四个等级。

第二阶段151座墓可以墓室面积、随葬品总数、硬陶数量、原始瓷数量、青铜器数量为主要分析因素，玉器为辅助因素，分为四个等级。

第三阶段210座墓中，随葬品以硬陶、青铜器为主，原始瓷、铁器也多有发现，但空间分布显露出明显差异。原始瓷集中于粤中、粤北及粤西（下简称“粤中—粤西”），桂东北暂时仅见2例，铁器的情况正好相反，粤中—粤西仅见6例，桂东北则发现较多。因此两地的等级划分应作分别处理。

粤中—粤西86座墓可以墓室面积、随葬品总数、硬陶数量、原始瓷数量、青铜器数量及种类为主要分析因素，玉器为辅助因素，分为六个等级。桂东北124座墓可以墓室面积、随葬品总数、硬陶数量、铁器数量、青铜器数量及种类为主要分析因素，玉器为辅助因素，分为六个等级。对比发现，两地不同等级的墓葬内涵均可以一一对应。

如此可将岭南两周时期400余座墓葬统一划分为六个等级，从低到高记为第六至第一等级。不同阶段的等级差异主要体现在随葬品总数、青铜器数量两个方面，墓室面积则主要适用于第三阶段的高等级墓葬。由此可以概括不同阶段、不同等级的主要划分标准（表4.27）。

表4.27　不同阶段岭南墓葬等级划分标准

		第一等级	第二等级	第三等级	第四等级	第五等级	第六等级
第一阶段	随葬品总数			11~20件	6~10件	3~5件	1~3件
	青铜器数量			6~11件	0~5件	0~2件	
第二阶段	随葬品总数			16~30件	6~15件	3~5件	1~3件
	青铜器数量			6~13件	0~5件	0~2件	
第三阶段	随葬品总数	61~140件	31~60件	21~30件	9~20件	5~8件	1~4件
	青铜器数量/墓室面积	61~140件/>60平方米	21~60件	10~20件	5~9件	2~4件	0~1件

以第三阶段为界，岭南的等级序列发生突变。此前两个阶段皆作四个等级，第三阶段一跃而为六个等级，其间未见过渡。这显然与第三阶段以来外来文化、外来人群的强烈影响有关。相应的墓葬内涵也发生转变。第一、第二阶段时，同一等级的墓葬内涵大体相当，第六、第五等级随葬品总数皆在1~3件、3~5件，第六等级不随葬青铜器、玉器，第五等级青铜器数量仅0~2件，即便是略有差异的第四、第三等级，也以共性为主，仅随葬品总数略有差异，青铜器数量几无差别，社会发展相对迟缓。第三阶段，第六至第四等级的墓葬内涵突然丰富，青铜器数量增加，并且开始随葬于第六等级。在新兴的第二、第一等级中，更是出现随葬青铜器百余件或墓室面积逾60平方米的大型墓葬，与此前随葬青铜器最多不超13件、墓室面积最大不过14.25平方米的情况已判然有别。岭南社会实现飞跃式发展。

同时，无随葬品墓近乎消失。结合出土情境推测，81座无随葬品墓应多属第一、第二阶段为宜①，并可视为最低等级的墓葬，即便第三阶段仍有所发现，数量甚少不过孑遗。其长期存续的戛然而止，无疑可视为岭南第一、第二阶段社会发展水平较低、速度迟缓，第三阶段社会突变、发展水平提高的重要表现。社会结构的历时性变动，亦可为此明证（图 4.11）。

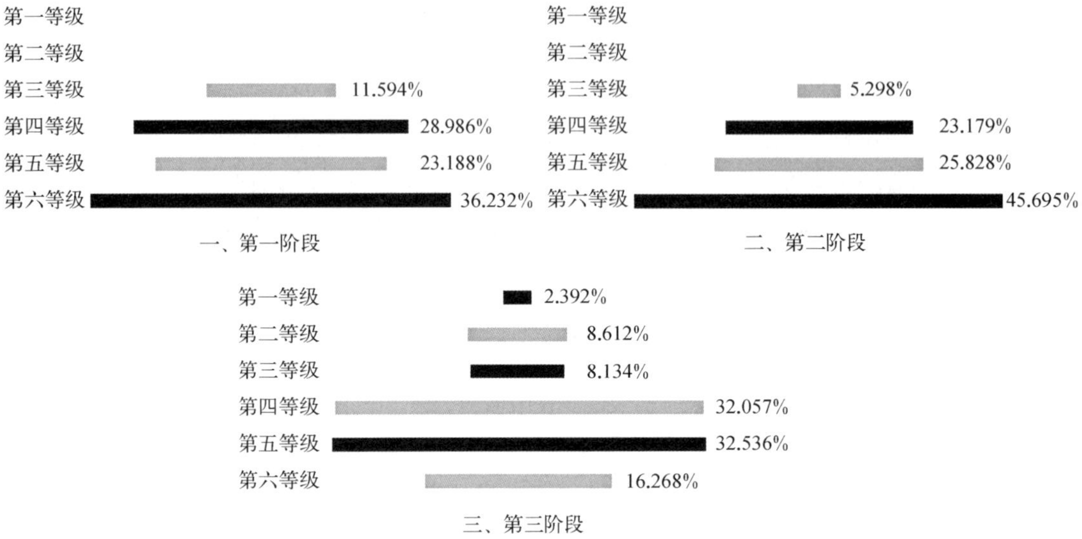

图 4.11　岭南各阶段社会结构

第一阶段，岭南社会结构总体均衡，各等级之间比例差距相对较小。尽管在一定程度上大体呈现出随等级提升比例降低的趋势，但降低的幅度甚低，最高等级的比例仍约为最低等级的三分之一。居于其间的第五、第四等级比例基本接近，以第四等级为多，不仅与典型金字塔形结构相去较远，与橄榄形结构也不十分相似。岭南社会虽有所分化，但并不存在严格的、制度性或政治性分层，更可能与相对简单的贫富分化有对照。经济力量而非政治力量应在其中发挥着更为重要的塑造作用。

第二阶段，这种均衡性略有减弱，总体稍向金字塔型结构靠拢，其中第五、第四等级的比例与前一阶段相近，变化主要发生在第三等级与第六等级，二者此消彼长。在等级序列、等级内涵基本保持不变的情况下，这种不同寻常的人群流动显然不可能是经济力量独自作用的产物，政治力量应在此秩序重构中发挥了相对重要的作用。但需要注意的是，此时的社会结构较之典型金字塔形仍有明显差距，作为社会主体的第六至第四等级仍以均衡为显著特征。政治力量的作用虽有所增强，但具体影响的范围与程度仍非常有限。

如果将 81 座无随葬品墓纳入考量，则政治力量作用的有限性将更加明显。按比例分配这些墓葬的年代归属，并暂称其为“第七等级”，可重新绘制第一、第二阶段的社会结

① 81 座无随葬品墓皆位于横岭山，而同一墓地发现的其余 221 座墓葬中，属于第三阶段者仅 16 座，占比不过 7.24%。由此判断，81 座无随葬品墓应多属第一、第二阶段为宜。即便有属第三阶段者，其数应不超 6 座。

构。发现第一阶段时，第七与第六等级比例相同，社会结构的均衡性愈发凸显；第二阶段时，这种均衡性广泛存在于第七至第四等级，且第七等级比例低于第六等级，社会结构整体上更接近于橄榄形，应是经济力量与政治力量共同作用的结果，且仍以经济力量发挥着主导作用（图4.12）。

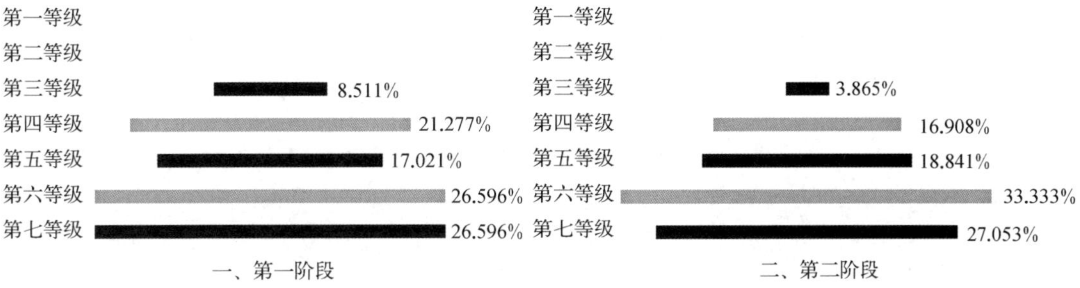

图4.12　第一、二阶段岭南各小区社会结构（含无随葬品墓）

第三阶段，岭南社会继续向橄榄形结构发育，以中间阶层即第五、第四等级比例最高，经济力量在社会发展中仍占据着相当重要的地位。但无论是粤西、桂东北还是岭南整体，其社会结构又并非典型的橄榄形特征，高等级墓葬即第三至第一等级比例锐减明显，且第二、第一等级的出现本身所代表的等级序列突变，也意味着政治力量作用的凸显。这也不可避免地、自上而下地影响着岭南社会结构，使之部分地呈现出“橄榄形+金字塔形”的复合特征（图4.13）。

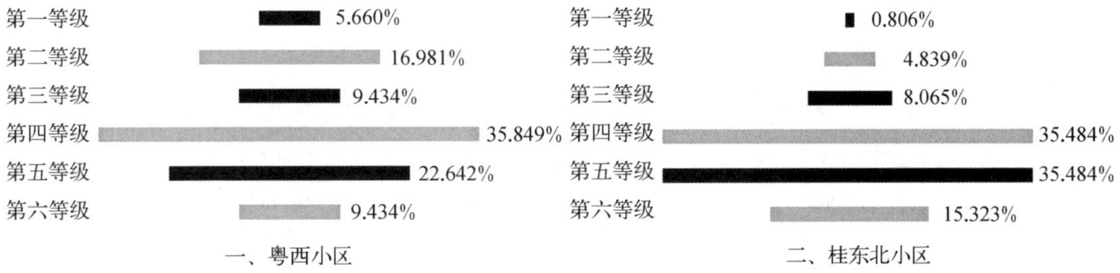

图4.13　第三阶段岭南粤西、桂东北的社会结构

只是与太湖杭州湾相比，这种橄榄形特征更倾向于社会主体而非社会上层，这种金字塔形特征则更适用于社会上层而非社会主体，二者情形恰好相反。两地政治力量的增强虽然大体同步，但具体影响显然背道而驰。

二、随葬品器用与社会秩序及制度

由于岭南随葬品中青铜器、玉器、铁器有较多发现，相关讨论虽然以陶瓷器为主，但于前者亦需涉及。又由于第三阶段随葬品存在明显的地域差异，故需对粤中—粤西与桂东北的随葬器用作分别考察。

（一）第一阶段

第一阶段随葬品以陶瓷器占据绝对优势，尤以硬陶数量最多。青铜器、玉器也有一定数量的发现。从随葬频率来看，硬陶主要流行于第六至第四等级，并且在身份等级的标识中发挥着较为重要的作用，在第三等级中，虽仍是最常见的随葬品，但频率锐减，甚至不及第六等级，标识作用应相对有限，青铜器、玉器开始成为彰显墓主身份的重要载体。等级架构呈现为“二分”态势。至于具体随葬器用，可以分别考察（表 4.28）。

表 4.28　第一阶段岭南不同材质器物的随葬频率（%）

	第六等级	第五等级	第四等级	第三等级	器物总数
硬陶	76.00	87.50	95.00	62.50	118
青铜器	0.00	56.25	15.00	62.50	40
玉器	0.00	25.00	20.00	37.50	38

此时，硬陶主要包括豆、罐（瓿）、簋、壶、瓮、尊、钵、罍、盆等九种器物。其中豆、罐（瓿）、簋、壶普遍流行于第六至第三等级，瓮、尊则习见于第六至第四等级，器类本身并不具备明显的等级意味。钵、罍、盆虽然集中于第四等级，但数量甚少，形制简单，所谓罍也不过是圈足罐，并无仿铜作风，更可能是日常生活用器，而非礼器（表 4.29）。

表 4.29　第一阶段岭南硬陶主要器类的等级随葬频率（%）

	豆	罐（瓿）类	簋	壶	瓮
第六等级	14.81	44.44	7.41	11.11	22.22
第五等级	3.70	29.63	3.70		11.11
第四等级	40.74	85.19	11.11	3.70	14.81
第三等级	18.51	11.11	3.70	3.70	
	尊	**钵**	**罍**	**盆**	**墓葬总数**
第六等级					27
第五等级	3.70				14
第四等级	7.41	11.11	11.11	7.41	52
第三等级					10

相比之下，部分罐（瓿）的随葬呈现出某种可能的等级序列。罐（瓿）形制多样，以 Ea 型、Eb 型、Ec 型数量较多。对其等级分布关联性的检验结果表明，Ec 型的分布可能与等级相关（$\alpha<0.05$）。尽管不具备等级排他性，但其频率明显随着等级提升而增加。只是此序列仅适用于第六至第四等级，此类器物总数也较少，不超过 13 件。与其认为可能具有某种礼器性质，还不如说其随葬与否，更可能是墓主经济力量的体现（表 4.30）。

表 4.30　第一阶段岭南硬陶罐（瓿）等级分布的卡方检验

比较对象	χ^2	df－自由度	χ^2临界	α－显著性水平	V－关联强度	n－样本量
罐（瓿）类 Ea 型	1.588	3	6.251	0.662	0.159	63
罐（瓿）类 Eb 型	0.534	3	6.251	0.911	0.092	63
罐（瓿）类 Ec 型	15.830	3	6.251	**0.001**	0.501	63

这种对经济力量的追求更多地体现在器类组合方面。第六、第五与第三等级的器类组合基本相同，均以单类器为主，第四等级随葬两类及以上器物的比例则明显较多。这也与硬陶等级标识作用主要面向第六至第四等级、岭南墓葬等级架构整体“二分”的情况相契合。只是对第四等级而言，具体器类组合多甚杂乱。如随葬三类以上器物的墓葬一共 6 座，但器类组合竟无一例完全相同，器类选择并无明确规范，其所追求的可能仅仅是器类种数本身，与太湖杭州湾所见颇似。经济力量而非政治力量应当在社会秩序的构建中发挥着更加重要的作用（表 4.31）。只是从具体的随葬数量来看，并未发现与太湖杭州湾相似的重复、大量随葬同一简单日常用器的夸富行为，并未表露出对财富大量拥有的渴求，同类器随葬数量最多不超过 4 件。相比之下，岭南硬陶随葬对于经济力量的彰显，更多表现地为一种相对简单的贫富分化。

表 4.31　第一阶段岭南不同等级硬陶的随葬组合

<table>
<tr><th></th><th>组合情况</th><th>随葬数量</th><th>墓葬总数</th><th></th><th>组合情况</th><th>随葬数量</th><th>墓葬总数</th></tr>
<tr><td rowspan="6">第六等级</td><td>罐</td><td>6</td><td rowspan="6">17</td><td rowspan="3">第六等级</td><td>罐+瓮</td><td>2</td><td rowspan="3">17</td></tr>
<tr><td>瓮</td><td>2</td><td>罐+豆</td><td>1</td></tr>
<tr><td>簋</td><td>2</td><td>豆+瓮</td><td>1</td></tr>
<tr><td>壶</td><td>1</td><td rowspan="3">第五等级</td><td>罐</td><td>4</td><td rowspan="3">12</td></tr>
<tr><td>豆</td><td>1</td><td>瓮</td><td>1</td></tr>
<tr><td>纺轮</td><td>1</td><td>簋</td><td>1</td></tr>
</table>

续表

	组合情况	随葬数量	墓葬总数		组合情况	随葬数量	墓葬总数
第五等级	豆	1	12	第四等级	罐+罍+纺轮	1	19
	纺轮	2			罐+钵+纺轮	1	
	罐+瓮	2			罐+簋+壶+瓮	1	
	罐+尊	1			鼎+豆+钵+纺轮	1	
第四等级	罐	4	19		罐+簋+罍+盆+瓮	1	
	豆	2			罐+簋+豆+盆+瓮	1	
	纺轮	1		第三等级	罐	1	5
	罐+瓮	1			豆	1	
	罐+罍	1			壶	1	
	罐+尊	1			杯+簋	1	
	罐+豆	3			罐+豆+纺轮	1	

原始瓷的情况与此基本相同。这一阶段原始瓷以豆为大宗，普遍随葬于各等级，而且随等级提升数量逐渐增加，但增幅甚小，第六、第五等级随葬 1 件，第三等级也不过 1~4 件。即便将硬陶豆、泥质陶豆一并纳入考虑，统计结果也大体如此，最多者如第三等级横岭山 M124，随葬不过 5 件。如果说这种序列性特征尚可以部分地与太湖杭州湾同类器的“夸富物”意涵与等级架构意义相参照，那么这种等级差异的有限性，则无疑指向岭南社会发展与等级架构中绝对经济力量的薄弱。

青铜器方面，本阶段主要发现刮刀、矛、镞、斧、凿、环、锛、剑、戈、镦、钺、鼎、罍、钟等十四种器物。其中刮刀、矛、镞、斧普遍流行于第五至第三等级，凿、环仅见于第五等级，锛、剑、戈、镦、钺、鼎、罍、钟仅见于第三等级，呈现出明显的等级差异。但具体礼器性质的有无尚可斟酌。

鼎、罍、钟虽是中原常见的礼器，但在岭南的出现非常偶然。鼎、钟仅见于 2 墓，罍仅见于 1 墓，至于第二阶段同样仅有 1 座墓随葬 1 件鼎，500 年间发现零星，并非当时墓葬等级架构的主要内容。而且具体随葬组合相去甚远，罕见共性，难言在等级表达中具有某种必然性或者决定性的意义，具体器用呈现出一种“非礼器”的特征。与其认为这些青铜器是中原礼乐文化影响下、兼具礼器形制与礼器性质的器物，还不如说更可能是高等级人群与外界远距离交流获得的“贵重物品”①。其随葬固然具有明确的等级意味，反之却并不亦然。相应的等级表达主要依赖于这些铜鼎本身的精美与罕见，及其所代表的墓主与远距离人群交流的能力，而非约束于某种固定的、规范的、政治的制度。锛、剑、戈、镦、钺的

① 科林·伦福儒、保罗·巴恩著，中国社会科学院考古研究所译：《考古学理论、方法与实践》，第 360~361 页。

情况也大体如此。这种远距离交流的能力固然与墓主人的政治力量有关，但是具体表现形式却更多地偏向于经济意涵。这些青铜器的零星分散随葬以及相应的等级架构，也仍属于社会秩序的范畴①（表4.32）。

表4.32　第一阶段岭南第三等级铜器、玉器的随葬组合

	铜容器	铜乐器	铜工具	铜兵器	玉　器
贺州马东M1	罍1				
横岭山M124			刮刀1		玦5
横岭山M177					玦2、管7
横岭山M182		甬钟2	斧3	矛1、戈1、镦1、镞3	
横岭山M201	鼎1				
横岭山M293					玦10

此时青铜器的等级架构意义，更多地体现在青铜工具与兵器方面。二者多见随葬于各个等级，随葬数量随着等级提升渐次增加，等级越高，增幅越显，呈现出较为明显的等级序列，从而构成等级构建的主要内容之一。其中兵器的增幅虽然略高于工具，但这并不意味着兵器在等级构建中占据了更加优势的地位。概因其更高增幅主要限于第三级，并且主要表现为铜镞的随葬。如横岭山M182随葬镞、斧各3件，虽然兵器与工具的数量相同，但是体量明显有别，不宜等同视之。从这一角度来看，同一等级墓葬中工具与兵器的随葬体量事实上多大体相当，甚至以前者占优。如第六至第四等级随葬工具与兵器的数量范围基本一致，又如第三等级随葬兵器者必随葬工具、随葬工具者却未必随葬兵器，皆可为其明证。如果认为二者可分别与经济、政治力量相对应的话，那么这一阶段岭南社会秩序的构建便应是经济力量与政治力量共同作用的结果，而且前者有相对占优的可能。考虑到武装、武力并不能完全等同政治力量，还有涉及经济层面的可能，则经济力量较之政治力量，应当发挥着更为重要的作用（图4.14）。

至于玉器的器用则明显更多地偏向于经济追求。此时玉器以玦、管为主，共见于第五至第三等级，随葬数量随等级提升不断增加，与太湖杭州湾“夸富物”的随葬情况颇为相似，可能共享着同样的性质。而且这些玉器的材料易得，形制简单，常见规模生产，又表面光素无纹，仅作耳环串饰使用②，普遍流行于东亚及东南亚一带③，确实不具备成为礼器的

①　吴桐：《岭南地区两周时期铜鼎研究二题》，《东南文化》2023年第5期。

②　邓聪：《环状玦饰研究举隅》，《东亚玉器》，第86～99页。

③　杨建芳：《耳饰玦的起源、演变与分布：文化传播及地区化的一个实例》，《中国古代玉器研究论文集》，众志美术出版社，2001年，第139～167页；高至喜：《湖南宁乡黄材发现商代铜器和遗址》，《考古》1963年第12期；郑均生、唐先华：《湖南衡阳发现商代铜卣》，《文物》2000年第10期。

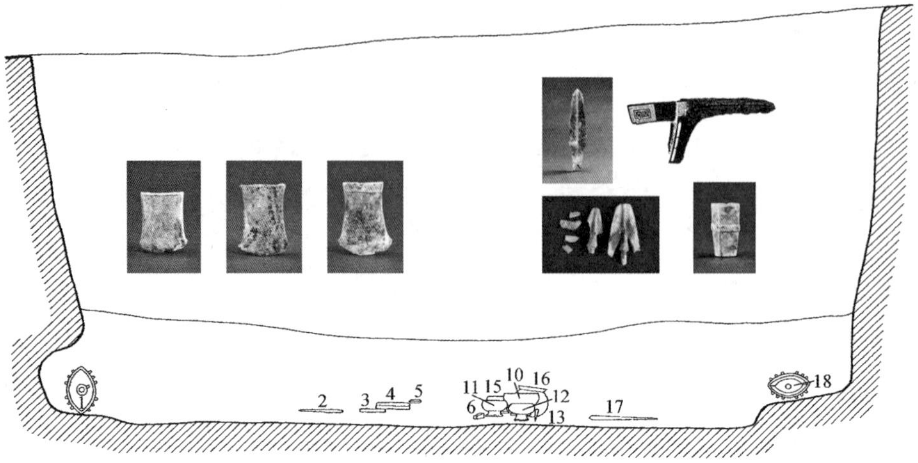

第一阶段 博罗横岭山M182

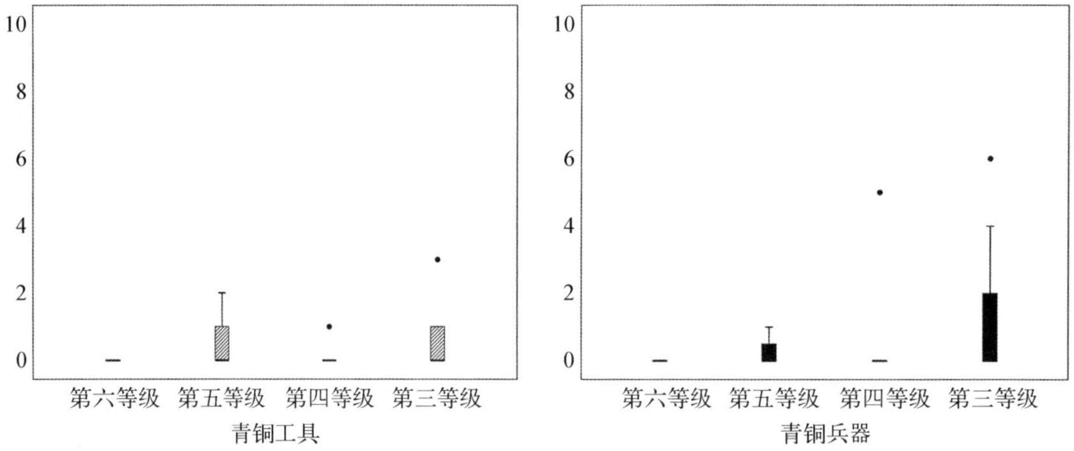

图 4.14　第一阶段岭南随葬青铜工具、兵器的代表性墓葬与数量箱型图

特质。虽然有学者认为多件玦随葬一墓构成“列玦”①，标识着等级制度，但缺乏论证，仅关注数量而忽略了器物内涵。这些玉玦的具体随葬数量参差，缺乏明确规范，与中原“列器”相去甚远。从香港东湾出土的厚身形玦来看，所谓“列玦”或许不过只是几件厚身形玦进一步分割的产物②。因此玦、管更可能是相对简单的饰品，而饰品本身即带有某种象征财富的属性，可以与当今的首饰、奢侈品相类比。其在高等级墓葬中的重复随葬，显然也应更多地与经济追求相对照。

总体来看，这一阶段岭南的社会发展虽然部分地呈现出经济力量与政治力量共同作

---

① 杨建军：《广东博罗横岭山墓地分析》，《东南文化》2012 年第 2 期；杨建军：《岭南商周时期埋葬习俗的若干问题》，《江汉考古》2010 年第 2 期。

② 吴沫、丘志力：《横岭山商周墓地出土玉器探析》，《博罗横岭山——商周时期墓地 2000 年发掘报告》，第 499～506 页。

用的态势，但政治力量对于社会秩序的塑造作用仍相当有限，而应以经济力量为重。只是在礼器与夸富物皆不显著的情况下，这种社会秩序的构建更多地依赖于不同材质器类、不同形制器物及其组合，而非个别的“限制性物品”①。社会发展整体呈现为一种相对简单的贫富分化状态。

（二）第二阶段

第二阶段随葬品仍以陶瓷器为主，原始瓷数量明显增加，青铜器、玉器的发现也有长足进步。前一阶段以第三等级为界、硬陶与青铜器及玉器身份标识作用的“二分”态势仍然存续并有所强化，后者的随葬频率超越前期，分别达到75%与50%。这固然与特殊资源的占有相关，但在资源占有与使用的具体过程中，经济力量也发挥着相当重要的作用。

此时硬陶主要有豆、罐（瓿）、簋、瓮、壶、器盖、盉、盆等八种器物，鼎、罍、钵消失不见，可知其偶然性与非礼器性质。这些器物中，豆、罐（瓿）、簋、瓮仍普遍流行，壶仅见于最低等级，器盖为容器附件，皆不具备等级意味。盉、盆虽见于第三等级，但不过是孤例，且分见于不同墓葬，更可能用以表现墓主人生前相对富裕的生活与其经济力量。罐（瓿）类Eb、Ec型虽呈现出一定的等级差异，但前者随着等级提升随葬频率降低，后者则仅见于第五与第四等级，都不可能具备礼器性质。在此情形下，Ec型数量比例随等级提高而呈现的跃升明显（7.7%~20%），所指向的只能是对经济力量的彰显（表4.33）。

表4.33　第二阶段岭南硬陶主要器类的随葬频率（%）

	豆	罐（瓿）	簋	瓮	壶	器盖	盉	盆	墓葬总数
第六等级	41.94	58.06	3.23	43.55	1.61				62
第五等级	65.63	63.13	3.13	18.75		6.25			32
第四等级	75.76	69.70	9.09	6.06					33
第三等级	57.14	71.43					14.29	14.29	7

统计各组合的器类种数发现，此时器物组合以单类或两类器物为主。随等级提升，单类器比例渐低，两类器的比例不断提高，直至在第三等级中取代前者成为最常见的组合。具体又以“单类罐（瓿）/豆”与“罐（瓿）+豆”最为常见，随葬频率高达72%。至于三种器物的比例相对较少，而且在各等级中大体持平，仅占15%左右。可知不同等级的硬陶组合以共性为主，具体内涵也较简单。即便个别墓葬的器类组合略显丰富，也不过是简单器类的内部重复（表4.34）。

---

① 郭立新：《墓葬情境分析与身份标识：以博罗横岭山墓地为例》，《中山大学学报（社会科学版）》2006年第5期；杨建军：《广东博罗横岭山墓地分析》，《东南文化》2012年第2期。

表 4.34　第二阶段岭南不同等级的硬陶组合(%)

	第六等级	第五等级	第四等级	第三等级
单类器	82.26	50.00	42.42	28.57
两种器物	17.74	34.38	36.36	57.14
三种器物		15.63	18.19	14.29
四种器物			3.03	
罐(瓿)/豆 罐(瓿)+豆	83.87	62.50	66.67	43.86
墓葬总数	62	32	33	7

原始瓷的情况也大体如此，仍以豆为大宗，普遍随葬于各等级，随葬数量随等级提升略有增加，只是增幅不显，同一等级的随葬数量亦不规范。虽然难以类比太湖杭州湾同类器的“夸富物”性质，但至少可以理解为是简单贫富分化的物质载体。此外，第三等级还发现一件原始瓷盘，内壁满饰梳篦纹，颇为华美，同类器于岭南两周时期仅见 3 件，可知其随葬之偶然，或属于奢侈品，用以彰显着墓主人经济力量与其享有的富裕生活。相应社会秩序的架构以经济力量为主。

青铜器主要包括刮刀、斧、剑、钺、矛、戈、镞、镦、锛、环、锥、锄、叉、鼎等十四种器物。其中刮刀、斧、剑、钺普遍流行于第五至第三等级，矛、戈、镞常见于第四、第三等级，镦、锛、环仅见于第四等级，锥、锄、叉、鼎则仅见于第三等级。镦、锛、环、锥、锄、叉、鼎等七种器物各仅 1 件，而且分散于 7 座墓葬，应与礼器无关。如果说这些青铜器的等级分布可能存在某种规律的话，那么这种规律也主要表现在矛、戈、镞三种器物上。

此三者皆属兵器，且未见于第六、第五等级，可能在一定程度上代表武装、武力，在社会中占据一定的地位。无论其用于战争还是狩猎，又或二者兼顾，这种重要性都不难理解。但这并不意味着政治力量具有同样重要的地位。一方面，这些武装部分地与狩猎等经济活动相关，另一方面，其具体随葬频率实际较低，数量以 1~2 件为主，并未发现明显的推崇或追求。统计青铜工具、兵器在不同等级的随葬数量发现，二者皆随等级提升逐渐增长，具体增幅与数量范围基本相同，第五等级 1~2 件，第四等级 1~4 件，第三等级 2~10 件。其中工具最多 9 件，如铜鼓岗 M22，随葬斧 6、刮刀 2、锄 1 件；兵器最多 11 件，如横岭山 M211，随葬镞 10、矛 1 件。若以体量而论，同一等级随葬铜器当以工具占优(图 4.15)。即便认为随葬工具的墓主身份有别，高等级者可能是作坊主，对工具的大量占有代表着其因政治地位所拥有的资源分配权力，那么各等级普遍优葬工具的行为，也意味着经济力量在身份等级标识与社会秩序构建中的重要作用。无论这种经济力量的来源究竟如何。

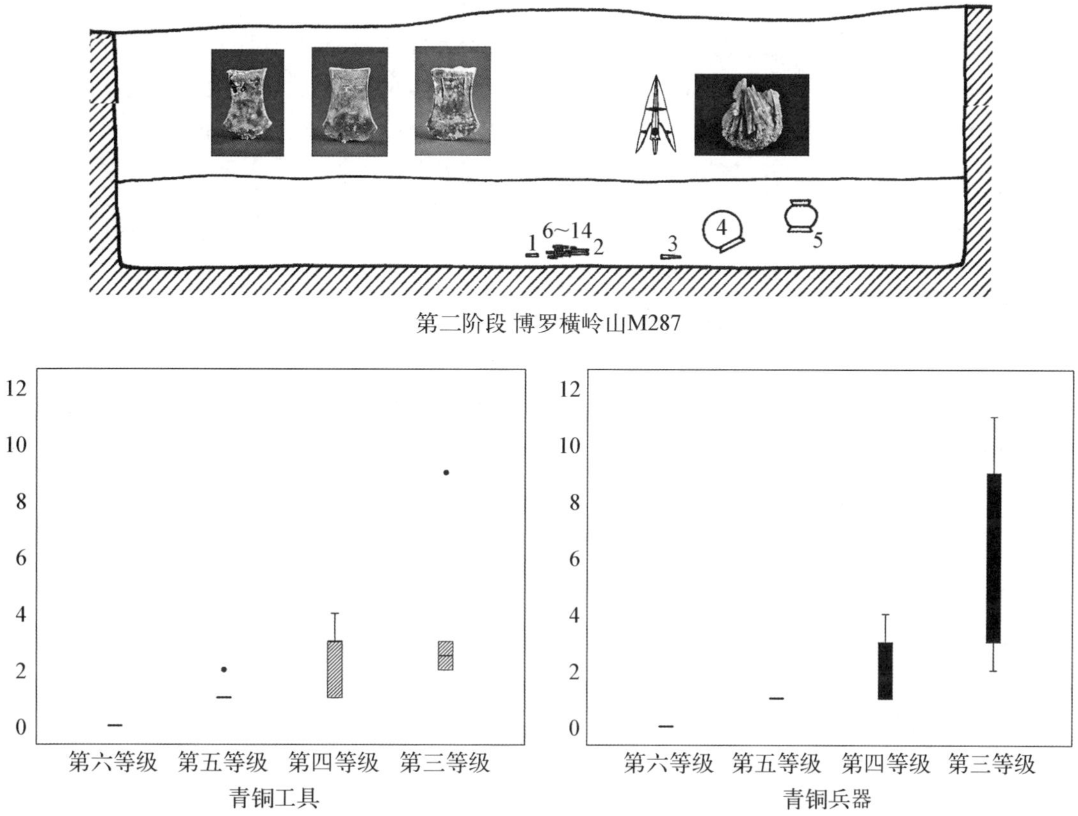

图 4.15　第二阶段岭南随葬青铜工具、兵器的代表性墓葬与数量箱型图

至于玉器，此时仅见玦，随葬情况与第一阶段基本相同，仅数量有所增益，仍应以之具有某种“夸富物”性质为宜。

相较前一阶段，此时岭南社会的复杂程度略有提高，以硬陶与青铜器、玉器间的有序“二分”、部分兵器仅见于较高等级为代表，政治力量略有增强。只是这种政治力量的表现大多与经济力量相纠缠，并且后者仍在更多材质、更多器类、更多组合、更多随葬情况下发挥着更加重要的作用。社会秩序的构建仍以“经济观”为主导。

（三）第三阶段：粤中—粤西

第三阶段粤中—粤西的随葬品变化明显。青铜器激增至 861 件，较第一阶段 40 件、第二阶段 103 件的体量，已实现跃进式增长，且为同时期陶瓷总数之三倍，在第五至第一等级中皆占据绝对优势，比例最低者亦近 50%，并一改此前未见于第六等级之态，已成为这一阶段最主要、最普遍的随葬品。陶瓷器的数量比例则随等级提升不断下降，至第一等级，仅占 8%。这固然可以视为“陶瓷—金玉”二分传统的强化，但在青铜器激增的猛烈冲击下，陶瓷器的身份等级标识作用显然已被极大压缩，仅在最低等级中有所保留。曾经的玉器普遍随葬至此消失，仅限于第一等级，器类也发生很大的转变，以来自太湖杭州湾的制度性玉器即佩、饰为主，已然具有更加浓郁的政治性等级区分意味。

此时，硬陶器类中，碗（杯盅）、罐（瓿）、盂、瓮普遍随葬于第六至第二等级，第一等级仅见罐（瓿）、瓮，并以前者最多。考察其在不同等级的随葬数量可以发现，第六至第三等级基本相同，皆为 1~3 件，第二与第一等级的部分墓葬随葬 10 件左右，呈现出一定的等级序列。但需要注意的是，大量随葬罐（瓿）的行为仅见于园岗 M1 与浮扶岭 M511，二者皆具有典型越墓的文化特征，墓主很可能直接来自太湖杭州湾，并承续地区传统的“夸富葬俗”。在排除太湖杭州湾的影响之后，以罐（瓿）为代表的硬陶，在各等级的随葬数量大体均衡，显然并不具备“夸富物”属性，硬陶在社会秩序构建中居于弱势。

原始瓷的情况有所不同，以碗（杯盅）为大宗。分别统计除典型越墓外不同等级随葬原始瓷碗（杯盅）与陶瓷质碗（杯盅）的数量发现，二者呈现出大致相同的变化趋势。在第六至第三等级中，随等级提升逐渐增加，其中第六至第四等级的数量大体接近，多在 3 件左右，第三等级的上限跃升至 13 件；在第三至第一等级中，随着等级提升迅速下降，第一等级仅 1 件。相较于硬陶，碗（杯盅）等原始瓷器仍保留了标识墓主身份等级的部分作用，并在部分墓葬中扮演着“夸富物”的角色。只是这一作用主要限于第六至第三等级，相应经济力量在社会秩序构建中的作用也较有限（图 4.16）。

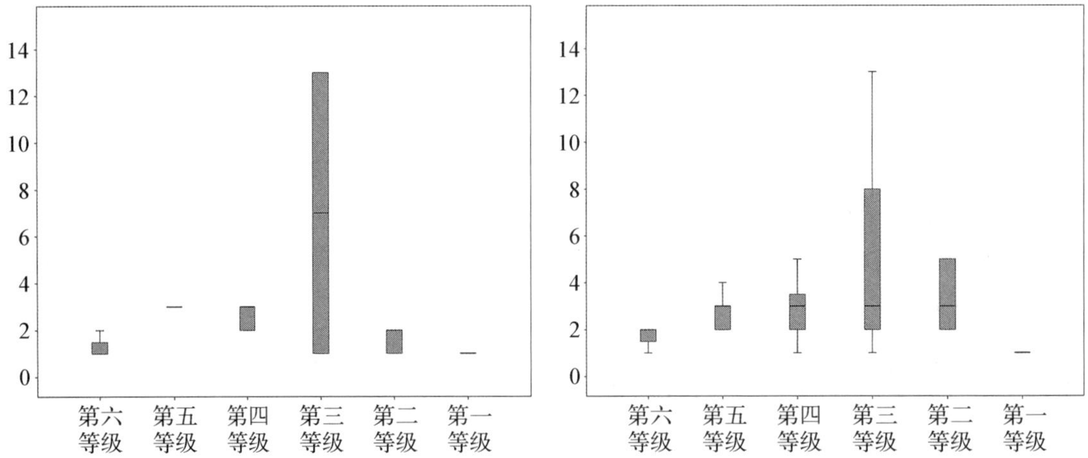

图 4.16　第三阶段粤中—粤西各等级碗（杯盅）的随葬数量范围

这一阶段青铜器不仅数量激增，种类也异常丰富，达 30 余种，具体可分为兵器如剑镞戈矛、工具如刮斧削凿、杂器如勺环条、容器如鼎盘鉴缶、乐器如甬钟钲铎五类。考察五类器物在不同等级的随葬情况可知，其分布呈现出明显的序列性。第六等级仅见兵器，第五等级出现工具，第四等级出现杂器与容器，第三等级则开始出现乐器。兵器、工具与乐器在不同等级的随葬种数大体接近，杂器与容器的种数则随等级提升不断增多，总体上呈现出相当明显的制度性色彩(表4.35)。

表4.35　第三阶段粤中—粤西不同类型青铜器的随葬种数

	第六等级	第五等级	第四等级	第三等级	第二等级	第一等级
兵器	2种	4种	5种	4种	5种	5种
工具		4种	4种	5种	5种	4种
杂器			1种	3种	4种	4种
容器			2种	1种	5种	6种
乐器				2种	2种	3种

梳理第四至第一等级铜容器的随葬情况发现,第四与第三等级随葬皆仅1件,且除龙嘴岗M13外,皆为鼎;第二等级部分墓葬仍然如此,只是除鼎外,还见随葬1件盘及1件罍的情况,其余墓葬则随葬3~4件铜容器,具体组合又各不相同,分别随葬1件、2件及3件鼎;第一等级随葬铜容器的数量增加至4~7件,随葬2件以上鼎,器类也更加丰富,簋、缶等器仅见于此。无论是从铜容器总数、随葬鼎数,还是从器类的丰富程度来看,铜容器的随葬都呈现出较为明显的等级制度特征,只是具体器用未尽规范,如第二等级的铜容器总数与鼎数便颇为混杂。但总体来看,等级构建的制度性确已显著增强,“政治观”与政治力量开始在社会制度的构建中发挥相当重要的作用,尽管后者的构建并非完全依赖于此(表4.36)。

表4.36　第三阶段粤中—粤西铜容器随葬情况

		铜容器种类及数量	铜容器总数
第四等级	龙嘴岗M17	鼎1	1
	对面山M151	鼎1	1
	利羊墩M2	鼎1	1
	高地园M2	鼎1	1
	对面山M183	鼎1	1
	怀集拦马山	鼎1	1
	铜鼓岗M13	鼎1	1
	龙嘴岗M13	盘1	1

续表

		铜容器种类及数量	铜容器总数
第三等级	对面山 M148	鼎 1	1
	落雁山 M1	鼎 1	1
	龙嘴岗 M13	鼎 1	1
第二等级	龙嘴岗 M8	盘 1	1
	龙嘴岗 M16	鼎 1	1
	龙嘴岗 M5	鼎 1	1
	马头岗 M2	罍 1	1
	高地园 M1	鼎 2、鉴 1	3
	铜鼓岗 M16	鼎 1、盘 2	3
	鸟旦山 M1	鼎 3、盉 1	4
	马头岗 M1	鼎 2、簋 1、罍 1、缶 1	5
第一等级	罗定背夫山 M1	鼎 2、鉴 2	4
	罗定南门垌 M1	鼎 3、鉴 2、缶 1、盉 1	7

乐器的情况同样如此。第三等级仅随葬 1 件乐器，第二、第一等级除个别墓仅随葬 1 件铎外，皆随葬 7 件以上乐器，并且以甬钟与钲的组合为主，甬钟数量皆在 6 件以上。其间虽存在较为明显的等级差异，但这种差异主要体现在第三等级与第二、第一等级之间，而且仅随葬 1 件铎的情况普遍见于第三至第一等级。可知乐器的随葬与否固然具有一定的制度性色彩，但对于随葬乐器墓而言，这种制度尚显粗疏（表 4.37）。

表 4.37　第三阶段粤中—粤西铜乐器随葬情况

		铜乐器种类及数量	铜乐器总数
第三等级	德庆落雁山 M1	铃 1	1
	龙嘴岗 M4	铎 1	1
第二等级	清远马头岗 M2	甬钟 7	7
	四会鸟旦山	铎 1	1
	清远马头岗 M1	钲 2、甬钟 6	8

续表

		铜乐器种类及数量	铜乐器总数
第一等级	罗定背夫山 M1	铎 1	1
	罗定南门垌 M1	钲 1、甬钟 6	7

事实上，经济力量仍然在此时的社会秩序与制度构建中发挥着重要作用。统计常见铜工具即刮刀、斧、削在不同等级的随葬数量发现，三者呈现出相同的变化趋势。在第六至第二等级中，随等级提升不断增加，至第二等级达到最高峰，最大随葬数量分别为 16 件、8 件与 9 件；至第一等级则明显减少，最多不过 4 件，且以 1 件为主，仅大致相当于第四等级的水平。可知在第六至第二等级中，仍然普遍存在以经济力量构建社会秩序的做法，只是对第一等级来说，经济力量已非其身份标识的最重要手段（图 4.17）。

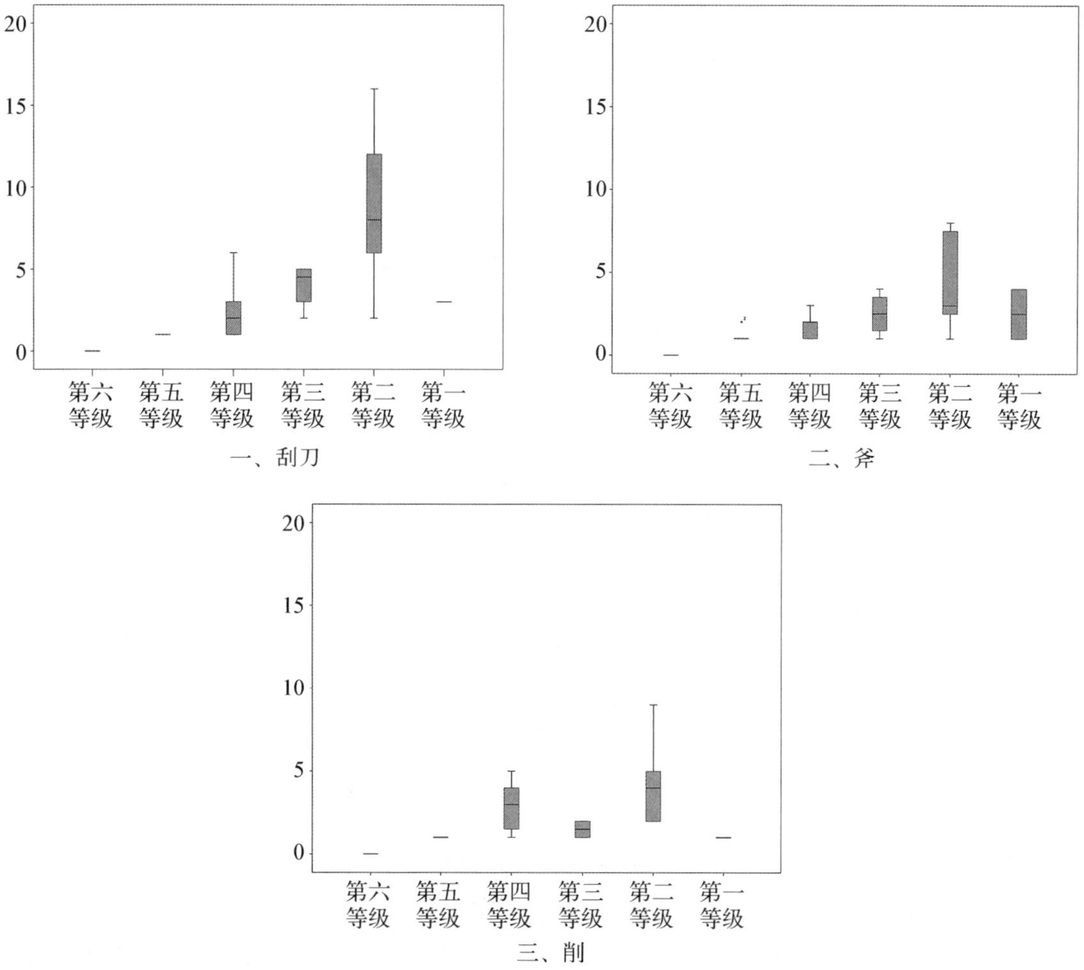

图 4.17　第三阶段粤中—粤西主要铜工器的随葬数量范围

不难发现，在最高等级墓葬中，铜兵器随葬占据了优势地位。如背夫山 M1 随葬铜器 98 件中兵器 74 件，又如南门垌 M1 随葬铜器 136 件中兵器 118 件。统计常见铜兵器即矛、钺、镞在不同等级的随葬数量发现，三者同样随等级提升不断增加，只是增幅不同。第一等级为最高峰，最大随葬数量分别达到 15 件、43 件与 53 件；在第二等级中，分别为 7 件、2 件和 28 件。第六至第二等级的增幅甚至不及第二到第一等级的增幅剧烈。第一等级这种明显超越其他等级的、对兵器的大量占有，显然表明其以政治力量作为最重要的等级追求与表达（图 4.18）。

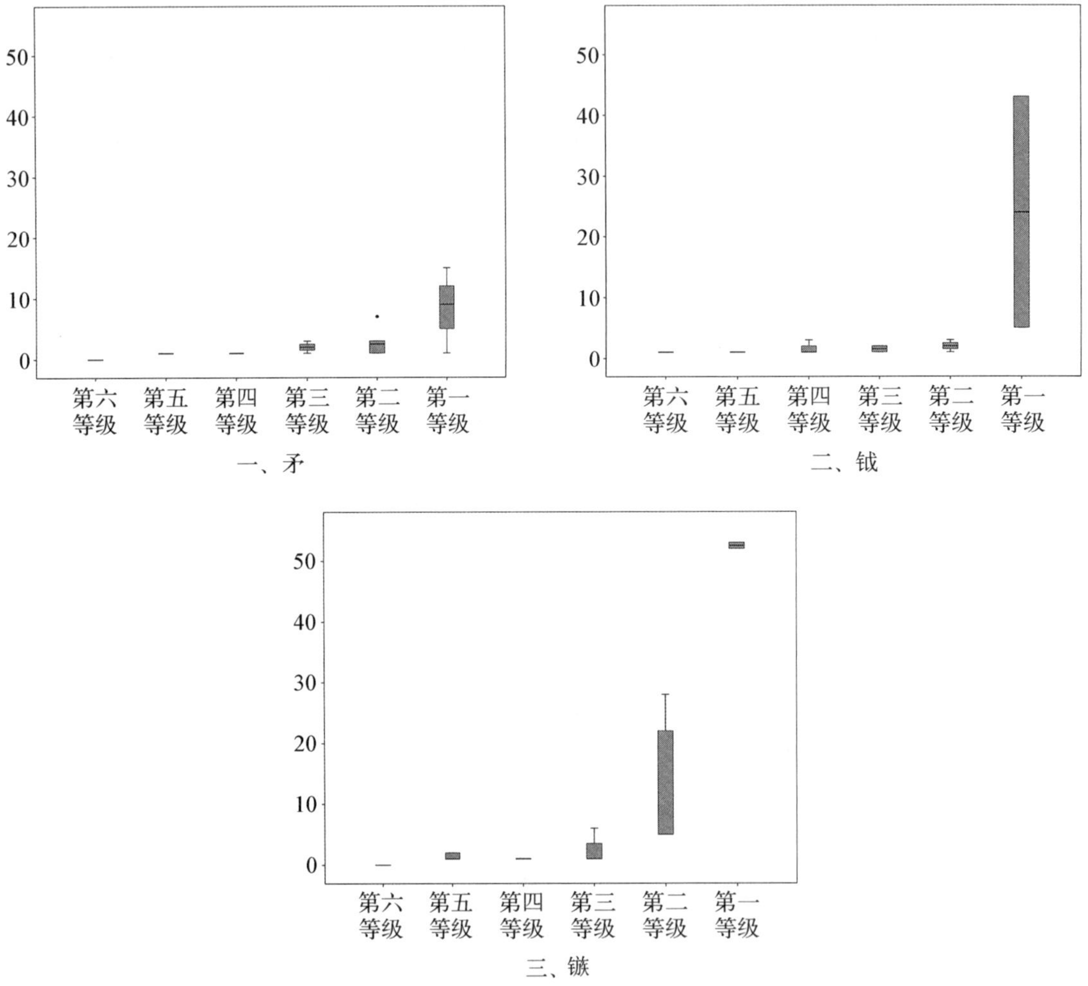

图 4.18　第三阶段粤中—粤西主要铜兵器的随葬数量范围

比对工具与兵器的随葬情况可以进一步明晰此种差别。经济力量不仅主要作用于第六至第二等级而非全部等级，而且从随葬数量与体量来看，经济力量在社会秩序与制度构建中的重要性也已渐居次席。在同一等级中，兵器的随葬数量往往多于工具，等级越高，超出数量也越多，直至悬殊。以体量而论，也同样如此。背夫山 M1 随葬兵器 74 件中，除

52件铜镞外，其余22件剑戈矛钺的体量几乎是随葬13件工具之倍；南门垌M1随葬矛15、钺43、镞53件的体量，更是远非随葬工具仅斧1件可以相提并论。尽管此时社会等级的制度性与规范性仍有所不足，但至少已经显露出从秩序到制度的等级架构取向的转移与成果，岭南社会发展一跃进入新的阶段。

（四）第三阶段：桂东北

第三阶段桂东北的随葬品器用与粤中—粤西颇有相似之处，岭南内部的区域发展虽然以"分化"为主题，但各小区的发展趋势大体同步，发展水平相对接近。

此时青铜器亦为桂东北随葬之大宗，数量比例随等级提升不断增加，自第四等级开始取代硬陶成为最主要的随葬品。后者的数量比例则随等级提升不断减少，未见于第一等级，曾经的身份等级标识作用已经被极大地压缩。

桂东北青铜器种类繁多，共计三十余种，包括兵器、杂器、工具、容器与乐器。第六等级见兵器与杂器，第五等级出现工具，第四等级出现容器，第二等级出现乐器，呈现出明显的等级序列与制度性色彩。

梳理第四至第一等级铜容器的随葬情况发现，第四与第三等级多仅随葬1件，以鼎为主，并有一定数量的钵、盘、盆；第二等级部分墓葬仍然如此，并出现随葬3~6件容器者，器类以鼎为主，钵、盘消失不见，盆有所保留，并新现罍、盉，只是具体组合各不相同，随葬鼎数也在1~4件不等；第一等级目前仅有1例，随葬铜容器8件，包括鼎5、尊2、罍1件，鼎数超过第二等级的最大随葬鼎数，新出现尊，盆消失不见。无论是从铜容器总数、随葬鼎数还是从具体器类来看，社会秩序与制度已渐趋形成，政治力量在社会制度的构建中开始发挥相当重要的作用，只是规范性尚有不足。至于乐器，数量较少不过3件，但从其仅见于第二、第一等级的分布情况来看，这种分布本身便已具有颇为浓烈的制度性色彩，彰显着"政治观"而非"经济观"对社会制度的塑造作用（表4.38）。

表4.38　第三阶段桂东北铜容器随葬情况

		铜（铁）容器种类及数量	铜（铁）容器总数
第四等级	银山岭M21	鼎1（铁）	1
	银山岭M22	鼎1	1
	银山岭M126	鼎1	1
	银山岭M22	鼎1	1
	银山岭M135	盆1	1
	银山岭M4	钵1	1

续表

		铜(铁)容器种类及数量	铜(铁)容器总数
第四等级	银山岭 M82	钵 1	1
	银山岭 M71	鼎 1、盘 1	2
	银山岭 M81	鼎 1、盆 1	2
	银山岭 M119	鼎 1、盆 1	2
第三等级	银山岭 M102	鼎 1	1
	银山岭 M153	鼎 1	1
	银山岭 M168	鼎 1	1
	银山岭 M110	鼎 1、盆 1	2
第二等级	银山岭 M108	鼎 1	1
	银山岭 M74	鼎 1、盆 1	2
	银山岭 M55	鼎 2、盆 1	3
	贺州龙中	鼎 4、罍 1、盉 1	6
第一等级	恭城秧家	鼎 5、尊 2、罍 1	8

对政治力量的追求同样见于对兵器随葬的推崇。这一阶段桂东北铁质兵器、工具发现较多,可将之与青铜质同类器作归并考察。分别统计金属工具、兵器在不同等级的随葬数量发现,相较工具,同一等级墓葬随葬兵器的数量更多,体量更大,且等级越高,这种差异越发显著。虽然第一等级兵器数量较少,并未延续第六至第二等级随等级提升数量增加的趋势,但事实上,第一等级墓葬甚少仅有 1 座,且年代甚早属于第三阶段的最早段,并不能代表桂东北最高等级墓葬的全貌。故总体来看,仍应认为政治力量是桂东北社会等级构建实践中的最重要表达(图 4.19)。

在政治力量不断增强的同时,经济力量仍然存续,虽弱势于前者,但相较同时期的粤中—粤西却有着更加明显的表达,在社会秩序与制度构建中也发挥着更加重要的作用。其具体表现在硬陶与玉器方面。这一阶段桂东北的硬陶普遍随葬于第六至第二等级,以碗(杯盅)数量最多,统计不同等级的随葬情况可知,以第三等级为界,其随葬数量先增后减。在第六至第三等级中,以碗(杯盅)为代表的硬陶数量的多寡,仍可在一定程度上标识墓主的身份等级(图 4.20)。

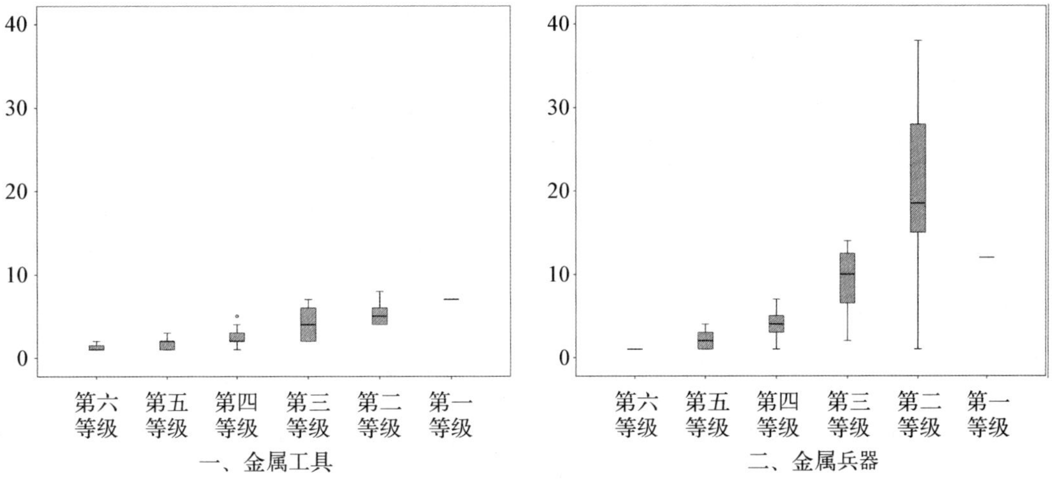

图 4.19　第三阶段桂东北随葬金属工具、兵器的数量箱型图

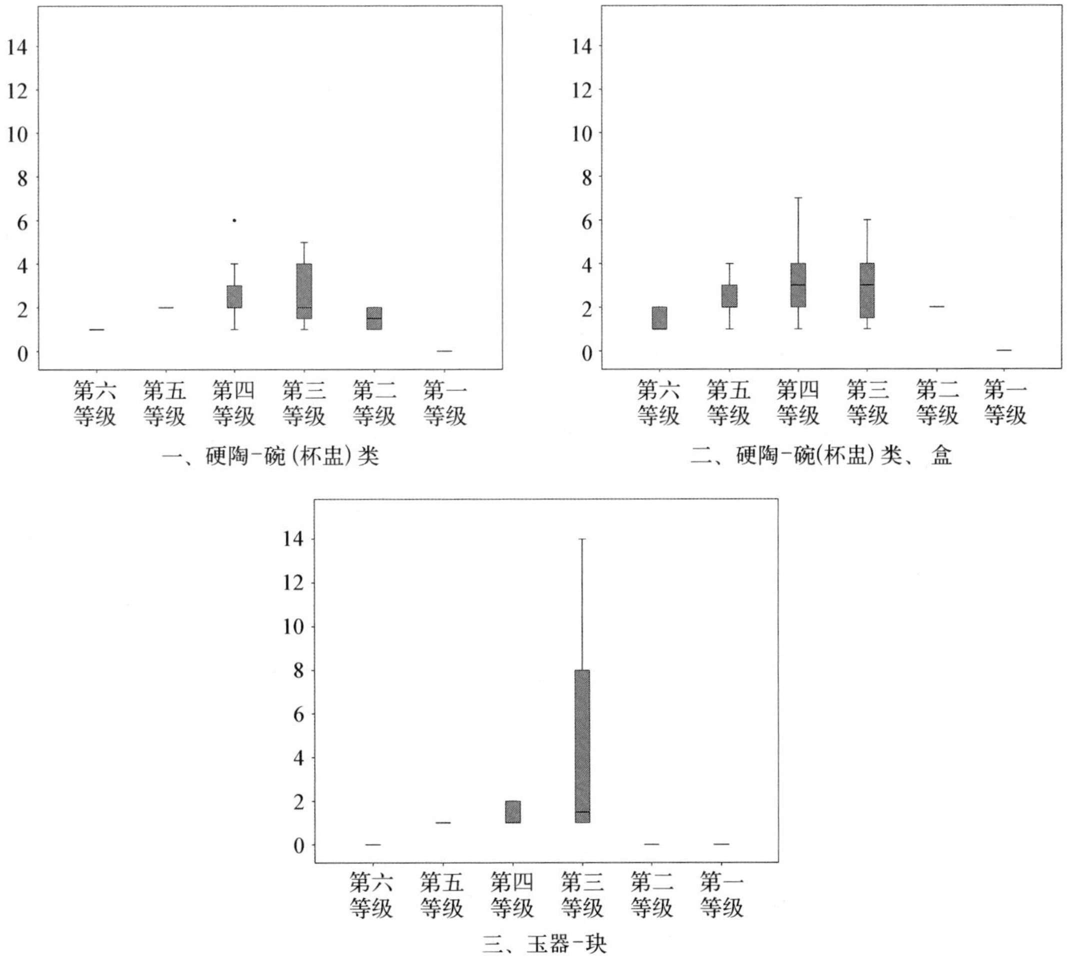

图 4.20　第三阶段桂东北主要硬陶、玉器的随葬数量范围

玉器的类似表现则更加鲜明。桂东北玉器主要见于第五至第三等级，以玦为大宗，只是文化来源为湖南传入而非粤中传统。统计玦在不同等级的随葬数量发现，其变化趋势与碗（杯盅）高度相似，以第三等级为界先增后减，且变化幅度较前者更加剧烈，未见于第二、第一等级，暗示随葬玉玦背后的财富取向在高等级墓葬中相对弱势（图 4.20）。其在第五至第三等级的序列随葬则表明对经济力量的追求与彰显在较低等级中仍较普遍，应与政治力量共同参与构建社会秩序与制度，从而呈现出一种新的“二分”态势——突飞猛进的政治力量与曾经主导的经济力量的角力。

三、墓室营建背后的社会秩序及制度

岭南两周墓葬以土坑墓为主。除墓室面积外，墓室营建差异主要体现在内部构造上，具体包括腰坑、二层台、壁龛、石床四种形制。对不同形制与等级关联性的探讨显然有助于进一步理解岭南的社会秩序与制度构建。

（一）墓葬形制

由于壁龛墓仅有 2 例，所以本文对墓葬形制的讨论以腰坑、二层台、石床为主；由于不同形制之间并不具备排他性，所以需要分别讨论其与等级的关联性，并兼顾不同形制的组合情况；又由于岭南不同阶段、不同小区墓葬分布的时空差异，所以对第一、第二阶段的讨论需面向地区整体，对第三阶段的讨论则需区分粤中—粤西、桂东北两个不同的对象（表 4.39，表 4.40）。

表 4.39　岭南各类墓葬形制与等级关联性的卡方检验

	年　代	地　域	χ^2	df-自由度	χ^2临界	α-显著性水平	V-关联强度	n-样本量
腰坑	第一阶段	岭南	0.958	3	6.251	0.811	0.118	69
	第二阶段	岭南	1.278	3	6.251	0.734	0.092	151
	第三阶段	粤中—粤西	2.320	5	9.236	0.803	0.165	85
		桂东北	25.417	5	9.236	**0.000**	0.453	122
二层台	第一阶段	岭南	3.802	3	6.251	0.284	0.235	69
	第二阶段	岭南	5.630	3	6.251	0.131	0.193	151
	第三阶段	粤中—粤西	6.062	5	9.236	0.300	0.267	85
		桂东北	16.003	5	9.236	**0.007**	0.359	122

续表

	年　代	地　域	χ^2	df-自由度	χ^2临界	α-显著性水平	V-关联强度	n-样本量
石床	第三阶段	粤中—粤西	5.639	5	9.236	0.343	0.258	85
		桂东北	3.713	5	9.236	0.591	0.173	122
组合	第三阶段	桂东北	47.939	15	22.307	**0.000**	0.362	122

表 4.40　岭南各类墓葬形制的分布频率(%)

	年　代	地　域	第六等级	第五等级	第四等级	第三等级	第二等级	第一等级
腰坑	第一阶段	岭南	8.00	6.25	15.00	12.50		
	第二阶段	岭南	1.45		2.86			
	第三阶段	粤中—粤西	13.33	20.83	8.70	14.29	25.00	25.00
		桂东北	47.37	74.42	95.56	90.00	50.00	
二层台	第一阶段	岭南	4.00			12.50		
	第二阶段	岭南	5.80	7.69	2.86	25.00		
	第三阶段	粤中—粤西			4.35	14.29		
		桂东北	10.53	9.30	28.88	60.00	33.33	
石床	第三阶段	粤中—粤西		8.33	4.35		16.67	25.00
		桂东北		6.98	13.33	10.00	16.67	
三者皆无	第三阶段	桂东北	42.11	23.26	2.22	10.00		100.00
三者存一			57.90	69.77	71.11	30.00	33.33	
三者存二					13.33	50.00	66.67	
三者俱全				6.98	13.33	10.00		

首先,对腰坑与等级的关联性进行卡方检验。发现二者仅于第三阶段桂东北小区表现出明显的关联性(α<0.05)。观察其具体分布可知,第一、第二阶段腰坑的数量总体有限,且分布相对随机,腰坑的有无与墓葬等级的高低确无明显关联。第三阶段桂东北小区

腰坑墓数量甚多，普遍流行于第六至第二等级，故其有无并非等级之指征，只是数量比例表现出一定的等级规律，大致以第四、第三等级为界，随等级提升先升后降。在第六至第三等级中，等级越高，则内设腰坑的可能性越大。同时期，粤中—粤西腰坑墓数量较少，与桂东北的葬俗区别明显。

二层台墓的情况与此近同。对二层台墓与等级的关联性进行卡方检验，结果同样表明二者仅于第三阶段的桂东北，表现出明显的关联性（表 4.39）。第一、第二阶段及第三阶段粤中—粤西所见，二层台或数量甚少，或分布随意，其存在与否更接近于偶然现象而与社会秩序构建无关，更勿论制度。第三阶段的桂东北则明显流行此类形制，多见于第六至第二等级。数量比例虽然不及腰坑，但仍有较多发现，并同样以第三等级为界随等级提升先升后降，等级秩序或制度已明显增强。

至于石床，主要发现于第三阶段，卡方检验结果表明其有无与等级无关。粤中—粤西与桂东北所见大体接近，在第五至第一等级中，数量比例随等级提升呈螺旋上升，起伏无定，并不存在某种明确的规范。

由于腰坑、二层台与石床之间并不存在排他性，可共存于同一墓葬，因此有必要对这些墓葬形制的组合情况进行讨论。分析比对形制组合数量与墓葬等级的关系发现，不同形制组合仅见于第三阶段，且除龙嘴岗 M19 外，集中于桂东北。相应的卡方检验结果表明，组合数量与墓葬等级之间应存在明显的关联性（表 4.39）。具体而言，单一形制流行于第六至第二等级，以第四等级为界，比例随等级提升先升后降；两种形制组合流行于第四至第二等级，比例随等级提升逐渐增加；三种形制组合主要流行于第五至第三等级，同样以第四等级为界比例随先升后降，只是绝对数值甚低，流行程度不及前者；至于第一等级仅见 1 墓，暂不讨论。概言之，在第六至第四等级中，以单一形制为主，第三至第二等级中则以两种形制占优，表现出一定的序列特征。

综合而言，第一、第二阶段时，岭南墓葬形制的选择并无明确等级规范，其分布呈现出一种随意散乱的状态，应与此时"政治观"的薄弱有关。第三阶段以来，墓葬形制的有无及其组合与等级间大多表现出较明显的关联性，政治力量的作用显著增强，应是外来文化与人群强烈影响的结果。尽管对于不同墓葬形制而言，其具体分布规律与等级序列并不完全相同，以形制有无梳理得出的等级序列也无法等同于等级制度，但确实已经呈现出了某种不同以往的制度性色彩。

（二）墓室面积

墓室面积于第一、第二阶段时罕见等级差异，第六至第三等级的面积区间基本一致。虽然其间略有起伏，如第一阶段第六、第五等级的面积多在 1~5 平方米，第四、第三等级多在 2~7 平方米，但总体水平大体接近。第二阶段时，不同等级的面积范围高度趋同，皆多在 1~7 平方米。墓室面积的选择相对随意散乱。

第三阶段情况明显不同。无论是粤中—粤西，还是桂东北，不同等级之间皆显露差异，不同区域的面积区间与分布规律则大致相同。第六至第一等级可据此分为三个序列，第六至第四等级多在 1~5 平方米；第三与第二等级多在 2~10 平方米，部分墓葬甚至接近 20 平方米；第一等级的面积更是实现飞跃式增长，除部分墓葬仅有 8 平方米外，其余皆在 30 平方米以上，最大者近 64 平方米，已呈现出清晰的等级序列与制度性色彩（图 4.21）。

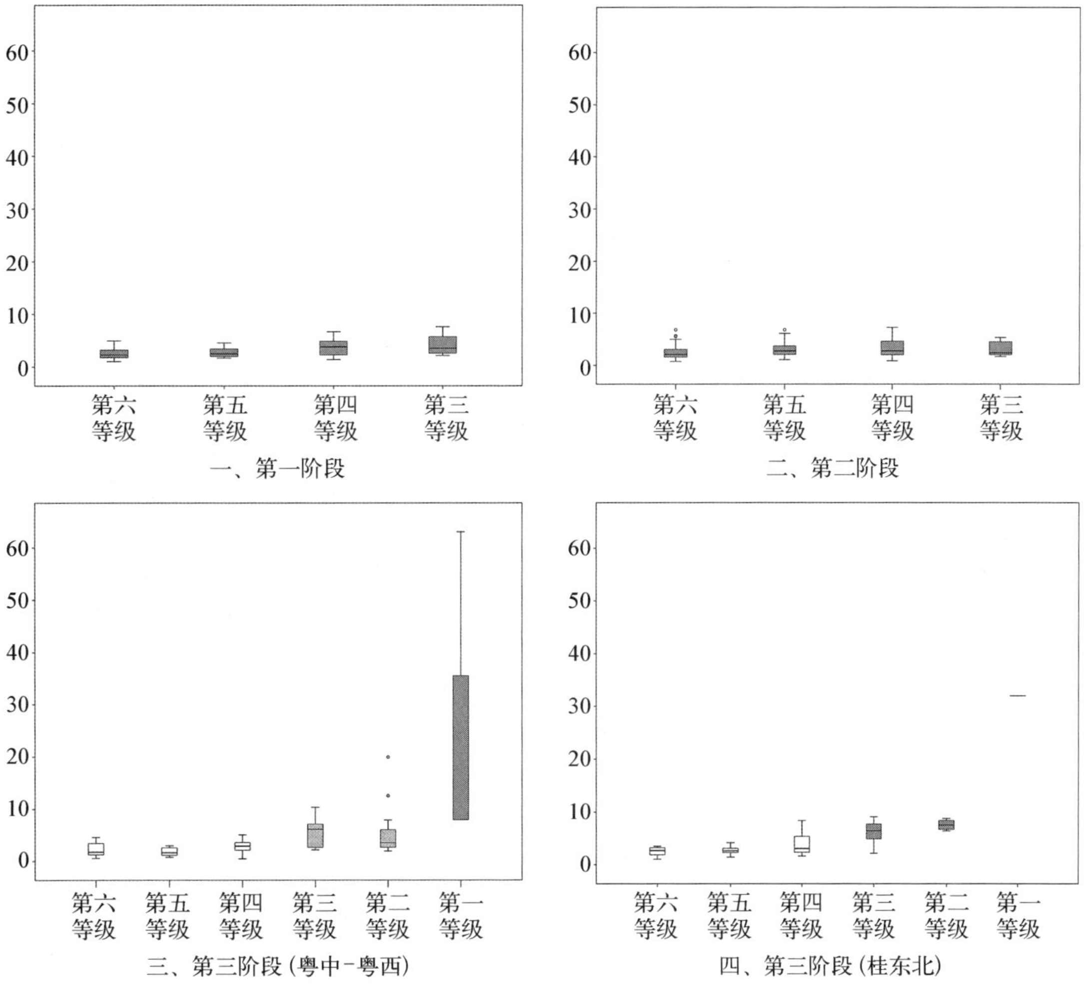

图 4.21　岭南不同阶段各等级的墓室面积范围

以第三阶段为界，岭南墓室面积与等级之间的关系呈现出先停滞后突变、先无序后有序乃至制度化的发展态势，政治力量的作用开始显著增强。只是就此序列而言，具体内涵与分级层次还相对粗疏。除最高等级外，第三、第二等级与第六至第四等级的面积区间仍多有重合，尚不具备排他性，所谓的社会制度远未规范，从而再次印证着岭南社会发展中经济力量与政治力量的角力与消长。

四、墓地布局视野下的社会关系

目前学界对岭南墓地已有较多关注，聚焦讨论其分期年代、等级划分与性别差异等问题①，但是对于墓葬布局与社会关系的讨论仍然相对较少。本书即着重于此，以期进一步明晰岭南地区的社会图景。

目前发掘数量较多、材料公布较好的墓地以横岭山②、龙嘴岗③、银山岭④为代表。余者或数量甚少如高屋背岭⑤，或发表不详如曾屋岭⑥，又或缺乏平面图如矮石岗⑦，难于分析。故相关讨论集中于上述三个墓地。

（一）横岭山⑧

横岭山共发掘两周墓葬 302 座，年代集中在第一至十二段。根据下葬顺序、相对距离远近、分布疏密，并参考地势变化，可以将之分为十九个墓区，由西向东、从南到北依次记为Ⅰ～ⅩⅨ区（表 4.41，图 4.22，彩版一）。

表 4.41　横岭山各墓区的发现情况

墓　区	墓葬数量	无随葬品墓葬数	使 用 时 间	等　级　情　况		
				墓葬等级	最高等级数量	墓区相对等级
Ⅰ区	13	5	第 6～7、9～10 段	第 6～4 级	3	Ⅴ
Ⅱ区	28	4	第 2、4～11 段	第 6～3 级	1	Ⅲ
Ⅲ区	15	3	第 3～4、6、9～10、? 段	第 6～3 级	2	Ⅰ
Ⅳ区	19	7	第 1、4、6～10 段	第 5～3 级	2	Ⅰ
Ⅴ区	10	4	第 7～10 段	第 6～5 级	3	Ⅶ
Ⅵ区	25	7	第 3、5～10、? 段	第 6～3 级	2	Ⅱ

① 杨建军：《岭南地区商周时期墓葬研究》，第 14～301 页。

② 广东省文物考古研究所：《博罗横岭山——商周时期墓地 2000 年发掘报告》。

③ 广东省文物考古研究所等：《广东广宁县龙嘴岗战国墓》，《考古》1998 年第 7 期；广东省文物考古研究所：《肇庆古墓》，第 4～26 页；广东省文物考古研究所等：《广东广宁龙嘴岗战国墓地 2010 年的发掘》，《文物》2012 年第 2 期。

④ 广西壮族自治区文物工作队：《平乐银山岭战国墓》，《考古学报》1978 年第 2 期。

⑤ 广西壮族自治区文物工作队等：《贺州市高屋背岭古墓群勘探与试掘》，《广西考古文集》，文物出版社，2004 年，第 259～264 页。

⑥ 陈训廷：《惠州名迹荟萃》，广东人民出版社，2016 年，第 180～182 页。

⑦ 广东省文物考古研究所等：《广东韶关市矮石墓地发掘简报》，《南方文物》2008 年第 3 期。

⑧ 参见吴桐：《地缘与血缘：博罗横岭山墓地所见岭南商周时期社会关系》，《江汉考古》2025 年第 3 期。

续表

墓　区	墓葬数量	无随葬品墓葬数	使用时间	等级情况		
				墓葬等级	最高等级数量	墓区相对等级
Ⅶ区	30	7	第1~7、9~10、? 段	第6~4级	7	Ⅴ
Ⅷ区	30	10	第1、3、5~7、9~10、12段	第6~4级	3	Ⅵ
Ⅸ区	16	2	第2、4~9段	第6~4级	1	Ⅵ
Ⅹ区	20	7	第3~7、10段	第6~5、3级	1	Ⅱ
Ⅺ区	15	4	第1、6~9、? 段	第6~4级	3	Ⅴ
Ⅻ区	13	5	第4、7~10段	第6、4~3级	1	Ⅱ
ⅩⅢ区	20	3	第2~10段	第6~3级	1	Ⅱ
ⅩⅣ区	16	5	第3~7、9~10段	第6~3级	1	Ⅱ
ⅩⅤ区	8	5	第2、7、9段	第6~5级	1	Ⅷ
ⅩⅥ区	7	1	第6、9~10段	第6~4级	2	Ⅳ
ⅩⅦ区	3	1	第2、7段	第6、5级	1	Ⅶ
ⅩⅧ区	3	1	第2、5段	第6、4级	1	Ⅳ
ⅩⅨ区	1	0	第2段	第6级	1	Ⅸ

从形成过程来看，Ⅳ、Ⅶ、Ⅷ、Ⅺ区最早，出现于第一段；Ⅱ、Ⅸ、ⅩⅢ、ⅩⅤ、ⅩⅦ、ⅩⅦ、ⅩⅨ区稍晚，最早见于第二段；Ⅲ、Ⅵ、Ⅹ、ⅩⅣ区，则始现于第三段；Ⅰ、Ⅴ、Ⅻ、ⅩⅥ区要迟至第四段、六段乃至七段方才出现。除略呈先南后北的趋势外，再未见其他分布规律。墓区相对等级的空间分布也较驳杂，与海拔高低亦无关联。虽如Ⅲ、Ⅳ区与Ⅵ区所见，某些相对等级较高的墓区部分邻近，但此未成永例。墓地总体布局相对随机。

关于墓区之间与墓区内部社会关系的辨明，需以葬俗为主要依据。具体到横岭山，当以墓葬形制与随葬品为主要考察对象。

墓葬形制方面，横岭山有9座腰坑墓、13座二层台墓，根据其空间分布可将墓地划分为东西两群，西群包括Ⅰ~Ⅷ区，东群包括Ⅸ~ⅩⅨ区。二层台集中于西群，腰坑仅见1例，后者情况反之。同时这些墓葬散见于不同墓区，各区多仅1~2座，无明显集聚，于墓地整体而非墓区个体呈现出明显的东西之别（图4.23，彩版二）。

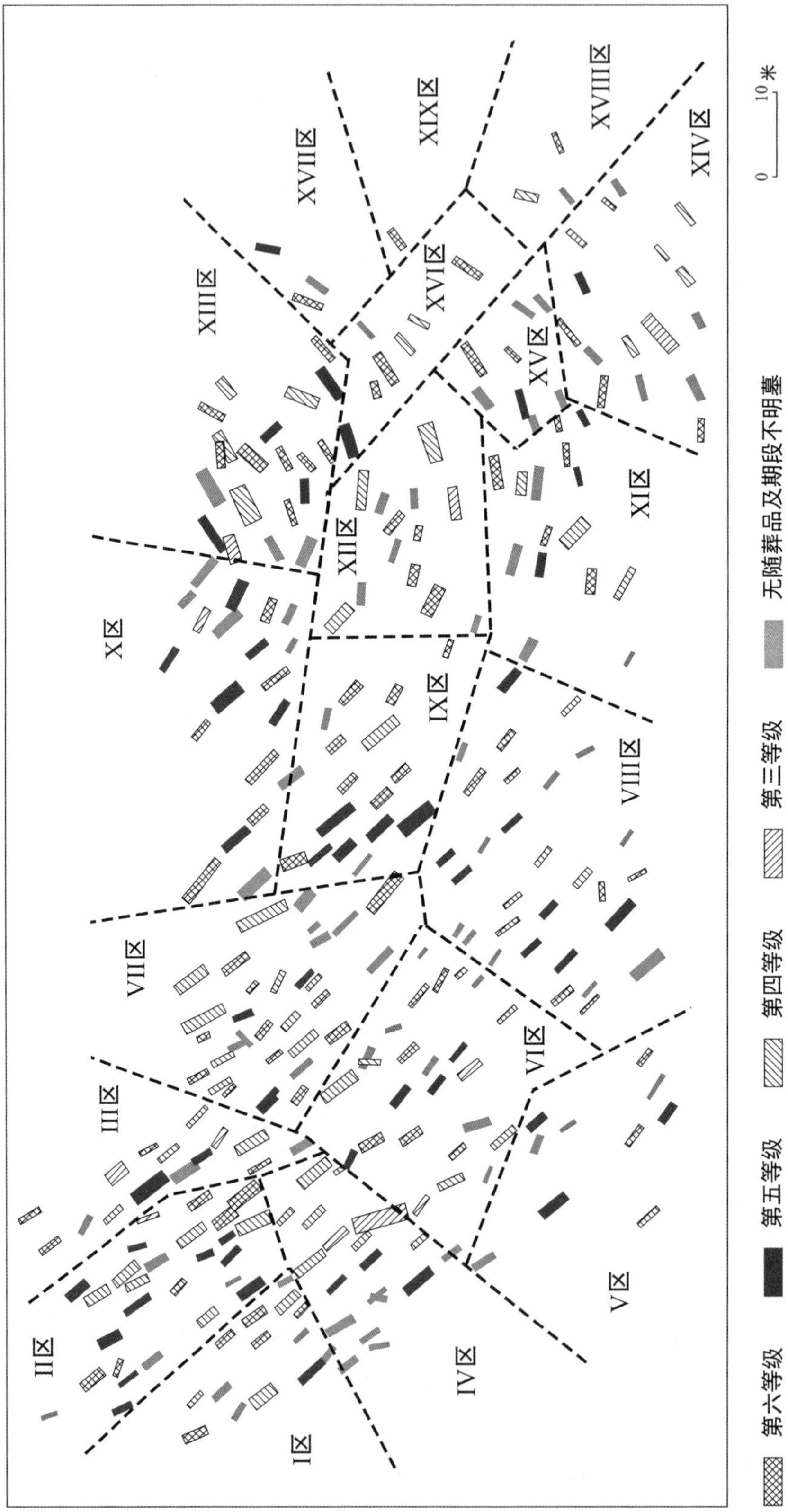

图 4.22 横岭山的分区与墓葬等级

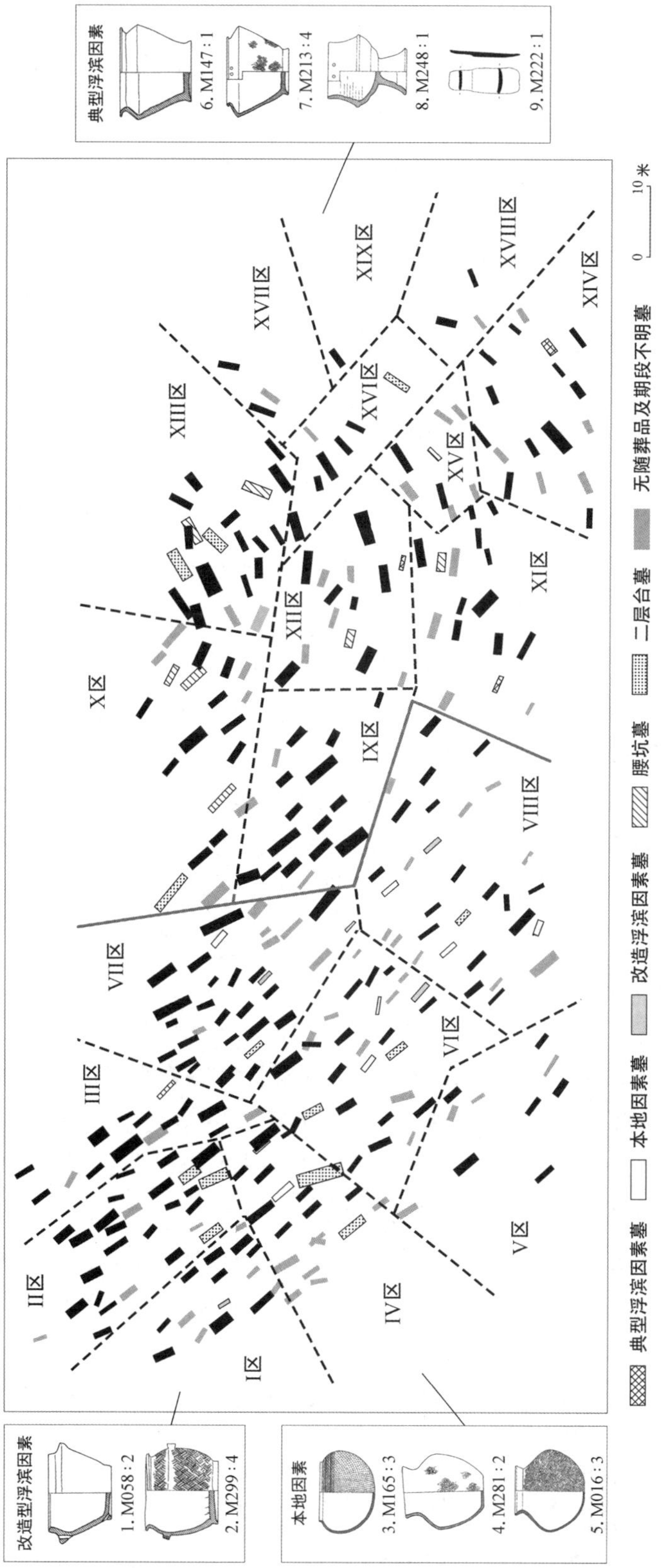

图 4.23　横岭山墓地的东西之别

同时，这两种墓葬形制之间还存在年代差异。腰坑墓年代较早，流行于第一阶段，第二阶段仅有 2 例，且分属第六、第七段，即第二阶段较早时期，与第一阶段年代相近；二层台墓的年代相对较晚，集中发现于第二阶段，第一阶段仅有 2 例。这种不同阶段的不同墓葬形制分别集中于不同墓群的现象，显然很难与血缘关系相对应，而更可能暗示横岭山内部或存在两个不同人群，分处墓地东西两侧，各有其文化偏好。

这种东西之别不仅体现在墓地内部，更体现在其文化因素来源所依托的广大空间。由于岭南早期青铜时代罕见腰坑与二层台，二者的突然出现应该是受外来影响的结果。从周边发现来看，这两种墓葬形制多见于粤东闽南与湖南，恰分处岭南的东西两侧。粤东闽南部分商代墓葬曾一度流行腰坑①，浮滨文化中也有部分腰坑墓②，以南靖三凤岭为代表，下限可延续至西周早期③。至于湖南，腰坑与二层台主要流行于春秋中期以降④。不难发现，腰坑与二层台分别在粤东闽南与湖南的流行时间，正与横岭山所见相近或相同。二者在横岭山的先后出现，很可能是在不同阶段受到东西两侧不同文化影响的结果。而这种不同来源墓葬形制的空间分布差异也再次表明，横岭山墓地或确存在两个不同人群，在接受外来文化影响的过程中，居东侧者更易受到来自粤东闽南的影响，居西侧者更倾向吸纳来自湖南的因素，二者的文化偏好呈现出明显的地缘差异。

事实上，这种东西人群之间的地缘差别，肇始并突显于墓地形成之初，即第一、第二段时期。此时 17 座墓葬的随葬品涉及三类文化因素：A 类，典型浮滨因素，如大口宽体折肩罐、曲壁高柄豆，多镂孔；B 类，改造型浮滨因素，以小口窄体折肩罐为主，部分带贯耳，无镂孔；C 类，本地因素，包括圜底罐、高领罐等。这三类文化因素的空间分布正可与腰坑、二层台的发现情况相呼应。来自粤东闽南的典型浮滨因素仅见于东侧墓群，改造型浮滨因素与本地因素的分布范围仅限于西侧墓群，二者或独存或共存，未见与典型浮滨因素共存一墓者（图 4.23，彩版二）。

这种文化因素的东西差异，显然指向墓地内部东西人群之间的分化。第一、第二段时，东侧人群与粤东闽南往来密切，西侧人群则与环珠江口保持紧密的联系，地缘联系的东西之别由此一望可知，并且与第一、第二阶段腰坑、二层台的东西分布差异构成某种继承关系。横岭山墓地东西人群之间，虽然在不同阶段先后以随葬品、墓葬形制表现出不同程度的葬俗异性，但其根源始终以地缘差异为主。

如果说这种东西之别所反映的地缘关系，由于相关墓葬数量较少而尚显局限的话，那么随葬品的分布情况无疑可以进一步证明，第二、第三阶段横岭山墓地的社会关系同样应以地缘为主。青铜刮刀、硬陶瓮、玉玦可为此代表。

横岭山出土青铜刮刀 26 件，涉及墓葬 17 座，散见于Ⅰ～Ⅳ、Ⅷ～Ⅻ、ⅩⅣ、ⅩⅥ等 11 个墓

① 福建博物院等：《虎林山遗址——福建漳州商周遗址发掘报告之一》，第 94 页。
② 陈兆善：《试论浮滨文化》，《南方文物》1996 年第 4 期。
③ 福建省博物馆等：《福建南靖县三凤岭西周墓》，《东南文化》1990 年第 4 期。
④ 杨难得：《湘江中上游商周时期考古学文化研究》。

区，占墓区总数的半数以上。考虑到ⅩⅦ～ⅩⅨ三区墓数皆不过3座，相关发现可能存在某种偶然性，这一比例甚至可能接近70%。显然仅以有无而论，刮刀在各墓区的随葬并无差异，其分布甚为均衡，未见集聚倾向。在各墓区内部，随葬刮刀墓数皆在1～3座不等，3座者1例即Ⅳ区，2座者4例，其余6区皆仅1座。除Ⅳ区M082与M083、Ⅹ区M172与M175相距较近外，其余两两之间皆有明显间隔，最甚者如Ⅷ区M004与M025，相去20余米。无论在墓区之间，还是在墓区内部，皆未见随葬刮刀葬俗的集聚。硬陶瓮与玉玦的情况同样如此（图4.24，图4.25，彩版三，彩版四）。

即便是发现数量较少、葬俗指向可能更加鲜明的随葬品也未见集聚。可以青铜矛、硬陶钵、罍、尊为代表。在此四者中，仅随葬青铜矛者较多，计7座，其余三者皆仅见于3座墓葬，而且分布零星，未见2墓共存同一墓区。即便是随葬矛墓，除Ⅷ区有2座外，其余5墓亦散见于5个不同墓区，Ⅷ区M005与M013之间仍相距10米左右，以均衡、分散为主要分布特征（图4.26，彩版五）。

在各墓区内部，随葬品同样呈现出"大分散、小集聚"的分布态势。以墓葬数量较多的Ⅱ、Ⅵ～Ⅷ区为例。除常见的豆、罐（瓿）类及区分意义不显的纺轮外，共计有44墓，涉及随葬品21类，随葬组合28种。其中21种组合仅见于1墓，其余7种组合多共见于3墓，而且散见于不同墓区，墓区内部组合相同者即便偶有存在，也不超过2墓。随葬品组合显然以异性、混杂，而非共性、集聚为主要特征（表4.42）。

表4.42　横岭山Ⅱ、Ⅵ～Ⅷ墓区主要随葬品组合及其发现情况

圈足瓿		釜		瓮			
Ⅱ区	M256	Ⅱ区	M042	Ⅱ区	M258	Ⅶ区	M039
Ⅵ区	M015	Ⅱ区	M054	Ⅱ区	M279	Ⅶ区	M040
Ⅶ区	M164	Ⅷ区	M299	Ⅵ区	M074	Ⅷ区	M295
						Ⅷ区	M327
簋		斧		矛		玦	
Ⅱ区	M259	Ⅱ区	M052	Ⅵ区	M309	Ⅱ区	M053
Ⅱ区	M274	Ⅵ区	M252	Ⅷ区	M013	Ⅱ区	M095
Ⅷ区	M167	Ⅶ区	M105			Ⅷ区	M319

若对随葬品本身而非随葬品组合进行考察，更可进一步明确"大分散、小集聚"的葬俗分布态势。前述21类随葬品，以硬陶圈足瓿、簋、壶、盆、瓮、原始瓷钵、泥质陶盒、夹砂陶釜、青铜斧、刮刀、矛、鼎耳、铃状物、玉玦等14种器物的分布较为典型。梳理其在Ⅱ、

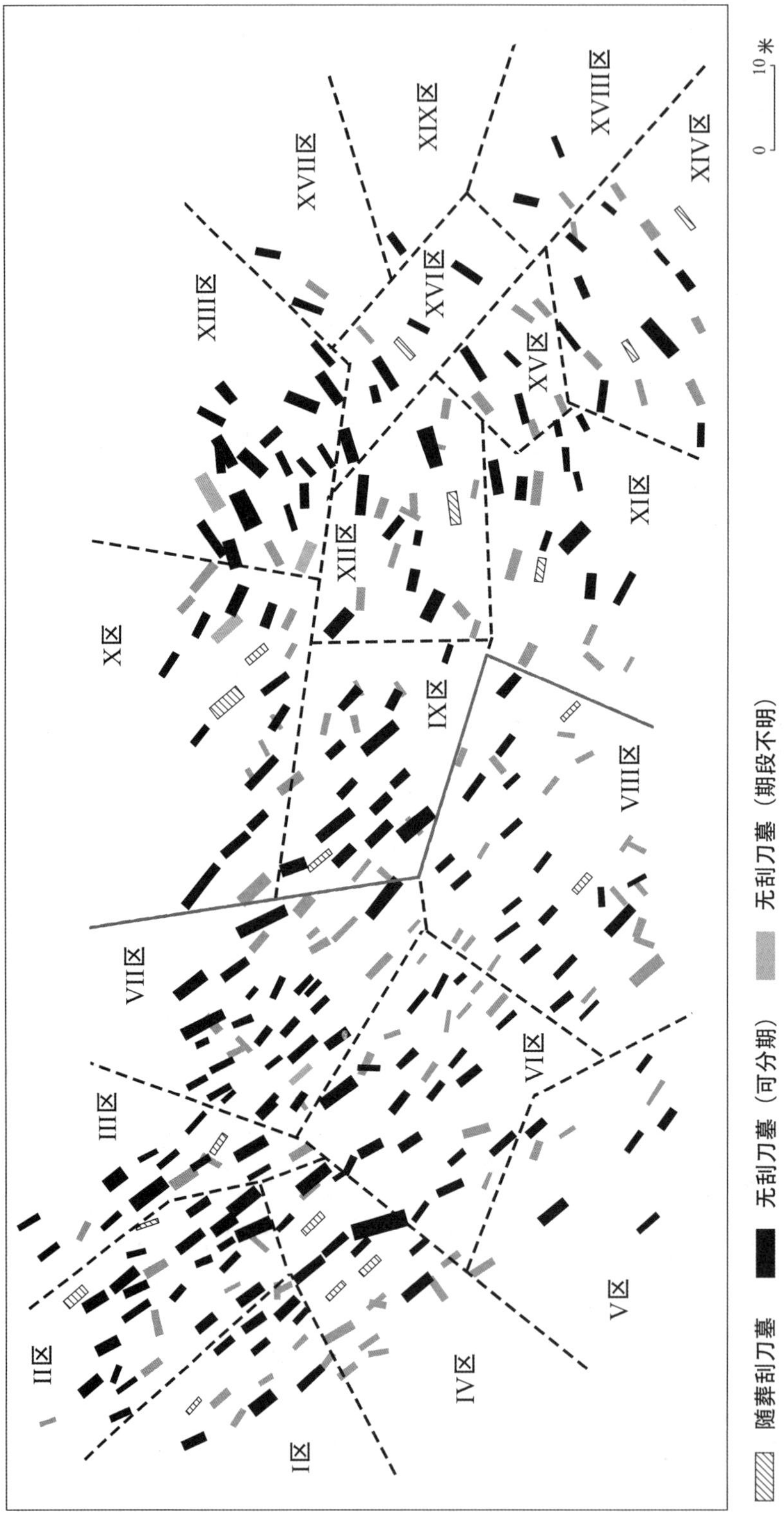

图 4.24　横岭山墓地青铜刮刀的分布情况

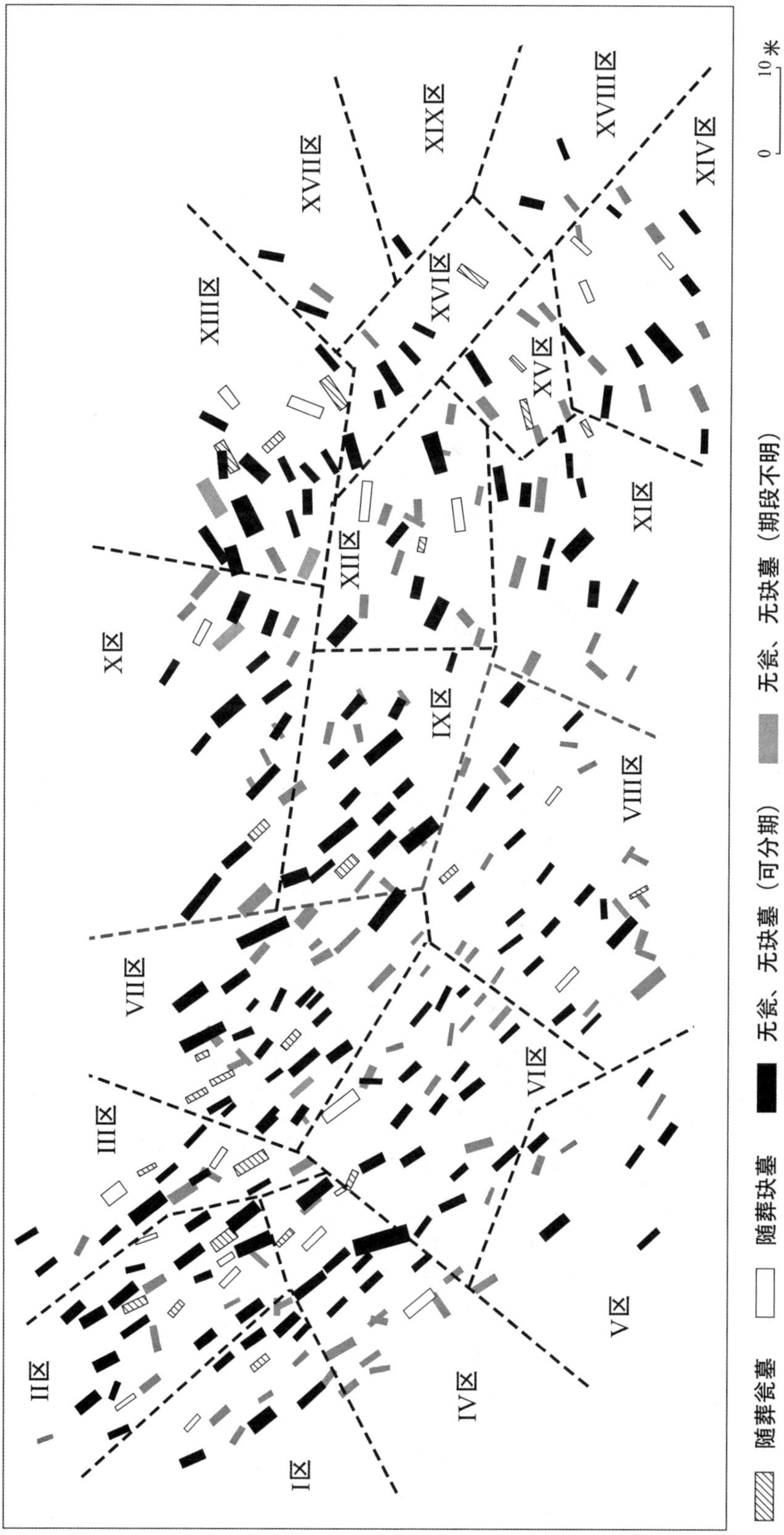

图4.25　横岭山墓地硬陶瓮、玉玦的分布情况

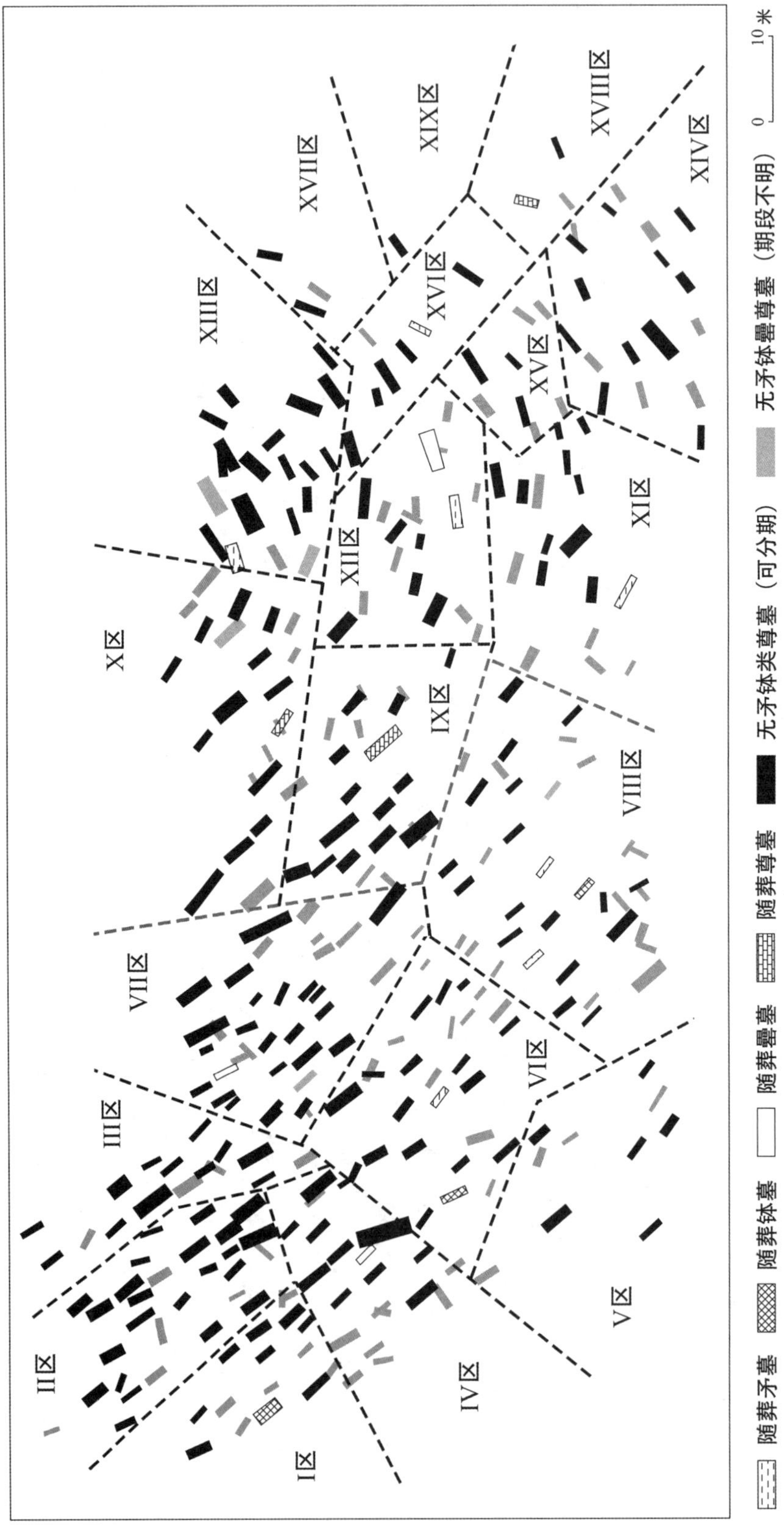

图 4.26 横岭山墓地青铜矛、硬陶钵、罍、尊的分布情况

Ⅵ～Ⅷ区的发现情况可知，这些器物在各墓区皆均衡分散分布。相邻墓葬除Ⅱ区M279与M291（瓮）、M094与M095（玦），Ⅶ区M039与M040（瓮）、M118与M038（盆）随葬品相同外，余者皆迥然有别。如Ⅱ区M041与M042相距不足1米而分别随葬青铜刮刀与夹砂陶釜，M052、M053、M054邻近却分别随葬青铜斧、玉玦与夹砂陶釜；如Ⅵ区M074与M075相距仅1米而分别随葬硬陶瓮与玉玦，M078、M084、M311邻近却分别随葬青铜斧、原始瓷钵与泥质陶盒；又如Ⅶ区M040、M103、M117相距不足2米而分别随葬硬陶瓮、夹砂陶釜与青铜铃状物，Ⅷ区M295、M298邻近却分别随葬硬陶瓮与夹砂陶釜等。

相应地，同一随葬品在各墓区内部的分布距离也多较远，罕见集聚，两两相去多在10米以上。如Ⅱ区2座随葬篾墓M259与M274相距10米、2座随葬斧墓M052与M264相去20米以上；如Ⅵ区4座随葬斧墓分处墓区一端，两两最近者如M287与M315相隔10米左右，最远者相距可达20米；又如Ⅷ区2座随葬釜墓与3座随葬矛墓，两两相去亦在10米以上。显然，很难认为存在以血缘为内核的大规模葬俗集聚，各墓区内部的葬俗分布与社会关系更可能指向地缘特征（图4.27，彩版六）。

可知横岭山不同墓区之间葬俗分布大体均衡，整个墓地、整个社会普遍流行相对相似而内涵多样的葬俗，内部并未蕴含较大规模的血缘家族，墓区之间的社会关系应以地缘为主。各墓区内部的葬俗同样多样、分散，即便偶有集聚也仅限于2～3座墓葬。“大分散、小集聚”的葬俗分布态势实为“大地缘、小血缘”的社会关系之写照。除ⅩⅦ～ⅩⅨ区外，其余墓区墓葬多在10座以上，规模最大者达30余座，表明基层地缘关系已有一定规模。东西墓群、横岭山墓地、粤中地区乃至岭南社会，正是这种地缘关系不断扩大的结果。

在葬俗之外，横岭山墓地所示的地缘社会还体现在墓葬等级方面。以等级分布而论，各墓区几乎广见各等级墓葬，共时墓区之间的社会关系应相对平等，社会性质应大体接近；以等级结构而论，各墓区与墓地整体所见别无二致，俱以均衡为主要特征，社会结构高度近同。各墓区之间与墓区内部的联结，以疏离的而非紧密的、自然形成的而非制度规范的、地缘的而非血缘的社会关系为主，横岭山墓地的形成只是同质墓区的复制与共存，而非社会性质的升级。其间虽然有地缘规模之别，但尚未发现明确的政治统属关系，而更像是地缘联结的自然产物。这也可与“百越杂处，各有种姓”“缚娄、阳禺、驩兜之国，多无君”的记载相契合。

（二）龙嘴岗

龙嘴岗共发掘墓葬36座，但第四次的材料发表不详，与前三次发掘区之间的空间关系也不明确，相关讨论可以前三次发掘的19座墓葬为主，年代集中在第十一至十四段，可分为四个墓区，由北向南、从高到低记为Ⅰ～Ⅳ区（表4.43，图4.28）。

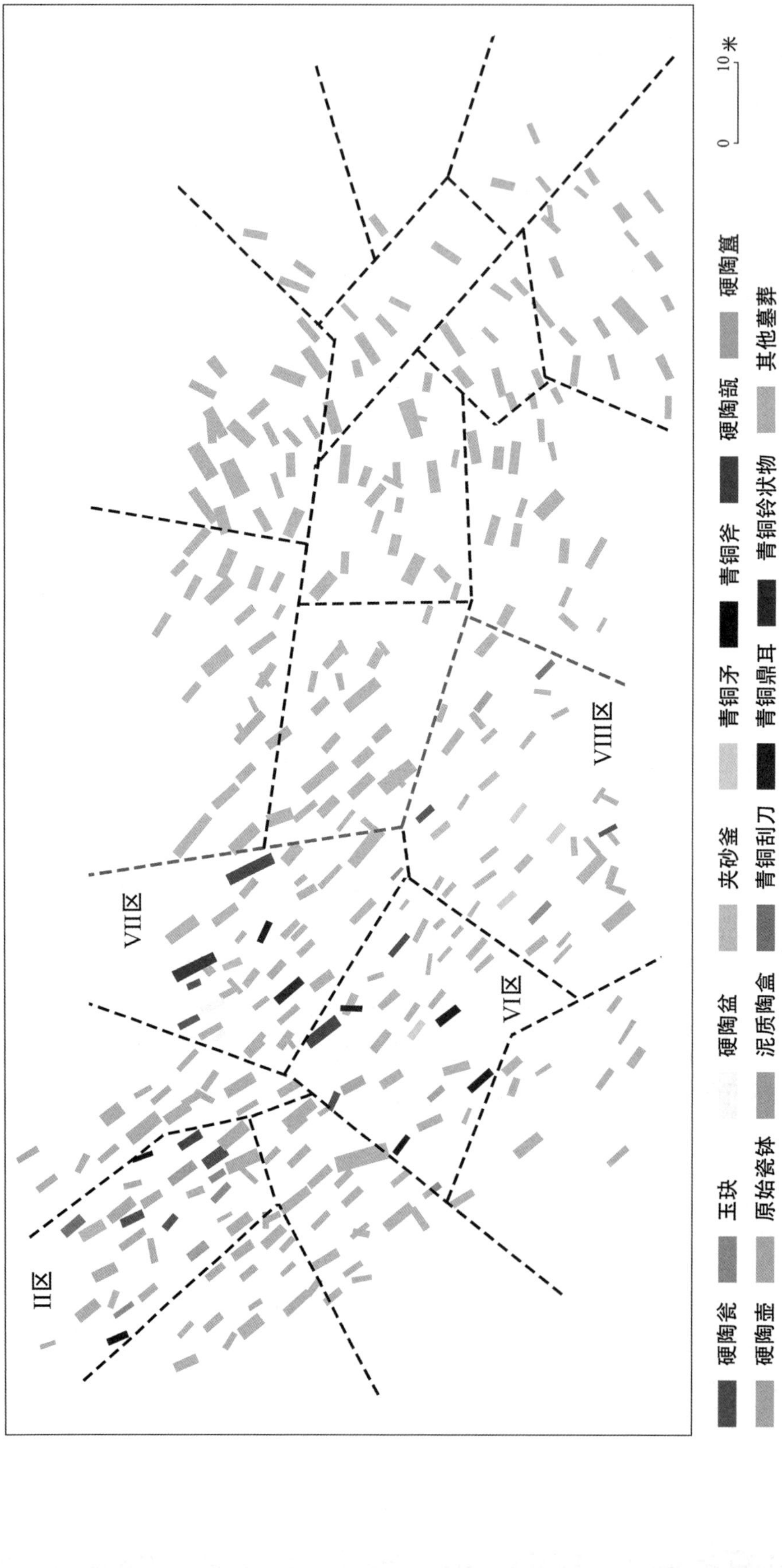

图 4.27　横岭山Ⅱ、Ⅵ～Ⅷ墓区随葬品的分布情况

表 4.43　龙嘴岗各墓区的发现情况

墓　区	墓葬数量	使用时间	等级情况		
			墓葬等级	最高等级数量	墓区相对等级
Ⅰ区	5	第 12～？段	第 5～4 级	2	Ⅳ
Ⅱ区	6	第 11、13～14 段	第 5～2 级	2	Ⅰ
Ⅲ区	4	第 12、14 段	第 6、4、2 级	1	Ⅲ
Ⅳ区	4	第 12～14 段	第 5～4、2 级	1	Ⅱ

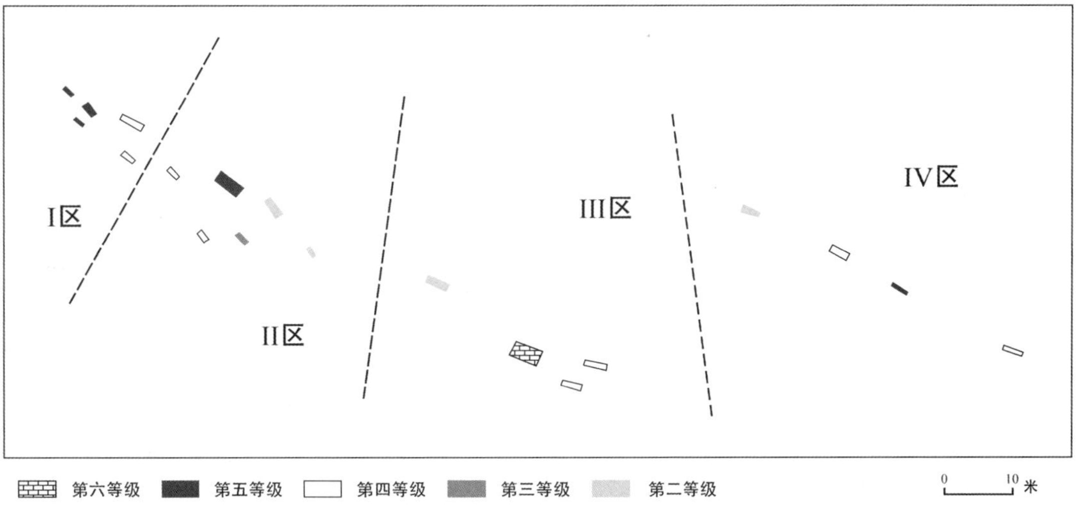

图 4.28　龙嘴岗的分区与墓葬等级

这些墓区基本同时出现，居中的Ⅱ区年代稍早，相对等级也较高，Ⅳ、Ⅲ、Ⅰ区年代稍晚，相对等级依次递减。总体来看，未见高等级墓葬集聚，相对等级与海拔的高低也没有明确关联，各墓区的分布较为随意。相比之下，墓区之间以及墓区内部的葬俗分布则颇有规律可循。

在大量随葬品均衡、分散分布的同时，青铜剑、鼎、盘的分布呈现出明显有别的集聚性特征。龙嘴岗共发现青铜剑 9 件，涉及墓葬 7 座，除 1 座见于Ⅲ区外，余者皆位于Ⅱ区，即Ⅱ区所有墓葬皆随葬剑。这表明Ⅱ区内各墓葬间应存在较为密切的关系，而且很可能与血缘相关。这种共性葬俗在集中于Ⅱ区的同时也表现出明显的排他性，相应的血缘关系应局限于墓区内部，不同墓区之间当以地缘关系为主（图 4.29）。

青铜鼎、盘的情况同样如此。龙嘴岗随葬鼎墓共计 4 座，Ⅱ、Ⅳ区各 2 座，随葬盘墓 2 座皆位于Ⅲ区，兼具内部集聚与外部排他的特征。虽然鼎看似共见于两个墓区，但形制却明显有别。此 4 墓随葬鼎可分为盆形鼎、箍口鼎、盘口鼎三类，盆形鼎 2 件仅见于Ⅱ区，后

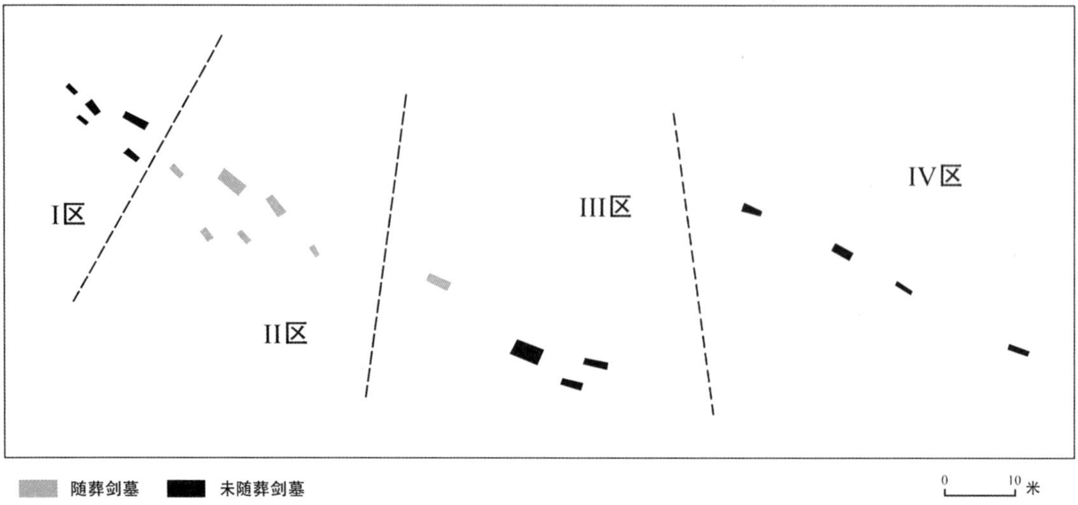

图 4.29　龙嘴岗墓地青铜剑的分布

两者各 1 件仅见于Ⅳ区，可知不同墓区随葬鼎的具体内涵有所差异。这种区内集聚、区间排他特征的并行，显然可以等同于区内葬俗共性、区间葬俗异性，从而再次证明墓区内部与墓区之间，分属血缘与地缘关系（图 4.30）。

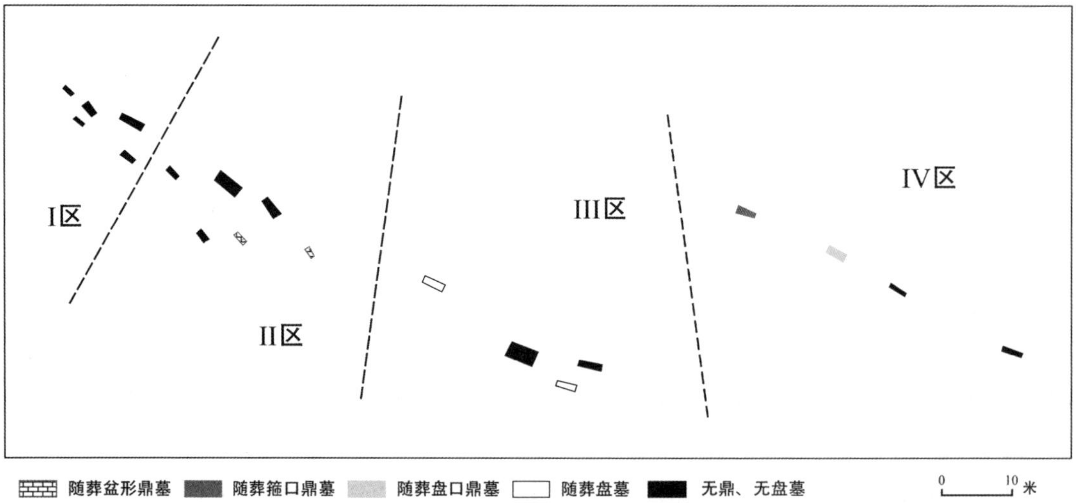

图 4.30　龙嘴岗墓地青铜鼎、盘的分布

龙嘴岗事实上呈现出与横岭山相似的“大地缘、小血缘”社会关系，只是其体量与后者相去甚远，相应的社会关系或者说社会组织应当对应不同层级，龙嘴岗或可大致等同于横岭山的某一墓区。后者内部虽未做进一步划分，但如前所述，可能包括几个小型血缘组织，墓区整体对应着某种地缘组织。龙嘴岗或为其延续。

（三）银山岭

银山岭共发掘两周墓葬 110 座，其中 M3、M7、M87、M102、M108、M110、M115、M126、M144 等 9 墓分布零散，其余 101 墓相对集聚，可作为主要研究对象，年代集中在第十一至十四段，可分为十个墓区，由北向南、从西到东记为Ⅰ～Ⅹ区（表 4.44，图 4.31）。

表 4.44　银山岭各墓区的发现情况

墓　区	墓葬数量	使 用 时 间	等　级　情　况		
			墓葬等级	最高等级数量	墓区相对等级
Ⅰ区	1	第 12 段	第 4 级	1	Ⅴ
Ⅱ区	20	第 11～14 段	第 6～3 级	3	Ⅲ
Ⅲ区	15	第 11～14 段	第 6～4 级	5	Ⅴ
Ⅳ区	3	第 12、14 段	第 6～4 级	1	Ⅴ
Ⅴ区	24	第 12～14 段	第 6～2 级	1	Ⅱ
Ⅵ区	1	第 12 段	第 4 级	1	Ⅴ
Ⅶ区	10	第 11～14 段	第 6～4 级	2	Ⅴ
Ⅷ区	12	第 11～14 段	第 6～3 级	1	Ⅳ
Ⅸ区	13	第 12～14 段	第 6～2 级	1	Ⅰ
Ⅹ区	2	第 14 段	第 6～5 级	1	Ⅵ

Ⅱ、Ⅲ、Ⅶ、Ⅷ区出现最早，始见于第十一段，Ⅰ、Ⅳ～Ⅵ、Ⅸ区稍晚，出现于第十二段，Ⅹ区至第十四段方才出现。其中，相对等级较高的Ⅸ、Ⅴ、Ⅱ、Ⅷ区呈现为东西分布，前三者由东向西相对等级渐次降低。由于银山岭的地势整体东高西低，这种相对等级的分布规律或许与海拔高低有所关联，墓地布局可能存在某种等级规划。只是这种规划尚未适用于整个墓地，较低等级墓区的分布相对随意。而且从墓区内部的等级结构来看，此时仍未发现高等级墓区或高等级墓葬集聚。即便认为银山岭墓地的布局已经显露一定的政治意味，具体水平也不宜被过高估计。

此时，墓区之间以及墓区内部的社会关系仍以地缘为主。从墓葬形制来看，腰坑普遍流行于多数墓葬，因此二层台与石床的区分意义更为明显。前者 19 座，后者 5 座，且石床墓皆见二层台，实为“二层台+石床”墓。观察二者的分布情况可知，仅以其有无而论，二层台在各墓区之间的分布并无明显差异，至少见存于Ⅰ、Ⅱ、Ⅳ～Ⅴ、Ⅶ～Ⅸ等 7 个墓区。

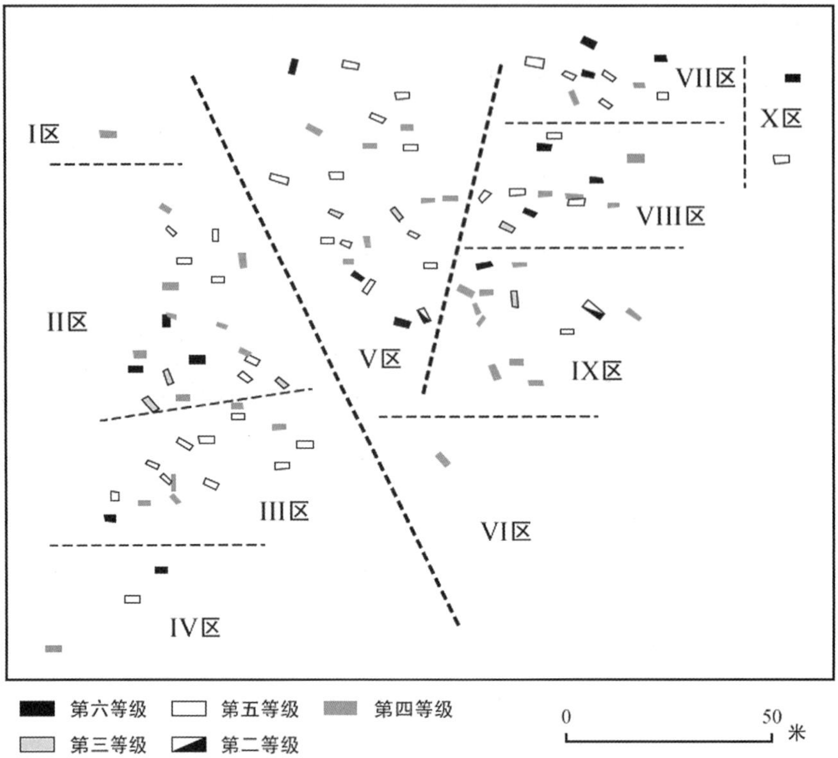

图4.31　银山岭的分区与墓葬等级

在各墓区内部，以二层台为代表的葬俗同样少见集聚，多仅有1～3例，且除Ⅱ区M17与M75、M20与M86相距稍近约10米外，其余两两之间皆有明显距离，最远者如Ⅴ区M64与M74，相距甚至可达30米。5座“二层台+石床”墓，同样呈现出墓区之间均衡分布、墓区内部小规模集聚或罕见聚集的态势（图4.32）。

类似的葬俗分布态势同样见于随葬品，可以玉玦、青铜勺、硬陶鼎、钵为代表。银山岭共发现玉玦38件，涉及墓葬16座，均衡分布于Ⅱ、Ⅲ、Ⅴ～Ⅸ等7个墓区。在各墓区内部，随葬玦的墓数在1～5座不等，5座者1例即Ⅱ区，4座者1例即Ⅴ区，3座者1例即Ⅸ区，其余4区皆仅见1座。而且除Ⅱ区M22与M77、Ⅴ区M120与M153、Ⅸ区M109与M119相距较近外，其余两两间皆有明显距离，最甚者如Ⅱ区M65与M77，相距近25米，罕见集聚。即便认为存在某些偶见的集聚，也规模甚小，仅限于2座墓之间。青铜勺、硬陶鼎、钵的情况同样如此。无论是墓区之间还是墓区内部，皆未见明显集聚，以分散为主要特征（图4.33，图4.34）。

由此可知，银山岭不同墓区之间并无明显的葬俗差异，整个墓地乃至整个社会以时代共性为主，普遍流行相似的葬俗，不同葬俗则大多均衡分布，不同墓区之间的社会关系应以地缘为主。至于墓区内部的葬俗也颇为多样。如Ⅸ区M34与M37、M81与M119、M57与M163便分别为随葬鼎墓、随葬钵墓、随葬鼎+钵墓，葬俗有所差异，而且葬俗相同者相

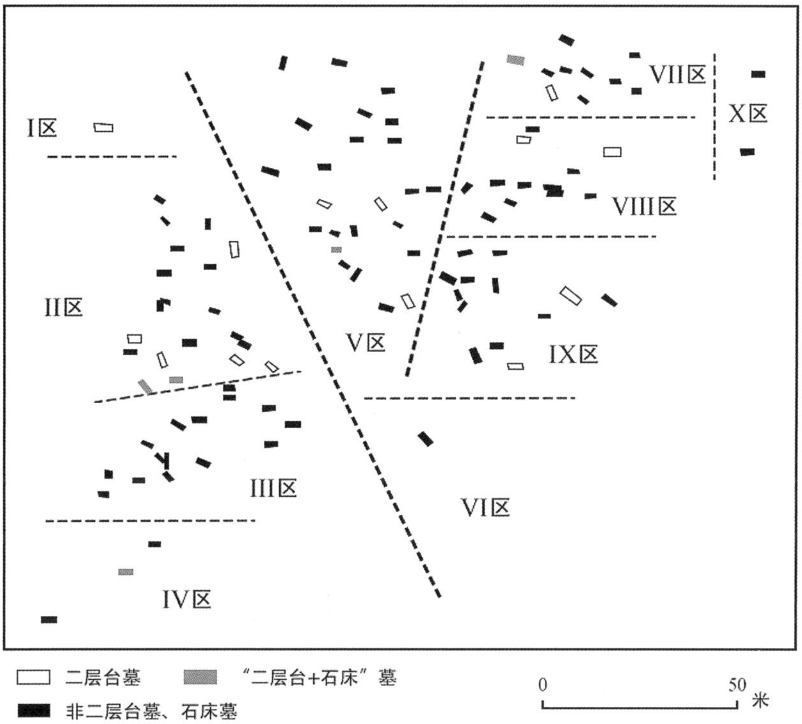

图 4.32　银山岭墓地二层台与石床的分布

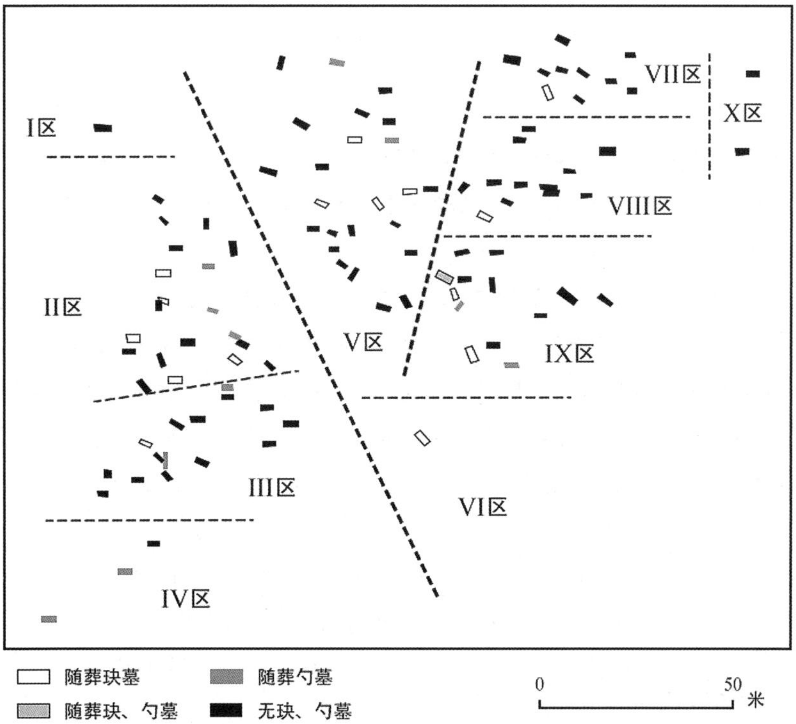

图 4.33　银山岭玉玦、青铜勺的分布

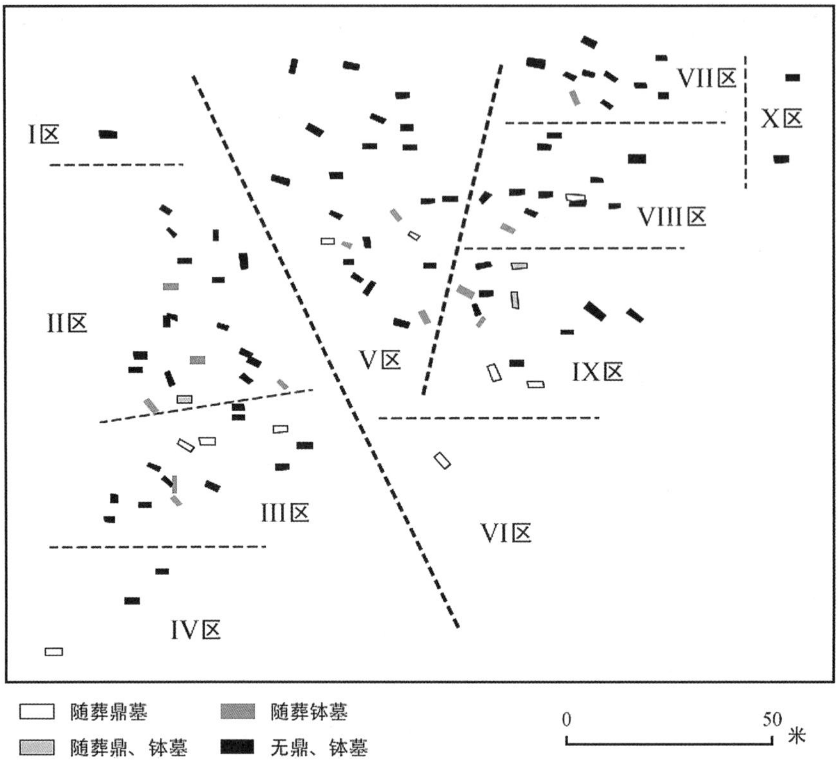

图 4.34　银山岭硬陶鼎、钵的分布

距较近，葬俗有别者相距较远，形成了“小集聚、大排异”的整体态势，应是墓区内部“小血缘、大地缘”关系的直接反映。各个墓区应由多个不同的小型血缘单位构成，其整体则对应于某种地缘单位或者说地缘组织。不同人群、整个墓地乃至背后的整个社会，正是这种地缘组织不断扩大的产物。

综合而言，岭南两周时期的墓地布局长期缺乏明确的等级规划，“政治观”与政治力量的作用有限，仅第三阶段以来略现增强趋势，只是具体水平仍然不宜被过高估计。墓区内部或存在小规模的血缘单位，但是数量很少。这些小规模的血缘单位相互连结组成的墓区，当对应地缘组织。由墓区组成的墓地，则是此地缘关系不断复制扩大的结果。银山岭与横岭山的墓区体量虽然大致相仿，但二者所处的地理位置明显有别。前者杂处山间，地表破碎，后者邻近平原，地形开阔，以墓区为代表的基层地缘组织的规模虽然相近，但背后的社会组织力量显然不可同日而语。以第三阶段为界，岭南社会已经部分显露出地缘关系由小渐大、社会结构逐渐整合、政治力量渐趋增强的可能趋向。

五、高等级墓葬的独立性倾向

第三阶段以来，岭南墓葬等级架构与社会关系中政治力量的部分增强，还体现在高等级墓葬的独立性方面。尽管龙嘴岗、银山岭墓地仍然罕见高等级墓葬集聚，但是部分高等级墓葬如背夫山 M1、恭城秧家、园岗 M1 已独据一地，表现出明显的独立性倾向，可视为岭南社会转型的表现之一。因此可梳理各段各小区最高等级墓葬独立性的有无，以明晰其背后的社会发展进程。

关于高等级墓葬独立性的判断，可以参考太湖杭州湾的第（2）（3）条判断标准：（2）若独自占有某一地理单元（山丘、山顶）则必具独立性；（3）若同一地理单元内多墓共存，而且年代相同，布局规整，主次有别，则等级较低者可能为附属陪葬墓，高等级墓葬仍具独立性（表 4.45）。

表 4.45　岭南各段各小区的最高等级墓葬

<table>
<tr><th></th><th>分　段</th><th>粤　中</th><th>粤　北</th><th>粤　西</th><th>桂东北</th></tr>
<tr><td rowspan="6">第一阶段</td><td>第一段</td><td>横岭山 M275</td><td></td><td></td><td></td></tr>
<tr><td>第二段</td><td>横岭山 M328</td><td></td><td></td><td></td></tr>
<tr><td>第三段</td><td>横岭山 M293</td><td>矮石岗 M11</td><td></td><td></td></tr>
<tr><td rowspan="2">第四段</td><td>横岭山 M201</td><td rowspan="2">矮石岗 M1</td><td></td><td></td></tr>
<tr><td>横岭山 M124</td><td></td><td></td></tr>
<tr><td>第五段</td><td>横岭山 M182</td><td></td><td></td><td>马东 M2</td></tr>
<tr><td rowspan="8">第二阶段</td><td rowspan="2">第六段</td><td>横岭山 M225</td><td rowspan="2">子顶山 M1</td><td></td><td></td></tr>
<tr><td>横岭山 M264</td><td></td><td></td></tr>
<tr><td>第七段</td><td>横岭山 M034</td><td>矮石岗 M44</td><td></td><td></td></tr>
<tr><td>第八段</td><td>横岭山 M211</td><td>龙子山 M1</td><td></td><td></td></tr>
<tr><td rowspan="2">第九段</td><td>横岭山 M085</td><td></td><td></td><td></td></tr>
<tr><td>横岭山 M287</td><td></td><td></td><td></td></tr>
<tr><td rowspan="2">第十段</td><td>横岭山 M059</td><td></td><td rowspan="2">铜鼓岗 M22</td><td></td></tr>
<tr><td>横岭山 M076</td><td></td><td></td></tr>
<tr><td rowspan="4">第三阶段</td><td>第十一段</td><td>横岭山 M041</td><td>马头岗 M1</td><td>鸟旦山 M1</td><td>恭城秧家</td></tr>
<tr><td>第十二段</td><td>横岭山 M004</td><td>阳明果园垠</td><td>铜鼓岗 M16</td><td>银山岭 M153</td></tr>
<tr><td rowspan="2">第十三段</td><td rowspan="2">屋背岭 M083</td><td rowspan="2">对面山 M148</td><td rowspan="2">南门垌 M1</td><td>灵川水头</td></tr>
<tr><td>银山岭 M74</td></tr>
</table>

续表

	分　段	粤　中	粤　北	粤　西	桂东北
第三阶段	第十四段	浮扶岭 M511		背夫山 M1	高屋岭 M123
	第十五段	园岗 M1			马山 M7

第一阶段，各段各小区最高等级墓葬共 9 座，除马东 M2 独葬于龙婆岭西坡符合第（2）标准外，其余 8 墓皆与其他墓葬共存于同一地理单元，共存墓葬之间年代跨度较大。这一阶段高等级墓葬罕见独立性。

第二阶段，各段各小区最高等级墓葬共 12 座，除龙子山 M1 独葬于龙子山东坡符合第（2）标准外，余者多与不同年代的较低等级墓葬共存。子顶山 M1、M2 虽然看似符合第（3）标准，但是具体等级较低，仅属第六等级，无法代表高等级墓葬独立性的有无。总体来看，这一阶段高等级墓葬的独立性仍然罕见。

第三阶段，各段各小区最高等级墓葬共 18 座，除横岭山 M041、M004、屋背岭 M083、浮扶岭 M511、对面山 M148、铜鼓岗 M16，银山岭 M153、M74，马山 M7 外，其余 9 墓皆表现出鲜明的独立性特征。如园岗 M1、鸟旦山 M1、高屋背岭 M123 独葬于山巅或山坡符合第（2）标准。又如马头岗 M1、M2 相距仅 6 米，年代相同等级相近，共同构成高等级墓区，符合第（3）标准。至于浮扶岭 M511、对面山 M148、铜鼓岗 M16，银山岭 M153、M74，多属于第三、第二等级，其与不同时段、不同等级墓葬的混杂分布表明，此时高等级墓葬的独立性虽有所展露，但主要局限于第一等级，尚未自上而下蔓延影响。统计可知，第三阶段岭南第一等级墓葬的独立性比例可达 80%，第二、第三等级中，这一比例锐减至 33.33%、11.76%，岭南的主要等级仍基本延续了前两个阶段以来混杂分布的传统。“政治观”在社会秩序与制度构建中的作用虽然渐趋增强，但具体作用的范围与程度仍然局限。

六、地区传统与外来影响的角力

对岭南墓葬等级架构与社会关系的考察表明，不同内容、不同侧面所揭示的社会图景、发展进程、作用机制皆可相互印证，以第三阶段为界，等级架构的发展态势开始展露出制度化的倾向。

在此过程中，社会结构开始复杂，部分呈现出“主体橄榄形+上层金字塔形”的复合特征；随葬品器用从由礼器罕见、简单贫富分化转变到以青铜礼器为主要内容来建构等级制度的同时，经济力量的作用仍有较大程度的保留；腰坑、二层台、石床等墓室内部形制的选择与组合也开始表现出相对明显的等级关联性；墓室面积由无序而有序，乃至部分的制度化；地缘组织部分整合，高等级墓葬的独立性倾向部分显露。“政治观”在社会秩序与制度构建中的作用渐趋增强，但具体作用范围与程度仍有所局限，特别是局限在较高等级，甚至第一等级，就较低等级与全部等级的秩序与制度构建而言，总体上仍呈现为传统“经济观”与外来“政治观”的角力。

需要注意的是，此过程的具体发生，以第三阶段为界呈现出先迟缓后突变的态势，缺少必要的过渡。从第三阶段社会发展、转型的具体内容来看，这种突变显然与外来文化与外来人群的强势进入有关，第一、第二阶段的迟缓应是受外来文化影响较少、地区文化与社会独立发展的结果。因此这种等级架构的制度化倾向、“政治观”作用的开始显露，更多地可以理解为外来影响被动输入，而非本地社会主动选择的结果。而在区域发展“分化”主题的影响下，外来的“政治观”并未颠覆岭南社会发展的长期传统，“经济观”的作用仍然存续。后者甚至在不同小区、不同器类、不同等级中发挥着不同程度的重要作用。地区传统与外来影响的角力使得“政治观”的作用相对局限，不仅影响着岭南社会转型特殊道路的形成，也导致其进入华夏文明的进程具有明显的被动性或次生型特征①。

第三节　社会秩序与制度构建的共性内核及差序格局

太湖杭州湾、岭南不同地区之间的社会秩序与制度构建存在明显的共性与异性，其具体内涵可以概括为“共性内核”与“差序格局”。

共性内核，是指两地社会发展方向基本一致，进程大体相当，具体表现也有相似之处。具体来说，太湖杭州湾、岭南墓葬等级架构的发展趋势都是从秩序到制度，构建与维持社会秩序与制度的主要力量也都是从以经济力量为主转向以政治力量为主，“经济观”与地缘关系在社会发展中长期占据重要地位，与中原以“政治观”与血缘关系为主②的社会明显有别。这种内部共性与外部异性的存在，在于两地皆为沿海地区，与中原的自然环境、资源禀赋、社会压力不尽相同，而内部具有相似的自然地理环境及其所赋予的相似生活方式、思维观念乃至社会发展道路。又由于两地皆属华夏边疆，长期以来受中原影响相对薄弱，地区独特的社会发展道路因此得以维系，从而形成了内部相对统一、外部有别于中原的特殊社会发展模式。

差序格局，是指两地社会的具体发展水平、变化速度与地区选择有所差异，地区社会发展有着高低、快慢、主动与被动之别。无论是从同时期的社会结构、“夸富物”的典型性与普遍性，还是从墓葬的内涵与体量、社会秩序与制度的规范性、“政治观”与政治力量的作用程度来看，太湖杭州湾的社会发展水平都要高于岭南，而且呈现出渐次稳步发展的态势。相比之下，岭南的社会发展则以第三阶段为界，先迟缓后突变，第一、第二阶段的社会发展水平并无明显差异，长期停留在相对简单的贫富分化状态，社会发展速度相对滞后。

① 郑君雷：《百越融入“中华一体”的考古人类学考察》，《广西民族大学学报（哲学社会科学版）》2018年第2期。

② 陈明：《从殷周之变到周秦之变——论中国古代社会基本结构的形成》，《社会学研究》1993年第2期；徐良高：《中国民族文化源新探》，社会科学文献出版社，1999年；陈絜：《血族组织地缘化与地缘组织血族化——关于周代基层组织与基层社会的几点看法》，《社会科学战线》2009年第1期。

如果将视野扩大至中原，这种“差序格局”则更为明显，并构成与前述社会发展程度所见相似的“中原—太湖杭州湾—岭南”递减的圈层结构。此“差序格局”的出现，应与两地距离中原的远近，及其所导致的受中原直接或间接影响年代的早晚、时间的长短、程度的深浅有关，并进而使得两地对于这种外来文化的态度有明显区别。距离近、影响早、程度深的太湖杭州湾逐渐由被动接受转向主动吸纳，距离远、影响晚、程度浅的岭南则长期停留在被动接受，二者进入华夏文明的时间与方式因此差异明显①，从而构成“差序格局”的又一侧面。

① 郑君雷：《百越融入“中华一体”的考古人类学考察》，《广西民族大学学报（哲学社会科学版）》2018 年第 2 期。

第五章　迟缓与突变：陶瓷生产、消费视野下的经济生活

技术进步与经济增长是社会发展的物质基础，考古学中的社会研究自然也离不开对经济生活的探讨。而且从墓葬研究的结果来看，“经济观”在区域社会的组织与运行过程中长期发挥着重要作用，因此对经济生活的考察不仅重要，而且必要。

受材料发现、发表等客观因素限制，本文只能以发现数量最多、发表情况最好、社会意义最重的陶瓷器作为东南沿海经济生活研究的主要对象，并聚焦讨论陶瓷器的生产与消费方式①。

生产方面，本文倾向于讨论生产标准化、规范化与专业化。此三者与社会结构、社会发展之间的关系历来为学界所重视②，同时这也是东南沿海陶瓷研究的薄弱环节。相关的理论与方法学界已经有很好的总结③，本文不再赘述。根据具体材料不同，各项研究的衡量指标可能会有所差异，但基本不出原材料质地、制作技术、器表纹饰、形态尺寸、理化成分的范围④。就东南沿海的材料而言，器表纹饰、形态尺寸的讨论空间较为充足，前者主要指纹饰—器型组合，后者则以各部位尺寸的变异系数为主⑤。

消费方面，既往研究大多聚焦于产地溯源与产品流通⑥，皆取得显著成果。但需要注意的是，产品流通只是消费的部分内容，只是消费空间的宏观表现，而与不同阶段、不同小区、不同等级的消费选择、消费观念及其背后的秩序和制度构建无关。本文对陶瓷消费的讨论当着力于后者，以求将经济研究与社会研究相联系。具体考察对象同样以纹饰—器

---

① 赵辉：《当今考古学的陶器研究》，《江汉考古》2019 年第 1 期。

② Rice, Prudence M. Evolution of Specialized Pottery Production: A Trial Model. *Current Anthropology*, 1981(33): 219～240. Rice, Prudence M. a. Specialization, Standardization, and Diversity: A Retrospective IN *The Ceramic Legacy of Anna O. Shepard*, edited by Ronald L. Bishop and Frederick W. Lange. Niwot, University Press of Colorado, 1991: 257～279. Rice, Prudence M. a. Recent Ceramic Analysis: 2. Compositions, Production and Theory. *Journal of Archaeological Research*, 1996(3): 165～202. Liu, Li, "the Products of Minds as Well as of Hands": Production of Prestige Goods in the Neolithic and Early State Periods of China. *Asian Perspectives*, 2002(1): 1～40.

③ 戴向明：《陶器生产、聚落形态与社会变迁——新石器至早期青铜时代的垣曲盆地》，文物出版社，2010 年。

④ 同上；王小娟：《晋南地区新石器末期陶器工业》，北京大学博士学位论文，2014 年。

⑤ 吴桐：《宁绍平原两周时期陶瓷器生产标准化初步研究》，《东南文化》2021 年第 1 期。

⑥ 朱剑：《商周原始瓷产地研究》，中国科学技术大学博士学位论文，2006 年；吴隽等：《横岭山墓葬群出土陶器及原始瓷器的科学技术研究》，《博罗横岭山——商周时期墓地 2000 年发掘报告》，第 441～450 页；王建平、陈铁梅：《横岭山墓地出土西周中晚期至春秋时期陶瓷的 INAA 和 WDXRF 研究》，《博罗横岭山——商周时期墓地 2000 年发掘报告》，第 451～456 页；吴隽等：《鸿山贵族越墓出土精美原始瓷的器质和产地探析》，《中国科学：技术科学》2010 年第 7 期；吴隽等：《南方各窑址原始瓷产地特征的 EDXRF 分析》，《光谱实验室》2012 年第 6 期；李泽群：《环太湖地区东周时期原始瓷的产地》，南京大学硕士学位论文，2017 年。

型组合及变异系数为主。

由于东南沿海窑址材料的发现发表相对有限，窑址中遗留或废弃陶器的原因也相对复杂，所以对陶瓷生产与消费的研究，还需要在窑址之外，更多地关注产品本身，即地区陶瓷产品总体，因此相关结论也将更多地聚焦于地区整体而非窑址个体，更多地关注地区陶瓷经济的宏观发展趋势而非微观发展水平。又由于东南沿海陶瓷器的空间分布不均，以太湖杭州湾与岭南发现最多，所以相关讨论需暂以二者为主。

第一节　太湖杭州湾的陶瓷经济

太湖杭州湾的陶瓷器数量甚多，本文仅选择第二章“分期与年代”所列典型器类作为主要研究对象，在精简材料的同时，也可以满足定量研究对器类型式划分的客观要求。由于陶瓷生产、消费研究的样本量需求与材料时空分布之间的矛盾，所以相关研究需要以区域文化与社会发展的不同阶段为尺度，这也有利于与第四章的墓葬研究结论进行对照分析。虽然战国晚期以来，太湖杭州湾出现典型楚文化因素与典型楚墓，但这些墓葬的随葬品或因材质不同可与硬陶、原始瓷做明显区分，或因数量较少难于进行考察，因此可以一并纳入第三阶段的范畴，不必再作早晚段之分隔。

一、纹饰—器型组合所见陶瓷生产与消费

从纹饰的角度来看，同一器类的同一亚型当属同种产品。其内部虽可区分出不同式别，但是式别之间的差异主要在于形制与尺寸，而非纹饰。因此纹饰—器型组合的考察当以亚型为单位，梳理其组合关系的历时变化与空间、等级差异。

根据典型器类的分布情况，本文选择总数 50 件以上、各小区多发现 10 件以上、年代跨越不同阶段的器物进行讨论，即硬陶罐（瓿）类 Aa 型、Ab 型、Ad 型、Ba 型、坛 A 型、B 型、瓮 A 型与原始瓷豆 Aa 型、Ca 型、Da 型、碗（杯盅）类 Aa 型、盂。

（一）不同阶段的纹饰—器型组合与生产标准化程度

太湖杭州湾陶瓷器的纹饰种类繁多，而且长期流行组合纹饰。为便利统计，可以依据主体纹饰将之归“类”，内部再细分各“种”纹样。如此可分别梳理这十二种器物在不同阶段的纹饰种类与数量比例。为行文便利，本文暂仅简列典型三例如下。

硬陶罐（瓿）类 Ab 型，流行于各阶段。第一阶段数量 9 件，纹饰 2 类 5 种。其中曲折纹类发现最多，共 4 种 8 件，内部纹样的数量水平基本接近，皆在 1~3 件。此时纹饰选择范围虽小，具体选择却颇显多样与均衡，纹饰—器型组合的标准化程度较低。第二阶段时，纹饰种类异常丰富，126 件器物所见纹饰共计 11 类 38 种，其中曲折纹类 7 种，席纹类、方格交叉纹类各 6 种，其余 8 类则多在 3~4 种，并以方格纹类数量最多，占 33.3%，曲折纹类、席纹类与方格交叉纹类次之，在 12%~15%，其余 7 类多在 3%~5%。容易发现，除方格纹类以“方

格纹”为主外，其余纹饰内部纹样的数量与比例皆大体均衡，纹饰—器型组合仍以多样、均衡为主要特征。虽然以“方格纹”为代表，此时可能已经显露出某种纹饰—器型组合的统一性与稳定化趋向，但是这种趋向尚属萌芽，组合远未定型，生产标准化程度仍然较低。至第三阶段，情况则发生明显变化，纹饰种类锐减，53 件器物所见纹饰仅余 5 类 6 种，纹饰—器型的稳定组合迅速发生。其中尤以方格交叉纹类为大宗，占比 70%以上，内部纹样以“方格交叉纹”为主，占此类纹饰的 94.73%，即此时硬陶罐（瓿）类 Ab 型中 68%的器物皆饰此单一纹样。纹饰—器型组合的统一性与稳定性明显增强，生产标准化程度显著提高（表 5.1）。

表 5.1　硬陶罐（瓿）类 Ab 型的纹饰—器型组合

	曲折纹类		菱格纹类		回纹类	水波纹类		方格纹类		席纹类	
	种数	比例	种数	比例		种数	比例	种数	比例	种数	比例
第一阶段	4	88.89%	1	11.11%							
第二阶段	7	13.49%	3	3.97%	3.17%	2	2.38%	3	33.33%	6	12.70%
第三阶段								1	22.64%	1	0.02%

	叶脉纹类		米筛纹类		方格交叉纹类		菱格填线纹类		勾连纹类	纹饰种数	数量总计
	种数	比例	种数	比例	种数	比例	种数	比例			
第一阶段										5	9
第二阶段	4	7.14%	2	3.17%	6	14.29%	3	5.56%	0.79%	38	126
第三阶段			1	0.02%	2	71.70%	1	0.02%		6	53

硬陶坛 A 型，同样流行于各阶段。第一阶段数量 16 件，纹饰 3 类 7 种，曲折纹类最为丰富，共计 4 种 13 件，内部纹样的数量总体均衡，多在 2~4 件，纹饰—器型组合显然以多样、均衡特征为主，生产标准化程度较低。第二阶段，纹饰种类迅速丰富，134 件器物共发现纹饰 12 类 42 种，其中方格交叉纹类 10 种，曲折纹类 7 种，其余 10 类以 2~4 种为主，纹饰多样性显著增强。方格交叉纹类的整体数量虽明显占优，但与曲折纹类、席纹类的差距仍相对有限，不同纹饰与同一纹饰内部纹样的数量比例仍然总体相对均衡。以方格交叉纹类为例，其内部 10 种纹样虽然以“方格交叉纹+席纹+弦纹”数量最多，可达 10 件，但是其余 9 种纹饰数量基本接近，均在 2~4 件。即便认为此时的生产标准化程度有所提升，幅度也不会太高，仍应停留在较低水平。至于第三阶段，曾经的纹饰多样性已然无存，44 件器物所见纹饰仅发现 3 类 3 种，以“方格纹”①占绝对优势，近 90%的硬

① 第三阶段，“方格纹”有所变化，线条间距缩小，纹饰极为细密，学界多称之为“麻布纹”。但是出于纹饰演变关系与不同阶段纹饰对比的考虑，本书仍统称其为“方格纹”。

陶坛 A 型皆饰此纹样，纹饰—器型组合高度统一，异常稳定，生产标准化程度突现跃进式增长（表 5.2）。

表 5.2　硬陶坛 A 型的纹饰—器型组合

	曲折纹类		菱格纹类		素面类	云雷纹类		方格纹类		篦齿纹类	水波纹类	回字纹类
	种数	比例	种数	比例		种数	比例	种数	比例			
第一阶段	4	81.25%	2	12.50%	6.25%							
第二阶段	7	17.16%	1	2.99%		4	5.97%	2	7.46%	0.75%	0.75%	0.75%
第三阶段								1	88.64%			

	叶脉纹类		米筛纹类		方格交叉纹类		菱格填线纹类		席纹类		纹饰种数	数量总计
	种数	比例	种数	比例	种数	比例	种数	比例	种数	比例		
第一阶段											7	16
第二阶段	4	5.96%	4	8.21%	10	25.37%	3	8.96%	4	16.42%	42	134
第三阶段			1	2.27%	1	9.09%					3	44

原始瓷豆 Ca 型，流行于第一、第二阶段。第一阶段，纹饰 6 类 14 种，以外粗弦纹类“外粗弦纹”为主，纹饰—器型组合表现出相对明显的统一性。只是这种统一性在很大程度上与纹饰选择范围较小有关，并仍与多样性相交织，除外网格纹类、外锥点纹类数量较少外，其余 3 类纹饰数量大体接近，呈现出相当均衡的分布态势。第二阶段，纹饰计 7 类 13 种，纹饰选择范围仍然较小。此时外粗弦纹类的优势地位已让渡于外弦纹类，新出现的外锥刺纹类也要略高于此，而在外弦纹类与外粗弦纹类内部，又分别以“外粗弦纹”与“外弦纹”最多，纹饰—器型组合的统一性较前一阶段有所增强。其余纹饰则仍持续此前的多样与均衡特征，纹饰—器型组合的多样性与统一性长期交织，生产标准化程度或许不宜被过高估计（表 5.3）。

表 5.3　原始瓷豆 Ca 型的纹饰—器型组合

	外素面/（粗）弦纹+内弦纹/梳篦纹类		外素面类	外弦纹类		外粗弦纹类	
	种数	比例		种数	比例	种数	比例
第一阶段	5	8.33%	11.11%	3	16.67%	3	61.11%
第二阶段	1	0.76%	9.85%	2	44.70%	4	20.45%

续表

	外网格纹类	外斜行纹类	外锥点纹类	外锥刺纹类		纹饰种数	数量总计
				种数	比例		
第一阶段	1.39%		1.39%			14	72
第二阶段		2.27%	0.76%	3	21.21%	13	132

其余九种器物的纹饰统计与阶段变化情况也大体如此，详情可参看附录 D（太湖杭州湾、岭南主要器类的纹饰—器型组合，表一）。

纵观这十二种器物在不同阶段的纹饰—器型组合可知，以第三阶段为界，纹饰—器型组合由均衡、多样突然转变为稳定、统一，相应的生产标准化程度应先低后高，增速先缓后疾。具体可以选择纹饰种数、纹饰"类/种"比值、"纹饰种数/器物总数"比值、纹饰比例等四个参数，对这一趋势再作归纳总结。前两个参数，侧重衡量纹饰选择的多样性；后两个参数，主要关注纹饰—器型组合的统一性。

（1）纹饰种数。第一至第三阶段，硬陶纹饰的种类变化可概括为"少—多—甚少"，原始瓷的变化趋势与之稍似，只是纹饰的绝对种数较少，故而整体呈现为"少—少—甚少"。纹饰选择的多样性总体上先升后降，第三阶段以来，多样性迅速降低；

（2）纹饰"类/种"比值。相较"纹饰种类"，这一比值更适用于讨论纹饰内部的多样性，其上限为 1，下限趋近于 0，在 0~1 的区间中，比值愈小，则纹饰内部愈多样。第一至第三阶段，硬陶总体呈现为"低—低—高"，原始瓷则呈现为"较高—较高—高"。第一、第二阶段的数据虽略有参差，但整体来看，其纹饰内部的多样性并无显著差异。以第三阶段为界，方有明显变动，纹饰内部的多样性突然减弱（表 5.4）；

表 5.4　太湖杭州湾主要器类的纹饰"类/种"比值

	硬陶罐（瓿）类				硬陶坛		硬陶瓮
	Aa 型	Ab 型	Ad 型	Ba 型	A 型	B 型	A 型
第一阶段	0.429	0.400			0.429		0.417
第二阶段	0.407	0.289	0.500	0.571	0.286	0.444	0.455
第三阶段		0.833	1.000	1.000	1.000	1.000	1.000

	原始瓷豆			原始瓷碗（杯盅）类	原始瓷盂	
	Aa 型	Ca 型	Da 型	Aa 型		
第一阶段	0.500	0.429	0.429		1.000	
第二阶段	0.636	0.538	0.714	1.000	0.350	
第三阶段				1.000		

（3）“纹饰种数/器物总数”比值。纹饰多样性更多地代表选择的范围而非选择的结果，故对后者的考量还需结合其数量分布。“纹饰种数/器物总数”比值的上限为 1，下限趋近于 0，在 0~1 的区间中，比值愈低，则纹饰—器型组合的统一性愈高。第一至第三阶段，硬陶所见为“高—高—低”，原始瓷则呈现出“高—低—低”的整体趋势，但这应该是原始瓷纹饰种数较少、远逊于硬陶的缘故。从整体来看，仍是以第三阶段为界，纹饰—器型组合的多样性明显减弱，纹饰的使用渐趋统一（表 5.5）；

表 5.5　太湖杭州湾主要器类的“纹饰种数/器物总数”比值

	硬陶罐（瓿）类				硬陶坛		硬陶瓮
	Aa 型	Ab 型	Ad 型	Ba 型	A 型	B 型	A 型
第一阶段	0.259	0.556			0.438		0.462
第二阶段	0.333	0.302	0.308	0.350	0.313	0.563	0.478
第三阶段		0.113	0.136	0.059	0.068	0.093	0.083

	原始瓷豆			原始瓷碗（杯盅）类	原始瓷盂	
	Aa 型	Ca 型	Da 型	Aa 型		
第一阶段	0.156	0.194	0.206		0.714	
第二阶段	0.092	0.098	0.035	0.011	0.140	
第三阶段				0.016		

（4）纹饰比例。结合前述器类举例与附表 D 的统计情况来看，第一至第三阶段，硬陶纹饰大致呈现出“基本均衡—略有主次，总体均衡——家独大”的态势，原始瓷的情况也基本相同。以第三阶段为界，纹饰—器型组合的统一性由弱渐强，开始占据主要地位。

这四个方面的内容相互补充，相互印证，清晰地勾勒出太湖杭州湾陶瓷器生产标准化程度的宏观发展态势，并以硬陶纹饰—器型组合的表现最具代表：

第一阶段，纹饰选择范围较小，内部多样性明显，纹饰的选择多样而均衡，纹饰—器型组合的统一性与稳定性明显不足，生产标准化程度较低；第二阶段，纹饰选择范围激增，纹饰总体与纹饰内部的多样性愈发明显，尽管部分纹样开始在部分器物中占据某种优势地位，但整体而言，纹饰—器型组合并不稳固，统一性程度虽略呈上升态势，但仍与多样性相交织，生产标准化程度或略有提高，但增幅有限；第三阶段，纹饰选择范围锐减，内部纹样大多高度一致，纹饰—器型组合基本稳固统一，生产标准化程度显著提高。以第三阶段为界，生产标准化程度先低后高，增速先缓后疾。

这一转折的发生，应与第三阶段的区域发展主题密切相关。此时纹饰—器型组合的高度统一，及其所反映的生产标准化程度的迅猛提高，以纹饰选择范围的急剧萎缩为前提，纹饰种类的衰退异常明显，硬陶多饰以简单的方格纹或方格交叉纹，原始瓷碗（杯盅）类几乎尽为素面。但在此时物质文化面貌极大丰富、社会发展高度繁荣①、仿铜纹饰突然涌现②的背景下，日常陶瓷用器纹饰的这种突然单调统一，显然很难理解为是文化衰退，又或是经济自然发展的产物，而更可能与墓葬等级架构的制度化重塑相似，是受政治等新兴强制力量影响控制的结果。其作用的具体表现即是自上到下地对陶瓷生产乃至经济生活的高度管控，突兀严格地对陶瓷纹饰—器型组合关系的强制规范，对简单日常用器与仿铜礼乐器纹饰的决然区分。

由于窑址材料的缺乏，本文的讨论并不能排除具体窑址内部纹饰—器型组合相对统一的可能，上述关于纹饰—器型组合关系以及生产标准化程度的研究结论，事实上是针对地区宏观整体而言。无论不同窑址对不同器物的微观纹饰选择如何、具体生产标准化水平是高是低，就第一、第二阶段而言，显然并不存在普适于不同窑址之间与同一窑址内部的稳固统一的纹饰—器型组合，从这一角度来看，前述生产标准化程度亦可理解为生产规范化程度，地区陶瓷生产缺乏相对统一的规范性要求。而与这种受政治影响较小、经济生活自由发展的情况相比，第三阶段显然已是"政治观"塑造下的不同世界。

（二）不同小区的纹饰—器型组合与消费选择

陶瓷器的消费主体可大致分为不同小区与不同等级两种情况。太湖杭州湾陶瓷器生产高度集中③，因此不必考虑生产差异所可能导致的影响。又由于原始瓷碗（杯盅）类Aa型长期以"素面"占绝对优势，可暂不纳入纹饰消费考察的范畴。如此可梳理其余十一种器物在不同小区的纹饰种类与数量比例。本文仅简列典型三例如下。

硬陶罐（瓿）类Ad型，各小区均有发现。第二阶段，三地数量大体相近，但纹饰种类明显不同，除共见方格纹类外，两两之间皆有差异。即便是共见纹饰，内部纹样也不尽相同，如杭嘉湖与环太湖的水波纹类，分别为"水波纹+弦纹+曲折纹"与单一"水波纹"。数量比例的情况同样如此。三地虽然都以方格纹类比例最高，但具体数据却差异明显，如宁绍可高达57%，杭嘉湖与环太湖则在25%～35%，几乎为前者之半。且以比例而论，环太湖席纹类与叶脉纹类同样各占25%，难以认为某类纹饰已经占据主要地位，不同小区之间的纹饰选择有着明显差异。第三阶段，这种差异突然被高度的共性所取代，各小区皆以"方格纹"占据绝对优势，环太湖与宁绍仅见此种纹样，杭嘉湖虽然见存"米筛纹"与"素面"，但总计不过2例而已，仍以"方格纹"为最。不同小区的消费选择已高度一致（表5.6）。

---

① 陈元甫：《浙江地区战国原始瓷生产高度发展的原因探析》，《东南文化》2014年第6期。
② 郑建明：《商周原始瓷装饰纹样略论》，《文物》2012年第11期。
③ 张敏：《陶冶吴越——试论两周时期吴越的生业形态》，《东南文化》2019年第3期。

表 5.6 太湖杭州湾各小区硬陶罐(瓿)类 Ad 型的纹饰—器型组合

		水波纹类		方格纹类	席纹类		叶脉纹类	
		种数	比例		种数	比例	种数	比例
第二阶段	杭嘉湖	1	5.88%	35.29%	2	11.76%	2	17.65%
	环太湖	1	12.50%	25.00%	2	25.00%	2	25.00%
	宁绍			57.14%				
第三阶段	杭嘉湖			77.78%				
	环太湖			100.00%				
	宁绍			100.00%				

		米筛纹类		方格交叉纹类	素面类	纹饰种数	数量总计
		种数	比例				
第二阶段	杭嘉湖	3	29.41%			9	17
	环太湖			12.50%		7	8
	宁绍	2	42.86%			3	14
第三阶段	杭嘉湖	1	11.11%		11.11%	3	9
	环太湖					1	8
	宁绍					1	5

硬陶坛 A 型,各小区均有发现。第一阶段,数量较少,但从素面类仅见于宁绍、三地共见曲折纹类的内部纹样不尽相同等现象来看,此时不同小区的消费选择应同样以异性为主。第二阶段,仅杭嘉湖、环太湖发现较多,宁绍较少,仅有 9 件,前两者虽多有共见纹饰,但因这一阶段纹饰种类增加,其内部纹样仍然差异明显。如方格交叉纹类,杭嘉湖仅 3 种,环太湖计 10 种,不过是后者的 1/3;又如云雷纹,杭嘉湖仅有 1 种,环太湖计 5 种,为前者之五倍。即便是种数相近者,其具体纹样也多不相同。如席纹类,除共见“席纹+方格纹”外,两地其余纹样,如杭嘉湖“席纹+弦纹+叶脉纹”、如环太湖“席纹+弦纹”等皆不互见。尽管部分纹饰如菱格纹类、云雷纹类、席纹类在两地的数量比例大体相当,但更多的纹饰,如曲折纹类、方格交叉纹类、米筛纹类,皆仅在一地占优,而且几乎是另地比例的 2~3 倍,至于流行于杭嘉湖的米筛纹则仅于环太湖零星发现。两地之间的消费选择显然仍以异性为主,仅偶见共性。至第三阶段,共性与异性的对比突然翻转,不同小区皆以“方格纹”为主流纹样,不同小区对纹饰—器型组合的消费选择迅速让渡为以共性为主(表 5.7)。

表 5.7　太湖杭州湾各小区硬陶坛 A 型的纹饰—器型组合

		曲折纹类		菱格纹类		素面类	云雷纹类		回字纹类
		种数	比例	种数	比例		种数	比例	
第一阶段	杭嘉湖	3	90.00%	1	10.00%				
	环太湖	2	100.00%						
	宁绍	1	50.00%	1	25.00%	25.00%			
第二阶段	杭嘉湖	5	32.00%	1	4.00%		1	4.00%	
	环太湖	6	12.00%	1	3.00%		5	6.00%	1.00%
	宁绍	2	33.33%				1	11.11%	
第三阶段	杭嘉湖								
	环太湖								
	宁绍								

		席纹类		叶脉纹类		方格纹类		篦齿纹类	水波纹类
		种数	比例	种数	比例	种数	比例		
第一阶段	杭嘉湖								
	环太湖								
	宁绍								
第二阶段	杭嘉湖	2	12.00%	1	4.00%	1	4.00%	4.00%	4.00%
	环太湖	3	19.00%	4	7.00%	2	9.00%		
	宁绍								
第三阶段	杭嘉湖					1	86.67%		
	环太湖					1	100.00%		
	宁绍					1	88.89%		

		米筛纹类		方格交叉纹类		菱格填线纹类		纹饰种数	数量总计
		种数	比例	种数	比例	种数	比例		
第一阶段	杭嘉湖							4	10
	环太湖							2	2
	宁绍							3	4

续表

		米筛纹类		方格交叉纹类		菱格填线纹类		纹饰种数	数量总计
		种数	比例	种数	比例	种数	比例		
第二阶段	杭嘉湖	2	16.00%	3	16.00%			18	25
	环太湖	2	3.00%	10	29.00%	3	12.00%	36	100
	宁绍	2	44.44%	1	11.11%			6	9
第三阶段	杭嘉湖	1	6.67%	1	6.67%			3	15
	环太湖							1	2
	宁绍			1	11.11%			2	27

原始瓷豆 Ca 型，各小区均有发现。第一阶段，不同小区皆以外弦纹类、外粗弦纹类与外素面类较为常见，其余纹饰的分布则各有差异，纹饰种类以共性与异性相交织，异性稍强。这种消费选择的异性还更多地体现在内部纹样与数量比例方面。如外素面/（粗）弦纹+内弦纹/梳篦纹类，杭嘉湖仅 1 种，宁绍计 4 种。如外粗弦纹类，杭嘉湖达 70%以上，环太湖仅略高于 40%。又如外素面类，环太湖可逾 40%，其余两地却仅有 7%。此时，不同小区的消费选择更可能以异性为主，相较于硬陶，共性略强，但这很可能是纹饰种类较少所导致的必然结果。至第二阶段，随着纹饰种类的增加，这种异性也更加鲜明。除此前共见纹饰的延续外，其余纹饰的空间差异愈发明显，外斜行纹类未见于环太湖，外锥刺纹类未见于杭嘉湖，外素面/（粗）弦纹+内弦纹/梳篦纹类与外锥点纹类仅见于宁绍。内部纹样情况亦然。数量比例方面，环太湖仍以外粗弦纹类最为流行，占比 40%以上，杭嘉湖、宁绍则不过其半，而代之以外弦纹类占据优势地位，此前流行于环太湖的外素面类也转向多见于另外两地（10%～20%），于环太湖仅残存 4%而已。不同小区的消费选择明显以异性为主（表 5.8）。

表 5.8　太湖杭州湾各小区原始瓷豆 Ca 型的纹饰—器型组合

		外素面/（粗）弦纹+内弦纹/梳篦纹类		外弦纹类		外粗弦纹类		外素面类
		种数	比例	种数	比例	种数	比例	
第一阶段	杭嘉湖	1	3.70%	2	14.81%	2	70.37%	7.41%
	环太湖			1	14.29%	1	42.86%	42.86%
	宁绍	4	13.16%	2	18.42%	3	57.89%	7.89%

续表

		外素面/(粗)弦纹+内弦纹/梳篦纹类		外弦纹类		外粗弦纹类		外素面类
		种数	比例	种数	比例	种数	比例	
第二阶段	杭嘉湖			2	54.55%	2	18.18%	18.18%
	环太湖			1	39.29%	1	42.86%	3.57%
	宁绍	1	1.08%	1	45.16%	2	13.98%	10.75%

		外网格纹类	外斜行纹类	外锥点纹类	外锥刺纹类		纹饰种数	数量总计
					种数	比例		
第一阶段	杭嘉湖	3.70%					7	27
	环太湖						3	7
	宁绍			2.63%			11	38
第二阶段	杭嘉湖		9.09%				6	11
	环太湖				2	14.29%	5	28
	宁绍		2.15%	1.08%	3	25.81%	10	93

其余八种器物的情况也大体如此，详情可参看附录 D(表二)。

综合可知，这十一种器物在不同小区的纹饰—器型组合与消费选择的差异先增加后锐减，以第三阶段为界，不同小区的消费选择由以异性为主转向以共性为主。这种消费选择差异的中途增强，应该与第二阶段太湖杭州湾的内部重构有关。随着吴文化东进，环太湖逐渐被纳入吴国的统治范围，越文化的空间退缩至杭嘉湖、宁绍一带，地区内部的吴越之别逐渐显露。此时，不同小区间的消费选择差异确实以环太湖与杭嘉湖、宁绍之间的区别最为明显，杭嘉湖、宁绍的共性则相对较强。这种情况并未见于吴文化东进之前的第一阶段，而正可以与第二阶段太湖杭州湾内部重构的格局变迁相对照。至于第三阶段的共性选择，虽可理解为纹饰—器型组合稳固统一、生产标准化或规范化程度显著提高所导致的必然结果，但究其本质，仍可视为地区社会发展高度政治化的必然产物，并以吴越争锋为背景，以越灭吴后地区统一为前提。从这一角度来看，第一至第三阶段，不同小区间消费选择差异先增加后锐减的发展态势，也就是地区社会由相对统一到分化、再到高度统一的典型缩影。

（三）不同等级的纹饰—器型组合与消费选择

不同等级的纹饰—器型组合是消费选择考察的又一重要内容。由于不同等级总体与不同等级墓葬个体的选择未必完全一致，所以需对二者作分别考察。出于样本选择的需要，本文将具体选择随葬 4 件及以上同类器物的墓葬进行讨论。由于吴墓与越墓随葬硬陶与原始瓷的器用规律基本相似，所以不必特意区分二者。又由于原始瓷碗（杯盅）类 Aa 型多为“素面”，所以可暂不考虑。如此可分别梳理其余十一种器物在不同等级的纹饰种类与数量比例。本文仅简列典型三例如下。

硬陶罐（瓿）类 Aa 型。第一阶段，多见于第七至第四等级，各等级出土数量相对接近，纹饰种类大体相当。除曲折纹类与云雷纹类共见于不同等级外，叶脉纹类多见于第七、第六与第四等级，方格纹类与回字纹类集中于第六与第四等级，菱格纹类仅见于第七与第五等级，总体分布较为均衡，没有明显的等级差异。内部纹样也以共性为主，数量比例的情况同样如此，不同纹饰在不同等级中的比例基本接近。如曲折纹类普遍流行于各个等级，比例多在 50%左右。菱格纹类与叶脉纹类虽然表现出某种可能的等级差异，但是从具体数量来看，很可能是样本量较少、各等级多仅 1 件所导致的偶然现象。不同等级的消费选择仍应以共性为主（表 5.9）。

表 5.9 第一阶段太湖杭州湾各等级硬陶罐（瓿）类 Aa 型的纹饰—器型组合

	曲折纹类		云雷纹类		方格纹类		菱格纹类
	种数	比例	种数	比例	种数	比例	
第七等级	3	42.86%	1	14.29%			28.57%
第六等级	3	50.00%	2	18.75%	2	6.25%	
第五等级	3	76.92%	2	15.38%			7.69%
第四等级	2	58.33%	1	8.33%	1	8.33%	

	回字纹类		叶脉纹类		纹饰种数	数量总计
	种数	比例	种数	比例		
第七等级			1	14.29%	6	7
第六等级	1	12.50%	1	6.25%	9	16
第五等级					6	13
第四等级	2	16.67%	1	8.33%	7	12

此时随葬 4 件及以上此类器物的墓葬仅柴岭山 D20M1、独仓山 D1M1 与馒首山 D1M2 三座。柴岭山 D20M1 属第六等级，纹饰 3 类 4 种 4 件，为云雷纹类、回字纹类与叶脉纹类；独仓山 D1M1 属第五等级，纹饰仅见“曲折纹+弦纹+扉棱”1 种；馒首山 D1M2 属第四

等级，纹饰5类6种，包括曲折纹类、云雷纹类、回字纹类、叶脉纹与方格纹类，以曲折纹类数量最多。显而易见，墓葬内部少见统一的消费选择，不同墓葬之间则未见明显差异。

第二阶段，此类器物普遍见于第七至第二等级，其中第四至第二等级总计仅5件，可合并处理。此时，不同纹饰的等级分布总体均衡，却也显露出某些分化倾向。第七等级的纹饰选择繁杂多样，计9类18种，其余等级的纹饰种类则大体接近，在4~5类4~8种，呈现出某种相对简化与统一的可能趋势。只是这种统一性仍较局限，具体水平也较低。如果统计“纹饰种数/器物总数”可知，第七至第五等级的数据多在0.6左右，第四至第二等级则高达0.8，因此不宜认为纹饰种类的较少必然对应着纹饰选择的统一。当然，纹饰选择范围的差异确实会导致同类纹饰在不同等级的流行程度差异，而这种差异主要表现在第七等级与其他等级之间，其他等级内部则仍以共性为主。如曲折纹类与席纹类，在第六至第二等级中的比例大体接近，大体分列35%与22%左右，第七等级则差异明显，分别为21.43%与3.57%。总体来看，不同等级的消费选择仍以共性为主，即便略有差异，也限于第七等级与其他等级之间，分化程度有限（表5.10）。

表5.10　第二阶段太湖杭州湾各等级硬陶罐（瓿）类Aa型的纹饰—器型组合

	曲折纹类		云雷纹类		方格纹类		叶脉纹类		菱格纹类
	种数	比例	种数	比例	种数	比例	种数	比例	
第七等级	4	21.43%	1	3.57%	2	14.29%	2	7.14%	14.29%
第六等级	2	36.36%					3	36.36%	
第五等级	2	33.33%			2	27.78%			
第四至第二等级	1	40.00%	1	20.00%					20.00%

	米筛纹类		方格交叉纹类		菱格填线纹类		席纹类		纹饰	数量总计
	种数	比例	种数	比例	种数	比例	种数	比例		
第七等级	2	17.86%	2	7.14%	3	10.71%	1	3.57%	18	28
第六等级			1	9.09%			1	18.18%	7	11
第五等级	1	5.56%			1	5.56%	2	27.78%	8	18
第四至第二等级							1	20.00%	4	5

这一阶段随葬4件及以上此类器物的墓葬有潢潼D2乙、D1、D3与独仓山D6M2四座。潢潼D2乙属第六等级，纹饰3类4种，为席纹类、叶脉纹类与方格交叉纹类；潢潼D1属第五等级，纹饰4类4种，为方格纹类、席纹类、米筛纹类与菱格填线纹类；潢潼D3属第

五等级，纹饰 2 类 3 种，为方格纹类与席纹类；独仓山 D6M2 属第五等级，纹饰仅见“曲折纹+弦纹”1 种。除独仓山 D6M2 外，其余三墓的纹饰种类、数量比例皆无明显偏好，不同墓葬之间罕见差异，消费选择以共性为主。

硬陶坛 A 型。第一阶段，见于第七至第六等级，但数量甚少，故暂不讨论。第二阶段，主要见于第七至第四等级。具体的纹饰种数随等级提升呈现下降趋势，但数量同样随等级提升而下降，不同等级的“纹饰种数/器物总数”基本接近，多在 0.66 左右。因此就纹饰选择而言，不同等级普遍表现出随意而散乱的态势。虽然某些纹饰的分布可能表现出某种等级集聚与等级差异，如叶脉纹类仅见于第七、第六等级，如篦齿纹类与水波纹类仅见于第七等级，但这种差异显然主要存在于第七等级与其他等级之间。数量比例的情况同样如此。虽然部分纹饰可能随等级提升比例递增或递减，但是如果将器物数量较少的第四等级排除在外，则不难发现，这些趋势并不全然成立，如曲折纹类、席纹类与方格交叉纹类所见，第六与第五等级的数量水平非常接近。不同等级间的消费选择规律仍不明确，即便认为一定存在有某种选择差异，也主要局限于第七等级与其他等级之间（表 5.11）。

表 5.11　第二阶段太湖杭州湾各等级硬陶坛 A 型的纹饰—器型组合

	曲折纹类		云雷纹类		方格纹类		席纹类		菱格纹类	回字纹类	篦齿纹类
	种数	比例	种数	比例	种数	比例	种数	比例			
第七等级	4	11.11%	3	8.33%	1	5.56%	3	13.89%	2.78%		2.78%
第六等级	5	25.00%			1	4.17%	1	8.33%	4.17%		
第五等级	2	25.00%			2	20.00%	1	5.00%	10.00%		
第四等级	2	33.33%					1	11.11%		11.11%	
	叶脉纹类		米筛纹类		方格交叉纹类		菱格填线纹类		水波纹	纹饰种数	数量总计
	种数	比例	种数	比例	种数	比例	种数	比例			
第七等级	2	5.56%	4	22.22%	4	16.67%	1	8.33%	2.78%	25	36
第六等级	1	4.17%	2	8.33%	4	29.17%	1	4.17%		16	24
第五等级					4	25.00%	1	10.00%		11	20
第四等级			1	11.11%	2	33.33%				6	9

这一阶段随葬 4 件及以上器物的墓葬有馒首山 D1M1、晒土场 D1M3、牯牛墩 M1、真山 D33K1 与曹家墩 D3M1 五座。馒首山 D1M1 与晒土场 D1M3 属第五等级，牯牛墩 M1 与真山 D33K1 属第四等级，曹家墩 D3M1 属第二等级，五墓纹饰皆为 2 类 3 种。且就具体

纹饰而言，同一等级的内部差异明显，不同等级之间则有较大共性。第五等级中，馒首山D1M1为曲折纹类与菱格纹类，晒土场D1M3为席纹类与方格交叉纹类，第四等级中，牯牛墩M1为曲折纹类与回字纹类，真山D33K1为米筛纹类与方格交叉纹类，同一等级不同墓葬的纹饰选择竟无一相同，不同等级墓葬之间反而多有共见，各等级的消费选择仍主要呈现出均衡、散乱而非集聚、统一的特点，缺乏明确目的与指向。

第三阶段，此类器物普遍见于第七至第一等级，根据具体发现情况，可大致将第五与第四等级、第三至第一等级分别合并处理。此时各等级纹饰皆仅存2类2种，其中第六至第一等级为“方格纹”与“方格交叉纹”，第七等级为“方格纹”与“米筛纹”，呈现出一定的等级差异。而且“方格纹”与“方格交叉纹”的数量比例随着等级提升此消彼长，相应的消费选择确实可能存在某种等级差异，尽管稍显微薄（表5.12）。

表5.12　第三阶段太湖杭州湾各等级硬陶坛A型的纹饰—器型组合

	方格纹类	米筛纹类	方格交叉纹类	纹饰种数	数量总计
第七等级	88.89%	11.11%		2	9
第六等级	92.86%		7.14%	2	14
第五、第四等级	85.71%		14.29%	2	7
第三至第一等级	80.00%		20.00%	2	10

此时随葬4件及以上此类器物的墓葬仅小黄山M3一座，皆饰“方格纹”，呈现出高度的统一性。虽然目前可以确认的等级差异与第二阶段表现相似，仍然主要体现在第七等级与其他等级之间，但其他等级内部的具体选择也确实呈现出一定的分化倾向，等级选择的目的性与指向性已有所增强。

原始瓷豆Ca型。第一阶段，主要见于第七至第四等级，纹饰种类大致随等级提升而逐渐减少，第七等级4类6种，第六等级4类8种，第五等级3类4种，第四等级2类3种，结合从“纹饰种数/器物总数”来看，第六、第五与第四等级的水平基本接近，皆在0.3左右，第七等级则相对较高在0.5以上，不同等级之间可能已存在一定的消费选择差异，并主要体现在第七等级与其他等级之间，后者内部所见纹饰种类的递减应与发现数量有关，就消费选择而言应以共性为主。数量比例亦然。如常见的外粗弦纹类与外弦纹类，在不同等级的流行程度大体接近，未见明显差异（表5.13）。没有证据表明此时已经出现等级消费选择的差异。

此时随葬4件及以上此类器物的墓葬有独仓山D3M1、D2M1、杨家埠D5M7、慈溪D1M3、柴岭山D20M2五座。独仓山D3M1、杨家埠D5M7、慈溪D1M3皆属第六等级，柴岭山D20M2属第五等级，独仓山D2M1属第四等级，均多见此时流行的“外粗弦纹”，不同等级之间的选择大体接近，未见等级差异，同一等级内部的选择则多较散乱，没有明确指向。

表 5.13　第一阶段太湖杭州湾各等级原始瓷豆 Ca 型的纹饰—器型组合

	外素面/（粗）弦纹+内弦纹/梳篦纹类		外弦纹类		外网格纹类
	种数	比例	种数	比例	
第七等级	1	9.09%	1	9.09%	
第六等级	4	16.00%	1	24.00%	
第五等级			2	15.38%	
第四等级					10.00%

	外锥点纹类	外素面	外粗弦纹类		纹饰	数量总计
			种数	比例		
第七等级		9.09%	3	72.73%	6	11
第六等级	4.00%		2	56.00%	8	25
第五等级		7.69%	1	76.92%	4	13
第四等级			2	90.00%	3	10

第二阶段，此类器物见于第七至第三等级，不同等级的纹饰种类大体接近，部分纹饰的偶见差异多与发现数量较少、仅有 1 件有关。数量比例方面，在共见或常见的纹饰中，不同等级的具体选择皆散乱无规律，皆未表现出明确且稳定的等级变化趋势，如外粗弦纹类在第七、第四与第三等级的比例接近皆在 20%以上，第五等级却明显较低，不及 7%，消费选择颇显散乱。这一阶段随葬 4 件及以上此类器物的墓葬甚多，无法一一列举，但是总体来看，同一等级内部墓葬个体的消费选择多有差异，不同等级之间并无明显不同，以共性而非异性为主（表 5.14）。

表 5.14　第二阶段太湖杭州湾各等级原始瓷豆 Ca 型的纹饰—器型组合

	外弦纹类		外粗弦纹类		外素面类	外斜行纹类
	种数	比例	种数	比例		
第七等级	1	52.38%	3	28.57%	4.76%	
第五等级	2	55.17%	2	6.90%	13.79%	3.45%
第四等级	1	38.24%	1	29.41%	11.76%	2.94%
第三等级	1	37.50%	1	21.88%		

续表

	外锥刺纹类		外素面+内梳篦纹类	外锥点纹类	纹饰种数	数量总计
	种数	比例				
第七等级	1	19.05%			6	21
第五等级	2	17.24%		3.45%	9	29
第四等级	2	17.65%			6	34
第三等级	3	37.50%	3.13%		6	32

其余八种器物的情况也大体如此，详情可参看附录 D（表三）。

可以发现，无论是不同等级之间还是同一等级内部，对纹饰—器型组合消费选择的变化趋势皆以第三阶段为重要节点。第一、第二阶段，不同等级之间并无明显的选择差异，各等级内部选择多样，缺乏明确指向。对纹饰—器型组合的选择总体呈现出一种散乱而无序的状态，恰可与第一、第二阶段地区社会秩序构建以“经济观”主导、以“夸富物”数量彰显身份等级的情况相对照。在几乎以随葬数量为唯一追求的情形之下，以纹饰—器型组合为代表的随葬品“质量”，必然处于被忽视的境地。随着第三阶段以来吴越争霸，“政治观”开始在墓葬等级架构、在社会秩序与制度构建中发挥着相当重要的作用，社会分化明显加剧，不同等级之间的差异选择开始出现，同一等级内部的统一选择也应运而生。

虽然此时纹饰选择范围锐减，等级差异主要体现在第七等级与其他等级之间，但是从“纹饰种数/器物总数”来看，这种等级差异可能要更加分明。统计不同阶段、不同等级随葬 5 件及以上器物的“纹饰种数/器物总数”可知，以第三阶段为界，这一比值的数据水平明显降低，而且开始呈现出一定的等级序列，不复此前的均衡分布，转而随等级提升逐渐降低，不同等级的消费选择开始受到政治因素的影响，渐趋序列与规范并存（图 5.1）。

二、变异系数视野下的经济与社会图景①

相较纹饰—器型组合，变异系数（CV 系数）可以进行更多的量化处理，更有助于明晰陶瓷生产与消费的更多细节。由于相关材料大多仅公布器物的口径、底径、器高，所以本文对 CV 系数的考察以此为主，同时“口径/器高”为又一重要变量②。计算时，需要统计各阶段、各器型、各式别、各体型的样本情况，分别计算各变量的标准差与平均值，二者相除即为 CV 系数，数值越低则生产标准化程度越高。这样的处理，即足够细致的器类型式与体型划分，一方面，可以尽量区别不同式别、不同体型所可能导致的有意识的生产行为

① 参见吴桐：《从迟缓到突变：陶瓷器生产与消费视野下两周时期的越地社会》，《南方文物》2024 年第 5 期。

② Underhill, Anne P., “Investigating Variation in Organization of Ceramic Production: An Ethnoarchaeological Study in Guizhou, China”. *Journal of Archaeological Method and Theory* 2003(3): 247.

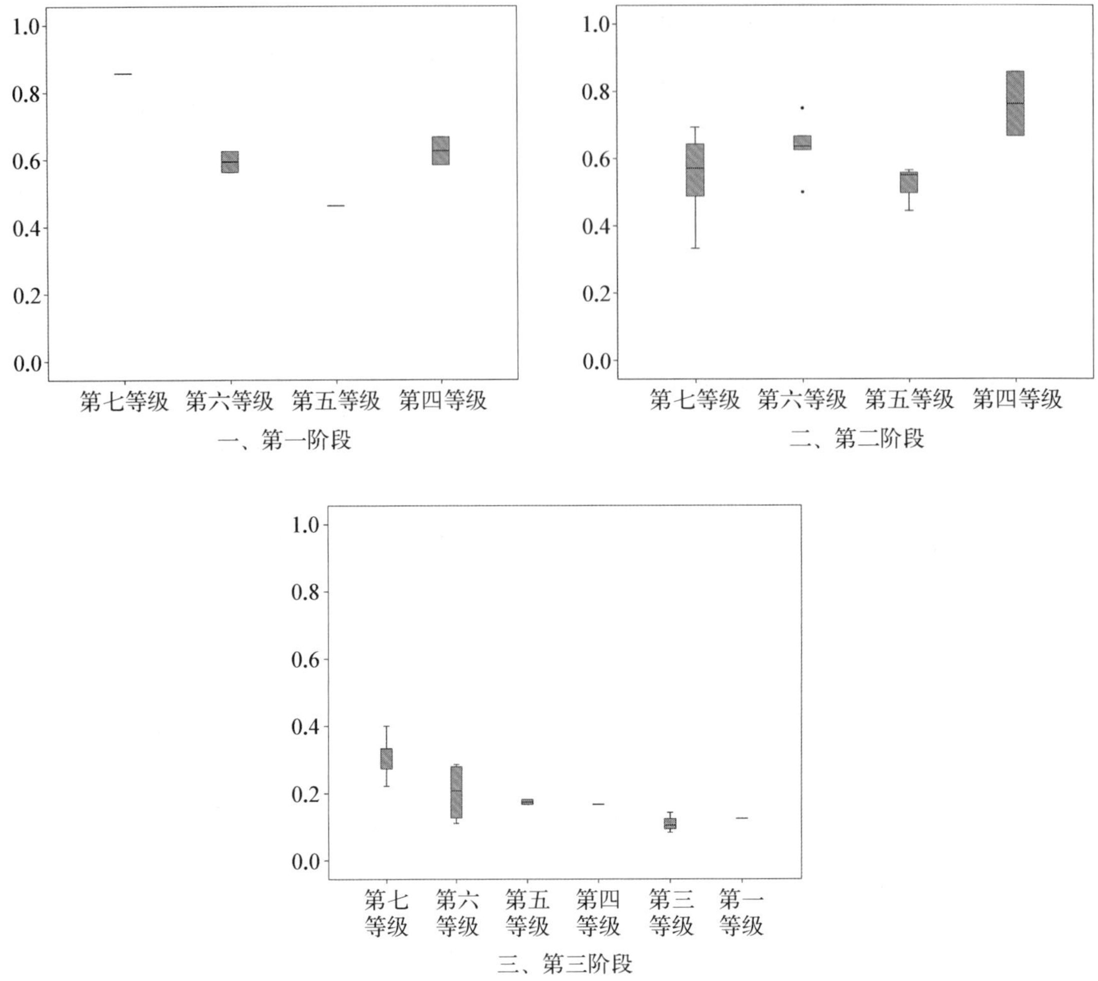

图 5.1　太湖杭州湾不同阶段、不同等级主要器类的“纹饰种数/数量总计”

差异与对于同一式别、同一体型的无意识生产标准化差异，以保证数据的准确性；另一方面，又便于对流行于不同阶段的各器各式进行分别统计，有助于排除器物生产的年代差异对数据的影响，以提高数据的可信度①。根据具体材料的发现情况，本文选择 5 件为最低样本量②，并于必要时，将这一下限下调至不少于 4 件。为避免小样本所可能导致的误差，需要对样本量不足 20 者进行校正，校正公式为 $CV* = (1 + 1/4n) \times CV$（n 为实际样本量）③。

① 吴桐：《宁绍平原两周时期陶瓷器生产标准化初步研究》，《东南文化》2021 年第 1 期；Costin, Cathy L. and Melissa B. Hagstrum, Standardization, Labor Investment, Skill, and the Organization of Ceramic Production in Late Prehispanic Highland Peru. *American Antiquity* 1995(4): 631～632. Longacre, William A., K. L. Kyamme and M. Kobayashi, Southwestern Pottery Standardization: An Ethnoarchaeological View from Philippines. *Kiva* 1998(53): 101～112.

② 戴向明：《陶器生产、聚落形态与社会变迁——新石器至早期青铜时代的垣曲盆地》，第 85～87 页。

③ Eerkens, JW, Bettinger. Techniques for Assessing Standardization in Artifact Assemblages: Can We Scale Material Variability?. *American Antiquity*, 2001(3): 493～504.

（一）不同阶段的变异系数与生产标准化、规范化及专业化

太湖杭州湾两周时期虽然发现大量窑址，但从发表情况来看，仅火烧山①与亭子桥②材料发表较为详细，而且性质大体接近，分别以原始瓷鼎与仿铜礼乐器的生产为代表，窑址等级较高，并恰好分属春秋与战国，即本文第二、第三阶段。故可以二者为代表，讨论不同阶段、不同窑址的生产标准化程度及其发展趋势。

若将不同式别、不同体型称为不同“种”器物，则火烧山可供分析的器物共计 11 型 18 种 179 件，皆为原始瓷器。除前述典型器类罐 A 型、碗（杯盅）类 Aa 型与 B 型外，其余 8 型 8 种的型式划分皆遵循火烧山报告的划分方案。在心理物理学中，通常以韦伯常数作为人类对尺寸等物理量的最小感知误差，一般认为 CV 系数若大于 5%，说明生产标准化程度较低，反之则是使用度量衡、标准化生产的结果③。火烧山 72 个数据中，仅 2 例小于 5%，大量数据集中在 10%～18%，最高可达 22% 以上，可知生产标准化程度应当较低（表 5.15）。

表 5.15 火烧山窑址主要器类的 CV 系数（%）

	式别、体型	样本量	口径	底径	器高	口径/器高
罐 A 型	Ⅳ	8	14.53	20.32	16.40	7.30
碗（杯盅）类 Aa 型	Ⅳ	7	8.16	16.91	13.47	11.49
	Ⅴ	14	13.63	16.09	14.50	16.47
	Ⅶ-小型	5	7.88	14.83	9.33	10.88
	Ⅶ-中型	17	8.50	9.01	11.62	10.82
	Ⅸ-小型	5	11.34	19.73	15.38	11.39
	Ⅸ-中型	6	3.17	16.79	11.56	11.63
	Ⅹ-小型	7	10.78	9.42	10.50	9.22
	Ⅹ-中型	12	11.15	15.41	8.69	12.70
碗（杯盅）类 B 型	Ⅰ-小型	5	5.91	10.68	13.44	9.86
翻折沿浅坦腹碗	Ⅲ	12	10.50	16.07	14.22	8.36

① 浙江省文物考古研究所等：《德清火烧山：原始瓷窑址发掘报告》。

② 浙江省文物考古研究所等：《德清亭子桥：战国原始瓷窑址发掘报告》。

③ Eerkens. JW. “Practice Makes Within 5% of Perfect: Visual Perception, Motor Skill, and Memory in Artifact Variation”. *Current Anthropology*, 2000(4): 663～668.

续表

	式别、体型	样本量	口径	底径	器高	口径/器高
盂	Ⅲ	10	10.42	10.51	12.34	9.02
小盂		26	12.94	12.71	12.86	17.67
翻折沿盘		5	16.89	14.74	22.11	17.97
折平沿盘		6	4.81	9.35	9.38	14.74
深腹钵		11	13.91	12.27	14.72	15.95
小钵		7	16.91	14.07	22.69	13.70
平底尊形器		16	16.33	14.99	15.13	15.24

相比之下，第三阶段亭子桥的生产标准化程度已有显著提高。其可供分析的器物共计 16 型 20 种 142 件，同样皆为原始瓷器。除碗（杯盅）类 Aa 型、Ab 型外，其余 14 型 14 种器物遵循报告的型式划分方案。在这 80 个数据中，有 7 例小于 5%，余者多集中在 5%~15%，最高不超过 19%。无论是低于 5%的比例，还是数据的分布范围，又或是数据的峰值，亭子桥皆低于火烧山，生产标准化程度已有所提高（表 5.16）。

表 5.16　亭子桥窑址主要器类的 CV 系数（%）

	式别、体型	样本量	口径	底径	器高	口径/器高
直口瓦棱纹罐		5	8.91	6.75	4.26	8.77
敛口圆肩罐		11	8.21	16.05	15.88	12.02
瓿		5	6.98	12.61	4.52	8.97
敛口方唇平底盆		5	12.69	18.90	7.66	5.45
折敛口深弧腹钵		6	8.18	16.56	14.28	13.38
深弧腹盒		6	13.50	14.74	13.45	6.50
浅弧腹盒		7	14.73	10.91	10.30	15.64
匜		5	7.81	14.50	5.15	9.73
小豆		6	4.56	4.38	4.43	3.59
碗（杯盅）类 Aa 型	Ⅺ-小型	9	10.45	8.88	10.25	8.06
	Ⅺ-中型	12	10.59	12.83	15.14	5.97

续表

	式别、体型	样本量	口径	底径	器高	口径/器高
碗（杯盅）类 Aa 型	Ⅺ-大型	6	5.92	5.32	18.91	16.44
	Ⅺ-超大型	9	7.39	10.90	11.63	17.78
碗（杯盅）类 Ab 型	Ⅱ-小型	10	11.03	10.51	13.18	10.46
	Ⅱ-中型	8	8.45	5.61	9.69	6.37
细弦纹敛口深腹碗		6	12.96	13.39	10.77	11.73
短直条纹敛口深腹碗		6	8.81	10.50	8.95	2.61
浅弧腹碟		6	14.44	12.48	12.86	10.33
直口弧腹盏		7	7.02	8.70	5.86	7.28
敛口小罐		7	12.26	8.45	12.08	17.02

对各变量的 t 检验结果同样表明，除“口径”外，对其余三个变量而言，P 皆小于 0.05，即二者之间存在明显差异，并且具体表现为亭子桥的 CV 系数水平低于火烧山，相应的生产标准化程度也高于后者。可知从火烧山到亭子桥，从第二阶段到第三阶段，就原始瓷而言，同等级窑址的生产标准化程度呈现出较为明显的上升趋势（表 5.17，图 5.2）。

表 5.17　火烧山与亭子桥 CV 系数的 t-检验

比较对象	参　数	口　径	底径	器高	口径/器高
火烧山—亭子桥	t Stat	1.090	2.453	2.548	2.010
	P 双尾	0.142	**0.010**	**0.008**	**0.026**
	t 双尾临界	1.688	1.688	1.688	1.688

但一方面，火烧山与亭子桥毕竟只是不同阶段的窑址个体，而且等级较高，这种特殊个体的情况未必能够代表同时期地区陶瓷生产的整体水平。另一方面，目前尚未发现材料较丰富的第一阶段窑址，仅从第二、第三阶段的材料出发，也难以概括地区陶瓷生产的完整发展进程。因此需要从产品角度出发，以考察不同阶段地区产品总体生产标准化程度的发展趋势。考察对象是地区产品总体而非聚焦具体遗址或墓葬，因此可避免因来源不同、选择差异所可能导致的影响。相应的结论固然无法对应不同窑址生产标准化的绝对程度，但就包括同一窑址内部与不同窑址之间的地区整体生产规范化程度的相对

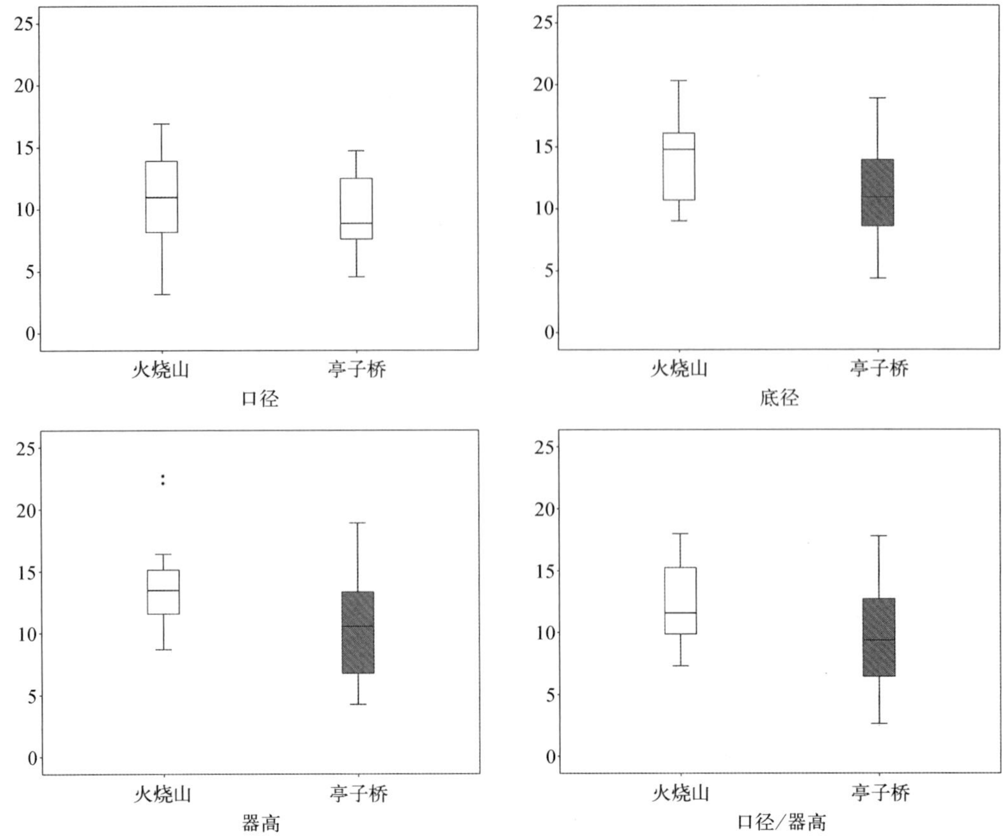

一、不同窑址：火烧山与亭子桥

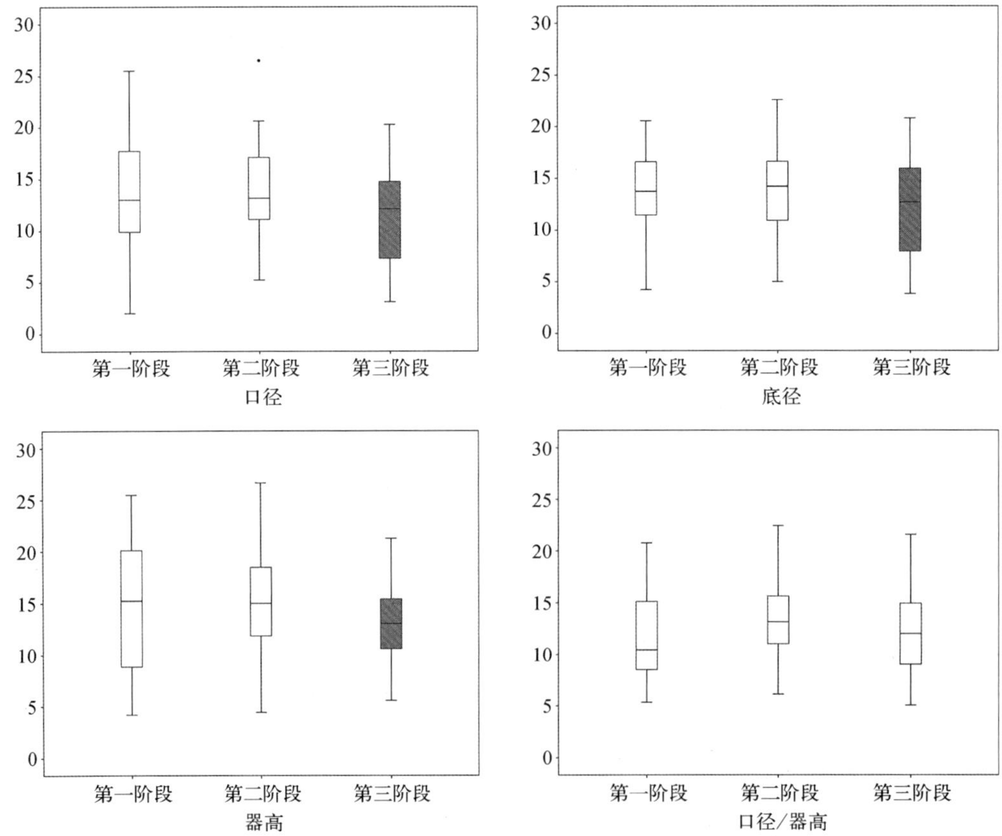

二、不同阶段：第一、第二与第三阶段

图 5.2　太湖杭州湾不同窑址与不同阶段的 CV 系数

趋势而言，仍应有效且可靠。

分别统计不同阶段主要器物的 CV 系数。为保证各阶段的样本量水平，其下限稍调至不少于 4 件。第一阶段统计样本 9 型 20 种 269 件，4 件者 3 种；第二阶段 16 型 59 种 1194 件，4 件者 2 种；第三阶段 10 型 30 种 541 件，4 件者 3 种。统计详情可见附录 E（太湖杭州湾、岭南、天马—曲村主要器类的变异系数，表一）。

因地区产品总体 CV 系数的统计与分析意义更在于考察地区整体陶瓷业生产规范化程度的相对发展趋势，故不宜从韦伯常数的角度衡量数据，而可对相邻阶段的数据分别进行 t 检验。结果表明，第一、第二阶段 P 皆大于 0.05，CV 系数水平高度接近，生产规范化程度大体相当；第二、第三阶段除“口径/器高”外，P 皆小于 0.05，生产规范化程度存在明显差异。从箱型图来看，在其余三个变量中，第三阶段的 CV 系数水平明显低于第一、第二阶段，后者所见甚为接近。可知第一、第二阶段陶瓷业生产规范化程度既无明显区别，也无明显发展，直至第三阶段才见明显提升。这也与窑址生产标准化程度的分析结论吻合，共同勾勒出以第三阶段为界，地区陶瓷生产标准化与规范化程度先低后高、先迟缓后突变的发展态势（表 5.18，图 5.2）。

表 5.18　太湖杭州湾不同阶段 CV 系数的 t-检验

比较对象	参数	口径	底径	器高	口径/器高
第一阶段—第二阶段	t Stat	−0.100	−0.757	−0.034	−1.509
	P 双尾	0.460	0.226	0.486	0.068
	t 双尾临界	1.665	1.665	1.665	1.665
第二阶段—第三阶段	t Stat	1.904	1.713	1.782	1.637
	P 双尾	**0.030**	**0.045**	**0.039**	0.053
	t 双尾临界	1.663	1.663	1.663	1.663

在此基础上，可进一步从窑址和产品的角度考察陶瓷生产的专业化水平。

不同窑址方面，如前所述，分别以原始瓷鼎与仿铜礼乐器的生产为代表，火烧山与亭子桥分属第二、第三阶段等级较高乃至等级最高的窑址，相应的生产标准化程度或可代表各阶段窑址之最。如若将同一阶段地区整体的数据与之比较，则不外乎两种可能：1. 地区整体 CV 系数水平高于窑址，生产规范化程度低于后者，即不同窑址的生产标准化程度有所差异，虽难以借此确定窑址的受众及其身份等级是否也有所不同，但至少可以表明，区别化生产或者说生产专业化应已出现；2. 地区整体与高等级窑址个体的 CV 系数水平大体相当，这暗示高等级窑址与其他窑址的生产标准化程度并无显著差异，不同窑址的产品、受众虽然不尽相同，但生产尚未分化，专业化生产仍然缺席。

在此前提下，可将火烧山与第二阶段地区整体的 CV 系数进行比较。其结果表明，无论是对于原始瓷还是陶瓷器而言，除“口径”外，二者 CV 系数水平并无明显差异。火烧山与相邻的第一阶段的比较结果同样如此，符合第二种情况。由此推测，第一、第二阶段时，生产专业化尚未出现（表 5.19，图 5.3）。

表 5.19　太湖杭州湾不同阶段最高等级窑址与地区整体 CV 系数的 t-检验

比较对象	参数	口径	底径	器高	口径/器高
火烧山—第二阶段原始瓷	P 双尾	**0.009**	0.378	0.344	0.102
火烧山—第二阶段陶瓷器	P 双尾	**0.008**	0.471	0.172	0.149
火烧山—第一阶段原始瓷	P 双尾	**0.044**	0.259	0.212	0.405
火烧山—第一阶段陶瓷器	P 双尾	0.066	0.263	0.250	0.480
亭子桥—第三阶段原始瓷	P 双尾	**0.004**	0.371	0.098	**0.030**
亭子桥—第三阶段陶瓷器	P 双尾	**0.048**	0.188	**0.013**	**0.043**

第三阶段的情况则明显不同。将亭子桥与第三阶段地区整体的 CV 系数进行 t 检验发现，二者之间多有差异，并主要表现为亭子桥的 CV 系数水平低于后者，即亭子桥的生产标准化程度已超越地区陶瓷业的生产规范化程度，符合第一种情况。这一现象表明，不同窑址之间的生产已经有所分化，生产专业化开始出现。而且亭子桥的产品非如火烧山一般以日常用器为主，而是以仿铜礼乐器为大宗，可能仅服务于高等级人群，与火烧山受众相对宽泛的情况判然相别，这也构成这一阶段陶瓷生产专业化开始出现的又一重要表征（表 5.19，图 5.3）。

在窑址之外，还可以对不同性质产品的生产情况进行考察，即对“夸富物”与非“夸富物”的 CV 系数进行比较，以探讨不同性质产品是否区别生产。由于各个阶段所统计的主要原始瓷器几乎尽为“夸富物”，因此对“夸富物”与非“夸富物”的比较，同时也是对不同材质产品，即原始瓷与硬陶的比较。

分别对第一、第二阶段“夸富物”与非“夸富物”的 CV 系数进行 t 检验，发现 P 皆大于 0.05，显然这两个阶段“夸富物”与非“夸富物”、原始瓷与硬陶的生产规范化程度并无明显差异，并未因产品性质、材质的不同而出现某种专业化生产趋向。无论是“夸富物”与非“夸富物”，无论是原始瓷还是硬陶，其本质都是日常用器，所谓对经济力量的彰显不过是对这些器物随葬数量的简单追求，以 CV 系数为代表的随葬品“质量”在此过程中并不重要，对随葬品数量的追求也并未赋予这些器类特殊的社会地位，与中原等地区的青铜礼

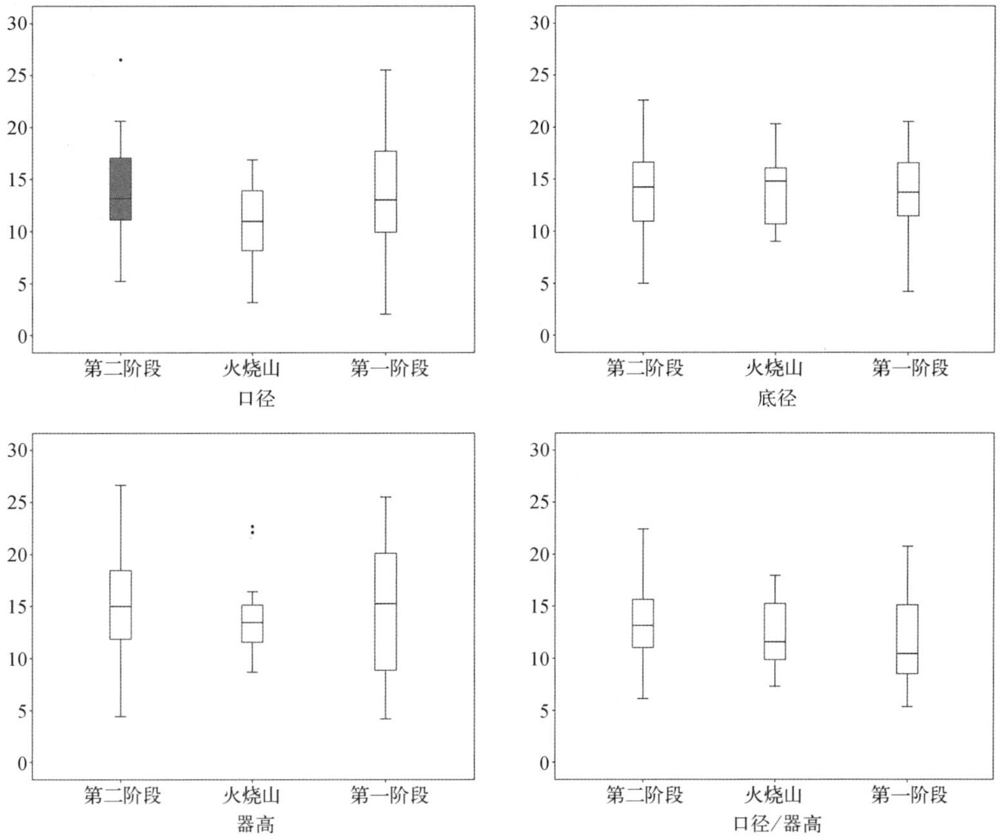

一、火烧山与第一、第二阶段越地整体（原始瓷）

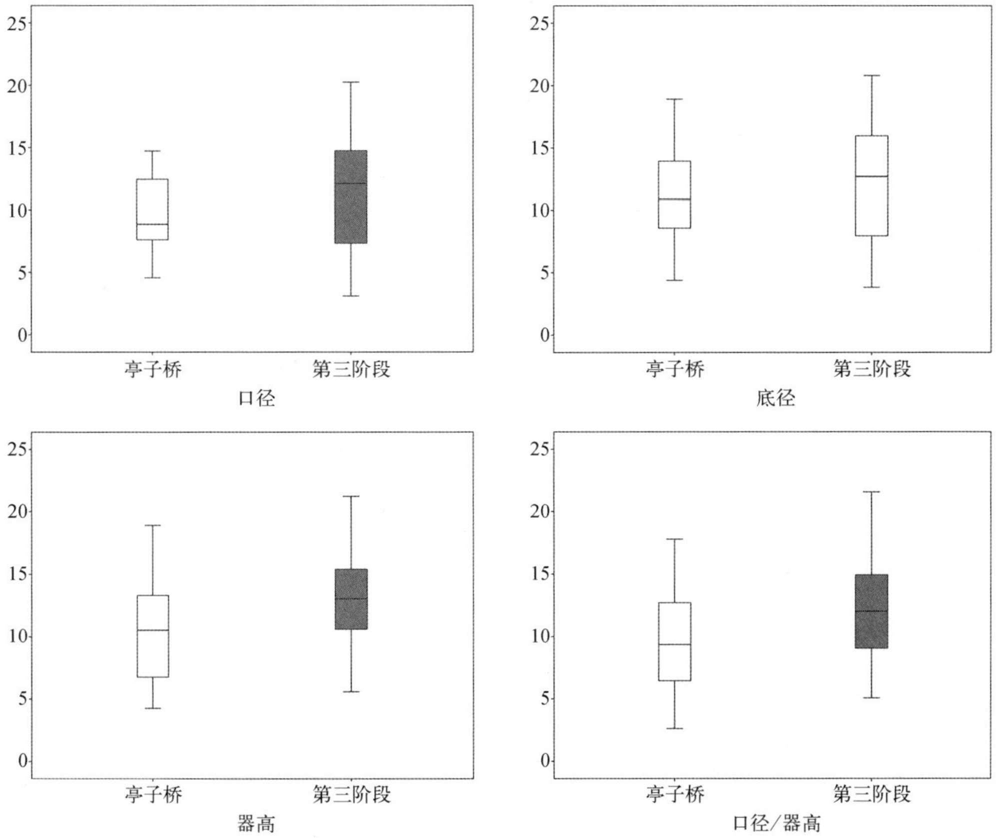

二、亭子桥与第三阶段越地整体（陶瓷器）

图 5.3　火烧山、亭子桥与同时期地区整体的 CV 系数

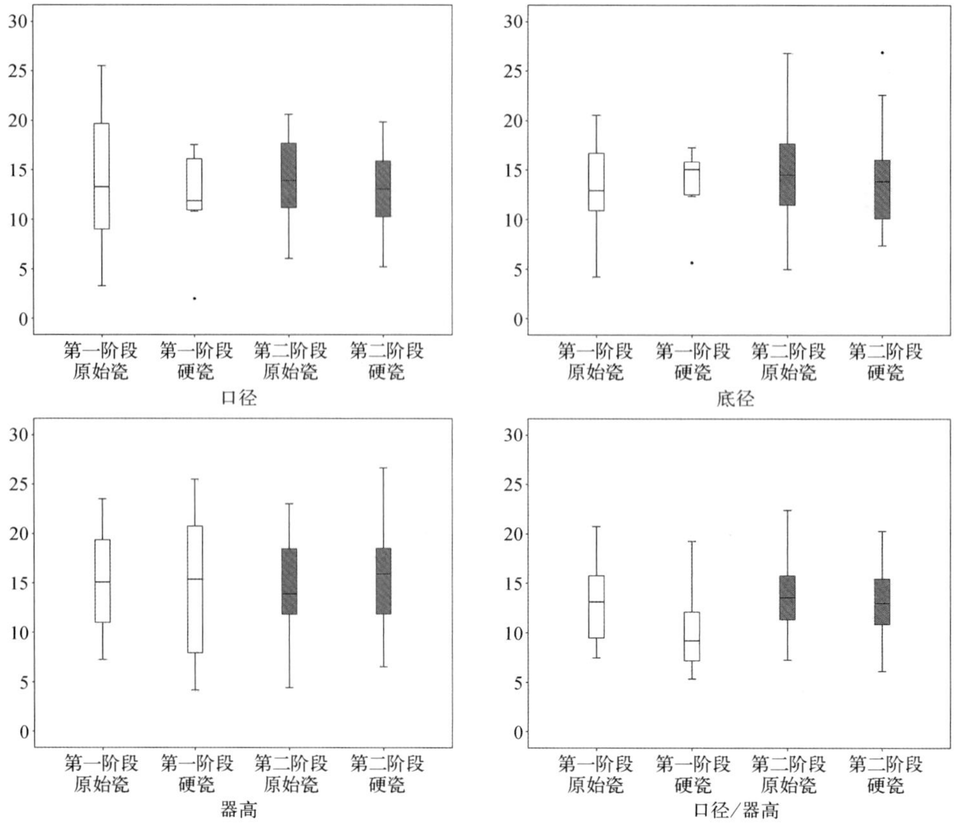

一、第一、第二阶段："夸富物" 与非"夸富物"

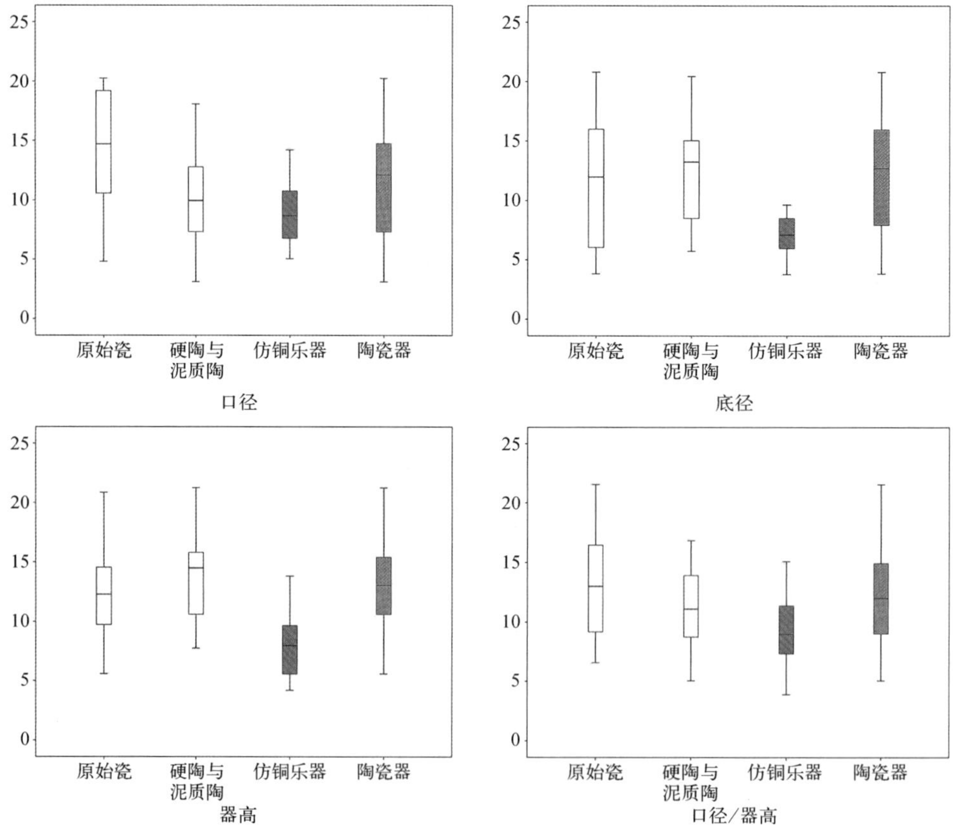

二、第三阶段："夸富物"与非"夸富物"、"礼器"与非"礼器"

图 5.4　太湖杭州湾不同性质产品的 CV 系数

乐器相比，其器用性质与生产模式显然不可同日而语①（表5.20，图5.4）。

表5.20　太湖杭州湾不同性质产品CV系数的t-检验

比较对象	参数	口径	底径	器高	口径/器高
第一阶段：夸富物—非夸富物	P双尾	0.234	0.426	0.435	0.126
第二阶段：夸富物—非夸富物	P双尾	0.339	0.300	0.145	0.345
第三阶段：夸富物—非夸富物	P双尾	0.050	0.241	0.309	0.116
第三阶段：礼器—非礼器	P双尾	**0.018**	**0.000**	**0.000**	**0.015**

即便是在社会发展高度复杂化、政治化的第三阶段，这一情况也未有明显改变。对这一阶段“夸富物”与非“夸富物”的CV系数进行t检验发现，对不同变量而言，P同样皆大于0.05。尽管不同窑址之间已经出现生产专业化倾向，但这种专业化生产并未作用于传统的“夸富物”，后者仍被视为普通的日常用器，仍被普通生产（表5.20）。

如果将第三阶段新出现的、以仿铜乐器为代表的礼器纳入考虑，这一点会表现得更加明显。第三阶段仿铜乐器以镈钟、甬钟、勾鑃、錞于发现较多，可对其4型15种234件器物的CV系数进行统计。由于其形制复杂，不同器物的不同部位各有其专名，所以不宜继续使用“口径”“底径”“器高”“口径/器高”的说法，可将之对应修改为“舞广（盘径）”“铣间（于径）”“器高”“舞广（盘径）/器高”（表5.21）。

表5.21　太湖杭州湾主要仿铜乐器的CV系数（%）

	体型	样本量	舞广（盘径）	铣间（于径）	器高	舞广（盘径）/器高
镈钟	小型	9	5.81	5.16	4.19	5.56
	中型	16	5.05	5.41	9.43	8.18
	大型	16	11.80	9.59	8.65	6.47
	超大型	16	6.42	6.52	5.10	8.99
錞于	小型	10	14.21	13.86	7.62	9.81
	大型	11	7.10	9.65	9.13	15.10

① 近藤晴香：《大周原地区铸铜遗存与西周的政体》，《三代考古》（六），科学出版社，2015年，第365~376页。

续表

	体型	样本量	舞广（盘径）	铣间（于径）	器高	舞广（盘径）/器高
勾鑃	小型	28	10.88	7.97	10.90	13.36
	中型	18	10.56	6.57	9.90	9.57
	大型	18	10.66	6.71	7.95	6.04
	超大型	22	9.73	5.23	11.98	12.95
甬钟	小型	15	7.49	9.06	13.81	13.65
	中型	16	7.25	7.09	6.59	8.25
	大型	21	11.58	7.69	5.79	8.70
	超大型	10	5.51	3.77	5.35	3.89
	特大型	8	8.69	7.27	4.53	9.16

将其统计数据与同时期非“礼器”的 CV 系数进行 t 检验，结果表明，P 均小于 0.05，表现出明显差异，并具体表现为仿铜乐器的 CV 系数水平低于非“礼器”。考虑到成套乐器的尺寸近似等差数列，仿铜乐器 CV 系数的统计结果应当略高于实际情况，因此“礼器”与非“礼器”之间的差异应该更加明显，从而直接指向不同性质产品的区别化生产（表 5.20，图 5.4）。

综上所述，以 CV 系数为代表的陶瓷生产以第三阶段为界，生产标准化与规范化程度先低后高，提升速度先缓后疾，生产专业化从无到有。如果说生产标准化、规范化程度的改变可能是经济技术与政治因素共同作用的结果，那么不同性质、不同受众产品与不同等级窑址之间生产专业化倾向的出现，显然应主要是政治因素影响的产物。第三阶段以来，太湖杭州湾社会秩序的制度化重塑、社会发展的政治化转型，不仅使得仿铜礼乐器等“礼器”开始在社会身份与制度构建中发挥着越来越重要的作用，客观上也促使其生产被限制在某些窑址之中。区别性等级、区别性产品与区别性窑址之间形成一种区别性生产，地区陶瓷生产呈现出新的发展动力与发展方向，展露出明显的生产专业化倾向。由此推测，第三阶段生产标准化、规范化程度的显著提高应同样是对第一、第二阶段的突破，应同样根植于社会政治化转型的需要。陶瓷生产由此突破经济本身自然发展的范畴，开始服从并服务于新兴的政治需求。

（二）不同小区的变异系数与消费选择

分别统计不同阶段、不同小区主要器类的 CV 系数，统计结果详见附录 E（表二）。各小区的变化趋势与地区整体颇为一致，皆以第三阶段为界，生产标准化、规范化程度明显提高。一元方差分析表明，无论针对哪个阶段又或何种变量，P 皆大于 0.05，不同小区的 CV 系数始终处于大体一致的水平，对以其为代表的产品"质量"并无消费选择差异。在长期追求经济力量的社会背景下，这种选择甚至可能并不存在（表 5.22）。

表 5.22　太湖杭州湾不同小区 CV 系数的一元方差分析

		差异源	SS	df	MS	F	**P-value**	F crit
第一阶段	口径	组间	68.324	2	34.162	1.316	**0.292**	3.522
	底径	组间	128.091	2	64.045	2.359	**0.122**	3.522
	器高	组间	126.265	2	63.133	1.931	**0.172**	3.522
	口径/器高	组间	63.761	2	31.881	1.325	**0.289**	3.522
第二阶段	口径	组间	3.884	2	1.942	0.100	**0.905**	3.130
	底径	组间	1.549	2	0.774	0.036	**0.964**	3.130
	器高	组间	49.666	2	24.833	0.968	**0.385**	3.130
	口径/器高	组间	85.371	2	42.685	2.259	**0.112**	3.130
第三阶段	口径	组间	10.902	2	5.451	0.373	**0.691**	3.245
	底径	组间	119.656	2	59.828	3.007	**0.061**	3.245
	器高	组间	27.224	2	13.612	0.513	**0.603**	3.245
	口径/器高	组间	30.094	2	15.047	0.519	**0.599**	3.245

尽管这一结论与纹饰—器型组合所显示的第一、第二阶段不同小区差异选择的情况有所不同，但却并不矛盾。纹饰—器型组合与 CV 系数虽然都可以在一定程度上代表陶瓷产品的"质量"，但具体内容却明显不同。纹饰选择的差异主要与不同小区的文化差异有关，是一种直观可视并有文化偏好的具象表现，CV 系数只涉及产品本身的尺寸，相对抽象不易肉眼辨别，而且与文化差异无关。当不同小区存在某种基于文化差异的消费选择差异时，纹饰—器型组合显然在此选择中更加便利，也更具优势。而在大量随葬"夸富物"以彰显财富、架构等级的情境下，对于以 CV 系数为代表的产品"质量"选择的普遍缺乏也就不难理解。

（三）不同等级的变异系数与消费选择

在排除不同小区的影响之后，可对等级消费选择的情况进行考察。分别统计不同等级主要器类的 CV 系数，其中第一阶段第三等级、第二阶段第二等级的样本量甚少，暂不涉及。统计结果详见附录 E(表三)。

首先,可对不同阶段、同一等级的 CV 系数分别进行 t 检验,发现对第七至第五等级而言,其在相邻阶段的 CV 系数水平并无明显差异,24 个数据中仅 1 例 P 小于 0.05,而在第四、第三等级的 12 个数据中有 5 例 P 小于 0.05,且集中于第二、第三阶段,并具体表现为后者 CV 系数水平多低于前者同一等级。可知,第一、第二阶段时,同一等级对随葬品"质量"的消费选择并未随时代发展而有所不同,直到第三阶段才发生明显变化,至少对第四等级与更高等级而言,在继续追求随葬品数量的同时,已开始注重其"质量"。而且从随葬品的具体情况来看,这种对"质量"的追求并不局限于礼器,已逐渐扩大至日常用器。虽然这些高等级墓葬的随葬品存在定制与专供的可能,但定制本身就是消费选择的一种具体实现方式,专供的出现也同样需要以相应的消费选择观念的出现为先导。正是对"质量"消费选择观念的出现,要求着第三阶段陶瓷生产的突变式发展,这种消费选择观念的高等级属性也印证着经济生产变动背后的政治导向(表 5.23,图 5.5)。

表 5.23　太湖杭州湾不同阶段同一等级 CV 系数的 t-检验

比较对象		口径	底径	器高	口径/器高
第七等级	第一阶段—第二阶段	0.214	0.060	0.284	0.218
	第二阶段—第三阶段	0.410	0.242	0.293	0.375
第六等级	第一阶段—第二阶段	0.290	0.329	0.393	0.478
	第二阶段—第三阶段	0.312	0.123	0.101	**0.023**
第五等级	第一阶段—第二阶段	0.109	0.224	0.352	0.141
	第二阶段—第三阶段	0.202	0.088	0.078	0.207
第四等级	第一阶段—第二阶段	0.321	0.472	0.456	0.157
	第二阶段—第三阶段	**0.030**	0.105	**0.041**	**0.030**
第三等级	第二阶段—第三阶段	**0.041**	**0.001**	0.205	0.350

其次,可对同一阶段、不同等级的 CV 系数进行一元方差分析,其结果同样呈现出鲜明的阶段性差异。第一、第二阶段的数据皆大于 0.05,第三阶段的数据皆小于 0.05,自第三阶段始,不同等级之间方才显露出消费选择差异,与前述同一等级的变化情况恰相呼应。具体而言,第一阶段,第六至第四等级的 CV 系数水平基本一致,第七等级的数据虽然略高,但这应与其样本量较小有关,不同等级的 CV 系数水平应总体均衡。第二阶段,不同等级 CV 系数水平同样以均衡为主要特征,虽然在部分变量中,第三等级的数据范围略低于其他等级,但差距非常小,与第一阶段的情况相差无几,不同等级对随葬品"质量"

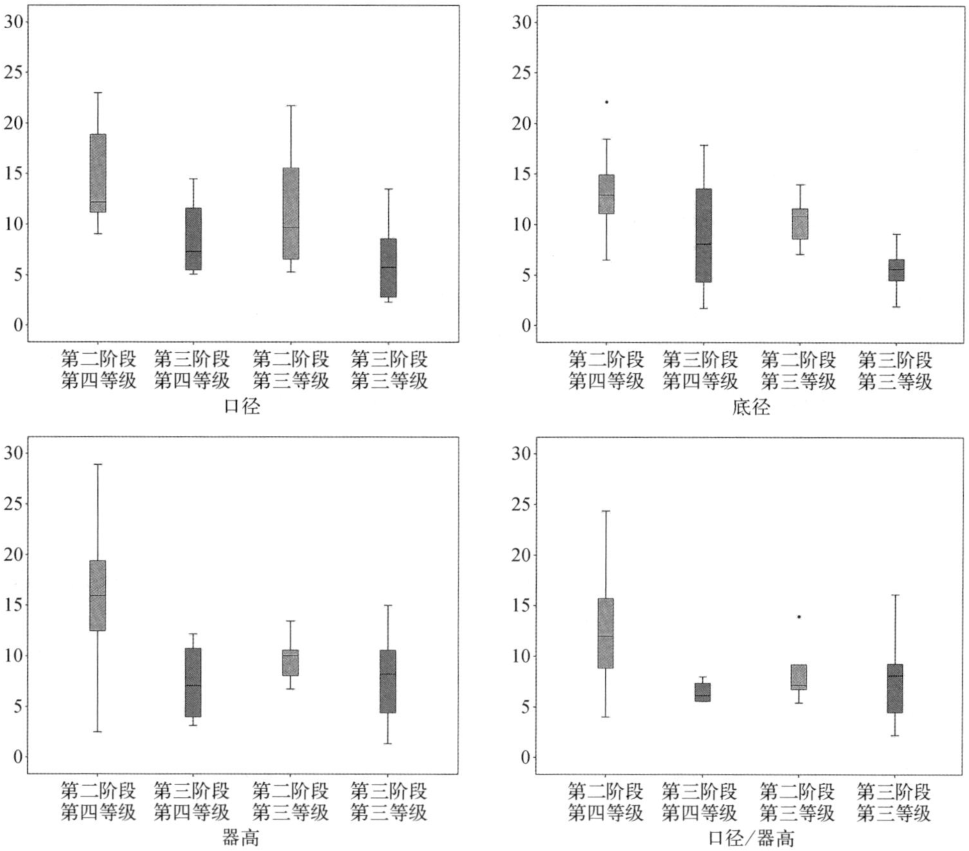

一、第二、第三阶段：第四、第三等级

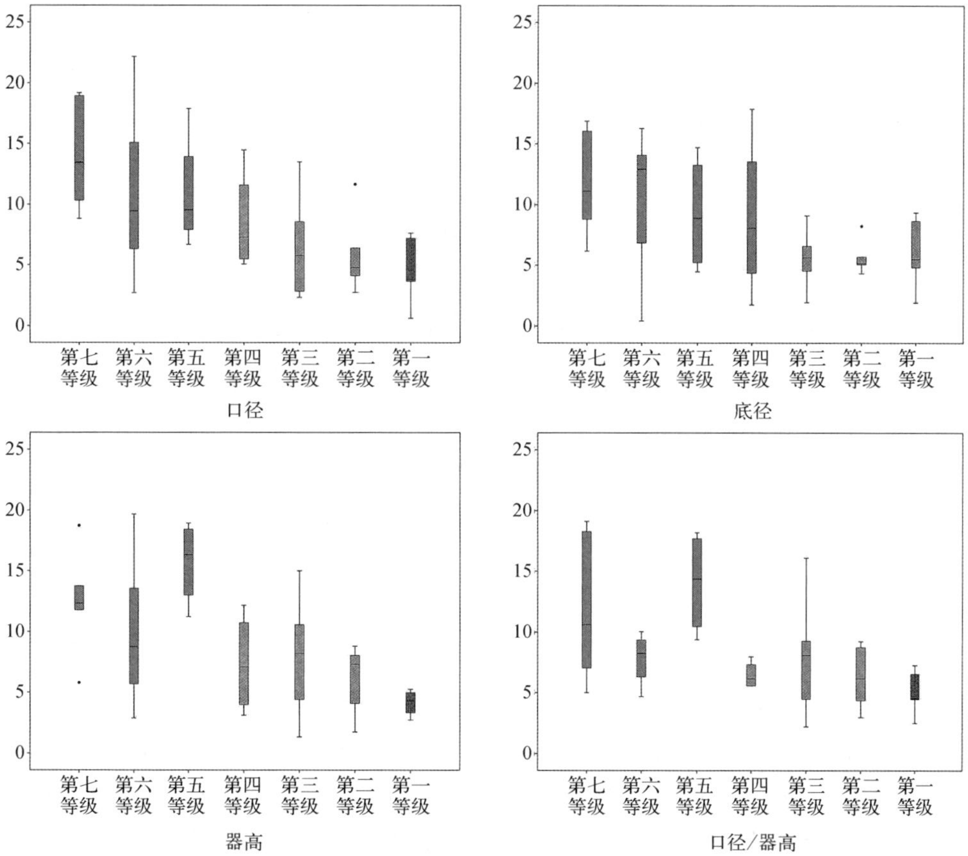

二、第三阶段：第七至第一等级

图 5.5　太湖杭州湾第二、第三阶段第四、第三等级与第三阶段不同等级主要器类的 CV 系数

并无明显的消费选择差异，或者说并不存在对“质量”的消费选择。第三阶段，不同等级的 CV 系数水平突然差距悬殊，除“底径”外，其余三个变量至少可以分为第七至第五等级、第四至第二等级、第一等级 3 个层级，同一层级内部的 CV 系数水平大体相当，不同层级之间则随等级提升逐渐降低，呈现出鲜明的等级序列。在开始注重随葬品“质量”的同时，不同等级之间也已经迅速表现出对“质量”的差异性、序列性选择，至少对第四等级与更高等级而言，随葬品“质量”已成为数量之外的又一重要选择，与区别性的产品、窑址乃至供应方式共同构成第三阶段社会复杂化与政治化的重要内容（表 5.24，图 5.5，图 5.6）。

表 5.24　太湖杭州湾不同等级 CV 系数的一元方差分析

比较对象	口　径	底　径	器　高	口径/器高
第一阶段不同等级	0.375	0.231	0.718	0.650
第二阶段不同等级	0.719	0.827	0.256	0.627
第三阶段不同等级	**0.013**	**0.041**	**0.011**	**0.004**

如果说这一考察尚仅涉及等级总体而未考虑墓葬个体，难免有所缺误的话，可对不同阶段、同一等级墓葬个体以及同一阶段、不同等级墓葬个体的 CV 系数补充进行类似考察。由于第一阶段符合统计条件的墓葬个体较少，所以相关讨论以第二、第三阶段为主，不同等级墓葬个体的 CV 系数统计详情参见附录 E（表三）。其分析结果与等级总体所反映的情况高度近同，本书于此不再赘言（表 5.25，表 5.26）。

表 5.25　太湖杭州湾第二、第三阶段同一等级墓葬 CV 系数的 t-检验

		口　径	底　径	器　盖	口径/器高
第二阶段—第三阶段	第七等级墓	0.215	0.150	0.054	0.163
	第六等级墓	0.246	0.074	0.244	0.457
	第五等级墓	0.055	0.111	0.450	0.104
	第四等级墓	0.370	0.389	0.218	0.083
	第三等级墓	**0.000**	**0.000**	**0.000**	**0.002**

至于二者之间的关联与变动，更多地体现在同一等级内部。

对不同阶段、同一等级总体与墓葬个体的 CV 系数分别进行 t 检验，其结果呈现出明显的阶段性差异。第二阶段 20 个数据中 14 例小于 0.05，且集中于第七至第四等级，表明等级总体与墓葬个体的选择有较大差异；第三阶段 28 个数据中仅 4 例小于 0.05，且分散

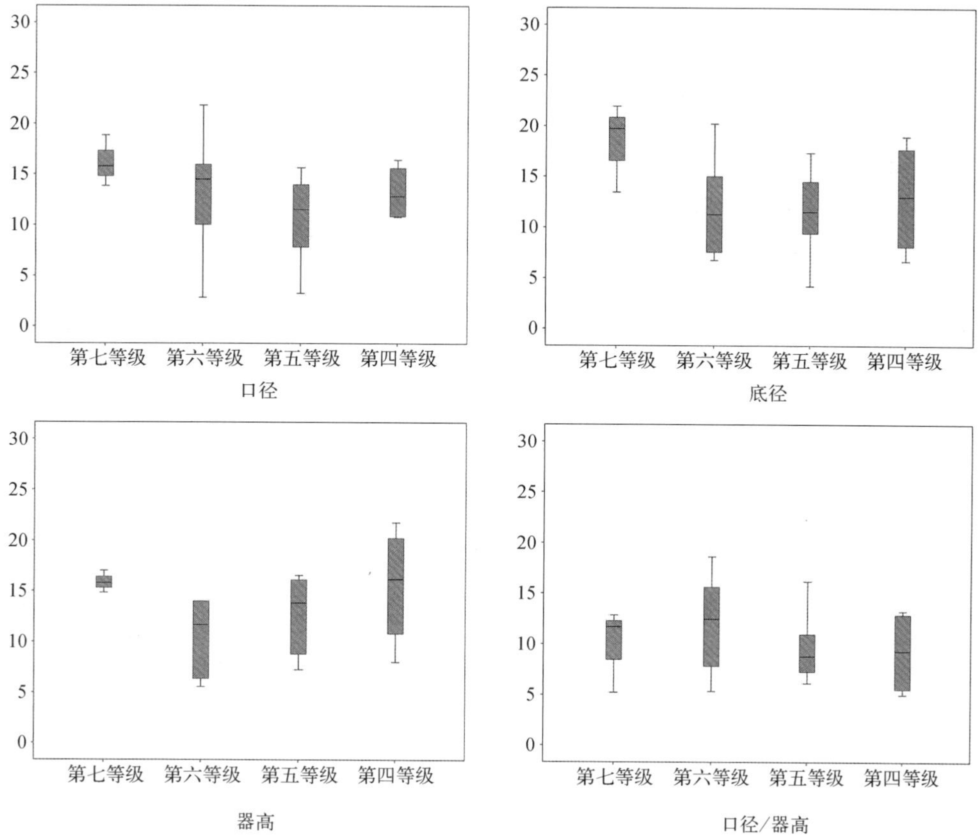

一、第一阶段：第七至第四等级

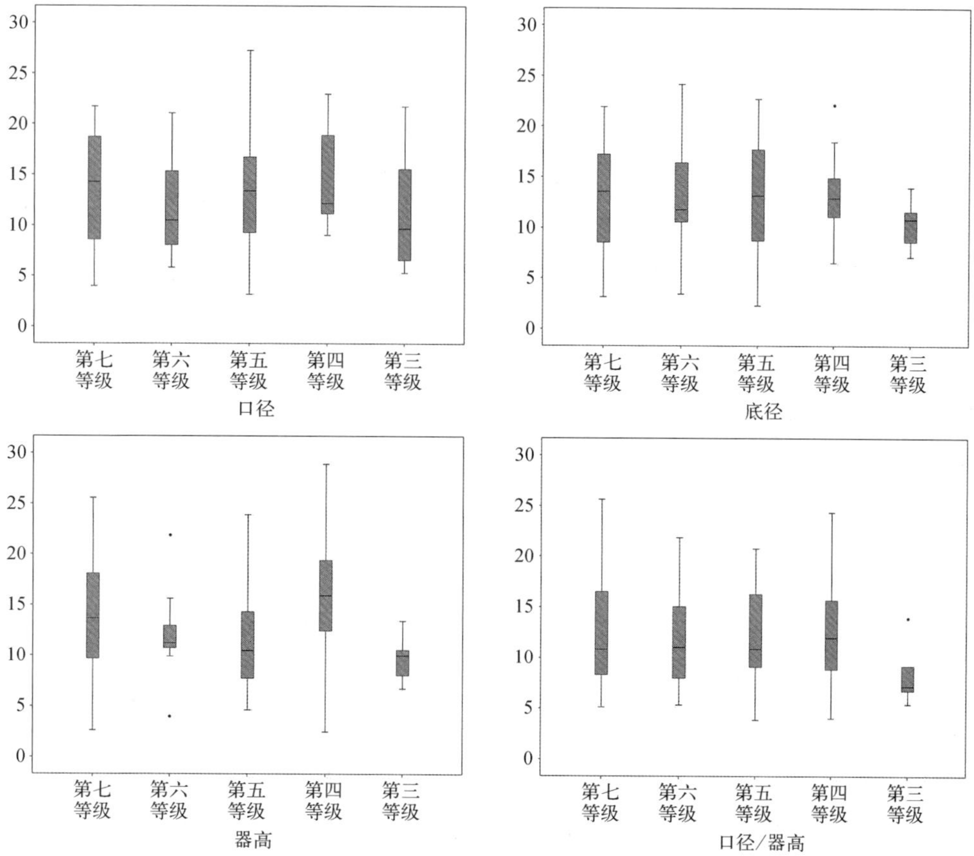

二、第二阶段：第七至第三等级

图 5.6　太湖杭州湾第一、第二阶段不同等级主要器类的 CV 系数

涉及三个等级，于各等级而言皆属个例，表明这一阶段等级总体与墓葬个体的选择已经大体一致（表 5.27）。

表 5.26　太湖杭州湾不同等级墓葬 CV 系数的一元方差分析

		差异源	SS	df	MS	F	**P-value**	F crit
第二阶段	口径	组间	15.834	4	3.958	0.208	**0.933**	2.543
	底径	组间	127.882	4	31.970	2.440	**0.058**	2.543
	器高	组间	96.622	4	24.155	1.508	**0.213**	2.543
	口径/器高	组间	61.877	4	15.469	1.403	**0.245**	2.543
第三阶段	口径	组间	294.946	6	49.158	5.633	0.000	2.279
	底径	组间	177.363	6	29.561	3.355	0.006	2.249
	器高	组间	341.991	6	56.999	4.823	0.000	2.246
	口径/器高	组间	173.349	6	28.892	3.151	0.010	2.279

表 5.27　太湖杭州湾第二、第三阶段等级总体与墓葬个体 CV 系数的 t -检验

		口　径	底　径	器　盖	口径/器高
第二阶段	第七等级—第七等级墓葬	**0.014**	**0.009**	**0.002**	**0.010**
	第六等级—第六等级墓葬	**0.006**	0.063	**0.035**	**0.006**
	第五等级—第五等级墓葬	**0.000**	**0.034**	0.071	**0.008**
	第四等级—第四等级墓葬	**0.001**	**0.001**	**0.007**	0.064
	第三等级—第三等级墓葬	0.183	0.434	**0.049**	0.410
第三阶段	第七等级—第七等级墓葬	0.069	0.194	0.250	0.172
	第六等级—第六等级墓葬	0.106	0.176	0.296	0.423
	第五等级—第五等级墓葬	**0.008**	0.282	**0.043**	0.107
	第四等级—第四等级墓葬	0.402	0.239	0.444	0.332
	第三等级—第三等级墓葬	0.306	0.195	**0.022**	0.173
	第二等级—第二等级墓葬	0.080	0.350	0.303	0.486
	第一等级—第一等级墓葬	**0.043**	0.140	0.110	0.457

第二阶段的差异表现为墓葬个体的 CV 系数水平普遍低于同一等级总体，呈现出墓葬内部相对统一、墓葬之间相对杂乱的态势。虽然第三等级总体与墓葬个体的 CV 系数看似近同，但这主要在于二者的样本来源高度一致，皆以常熟西岭 D1 的材料为主，因此不宜认为此时高等级内部的消费选择已出现一致性趋向（图 5.7）。

这种一致性选择事实上要到第三阶段才真正出现。这一阶段各等级总体与墓葬个体的 CV 系数水平大多基本接近，样本来源也未见与前述第二阶段第三等级相似的情况，因此这种相近的 CV 系数水平并非偶然现象，而是时代的必然产物，明确指向了同一等级内部消费选择的一致性，并在不同等级之间呈现出某种不同以往的、以“质量”为主要内容的等级序列性、规范性乃至制度性特征（图 5.8）。

无论是从等级总体还是从墓葬个体来看，不同阶段同一等级与同一阶段不同等级对 CV 系数的消费选择变化趋势皆以第三阶段为界，呈现出从无到有，从无序到有序，并且迅速规范的发展态势。这种消费选择的变化当然与地区社会的迅速政治化有关。后者的出现提出了区分人群、彰显等级的新要求，因此高等级贵族对陶瓷器的消费选择开始在数量之外也追求“质量”，并借其序列化、规范化随葬来完善新兴的墓葬等级制度。这种区分性消费选择观念的出现，导致了第三阶段以来地区陶瓷经济的突变，构成了地区社会政治化转型的重要环节。

三、经济与政治：不同观念作用下的经济生活

对纹饰—器型组合与变异系数所见陶瓷生产与消费情况的考察表明，太湖杭州湾的陶瓷业以第三阶段为界，生产标准化、规范化程度先低后高，提升速度先缓后疾，生产专业化从无到有，小区间消费选择由以异性为主转向以共性为主，等级消费选择差异突然出现并迅速序列化、规范化。

具体而言，第一、第二阶段，陶瓷生产标准化与规范化程度长期较低，未有明显变化，窑址之间的差别更多地体现为产品的不同而与技术水平、受众等级无关，墓葬等级架构以追求随葬品数量而非“质量”为主，具体的消费选择随机且散乱，呈现出一定的简单与迟缓状态。第三阶段，陶瓷生产标准化与规范化程度显著提高，窑址间的差别逐渐由产品的不同扩大至技术水平与受众等级的差异，生产专业化从无到有，并迅速增强，不同等级对随葬品“质量”的选择渐有差异，渐呈现出清晰的等级序列，同一等级内部的“质量”选择也随之渐趋规范。在不同性质产品区分性生产的同时，配套的区分性供应也开始出现。与前两个阶段相比，陶瓷经济的迟缓状态已被打破，转而实现突变式的发展，陶瓷经济迅速复杂。

这种陶瓷经济从简单到复杂、从迟缓到突变的转变，根源于第三阶段以来的社会政治化转型。这一转型的发生，在将原本的社会秩序制度化重塑的同时，也对陶瓷经济提出了前所未见的新要求，即对礼器的区别生产与区别消费。相应的区分观念也促使高等级群体在继续保持对“夸富物”数量追求的同时，开始强调对随葬品“质量”的追求，利用更多

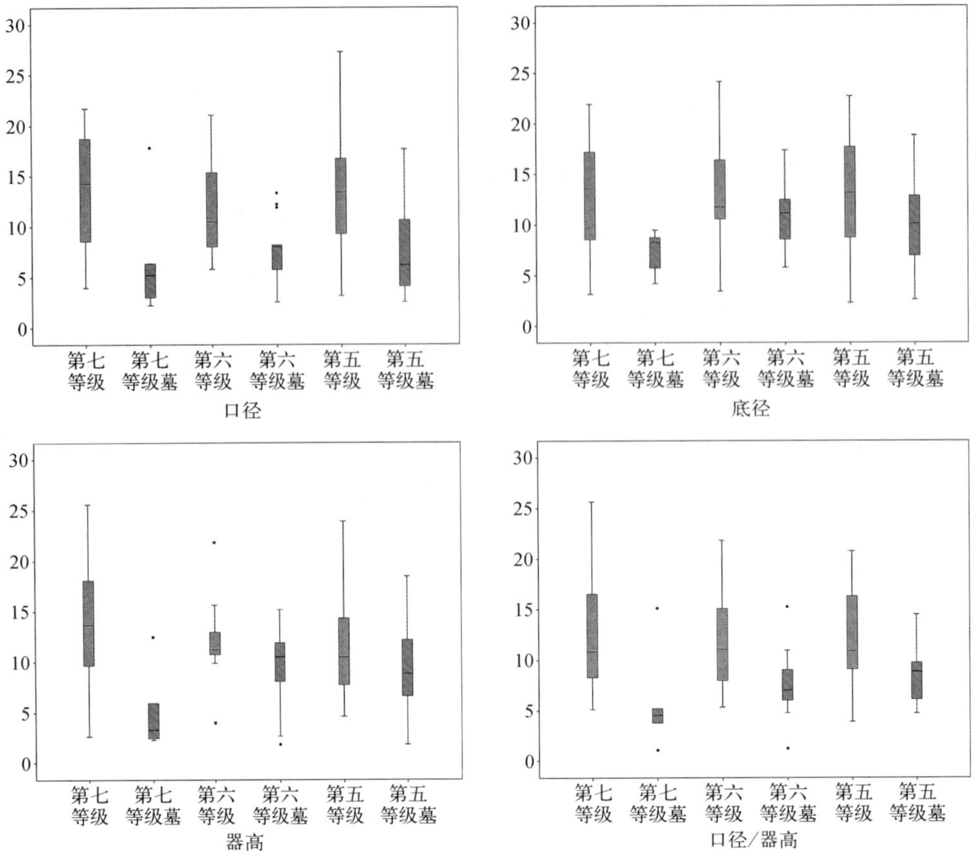

一、第二阶段：第七至第五等级

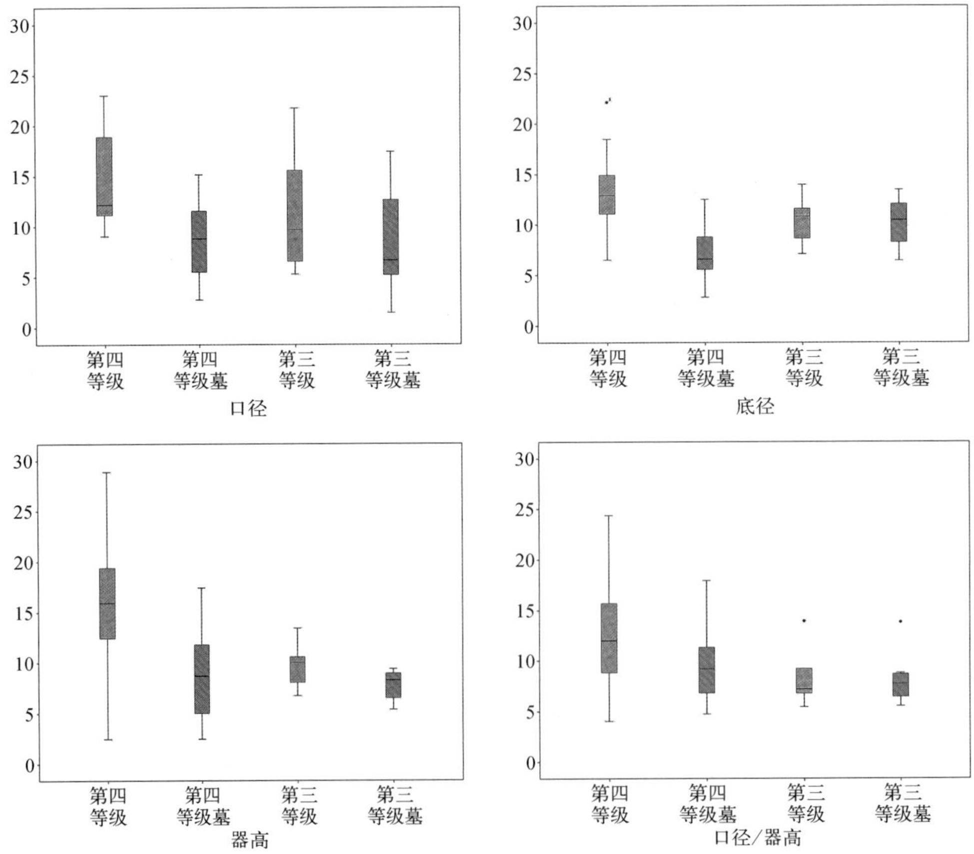

二、第二阶段：第四、第三等级

图 5.7　太湖杭州湾第二阶段等级总体与墓葬个体的 CV 系数

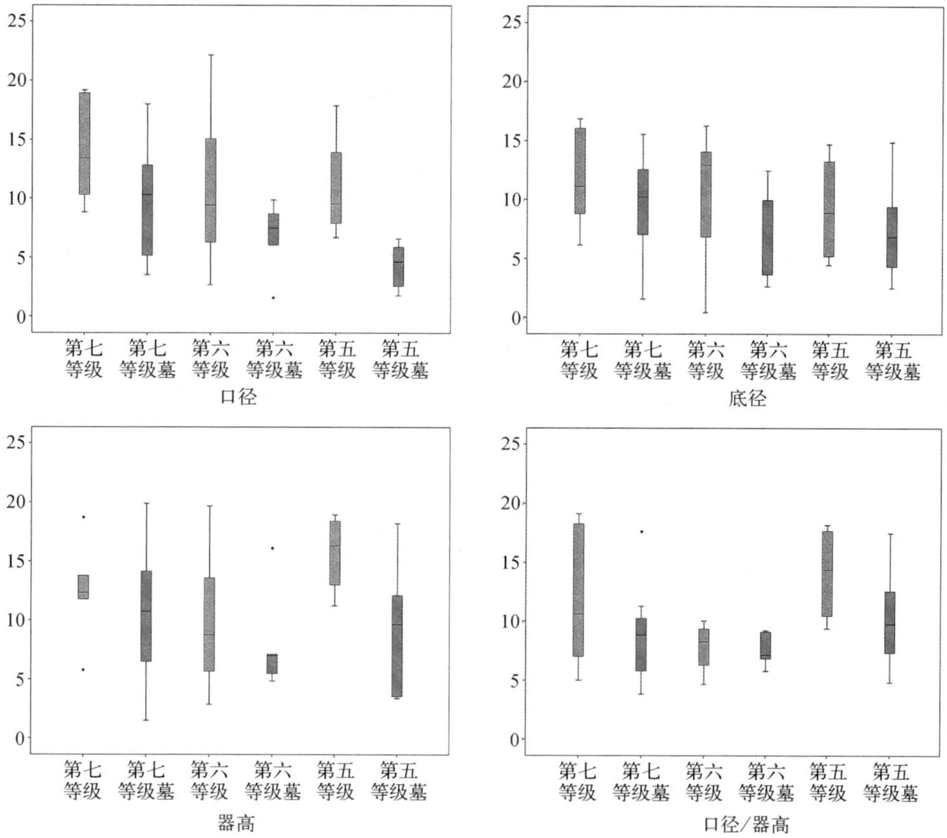

一、第三阶段：第七至第五等级

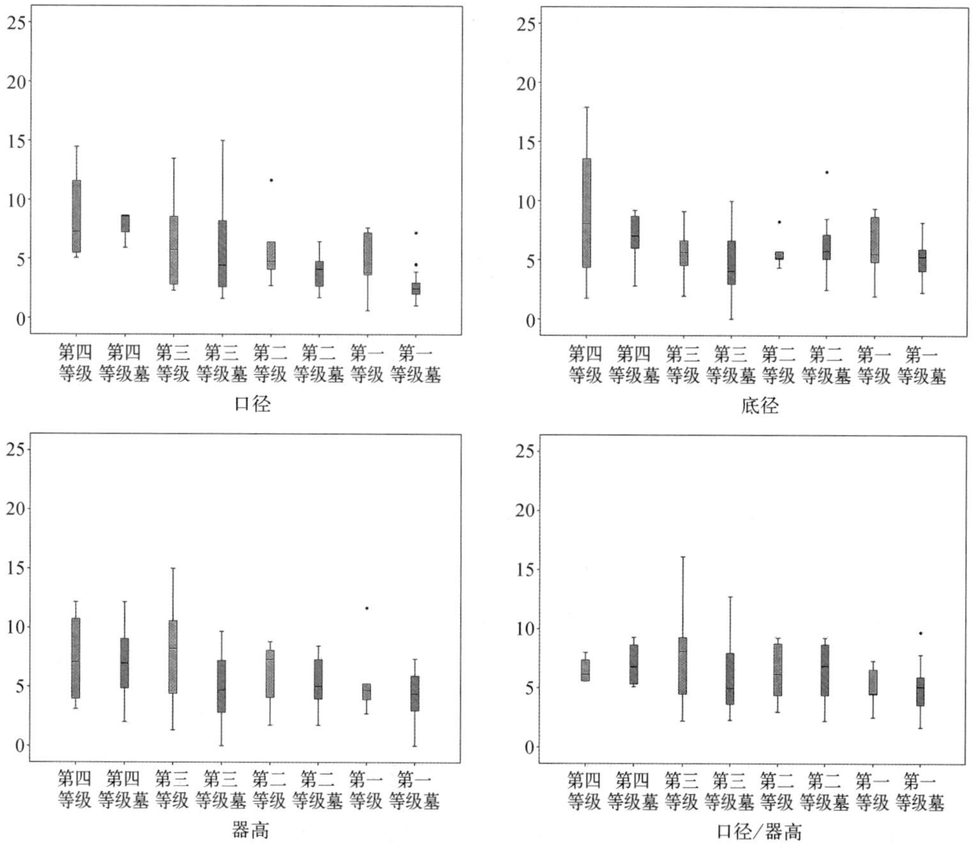

二、第三阶段：第四至第一等级

图 5.8　太湖杭州湾第三阶段等级总体与墓葬个体的 CV 系数

手段彰显日益分化复杂的等级制度。区分性的产品、区分性的生产、区分性的供应旋即应运而生，以区分其人群，彰显其身份，规范其制度。这极大地突破了陶瓷经济原本独立自由的发展态势，导致了专业化生产的突然出现，对陶瓷生产的技术水平、行业规范乃至组织形态提出了新的要求，客观上也催生了生产标准化与规范化程度的突变式提高。尽管在仿铜礼乐器与仿铜纹饰的固定组合之外，第三阶段的纹饰—器型组合本身并未显露出非常强烈的等级区分作用，但其组合的稳固统一，无疑指向政治影响下对陶瓷纹饰—器型组合关系的规范生产。以陶瓷生产为主要内容的经济生活，显然已脱离前期自由发展的道路，开始至少部分地服务并服从于新兴的政治需求。

《越公其事》《越绝书》等文字材料载，越王勾践行兴国"五政"①，"劝农桑……息贷……鱼三邦之利"②，"好农、好信、征人"③，以强盛国力，对农业、手工业及商业实行全面的政治管控④，亦可为此注脚。

照此，太湖杭州湾陶瓷经济从迟缓到突变的发展态势，事实上就是地区社会发展观念从"经济"到"政治"的背景下，陶瓷经济逐渐由独立发展转向服务于政治需求的必然产物。相比之下，第一、第二阶段陶瓷经济发展相对简单、迟缓的状态，显然与"政治观"无关。无论是生产还是消费，其所专注者都并非等级区分与制度构建，而仅仅是产品数量本身，社会发展长期以"经济观"为主导。在此情形下，陶瓷经济的发展与运行都置于经济体系而非政治体系之下，主要受到"经济观"而非"政治观"的影响，自然也就长期缺乏新的要求、新的刺激与新的动力。直至第三阶段以来，区域发展主题变动，地区社会发展观念从"经济"到"政治"的转变，方才促成以陶瓷经济为主要内容的经济生活从迟缓走向突变。

第二节　岭南的陶瓷经济

相比太湖杭州湾，岭南陶瓷器的数量与种类皆较少，主要器类皆是前述典型器类。故可以此为主要对象，以区域文化与社会发展的不同阶段为研究尺度，探讨岭南地区的陶瓷生产与消费。

一、纹饰—器型组合所见陶瓷生产与消费

因岭南材料的丰富程度稍逊，故本文选择总数20件以上或某一阶段数量在10件以上的器物进行讨论，即硬陶豆A—D型、罐（瓿）类Ab型、Af型、Bc型、Bd型、Da型、Ea—Ed型、簋、坛A型、碗（杯盅）类A型、B型、瓮A型、B型、盂B型与原始瓷豆Ab型、Ac

① 李守奎：《〈越公其事〉与句践灭吴的历史事实及故事流传》，《文物》2017年第6期。
② 李步嘉：《越绝书校释》卷4《越绝计倪内经第五》，中华书局，2013年，第109~113页。
③ 李学勤：《清华大学藏战国竹简（柒）》，中西书局，2017年，第130~139页。
④ 刘成群：《清华简〈越公其事〉与句践时代的经济制度》，《社会科学》2019年第4期。

型、Cb 型、Db 型，共计二十四种。

（一）不同阶段的纹饰—器型组合与生产标准化程度

岭南陶瓷器的纹饰种类及其组合同样繁多，同样可以依据主体纹饰归“类”，内部再分各“种”。据此可分别梳理这二十四种器物在不同阶段的纹饰种类与数量比例。本书暂仅简列典型五例如下。

原始瓷豆 Db 型，流行于第一、第二阶段。第一阶段，器物 10 件，纹饰 4 类 7 种，纹饰—器型组合多样且分布均衡。虽然外弦纹类占比稍多，但就绝对数量而言，各类纹饰多在 2~4 件，差距很小，整体来看，此时生产标准化程度应当较低。第二阶段，纹饰增多，计 3 类 13 种，其中外弦纹类 5 种，外锥刺纹类与外粗弦纹类各 4 种，外弦纹类与外粗弦纹类相对流行，内部纹样的统一性略有增强。如外弦纹类 5 种纹样中，以“外弦纹+内锥刺纹”最多，共计 5 件，其余 4 种纹样各仅 1 件。在部分保持多样性与均衡性特征的同时，纹饰—器型组合呈现出可能的统一性趋向，生产标准化程度或有提高。只是从纹饰多样性的角度考虑，具体增幅应较有限（表 5.28）。

表 5.28　原始瓷豆 Db 型的纹饰—器型组合

	外弦纹类		外锥刺纹类		外粗弦纹类		外素面类	纹饰种数	数量总计
	种数	比例	种数	比例	种数	比例			
第一阶段	4	40.00%	1	10.00%	1	30.00%	20.00%	7	10
第二阶段	5	37.04%	4	14.81%	4	48.15%		13	27

原始瓷豆 Ac 型，仅见于第二阶段，纹饰 5 类 24 种，其中外锥刺纹类 12 种，呈现出强烈的多样性色彩。同时各类纹饰及其内部纹样的分布皆以均衡为主要特征，即便是常见的外锥刺纹类，亦然如此，内部 12 种纹样的数量均在 2 件左右，无明显区别。生产标准化程度应当较低（表 5.29）。

表 5.29　原始瓷豆 Ac 型的纹饰—器型组合

外素面类		外粗弦纹纹类		外锥刺纹纹类		外锥点纹类		外弦纹类		纹饰种数	数量总计
种数	比例	种数	比例	种数	比例	种数	比例	种数	比例		
2	3.85%	2	9.62%	12	53.85%	3	7.69%	5	25.00%	24	52

硬陶瓮 B 型，流行于第一至第三阶段。第一阶段，纹饰 5 类 8 种，方格纹类稍多，共 3 种，且内部以“方格纹+数周弦纹（上部）”为主，占同时期此类器物的比例近 45%，其余纹

饰的分布则相对均衡，纹饰—器型组合总体呈现出统一性与多样性、集聚性与均衡性相交织的特征，生产标准化程度可能略高。第二阶段，纹饰增多，共 5 类 8 种，夔纹类取代方格纹类广泛流行，但是内部纹样已不复前一阶段方格纹类的集聚现象，纹样繁多计 9 种，数量总体均衡多在 1~2 件，与其他纹饰其他纹样的数量大体相当，纹饰—器型组合呈现出异常鲜明的多样性与均衡性色彩，曾经的统一性特征不复存在，生产标准化程度应当较低。从这一点来看，第一阶段所谓“生产标准化程度可能略高”现象的出现，或许只是偶然。第三阶段时，虽然器物甚少，仅发现 6 件，但纹饰仍相对多样，共见 2 类 4 种，从具体数量分布来看，不同纹样的具体分布仍然以均衡为主要特征，生产标准化程度未见明显提升（表 5.30）。

表 5.30　硬陶瓮 B 型的纹饰—器型组合

	方格纹类		夔纹类		云雷纹类		席纹类
	种数	比例	种数	比例	种数	比例	
第一阶段	3	56.25%	2	25.00%	1	6.25%	6.25%
第二阶段	7	24.32%	9	59.46%	1	2.70%	
第三阶段	3	83.33%	1	16.67%			

	素面类	菱格凸块纹		漩涡纹类	重圈纹类	纹饰种数	数量总计
		种数	比例				
第一阶段	6.25%					8	16
第二阶段		2	8.11%	2.70%	2.70%	21	37
第三阶段						4	6

硬陶罐（瓿）类 Bc 型，仅见于第三阶段，纹饰计 5 类 11 种，其中水波纹类 4 种，锥刺纹类 3 种，弦纹类 2 种，多样性明显，而且数量比例亦多接近，皆在 25%左右，又如水波纹类的内部纹样，数量皆在 1~2 件，分布均衡。此时的纹饰—器型组合显然主要呈现为多样性与均衡性，生产标准化程度较低（表 5.31）。

表 5.31　硬陶罐（瓿）类 Bc 型的纹饰—器型组合

弦纹类		方格纹类	素面类	水波纹类		锥刺纹类		纹饰种数	数量总计
种数	比例			种数	比例	种数	比例		
2	26.67%	10.00%	13.33%	4	26.67%	3	23.33%	11	30

硬陶坛 A 型，仅见于第三阶段，纹饰计 3 类 3 种，其中尤以“方格交叉纹”占优，数量比例超过 60%，纹饰—器型组合表现出相对明显的统一性与稳定性色彩，生产标准化程度可能较高（表 5.32）。

表 5.32　硬陶坛 A 型的纹饰—器型组合

方格纹	方格交叉	素面	纹饰种类	数量总计
33.33%	62.97%	3.70%	3	27

其余十九种器物的统计详情可参看附录 D（表四）。

纵观这二十四种器物的纹饰—器型组合可知，大致以第三阶段为界，部分器物的纹饰—器型组合开始从均衡、多样转变为稳定、统一，部分地呈现出生产标准化程度先低后高，提升速度先缓后疾的发展趋势。可以选择纹饰种数、纹饰“类/种”比值、“纹饰种数/器物总数”比值、纹饰比例等四个参数，进行归纳总结：

（1）纹饰种数。不同器物在不同阶段的纹饰情况各不相同，根据这些器物性质、纹饰、数量的具体差异，可将之划分为豆、碗（杯盅）类器与其他器物两类，因后者皆为硬陶，故可暂称之为“主要硬陶器”。统计发现，第一至第三阶段，主要硬陶器的纹饰种类变化可概括为“少—多—较少”，豆、碗（杯盅）类器情况稍似，为“较少—多—少”。纹饰选择的多样性总体先升后降，自第三阶段以来，迅速降低；

（2）纹饰“类/种”比值。第一至第三阶段，主要硬陶器所见为“低—低—高”的总体态势，豆、碗（杯盅）类器则大致为“高—低—高”，但详查可知，后者第一阶段的较高数据应当是纹饰选择范围较小的被动结果，并不能代表较高的生产标准化程度。总体来看，仍应以第三阶段为界，纹饰内部的多样性先强后弱（表 5.33）；

表 5.33　岭南主要器类的纹饰“类/种”比值

	硬陶罐（瓿）类								
	Ab 型	Af 型	Bc 型	Bd 型	Da 型	Ea 型	Eb 型	Ec 型	Ed 型
第一阶段						0.538	0.500	0.313	
第二阶段				0.500	0.438	0.320	0.333	0.333	0.333
第三阶段	0.800	0.700	0.455						
	硬陶簋	硬陶坛	硬陶瓮		硬陶盂				
		A 型	A 型	B 型	B 型				
第一阶段	0.500			0.625					
第二阶段	0.455			0.286					
第三阶段		1.000	1.000	0.500	1.000				

续表

	原始瓷豆				硬陶豆				硬陶碗(杯盅)类	
	Ab 型	Ac 型	Cb 型	Db 型	A 型	B 型	C 型	D 型	A 型	B 型
第一阶段			0.500	0.571			1.000	0.800		
第二阶段	0.400	0.208	0.444	0.231	0.368	0.444	0.500	0.800		
第三阶段									0.556	0.800

（3）“纹饰种数/器物总数”比值。第一至第三阶段，主要硬陶器与豆、碗（杯盅）类器的数据皆呈现出“高—高—低”的发展态势。只是对前者而言，同一阶段数据的平均值要略高于后者，数据范围也明显略大，应该是纹饰选择范围差异所导致的结果。但无论生产标准化的具体程度如何，显然同样以第三阶段为界，纹饰—器型组合渐趋统一（表 5.34）；

表 5.34　岭南主要器类的“纹饰种数/数量总计”比值

	硬陶罐(瓿)类									
	Ab 型	Af 型	Bc 型	Bd 型	Da 型	Ea 型	Eb 型	Ec 型	Ed 型	
第一阶段						0.565	0.889	0.410		
第二阶段				0.727	0.762	0.234	0.632	0.571	0.714	
第三阶段	0.172	0.500	0.367							
	硬陶簋	硬陶坛	硬陶瓮		硬陶盂					
		A 型	A 型	B 型	B 型					
第一阶段	0.667			0.500						
第二阶段	0.786			0.568						
第三阶段		0.111	0.100	0.667	0.500					
	原始瓷豆				硬陶豆				硬陶碗(杯盅)类	
	Ab 型	Ac 型	Cb 型	Db 型	A 型	B 型	C 型	D 型	A 型	B 型
第一阶段			0.500	0.700			0.250	0.333		
第二阶段	0.526	0.462	0.563	0.481	0.107	0.750	0.381	0.263		
第三阶段									0.176	0.085

（4）纹饰比例。第一至第三阶段，主要硬陶器与豆、碗（杯盅）类器大致呈现出较为

相似的“基本均衡—略有主次，总体均衡—主次分明”的趋势。统计不同阶段、各器物纹样的最大比例可知，二者同样呈现出大体相近的“低—低—高”的发展态势。第三阶段以来，纹饰—器型组合的统一性由弱渐强。

这四个方面的内容相互补充，相互印证，清晰地勾勒出岭南陶瓷生产标准化程度的宏观发展态势：第一阶段，纹饰选择范围较小，内部多样性明显，纹饰—器型组合多样、随意且均衡，生产标准化程度较低；第二阶段，纹饰选择范围激增，纹饰总体与纹饰内部的多样性愈发明显，纹饰—器型组合仍不稳定，但开始出现某些优势纹饰，统一性与多样性相交织，生产标准化程度略有提高，但具体增幅仍较有限；第三阶段，纹饰选择范围锐减，对部分器物而言，某一种或两种纹样已经占据优势地位，纹饰—器型组合显露出一定的统一与稳定趋向，生产标准化程度有所提高。

但是，观察主要硬陶器在第三阶段、四个方面的具体数据可以发现，其数据范围相当分散，不同器物的生产标准化程度有较大参差，表明这些器物内部可能存在着某种生产差异。细查可知，这些器物可分为 A、B 两组。A 组为硬陶罐（瓿）类 Af 型、Af 型、Bc 型、瓮 B 型与盂 B 型，纹饰“类/种”比值较低，多在 0.5～0.8，“纹饰种数/器物总数”比值较高，多在 0.5 以上，纹样最大比例较低，一般不超过 0.3，相应的生产标准化程度较低；B 组为硬陶罐（瓿）类 Aa 型、坛 A 型与瓮 A 型，纹饰“类/种”比值较高，多在 0.8～1，“纹饰种数/器物总数”比值较低，皆在 0.2 以下，纹样最大比例较高，皆超过 0.5，生产标准化程度因此较高。不难发现，A 组器物多继承自本地传统，B 组器物则是由太湖杭州湾南传而至，分别具有“本地”与“外来”的文化属性。如此，可以重新统计并比较第一、第二阶段主要硬陶器、第三阶段本地器物与外来器物的数据。观察易知，第三阶段外来器物的生产标准化程度明显较高，其余三者虽略有年代差别，但总体水平高度接近，生产标准化程度应长期较低，直至第三阶段仍未见明显变动，外来因素与本地传统区隔显著（图 5.9）。

由此可知，应是第三阶段来自太湖杭州湾的强烈文化影响，改变了岭南地区陶瓷生产标准化程度的发展态势，使之由迟滞渐入突变。考虑到这一阶段“本地”器物与“外来”器物之间生产标准化程度的显著差异，可进一步推测，这种来自太湖杭州湾的文化影响应更多地表现为形式上相对直接、内容上相对局限的文化输入，而非深入、潜移默化的文化影响乃至改造，岭南所接收的更多的是这些纹饰—器型组合高度统一的器物本身，而非内在的对纹饰使用的规范乃至政治管控①。第三阶段以来陶瓷器生产标准化程度先低后高、提升速度先缓后疾的发展趋势，事实上更多地停留在文化层面，尚未深入社会领域。对本地器物而言，其生产标准化的发展仍然迟缓，甚至迟滞。

① 吴桐：《从平底夔纹陶器看岭南“米字纹陶”遗存》，《考古》2024 年第 1 期。

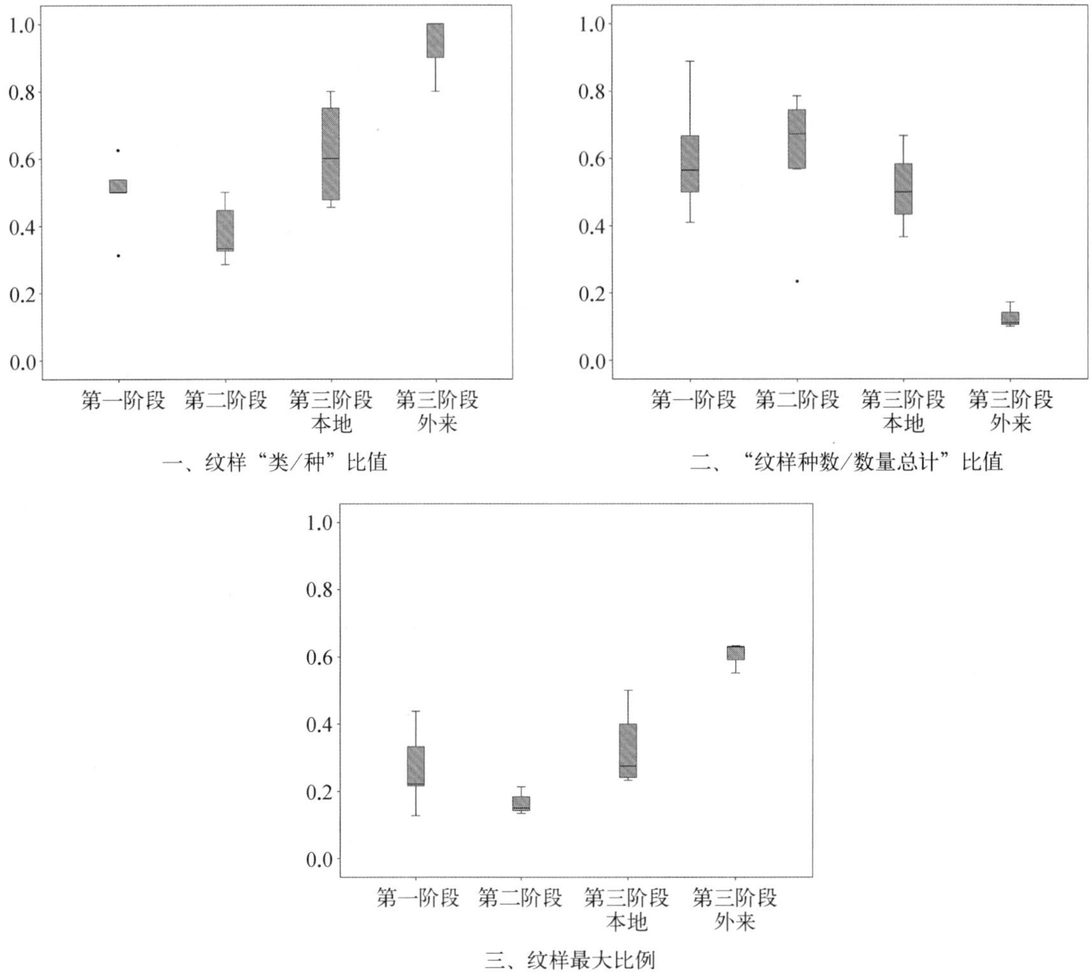

一、纹样“类/种”比值　　二、“纹样种数/数量总计”比值　　三、纹样最大比例

图 5.9　岭南不同阶段、不同来源器类的纹饰—器型组合

（二）不同小区的纹饰—器型组合与消费选择

由于具体器物的时空分布差异，为满足相关研究的样本量需求，本书仅选择同一阶段各小区发现数量稍多的十一种器物进行消费选择考察，即硬陶豆 A 型、罐（瓿）类 Ab 型、Af 型、Bc 型、Ec 型、Ed 型、坛 A 型、碗（杯盅）类 A 型、B 型、瓮 A 型与盂 B 型。可分别梳理这十一种器物在不同等级的纹饰种类与数量比例。本书仅简列典型四例如下。

硬陶罐（瓿）类 Ec 型，主要见于粤中、粤北与粤西。第一阶段，粤西尚未发现，粤中与粤北的纹饰种类各有异同，如素面类仅见于粤北，云雷纹类仅见于粤中，其他纹饰在共见于两地的同时，内部纹样又略有差别，如“夔纹”仅见于粤北，“夔纹+方格纹”等仅见于粤中。相比之下，两地在数量比例方面的表现略有差异却又相去未远，皆以夔纹类与菱格凸块纹类最为流行，不同小区的消费选择当以共性与异性相交织，暂时难以言明何者更具优势。第二阶段，由于粤西发现较少，三地共见纹饰暂时仅有夔纹类，虽然粤中与粤北的纹饰种类相对接近，但是就内部纹样而言，三地差异显著。以共见的夔纹类为例。仅“锥刺纹+夔纹+方格纹”1 种共存于三地，“夔纹+方格纹”与“方格纹+数周弦纹+夔纹+方格”仅见于粤中，“锥刺纹+夔纹+菱格凸块纹+方格纹”仅见于粤西。这种差异同样体现在数量比例方面。粤中以夔纹类最为流行，比例超过 40%，菱格凸块纹类与重圈纹类次之，比例在 22.2%，粤北则以锥刺纹类最为流行，比例虽仅 30%，但与此类纹饰在粤中不足 5%的占比相比，差异甚为悬殊，而且其余 5 类纹饰的比例皆在 10%～20%，总体分布较为均衡，与粤中所呈现出的某种统一性相比，同样差异明显，不同小区的消费选择明确以异性为主（表 5.35）。

表 5.35　岭南各小区硬陶罐（瓿）类 Ec 型的纹饰—器型组合

		方格纹类		夔纹类		菱格凸块纹类		云雷纹类		素面类	漩涡纹类
		种数	比例	种数	比例	种数	比例	种数	比例		
第一阶段	粤中	2	8.70%	4	47.83%	5	39.13%	2	13.04%		
	粤北	1	14.29%	3	35.71%	4	35.71%			14.29%	
第二阶段	粤中			4	40.74%	4	22.22%	1	3.70%		3.70%
	粤北			2	20.00%	2	20.00%				
	粤西			2	60.00%			1	40.00%		

		重圈纹类		曲折纹类		锥刺纹类		圆圈纹类	纹饰种数	数量总计
		种数	比例	种数	比例	种数	比例			
第一阶段	粤中								13	23
	粤北								9	14
第二阶段	粤中	3	22.22%	1	3.70%	1	3.70%		15	27
	粤北	1	10.00%	1	10.00%	2	30.00%	10.00%	9	10
	粤西								3	5

硬陶罐（瓿）类 Ed 型，第二阶段见于粤中、粤北。不同小区的纹饰种类大体相当，除方格纹类仅见于粤北外，其余纹饰皆共见于两地，只是内部纹样差别明显。如锥刺纹类，两地各见 2 种，但纹样完全不同。又如夔纹类，两地分别见有 5 种与 3 种纹样，但相同者仅“夔纹+方格纹”1 种，显然以异性为主。数量比例方面，粤中以夔纹类占绝对优势，粤北

则以夔纹类与锥刺纹类平分秋色，后者在粤中相对少见，以菱格凸块纹类位居次席，但在粤北，菱格凸块纹类的比例又与重圈纹类、方格纹类相当，仅 11%左右，不及粤中之半数。不同小区的消费选择表现出明显的异性（表 5.36）。

表 5.36　岭南各小区硬陶罐（瓿）类 Ed 型的纹饰—器型组合

	锥刺纹类		夔纹类		菱格凸块纹类		重圈纹类		方格纹类	纹饰种数	数量总计
	种数	比例	种数	比例	种数	比例	种数	比例			
粤中	2	16.67%	5	50.00%	2	25.00%	1	8.33%		10	12
粤北	2	33.33%	3	33.33%	1	11.11%	1	11.11%	11.11%	8	9

硬陶罐（瓿）类 Bc 型，第三阶段于各小区均有发现。因粤中发现甚少，仅有 4 件，故相关讨论可以其余三地为主。除共见水波纹类外，不同小区的纹饰分布皆不尽相同，素面类与弦纹类仅见于粤北与桂东北，方格纹类则仅见于粤北与粤西，具体纹样也有明显差别。如水波纹类，粤北与粤西相同者仅“弦纹+水波纹（3 周）”，粤西与桂东北相同者仅“水波纹+弦纹（上下）”，显然应以异性为主。数量比例方面更是如此。粤西以水波纹类占绝对优势，占比近 70%，而在桂东北，此类纹饰与锥刺纹类共同流行，占比仅 33.3%，为粤西之半，至于粤北所见甚至不及 10%。不同小区各有其纹饰偏好，消费选择罕见共性（表 5.37）。

表 5.37　岭南各小区硬陶罐（瓿）类 Bc 型的纹饰—器型组合

	弦纹类		水波纹类		锥刺纹类		方格纹类	素面类	纹饰种数	数量总计
	种数	比例	种数	比例	种数	比例				
粤中	1	75.00%						25.00%	2	4
粤北	1	27.27%	1	9.09%	2	27.27%	18.18%	18.18%	6	11
粤西			3	66.67%	1	16.67%	16.67%		5	6
桂东北	2	22.22%	2	33.33%	1	33.33%		11.11%	6	9

硬陶坛 A 型，第三阶段于各小区均有发现。粤中所见甚少，暂不讨论。不同小区普遍流行“方格纹”与“方格交叉纹”，只是流行程度有所不同。“方格纹”流行于粤北，占比近 55%，但粤西、桂东北仅见 1 例“方格纹”，而以“方格交叉纹”更具优势。如果不考虑样本量较小的桂东北的影响，这种纹样在粤西的占比可高达 90%，几乎是粤北的三倍，差距悬殊，呈现出“粤北—方格纹”与“粤西、桂东北—方格交叉纹”的选择偏好。显然，不同小区对纹饰—器型组合的消费选择以异性为主。各小区的纹饰共性只是时代的产物，而非选

择的结果（表 5.38）。

表 5.38　岭南各小区硬陶坛 A 型的纹饰—器型组合

	方格纹	方格交叉纹	素面	纹饰种数	数量总计
粤北	54.55%	36.36%	9.09%	3	11
粤西	10.00%	90.00%		2	10
桂东北	25.00%	75.00%		2	4

其余七种器物的情况也大体如此，详情可参看附录 D（表五）。

虽然缺乏贯穿第一阶段到第三阶段的器物，难以对各小区之间的消费选择进行完整的历时考察，但梳理上述十一种器物在不同阶段、不同小区的消费选择，仍可大致概括其演变趋势。易知第一至第三阶段，不同小区的消费选择长期表现为共性与异性并存，二者的主次虽然可能略有起伏，但总体上应是以异性为主，第三阶段时，甚至呈现出一定的异性增强的趋势，很可能与地区内部的社会分化加剧有关。长期以来的"分化"传统与不断加剧的"分化"事实，使得岭南地区的政治统一长期缺席，在"岭南—粤东闽南"文化圈发育发展的同时，却也导致了地区内部文化差异与消费选择异性的长期存在。

（三）不同等级的纹饰—器型组合与消费选择

由于具体器物的等级分布差异，为满足相关研究的样本量需求，本书仅选择同一阶段各等级发现数量稍多的十三种器物进行消费选择考察，即硬陶豆 A 型、D 型、罐（瓿）类 Ab 型、Bc 型、Da 型、Ea 型、Eb 型、碗（杯盅）类 A 型、B 型、瓮 A 型、B 型与原始瓷豆 Ac 型、Db 型。由于罕见出土 4 件以上同类器物的墓葬，故暂不讨论不同等级墓葬个体的消费选择。如此可分别梳理这十三种器物在不同等级的纹饰种类与数量比例。本书仅简列典型六例如下。

硬陶罐（瓿）类 Ea 型。第一阶段，见于第六至第四等级，第五等级发现甚少，可与第六等级合并处理。这一阶段，不同等级纹饰种类大体接近，数量比例也大多相当，皆以方格纹类最为流行，不同等级的消费选择以共性为主。

第二阶段，多见于第六至第三等级，从"纹饰种数/器物总数"来看，不同等级的纹饰选择皆颇为多样，并无明显等级差异或等级规律。锥刺纹普遍流行于不同等级，其他共见纹饰的数量比例也大体接近。尽管较高等级的纹饰选择可能相对简化而统一，如水波纹类，第六等级见 7 种，第五等级 8 种，第四等级 5 种，第三等级 4 种，但是从其他纹饰的情况来看，这种所谓的等级差异，其实非常微薄。不同等级的消费选择仍以共性而非异性为主要特征（表 5.39）。

表 5.39　第一、第二阶段岭南各等级硬陶罐(瓿)类 Ea 型的纹饰—器型组合

		素面类		方格纹类		夔纹类		锥刺纹类	
		种数	比例	种数	比例	种数	比例	种数	比例
第一阶段	第六、第五等级	2	20.00%	3	50.00%			1	20.00%
	第四等级			2	66.67%				
第二阶段	第六等级	2	9.09%	2	22.73%			7	68.18%
	第五等级			3	22.22%			8	55.56%
	第四等级	1	3.33%	1	10.00%	1	6.67%	5	70.00%
	第三等级							4	100.00%

		菱格凸块纹类		云雷纹类		席纹类		纹饰种数	数量总计
		种数	比例	种数	比例	种数	比例		
第一阶段	第六、第五等级			1	100.00%			7	10
	第四等级			1	100.00%	1	100.00%	4	6
第二阶段	第六等级							11	22
	第五等级	4	22.22%					15	18
	第四等级	3	10.00%					11	30
	第三等级							4	9

硬陶罐(瓿)类 Eb 型。第二阶段,见于第六、第四及第三等级,由于第四、第三等级发现甚少,可将二者合并处理。除曲折纹类外,不同等级的纹饰与纹样大多相同,数量比例也甚为接近,表现出高度共性的消费选择。虽然这种共性可能在一定程度上与各等级的样本量较小有关,但总体而言,仍可认为不同等级的消费选择以共性为主(表 5.40)。

表 5.40　第二阶段岭南各等级硬陶罐(瓿)类 Eb 型的纹饰—器型组合

	锥刺纹类		方格纹类		菱格凸块纹类		曲折纹类	纹饰种数	数量总计
	种数	比例	种数	比例	种数	比例			
第六等级	2	28.57%	1	28.57%	2	28.57%	14.29%	6	7
第四、第三等级	2	50.00%	1	16.67%	2	33.33%		5	6

原始瓷豆 Db 型。第二阶段，见于第六至第三等级，只是数量均较少，可将第六与第五等级、第四与第三等级分别合并处理。二者纹饰种类几乎完全相同，内部纹样也大体相当，外粗弦纹类普遍流行于各个等级，占比皆在 60%以上，其他纹饰的比例也高度接近，同样表现出强烈的消费选择共性（表 5.41）。

表 5.41　第二阶段岭南各等级原始瓷豆 Db 型的纹饰—器型组合

	外弦纹类		外锥刺纹类		外粗弦纹类		纹饰种数	数量总计
	种数	比例	种数	比例	种数	比例		
第六、第五等级	2	28.57%	1	14.29%	2	57.14%	5	7
第四、第三等级	2	26.67%	2	13.33%	4	60.00%	8	15

硬陶罐（瓿）类 Bc 型。第三阶段，见于第五至第二等级，可将第五与第四等级、第三与第二等级分别合并处理。二者之间的纹饰种类略有差异，方格纹类与素面类未见于第三、第二等级。具体纹样也显露出明确的异性。如锥刺纹类，不同等级的纹样竟无一相同。这样异性还见于数量比例，第五、第四等级以锥刺纹类最为常见，但是占比不超过 40%，第三、第二等级中明显以水波纹类占绝对优势，占比近 70%。虽然样本量总体较小，但不同等级之间的消费选择显然应以异性为主（表 5.42）。

表 5.42　第三阶段岭南各等级硬陶罐（瓿）类 Bc 型的纹饰—器型组合

	弦纹类		方格纹类	素面类	水波纹类		锥刺纹类		纹饰种数	数量总计
	种数	比例			种数	比例	种数	比例		
第五、第四等级	1	18.18%	9.09%	18.18%	2	18.18%	2	36.36%	7	11
第三、第二等级	1	16.67%			3	66.67%	1	16.67%	5	6

硬陶碗（杯盅）类 B 型。第三阶段，见于第六至第二等级，可以根据发现数量，将第六与第五等级、第四与第三等级合并处理。不同等级的纹饰种类多见共性，除锥刺纹类外，其余纹饰皆共见于三者，而且具体纹样完全一致，数量比例也甚为接近。不同等级之间的消费选择未见明显差异，以共性为主（表 5.43）。

表 5.43　第三阶段岭南各等级硬陶碗（杯盅）类 B 型的纹饰—器型组合

	素面	弦纹	锥刺纹	纹饰种类	数量总计
第四、第三等级	81.82%	9.09%	9.09%	3	11
第二等级	92.31%	7.69%		2	13

硬陶瓮 A 型。第三阶段，普遍见于第六至第一等级，尽管数量甚少，各等级皆在 1~2 件，但因其为涵盖完整等级的唯一器物，故仍需对此做简要分析。这一阶段，器物纹饰仅存"方格交叉纹"与"素面"2 种，前者见于第五、第二与第一等级，后者见于第六、第四、第三与第二等级，没有明显的等级差异或者等级规律，不同等级表露为共性的消费选择（表 5.44）。

表 5.44　第三阶段岭南各等级硬陶瓮 A 型的纹饰—器型组合

	器　物	方格交叉纹	素　面
第六等级	高屋岭 M122：1		√
第五等级	花果山 M5：4	√	
第四等级	罗冈 M4：1		√
第三等级	罗冈 M3：5		√
第二等级	园岗山 M1：1	√	
	高屋岭 M123：17		√
第一等级	浮扶岭 M511：6	√	
	浮扶岭 M511：7	√	

其余七种器物的情况也大体如此，详情可参看附录 D（表六）。

综上可知，不同等级对纹饰—器型组合的消费选择大致可以第三阶段为界，由以共性为主，转向共性与异性相交织。第一、第二阶段，不同等级之间并未表现出明显的消费选择差异，总体散乱无序，正可与岭南贫富分化相对简单、社会秩序构建以"经济观"占据主导地位的情况相印证。尽管其对经济力量的追求与彰显并非完全体现在陶瓷器方面，对随葬数量的追求也不甚显著，但对纹饰—器型组合的随意选择仍然可以表明，这两个阶段在社会秩序构建中对随葬品"质量"内涵的明显忽视。第三阶段情况稍有改观。部分器物的纹饰—器型组合大致随等级提升渐趋简化与统一，呈现出某种等级序列。但是一方面，第三阶段材料较少，不能排除相关结论的偶然性；另一方面，这一趋势并非适用于全部器类，如硬陶碗（杯盅）类 B 型、瓮 A 型所见，不同等级的消费选择仍以共性为主。即便认为已经出现对随葬品"质量"的某种关注，其范围也较局限，其程度亦不强烈，并未如太湖杭州湾一般，参与全部等级的制度构建。如果说以随葬品数量与"质量"相结合、共同构建社会秩序与制度的现象与社会发展的政治化转型有关，那么岭南社会转型的政治化程度无疑逊色于太湖杭州湾。

二、变异系数视野下的经济与社会图景[①]

由于圜底器的长期流行，岭南陶瓷器的 CV 系数统计需要新增变量"最大腹径"，考虑

① 参见吴桐：《两周时期岭南陶瓷器生产与消费的统计研究——兼论百越社会转型的差序格局》，《考古学研究》第十七卷第 2 期，科学出版社，2025 年，第 122~143 页。

到在圜底器中，此变量可与“底径”互替，故将之合并为“底径（最大腹径）”。又由于岭南各阶段可供分析的材料数量相对较少，为满足研究需要，最低样本量暂且下调为4件。校正公式不变。

（一）不同阶段的变异系数与生产规范化、专业化

岭南两周时期窑址发现虽然较多，但材料发表皆不理想①，因此对陶瓷生产的研究需以地区产品总体为主。如此，可分别统计不同阶段主要器类的CV系数。第一阶段共计8型14种86件，4件者7种；第二阶段15型36种459件，4件者4种；第三阶段9型23种181件，4件者4种。统计详情可参看附录E（表四）。

从小于5%的数据来看，第一阶段56个数据中有3例，第二阶段144个数据中有4例，第三阶段92个数据中有3例，占同一阶段数据总数的比例大体接近，其余数据则集中在10%～20%的范围内。可知，岭南地区长期未见规范化的陶瓷生产模式，地区生产规范化程度始终处于较低水平。

对不同阶段CV系数的t检验结果同样表明，P几乎皆大于0.05，不同阶段的生产规范化程度未见历时性变动，生产发展总体迟滞。从CV系数的数据范围来看，不同阶段的数据确实处于大体一致的水平，陶瓷生产规范化程度既无明显区别，也无明显发展，第三阶段甚至可能略有下滑（表5.45，图5.10）。

表5.45　岭南不同阶段CV系数的t-检验

比较对象	参数	口径	底径（最大腹径）	器高	口径/器高
第一阶段—第二阶段	t Stat	-1.297	-0.129	-0.365	-0.230
	P双尾	0.100	0.449	0.358	0.410
	t双尾临界	1.677	1.677	1.677	1.677
第二阶段—第三阶段	t Stat	-0.029	-1.037	-1.240	-3.153
	P双尾	0.489	0.152	0.110	**0.001**
	t双尾临界	1.672	1.672	1.672	1.672
第一阶段—第三阶段	t Stat	-1.369	-0.884	-1.183	-2.615
	P双尾	0.090	0.191	0.122	**0.007**
	t双尾临界	1.690	1.690	1.690	1.690

① 赵善德：《先秦东江三角洲先民择地谋生述论》，《兰州学刊》2013年第7期。

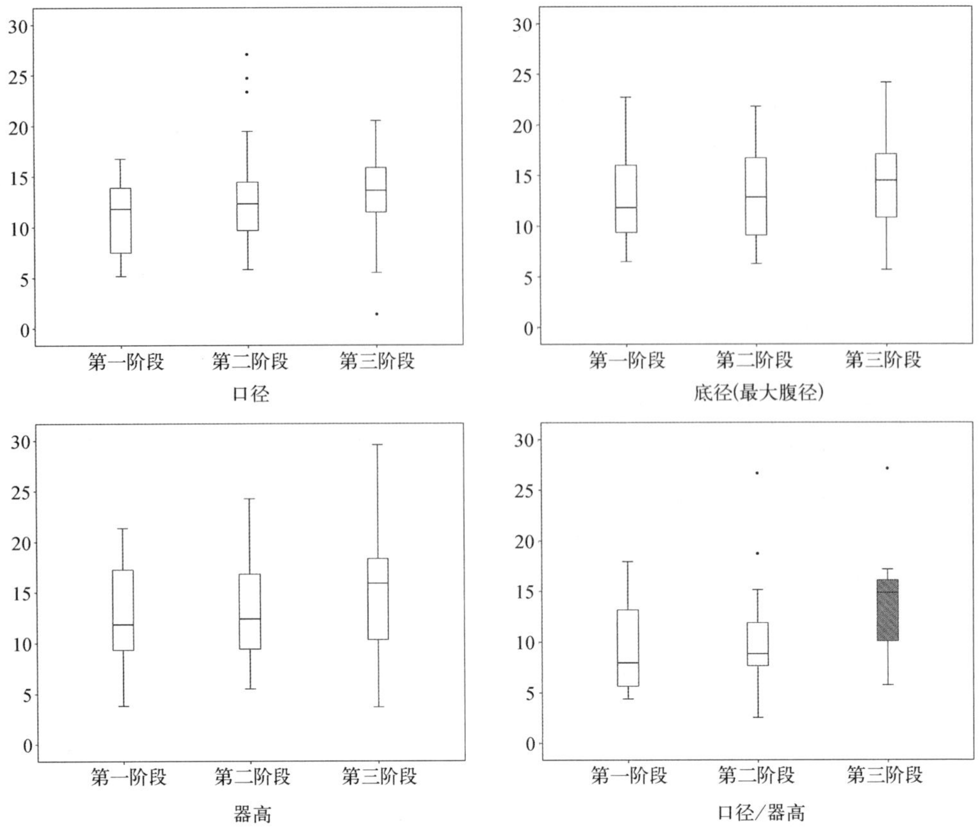

一、不同阶段：第一、第二与第三阶段

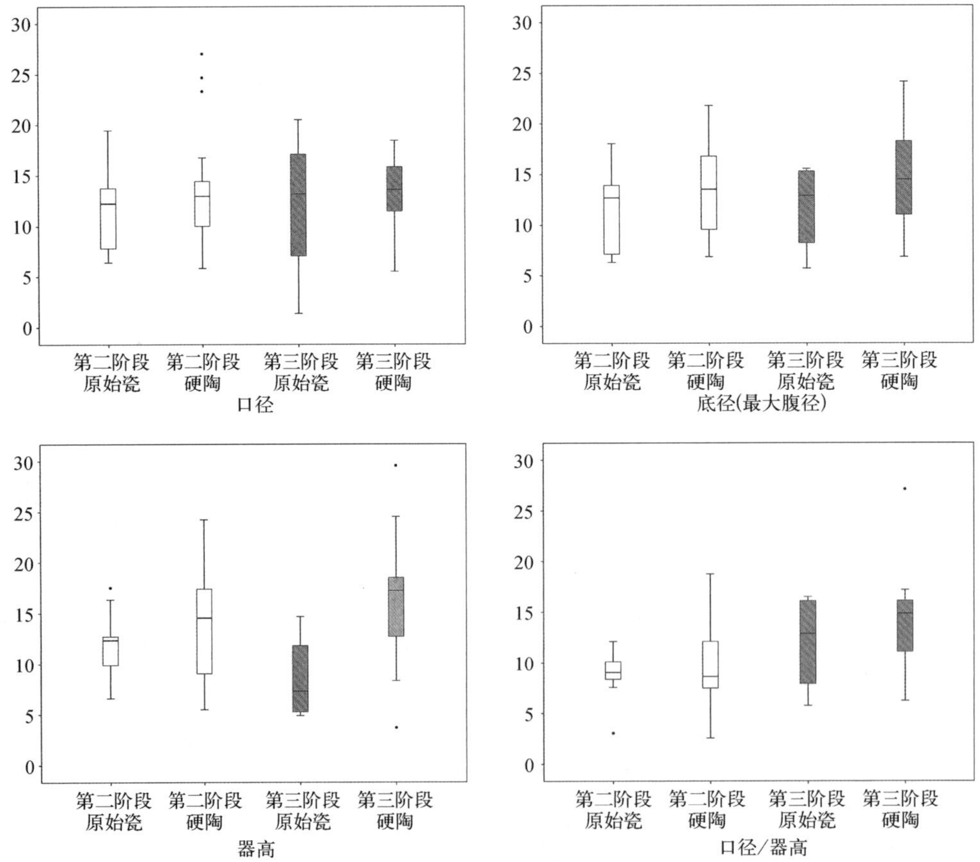

二、不同材质：原始瓷与硬陶（第二、第三阶段）

图 5.10　岭南不同阶段与不同材质产品的 CV 系数

在此基础上，可从材质和性质的角度对陶瓷生产的专业化水平进行考察。

首先是材质。由于豆、碗（杯盅）类器包含较多数量的不同材质器物，因此相关讨论需要涉及原始瓷与硬陶，原始瓷豆、碗（杯盅）类器与硬陶同类器两个层面。对其CV系数分别进行t检验发现，24个数据中仅3例小于0.05，而且散见于不同阶段、不同对象与不同变量，不同层面、不同材质的生产规范化程度，长期未见明显差异。无论是原始瓷还是硬陶，都是日常生活用品，不同材质本身并未赋予其有别的社会性质与特殊的生产方式，并未出现专业化生产的趋向（表5.46，图5.10）。

表5.46　岭南不同材质产品CV系数的t-检验

比较对象		口　径	底径（最大腹径）	器　高	口径/器高
第一阶段	原始瓷—硬陶	**0.028**	0.244	0.078	0.176
	原始瓷豆—硬陶豆	0.100	0.429	0.402	0.091
第二阶段	原始瓷—硬陶	0.270	0.151	0.225	0.272
	原始瓷豆—硬陶豆	0.498	0.260	0.373	0.432
第三阶段	原始瓷—硬陶	0.319	0.115	**0.012**	0.239
	原始瓷碗（杯盅）类—硬陶碗（杯盅）类	0.265	0.124	**0.022**	0.084

其次是性质。前述对岭南随葬品器用的梳理表明，豆、碗（杯盅）类器可能具有一定的“夸富物”性质，硬陶罐（瓿）类Eb、Ec型的随葬也显露出一定的等级差异与等级规律。故可对豆、碗（杯盅）类器与其他器类、硬陶罐（瓿）类Eb、Ec型与其他器类的CV系数作分别比较，以判断是否存在不同性质产品的区别生产。为避免可能的干扰，“其他器类”应排除此四类器物。

对不同阶段豆、碗（杯盅）类器与其他器类的CV系数分别进行t检验，发现第一、第二阶段的数据中，各有2例小于0.05，涉及三个变量，第三阶段数据皆大于0.05。以第三阶段为界，豆、碗（杯盅）类器与其他器类的CV系数水平，可能存在从有差到无差的发展趋势。由此推测，第一、第二阶段豆的生产规范化程度或略高于其他器类。在排除不同材质的影响之后，这种区别生产的出现确实有可能是不同性质产品的社会作用差异所导致的结果，从而表现出某种可能的、对“夸富物”的生产专业化倾向。只是，相关变量其实仅占半数，不同性质产品的CV系数差异也不是非常显著，生产专业化即便存在，也应处于较低水平。从硬陶罐（瓿）类Eb、Ec型的情况来看，t检验的8个数据中仅1例小于0.05，与其他器类未见区别生产。所以综合来看，这种可能的生产专业化倾向即便存在，也甚为局限，专业化水平甚低（表5.47，图5.11）。

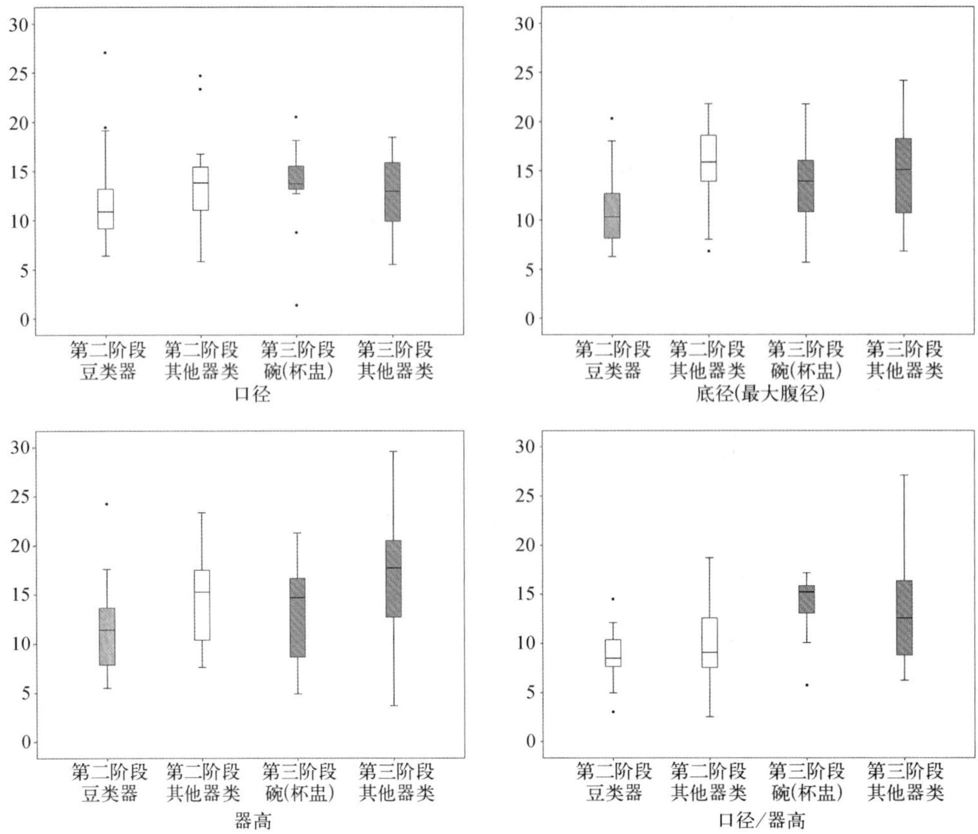

一、豆、碗(杯盅类)与其他器类

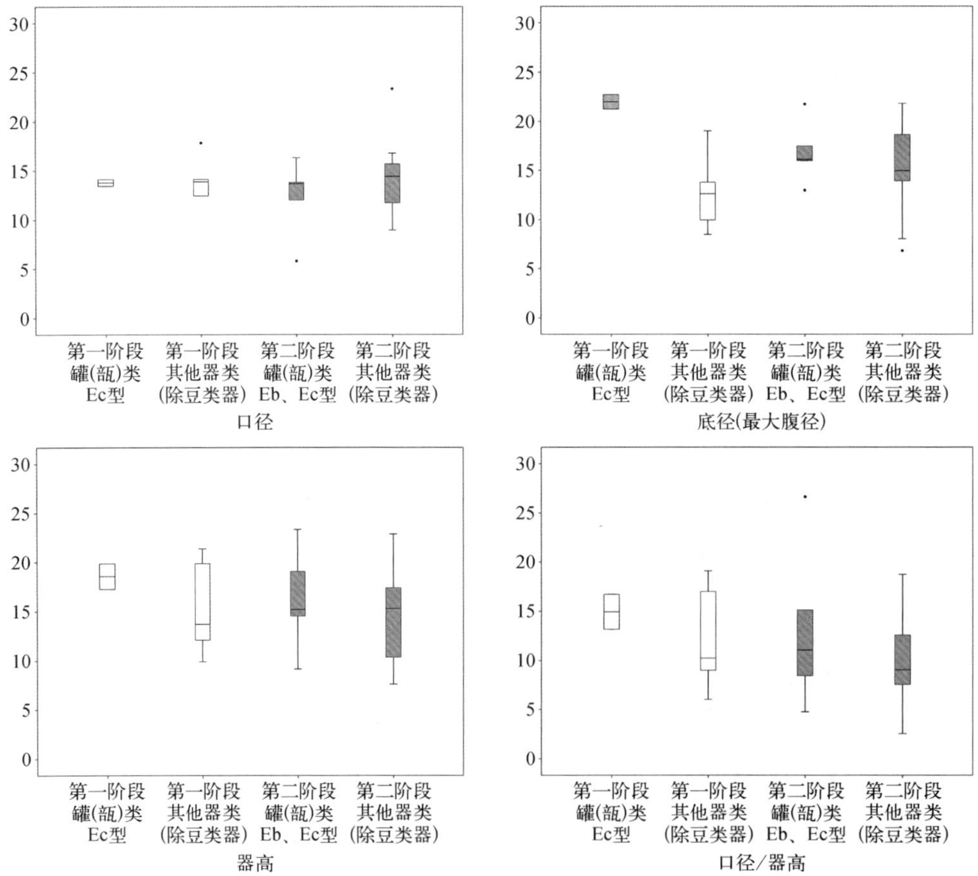

二、硬陶罐(瓿)类Ec、Eb型与其他器类

图 5.11　岭南不同性质产品的 CV 系数

考虑到豆的数量异常丰富，接近其他器类的两倍，而且集中生产于梅花墩与银岗等个别窑址，因此第一、第二阶段所见与其他器类的生产规范化程度差异，或许只是大规模集中生产所导致的熟能生巧。若此推测成立，则这种所谓的生产专业化倾向的出现，很可能只是巧合，而非有意为之、生产进步的结果。特别是政治力量开始增强的第三阶段，反而未见类似的专业化生产，亦可为此佐证。

表 5.47　岭南不同性质产品 CV 系数的 t -检验

比较对象		口　径	底径（最大腹径）	器　高	口径/器高
第一阶段	豆类器—其他器类	0.055	0.062	**0.005**	**0.002**
	硬陶罐（瓿）类 Ec 型—其他器类	0.387	**0.015**	0.221	0.279
第二阶段	豆类器—其他器类	0.117	**0.001**	**0.021**	0.086
	硬陶罐（瓿）类 Eb、Ec 型—其他器类	0.170	0.237	0.247	0.149
第三阶段	碗（杯盅）类器—其他器类	0.350	0.334	0.058	0.369

长期以来，以 CV 系数为代表的岭南陶瓷生产的规范化程度较低，发展迟缓迟滞，生产专业化不显。如果说影响生产规范化程度与发展速度的因素相对复杂的话，那么生产专业化倾向的出现与否，则主要受到政治因素的影响，然而第三阶段所见显然与同时期政治力量的增强相矛盾。考虑到此时岭南政治力量的物质载体主要为输入性的青铜器，使用人群也大多受到外来因素的输入性影响，则这种"政治观"兴起，应更多地具有被动输入的特性，因此其作用的范围也相对有限，并未对青铜器以外的其他器物，特别是地区传统的陶瓷生产提出新的要求，并未改变地区经济发展的原有态势。后者仍以"经济观"发挥着最为重要的作用，陶瓷生产也基本延续着前两个阶段以来的基本态势，经济生活长期游离于政治之外，未有明显突破。

（二）不同小区的变异系数与消费选择

第一、第二阶段材料所见，除粤中外，其他小区皆发现甚少，无法也无须进行消费选择的讨论，因此本文对岭南不同小区消费选择的研究，暂时只能以第三阶段为主。待日后材料丰富，可再做历时性观察（表 5.48）。

一元方差分析结果表明，对各变量而言，P 皆大于 0.05，即不同小区的 CV 系数并无明显差异，处于大体一致的水平，这表明对以 CV 系数为代表的产品"质量"而言，不同小区的消费选择并无明显不同，甚至从生产规范化程度的发展趋势来看，这种对"质量"的选择很可能并不存在（表 5.49）。

表5.48　岭南第三阶段不同小区主要器类的CV系数

<table>
<tr><th colspan="2"></th><th>式别、体型</th><th>样本量</th><th>口径</th><th>底径
（最大腹径）</th><th>器高</th><th>口径/器高</th></tr>
<tr><td rowspan="6">粤中</td><td rowspan="2">原始瓷碗（杯盅）类Aa型</td><td>Ⅸ式—小型</td><td>5</td><td>1.38</td><td>5.70</td><td>5.63</td><td>5.75</td></tr>
<tr><td>Ⅻ式—小型</td><td>4</td><td>20.51</td><td>15.56</td><td>4.89</td><td>15.67</td></tr>
<tr><td>原始瓷碗（杯盅）类Ab型</td><td>Ⅱ式</td><td>7</td><td>6.00</td><td>11.52</td><td>8.53</td><td>7.94</td></tr>
<tr><td>硬陶碗（杯盅）类A型</td><td>Ⅰ式—大型</td><td>6</td><td>17.53</td><td>16.99</td><td>22.95</td><td>14.50</td></tr>
<tr><td>硬陶碗（杯盅）类B型</td><td>Ⅱ式—小型</td><td>4</td><td>15.07</td><td>21.91</td><td>21.07</td><td>9.75</td></tr>
<tr><td>硬陶罐（瓿）类Ab型</td><td>ⅩⅢ式</td><td>6</td><td>13.88</td><td>15.33</td><td>19.97</td><td>12.15</td></tr>
<tr><td rowspan="4">粤北</td><td>硬陶碗（杯盅）类A型</td><td>Ⅱ式</td><td>7</td><td>11.54</td><td>16.88</td><td>17.19</td><td>19.57</td></tr>
<tr><td rowspan="2">硬陶碗（杯盅）类B型</td><td>Ⅰ式—大型</td><td>4</td><td>15.16</td><td>8.65</td><td>13.05</td><td>14.74</td></tr>
<tr><td>Ⅲ式</td><td>7</td><td>13.59</td><td>9.01</td><td>15.82</td><td>6.35</td></tr>
<tr><td>硬陶罐（瓿）类Bc型</td><td>Ⅳ式</td><td>4</td><td>18.51</td><td>10.37</td><td>14.77</td><td>15.40</td></tr>
<tr><td rowspan="6">粤西</td><td rowspan="2">原始瓷碗（杯盅）类Ab型</td><td>Ⅱ式</td><td>7</td><td>18.95</td><td>18.95</td><td>18.77</td><td>5.80</td></tr>
<tr><td>Ⅲ式</td><td>7</td><td>18.47</td><td>16.72</td><td>16.28</td><td>15.08</td></tr>
<tr><td rowspan="2">硬陶碗（杯盅）类A型</td><td>Ⅰ式—小型</td><td>4</td><td>7.99</td><td>29.83</td><td>11.93</td><td>6.53</td></tr>
<tr><td>Ⅱ式</td><td>7</td><td>10.55</td><td>15.11</td><td>19.25</td><td>14.77</td></tr>
<tr><td rowspan="2">硬陶碗（杯盅）类B型</td><td>Ⅰ式—小型</td><td>5</td><td>14.47</td><td>10.17</td><td>9.99</td><td>17.49</td></tr>
<tr><td>Ⅰ式—大型</td><td>11</td><td>10.53</td><td>15.06</td><td>12.65</td><td>7.56</td></tr>
<tr><td rowspan="4">桂东北</td><td rowspan="2">硬陶碗（杯盅）类A型</td><td>Ⅰ式—小型</td><td>6</td><td>13.75</td><td>22.46</td><td>10.63</td><td>9.32</td></tr>
<tr><td>Ⅱ式</td><td>4</td><td>9.93</td><td>12.50</td><td>9.23</td><td>3.79</td></tr>
<tr><td>硬陶罐（瓿）类Bc型</td><td>Ⅳ式</td><td>4</td><td>8.22</td><td>9.35</td><td>8.56</td><td>5.17</td></tr>
<tr><td>硬陶瓮A型</td><td>Ⅺ式</td><td>4</td><td>6.43</td><td>27.41</td><td>11.6</td><td>8.02</td></tr>
</table>

表5.49　岭南不同小区CV系数的一元方差分析

	差异源	SS	df	MS	F	**P-value**	F crit
口径	组间	59.091	3	19.697	0.746	**0.540**	3.239
底径（最大腹径）	组间	130.081	3	43.360	1.106	**0.375**	3.239

续表

	差异源	SS	df	MS	F	**P-value**	F crit
器高	组间	71.158	3	23.719	0.868	**0.478**	3.239
口径/器高	组间	113.864	3	37.955	1.917	**0.168**	3.239

第三阶段时，纹饰—器型组合的小区异性与CV系数的小区共性相交织，二者的具体表现虽然不一，但是却可以共同指向岭南社会的分化事实。不同小区各有其文化偏好，输入性的青铜器与“政治观”的作用范围相对有限，未对陶瓷生产与消费提出新的要求，陶瓷业的发展仍然更多地受到经济规律的影响。

（三）不同等级的变异系数与消费选择

在排除不同小区的影响之后，可以对不同等级的消费选择进行考察。除第二阶段的第六至第四等级皆多有发现外，第一阶段可供统计分析者仅第四、第三等级，第三阶段仅第四、第二等级。统计结果详见附录E（表五）。

首先，对不同阶段、同一等级的CV系数分别进行t检验。考虑到第一、第三阶段数据较少，出于历时考察的必要，仅对数据较多的第四等级进行分析。发现对于相邻阶段，4个数据中各有2例小于0.05，表明二者之间应有一定差异；但对于相隔阶段，即第一、第三阶段，4个数据皆大于0.05，反而呈现出一种无差性（表5.50）。

表5.50 岭南不同阶段第四等级CV系数的t-检验

比 较 对 象	第一阶段—第二阶段	第二阶段—第三阶段	第一阶段—第三阶段
口径	**0.032**	0.418	0.119
底径（最大腹径）	**0.008**	**0.034**	0.298
器高	0.064	0.052	0.467
口径/器高	0.181	**0.000**	0.158

从箱型图来看，第一、第三阶段的CV系数水平接近，而且部分略高于第二阶段，第四等级随葬品的生产规范化程度应随着时代发展先升后降。如果说岭南可能存在对随葬品“质量”追求的话，那么这种追求仅见于第二阶段。但考虑到第一、第三阶段第四等级样本量较少，这一趋势事实上具有某种偶然性。且从第二阶段不同等级消费选择的情况来看，这一趋势并不成立（详后）。不同阶段、同一等级的消费选择应长期以共性为主，未有突破（图5.12）。

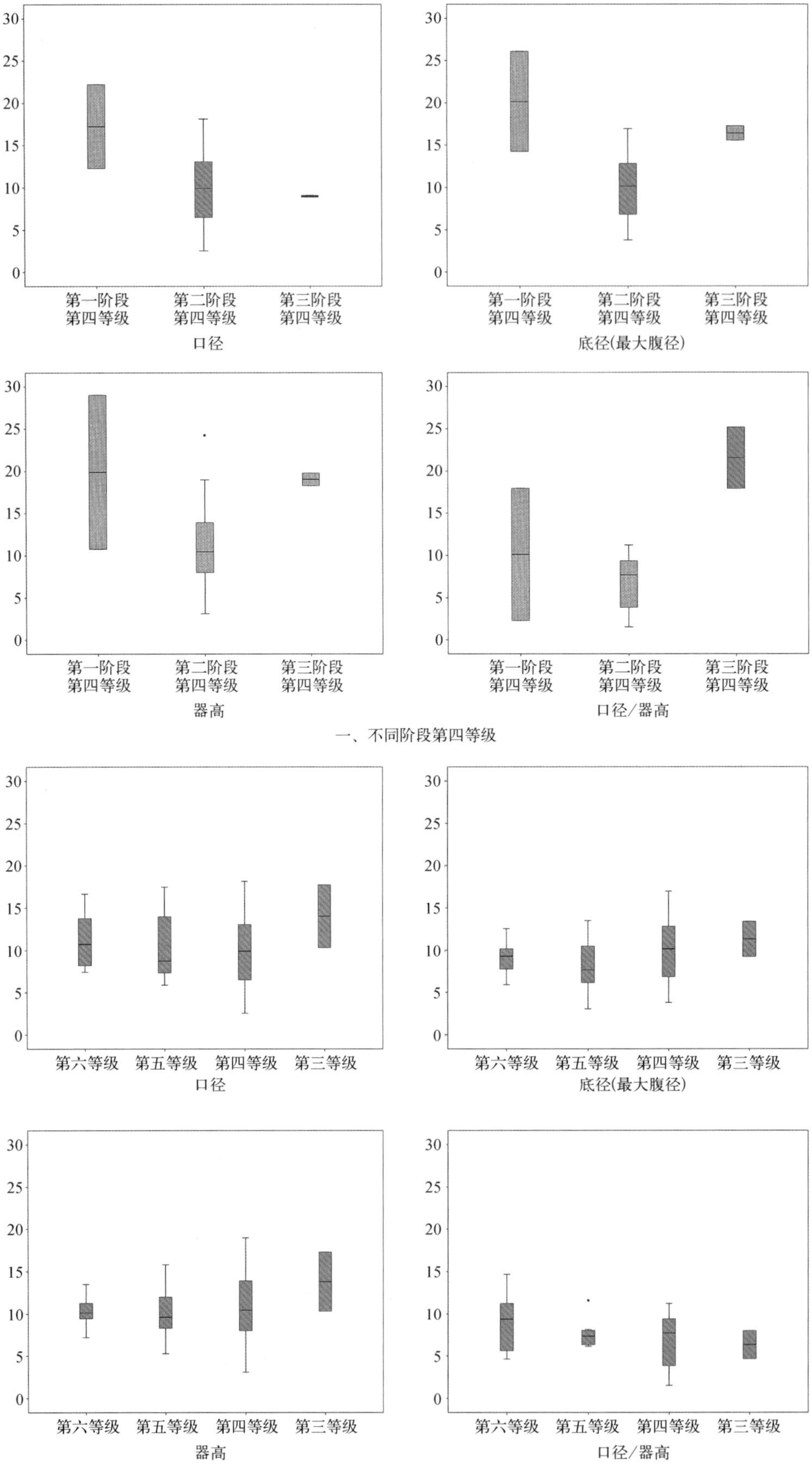

图 5.12　岭南不同阶段第四等级与第二阶段不同等级的 CV 系数

由于第一、第三阶段样本量较少，因此对同一阶段、不同等级消费选择的考察可以第二阶段为代表。对第二阶段第六至第三等级的 CV 系数进行一元方差分析，数据皆大于 0.05，CV 系数始终处于大体一致的水平，即便略有起伏，也主要表现为最高等级的数据范围略高，这显然指明不同等级之间并无消费选择差异，并不存在对随葬品“质量”的差异选择。至于第一、第三阶段，虽因样本量过少难以进行类似考察，但从数据本身来看，应该同样忽视随葬品“质量”，更勿论以此构建某种等级序列（表 5.51，图 5.12）。

表 5.51 第二阶段岭南不同等级 CV 系数的一元方差分析

	差异源	SS	df	MS	F	**P-value**	F crit
口径	组间	36.136	3	12.045	0.636	**0.599**	2.991
底径（最大腹径）	组间	26.753	3	8.918	0.707	**0.557**	2.991
器高	组间	28.317	3	9.439	0.485	**0.696**	2.991
口径/器高	组间	24.324	3	8.108	0.890	**0.460**	2.991

尽管由于材料限制，难以对不同等级的消费选择做进一步讨论，也难以梳理墓葬个体的选择情况，但综合前述分析可知，岭南长期缺乏对随葬品“质量”的消费追求与差异选择。这也可以与地区社会发展的总体态势相印证。第一、第二阶段时，社会秩序构建以经济力量为导向，政治性不显；第三阶段时，政治力量虽然有明显增强，但以外来青铜器为主要载体，陶瓷器的身份标志作用消减。陶瓷器的等级消费选择始终缺乏合适的土壤。

三、落后与迟滞：“经济观”长期影响下的经济生活

对纹饰—器型组合与变异系数所见陶瓷生产与消费情况的考察表明，岭南陶瓷业的生产规范化程度长期较低，生产专业化不显，不同等级的消费选择差异始终缺席，经济发展长期迟滞。

这种落后与迟滞态势的形成，主要在于岭南地区社会生活长期稳定，并未对陶瓷生产与消费提出新的要求，或提供新的动力。

从外因来看，岭南虽然长期保持与湖南、江西、江南等地的文化联系，但在第一、第二阶段，这种联系以较为平和的文化交流为主，并未对地区社会发展形成强烈刺激。外来的强烈刺激直到第三阶段方才出现，集中表现为江南越人与湖南越人的南下。前者影响着“米字纹陶”类型对“夔纹陶”类型的取代①，后者则为岭南直接注入了复杂的青铜器②。但是这些刺激并未改变地区社会发展的基本态势，并未导致地区内部文化、社会与政治的

① 吴桐：《从平底夔纹陶器看岭南“米字纹陶”遗存》，《考古》2024 年第 1 期。
② 吴桐：《岭南地区两周时期铜鼎研究二题》，《东南文化》2023 年第 5 期。

高度统一，反而延续甚至扩大了第二阶段以来的分化倾向。青铜容器的涌现使得陶瓷器的身份标志作用被极大压缩，政治力量在迅速兴起的同时，适用人群却主要限于外来越人，后者与岭南土著和谐共存，未见明显的人口倾轧、军事冲突又或政治统一。迅速增强的政治影响因此更多地停留在被动输入，而非主动吸收与改造。政治对陶瓷经济的影响因此局限，并未提出与太湖杭州湾相似的区别生产与差异消费的需要。即便有个别墓葬或部分等级可能表现出对随葬品“质量”的某种追求，具体影响也甚为局限，并不足以形成强烈的政治需求与新的社会风尚。陶瓷经济因此基本延续第一、第二阶段的发展态势。

在内因方面，岭南地处我国大陆最南端，地质结构与气候环境稳定，山地、平原、河流相间，资源充沛。在这种稳定丰裕的资源供给环境中，人们生活压力较小，基本需求都能够得到满足，因此也缺乏进行变革的需要与动力，从而长期保持着较为一致的日常生活方式与社会生活理念。经济生产长期独立于政治之外，也因此长期困顿于落后与迟滞之中。

第三节　经济生活的共性内核与差序格局

太湖杭州湾、岭南的经济生活存在明显的共性与差异，其具体内涵同样可以概括为“共性内核”与“差序格局”，并呈现出阶段性的先后关系。

共性内核，是指第一、第二阶段，两地以陶瓷经济为代表的经济生活的发展水平大体相当，发展速度基本接近，影响机制大致相同。这一时期，两地的陶瓷生产标准化、规范化程度接近，均处于较低水平，不同小区的消费选择都以异性为主，生产专业化倾向与等级间消费选择差异不显，而且长期未见明显改变，地区经济发展迟缓。无论是从同时期的墓葬材料，还是从第三阶段的突变来看，这种共性的迟缓，显然是东南沿海内部自然、文化与社会环境稳定，区域社会独立自由发展的产物。“经济观”在其中长期发挥着重要作用。在外力影响较小的情况下，地区社会发展始终缺乏改变的动力与方向，因而长期保持相对简单迟缓的发展态势。

差序格局，是指第三阶段以来两地经济发展水平与发展速度的迅速差异化。此时太湖杭州湾的经济发展呈现突变式增长，陶瓷生产的标准化与规范化程度显著提高，生产专业化水平从无到有并明显增强，政治统一影响着小区间的消费选择趋向统一，不同等级的消费选择迅速差异化、序列化、规范化。经济生活开始服从并服务于新兴的政治需求。岭南所见与之则判然有别，仍基本延续着前两个阶段以来相对简单迟缓的发展态势，颇显落后与迟滞。

这种发展水平、发展速度、发展方向的差异，与陶瓷器身份等级标识作用在两地的不同发展趋势直接挂钩。此作用在太湖杭州湾继续增强的同时，在岭南则被外来的、蓬勃发展的青铜器极大压缩。这种差异的本质，在于两地的社会发展已走上完全不同的道路，虽然都发生政治化转型，但其内核全然不同。

太湖杭州湾在吴越争锋的过程中，主动吸纳、学习、融合、改造来自中原王朝的文明成果，是主动且全面的政治化；岭南在外来人群与文明输入的过程中，输入性的政治因素虽然改变着具体的文化与社会图景，但并未改变地区社会发展的基本态势，并未翻覆反而加剧了地区内部的分化倾向，“政治观”的影响范围与深度甚为有限，是被动而局限的政治化。这种主动与被动、全面与局限的政治化的差别，与两地距离中原的远近，及其所导致的受中原直接或间接影响年代的早晚、时间的长短与程度的深浅有关，从而成为东南沿海社会转型差序格局的缩影之一。

第六章　从经济到政治：社会发展模式的不同选择

综合前述梳理，两周时期东南沿海的社会图景及其发展进程已基本明晰，从不同角度共同勾勒出以第三阶段为界，文化与社会发展水平由低到高，发展速度由缓到疾，发展状态由迟缓到突变的总体态势。

这些变动的发生，主要在于影响区域文化与社会发展的底层逻辑从"经济观"转变为"政治观"，社会发展模式随之发生相应调整。正是这种从"经济"到"政治"的社会发展模式的转变，导致了第三阶段以来东南沿海文化与社会发展的突变，政治化转型因此发生。也正是这种社会发展模式转变的不同内容，构成了东南沿海不同地区，特别是太湖杭州湾与岭南之间，在不同阶段的具体发展水平、发展速度与发展状态等方面呈现出共性内核与差序格局并存的社会基础。

不难发现，无论第三阶段以来区域社会政治化转型的具体程度与具体水平如何，其主要表现形式，如太湖杭州湾的仿铜礼乐器、玉礼器、带环壕高等级墓葬，如岭南的青铜礼乐器等，于本地皆无源可寻，而尽数为外界传播所至，且这些载体本身在外来文化的源头中，早已具备鲜明的礼器特征与政治色彩。故究其本质，第三阶段以来东南沿海社会政治化转型的发生，应当是外来文化强烈影响的结果。春秋以降，中国社会变革中最重要的事件便是春秋五霸的出现，在某种程度上也可以理解为是"夷狄的文明化"的过程①，华夷之争逐渐转向为华夷融合②。这一过程发生的地理空间大致由中原向外渐次辐射扩展，最终表现为秦汉大一统。从这一角度来看，公元前546年弭兵之盟后，晋楚争锋转变为吴越"代理人战争"、吴越两国开始登上中原政治舞台，正可视为东南沿海社会政治化转型的直接开端，亦是中华民族形成过程的阶段性产物。东南沿海社会政治化转型的发生，事实上具有时代的必然性。

相比之下，在"政治观"不显的第一、第二阶段，东南沿海社会发展受外来影响较小，与外界交流也以文化往来为主，罕见社会层面的影响，地区社会发展主要遵循自身传统与道路，以"经济观"发挥着最为重要的作用。目前学界对社会研究的讨论相对更关注政治因素，对经济因素的影响有所忽视，相应的理论与研究方法尚不成熟。本书虽初步提出"经济观"的概念，但所涉材料仍然有限，因此有必要结合更多材料、从更多角度继续论证

① 宫崎市定著，张学锋等译：《东洋朴素主义的民族与文明主义的社会》，《宫崎市定亚洲史论考》，上海古籍出版社，2017年，第21～130页。

② 张传玺：《从"协和万邦"到"海内一统"：先秦的政治文明》，第111～182页。

"经济观"的存在、内涵与作用。只是,"经济观"的确证本身,并不意味着可以解释为什么在第一、第二阶段,东南沿海会以"经济观"而非"政治观"在社会发展中发挥着更为重要的作用,这仍然是需要继续深入讨论的问题。因此本章将尝试从更多角度讨论证明第一、第二阶段,即西周至春秋中期,东南沿海社会发展中"经济观"的存在与其重要作用,并且解释为什么这一时期社会发展呈现为"经济"的而非"政治"的模式。

第一节　东南沿海社会发展的"经济观"

"经济观"的相关证据可大致分为内证与外证。内证侧重于对区域内部考古材料与考古现象的分析解读,并涉及区域历史文化传统的长时段考察;外证主要是通过与同一时期政治特征鲜明的其他地区进行比对。就结论的可靠性而言,当以前者为重,本节讨论即以此为主。

一、区域经济分工与区域"经济共同体"

经济生活的内涵多样,在聚落遗址与手工业材料较少的东南沿海,虽然暂时难以对当时当地的经济生活进行较全面的复原,相对细致的考察也只能局限于陶瓷经济,但这并不意味着不能在微观细节的考察之外,从宏观形态的角度探讨区域经济。

太湖杭州湾,或者说包括太湖杭州湾在内的江南地区内部①,长期存在明确的经济分工。西周、春秋时期的江南手工业遗址主要包括矿冶遗址、铸铜遗址与陶瓷窑址三类。其中矿冶遗址主要发现于宁镇皖南,以南陵大工山、铜陵凤凰山一带分布最为密集②;铸铜遗址较少,目前仅见铜陵师姑墩、镇江孙家村两例③;原始瓷、硬陶窑址发现较多,主要集中于东苕溪流域,浦阳江流域也有较多分布④。三者空间差异明显,矿冶与铸铜遗址仅见

① 江南一般指宁镇皖南、太湖杭州湾、浙南闽北三个地区。但从手工业遗址分布来看,以前两者发现较多,浙南闽北目前仅见武夷山竹林坑原始瓷窑址一例。故本节对经济分工的讨论仅涉及宁镇皖南与太湖杭州湾两地。

② 李广宁:《皖南古铜矿冶遗址在东亚文明史上的地位》,《文物研究》第8辑,黄山书社,1993年,第189～193页;刘海峰等:《综论长江中下游铜矿带先秦矿冶考古》,《中国国家博物馆馆刊》2020年第7期;刘平山:《南陵大工山古代矿业遗址群江木冲冶炼场调查》,《文物研究》第3辑,黄山书社,1988年,第191～201页;汪景辉:《安徽古代铜矿考古调查综述》,《文物研究》第8辑,第204～210页;安徽省文物考古研究所等:《安徽南陵县古铜矿采冶遗址遗址调查与试掘》,《考古》2002年第2期;张国茂:《安徽铜陵地区古矿、冶遗址调查报告》,《东南文化》1988年第6期;安徽省文物考古研究所等:《安徽铜陵金牛洞铜矿古采矿遗址清理简报》,《考古》1989年第10期;《安徽铜陵市古代铜矿遗址调查》,《考古》1993年第6期。

③ 安徽省文物考古研究所:《安徽铜陵县师姑墩遗址发掘简报》,《考古》2013年第6期;安徽省文物考古研究所等《铜陵师姑墩——夏商周遗址考古发掘与研究》,文物出版社,2020年;南京博物院等:《江苏镇江市孙家村遗址2015～2016年发掘简报》,《考古》2018年第6期;镇江博物馆等:《镇江孙家村遗址发掘报告》,文物出版社,2022年。

④ 朱建明:《浙江德清原始青瓷窑址调查》,《考古》1989年第9期;浙江省文物考古研究所等:《德清火烧山:原始瓷窑址发掘报告》;浙江省文物考古研究所等:《东苕溪流域夏商时期原始瓷窑址》;王士伦:《浙江萧山进化区古代窑址的发现》,《考古通讯》1957年第2期;浙江省文物考古研究所等:《绍兴陶里壶瓶山遗址发掘简报》,《浙江省文物考古研究所学刊》,长征出版社,1997年,第126～154页;浙江省文物考古研究所等:《浙江萧山前山窑址发掘简报》,《文物》2005年第5期;沈岳明《萧山区安山春秋战国窑址》,《中国考古学年鉴(2006)》,文物出版社,2007年,第208～209页;符杏华:《浙江绍兴两处东周窑址的调查》,《东南文化》1992年第6期;浙江省文物考古研究所等:《浙江萧山安山东周窑址发掘简报》,《文物》2022年第2期。

于宁镇皖南，陶瓷窑址集中于浙北平原，分属吴、越文化的核心区①（图 6.1）。

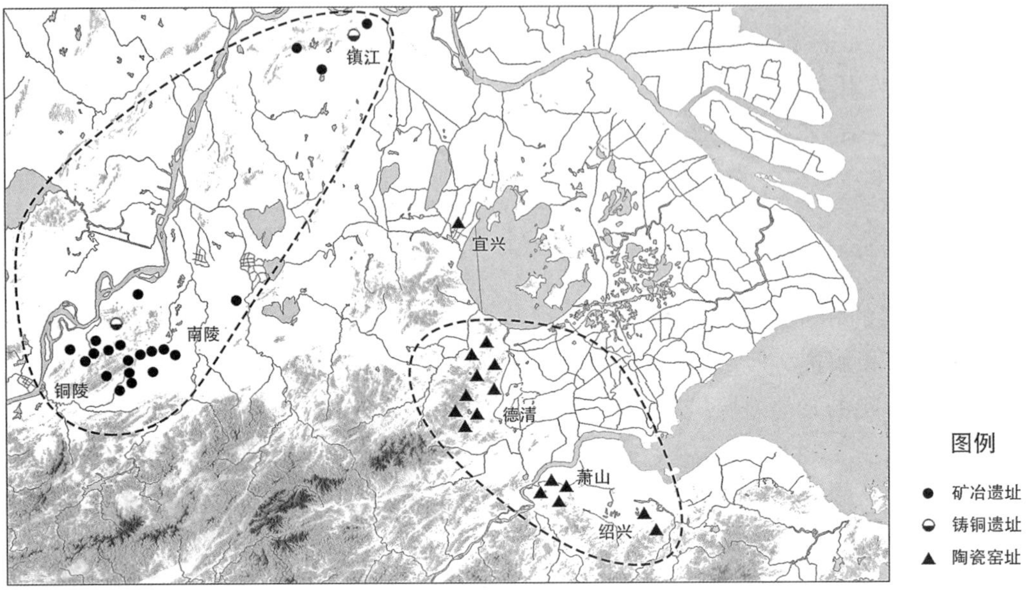

图 6.1　西周—春秋时期江南地区矿冶、铸造遗址与陶瓷窑址的空间分布

故可认为吴越文化之间存在明确的经济分工。张敏称之为“陶冶吴越”，认为铜矿采冶与陶瓷烧制分别是吴越两国的“官工业”②。虽然“官工业”的说法涉及生产组织形态，尚可斟酌，而且从越地窑址未出吴墓常见的夹砂陶炊器、上虞银山可能是越国冶铅遗址③等现象来看，吴地未必无陶瓷烧制，越地也未必无金属采冶，但就宏观经济态势而言，吴越之间存在明确的手工业差异与经济分工应属无疑。事实上这种分工也符合不同地区的资源优势。皖南一带蕴藏大量铜矿及其他金属矿藏，浙北平原瓷石颇为丰富，吴越手工业的不同倾向恰是各自因地制宜、扬长避短的理性选择。

尽管由于越墓罕见青铜器，难以讨论吴地青铜产品在越地的流通情况，但对江南地区陶瓷产地溯源的研究表明，越地的陶瓷产品确实广泛流通，于吴墓中大量随葬。而且在春秋时期，即吴文化东进之时，这些陶瓷产品的流通应是由东苕溪流域沿太湖西岸、北岸及周边苕溪、荆溪、洮滆、松江、娄江、东江等主要水系持续运输，构成完整的资源流通网络④。这一资源流通网络延续时间较长，而且流通内容可能并不局限于陶瓷。这种长期稳定的资源流通关系表明，吴越的经济分工应当与经济互补相配套。无论不同时期吴、越

① 环太湖虽发现有个别陶窑，即宜兴百合 D1Y1、D2Y1 与 D4Y1～Y3，但其与墓葬、器物坑共存一墩，年代一致，规模甚小，延续时间甚短，更可能是具体墓葬的附属，产品并不具备流通性质，故不讨论。尽管从夹砂陶、泥质陶的发现情况推测，宁镇皖南应该有此类窑址分布，但本书仅讨论原始瓷、硬陶窑址。特此说明。

② 张敏：《吴越文化比较研究》，第 189～203 页。张敏：《陶冶吴越——简论两周时期吴越的生业形态》，《东南文化》2019 年第 3 期。

③ 章金焕：《浙江上虞市银山冶炼遗址调查》，《考古》1993 年第 3 期。

④ 李泽群：《环太湖地区东周时期原始瓷的产地》。

之间的政治态势如何，至少就经济生活与日常生活而言，两国之间应长期保持着相当密切的联系。借助经济分工对各自资源扬长避短，只是资源利用的一种具体手段，以经济互补的形式实现不同地区之间的资源置换，才是经济分工的真正目的(图 6.2)。

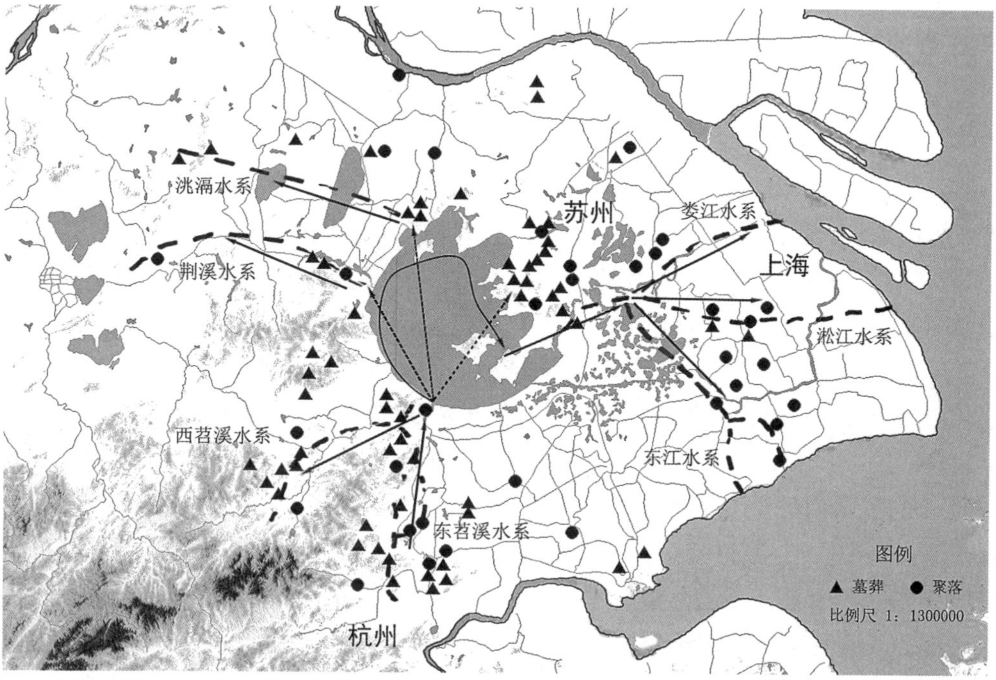

图 6.2　环太湖原始瓷产品流通途径

（改绘自李泽群：《环太湖地区东周时期原始瓷的产地》，彩图 6.3）

事实上，自新石器时代以来，长江下游便存在类似的经济分工与经济互补。崧泽文化圈与良渚文化共同体，可能都是在地域性商品贸易圈基础上所形成的文化与社会共同体①。有学者称之为“商业国家”②，其论证虽仍显简略并可商榷，但结论与视野却具有相当程度的借鉴意义。从这种区域传统的长期存续来看，西周、春秋时期江南地区内部可能确实存在某种跨资源、跨地域、跨国别的“经济共同体”，除金属资源、青铜与陶瓷产品外，或许还涉及更多其他资源。而且从矿冶遗址与铸铜遗址的分离、不同陶瓷器生产中心的空间差异来看，这种“经济共同体”可能还具有某种微观意义，并可以将浙南闽北一并纳入其中。在区域“经济共同体”的长期影响下，“经济观”也就自然而然地孕育其中。

如果说金属采冶与铸造可能具有一定的国家掌控意味的话，那么越地的陶瓷生产与

① 仲召兵：《长江下游地区崧泽文化圈的形成》，北京大学硕士研究生学位论文，2008 年；仲召兵：《“崧泽文化圈”的形成、原因及其意义》，《崧泽文化学术研讨会会议资料》，杭州，2014 年 10 月，第 22～41 页；朔知：《良渚文化的范围——兼论考古学文化共同体》，《南方文物》1988 年第 2 期；何驽：《关于崧泽文化商品经济的思考》，《东南文化》2015 年第 1 期。

② 何驽：《关于崧泽文化商品经济的思考》，《东南文化》2015 年第 1 期；何驽：《史前经济基础考古视野里的最初中国形成》，《南方文物》2016 年第 2 期。

流通则更可能具有商品经济的意义。生产方面，虽然囿于材料难以深入讨论组织形态，但调查材料已经表明，这些窑址分布甚为密集，且规模大多较小，延续时间长短不一，产品种类明显重复①，未见专业化趋向，并不符合国家管控又或集约生产的特点，反而呈现出散乱无序的状态。所见众多窑址的密集分布不过是对原料、木料、河流资源与其他区位优势的追求，并非国家管控的结果。产品的具体流通途径也甚为多样，并不存在明显的集散中心。至少在西周、春秋时期，越地的陶瓷生产应当以个人、家庭或其他小型组织的经营为主，具有明显的商品经济特征。

《考工记》记载"粤之无镈也，非无镈也，夫人而能为镈也"②。从上虞银山规模甚小的冶炼或铸造遗址③来看，此言可能不虚。既然越地人人皆可制作铜锄（即镈）而不需要有此类"官工业"，那么对于原料更普遍、制作更简单、产品更日常的陶瓷器，自然也就更加不需要国家管控。这也符合陶瓷生产规范化程度长期较低的研究结论。因此无论是从陶瓷生产还是流通角度来看，西周、春秋时期越地的陶瓷经济都更可能处于相对自由经营的境地，具有明显的商品经济特征。在以此为经济基础的社会中，长期存在以追求彰显经济力量为核心的"经济观"并对社会发展产生重要影响，也就顺理成章。

同一时期，岭南的手工业遗址仅见陶瓷窑址与玉石作坊两类，前者如园洲梅花墩④，后者如香港大屿山白芒、万角咀⑤等，皆集中于粤中。虽然横岭山所见陶瓷器、玉石玦多来自这些作坊⑥，但在手工业遗址发现甚少、生产组织与流通方式暂不明确的情况下，这些证据尚不足以证明商品经济的存在与否。但同时需要注意的是，环珠江口一带为石英质玉石、脉水晶与夹砂岩等玉石玦制作原料的富集区⑦，而且发现相当数量、规模较小的商周玉石玦作坊⑧，所以综合判断，西周、春秋时期岭南玉石玦的生产很可能与越地陶瓷器的生产情况相似，较为散乱、无序而自由。刻划符号的相关研究也表明，窑址内部并无严格生产管控，相对自由⑨。囿于地区社会的具体发展水平，其所代表的商品经济或许不及江南发达，但其存在应亦可信⑩。在此基础上发育而来的"经济观"也应当确实存在，只是因经济发

---

① 朱建明：《浙江德清原始青瓷窑址调查》，《考古》1989年第9期；浙江省文物考古研究所等：《德清火烧山：原始瓷窑址发掘报告》。浙江省文物考古研究所等：《东苕溪流域夏商时期原始瓷窑址》。

② 孙诒让：《周礼正义》，中华书局，2015年，第3752页。

③ 章金焕：《浙江上虞市银山冶炼遗址调查》，《考古》1993年第3期。

④ 广东省文物考古研究所等：《广东博罗县园洲梅花墩窑址的发掘》，《考古》1998年第7期。

⑤ 邓聪等：《香港大屿山白芒遗址发掘简报》，《考古》1997年第6期；邓聪：《环状玦饰研究举隅》，《东亚玉器》，第86~99页。

⑥ 王建平、陈铁梅：《横岭山墓地出土西周中晚期至春秋时期陶瓷的INAA和WDXRF研究》，《博罗横岭山——商周时期墓地2000年发掘报告》，第451~456页；李青会、干福熹：《横岭山先秦墓地原始瓷釉的化学成分分析》，《博罗横岭山——商周时期墓地2000年发掘报告》，第457~461页；吴沫、丘志力：《横岭山商周墓地出土玉器探析》，《博罗横岭山——商周时期墓地2000年发掘报告》，第499~506页。

⑦ 丘志力、吴沫：《横岭山商周墓地出土玉器的地质考古学研究》，《博罗横岭山——商周时期墓地2000年发掘报告》，第483~498页。

⑧ 邓聪、郑炜明：《澳门黑沙》，香港中文大学出版社，1996年；香港古物古迹办事处：《香港涌浪新石器时代遗址发掘简报》，《考古》1997年第6期；杨耀林：《深圳先秦玉石饰物初探》，《东亚玉器》，第316~322页；邓聪：《环状玦饰研究举隅》，《东亚玉器》，第86~99页；珠海市博物馆：《广东珠海市宝镜湾遗址试掘简报》，《东南文化》1999年第2期。

⑨ 吴桐：《博罗横岭山刻划符号研究》，《中山大学学报（社会科学版）》2025年第3期。

⑩ 赵善德、孙剑侠：《两周时期东江流域及其南部的商品交换活动》，《学术论丛》2009年第48期。

展水平的不同，而在具体表现上与太湖杭州湾略有差异。但究其本质，则一般无二。

二、区域格局变迁背后的经济导向

区域格局变迁的内涵非常复杂，就空间而言，不仅包括不同地区之间的互动关系，也包括地区内部中心的变动，后者在一定程度上以前者的发生为背景，同时又可作为其补充与延伸。在一定意义上，不同地区之间的互动关系构成了区域格局变迁的主要内容。故相关考察可以此为主，即关注太湖杭州湾与浙南闽北、粤东闽南与岭南之间的互动关系，及其背后的经济导向。

第一阶段末，浙南闽北的区域中心优势开始展露出向太湖杭州湾倾斜的某种趋向。第二阶段初，这种趋向被迅速放大，最终表现为浙南闽北的衰落与太湖杭州湾的兴起。但这种中心地位的转移并非不同地区之间相互攻讦的结果。事实上，在浙南闽北彻底衰落之后，太湖杭州湾也仅保有某种相对优势。第五段，除杭嘉湖所见石狮 D4M6① 等级较高外，环太湖与宁绍的最高等级墓葬皆等级较低，前者如潢潼 D3② 属第五等级，后者如柴岭山 D34M1③ 属第六等级，与此前、此后相比皆明显不及，显然为区域社会发展之低谷。可知浙南闽北的衰落与区域社会发展的低迷实为一体两面。考虑到此低迷状态的持续时间相对短暂，而且区域文化与社会发展长期稳定，其发生可能更多地受到外部的影响。

欲理解其衰落，必回顾其兴起。第一阶段，浙南闽北作为区域中心的重要表征，在于大量涌现的随葬青铜器、玉器的高等级墓葬，无论是随葬品种类、数量，还是墓葬规模与封护措施，皆远超太湖杭州湾所见，为区域之冠，以屯溪 M1、M3、小人尖 M1、杨府山 M1 等墓最具代表。这些墓葬的具体形制与陶瓷器种类虽然与太湖杭州湾稍有差异，但总体接近，其墓葬等级乃至区域中心地位的彰显更多地体现在青铜器方面。这些青铜器具有明显的外来色彩，夏商时期少见于江南，其于浙南闽北的大量出现，显然意味着地区文化与社会的突变，应是这一地区与中原文化密切交流的结果。至于部分青铜器虽然表现出相对明显的本地特色，但同样也是这一交流的产物，如庙山尖土墩墓出土铜器即多与同时期“中原—长江中游”的铜器铜料相近④。

从屯溪、小人尖、杨府山的出土背景来看，铜器墓在这些地点的出现也甚为突然。以屯溪为例：这一墓地周围曾开展过一定的考古工作，但有所收获者仅下林塘一地，其第三、第四层分属西周—春秋与新石器时期⑤，后者年代不晚于广富林文化，即下限不晚于公元前 2000 年⑥，前者上限则在公元前 1000 年前后，二者相距千年。可知西周时期高等级铜器墓的出现，并非建立在本地文化与社会自然发展的基础上，应另有其因，应主要受到外来因素的影响。

---

① 浙江省文物考古研究所：《浙江长兴县石狮土墩墓发掘简报》，《浙江省文物考古研究所学刊：建所十周年纪念（1980~1990）》，第 170~184 页。

② 南京博物院等：《宜兴潢潼土墩墓群发掘报告》，《东南文化》2006 年第 6 期。

③ 杭州市文物考古研究所等：《萧山柴岭山土墩墓》，第 278~280 页。

④ 王志雄等：《浙江衢州庙山尖土墩墓出土青铜器初步检测分析》，《河南博物院院刊》2020 年第 2 期。

⑤ 杨德彪：《屯溪下林塘遗址试掘简报》，《文物研究》第 1 期，1985 年，第 42~45 页。

⑥ 罗汝鹏：《公元前 20 至前 9 世纪中国东南地区考古学文化研究——以闽浙赣交界地区为中心》，第 228 页。

屯溪地处休屯盆地，四面环山，面积狭小不利于发展农业，但是水系发达。受地形影响，四周河流向此汇集，其中尤以横江、率水与新安江最为重要，分处屯溪西北、西南与东北，可有效联通皖南、赣北、浙南闽北与太湖杭州湾，实为浙南闽北与外界交流的首善之地。相比之下，休屯以北沿江平原一带，虽然地形优越，铜矿资源丰富，但是西周时期却未见中心聚落，亦未发现高等级墓葬①。对比可知，屯溪高等级铜器墓的突然出现，应主要在于其沟通南北东西的交通优势，而这种交通优势的利用、转化又与此地同外界的资源流通密切相关。

夏商时期，浙南闽北便是中原象鼻盉、折肩尊的主要来源地②，西周时期更是承续这一资源禀赋，成为中原王朝原始瓷的重要来源地。不仅直口豆、敛口豆等“浙南闽北传统”成为中原原始瓷之大宗，原始瓷圈足罐、簋形器等也仅见于这一地区。这些原始瓷产品在大量涌现于中原的同时，迅速成为王朝贵族彰显其身份等级的重要内容，两地之间的联系高度密切③。在此背景下，以屯溪铜器墓的突然出现为代表的浙南闽北的迅速兴盛也就理所当然。从这一点来看，正是以原始瓷与青铜器为代表的与中原之间密切的资源流通关系，使得浙南闽北成为西周时期区域中心之所在，并由此进一步促成或巩固了其与外界文化交流的主体地位。④

随着西周中晚期以来淮夷叛周，南方与周王朝之间的联系因此隔断⑤，至西周晚期晚段，中原所见原始瓷的类型与数量迅速减少，此前常见的直口豆与敛口豆近乎消失，零星所见也转而以“太湖杭州湾传统”为主，具体发生时间恰可与浙南闽北区域中心转移趋向的出现相契合。可知正是与中原资源流通关系的变动，导致了西周晚期以来浙南闽北逐渐衰落与太湖杭州湾代之兴起的区域格局变迁。

资源流通的性质多种多样，以原始瓷而论，将之视为来自东南沿海的“贡赋”显然还缺少充足的理由⑥。西周时期，汉水中游以及淮河中下游是周王朝的南方疆界，南土诸侯与王朝中央的政治关系高度动态，在西周大一统的过程中表现出明显的离心力⑦，浙南闽北更在这一地区以南，与中原王朝的政治关系也更加疏远。而且，从铜器铭文来看，西周王朝在南方的经略主要是为获取铜料，原始瓷应是获取铜料之余的附属品，既无特意掠夺的必要，也无可确证其为“贡赋”的证据。事实上，从浙南闽北的地理位置、交通优势、来自湘皖苏闽粤等多地区的复杂文化因素⑧及其背后所反映的广范围、长距离的资源流通情况来看，原始瓷的流通有较大可能具有商品经济的性质，而西周时期因这一资源流通关系变动所导致的浙南闽北的兴起与衰落也就具备了较为明确的经济导向。

---

① 王昌月：《安徽屯溪土墩墓与休屯盆地区域文明研究》，《东南文化》2019 年第 3 期。

② 罗汝鹏：《从“象鼻盉”到原始瓷大口折肩尊——论夏商时期东南地区对中原王朝的一种贡赋模式》，《南方文物》2014 年第 1 期。

③ 黎海超：《金道瓷行：商周时期北方地区印纹硬陶和原始瓷器》，第 69～94 页。

④ 吴桐：《浙江地区两周时期玉器的兴衰及相关问题》，《考古》2022 年第 1 期。

⑤ 孙华：《中国青铜文化体系的几个问题》，《考古学研究》（五），科学出版社，2003 年，第 921～948 页。

⑥ 徐天进：《闽北古陶录 · 序一》，《闽北古陶录：崇明古陶瓷博物馆藏品集萃》，文物出版社，2017 年，第 8 页。

⑦ 雷晋豪：《征服与抵抗：周代南土的政治动态与文化转型》，台湾大学文学院历史所博士论文，2014 年。

⑧ 郑小炉：《吴越和百越地区周代青铜器研究》，第 174 页。

至于春秋晚期浙南闽北的部分复兴，同样也是这种经济导向作用的结果。自浙南闽北衰落以来，春秋晚期之前的考古材料甚为零星，最高等级墓葬如瑞安凤凰山①、淳安左口M3②等，随葬品总数不过18件，等级甚低。春秋晚期时以东阳前山D2M1③为代表的、随葬3 000余件玉器的高等级墓葬的突然出现，表明浙南闽北应有所复兴，但是这种复兴的程度与范围仍相当局限。事实上除此墓外，浙南闽北于春晚战国时期再未见有其他高等级墓葬，地区发现仍然总体零星，并未成为越国的经营重心。细察前山D2M1出土玉器可知，除少量完整器外，"同时还有一些尚未完全加工好的半成品，以及制作各种饰品的材料。……根据成片、半成品和小块料混放一起，大片的绿松石块料放于底部的现象，可以进一步推测，这些管、珠、条等小型饰品，原先就是以分散型个体盛装于盒内的，并非成组成串。……这些现象反映出墓主人生前很有可能是一位管理玉器制作工艺的贵族"④。近年来，金华贞姑山等地发现有商周时期的制玉作坊，这也进一步证明，春秋晚期玉器最早见于浙南北端，应该与这一地区的自然资源及文化传统有关。具体而言，很可能是越国在主动政治化过程中对玉料、玉器资源的需求，导致了春秋晚期高等级玉器墓在浙南闽北的率先出现，浙南闽北的部分复兴正是基于这种资源需求的经济导向的结果。⑤

相比之下，粤东闽南与岭南的互动则相对简单。第一阶段，两地文化与社会面貌迥然有别，偶见的联系主要是由相邻的地理位置所导致，文化圈的形成尚未现端倪。第二阶段，"岭南—粤东闽南"文化圈虽已形成，但是岭南文化的向东影响虽明显却不强烈，虽主动却不深入，粤东闽南仍基本延续本阶段初期以来的衰落倾向。第三阶段，粤东闽南的复苏主要是太湖杭州湾文化与人群强势进入的结果。因此可着重讨论第一、二阶段区域格局的成因。

第一、第二阶段的区域格局实际上呈现出明显共性，集中表现为粤东闽南与岭南两地之间文化与社会发展的疏离。这种疏离，正是外来文化影响相对弱势的情况下，两地社会发展更多地依赖于本地区的自然地理环境与资源禀赋，在不同地理环境，即沿海沙丘贝丘与冲积平原，因地制宜，分别采取偏向海洋和偏向陆地的不同经济策略所导致的必然结果。这不仅使得第一阶段两地日常生活与社会生活的联系较少，文化面貌与社会发展呈现出东西之别，也使得第二阶段岭南文化的向东扩张缺乏足够的动力。正是这种资源禀赋及其获取策略的差异，导致了两周时期岭南地区始终未能，也不愿在文化影响之外对粤东闽南的社会发展产生多么深刻影响。这种区域格局的本质，仍是资源导向或者说经济导向作用的结果，尽管其主要表现为一种消极的作用。

三、地区中心变动中的经济因素

与区域格局变迁，或者说与不同地区之间的互动相比，地区中心变动的空间尺度相对

① 俞天舒：《浙江瑞安凤凰山周墓清理简报》，《考古》1987年第8期。
② 浙江省文物考古所：《浙江淳安左口土墩墓》，《文物》1987年第5期。
③ 浙江省文物考古研究所：《浙江越墓》，第2~46页。
④ 同上书，第44页。
⑤ 吴桐：《浙江地区两周时期玉器的兴衰及相关问题》，《考古》2022年第1期。

较小，但因其内部包括众多小区，复杂程度可能犹有过之。第一、第二阶段浙南闽北、粤东闽南与岭南地区，或中心变动前述已有讨论，或中心不显，又或中心长期位居一地未见变动，故相关讨论可以太湖杭州湾为主。

第一阶段，杭嘉湖、宁绍的最高墓葬等级明显高于环太湖，且于各段而言，二者最高等级墓葬皆属于同一等级，未见明确的单一中心。第二阶段，情况发生明显变化，来自宁镇地区的吴文化持续东进，环太湖逐渐兴起，最晚从第七段开始，最高等级墓葬已超越杭嘉湖与宁绍，成为新的地区中心。同时，越地的内部中心在杭嘉湖与宁绍之间多次变更。第四段，宁绍最高等级墓葬属第三等级，高于杭嘉湖；第五段，这一优势地位则让渡于后者，并持续至第六段；自第七段以来，宁绍重新占据中心地位，并成为春秋晚期越国都城所在。这些变动的发生当然会在一定程度上受到政治、军事因素的影响。如第七段杭嘉湖中心地位的南移，很可能与吴文化在环太湖的强势表现有关，这也可以与同一时期吴文化南下所导致的东苕溪流域的原始瓷生产相对衰落①的态势相印证。但从陶瓷消费中心的变动来看，越地内部中心的变动原因要更加复杂，而且表露出政治、军事之外的来自经济因素的强烈影响②。

总体来看，除流行于第四、第五段的原始瓷豆 Ca 型、原始瓷罐 B 型与少见于宁绍的硬陶瓮 A 型外，第二阶段的典型器类即原始瓷罐 A 型、碗（杯盅）类 Aa 型、硬陶罐（瓿）类 Aa 型、Ab 型、Ac 型与 Ad 型的消费中心皆由杭嘉湖向宁绍转移。其转移的具体时间不一，但皆不晚于第六段，即早于最高等级墓葬所见地区中心或者说政治中心的转移。可知，在春秋中期即第七、第八段吴文化南下影响之前，越地陶瓷消费中心已经发生主动的变更，宁绍稳步发展，逐渐取代杭嘉湖，成为越国新的经济中心所在。此后以最高等级墓葬为代表的政治中心转移以及越国都城在宁绍的确立，固然应与吴越之间的军事态势有关，但不能否定经济因素在其中发挥的重要作用。

如果说在第七段所见越地中心的南移过程中，经济因素的影响程度尚难以确定的话，那么第四段时宁绍所表现出的优势地位，及此优势在第五段向杭嘉湖的转移，则显然是经济因素影响的结果，直接与宁绍作为沟通太湖杭州湾与浙南闽北之交通枢纽的区位优势及其丧失有关。从主要器类的传播与流通情况来看，第四段时宁绍的优势地位其实滥觞于第三段，原始瓷豆 Ca 型、Da 型，罐 B 型、硬陶罐（瓿）类 Aa 型与瓮 A 型等典型器类在宁绍发现的丰富程度明显高于杭嘉湖，显然宁绍已在南北交互过程中因其交通优势而显露出某种经济中心的气象。第四段时浙南闽北虽已逐渐衰落，但仍保留有某种相对优势，宁绍沟通南北的区位优势也因此依然存续，甚至由于浙南闽北部分人群的北上而更加凸显。

第五段时，由于浙南闽北的彻底衰落，宁绍的区位优势及由此带来的经济优势不复存在。以杭嘉湖为消费中心的原始瓷罐 A 型、碗（杯盅）类 Aa 型等取代原始瓷豆 Ca 型、Da 型等成为新的流行器类，在硬陶罐（瓿）类 Ab 型、Ac 型与 Ad 型继续以杭嘉湖为消费中心的同时，曾经多见于宁绍的原始瓷罐 B 型、硬陶罐（瓿）类 Aa 型与瓮 A 型也已实现其消费中心向

① 郑建明：《春秋中晚期原始瓷的衰落与吴文化的南下》，《东南文化》2019 年第 5 期。
② 吴桐：《浙江地区两周时期玉器的兴衰及相关问题》，《考古》2022 年第 1 期。

杭嘉湖的转移，后者成为新的经济中心，最高等级墓葬也超越宁绍所见。这一时期，吴文化在环太湖的影响尚相对局限而薄弱，越地文化与社会发展缺乏外部压力，相对独立自由发展。在此情形下，越地政治中心与经济中心的这种同时、同向、同步的转移显然互为表里，政治中心的变动在很大程度上应该是受经济因素而非政治军事因素影响的结果（表6.1）。

表6.1　第二阶段杭嘉湖与宁绍之间地区中心的往复

	第四段	第五段	第六段	第七段	第八段	
最高等级墓葬		-·-·-	-·-·-			杭嘉湖
	———			———	———	宁绍
原始瓷豆Ca型						杭嘉湖
	———					宁绍
原始瓷豆Da型						杭嘉湖
	———					宁绍
原始瓷罐A型		-·-·-				杭嘉湖
	———					宁绍
硬陶罐（瓿）类Aa型		-·-·-	-·-·-	-·-·-	-·-·-	杭嘉湖
	———					宁绍
硬陶瓮A型		-·-·-	-·-·-	-·-·-	-·-·-	杭嘉湖
	———					宁绍
原始瓷罐B型	-·-·-	-·-·-				杭嘉湖
			———			宁绍
原始瓷碗（杯盅）类Aa型	-·-·-					杭嘉湖
		———	———	———	———	宁绍
硬陶罐（瓿）类Ab型	-·-·-	-·-·-				杭嘉湖
			———	———	———	宁绍
硬陶罐（瓿）类Ac型	-·-·-	-·-·-				杭嘉湖
			……	———		宁绍
硬陶罐（瓿）类Ad型	-·-·-	-·-·-				杭嘉湖
			———	———	———	宁绍

从第三阶段岭南所见粤中、粤西之间地区中心及主要陶瓷器消费中心的变动情况来看，后者的发生稍晚于前者，即在社会发展的政治性影响之下，陶瓷器消费中心的变动可能具有某种滞后性。如果说这一情况同样适用于第二阶段的太湖杭州湾的话，那么越地经济中心变动不晚于政治中心变动的情况则无疑表明，来自经济因素的影响可能在此过程中占据了决定性的地位。

相比之下，中原各国的都城选择则以政治军事而非经济因素为主要考量。如晋国先后都唐、翼、绛、新田。燮父迁翼之因已不可考，翼、绛无论是一都二名还是二都二名①，从晋献公“尽杀诸公子”“士蔿城绛，以深其宫”来看，都是为避免类似曲沃代翼事件的再次发生，具有强烈政治因素。晋都新田的原因更有详细记载。《左传·成公六年》记载：“晋人谋去故绛。诸大夫皆曰：‘必居郇瑕氏之地，沃饶而近盐，国利君乐，不可失也。’韩献子……对曰：‘不可。……夫山、泽、林、盐，国之宝也。国饶，则民骄佚。近宝，公室乃贫，不可谓乐。’公说，从之。”②可见晋景公选择“居之不疾”“民从教”的新田而放弃“沃饶而近盐，国利君乐”的郇瑕氏更多的是一种政治选择，经济因素在一定程度上甚至对此选择产生了某种负面影响③。

四、东南沿海的重商传统

商品经济在一定程度上构成了“经济观”的部分经济基础。虽然后者的内涵远远超过了经济范畴，但其在这一领域中的重要内容，即重商传统，具体包括商品经济行为、重商观念以及商业的基础经济地位，仍然在相当程度上反映着这种“经济观”的存在极其重要作用。

早在新石器时代，东南沿海便广见商品经济行为。如“崧泽文化圈”的经济基础可能即为玉石商品贸易。桐庐方家洲制玉石遗址、余杭石马兜制石遗址④大量生产单一产品的行为应明确指向商品经济，同一墓地不同墓葬随葬不同玉料的现象⑤也可暗示着不同玉器生产单位的存在，不同玉器生产单位可能掌握着不同的原料资源，甚至销售渠道，呈现出一种类似中美洲奥萨卡地区提亚拉斯·拉格斯期的小商品生产模式⑥。在崧泽文化

① 邹衡：《论早期晋都》，《文物》1994 年第 1 期；田建文：《晋国早期都邑探索》，《三晋考古》第 1 辑，山西人民出版社，1994 年，第 27~29 页；李伯谦：《天马—曲村遗址发掘与晋国始封地的推定》，《“迎接二十一世纪的中国考古学”国际学术研讨会论文集》，科学出版社，1998 年，第 225~234 页；王立新：《关于天马—曲村遗址性质的几个问题》，《中原文物》2003 年第 1 期；谢尧亭：《“九原”的地望及其相关问题》，《鹿鸣集：李济先生发掘西阴遗址八十周年、山西省考古所侯马工作站五十周年纪念文集》，科学出版社，2009 年，第 319~329 页；孙庆伟：《早期晋都丛考》，《考古学研究》（八），科学出版社，2011 年，第 313~324 页。

② 杨伯峻：《春秋左传注（修订本）》，第 827~829 页。

③ 唐晓峰：《试论晋国的都城区位》，《历史地理》第二十一辑，上海人民出版社，2006 年，第 25~32 页。

④ 浙江省文物考古研究所：《桐庐方家洲新石器时代玉石器制造场遗址发掘的主要收获》，《浙北崧泽文化考古报告集（1996~2014）》，文物出版社，2014 年，第 302~327 页；浙江省文物考古研究所：《良渚石马兜遗址发掘简报》，《浙北崧泽文化考古报告集（1996~2014）》，第 328~340 页。

⑤ 何弩：《关于崧泽文化商品经济的思考》，《东南文化》2015 年第 1 期。

⑥ Winter, Marcus C. and Jane W. Pires-Ferreiria. Distribution of Obsidian among Households in Two Oaxacan Villages. In K. V. Flannery (ed.). *The Early Mesoamerica Village*. New York: Academy Press, 1976, P306~310. Gary M. Feiman. Demography, Surplus, and Inequality: Early Political Formations in Highland Mesoamerica. In Timothy Earle (ed.). *Chiefdoms: Power, Economy, and Ideology*. Cambridge: Cambridge University Press, 1991, P241。

圈的边缘地区，商品经济也同样发达。在西部边地、农业欠发达的皖江两岸，可能“以低端的满足砍伐、斫木的石器为主打产品，与长江下游崧泽文化核心区高端的玉石器生产形成产品和市场的互补”，同时“依赖低端的石质木作工具商品生产与贸易，换取粮食以维持生存”①。从这一角度来看，崧泽文化圈其实就是在地域性商品经济基础上形成的区域文化共同体。

又如良渚时期，以临平茅山的大规模稻田、沟渠灌溉系统与人工烧土铺垫道路为代表，农业呈现出大规模社会化管理的迹象②，“必然的结果就是出产大量的稻谷产品。……存在着粮食商品交易的可能”③。粮食交易的中心之一就是良渚古城。事实上，良渚古城作为当时东亚地区最大的都市，其物质文明之发达、社会财富之丰裕、社会生活之奢华，远非同时期中原可比，也非良渚一地的资源可以独立支撑，而应得益于广范围商品经济所提供的物质基础。良渚古城以农耕、陶器、石器、玉器、漆木器、骨器、纺织为重要的支柱产业，卞家山很可能就是运输商品、对外贸易的码头。

商品经济的兴盛必然导致富足社会基层，即中产阶级的出现。其大量存在本身即与商品经济的发展密不可分④。良渚遗址群中发现了大量的中型墓，随葬品丰富，既见有琮璧钺等重要玉器，亦见有犁锛镰等石质工具，墓葬等级应介于上层统治者与下层民众之间，墓主人即是当时的中产阶级。因此从某种程度来看，长江下游地区的文明起源或即为一种商品经济模式，并以此“迈进了商业文明和国家的门槛，与黄河流域尤其是中华文明核心形成的中原地区走着完全不同的经济道路”⑤。

虽然新石器时代的福建、岭南囿于考古材料的发现情况，暂时难以确证类似的商品经济的基础性地位，而且由于社会发展的差序格局，其商品经济的发展水平很可能不及太湖杭州湾，但无论是从环珠江口玉石作坊、西樵山石器制造遗址的集中分布，还是从相关的产品流通情况来看⑥，商品经济应同样存在于这一广大地区。

商品经济在东南沿海的广泛存在应建立在地区资源禀赋的基础之上，后者的稳定又影响了商品经济与重商观念在这一区域的长期存续。春秋晚期计然向越王勾践所献强国之计即言“农末俱利，平粜齐物，关市不乏，治国之道也。……财币欲其行如流水”，如此

---

① 朔知：《崧泽时代皖江两岸的聚落与文化》，《东南文化》2015 年第 1 期；何驽：《关于崧泽文化商品经济的思考》，《东南文化》2015 年第 1 期。

② 浙江省文物考古研究所等：《浙江平湖市庄桥坟良渚文化遗址及墓地》，《考古》2005 年第 7 期；王宁远：《从村居到王城》，杭州出版社，2013 年，第 83～87 页；郑云飞等：《浙江余杭茅山遗址古稻田耕作遗迹研究》，《第四纪研究》2014 年第 1 期；庄奕杰等：《中国长江下游茅山遗址新石器时代晚期水稻耕作的水资源管理及农业集约化》，《东方考古》第 12 集，科学出版社，2015 年，第 398～422 页。

③ 何驽：《史前经济基础考古视野里的最初中国形成》，《南方文物》2016 年第 2 期。

④ 同③；Emanuel Mayer. *The Ancient Middle Classes: Urban Life and Aesthetics in the Roman Empire 100 BCE～250 CE*. Cambridge: Harvard University Press, 2014.

⑤ 何驽：《长江流域文明起源商品经济模式新探》，《东南文化》2014 年第 1 期。

⑥ 邓聪：《环状玦饰研究举隅》，《东亚玉器》，第 86～99 页；吴沫、丘志力：《横岭山商周墓地出土玉器探析》，《博罗横岭山——商周时期墓地 2000 年发掘报告》，第 499～506 页；李岩、赵善德：《珠江三角洲贝丘遗址考古研究的实践与思考》，《南方文物》1995 年第 1 期；易西兵：《试论西樵山双肩石器的源流——西樵山遗址探索之一》，《史前研究》(2002)，三秦出版社，2004 年，第 161～170 页。

"修之十年，国富，厚赂战士，士赴矢石，如渴得饮，遂报强吴，观兵中国，称号'五霸'"①。可见其时重商观念在太湖杭州湾的流行与重要意义。同时期福建、岭南的经济情况虽未见记载，但是从汉武元鼎六年（前 111 年）平定岭南以来与都元、邑卢没、谌离、夫甘都卢、黄支等国的海上交流②以及南越王墓中的波斯银盒、非洲象牙、阿拉伯乳香等中东因素③来看，岭南地区的海上交流显然颇具历史④。这种海上交流与资源往来的动因是"利交易"⑤，也正是这种重商观念促使当地人不畏"苦逢风波溺死，不者数年来还"的危险而逐利于海上。汉武帝时，吴越与番禺皆为当时全国主要商业都会之一，亦可佐证秦汉之时乃至东周之际，商品经济与重商观念确实流行于东南沿海。如果说这种重商观念还可能是春秋战国时期的某种时代风尚的话⑥，那么随着秦汉以来重农抑商政策的推行，在国家经济长期以农为本、以商为末、重本抑末的大环境中，东南沿海的重商传统更是愈发凸显。

浙江许多思想家都曾旗帜鲜明地提出过重视工商的经济思想。永嘉学派叶适曾言商业具有难以替代的社会功能，"日中为市，致天下之民，聚天下之货"⑦，理想社会应是"四民交致其用，而后治化兴"⑧。陈亮也认为"商借农而立，农赖商而行，求以相补"，如果"农与商不复相资以为用"，就会导致"农商盼盼相视，以虞其龙断而已"，若发展商业则可达到"官民农商，各安其所而乐其生"⑨的理想状态⑩。在重商传统的影响下，太湖杭州湾、浙南闽北普遍重视工商业并以此逐利，即便是水热条件最好、农业最发达的环太湖、杭嘉湖也是如此。"杭、嘉、湖平原水乡……百货所聚，闾阎易于富贵，俗尚奢侈"⑪，杭州甚至成为公元 9~13 世纪中国商业革命的范例⑫，遑论地形破碎不利农业而更加重视工商以致近代从商贩出工业、以工扩商⑬的浙南地区。

这种重商传统同样也盛行于福建、岭南一带。得益于复杂地形带来的多样资源与绵长海岸线带来的海洋优势，早在宋代，福建已是商人辈出之地，至明清福建商帮的出现，其商业愈发鼎盛⑭。至于广东，因远离中原，其受重农抑商政策及观念影响较小，重商逐利的观念更是深入人心。广东以海上贸易最为突出，宋代与广州有贸易关系的国家和地区

① 司马迁：《史记·货殖列传》，第 3992~3993 页。
② 班固：《汉书·地理志》，第 1670~1671 页。
③ 广州市文物管理委员会等：《西汉南越王墓》，文物出版社，1991 年。
④ 黄启臣：《广东海上丝绸之路史》，广东经济出版社，2003 年，第 37~38 页。
⑤ 赵善德：《论东周秦汉岭南的对外交往与商业意识》，《肇庆学院学报》2007 年第 1 期。
⑥ 黄启标：《试论春秋战国时期的商业对诸侯各国政策决策的影响》，《广西教育学院学报》1999 年第 2 期；童书业：《中国手工业商业发展史》，中华书局，2005 年，第 11~27 页；李剑农：《中国古代经济史稿》，武汉大学出版社，2006 年，第 183~186 页。
⑦ 朱熹：《周易本义》卷 3《系辞下传·第二章》，中华书局，2009 年，第 246 页。
⑧ 叶适：《习学记言》卷 19《史记·平准书》，上海古籍出版社，1992 年，第 168 页。
⑨ 陈亮：《龙川文集·附辩讹考异》卷 11《四弊》，《丛书集成初编》，中华书局，1985 年，第 117~118 页。
⑩ 袁行霈等：《中国地域文化通览·浙江卷》，中华书局，2014 年，第 344~345 页。
⑪ 王士性：《广志绎》卷 4《江南诸省》，《元明史料笔记丛刊》，中华书局，1981 年，第 68 页。
⑫ ［日］斯波义信著，庄景辉译：《宋代商业史研究》，稻禾出版社，1997 年；［日］斯波义信著，方健、何忠礼译：《宋代江南经济史研究》，江苏人民出版社，2001 年。
⑬ 费孝通：《小商品、大市场》，《中国城乡发展的道路》，上海人民出版社，2016 年，第 139~156 页。
⑭ 傅衣凌：《明清时代商人及商业资本》，人民出版社，1956 年。

便达50余个，元代接近150个。即便是在重农抑商愈发严苛的明代，岭南的商品经济也异常昌隆，席卷各个阶层和城乡①，"无官不贾，且又无贾而不官"②，"人多务贾与时逐"③，"凡天下省郡市镇，无不货殖其中"④，"遍于山海之间，或坐或行，近而广之十郡，远而东西二洋，无不有也"⑤。受此影响，岭南的农业生产也转而以经济作物为主，"以少量土地创造了巨大物质财富"。雍正朱批"广东本处之人，惟知贪射重利……以致民富而米少"⑥，正是该地重商传统的真实写照。

除此之外，东南沿海的重商传统还体现在地区商业的基础性经济地位上。从商税来看，北宋熙宁十年，东南沿海已是全国商业发展最盛之地。在更改康定元年以来的定额商税为比例商税后，两浙路即太湖杭州湾的商税一跃居于全国之冠，达10%以上，成为全国商业最发达的地区。成都府路的商税虽仅略逊于两浙路，但与旧额相去甚远，锐减高达70.5%。旧额同样高于两浙路的利州路、梓州路与夔州路的情况也基本如此，三者总额不过略高于两浙路，超出幅度尚不及1.7%，与康定元年所见已不可同日而语。相比之下，福建路与广南东路的商税略低，未及各地之平均税额，但这主要在于两地的商业以海上贸易为主，其税计入市舶而非商税。熙宁十年杭州、明州与广州市舶司共收乳香354 449斤，广州占98%以上，三地出卖共313 374贯204文，按比例推算，此时广州商税与市舶合计不少于555 071贯，广南东路所纳当居全国第三⑦。东南沿海商品经济之发达、重商传统之繁盛，以及这种环境之下"经济观"的长期存续与社会意义，由此可窥一二（表6.2）。

表6.2　北宋康定元年与熙宁十年全国商税统计

定额（康定元年）			比例（熙宁十年）		
东京	旧不立额		两浙路	872 940.808	10.349%
成都府路	2 463 468	22.099%	成都府路	726 011.351	8.607%
梓州路	1 637 900	14.693%	京东东路	472 622.155	5.603%
利州路	1 179 628	10.582%	河北东路	454 221.773	5.385%

① 袁行霈等：《中国地域文化通览·广东卷》，中华书局，2014年，第17页。
② 屈大均：《广东新语》卷9《事语·贪吏》，《清代史料笔记丛刊》，中华书局，1985年，第305页。
③ 屈大均：《广东新语》卷14《食语·穀》，《清代史料笔记丛刊》，第371页。
④ 嘉庆《龙山乡志》卷4《食货志》，清嘉庆十年（1805年）刻本。
⑤ 同②。
⑥ 道光《南海县志》卷1，清同治八年（1869年）重刻本。（转引自刘正刚、乔玉红：《清前期广东才女李晚芳探析》，《暨南学报（哲学社会科学版）》2011年第2期）
⑦ 徐松：《宋会要辑稿》卷6《食货一五——七》，中华书局，1957年，第5049～5074页；毕仲衍撰、马玉臣辑校：《〈中书备对〉辑佚校注》，河南大学出版社，2007年，第80～160页；上海财经大学：《中国经济发展史（公元前16世纪～1840）》第2卷，上海财经大学出版社，2019年，第842～868页。

续表

定额(康定元年)			比例(熙宁十年)		
夔州路	657 328	5.897%	淮南东路	420 197.009	4.982%
两浙路	528 556	4.742%	东京	402 379.137	4.770%
淮南西路	517 691	4.644%	陕西路 永兴军路	376 593.981	4.465%
河北东路	476 718	4.277%	利州路	362 594.591	4.299%
河北西路	382 249	3.429%	江南东路	361 811.151	4.289%
淮南东路	351 098	3.150%	淮南西路	359 071.391	4.257%
秦凤路	350 602	3.145%	秦凤路	339 171.018	4.021%
陕西路 永兴军路	298 043	2.674%	梓州路	293 143.532	3.475%
京西北路	280 017	2.512%	河北西路	286 867.003	3.401%
京东西路	270 663	2.428%	京东西路	267 421.431	3.170%
京东东路	246 538	2.212%	河东路	261 523.142	3.100%
江南东路	243 362	2.183%	福建路	257 967.085	3.058%
河东路	226 555	2.032%	江南西路	249 340.700	2.956%
江南西路	162 732	1.460%	广南东路	246 804.055	2.926%
福建路	131 932	1.184%	夔州路	230 977.094	2.738%
荆湖北路	130 033	1.167%	荆湖南路	178 338.044	2.114%
京西南路	129 130	1.158%	京西北路	173 237.722	2.054%
开封府	108 740	0.975%	京西南路	170 494.283	2.021%
北京	84 454	0.758%	荆湖北路	169 305.083	2.007%
广南东路	82 134	0.737%	开封府	152 702.630	1.810%
荆湖南路	69 770	0.626%	广南西路	139 746.414	1.657%
西京	60 456	0.542%	北京	96 330.082	1.142%
广南西路	43 548	0.391%	西京	67 548.547	0.801%
南京	33 923	0.304%	南京	45 561.696	0.540%

第二节　不同社会比较视野下的“经济观”——以天马—曲村为例

在内证之外，东南沿海“经济观”的存在还可通过外证再做确认。本书选择政治特征鲜明、材料发表系统的天马—曲村作为比较对象。由于曲村墓地与晋侯墓地材料主要集中在西周早期早段至西周晚期早段①，即东南沿海第一阶段，故相关讨论可以此为主。又由于第一、第二阶段东南沿海的社会发展模式一脉相承，大体相当，故相关结论可同样适用于第二阶段，可作为东南沿海“经济”模式的整体参照。

一、墓葬视野下天马—曲村与东南沿海的社会差异

宋玲平对晋系墓葬已经有系统研究，认为可根据墓葬规格与随葬品材质、种类、数量将之分为五类，或者说五个等级。

“A 类：最高级别铜器墓，墓主属最高等级贵族。此类墓均属国君级别，根据历史时期的不同，可分为三小类。

Aa 类：晋侯墓。年代从西周早期到春秋早期。

……

B 类：包括高级和普通铜器墓。可分为两小类。

B－1 类：高级铜器墓，墓主属高级贵族，大体相当于卿大夫阶层。

B－2 类：普通铜器墓，墓主属普通贵族，大体相当于士大夫阶层。

C 类：陶器墓，墓主属平民阶层。可分为三小类：

C－1 类：陶礼器墓。

C－2 类：日用陶器与陶礼器墓。

C－3 类：日用陶器墓。

D 类：无陶小件器物随葬，墓主属被奴役者。

E 类：无随葬品墓，墓主属被奴役者或阵亡人员”②。

西周早期早段至晚期早段，天马—曲村墓葬主要可分为 Aa 类、B－1 类、B－2 类、C－3 类四个等级。D 类、E 类难以断代，暂不涉及。其中 C－3 类数量甚多，共计 346 座，占 85%以上，且内部随葬品差异明显，可以进一步划分。对墓室面积、随葬品总数（除蚌贝蛤外）、陶器数量、玉石器数量、漆木器数量、蚌贝蛤数量与金属器数量等七种因素的 21 种组合情况进行 K 均值聚类，可得出如下分类线索（图 6.3）：

a. 随葬品总数以 20 件为界分两类；

b. 陶器数量以 4 件为界分两类；

① 邹衡：《天马—曲村（1980～1989）》，科学出版社，2000 年，第 334～335 页。

② 宋玲平：《晋系墓葬制度研究》，第 14～15 页。

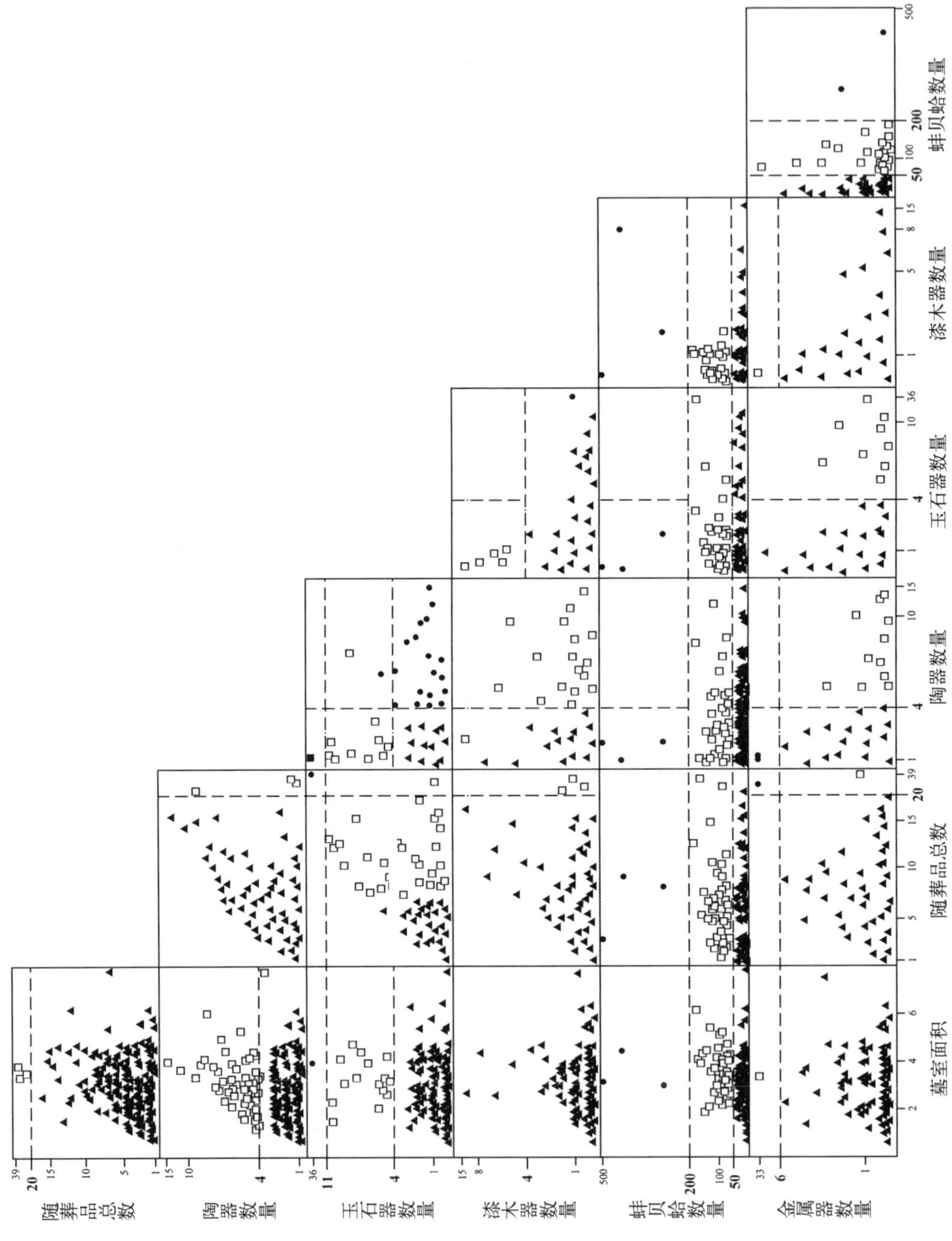

图 6.3　天马—曲村 C－3 类墓各等级分析要素组合的最佳分组方案

c. 玉石器数量以 4 件、11 件为界分三类；

d. 漆木器数量以 4 件为界分两类；

e. 蚌贝蛤数量以 50 件、200 件为界分三类；

f. 金属器数量以 6 件为界分两类。

这些线索可共同将这 346 座墓葬划分为三个等级，从低到高记为第Ⅲ至第Ⅰ等级：

第Ⅲ等级，除蚌贝蛤外，随葬品多在 0~20 件，玉石器 0~11 件，漆木器 0~4 件，蚌贝蛤 0~50 件，金属器 0~6 件。

第Ⅱ等级，除蚌贝蛤外，随葬品多在 0~20 件，玉石器 0~11 件，漆木器 4 件以上，蚌贝蛤 50~200 件，金属器 0~6 件。

第Ⅰ等级，除蚌贝蛤外，随葬品多在 20 件以上，部分玉石器在 11 件以上，漆木器 4 件以上，蚌贝蛤多在 200 件以上，部分金属器在 6 件以上。

如此可将天马—曲村墓葬重新划分为六个等级。第一至第三等级分别对应 Aa 类、B－1 类、B－2 类墓，第四至第六等级分别对应上述第Ⅰ至第Ⅲ等级。

统计各等级墓葬的数量比例发现，天马—曲村以最低等级占绝大多数，其余各等级的数量比例则相差仿佛，并略随等级提升逐渐下降，呈现为接近金字塔形的倒 T 形结构，社会分层主要局限在贵族内部。如果认为随葬不同种类的陶容器也具有一定的等级意味的话，可据此将随葬七种至一种陶容器的 C－3 类墓葬划分为七个等级，这种等级划分方案指明，平民内部的社会结构会更加接近典型金字塔形，第四至第七等级尤其如此，第一至第四等级则略似倒 T 形。若将 Aa 类、B－1 类、B－2 类一并纳入考虑，这种"倒 T 形+金字塔形"的社会结构则愈发鲜明。这再次证明，晋国社会阶层分化明显而且差异悬殊，具有鲜明的政治特征。太湖杭州湾、岭南与此判然相别、总体均衡的社会结构，显然应是"经济观"而非类似的"政治观"所支配的产物（图 6.4）。

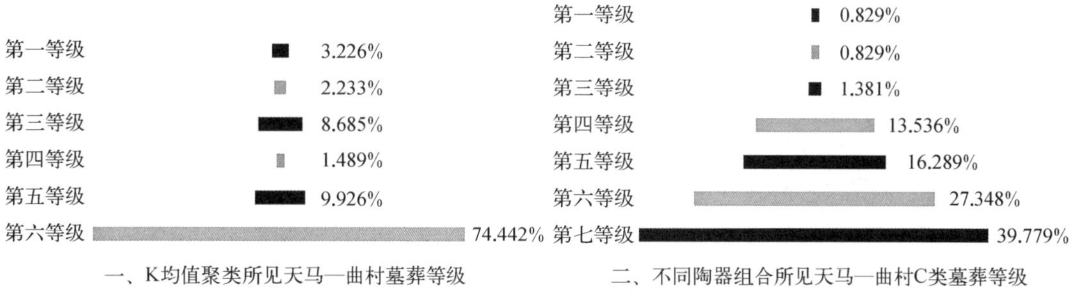

图 6.4　不同等级划分方案下的天马—曲村社会结构

在社会结构之外，天马—曲村与东南沿海的社会发展模式差异，还体现在随葬品器用、墓室营建与墓地布局等多个方面。

随葬品器用方面。天马—曲村各等级随葬品的种类、数量表现出明显的等级序列，并主要体现在贵族墓内部及贵族墓与平民墓之间。由于 B－1 类墓发现较少且年代集中，这种器用规律与相应制度主要体现在 Aa 类、B－2 类与 C－3 类之间，并以铜容器、乐器、车马器、玉石器为主要载体①。其器类有无、种类丰匮、数量多寡皆随等级降低而阶梯式下降，不同等级差异明显，表现出鲜明的礼器特征与政治性色彩（表 6.3）。

表 6.3　天马—曲村铜容器、乐器、车马器与玉石器的随葬情况

	Aa 类	B－2 类	C－3 类
铜容器	鼎（多 5 件以上）、簋、爵、觯、尊、卣、盉、壶等	鼎（多 0~1 件）、簋、簠，少见酒器	
乐器	铜质、玉质编钟编磬（男性墓）	几乎不见	
车马器	各墓皆有	极少数个别随葬	
玉石器	玉组佩、玉覆面等	小件玉石器	质量较差的玛瑙珠或料珠串饰，或少量玉石器，多无玉石器随葬

以铜容器种类、总数与铜鼎数量为例。Aa 类随葬铜容器多在 8 种左右，总数较多，以 10~20 件为主，其中最少者如 M92 随葬 5 种 8 件，最多者如 M113 随葬 13 种 29 件，用鼎数量多在 5 鼎以上。B－2 类墓铜容器的种类明显较少，除 M6384 随葬 9 种之外，其余多仅 1~2 种，最多不超过 4 种，以鼎或鼎、簋组合为主，数量大多不超过 2 件，流行 1 鼎或无鼎。至于 C－3 类墓则未见铜容器随葬。礼器随葬的器用规律呈现出明显的制度性色彩。

墓室营建方面的情况同样如此。天马—曲村的墓葬形制几乎尽为竖穴土坑，形制差异主要表现在外部设施与内部构造上，具体包括墓道、车马坑与积石积炭三种情况。墓道与积石积炭皆仅见于 Aa 类，车马坑多见于 Aa 类，虽亦部分见于 B－1 类，但规模远逊前者。至于 B－2 类、C－3 类，皆为简单的竖穴土坑墓，不同等级的形制差异明显。而且 Aa 类俱为单墓道，均配套大型车马坑，自西周中期以来，各墓皆出现积炭或积石积炭，同一等级内部呈现出明确的等级规范。这种等级规范与等级序列的共存，自然为不同墓葬形制的使用赋予了鲜明的制度意味或者说政治意味。

如果说墓葬形制的等级差异主要表现在 Aa 类与其他等级之间的话，那么墓室面积的等级序列则可适用于全部等级，具体表现为墓室面积随等级提升不断增加，且增幅随等级提升愈发明显，近似指数增长的趋势。“政治观”的存在与作用具有相当程度的普遍性。

墓地布局方面，“当时曲村墓地规划的原则是首先按照族群的不同来划分墓域，在各人群中按照家族为单位分片埋葬，在每一片范围内按照辈分和亲疏关系的不同分排行埋

① 宋玲平：《晋系墓葬制度研究》，第 28~34 页。

葬,每一排行中按照墓主性别聚群或聚组埋葬"①,"各自区域内小型墓围绕中型墓埋葬"②,表现出明显的血缘特征,并以这种"族坟墓"的方式弥合族人等级特征来加强内部团结,维系统治③。但是由于等级高低与血缘远近之间客观差异的存在,在"族坟墓"流行的同时,也出现"公墓"与"邦墓"的分化。前者为王室或国君墓地,后者为一般贵族和平民墓地④,即晋侯墓地与曲村墓地之别。二者距离较远,泾渭分明,最高等级墓葬的独立性已成为彰显身份等级的重要手段。

天马—曲村墓葬等级架构及其背后的社会结构、社会关系、社会制度,无不呈现出明显的政治性色彩,"政治观"构成了贯穿全局的底层逻辑。而这种"政治观"在同时期东南沿海的作用则甚为薄弱,后者倾向于以夸耀性财物、以经济力量彰显身份等级,"经济观"在社会秩序的构建过程中发挥着更加重要的作用。

二、变异系数所见天马—曲村与东南沿海的社会差异

天马—曲村陶器纹饰种类较少,而且以绳纹为大宗。因此陶器生产与消费的讨论当以变异系数为主要对象。由于陶鬲的普遍流行,需要新增变量"足根距",考虑到此变量可与"底径"互替,故将之合并为"底径(足根距)"。具体器类型式的划分遵循报告方案。如此可统计天马—曲村 46 型 74 种 584 件主要器物的 CV 系数,并对其中样本量不足 20 者进行校正。统计详情可参见附录 E(表六)。

在这 296 个数据中,小于 5%者计 30 例,占比达 10.1%,相较于东南沿海 5%~5.4%的比例来看,几为其倍。其余数据则集中在 5%~14%,最高不超过 20%,亦明显低于东南沿海,生产规范化程度应当较高。对天马—曲村、太湖杭州湾与岭南陶瓷器 CV 系数的 t 检验结果同样表明,三者之间的数据差异主要在于天马—曲村与东南沿海之间,而非东南沿海内部,具体表现为天马—曲村 CV 系数水平明显低于太湖杭州湾与岭南,即指向前者更高的生产规范化程度(表 6.4)。

表 6.4　天马—曲村与东南沿海 CV 系数的 t-检验

比较对象	参　　数	口径	底径（足根距）	器　　高	口径/器高
天马曲村—太湖杭州湾	t Stat	-4.989	-3.571	-4.610	-5.857
	P 双尾	**0.000**	**0.000**	**0.000**	**0.000**
	t 双尾临界	1.662	1.662	1.662	1.662

① 谢尧亭:《晋南地区西周墓葬研究》,吉林大学博士学位论文,2010 年,第 50 页。
② 韩睿洋:《商与西周的墓地形态及墓地与居址关系初探》,山西大学硕士学位论文,2020 年,第 79 页。
③ 孙华:《周代前期的周人墓地》,《远望集——陕西省考古研究所华诞四十周年纪念文集》(上),第 265~289 页。
④ 李伯谦:《从晋侯墓地看西周公墓墓地制度的几个问题》,《考古》1997 年第 11 期。

续表

比较对象	参　数	口径	底径（足根距）	器　高	口径/器高
天马曲村—岭南	t Stat	-2.952	-3.061	-2.552	-2.597
	P 双尾	**0.002**	**0.001**	**0.006**	**0.006**
	t 双尾临界	1.663	1.663	1.663	1.663
太湖杭州湾—岭南	t Stat	-1.189	0.009	-0.998	-1.384
	P 双尾	0.122	0.496	0.163	0.088
	t 双尾临界	1.694	1.694	1.694	1.694

在此基础上，可继续考察陶器生产的专业化水平。因缺乏窑址材料，当聚焦不同器类。因大口尊、簋、壶数量较少，可以豆、鬲、罐、盆为主。一元方差分析的结果表明，不同器类的生产规范化程度多有明显差异。经 t 检验可知，这种差异主要表现在豆、鬲与罐、盆之间，至于豆与鬲、罐与盆，则分别呈现出大体接近的 CV 系数水平。具体而言，豆、鬲的生产规范化程度略高于罐、盆，生产专业化倾向可能已经在一定程度上出现（表 6.5）。

表 6.5　天马—曲村不同器类 CV 系数的一元方差分析

	差异源	SS	df	MS	F	**P-value**	F crit
口径	组间	127.647	3	42.549	5.090	**0.003**	2.744
底径（足根距/最大腹径）	组间	241.529	3	80.510	9.062	**0.000**	2.744
器高	组间	90.392	3	30.131	2.676	0.054	2.744
口径/器高	组间	94.869	3	31.623	6.194	**0.001**	2.744

细查这四类器物的随葬情况发现，除盆仅见于第六至第五等级外，其余三者皆见于第六至第二等级①。但在第三至第二等级中，罐的数量较少。由此推测，豆、鬲相对更多见于较高等级墓葬，这或许也是此类器物生产规范化程度较高的部分原因。当然，从这四类器物普遍随葬于较低等级的情况来看，豆、鬲本身并不具备等级标识的意味，所谓生产规范化程度较高也不能完全排除是因其产量较大所导致的熟能生巧的可能。但无论是基于

① 前述墓葬考察中，因 C－3 类墓（即第六至第四等级墓）内部并未见明显差异，因此相关讨论沿用宋玲平的划分方案，以便描述。但在变异系数的讨论中，C－3 类墓内部却呈现出明显差异，因此有必要采用更加细致的等级划分方案，即本书的六等级划分，以明确其等级差异与等级序列。另，豆、鬲、罐亦见于第一等级，但样本量甚少，难于纳入 CV 系数统计。相关讨论暂以第六至第二等级为准。

何种原因，以豆、鬲与罐、盆分化为代表的生产专业化确实存在，并可与天马—曲村陶器生产规范化程度较高的现象相辅相成，与同时期东南沿海陶瓷生产规范化程度较低、生产专业化无存的情况判然相别。相比东南沿海的商品经济，天马—曲村的陶器生产或许更具有某种集约特征，可能已部分地从属于国家或贵族的管控，从而为地区经济生活打上了某种政治烙印。

这种政治性特征在陶器的消费选择方面同样有所体现。分别统计天马—曲村不同等级的 CV 系数(第四与第一等级样本量较少，暂不涉及)，详情参见附录 E(表七)。可以发现，第六等级数据最为丰富，共计 35 类 59 种 419 件，其余等级数据皆甚少，第五等级仅 5 类 5 种 22 件，第三、第二等级则仅各有 1 种器物，难以进行定量分析。但是从数据范围来看，不同等级的 CV 系数水平大致随等级提升而不断降低，呈现为一定的等级序列，虽然这一趋势的出现可能受到样本量的影响而具有某种偶然性，但也确实暗示着不同等级对以 CV 系数为代表的随葬品"质量"的差异选择，显现出与东南沿海截然不同的政治性色彩。后者对陶瓷器随葬数量的简单追求，显然是"经济观"而非"政治观"支配的产物。

第三节　社会发展模式的选择：为什么是"经济"而非"政治"

经由内证、外证的讨论可知，第一、第二阶段东南沿海的社会发展模式确为不同于中原"政治"模式的"经济"模式。其背后的"经济观"并非具体的经济学原理，与经济发展水平也没有必然联系，而是一种以经济力量追求与彰显为核心的思想观念。相应的社会秩序与社会关系由此主导构建，同时对区域资源利用、经济互动乃至格局变迁产生着相当深刻的影响，几乎贯穿地区文化与社会生活的方方面面。与其说"经济观"可能具有某种"上层建筑"意味，还不如说这更可能是决定区域社会发展模式的"底层逻辑"。尽管所谓的"底层"仍具有某种相对性。

类似的"底层逻辑"早已经见于新石器时代的东南沿海。良渚文化的统治形态以瑶山、反山墓地为代表，"不同社会控制集团之间轮流执政或联合执政"①，且其墓主"有善耕织、善木作、善治玉的特殊技能"②，皆暗示"良渚文化统治者的地位、权力和财富，不依赖宗法血缘继嗣体系的特权而获得，更可能是凭借特殊技能，在获得财富资本而成为'中产阶级'的基础上，通过某种平等竞争的平台(如选举)，成为良渚社会领导集团中的一分子"③。这种社会政治特征的形成，同样以"经济观"作为底层逻辑。而且政治与经济之间的这种密切关联也证明，经济性的"底层逻辑"与政治性的"上层建筑"之间的关系，并非对立互斥，而是相辅相成。

---

① 张弛：《良渚大墓试析》，《考古学研究》(三)，科学出版社，1997 年，第 57~67 页。
② 刘斌：《神巫的世界——良渚文化综论》，浙江摄影出版社，2007 年，第 147~157 页。
③ 何驽：《良渚文化的政治社会政治特征探析》，《东南文化》2016 年第 4 期。

事实上，这种经济性的“底层逻辑”在某种程度上或可视为是人类的“第二天性”。在人类漫长进化中的重要节点，如火的驯化、石器的产生，又如由亚洲向美洲迁徙、向狩猎采集过渡、农业起源的过程中，可能都以较为朴素的“经济观”作为人类进化方向选择的“底层逻辑”之一①。从这一点来看，以天马—曲村或者西周王朝为代表的“政治观”的出现应略显晚近。因此，若要解释第一、第二阶段东南沿海为什么以“经济观”而非“政治观”作为社会发展的“底层逻辑”，即社会发展模式的选择为什么是“经济”而非“政治”，则需要首先明晰“政治”如何起源。

一、“政治”的起源与维系

“政治”起源与国家起源密切相关，对此学界已经有社会契约、水利工程、人口压力、暴力战争、地理界限与魅力型权威②等诸多解释，但很难认为国家起源这样一个复杂事件是某种因素单独影响作用的产物。弗朗西斯·福山将这些解释理论整理整合，认为“我们似乎在接近国家原生形成的齐全解释，它需要若干因素的汇合。首先，那里必须资源丰富……这类丰裕可以是纯粹自然的……但更多时候，创造丰裕的是技术进步，比如农业的兴起。其次，社会的绝对规模必须足够大，允许初级分工和执政精英的出现。再次，居民必须受到环境的束缚，技术机遇来到时，其密度会增高；受到逼迫时，会无处可逃。最后，部落群体必须有强烈动机，愿意放弃自由来服从国家权力。这可通过组织日益良好的团体的武力威胁……上述因素加在一起，国家出现……似乎是可信的”③。

中原地区国家起源的具体进程如研究者所言：“在资源相对匮乏、财富分化程度偏低的中原地区，社会的主要矛盾首先表现为社群集体之间的利益冲突……面对这样的生存环境，需要社会系统从两个方面做出反应。首先是调整社群之间日益激化的矛盾，建立新的社群关系或秩序。……新的宏观秩序的建立，必然是通过现有的世俗手段，特别是实力的比拼来获得的。……军事活动成为社会生活的经常内容之时，原本适用于相对平等的社群生活的运作、管理、协调机制就需要加以改变，以适应外部的激烈竞争。……这种变化主要是通过强化军事首领的地位达成的。……这种军事权力很可能是和社会管理职能结合在一起的。……伴随着军事首领地位的快速提升，社群内部的分化也提速进行了。……从较贫困的社会基层大众中单向发展出一个贵族上层。……在激烈竞争的环境

---

① 哈依姆·奥菲克著，张敦敏译：《第二天性：人类进化的经济起源》，中国社会科学出版社，2004年。

② Karl Wittfogel. *Oriental Despotism: A Comparative Study of Total Power*. City of New Haven: Yale University Press, 1957. Henri Claessen, Peter Skalnik. *The Early State*. Hague: Mouton Press, 1978. Kent V. Flannery. The Cultural Evolution of Civilizations. *Annual review of Ecology and Systematic*, 1972(3): 399~426. Winifred Creamer. The Origins of Centralization: Changing Features of Local and Regional Control During the Rio Grande Classic Period, A.D. 1325~1540, Jonathan Haas. *From Leaders to Rulers*, New York: Springer US, 2001: 37~58. Robert L. Carneiro. A Theory of the Origin of the State, *Science*, 1970(169): 733~738. Robert L. Carneiro. On the Relationship Between Size of Population and Complexity of Social Organization. *Journal of Anthropological Research*, 1986(3): 355~364. Max Weber. *Economy and Society: An Outline of Interpretive Sociology*. Berkeley: University of California Press, 1978: 212~254.

③ 弗朗西斯·福山著，毛俊杰译：《政治秩序的起源：从前人类时代到法国大革命》，广西师范大学出版社，2020年，第77~85页。

中，在资源相对贫乏的基础上，原来平等、平均的氏族社会被如此这般地改造成了'准文明'的形态，或者干脆就是文明。"①

可以发现，中原国家起源的具体实践与弗朗西斯所概括的理论因素若合符节：

中原国家起源的时间约在公元前3000～前2500年②，恰好是全新世以来的第三次高温期，气温比现在高出2～3℃，气候带北移3～4个纬距③，水热条件较现今更具优势，可供利用的资源种类更加丰富。如西安半坡、淅川下王岗等地出现习见于长江以南的喜暖动物，如獐、竹鼠、獏遗骨④。在此环境下，农业发展自然也更具优势。

丰裕的资源与发展的农业为人口增加奠定了物质基础，增加的人口对资源的获取与农业的发展又不断提出新的要求。囿于较低的生产力水平，后者的实现主要依赖于持续增加的人口与不断扩大的资源域，而非生产工具与生产方式的进步，如此循环往复。同时，长城地带文化的南下、屈家岭—石家河文化的北上与大汶口文化的西进也必然伴随着外来人群的进入，进一步导致了中原人口激增、密度增大，在客观上扩大社会规模、促进社会分层的同时，也不断挑战着资源环境的承载能力。

广阔的华北平原使得旱作农业成为中原地区的经济基础，但平坦开阔的地形意味着垂直效应的缺失。当不断增加的人口要求更多资源与更多粮食之时，其努力的方向只能局限于平面。但是平面上的土地与资源毕竟相对固定，具有明显的排他性，旱作农业客观上也限制着人群的流动。400毫米等降水量线、黄土高原、长江与江南丘陵的阻隔以及华北平原的广阔，从不同的角度共同构筑出中原地区的环境束缚，社会发展必然陷入"扩大土地—人口增加—继续扩大土地—人口持续增加"的循环当中。资源压力终将导致社群之间的矛盾激化与冲突加剧。

随着社会环境日益动荡，军事活动成为经常性的社会生活，社群内部"原本适用于相对平等的社群生活的运作、管理、协调机制"被迅速提升的军事首领地位与明显加速的阶级分化所打破。后者与社会管理职能高度结合，国家就此起源。这样的国家起源方式，"决定了中原社会原有的氏族组织不会因经济原因被彻底瓦解，而是在相当大的程度上保留下来，并被社会上层所利用，继续发挥其调控整个社会网络的作用"⑤，从而导致社会制度的构建与维系不能简单依靠经济发展，而需要依赖严格的政治规划与管控。这正是两周时期中原社会发展以"政治观"而非"经济观"为"底层逻辑"、选择"政治"模式而非"经济"模式的历史根源与经济基础。

在这样的"政治"社会中，逐渐形成了以宗法制度、礼乐制度、天命观等为代表的严格政治制度，并以贵重资源及其产品的分配与使用规范为重要的物质表现。需要注意的是，

① 赵辉：《中国的史前基础——再论以中原为中心的历史趋势》，《文物》2006年第8期。

② 赵辉：《以中原为中心的历史趋势的形成》，《文物》2000年第1期。

③ 徐馨、沈志达：《全新世环境——最近一万多年来环境变迁》，贵州人民出版社，1995年，第72～73页。

④ 李有恒、韩德芬：《陕西西安半坡新石器时代遗址中之兽类骨骼》，《古脊椎动物与古人类》1959年第4期；贾兰坡、张振标：《河南淅川县下王岗遗址中的动物群》，《文物》1977年第6期。

⑤ 同①。

这些政治制度得以实现的基础，事实上在于国家控制和征用地域的稳定，依赖于“国家与定居农业的永久结合”。“在固定耕地上种植农作物受到国家的鼓励，并且历史地成为国家权力的基础。反过来定居农业也导致了土地的产权、父权制家庭企业的产生，以及同样受到国家鼓励的对大家庭的重视。……对于其他的生存模式，除了它们提供有价值的贸易物资（比如皮毛）以外，从财政角度都被认为是没有价值的”①。农业经济基础带来的大量定居人口、粮食剩余、国家赋税与徭役，成为中原王朝政治制度得以维系的关键②。

二、为什么是“经济”而非“政治”

在基本明晰中原地区“政治”起源与维系的影响要素的基础上，可以构建相应的社会发展模式分析框架。即以地理环境为切入，以资源条件、人地关系、人口流动、社会规模与经济基础为主要内容，逐一探讨第一、第二阶段之时，东南沿海社会发展模式为什么是“经济”而非“政治”。

（一）阻隔：地理、文化与社会

东南沿海社会发展长期为“经济”模式的前提在于，并未如第三阶段一般，受到外来文化的强势影响，地区社会得以独立自由发展。其形成基础，在于同周边地区，特别是同中原地区的地理与文化阻隔。

中原虽然与东南沿海同属我国地势的第一阶梯，但是却分属不同的构造地貌，即“燕山运动以来下沉占优势的平原”与“燕山运动隆起喜马拉雅运动上升的山地和丘陵”③，二者海拔高低悬殊，而且还间隔广阔的长江中游与长江天堑，存在相对明显的地理阻隔。这种地貌差异又导致交通方式呈现“南船北马”之迥异，更进一步加剧了地理、文化与社会的阻隔④。夏商西周时，中原王朝的实际范围长期局限于中原，西周分封诸国大多在长江以北⑤，汉水中游以及淮河中下游大致为周王朝的南方疆界。南土诸侯也并非源自西周王朝的权力与文化核心，与王朝中央的政治关系高度动态，可以视为区别于王畿区与封建区的“羁縻区”，在西周大一统的过程中表现出明显的离心力⑥。东南沿海更在南土之南的，与中原的关系自然也就更加疏离。

这样的地理、文化与社会阻隔为第一、第二阶段东南沿海的文化与社会发展创造了相对独立而自由的环境。但这种阻隔毕竟也只是相对而言，中原与东南沿海的地貌差异绝

---

① 詹姆士·斯科特著，王晓毅译：《逃避统治的艺术：东南亚高地的无政府主义历史》，生活·读书·新知三联书店，2016 年，第 12 页。

② Barbara Watson Andaya. Political Development between the Sixteenth and Eighteenth Centuries. Nicholas Tarling. *The Cambridge History of Southeast Asia: Volume 1, From Early Times to c.1800*, Cambridge: Cambridge University Press, 1993: 402~459.

③ 中国科学院《中国自然地理》编辑委员会：《中国自然地理·地貌》，科学出版社，1980 年，第 4~6、36~40 页。

④ 童恩正：《中国北方与南方古代文明发展轨迹之异同》，《中国社会科学》1994 年第 5 期。

⑤ 李零：《两周族姓考》，《茫茫禹迹》，第 77~135 页。

⑥ 雷晋豪：《征服与抵抗：周代南土的政治动态与文化转型》。

非悬殊，南北之间也长期存在着文化与社会的联系。这也为第三阶段以来不同地区交流加剧、东南沿海进入华夏文明埋下伏笔。

（二）适应：资源与人口

两周时期的气候条件与现今大体接近①，资源分布可由今推古。

中原属暖温带，东南沿海属亚热带（太湖杭州湾至闽南）与过渡性热带（粤东及岭南大部），水热条件优越于中原，孕育着更加丰富的植物资源。而且东南沿海以丘陵山地为主，较之中原的广阔平原，垂直效应明显，气候的多样性也使得植物资源愈发多样②。如中国特有的190余个单种属植物中，东南沿海所属“华南组”共计有35属，中原所属“华北组”则仅见有9属，不仅数量差距悬殊，分布密度也不可同日而语③，可知东南沿海植物资源之丰富。

作为食物链中的生产者，植物资源的丰富必然会导致消费者，即动物资源的充裕。而且我国陆栖脊椎动物的分布与水热条件呈正相关④，东南沿海优越的水热条件不仅为其提供了丰富的食物来源，也提供着良好的生活环境。加之温度带阻限效应的作用，这些陆栖脊椎动物的区系可以长江为界分为南北两区，即包括东南沿海在内的东洋界与包括中原在内的古北界，除少量喜寒、耐寒动物外，绝大多数动物皆以东洋界为主要分布区域，具体种类又大致从南向北递减，“在亚热带的三个亚带中的递减率，分别为16%、28%、48%，不及百分之五十。至暖温带则为66%，温带为76%”。东南沿海的动物资源明显优越于中原⑤。

与丰富的动植物资源相配套的是东南沿海的稀疏人口。由于考古材料与文献记载的缺乏，目前尚无法准确估计先秦时期不同地区的人口情况⑥。但从历史时期的材料来看，从西汉元始二年到唐天宝年间，中原始终占据了中国人口的绝大部分，东南沿海的人口长期较少⑦。两周时期的情况可以西汉为参照。元始二年，东南沿海人口多者如太湖杭州湾（会稽北部），密度不超过14.28人/平方公里；寡者如岭南（南海郡），密度仅0.96人/平方公里，与同时期河南135.07人/平方公里的体量相去甚远⑧。虽然秦汉时期东南沿海有人口外迁，即“乌程、余杭、黝、歙、无湖、石城县以南，皆故大越徙民”⑨，“东瓯请举国徙中

---

① 中国科学院《中国自然地理》编辑委员会：《中国自然地理·古地理（上）》，科学出版社，1984年，第69~71页；丁一汇：《中国气候》，科学出版社，2013年，第443~462页。

② 中国科学院《中国自然地理》编辑委员会：《中国自然地理·植物地理（下）·中国植被地理》，科学出版社，1988年，第2~9页。

③ 同上书，第89~99页。

④ 张荣祖：《中国动物地理》，科学出版社，2011年，第37~45页。

⑤ 中国科学院《中国自然地理》编辑委员会：《中国自然地理·动物地理》，科学出版社，1979年，第3~16页。

⑥ 葛剑雄：《中国人口史》第1卷《导论、先秦至南北朝时期》，复旦大学出版社，2002年，第265~300页。

⑦ 陈正祥：《中国文化中心的迁移》，《中国文化地理》，生活·读书·新知三联书店，1983年，第1~22页。

⑧ 葛剑雄：《西汉人口地理》，商务印书馆，2014年，第110~114页。

⑨ 李步嘉：《越绝书校释》卷2《越绝外传记吴地传第三》，第36页。

国，乃悉与众来，处江淮之间……诏军吏将其民徙处江淮间，东越地遂虚”①，并有部分越人封侯内徙②，但是同时亦见汉人南迁，“徙天下有罪谪吏民，置海南故大越处”③，“发诸尝逋亡人、赘婿、贾人，略取陆梁地，为桂林、象郡、南海，以谪遣戍”④，总人口的变动应当较小。而且元始二年全国总人口约为武帝末年之倍⑤，东南沿海即便人口增长缓慢，较之先秦时期也应相去不远，甚至有所超越。故可确言，先秦时期的东南沿海长期“地广人希”。

如此丰富优渥的动植物资源与“地广人希”的人口结构形成了鲜明的落差，导致东南沿海的人地关系异常和谐，虽然稀疏的人口会在一定程度上降低对某些动植物资源的开发与利用，但同时也会降低资源需求的总量，“是故江淮以南，无冻饿之人，亦无千金之家”。中原所见资源压力、人地矛盾于此宛若天方夜谭，由其导致的资源竞争、军事冲突、社会重组、“政治”起源与东南沿海间的距离自然也相当遥远。

（三）海洋：另一种选择

除陆地资源外，漫长的海岸线与开阔的海域还为东南沿海带来了丰富的海洋资源。

以海鱼⑥、贝丘遗址⑦、凹石⑧为代表，先秦时期东南沿海已对海洋资源有持续利用，尽管其在具体取食中所占的比例可能因时因地而异，但作为陆地资源的重要补充却是不争的事实。这也可以部分弥补陆地资源利用率较低、灾变导致陆地资源减少等情况的影响，为东南沿海提供了另一种选择，虽然不至于使人们生活富足，但至少可以免除饿馁之患。相应的人地环境也更趋和谐。类似中原因资源压力所带来的社会矛盾即便存在，也不足以构成社会生活的主要内容。

在提供更多资源选择的同时，沿海的环境还使得东南沿海的人口易于流动而缺乏足够的环境束缚。漫长曲折的海岸线中密布着大大小小的港口，随处皆可扬帆起航，面向太平洋的广阔海域、方向因时而变的季节性洋流与海洋中密布的岛屿，更为海上航行提供了多样的目的地、自然的动力与充足的补给。海上交通，乃至远洋航行不仅可能，而且便利。新石器时代，东南沿海的人群便有丰富的海上交通实践。跨湖桥独木舟或是“一艘适于海上航行的边架艇独木帆舟”⑨。庙岛群岛附近海域打捞的河姆渡四期绳纹釜可以证明，至

---

① 司马迁：《史记·东越列传》，第 3610~3614 页。
② 葛剑雄：《西汉人口地理》，第 213~229 页。
③ 李步嘉：《越绝书校释》卷 8《越绝外传记地传第十》，第 230 页。
④ 司马迁：《史记·秦始皇本纪》，第 323 页。
⑤ 同②，第 95~106 页。
⑥ 浙江省文物考古研究所等：《浙江余姚田螺山新石器时代遗址 2004 年发掘简报》，《文物》2007 年 11 期；施崇阳、郭怡：《通过食谱分析探讨田螺山与梁王城遗址先民对渔业资源的利用》，《人类学学报》2022 年 4 月。
⑦ 赵荦：《中国沿海先秦贝丘遗址研究》，复旦大学博士学位论文，2014 年。
⑧ 付永旭：《试论华南地区的凹石》，《考古》2019 年第 8 期。
⑨ 吴春明：《中国东南与太平洋的史前交通工具》，《从百越土著到南岛海洋文化》，第 241~256 页；浙江省文物考古研究所等：《跨湖桥》，文物出版社，2004 年，第 50 页。

少在公元前4000年前，长江下游与渤海湾之间已经存在海上交通①。在近海航行之外，以南岛语族的扩散为代表，东南沿海的远洋航行也有长足发展。太平洋地区的考古材料与DNA研究结果表明，南岛语族的扩散实际上就是不断向太平洋迁徙的过程，而航海术的发展正是其迁徙与扩散的关键②。

沿海环境不仅为东南沿海提供了另一种资源选择，还提供了另一种生存空间选择。当天灾人祸来临之时，人们可以通过海上交通自由而便利地躲避灾害，可以定居他地，也可以在风波过后重返故土。这种开放无束的环境客观上拓展了东南沿海本已充裕的海陆资源，增强了其抵御风险的能力，稳固了本就和谐的人地关系。而且，人群流动的便利也增加了社会组织的控制成本，"政治"的孕育与维系缺乏必要的条件与适合的土壤。

（四）破碎：地形、人群与社会

东南沿海以丘陵山地为主，走势不一，高低不同，内部点缀众多大大小小的盆地，并发育勾连纵横的密集水系将之串联，呈现出总体统一、内部破碎的地形特征。作为人类生存的基本空间，这样的地形也导致东南沿海的人群分布呈现出大体相似的特征，族群多有分化，人群分散多元。所谓"自交趾至会稽七八千里，百越杂处，各有种姓"③，不外如是。

虽然当时人群的具体分化与族属已难详查，但考虑到人群与语言关系的相对稳定，可以尝试从汉语方言地理分布的角度对其人群分化程度略作考察，并与中原比对。

根据语音的不同，现代汉语方言可分为"话（语）—片—小片"三个层级。中原以中原官话占绝对优势，共有2话（语）11片13小片④，内部语言高度统一，与地处开阔平原、长期受"政治"管控的情况相吻合。东南沿海的方言则相当复杂而多样，从北到南依次以吴语、闽语、客家话与粤语为主，且多见小片，具体分布范围大致与太湖杭州湾、浙南闽北、粤东闽南、岭南四个地区相对应，还有部分地区流行徽语、赣语与土话，共有7话（语）29片

---

① 吴汝祚：《中国沿海史前文化的交往和海上交通》，《东南文化》1993年第2期。

② Melinda A. Yang et al. Ancient DNA indicates human population shifts and admixture in northern and southern China, *Science*. 2020(369): 282~288. Zhenhua Deng et al. Validating earliest rice farming in the Indonesian Archipelago, *Sci Rep*. 2020(10984). Bellwood, P. The Austronesian dispersal and the origin of languages. *Sci Am*. 1991(265): 88~93. Bellwood, P. *First Farmers: The origins of Agricultural Societies*, New Jersey: Wiley-Blackwell, 2004. Blust, R. The prehistory of the Austronesian-speaking peoples: a view from language. *J. World Prehistory*, 1995(9): 453~510. Solheim, W. G. The Nusantao hypothesis: the origin and spread of Austronesian speakers. *Asian Perspect*, 1984~1985(1): 77~88. Meacham, W. On the improbability of Austronesian origins in South China. *Asian Perspect*, 1984~1985(1): 89~106. Bellwood, P. A hypothesis for Austronesian origins. *Asian Perspect*, 1984~1985(1): 107~117. Diamond, J. M. Express train to Polynesian. *Nature*, 1988(336): 307~308. Gray, R. D. Language trees support the express-train sequence of Austronesian expansion. *Nature*, 2000(405): 1052~1055. Diamond, J. M. Farmers and their languages: the first expansions. *Science*, 2003(300): 597~603. Tsang, C. H. Recent discoveries at a Tapenkeng culture site in Taiwan: implications for the problem of Austronesian origins. In Sagart, L. et al. *The peopling of East Asia*. London: Routledge Curzon, 2005: 63~73. Bellwood, P. Taiwan and the prehistory of the Austronesian-speaking people. *Rev. Archaeol*. 1997(18): 39~48. Bellwood, P. Examining the farming/language dispersal hypothesis in the East Asian context. In Sagart, L. et al. *The peopling of East Asia*. London: Routledge Curzon, 2005: 17~30.

③ 班固：《汉书·地理志》，颜师古注，第1670页。

④ 中国社会科学院语言研究所：《中国语言地图集·汉语方言卷》，商务印书馆，2012年。

41 小片①，呈现出异常明显的分化与破碎态势。现今汉语方言的分布当然受到历史时期的长期影响，不可能将之等同于先秦时期的情况，但自秦汉以来，东南沿海纳入中央王朝政治管控已历经 2 000 余年，其方言分布却仍然呈现出如此分化、破碎的态势，应当是一种历史的惯性。这种惯性的根源显然又在于这一地区破碎的地形与人群。从这一角度来看，客家话的出现虽然是后世外来人口迁徙的结果，但其 5 片 6 小片的分化程度甚至超过粤语，在某种程度上或许也可以视为粤东闽南破碎地形所影响的产物（表 6.6）。

表 6.6　中原与东南沿海现代汉语方言

<table>
<tr><th colspan="2">中原</th><th colspan="6">东南沿海</th></tr>
<tr><th colspan="2">中原官话、晋语</th><th colspan="2">吴语、徽语</th><th colspan="2">闽语、赣语</th><th colspan="2">粤语、客家话、土话</th></tr>
<tr><td colspan="2">郑开片</td><td rowspan="5">太湖片</td><td>苏嘉湖小片</td><td rowspan="4">闽南片</td><td>泉漳小片</td><td colspan="2">广府片</td></tr>
<tr><td colspan="2">洛嵩片</td><td>上海小片</td><td>大田小片</td><td colspan="2">四邑片</td></tr>
<tr><td colspan="2">南鲁片</td><td>杭州小片</td><td>潮汕小片</td><td colspan="2">高阳片</td></tr>
<tr><td colspan="2">漯项片</td><td>临绍小片</td><td>浙东南小片</td><td colspan="2">吴化片</td></tr>
<tr><td colspan="2">商阜片</td><td>甬江小片</td><td rowspan="2">闽东片</td><td>侯官小片</td><td colspan="2">勾漏片</td></tr>
<tr><td colspan="2">信蚌片</td><td rowspan="2">上丽片</td><td>上山小片</td><td>福宁小片</td><td rowspan="2">粤台片（客）</td><td>梅惠小片</td></tr>
<tr><td colspan="2">兖菏片</td><td>丽水小片</td><td rowspan="2">闽北片</td><td>建瓯小片</td><td>龙华小片</td></tr>
<tr><td colspan="2">徐淮片</td><td>宣州片</td><td>太高小片</td><td>建阳小片</td><td colspan="2">粤北片（客）</td></tr>
<tr><td colspan="2">关中片</td><td colspan="2">台州片</td><td rowspan="2">邵将片</td><td>邵武小片</td><td colspan="2">海陆片（客）</td></tr>
<tr><td rowspan="2">上党片（晋）</td><td>长治小片</td><td colspan="2">金衢片</td><td>将乐小片</td><td colspan="2">粤西片（客）</td></tr>
<tr><td>晋城小片</td><td colspan="2">瓯江片</td><td colspan="2">莆仙片</td><td colspan="2">汀州片（客）</td></tr>
<tr><td rowspan="2">邯新片（晋）</td><td>磁漳小片</td><td colspan="2">绩歙片（徽）</td><td colspan="2">闽中片</td><td colspan="2">粤北土话</td></tr>
<tr><td>获济小片</td><td colspan="2">休黟片（徽）</td><td colspan="2">雷州片</td><td colspan="2"></td></tr>
<tr><td colspan="2"></td><td colspan="2">严州片（徽）</td><td colspan="2">抚广片（赣）</td><td colspan="2"></td></tr>
<tr><td colspan="2"></td><td colspan="2">祁婺片（徽）</td><td colspan="2"></td><td colspan="2"></td></tr>
<tr><td colspan="2">2 语（话）11 片 13 小片</td><td colspan="6">7 语（话）29 片 41 小片</td></tr>
</table>

这种破碎的地形、人群自然会影响到社会规模与社会组织。一方面，地形的破碎意味

① 中国社会科学院语言研究所：《中国语言地图集 · 汉语方言卷》，商务印书馆，2012 年。

着具体地理单元面积的狭小与人群数量的稀少，从而直接导致相应社会规模较小，社会内部的阶级分化程度较低，在缺乏外来刺激的情况下，不足以支持自发的政治性变革。另一方面，破碎的地形客观上会导致社群之间的相对阻隔，尽管东南沿海水网发达、水运便利，但这种相对阻隔依然存在。同时发达的水网又赋予了人群自由流动的能力，极大地挑战着政权或社会组织的控制成本。人群“倾向于雷同，但不可能合并起来……在他们的同一性上很难建立起一个金字塔式的政治统一体”①。

当然，这种地形与人群的破碎也具有一定的相对性。杭嘉湖、宁绍、粤中即分布有平原，墓葬所反映的人群与社会规模也相对较大，前者构成了越国“句践之地，南至于句无，北至于御儿，东至于鄞，西至于姑蔑”②的主体范围，后者则为南越都城所在，是秦汉以来东南沿海最重要的两个政治中心。这种政治中心的出现，无论是主动还是被动，既得益于外来强势政治性文化的影响，也有赖于平原地形提供的充足稳定的人口与其税收优势。只是在缺乏外来刺激的第一、第二阶段，这种优势尚无足够的动力与能力来实现社会发展模式由“经济”向“政治”的转化。

（五）交换：资源、杠杆与经济基础

尽管拥有良好的水热条件，但受地形与土壤条件限制，在东南沿海地区，仅分布着“水肥充足、新冲积的微石灰性草甸土”的长江三角洲与珠江三角洲适宜农业发展③。所谓的农业重心，其实要到安史之乱、五代十国乱战、北方经济崩溃之后才逐渐形成，直至玄宗天宝年间，每年运送中央的米粮仍以河南、河北为首位，淮南、江南仅居第三④。至于两周时期东南沿海的农业发展水平，虽然暂无直接证据，但仍可根据此前此后，即广富林—马桥时期与秦汉时期的情况略作推测。

孢粉分析的结果表明，广富林时期太湖杭州湾的水域面积较现今更大⑤，水热条件更好，在有利于水稻种植的同时，却也限制了耕地的面积。较之良渚，这一时期的花粉浓度与禾本科的百分比含量急剧下降，稻作农业明显减弱⑥。马桥时期仍延续这一趋势，稻作农业在经济生活中的比重远逊于良渚，获取肉食资源的方式转变为以狩猎为主、家畜饲养为辅⑦，暗示着粮食资源的缺乏。后马桥时期，森林草原覆盖面积广阔，低洼之地积水成沼潭，水域众多而宽广，生业模式仍然以渔猎、耕作相结合，且以前者占较大比重⑧。两周时期，地区气候环境未有显著变化，农业发展也应当没有大幅改变。从青铜农具的发现年

---

① 拉铁摩尔著，唐晓峰译：《中国的亚洲内陆边疆》，江苏人民出版社，2005年，第321页。
② 徐元诰：《国语·越语上》，第570页。
③ 中国科学院《中国自然地理》编辑委员会：《中国自然地理·植物地理（下）·中国植被地理》，第11页。
④ 钱穆：《中国历史精神》，九州出版社，2011年，第45~63页。
⑤ 张玉兰：《广富林遗存在上海地区的首次发现及其古环境意义》，《海洋地质与第四纪地质》2006年第6期。
⑥ 陈杰等：《上海松江区广富林遗址的环境分析》，《考古》2007年第7期。
⑦ 上海市文物管理委员会：《马桥：1993~1997年发掘报告》，上海书画出版社，2002年，第323~346页。
⑧ 南京大学历史系考古专业等：《江苏常熟钱底巷遗址发掘报告》，《考古学报》1996年第4期；孙维昌：《上海市金山县查山和亭林遗址试掘》，《南方文物》1997年第3期。

代来看，春秋晚期之后，太湖杭州湾的农业可能才有相对明显的突破，这也与此时东南沿海降水量减少、海平面降低①的环境变迁相契合。但是如文献所载，秦汉时期，“楚越之地，地广人希，饭稻羹鱼，或火耕而水耨，果隋蠃蛤”②，“百姓不知牛耕，致地力有余而食常不足”③，“民常以牛祭神，百姓财产以之困匮”④，可知此时太湖杭州湾的农业发展水平仍然较低，两周时期的情况应该与此相去不远。岭南地区虽然囿于材料限制难以进行类似考察，但从农具罕见等现象来看，情况也应大体如此。总体来看，两周时期东南沿海的农业发展不仅空间狭小，而且水平较低，很难认为可以构成地区经济基础。

相比于太湖杭州湾，宁镇地区的农业发展水平明显较高。如北阴阳营遗址即发现数量较多的农具，肉食资源的获取也以家畜饲养为主⑤，农业应该是其生活资料的主要来源。商周时期的湖熟文化与吴文化也基本延续了这一生业结构⑥，这或许也成为吴地政治化开始较早、发展速度较快、水平较高的经济基础。

基于农业发展的地区差异，两周时期的江南内部可能存在农产品与其他资源间的交换。勾践便曾经向吴国“贷粟”。虽然这一行为更具有政治色彩，但从崧泽时期玉石业、农业的分区与产品流通来看⑦，这种粮食资源的交换应非偶然。事实上，这种交换可能还涉及更多资源。如前所述，江南资源分布并不平衡，铜矿在西，盐与海洋资源在东，玉石在南，陶瓷在北，而高低起伏的丘陵山地中更是蕴藏着少见于冲积平原与沿海平原的丰富资源。如此不平衡的资源结构与发达的网状水系、便利的水上运输相结合，极易导致“资源贫乏杠杆”⑧的出现，即通过资源流动、商品交换使得资源分布达到更趋合理、按需分布的动态平衡。

尽管这种资源流动与交换的详情暂不可考，但从前述区域经济分工与区域“经济共同体”的讨论来看，这种资源流动应该主要呈现为商品经济而非国家管控的形式，这也与东南沿海地形与人群的破碎、统一强势政权的缺位，以及重商观念的长期盛行相符合。商品经济还常见盛行于与东南沿海环境相似，即水热条件好、沿海、多山地丘陵、农业水平较低的更多地区，如希腊与伊比利亚，并直接导致其社会发展呈现出鲜明“经济”特征⑨。由此推测，至少在第一、第二阶段，东南沿海应同样以商品经济为其经济基础，从而使得资源、人群的流动以及中产阶级的出现成为社会生活的常态，进而导致“经济观”的盛行与社会发展的“经济”模式。

---

① 张立等：《中国江南先秦时期人类活动与环境变化》，《地理学报》2000 年第 6 期。
② 司马迁：《史记 · 货殖列传》，第 3968 页。
③ 范晔：《后汉书 · 循吏列传》，中华书局，1965 年，第 2466 页。
④ 范晔：《后汉书 · 第五钟离宋寒列传》，第 1397 页。
⑤ 南京博物院：《北阴阳营——新石器时代及商周时期遗址发掘报告》，文物出版社，1993 年，第 159～163 页。
⑥ 罗汝鹏：《公元前 20 至前 9 世纪中国东南地区考古学文化研究——以闽浙赣交界地区为中心》，第 198 页。
⑦ 何驽：《关于崧泽文化商品经济的思考》，《东南文化》2015 年第 1 期。
⑧ 傅衣凌：《明清时代商人及商业资本》。
⑨ 詹姆斯 · 菲尔格里夫著，龚权译：《地理与世界霸权》，上海人民出版社，2016 年，第 48～69、119～134 页。

第四节　要素禀赋结构影响下的差异社会

如果说国家起源方式有“原生型”与“次生型”①的差别的话，那么社会发展模式的选择也应有“原生”与“次生”之别。东南沿海社会发展模式从“经济”到“政治”的转变，正是其选择由“原生”转向“次生”的结果。

“次生”模式的出现意味着外来文化的强势影响，无论其接受方式是主动还是被动。从某种意义上来说，这种转变大多会具有时代特性，是宏大历史进程的必然产物。相比之下，“原生”模式的选择则与当时当地的要素禀赋结构密切相关。东南沿海与中原地区在影响国家起源方式与社会发展模式的各种要素，即资源条件、人地关系、人口流动、社会规模与经济基础等方面皆表现出显著差异（表 6.7）：

表 6.7　中原与东南沿海的要素禀赋结构对比

	中　　原	东南沿海
资源条件	陆地动植物资源较丰富	陆地及海洋动植物资源相当丰裕
人地关系	人口数量众多，人口密度大，人地关系紧张	人口数量较少，人口密度小，人地关系和谐
人口流动	环境束缚，人口流动性较低	环境开放，人口流动性较高
社会规模	地形开阔，社会规模较大	地形破碎，社会规模较小
经济基础	农业发达为经济基础	农业空间狭小、发展水平较低，商品经济为经济基础

不难发现，二者的要素禀赋结构相去甚远。中原地区总体表现为资源压力突出，资源、经济与人群相对稳固并易于控制，两相结合导致“从较贫困的社会基层大众中单向发展出一个贵族上层”，逐渐发展出一套完整的政治制度，以“政治”模式自上而下地构架社会制度与社会关系，实现社会控制。但这并不适用于东南沿海。后者的要素禀赋表现为资源充裕无压力，资源、经济与人群的流动性明显而难于管控，因此赋予相应社会组织以相对自由、公平、开放②的社会环境。事实上这也是商品经济基础直接决定的不同于中原农业社会的“上层建筑”。在此社会中，经济力量的导向作用也就愈发明显，至少部分地、自下而上地构建着社会秩序与社会关系，使得社会发展最终呈现为“经济”的而非“政治”的模式。

尽管经济基础对社会发展模式的选择确实产生着相当重要而直接的影响，但社会发

① 弗朗西斯·福山著，毛俊杰译：《政治秩序的起源：从前人类时代到法国大革命》，第 78~79 页。
② 何驽：《良渚文化的政治社会政治特征探析》，《东南文化》2016 年第 4 期。

展模式毕竟不能完全等同于“上层建筑”，更何况经济基础的形成也自有其根源。故究其本质，应是东南沿海独特的要素禀赋结构决定了第一、第二阶段地区社会在独立自由发展的情况下，选择了“经济”而非“政治”的“原生”发展模式，并以此构建出与中原王朝截然有别的差异社会。

至于东南沿海内部的共性内核与差序格局，同样也是不同地区的要素禀赋结构共性与异性并存所导致的必然结果。太湖杭州湾与岭南之间社会发展水平的高低之分，社会政治化转型的主动与被动之别，固然与距离中原的远近，以及受中原影响的年代早晚、时间先后、程度深浅有关，但同样应与岭南的要素禀赋结构相配适。其资源更加充裕，人口更加稀疏，人地关系更加和谐，适宜农业的面积更小，商品经济的基础性经济地位更加显著，地区内部分化更加鲜明，因此社会政治化转型的需求与动力也就更低。正是要素禀赋结构共性与异性的并存，使得东南沿海不同地区在春秋晚期以来席卷整个中国的时代浪潮中，呈现出不尽相同的社会图景。

第七章　结语：作为边疆的东南沿海

本书旨在讨论公元前10至前3世纪，即相当于中原两周时期，东南沿海区域文化演进、社会图景、发展进程的内容与特征，探究社会发展模式、转型态势及其成因。

作为边疆的东南沿海，考古工作开展较早，如吴越文化的科学研究起步于20世纪30年代①，又如1931年黄花考古学院的成立②与1932~1935年英国神父芬戴礼在香港南丫岛的调查③拉开了岭南考古的序幕。长期的考古工作使得东南沿海的考古材料不断涌现，考古研究不断深入。但一方面，受制于东南沿海破碎的地形、历史发展的不平衡性以及材料发现与发表的实际情况，目前可供利用的考古材料仍相对较少，分布较分散，而且以墓葬为主，系统性不足；另一方面，受“根深蒂固的中华大一统观念”④影响，学界对此边疆地带的关注较少，研究深度与广度远不及中原。有鉴于此，本书尝试利用新视角与新方法，对两周时期东南沿海的文化与社会进行研究。具体着眼于东南沿海本身而非以其为中原之附庸，从不同侧面进行综合考察，充分利用定量手段进行数据分析与解读，注重探讨文化与社会现象背后的成因。

前述诸章基本构建了两周时期东南沿海统一且细致的分期年代框架，划分了区域文化与社会发展的不同阶段与不同主题，从文化与社会互动、墓葬等级秩序与制度、经济生产生活等角度出发，梳理阐释了东南沿海文化演进与社会发展进程的具体内容与特征，探讨了社会发展模式、转型态势及其成因。本章将整合归纳东南沿海文化与社会发展的主要特征，并将其置于更大时空背景下，从边疆社会转型的角度重新审视华夏文明与中华民族的形成。

第一节　东南沿海文化与社会图景的宏观架构

本书严格遵循类型学的操作规程，尽量直接系联更多对比单位，整合构建了东南沿海统一且细致的分期年代框架，进而根据区域文化与社会发展的不同主题，将区域格局变迁划分为三个阶段，即西周早期至西周晚期早段（公元前1050~前830年）、西周晚期晚段至

① 冯普仁：《吴越文化》，第5页。
② 杨式挺等：《广东先秦考古》，广东人民出版社，2015年，第31页。
③ 杨式挺：《广东考古五十年》，《学术研究》1999年第10期。
④ 苏秉琦：《中国文明起源新探》，商务印书馆，1997年，第2页。

春秋中期（公元前 830～前 520 年）、春秋晚期至秦汉之际（公元前 520～前 202 年）。现可整合归纳各阶段的文化与社会图景。

一、西周早期至西周晚期早段

太湖杭州湾—浙南闽北文化圈初步形成，内部各地区、各小区的文化面貌仍略有差异。其时，浙南闽北为中原王朝原始瓷的最重要来源地，以原始瓷豆 Ca 型、Da 型为代表的“浙南闽北传统”在东南沿海颇为盛行，对粤东闽南、岭南影响明显。正是依赖于文化交流与资源互动的优势地位，浙南闽北突然兴起成为区域中心所在，相较于太湖杭州湾，其物质遗存更丰富，墓葬等级分化程度更高，社会结构更接近金字塔形，随葬品器用规律与等级表达方式呈现出一定的制度性色彩，部分高等级墓葬如庙山尖、小人尖已具有鲜明的独立性。此时太湖杭州湾的墓葬分层相对简单，社会结构总体均衡，随葬品中“礼器相对缺失”，而倾向以“夸富物”彰显身份等级，普遍追求简单日常用器的随葬数量本身，可称之为“夸富葬俗”。墓葬形制、墓室面积与一墩多墓虽然部分地呈现出某种差异，但是远未成序列，墓地布局也缺乏明确的等级规划，社会关系以地缘为主，不同等级墓葬多混杂分布，社会秩序的构建以“经济观”为主导。浙南闽北虽受中原影响，“政治”特征稍显，但是“经济”色彩仍然相当浓郁。地区经济自由发展，陶瓷生产标准化、规范化程度较低，未见专业化生产倾向，随葬陶瓷仅追求数量而忽视其“质量”，消费选择无明显等级差异，经济生活的“经济”特征明显。

这一阶段，由于浮滨文化的衰退与外来文化影响的相对弱势，粤东闽南与岭南保持了相对独立发展的状态。基于不同的环境特征与取食策略，两地文化与社会图景以异性为主，粤中在区域发展中逐渐显露优势。此时岭南墓葬分化程度较低，社会结构更显均衡，虽然可能存在某些“夸富物”，但受社会发展水平的限制，具体表现并不典型，更常见以随葬青铜工具表达对经济力量的追求，社会秩序的构建同样以“经济”为主，相比太湖杭州湾，总体呈现为相对简单的贫富分化。墓葬形制与墓室面积未见明显等级差异，墓地布局相对散乱，社会关系以地缘为主，高等级墓葬罕见独立性，社会发展水平较低，“政治”性明显不足。陶瓷生产规范化程度较低，亦未见专业化生产，消费选择并无等级差异，社会发展以“经济观”为“底层逻辑”。

二、西周晚期晚段至春秋中期

随着淮夷叛周，浙南闽北与中原王朝之间的联系因此隔断，资源流通关系相应变动，地区优势因而丧失，太湖杭州湾代之兴起。以原始瓷豆 Aa 型为代表的“太湖杭州湾传统”不仅传播至中原，也对岭南产生相当深刻的影响，集中表现为原始瓷豆 Ac 型（及硬陶豆 A 型）对 Cb 型与 Db 型（及硬陶豆 C 型、D 型）的取代。与此同时，太湖杭州湾内部也不断重构。来自宁镇的吴文化不断东进，春秋中期时已占有环太湖大部，越文化的分布范围随之南移，越地中心主要在经济因素的影响下呈现出“宁绍—杭嘉湖—宁绍”的往复。受吴文化东进与浙南闽北人群北迁的影响，太湖杭州湾墓葬等级继续分化，社会结构开始受到“经济”与“政治”的共同作用，但仍以前者为重，故仍总体均衡。借“夸富物”彰显身份等级的“夸富葬俗”仍是随葬品器用与墓葬等级架构之主流，墓葬形制、墓室面积与一墩多墓的等级意味依然不足，社会关系基本维持前态，高等级墓葬的独立性略有兴起，但是多见于环太湖的吴国贵族墓，越地的社会发展进程相对缓慢。陶瓷经济的情况也与前一阶段基本相同，生产标准化、规范化程度仍然较低未有明显进步，生产专业化未显，消费选择亦未见等级差异。这一阶段太湖杭州湾社会发展中的“政治”因素可能略有增加，但作用程度与作用内容仍较局限，地区社会发展仍以“经济观”占据主导地位。

此时，岭南—粤东闽南的文化与社会图景发生明显变动，突出表现为粤东闽南与岭南间的此消彼长。粤东闽南突然衰落，以粤中为核心、以夔纹陶为代表的岭南文化迅速辐射，影响范围明显扩大，岭南—粤东闽南文化圈终于形成。但由于不同地区、不同小区的资源禀赋差异，岭南文化的辐射虽然明显却不强烈，虽然主动却不深入，尚未深入社会层面。在文化圈加速形成的同时，区域社会蕴含着相当明显的分化事实与分化倾向。在此情形下，墓葬与陶瓷经济仍旧保持了与前一阶段相似的发展态势。墓葬等级未继续分化，社会结构仍甚为均衡，不同墓葬形制与墓葬等级之间仍无明确关联，不同等级的墓室面积罕见明显差异，墓地布局依旧散乱，社会发展水平较低，“政治观”发展有限。陶瓷生产规范化程度长期停留在较低水平，生产专业化不显，消费选择无等级差异，社会发展的“经济”色彩仍旧浓郁。

三、春秋晚期至秦汉之际

此为东南沿海文化与社会剧变之期。随着与外界文化社会联系的不断密切，太湖杭州湾在主动学习、吸纳外来文明先进因素的同时，迅速发生主动的政治化转型，并以吴越争锋、越国争霸、楚越角力为标志，开始主动融入华夏文明。这种政治化转型主要体现在三个方面：

1. 仪轨礼制变革

兼及世俗与丧葬的礼制改革，自上而下地将曾经的秩序性社会制度化重塑，对财富渴求的传统已然从属于对政治权力的塑造，社会等级架构的重心由简单通用的夸耀性财物，转向为复杂排他的政治性礼器。“夸富葬俗”依旧存续，只是表现形式略有变动。以印山越王陵、安吉八亩墩为代表的大型高等级墓葬突然兴起，直接导致越墓等级由五等分化为七等。不仅墓葬内涵更趋复杂，原本均衡的社会结构也随之重塑，开始具备“橄榄形+金字塔形”的复合特征。同时，适用于单人葬的土坑墓自上而下地流行开来，层级分化的个体丧葬取代了分层不显的群体丧葬，墓室面积也参与到等级架构的实践当中。墓地布局虽仍缺乏等级规划，但其内部的地缘关系已经由小渐大、由散渐合。高等级墓葬普遍显露出“独立陵园”倾向，越王与贵族之间，贵族与平民之间，已然出现一条不可逾越的鸿沟。这些变化使得越地的仪轨礼制不再倾向于彰显贫富之别，更可塑造政治之尊卑。

2. 组织形态变迁

以手工业与商业为主要内容的经济生活与经济组织形态脱离了原本自由散乱的发展道路，转而从属于国家权力的管控。以迅速规范化、专业化的陶瓷生产为代表，开始至少部分地服从并服务于新兴政治需求。以纹饰—器型组合的稳固统一为标志，陶瓷生产的规范化程度显著提高。对身份等级的区分要求促使着专业化生产的出现，在生产技术进步、标准化程度提高的同时，强调以陶瓷的区分性生产、区分性产品、区分性供应，来区分其人群，彰显其身份，规范其制度。不同等级随葬陶瓷“质量”开始序列有别，同等级贵族墓内部也呈现出对陶瓷“质量”的规范性选择，经济生活与经济组织形态呈现出明显的政治化倾向。在争霸野心的驱动下，越国内部空间组织形态也在整合重构，地缘组织由小渐大、由散渐合，政治中心的选择舍弃了曾经的经济考量，开始以政治因素为导向，以满足其凸显的政治诉求。

3. 对外关系变动

春秋晚期以来，越地对外交流的范畴不断拓展，曾经局限于江南内部的简单物质交流，已经被广泛区域内的复杂社会互动所取代。弭兵之盟后，越国与外界联系遽然密切，成为破家灭国者多可奔亡之地。如齐国卢蒲癸、王何攻打庆氏时，子息即劝告庆封“亡矣！幸而获在吴、越”①；又如敬王八年吴灭徐后，“公族子弟，散之徐、扬二州间”，多有流亡越国者②。在这些被动交流之外，越国也逐渐开始主动地与外界社会频繁互动。勾践行“征人”徕民之策，使“四方之民……乃波往归之，越地乃大多人”③，五大夫中亦多外来者，同时注重交好楚晋齐国，“春秋皮币、玉帛、子女以宾服焉，未尝敢绝”④。随着社会的联系与人群的流动，外来文化因素的大量注入，使得越国的物质文化面貌终于突破了地区传统的束缚，呈现出不同以往的多元文化汇聚盛况。灭吴之后，越国北上争霸，对外交流的范畴进一步拓展，在中原政治舞台上逐渐开始发挥某种主导作用。鲁哀公二十二年，“邾隐公自齐奔越……越人归之，大子革奔越”；二十四年，“邾子又无道，越人执之以归，而立公子何”；二十五年，“卫侯出奔宋……使如越请师”；二十六年，“文子……重赂越人……以城鉏与越人。……（卫侯）遂卒于越”⑤。显然此时的越国已经更可以直接干预，乃至决定某些中原国家的政权走向，在一定范围内构建出以越国为主导的政治秩序。

太湖杭州湾的社会发展由此发生了整体性转型，与之相伴的越人对“禹之苗裔”的祖先构建⑥、仿西周故事的“勾践分封”、徙都琅琊、亡缯削莒等政治行为，既是越国争霸的具体实践，也是越国社会政治化转型的重要表征。在此转型过程中，经济因素与政治因素此消彼长，“政治观”取代“经济观”成为新的底层逻辑。原本的经济型社会已实现政

① 杨伯峻：《春秋左传注（修订本）》，第 1147 页。
② 董楚平：《涂山氏后裔考》，《中国史研究》1984 年第 1 期。
③ 李学勤：《清华大学藏战国竹简（柒）》，第 130~139 页。
④ 徐元诰：《国语》，中华书局，2002 年，第 557 页。
⑤ 同①，第 1719、1723~1729 页。
⑥ 陈桥驿：《“越为禹后说”溯源》，《浙江学刊》1985 年第 3 期。

治化转型，越地、越国最终被重塑为政治因素主导下的、更接近中原社会的新型国家。

同一阶段，同样受到外来文化与人群的强烈影响，岭南—粤东闽南的文化与社会发展也进入新的阶段，并表露出与太湖杭州湾相似的政治化趋向。太湖杭州湾越文化的再度兴盛与南下，在一定程度上直接影响着粤东闽南的复苏与“米字纹陶”类型的出现，湖南越人徙入桂东北、粤西一带，也迅速推进两个小区兴起为新的区域中心。而在这种来自东西不同方向、不同内涵、不同方式、不同人群的文化影响之下，岭南—粤东闽南的文化与社会面貌发生了翻天覆地的变化。墓葬等级突然分化，原本均衡的社会结构因此被打破，部分呈现出“橄榄形+金字塔形”的复合特征。曾经的社会秩序被部分地制度化重塑，输入的青铜礼器随葬呈现出明显的制度特征，墓葬形制与墓室面积开始具有相对规整的等级差异，地缘组织由小渐大，地区社会部分整合，高等级墓葬的独立性也有所增强，相应的制度性与规范性虽仍有不足，但与此前相比，政治力量的社会作用已显著增强，区域社会已经部分地发生政治化转型。但是与此同时，这种政治化转型又显现出鲜明的输入性与被动色彩。其载体多限于外来青铜器，影响范围多限于湖南越人迁入的桂东北、粤西一带，并未导致区域社会的政治整合以及“经济观”作用的显著衰退，反而进一步加剧了地区内部的分化倾向。以陶瓷生产为代表的经济生活仍长期游离于政治之外，陶瓷器生产标准化程度仍停留在较低水平，而且未见生产专业化，不同等级的消费选择仍以数量为主要追求而忽视其“质量”，更勿论存在某种差异选择。政治化转型的部分发生，显然主要表现为被动的有限输入，而非主动的全面学习，并且与本地的“经济”传统共存。后者至少在部分区域、某些方面仍发挥着较为重要的作用。

第二节　东南沿海文化演进与社会发展的主要特征

纵观东南沿海文化演进与社会发展的宏观进程，可归纳出如下特征：

一、区域内部的文化与社会差异贯穿始终

东南沿海虽长期存在文化交流与人群迁徙，某些时期这种交流还相当深入，但这种文化交流并未改变不同地区之间文化与社会面貌的差异。东南沿海始终是文化传播带而未发展成为统一文化带，更勿论形成统一的社会组织。不仅在不同地区之间，在不同小区之间同样长期存在相当明显的文化与社会差异，这一点于西周早期至春秋中期表现得尤为明显。即便是在春秋晚期以来社会政治化转型与地区整合的过程中，这种差异仍部分地存在于浙南闽北、粤东闽南及岭南地区，湖南越人的南下甚至进一步扩大了岭南内部社会的分化倾向。这种差异的长期存续应当根源于不同地区的要素禀赋结构之别。

二、区域社会发展态势先迟缓后突变

西周早期至春秋中期，东南沿海社会发展总体迟缓。区域格局虽有变动，但无论是浙南闽北人群的迁徙、宁镇吴文化的东进，还是岭南—粤东闽南文化圈的形成、岭南内部的分化倾向，都未伴随激烈冲突，而以相对平和、平缓的方式进行。社会秩序架构与社会关系皆未发生明显变化，陶瓷经济长期停留在较低水平。春秋晚期以来，吴越争锋与湖南越人的南下催生了东南沿海的社会突变。区域格局、地区中心以及文化与社会发展主题的变动，开始伴随着激烈的军事攻伐与政治冲突，社会政治化转型开始主动或被动地发生，社会秩序被制度化重塑，太湖杭州湾的陶瓷经济开始服从并服务于新兴政治需求。东南沿海由此迅速发展进入到另一个世界。

三、区域社会发展模式从“经济”到“政治”

西周早期至春秋中期，无论是浙南闽北的兴起还是衰落，无论是宁绍与杭嘉湖之间优势地位的往复，又或是岭南与粤东闽南之间的文化、社会差异以及“夔纹陶”类型文化辐射的相对局限，都与经济因素密切相关，甚至在很大程度上以“经济”为导向。政治因素的影响虽然在一定程度上存在，但东南沿海社会发展显然以“经济观”为底层逻辑，社会结构、社会关系、社会秩序、陶瓷经济皆由此主导构建，社会发展呈现为“经济”模式，与天马—曲村的“政治”社会判然相别。春秋晚期以来政治化转型的发生，改造了原本均衡的社会结构，使之部分呈现出金字塔形的特征，并将曾经的社会秩序制度化重塑，社会关系也随之发生政治性整合，部分地区的陶瓷经济开始服从并服务于新兴政治需求，“政治观”开始在区域社会发展中发挥越来越重要的作用。“经济观”虽然仍有保留，在某些地区、某些方面仍发挥着重要作用，但总体来看，社会发展模式确实已转向以“政治”为主。

四、区域文化与社会发展的动力由内部发展转向外部刺激

西周早期至春秋中期，在外部影响较小的情况下，东南沿海保持了独立自由的发展态势。自身的要素禀赋结构，即充裕的海陆资源、和谐的人地关系、破碎的地形、人群与社会组织、开放的环境与商品经济基础，决定了社会发展的“经济”模式与相对迟缓的发展态势。春秋晚期至秦汉之际，外来因素大量涌入，外来影响明显加剧，在极大丰富东南沿海物质文化面貌的同时，也赋予其融入华夏文明的时代主题，促成社会发展的政治化转型与社会图景的系列突变。此时地区要素禀赋结构虽未改变，但曾经独立自由的发展态势已经被外部力量所打破，社会发展的动力开始主要来自外部刺激，并由此实现社会发展模式的政治化转变。以太湖杭州为代表，开始呈现为更加接近中原的新型国家。

五、区域社会发展的共性内核与差序格局长期共存

东南沿海不同地区的社会发展，呈现出转型方向大体相近、转型时间基本同时的共性

内核，即以春秋晚期为界，发展态势先迟缓后突变，发展模式从“经济”到“政治”，发展动力由内部发展转向外部刺激。同时，不同地区社会的具体发展水平、发展速度、发展模式与发展动力也呈现出明显的差序格局。且年代愈晚，这种差序格局愈发明显。以春秋晚期至秦汉之际为例，空间上从北到南，地区社会的发展水平渐低，发展速度渐慢，发展模式的“政治”性色彩渐淡，发展动力中的外来刺激渐弱，并在不同地区融入华夏文明的过程中呈现出时间的早晚以及方式的主动与被动之别。除外来刺激的来源距离远近、发生时间早晚与影响程度深浅之外，这种差序格局的长期存在，也应是不同地区要素禀赋结构差异的必然产物。对于资源更加充裕、人地关系更加和谐的岭南而言，社会发展的“经济”模式较之太湖杭州湾也就更加稳固。这种社会发展的差序格局与不同地区同中原距离的远近呈现出的相似的空间分布，或许正是这种要素禀赋结构从中原到东南边疆逐级变化的另一种表达。

但需要注意的是，东南沿海社会转型的发生，本质上是时代主题。在春秋晚期以来主动转型的过程中，越国主动融入华夏文明，“致贡于周……诸侯毕贺，号称霸王”，齐晋楚吴诸国的发展态势也大体如此。其国家性质与争霸过程可视为西周封建的延续，后者所构建的中国体系由此逐渐扩大。以三家分晋为标志的春秋的结束，与西周的灭亡异形同质①，相应国家性质仍为“宗法国家”，政治权威不足。凡此种种，导致春秋战争主要呈现为争霸而非灭国性质②，统一中国的形成尚缺乏足够的动力与条件。距离中原异常辽远的岭南，因此得以保持地区社会发展的基本态势，从而呈现出被动转型的特征。随着战国“便国不法古”的改革变法，以官僚与郡县制为代表的“科层国家”迅速兴起，取代了曾以世卿世禄与分封制为主要特征的“宗法国家”形态③。政治权威迅速兴起，灭国战争由此发端④。在此过程中，中国体系随着灭国战争的进行不断扩大，并最终表现为秦汉大一统。被动转型的岭南即为秦并天下的最后战场。东南沿海社会转型的差序格局，因此可被置于“统一中国形成”的宏大主题与广阔时空，在某种程度上构成了统一中国形成的不同阶段的真实写照。

第三节　海疆、陆疆及其环绕之下的中原

作为边疆的东南沿海，基于其特殊的要素禀赋结构，两周时期的区域文化演进、社会图景、发展进程、发展模式都呈现出一种不同于中原的独特面貌，丰富着多元一体中华文明的更多内容，并部分构成了中华文明从西北到东南“陆疆—中原—海疆”“游牧—农耕—商业为主或农商并重”的三级阶梯。当然，这里所说的“中原”更具广义意味，事实上

① 李峰：《西周的灭亡：中国早期国家的地理和政治危机》，上海古籍出版社，2016年。
② 赵鼎新著，夏江旗译：《东周战争与儒法国家的诞生》，北京联合出版公司，2020年，第61～86页。
③ 同上书，第117～168页。
④ 蒙克、曾极麟：《中国战国时期诸侯国的国内政治与对外战争》，《世界经济与政治》2021年第12期。

还包含西秦、海岱与南中国的部分地区在内。

相比于陆疆，作为海疆的东南沿海在历来的边疆研究中常常处于被忽视的境地。顾颉刚在《中国边疆学会宣言》中直言“平原林麓，舟车畅通者，谓之内地，驱橐驼于大漠，浮泭筏于险滩者，谓之边疆；冠裳楚楚，列肆如林者，谓之内地，人烟稀绝，衣毡饮酪者，谓之边疆”①，将“边疆”更多地与橐驼、大漠、人烟稀绝、衣毡饮酪等西北及北方图景联系在一起，构成了中国边疆的某种整体意象②。

海疆与陆疆这种边疆意味的区别，不仅在于地理、人文、历史的差异，更在于同中原关系的远近。当我们下意识地忽视了从海疆视野讨论统一中国，则意味着默认了海疆长期以来都是统一中国的固有组成。这种“默认”与“固有”无不意指海疆对于探讨统一中国形成的历史根源与其必然性可能具有更加深刻的意义。

拉铁摩尔曾将历史上的边疆分为两类，其两侧的社会共同体或具有共同特性，或具有不同性质③。前者以流动性与融合性为主要特征，后者则表现为静止性与排斥性④。在社会发展的过程中，当同一特性的社会共同体合并时，无论其形式究竟是征服抑或双方合意，其变化主要为社会规模与空间范围的扩大，社会本质大多一仍其旧，即便某些地区的具体特性可能有所改变，也大多不甚明显。然而当某一类型的共同体试图取代其他类型的共同体时，情况则明显复杂。如果二者实力、制度相差悬殊，则弱者会被强者彻底征服。如果二者实力相差无几，则新的共同体不仅人丁更多、领土更大，性质也将与旧的共同体大相径庭⑤。

不难发现，环绕中原的海疆与陆疆可以分别对应这两种不同类型的边疆。海疆与中原的生态环境相对接近，要素禀赋结构固然存在某些差异，但仍有相似之处。两周时期东南沿海虽长期以商品经济为经济基础，但其本身良好的水热条件使得这种经济基础很容易通过水利灌溉条件的改善而转变为以农业为主⑥。因此两地社会在本质上仍具有一定的共性，或者说实现共性的基础。其融入华夏文明进程的时间自然也就可以早至秦汉大一统之时，而且“随着汉族的扩张，山野及半热带的森林都转变成中国式的景观：聚居的河谷，灌溉的稻田，以及有墙的城市。汉族自己在繁衍，与之接触的少数民族在汉化。少数民族汉化，其历史意义，要大于少数民族因抵抗而被杀或后退到更偏远的地区。因为土地成了中国土地，社会仍然是中国社会，在这个发展面前的政治退缩是无意义的”⑦。

相比之下，陆疆与中原的要素禀赋结构有着相当明显而且难以弥合的差异，两地社会具有不同性质。“这里的汉族主体并不能原封不动地发展。土地与气候，使过分远离主体

① 顾颉刚：《中国边疆学会宣言》，《中国边疆学会宣言及会章》，1941 年 2 月。
② 袁剑：《边疆的背影：拉铁摩尔与中国学术》，社会科学文献出版社，2016 年，第 194 页。
③ Owen Lattimore. The Frontier in History, in *Studies in Frontier: Collected Papers*, London: Oxford University Press, 1962: 469~491.
④ 张世明：《拉铁摩尔及其相互边疆理论》，《史林》2011 年第 6 期。
⑤ 拉铁摩尔著，唐晓峰译：《中国的亚洲内陆边疆》；同②，第 165 页；同上。
⑥ 冀朝鼎：《中国历史上的基本经济区》，浙江人民出版社，2016 年。
⑦ 拉铁摩尔著，唐晓峰译：《中国的亚洲内陆边疆》，第 325 页。

发展的人变为另外一种民族。在社会与地理之间产生一种政治冲突。环境的本身只利于汉族生活方式及草原生活方式的混合，但在草原社会主体及中国社会主体各自发展其固有的特征及专门的政治体制后，它们便随着这种发展，而互相对立了。每一种政治势力都会要求它所立足的社会的统一和团结，因此，草原社会主体及中国社会主体都拒绝，并企图压服在它们中间所产生的折中的社会形式"①。这也导致陆疆与中原之间长期的拉锯式互动，直至明清大一统，前者才彻底被纳入中国版图。

从这一角度来看，中国的形成正是中原与边疆长期互动的结果。在此互动过程中，边疆，或者说边地，逐渐由外缘变为内缘，从"外边"成为"内边"。对于边疆本身的研究不仅有助于理解在这一长期互动过程中所形成的多元一体中华文明的不同内涵，也有助于在不同地区对比中，更好地理解作为文明核心的中原地区的文化、社会传统及其特质。而更重要的是，边疆的存在为理解中国国家与中华文明的形成提供了更加广阔的空间视野与更加宏大的历史背景。虽然本书暂难以对东南沿海的更多社会细节进行讨论，也未将之与同时期的中原文明进行更加深入的关联比对，更未将相关讨论置于其所依托的广阔海洋之上，但这些遗憾无疑又是此后研究需继续深入探索、加倍努力之所在。或许也只有如此，才能最终明了何以东南，又何以中国。

① ［美］拉铁摩尔著，唐晓峰译：《中国的亚洲内陆边疆》，第 325 页。

参 考 文 献

一、历史文献

孔颖达:《周易本义》,中华书局,2009 年。
孙诒让:《周礼正义》,中华书局,2015 年。
杨伯峻:《春秋左传注(修订本)》,中华书局,2009 年。
徐元诰:《国语集解》,中华书局,2002 年。
许维遹:《吕氏春秋集释》,中华书局,2009 年。
司马迁:《史记》,中华书局,1982 年。
刘文典:《淮南鸿烈集解》,中华书局,2013 年。
班固:《汉书》,中华书局,1962 年。
李步嘉:《越绝书校释》,中华书局,2013 年。
赵晔:《吴越春秋辑校汇考》,中华书局,2019 年。
范晔:《后汉书》,中华书局,1965 年。
叶适:《习学记言》,上海古籍出版社,1992 年。
毕仲衍:《〈中书备对〉辑佚校注》,河南大学出版社,2007 年。
徐松:《宋会要辑稿》,中华书局,1957 年。
陈亮:《龙川文集》,邓广铭点校,中华书局,1985 年。
王士性:《广志绎》,中华书局,1981 年。
屈大均:《广东新语》,中华书局,1985 年。
黄以周:《儆季杂撰》,南菁讲舍,1894 年。

二、考古材料(以汉语拼音序)

安徽大学等:《安徽江淮地区商周青铜器》,文物出版社,2014 年。
安徽大学等:《皖南商周青铜器》,文物出版社,2006 年。
安徽省博物馆等:《安徽六安县发现一座春秋时期墓葬》,《考古》1993 年第 7 期。
安徽省文物考古研究所等:《安徽蚌埠双墩一号春秋墓发掘简报》,《文物》2010 年第 3 期。
安徽省文物考古研究所等:《钟离君柏墓》,文物出版社,2013 年。
安徽省文物考古研究所等:《安徽凤阳卞庄一号春秋墓发掘报告》,《文物》2009 年第

8 期。
安徽省文物考古研究所等:《安徽凤阳乔涧子春秋钟离国贵族墓葬发掘简报》,《江汉考古》2015 年第 2 期。
安徽省文物考古研究所等:《安徽六安市白鹭洲战国墓 M585 的发掘》,《考古》2012 年第 11 期。
安徽省文物考古研究所等:《安徽南陵县古铜矿采冶遗址调查与试掘》,《考古》2002 年第 2 期。
安徽省文物考古研究所等:《安徽潜山公山岗战国墓发掘报告》,《考古学报》2002 年第 1 期。
安徽省文物考古研究所等:《安徽舒城县河口春秋墓》,《文物》1990 年第 6 期。
安徽省文物考古研究所等:《安徽铜陵金牛洞铜矿古采矿遗址清理简报》,《考古》1989 年第 10 期。
安徽省文物考古研究所等:《安徽铜陵市古代铜矿遗址调查》,《考古》1993 年第 6 期。
安徽省文物考古研究所:《安徽铜陵县师姑墩遗址发掘简报》,《考古》2013 年第 6 期。
柴福有:《浙江江山小红岗土墩遗存试掘简报》,《南方文物》1993 年第 4 期。
常德市文物处:《湖南常德寨子岭一号楚墓》,《湖南考古(2002)》,岳麓书社,2004 年。
长沙市文物考古研究所:《湖南长沙三公里楚墓发掘简报》,《文物》2007 年第 12 期。
长兴县革委会报道组:《浙江长兴县发现西周铜鼎》,《文物》1977 年第 9 期。
畅文斋:《侯马发现了春秋时代的釉陶》,《文物》1960 年第 8、9 期。
常州博物馆:《溧阳水西土墩墓群发掘简报》,《穿越宜溧山地——宁杭高铁江苏段考古发掘报告》,科学出版社,2013 年。
郴州地区文物事业管理处:《湖南郴州先秦时期遗址调查》,《考古》1993 年第 11 期。
陈公哲:《香港考古发掘》,《考古学报》1957 年第 4 期。
陈建明:《湖南商周青铜器陈列》,湖南省博物馆,2002 年。
陈晶、陈丽华:《江苏省江阴县大松墩土墩墓》,《文物》1983 年第 11 期。
陈龙、林忠干:《闽侯古洋遗址调查》,《福建文博》1994 年第 1 期。
陈荣军、沈岳明:《浙江东阳抢救性发掘周代土墩墓》,《中国文物报》2005 年 11 月 25 日第 1 版。
陈训廷:《惠州名迹荟萃》,广东人民出版社,2016 年。
陈元甫:《杭甬高速公路商周至宋代墓葬》,《中国考古学年鉴(1993)》,文物出版社,1995 年。
陈兆善:《福建南部沿海新石器时代末期文化遗存》,《福建文博》2008 年第 2 期。
陈志良:《淹城访古记》,1935 年。
丹徒考古队:《丹徒青龙山春秋大墓及附葬墓发掘报告》,《东方文明之韵——吴文化国际学术研讨会论文集》,岭南美术出版社,2000 年。

邓聪、郑炜明：《澳门黑沙》，香港中文大学出版社，1996 年。
邓聪等：《香港大屿山白芒遗址发掘简报》，《考古》1997 年第 6 期。
丁金龙、牛煜龙：《苏州市同公湾小山春秋墓地》，《中国考古学年鉴（2010）》，文物出版社，2011 年。
冯普仁：《无锡北周巷青铜器》，《考古》1981 年第 4 期。
符杏华：《浙江绍兴两处东周窑址的调查》，《东南文化》1992 年第 6 期。
福建博物院等：《武夷山市竹林坑一号原始瓷窑址发掘简报》，《福建文博》2012 年第 3 期。
福建博物院等：《福建浦城管九村土墩墓》，福建博物院，2006 年。
福建博物院等：《福建浦城县管九村土墩墓群》，《考古》2007 年第 7 期。
福建博物院等：《福建晋江庵山青铜时代沙丘遗址 2009 年发掘简报》，《文物》2014 年第 2 期。
福建博物院等：《福建武夷山市葫芦山遗址 2014 年发掘简报》，《东南文化》2016 年第 2 期。
福建博物院等：《武夷山市竹林坑一号原始青瓷窑址 2014 年度考古发掘收获》，《福建文博》2015 年第 1 期。
福建博物院等：《武夷山市兴田镇岗头西周土墩墓发掘简报》，《福建文博》2017 年第 2 期。
福建博物院等：《永定县桔树下遗址发掘简报》，《福建文博》2012 年第 2 期。
福建博物院等：《虎林山遗址——福建漳州商周遗址发掘报告之一》，海潮摄影艺术出版社，2003 年。
福建博物院等：《长汀县赢坪史前遗址发掘简报》，《福建文博》2013 年第 4 期。
福建博物院：《福建霞浦黄瓜山遗址第二次发掘》，《福建文博》2004 年第 3 期。
福建博物院：《闽侯昙石山遗址：第八次发掘报告》，科学出版社，2004 年。
福建博物院：《闽西考古调查报告》，《福建文博》2004 年第 1 期。
福建博物院：《仙游鸡子城遗址调查报告》，《福建文博》2004 年第 1 期。
福建博物院：《南安尾山仔商周遗址的发掘》，《福建文博》2007 年第 3 期。
福建博物院：《福建省东山县史前遗址 2007 年调查简报》，《福建文博》2009 年第 1 期。
福建博物院文物考古研究所等：《鸟仑尾与狗头山——福建省商周遗址考古发掘报告》，科学出版社，2004 年。
福建晋江流域考古调查队：《福建晋江流域考古调查与研究》，科学出版社，2010 年。
福建闽越王城博物馆：《南平市闽越遗存调查》，《福建文博》2004 年第 1 期。
福建省博物馆等：《福建省光泽县古遗址古墓葬的调查和清理》，《考古》1985 年第 12 期。
福建省博物馆等：《福建南靖县三凤岭西周墓》，《东南文化》1990 年第 4 期。
福建省博物馆：《福建墓林山遗址发掘简报》，《东南文化》1993 年第 3 期。

福建省博物馆:《福建建瓯黄窠山遗址发掘报告》,《福建文博》1995 年第 1 期。
福建省博物馆:《武夷山梅溪岗遗址发掘简报》,《福建文博》1998 年增刊。
福建省博物馆:《漳州发现商周、西汉墓葬》,《福建文博》2001 年第 1 期。
福建省博物馆:《宁德卢坪岗遗址发掘报告》,《福建文博》2002 年第 2 期。
福建省博物馆:《福建建阳市山林仔遗址的发掘》,《考古》2002 年第 3 期。
福建省博物馆:《福建光泽池湖积谷山遗址及墓葬》,《东南考古研究》第 3 辑,厦门大学出版社,2003 年。
福建昙石山遗址博物馆:《闽江下游流域史前遗址考古调查与研究》,科学出版社,2018 年。
福建省文物管理委员会:《福州浮村遗址的发掘》,《考古学报》1958 年第 2 期。
福建省文物管理委员会:《闽侯庄边山新石器时代遗址试掘简报》,《考古》1961 年第 1 期。
福建省文物管理委员会:《闽南新石器时代遗址的调查》,《考古》1961 年第 5 期。
福建省文物管理委员会:《福建福清东张新石器时代遗址发掘报告》,《考古》1965 年第 2 期。
福州市文物考古工作队:《福建闽侯古洋平冈先秦遗存的发掘》,《东南考古研究》第 3 辑,厦门大学出版社,2003 年。
福州市文物考古工作队:《福州市闽侯县小箬村遗址群调查简报》,《福建文博》2015 年第 2 期。
福州市文物考古工作队:《福州市新店罗汉山商周遗址 2008 年度考古发掘简报》,《福建文博》2014 年第 4 期。
福州市文物考古工作队:《福州市新店镇罗汉山遗址 2007 年度考古发掘报告》,《福建文博》2017 年第 3 期。
高至喜:《湖南宁乡黄材发现商代铜器和遗址》,《考古》1963 年第 12 期。
顾铁符:《海丰先史遗址探掘记》,《中山大学文学院院刊》1948 年第 2 期。
关福英:《光泽新发现的先秦时期印纹陶器及其断代》,《福建文博》2016 年第 2 期。
广东省博物馆等:《广东饶平县古墓发掘简报》,《文物资料丛刊》(8),文物出版社,1983 年。
广东省博物馆:《广东中部低地区新石器时代遗存》,《考古学报》1960 年第 2 期。
广东省博物馆:《广东东部地区新石器时代遗存》,《考古》1961 年第 12 期。
广东省博物馆:《广东紫金县在光顶遗址的试掘》,《考古》1964 年第 5 期。
广东省博物馆:《广东四会鸟旦山战国墓》,《考古》1975 年第 2 期。
广东省博物馆:《广东曲江石峡墓葬发掘简报》,《文物》1978 年第 7 期。
广东省博物馆:《广东广宁铜鼓岗战国墓》,《考古学集刊》第 1 集,中国社会科学出版社,1981 年。

广东省博物馆：《广东罗定出土一批战国青铜器》，《考古》1983 年第 1 期。
广东省博物馆：《广东平远县西周陶窑清理简报》，《考古》1983 年第 7 期。
广东省博物馆等：《广东罗定背夫山战国墓》，《考古》1986 年第 3 期。
广东省博物馆：《广东珠海市淇澳岛东澳湾遗址发掘简报》，《考古》1990 年第 9 期。
广东省博物馆：《广东省和平县古文化遗存调查》，《考古》1991 年第 3 期。
广东省文物管理委员会等：《广东增城、始兴的战国遗址》，《考古》1964 年第 3 期。
广东省文物管理委员会：《广东清远发现周代青铜器》，《考古》1963 年第 2 期。
广东省文物管理委员会：《广东清远的东周墓葬》，《考古》1964 年第 3 期。
广东省文物考古研究所等：《广东博罗县园洲梅花墩窑址的发掘》，《考古》1998 年第 7 期。
广东省文物考古研究所等：《广东韶关市矮石墓地发掘简报》，《南方文物》2008 年第 3 期。
广东省文物考古研究所等：《石峡遗址——1973～1978 年考古发掘报告》，文物出版社，2014 年。
广东省文物考古研究所等：《广东省蕉岭县东山、河岭遗址调查发掘简报》，《南方文物》2006 年第 3 期。
广东省文物考古研究所等：《广东广宁县龙嘴岗战国墓》，《考古》1998 年第 7 期。
广东省文物考古研究所等：《广东广宁龙嘴岗战国墓地 2010 年的发掘》，《文物》2012 年第 2 期。
广东省文物考古研究所等：《广东和平县古文化遗存的发掘与调查》，《文物》2000 年第 6 期。
广东省文物考古研究所等：《广东乐昌市对面山东周秦汉墓》，《考古》2000 年第 6 期。
广东省文物考古研究所等：《广东龙川荷树排遗址发掘简报》，《华南考古》（2），文物出版社，2008 年。
广东省文物考古研究所等：《广东普宁市池尾后山遗址发掘简报》，《考古》1998 年第 7 期。
广东省文物考古研究所等：《广东普宁龟山先秦遗址 2009 年的发掘》，《文物》2012 年第 2 期。
广东省文物考古研究所等：《深圳屋背岭遗址发掘报告》，《考古学报》2004 年第 3 期。
广东省文物考古研究所等：《广东五华县华城屋背岭遗址与龙颈坑窑址》，《考古》1996 年第 7 期。
广东省文物考古研究所等：《广东五华县仰天狮山遗址发掘简报》，《考古》1998 年第 7 期。
广东省文物考古研究所：《广东博罗银岗遗址发掘简报》，《文物》1998 年第 7 期。
广东省文物考古研究所：《广东博罗银岗遗址第二次发掘》，《文物》2000 年第 6 期。

广东省文物考古研究所:《博罗横岭山——商周时期墓地2000年发掘报告》,科学出版社,2006年。
广东省文物考古研究所:《肇庆古墓》,科学出版社,2008年。
广西壮族自治区文物工作队等:《贺州市高屋背岭古墓群勘探与试掘》,《广西考古文集》,文物出版社,2004年。
广西壮族自治区文物工作队:《平乐银山岭战国墓》,《考古学报》1978年第2期。
广西壮族自治区文物工作队:《广西象州县发现一批战国文物》,《文物》1989年第6期。
广州市文物管理处等:《广州秦汉造船工场遗址试掘》,《文物》1977年第4期。
广州市文物管理委员会等:《西汉南越王墓》,文物出版社,1991年。
广州市文物管理委员会:《广州东郊罗冈秦墓发掘简报》,《考古》1962年第8期。
广州市文物考古研究所:《广东增城浮扶岭M511发掘简报》,《文物》2015年第7期。
广州市文物考古研究所:《广州市萝岗区园岗山越人墓发掘简报》,《华南考古》(2),文物出版社,2008年。
广州象岗汉墓发掘队:《西汉南越王墓发掘初步报告》,《考古》1984年第3期。
杭州市文物考古研究所等:《萧山柴岭山土墩墓》,文物出版社,2013年。
何纪生:《略论广东东周时期的青铜文化及其与几何印纹陶的关系》,《文物集刊》(3),文物出版社,1981年。
何纪生:《广东发现的几座东周墓葬》,《考古》1985年第4期。
何介均、曹传松:《湖南澧县商周时期古遗址调查与试掘》,《湖南考古辑刊》第4辑,岳麓书社,1987年。
河北省文物管理委员会:《河北石家庄市庄战国遗址的发掘》,《考古学报》1957年第1期。
河南省博物馆等:《河南信阳市平桥春秋墓发掘简报》,《文物》1981年第1期。
河南省文物考古研究所等:《鹿邑太清宫长子口墓》,中州古籍出版社,2000年。
河南省文物考古研究所:《固始侯古堆一号墓》,大象出版社,2004年。
河南省文物考古研究所:《平顶山应国墓地Ⅰ》,大象出版社,2012年。
河南省文物研究所等:《淅川下寺春秋楚墓》,文物出版社,1991年。
河南信阳地区文管会等:《春秋早期黄君孟夫妇墓发掘报告》,《考古》1984年第4期。
贺县博物馆:《广西贺县龙中岩洞墓清理简报》,《考古》1993年第4期。
贺州市博物馆:《广西贺州市马东村周代墓葬》,《考古》2001年第11期。
衡阳市博物馆:《衡阳周子头发掘简报》,《湖南考古辑刊》第3辑,岳麓书社,1986年。
侯马市考古发掘委员会:《侯马牛村古城南东周遗址发掘简报》,《考古》1962年第2期。
胡继根:《湖州市杨家埠西周至六朝及明代墓葬》,《中国考古学年鉴(2010)》,文物出版社,2011年。
胡秋凉:《长兴七女墩墓葬群清理简报》,《东方博物》第43辑,浙江大学出版社,2012年。

湖南省博物馆等:《资兴旧市春秋墓》,《湖南考古辑刊》第1辑,岳麓书社,1982年。
湖南省博物馆:《湖南衡南、湘潭发现春秋墓葬》,《考古》1978年第5期。
湖南省博物馆:《襄阳山湾东周墓葬发掘报告》,《江汉考古》1983年第2期。
湖南省博物馆:《湖南省博物馆》,文物出版社,1983年。
湖南省博物馆:《长沙县出土春秋时期越族青铜器》,《湖南考古辑刊》第2辑,岳麓书社,1984年。
湖南省博物馆:《耒阳春秋、战国墓》,《文物》1985年第6期。
湖北省博物馆发掘小组等:《湖北江陵拍马山楚墓发掘简报》,《考古》1973年第3期。
湖北省文物考古研究所等:《湖南望城县高砂脊商周遗址的发掘》,《考古》2001年第4期。
湖北省文物考古研究所等:《湖南宁乡炭河里西周城址与墓葬发掘简报》,《文物》2006年第6期。
湖北省文物考古研究所:《湖北麻城市李家湾春秋楚墓》,《考古》2000年第5期。
湖北省文物考古研究所:《坐果山与望子岗》,科学出版社,2010年。
湖州市文物保护管理所:《浙江湖州堂子山土墩墓发掘报告》,《东方博物》第11辑,浙江大学出版社,2004年。
淮阴市博物馆:《淮阴高庄战国墓》,《考古学报》1988年第2期。
黄坤池:《惠来发现春秋瓮棺葬》,《广东省博物馆馆刊》1988年第1刊。
江苏省丹徒考古队:《江苏丹徒北山顶春秋墓发掘报告》,《东南文化》1988年第3、4期。
江苏省文物工作队:《江苏连云港市九龙口商和战国遗址》,《考古》1962年第3期。
江苏省文物管理委员会等:《江苏六合程桥东周墓》,《考古》1965年第3期。
江西省博物馆等:《清江筑卫城遗址发掘简报》,《考古》1976年第6期。
江西省博物馆等:《九江县沙河街遗址发掘简报》,《江西历史文物》1978年第2期。
江西省博物馆等:《江西清江筑卫城遗址第二次发掘》,《考古》1982年第2期。
江西省历史博物馆等:《江西贵溪崖墓发掘简报》,《文物》1980年第11期。
江西省上饶县博物馆:《上饶县马鞍山西周墓》,《东南文化》1989年第4、5期。
江西省文物工作队等:《高安太阳墟春秋墓》,《南方文物》1986年第2期。
江西省文物工作队等:《九江神墩遗址发掘简报》,《江西历史文物》1987年第2期。
江西省文物工作队等:《清江樊城堆遗址发掘简报》,《江西历史文物》1985年第2期。
江西省文物管理委员会:《江西清江营盘里遗址发掘报告》,《考古》1962年第4期。
江西省文物考古研究所等:《江西德安陈家墩遗址发掘简报》,《南方文物》1995年第2期。
江西省文物考古研究所等:《陈家墩遗址第二次发掘简报》,《南方文物》2000年第3期。
江西省文物考古研究所等:《江西新余赵家山西周遗址发掘简报》,《南方文物》2003年第2期。

江西省文物考古研究所等:《江西宜丰县秋形垴商周遗址发掘简报》,《南方文物》2009 年第 2 期。
江西省文物考古研究所等:《江西靖安李州坳东周墓发掘简报》,《文物》2009 年第 2 期。
江西省文物考古研究所等:《江西新余拾年山遗址》,《考古学报》1991 年第 3 期。
江西省文物考古研究所:《江西安义县两处古遗址调查》,《江西文物》1989 年第 3 期。
金华地区文管会:《浙江衢州西山西周土墩墓》,《考古》1984 年第 7 期。
金华地区文管会:《浙江义乌县平畴西周墓——兼论原始青瓷器的制作工艺》,《考古》1985 年第 7 期。
金翔:《浙江安吉县垄坝村发现一座战国楚墓》,《考古》2001 年第 7 期。
金祖同:《金山卫访古记纲要》,1935 年。
柯凤梅、陈豪:《莆田县发现一件青铜器》,《福建文博》1979 年第 1 期。
孔令远、陈永清:《江苏邳州市九女墩三号墩的发掘》,《考古》2002 年第 5 期。
雷芬:《株洲白关西周晚期越人墓出土的青铜器》,《湖南考古辑刊》第 7 辑,求索杂志社,1999 年。
李国梁:《屯溪土墩墓发掘报告》,安徽人民出版社,2006 年。
李学勤:《清华大学藏战国竹简(柒)》,中西书局,2017 年。
李岩:《揭阳市古遗址调查报告》,《揭阳考古(2003~2005)》,科学出版社,2005 年。
李子文:《唐家镇大坞环、鸡山遗址调查》,《珠海考古发现与研究》,广东人民出版社,1991 年。
廖晋雄:《广东始兴县白石坪山战国晚期遗址》,《考古》1996 年第 9 期。
林公务:《福建闽侯庄边山的古墓群》,《东南文化》1991 年第 1 期。
林惠祥等:《一九五六年厦门大学考古实习队报告》,《厦门大学学报》(哲学社会科学版)1956 年第 6 期。
林惠祥:《福建武平县新石器时代遗址》,《厦门大学学报(社会科学版)》1956 年第 4 期。
林正贤:《杭州市石塘村发现战国窖藏》,《东南文化》1993 年第 3 期。
刘建国、刘兴:《丹徒下湖战国遗址——兼论后吴文化的两个问题》,《东南文化》1992 年第 6 期。
刘建国、吴大林:《江苏溧水宽广墩墓出土器物》,《文物》1985 年第 12 期。
刘平山:《南陵大工山古代矿业遗址群江木冲冶炼场调查》,《文物研究》第 3 辑,黄山书社,1988 年。
刘诗中、高宁桂:《江西进贤县寨子峡遗址》,《考古》1986 年第 2 期。
刘兴:《镇江地区近年出土的青铜器》,《文物资料丛刊》(5),文物出版社,1981 年。
龙福连:《郴州市出土的战国越人墓》,《湖南考古辑刊》第 4 辑,岳麓书社,1987 年。
洛阳市文物工作队:《洛阳市针织厂东周墓(C1M5269)的清理》,《文物》2001 年第 12 期。
洛阳市文物工作队:《洛阳市唐宫西路东周墓发掘报告》,《文物》2003 年第 12 期。

吕常凌：《山东文物精粹》，山东美术出版社，1996 年。

毛兆廷：《浙江省江山县发现战国墓》，《文物》1985 年第 6 期。

孟昭林：《河北省涞水县永乐村发现一批战国铜、陶器》，《文物参考资料》1955 年第 12 期。

莫稚：《广东始兴白石坪山战国遗址》，《考古》1963 年第 4 期。

莫稚：《深圳市考古重要发现》，《文物》1982 年第 7 期。

牟永抗、毛兆廷：《江山县南区古遗址墓葬调查试掘》，《浙江省文物考古所学刊》，文物出版社，1981 年。

南京博物馆等：《江苏金坛连山土墩墓发掘报告》，《考古学集刊》第 10 集，地质出版社，1996 年。

南京博物馆等：《淹城——1958～2000 年考古发掘报告》，科学出版社，2014 年。

南京博物馆等：《江苏金坛茅东村牯牛墩土墩墓发掘报告》，《东南文化》2019 年第 1 期。

南京博物馆等：《鸿山越墓发掘报告》，文物出版社，2007 年。

南京博物馆等：《江苏邳州市九女墩二号墩发掘简报》，《考古》1999 年第 11 期。

南京博物馆等：《宜兴潢潼土墩墓群发掘报告》，《东南文化》2006 年第 6 期。

南京博物馆等：《宜兴百合村土墩墓群 D1～D4 发掘报告》，《穿越宜溧山地——宁杭高铁江苏段考古发掘报告》，科学出版社，2013 年。

南京博物馆等：《江苏金坛高庄土墩墓 D1 发掘简报》，《东南文化》2018 年第 5 期。

南京博物馆等：《溧阳天目湖门口田土墩墓发掘报告》，《印记与重塑：镇江博物馆考古报告集（2001～2009）》，江苏大学出版社，2010 年。

南京博物馆等：《溧阳天目湖庙山土墩墓发掘报告》，《印记与重塑：镇江博物馆考古报告集（2001～2009）》，江苏大学出版社，2010 年。

南京博物馆等：《江苏镇江市孙家村遗址 2015～2016 年发掘简报》，《考古》2018 年第 6 期。

南京博物馆：《北阴阳营——新石器时代及商周时期遗址发掘报告》，文物出版社，1993 年。

南京博物馆：《江苏金坛裕巷土墩墓群一号墩的发掘》，《考古学报》2009 年第 3 期。

南京博物馆：《宜兴紫云山茶厂古代墓地发掘报告》，《穿越宜溧山地——宁杭高铁江苏段考古发掘报告》，科学出版社，2013 年。

南京博物院考古研究所：《江苏金坛县薛埠镇上水土墩墓群二号墩发掘简报》，《考古》2008 年第 2 期。

南京大学历史系考古专业等：《江苏常熟钱底巷遗址发掘报告》，《考古学报》1996 年第 4 期。

南阳地区文物工作队：《河南桐柏县发现一批春秋铜器》，《考古》1983 年第 8 期。

南阳市文物考古研究所：《河南南阳春秋楚彭射墓发掘简报》，《文物》2011 年第 3 期。

倪振逵:《淹城出土的铜器》,《考古》1959 年第 4 期。

宁波市文物考古研究所等:《浙江掌起缸窑山墓地发掘报告》,《东南文化》2005 年第 2 期。

宁波市文物考古研究所等:《浙江宁波慈溪横河乌玉桥桃园土墩墓发掘简报》,《南方文物》2017 年第 3 期。

宁波市文物考古研究所等:《浙江宁波镇海鱼山遗址Ⅰ期发掘简报》,《东南文化》2016 年第 4 期。

萍乡市博物馆:《江西萍乡市田中古城遗址调查简报》,《考古》2011 年第 2 期。

潜山县文物局:《潜山黄岭春秋墓》,《文物研究》第 13 辑,黄山书社,2001 年。

青阳县文物管理所:《安徽青阳县龙岗春秋墓的发掘》,《考古》1998 年第 2 期。

邱立诚等:《广东揭阳先秦遗存考古调查》,《南方文物》1998 年第 1 期。

邱立诚、黄观礼:《广东博罗出土一组青铜编钟》,《考古与文物》1987 年第 6 期。

邱立诚、李雄坤:《广东五华县棉洋墟发现一座战国墓》,《考古》1988 年第 10 期。

邱文彬等:《江西德安、永修界碑岭商周遗址调查》,《南方文物》1993 年第 2 期。

衢州市文物管理委员会:《浙江衢州市发现原始青瓷》,《考古》1984 年第 2 期。

泉州海外交通史博物馆等:《福建丰州狮子山新石器时代遗址》,《考古》1961 年第 4 期。

厦门市博物馆:《福建同安寨仔山先秦遗址的发掘》,《东南考古研究》第 3 辑,厦门大学出版社,2003 年。

山东省博物馆等:《莒南大店春秋时期莒国殉人墓》,《考古学报》1978 年第 3 期。

山东省文物考古研究所等:《曲阜鲁故城》,齐鲁书社,1982 年。

山东省文物考古研究所等:《山东新泰周家庄东周墓发掘简报》,《文物》2013 年第 4 期。

山西省考古研究所等:《山西绛县横水西周墓地 M2158 发掘简报》,《考古》2019 年第 1 期。

山西省考古研究所侯马工作站:《新绛柳泉墓地调查、发掘报告》,《晋都新田》,山西人民出版社,1996 年。

陕西周原考古队:《扶风召陈西周建筑群基址发掘简报》,《文物》1981 年第 3 期。

上海市文物保管委员会:《上海市金山县戚家墩遗址发掘简报》,《考古》1973 年第 1 期。

上海市文物保管委员会:《上海青浦县重固战国墓》,《考古》1988 年第 8 期。

上海市文物保管委员会:《马桥:1993~1997 年发掘报告》,上海书画出版社,2002 年。

绍兴县文物管理委员会:《绍兴凤凰山木椁墓》,《考古》1976 年第 6 期。

绍兴县文物保护管理所:《浙江绍兴袍谷遗址发掘简报》,《考古》1989 年第 9 期。

深圳市博物馆:《广东深圳大梅沙遗址发掘简报》,《文物》1993 年第 11 期。

深圳市博物馆:《深圳市叠石山遗址发掘简报》,《文物》1999 年第 11 期。

沈岳明:《萧山安山春秋战国窑址》,《中国考古学年鉴(2006)》,文物出版社,2007 年。

石谷风:《青阳出土的西周晚期铜器》,《安徽文博》1983 年总第 3 期。

寿县博物馆：《寿县双桥战国墓调查》,《文物研究》第 2 期,1986 年。
舒城县文物管理所：《舒城县秦家桥战国楚墓清理简报》,《文物研究》第 6 辑,黄山书社,1990 年。
苏州博物馆等：《江苏常熟市虞山西岭石室土墩的发掘》,《考古》2001 年第 9 期。
苏州博物馆：《苏州市长桥新塘战国墓地的发掘》,《考古》1994 年第 6 期。
苏州博物馆：《江苏苏州浒墅关真山大墓的发掘》,《文物》1996 年第 2 期。
苏州博物馆：《真山东周墓地：吴越贵族墓地的发掘与研究》,文物出版社。
苏州博物馆：《苏州真山四号墩发掘报告》,《东南文化》2001 年第 7 期。
苏州博物馆考古组：《苏州城东北发现东周铜器》,《文物》1980 年第 8 期。
苏州博物馆考古组：《苏州虎丘东周墓》,《文物》1981 年第 11 期。
苏州市考古研究所等：《江苏苏州高新区东渚馒首山土墩墓发掘简报》,《东南文化》2013 年第 5 期。
苏州市考古研究所：《苏州阳山俞墩土墩墓发掘简报》,《东南文化》2012 年第 4 期。
苏州市考古研究所：《江苏苏州高新区大墩土墩遗存抢救性考古发掘报告》,《东南文化》2015 年第 5 期。
苏州市考古研究所：《江苏苏州观音山东周石室土墩墓 D1M1 发掘简报》,《东南文化》2015 年第 5 期。
苏州市考古研究所：《江苏苏州真山土墩墓（D33）发掘简报》,《文物》2016 年第 5 期。
孙维昌：《上海市金山县查山和亭林遗址试掘》,《南方文物》1997 年第 3 期。
台州市文管会等：《浙江玉环岛发现的古文化遗存》,《考古》1996 年第 5 期。
唐振雄、李子文：《淇澳岛亚婆湾、南芒湾遗址调查》,《珠海考古发现与研究》,广东人民出版社,1991 年。
万载县博物馆：《万载县商周遗址的调查》,《江西历史文物》1986 年第 2 期。
汪景辉：《安徽古代铜矿考古调查综述》,《文物研究》第 8 辑,黄山书社,1993 年。
王会田、崔建军：《山东淄博市临淄区发现一座战国墓葬》,《考古》2008 年第 11 期。
王青等：《山东邹城邾国故城遗址 2015～2018 年田野考古的主要收获》,《东南文化》2019 年第 3 期。
王士伦：《浙江萧山进化区古代窑址的发现》,《考古通讯》1957 年第 2 期。
王晓红：《上虞白马湖畔石室土墩墓发掘简报》,《东方博物》第 29 辑,浙江大学出版社,2008 年。
王岳群：《江苏武进淹城龙墩墓葬发掘简报》,《东南文化》2005 年第 3 期。
魏百龄、谢春祝：《无锡华利湾古墓清理简报》,《文物》1956 年第 12 期。
魏峻：《揭东华美沙溢遗址调查报告》,《揭阳考古（2003～2005）》,科学出版社,2005 年。
魏峻：《揭东县面头岭墓地发掘报告》,《揭阳考古（2003～2005）》,科学出版社,2005 年。
魏峻：《揭东先秦两汉遗址调查报告》,《揭阳考古（2003～2005）》,科学出版社,2005 年。

魏峻:《揭西县赤岭埔遗址调查报告》,《揭阳考古(2003~2005)》,科学出版社,2005年。
魏效祖:《长安县东马坊的先秦建筑遗址》,《考古与文物》1986年第4期。
温州市瓯海区文博馆:《温州瓯海杨府山出土三件西周青铜鼎》,《东方博物》第36辑,浙江大学出版社,2010年。
吴山菁:《江苏六合县和仁东周墓》,《考古》1977年第5期。
吴县文物管理委员会:《江苏吴县何山东周墓》,《文物》1984年第5期。
吴县文物管理委员会:《江苏吴县春秋吴国玉器窖藏》,《文物》1988年第11期。
吴兴县文物管理委员会:《浙江吴兴苍山古战堡试掘》,《考古》1966年第5期。
吴雪彬等:《广东普宁两处先秦遗存的调查》,《南方文物》1999年第2期。
武夷山市博物馆:《武夷山竹林坑西周原始瓷窑址调查简报》,《福建文博》2011年第1期。
夏星南:《浙江长兴县发现东周青铜器》,《文物》1981年第12期。
夏星南:《浙江长兴县发现吴、越、楚铜剑》,《考古》1989年第1期。
香港古物古迹办事处:《香港涌浪新石器时代遗址发掘简报》,《考古》1997年第6期。
谢春祝:《无锡施墩第五号墓》,《文物参考资料》1956年第6期。
谢道华:《福建建阳山林仔西周遗址调查》,《东南文化》1994年第5期。
谢帝水、邱立诚:《惠东县安墩发现青铜戈》,《广东省博物馆馆刊》1988年第1刊。
徐桓彬等:《广东德庆发现战国墓》,《文物》1973年第9期。
徐坚:《揭东县宝山岽遗址试掘报告》,《揭阳考古(2003~2005)》,科学出版社,2005年。
徐州博物馆等:《江苏邳州市九女墩春秋墓发掘简报》,《考古》2003年第9期。
杨德彪:《屯溪下林塘遗址试掘简报》,《文物研究》第一期,1985年。
杨启成:《福建东山县坑北发现新石器时代遗址》,《考古》1965年第1期。
杨少祥、郑政魁:《广东海丰县发现玉琮和青铜兵器》,《考古》1990年第8期。
杨式挺等:《广东封开利羊墩墓葬群发掘简报》,《南方文物》1995年第3期。
杨式挺、邓增魁:《广东封开县杏花河两岸古遗址调查与试掘》,《考古学集刊》第6集,中国社会科学出版社,1989年。
杨耀林等:《深圳先秦遗址调查与试掘》,《深圳考古发现与研究》,文物出版社,1994年。
姚仲源:《浙江德清出土的原始青瓷器——兼谈原始青瓷生产和使用中的若干问题》,《考古》1982年第4期。
叶树望:《余姚低塘石屋山古墓葬发掘简报》,《姚江问学稿》,浙江古籍出版社,2012年。
益阳地区博物馆:《宁乡黄材出土周初青铜罍》,《湖南博物馆文集》,岳麓书社,1991年。
益阳市文物管理处:《湖南桃江腰子仑春秋墓》,《考古学报》2003年第4期。
俞天舒:《浙江瑞安凤凰山周墓清理简报》,《考古》1987年第8期。
袁家荣:《湘潭青山桥出土窖藏商周铜器》,《湖南考古辑刊》第1辑,岳麓书社,1982年。
岳阳市文物工作队:《湖南省岳阳县凤形嘴山一号墓发掘简报》,《文物》1993年第1期。

曾凡：《福建闽清永泰新石器遗址调查》，《考古》1965 年第 2 期。
曾广亿：《广东潮安梅林湖西岸新石器时代遗址》，《考古》1965 年第 2 期。
张国茂：《安徽铜陵地区古矿、冶遗址调查报告》，《东南文化》1988 年第 6 期。
张家：《福建建瓯县古文化遗址调查》，《江西文物》1990 年第 1 期。
张翔：《浙江萧山杜家村出土西周甬钟》，《文物》1985 年第 4 期。
张仲淳、郑东：《福建南安县发现成套石锛》，《考古》1993 年第 4 期。
章金焕：《浙江上虞市银山冶炼遗址调查》，《考古》1993 年第 3 期。
樟树市博物馆：《江西樟树观上春秋墓》，《南方文物》1997 年第 2 期。
赵善德：《前山镇水涌、猫地遗址调查》，《珠海考古发现与研究》，广东人民出版社，1991 年。
赵玉泉：《武进淹城遗址出土春秋文物》，《东南文化》1988 年第 4、5 期。
浙江省安吉县博物馆：《浙江安吉垅坝 D12 土墩墓发掘简报》，《南方文物》2003 年第 3 期。
浙江省立西湖博物馆等：《杭州古荡新石器时代遗址之试探报告》，1936 年。
浙江省立西湖博物馆：《良渚》，1938 年。
浙江省磐安县文管会：《浙江东阳六石西周土墩墓》，《考古》1986 年第 9 期。
浙江省文物管理委员会等：《绍兴 306 号战国墓发掘简报》，《文物》1984 年第 1 期。
浙江省文物管理委员会：《浙江长兴县出土的两件铜器》，《文物》1960 年第 7 期。
浙江省文物考古所：《浙江淳安左口土墩墓》，《文物》1987 年第 5 期。
浙江省文物考古研究所等：《浙江安吉五福楚墓》，《文物》2007 年第 7 期。
浙江省文物考古研究所等：《浙江安吉笔架山春秋战国墓发掘简报》，《东南文化》2009 年第 1 期。
浙江省文物考古研究所等：《独仓山与南王山——土墩墓发掘报告》，科学出版社，2007 年。
浙江省文物考古研究所等：《德清亭子桥：战国原始瓷窑址发掘报告》，文物出版社，2011 年。
浙江省文物考古研究所等：《浙江德清东坡岭战国墓发掘简报》，《东南文化》2018 年第 5 期。
浙江省文物考古研究所等：《浙江东阳前山越国贵族墓》，《文物》2008 年第 7 期。
浙江省文物考古研究所等：《德清火烧山：原始瓷窑址发掘报告》，文物出版社，2008 年。
浙江省文物考古研究所等：《浙江省湖州市杨家埠古墓发掘报告》，《浙江省文物考古研究所学刊》第 7 辑，浙江印刷集团，2005 年。
浙江省文物考古研究所等：《湖州独山头土墩墓发掘简报》，《东方博物》第 36 辑，浙江大学出版社，2010 年。
浙江省文物考古研究所等：《黄岩小人尖西周时期土墩墓》，《浙江省文物考古研究所学刊建所十周年纪念(1990~1990)》,科学出版社,1993年。

浙江省文物考古研究所等:《浙江平湖市庄桥坟良渚文化遗址及墓地》,《考古》2005年第7期。

浙江省文物考古研究所等:《浙江上虞凤凰山古墓葬发掘报告》,《浙江省文物考古研究所学刊:建所十周年纪念(1980~1990)》,科学出版社,1993年。

浙江省文物考古研究所等:《绍兴袍谷遗址第三次发掘简报》《浙江省文物考古研究所学刊》第10辑,文物出版社,2015年。

浙江省文物考古研究所等:《绍兴陶里壶瓶山遗址发掘简报》,《浙江省文物考古研究所学刊》,长征出版社,1997年。

浙江省文物考古研究所等:《浙江温岭市塘山西汉东瓯贵族墓》,《考古》2007年第11期。

浙江省文物考古研究所等:《浙江瓯海杨府山西周土墩墓发掘简报》,《文物》2007年第11期。

浙江省文物考古研究所等:《浙南石棚墓调查发掘报告》,文物出版社,2014年。

浙江省文物考古研究所等:《跨湖桥》,文物出版社,2004年。

浙江省文物考古研究所等:《浙江萧山前山窑址发掘简报》,《文物》2005年第5期。

浙江省文物考古研究所等:《浙江长兴鼻子山越国贵族墓》,《文物》2007年第1期。

浙江省文物考古研究所等:《浙江安吉龙山越国贵族墓》,《南方文物》2008年第3期。

浙江省文物考古研究所等:《浙江上虞驿亭凤凰山西周土墩墓》,《南方文物》2005年第4期。

浙江省文物考古研究所等:《浙江长兴县便山土墩墓发掘报告》,《浙江省文物考古研究所学刊:建所十周年纪念(1980~1990)》,科学出版社,1993年。

浙江省文物考古研究所等:《浙江长兴县石狮土墩墓发掘简报》,《浙江省文物考古研究所学刊:建所十周年纪念(1980~1990)》,科学出版社,1993年。

浙江省文物考古研究所等:《慈溪市彭东、东安的土墩墓与土墩石室墓》,《浙江省文物考古研究所学刊:建所十周年纪念(1980~1990)》,科学出版社,1993年。

浙江省文物考古研究所等:《上虞牛头山古墓群发掘》,《沪杭甬高速公路考古报告》,文物出版社,2002年。

浙江省文物考古研究所等:《上虞羊山古墓群发掘》,《沪杭甬高速公路考古报告》,文物出版社,2002年。

浙江省文物考古研究所等:《印山越王陵》,文物出版社,2002年。

浙江省文物考古研究所等:《余姚老虎山一号墩发掘》,《沪杭甬高速公路考古报告》,文物出版社,2002年。

浙江省文物考古研究所等:《浙江越墓》,科学出版社,2009年。

浙江省文物考古研究所等:《安吉三官土墩墓发掘简报》,《东方博物》第36辑,浙江大学出版社,2010年。

浙江省文物考古研究所等：《良渚石马兜遗址发掘简报》,《浙北崧泽文化考古报告集(1996～2014)》,文物出版社,2014 年。
浙江省文物考古研究所等：《桐庐方家洲新石器时代玉石器制造场遗址发掘的主要收获》,《浙北崧泽文化考古报告集(1996～2014)》,文物出版社,2014 年。
浙江省文物考古研究所等：《东苕溪流域夏商时期原始瓷窑址》,文物出版社,2015 年。
浙江省文物考古研究所等：《绍兴越墓：绍兴越国王陵及贵族墓考古报告》,文物出版社,2016 年。
浙江省文物考古研究所等：《浙江余姚田螺山新石器时代遗址 2004 年发掘简报》,《文物》2007 年 11 期。
浙江省文物考古研究所等：《浙江安吉古城遗址 2017 年发掘简报》,《考古》2021 年第 9 期。
镇江博物馆等：《丹阳凤凰山遗址第二次发掘》,《东南文化》2002 年第 3 期。
镇江博物馆等：《江苏金坛鳖墩西周墓》,《考古》1978 年第 3 期。
镇江博物馆：《江苏武进、宜兴石室墓》,《文物》1983 年第 11 期。
镇江博物馆：《江苏武进孟河战国墓》,《考古》1984 年第 2 期。
镇江博物馆：《江苏丹徒粮山石穴墓》,《考古与文物》1987 年第 4 期。
镇江博物馆：《江苏镇江谏壁王家山东周墓》,《文物》1987 年第 12 期。
镇江博物馆：《江苏丹徒薛家村大墩、边墩土墩墓发掘简报》,《东南文化》2010 年第 5 期。
镇江市博物馆浮山果园古墓发掘组：《江苏句容浮山果园土墩墓》,《考古》1979 年第 2 期。
郑辉、朱高见：《福建平和县发现一座西周墓》,《东南文化》1991 年第 1 期。
郑辉：《云霄县尖子山贝丘遗址》,《福建文博》1988 年第 1 期。
郑均生、唐先华：《湖南衡阳发现商代铜卣》,《文物》2000 年第 10 期。
中国社会科学院考古研究所：《张家坡西周墓地》,中国大百科全书出版社,1999 年。
中国社会科学院考古研究所等：《苏州木渎古城 2011～2014 年考古报告》,《考古学报》2016 年第 2 期。
中山大学榕江流域史前期人类学考察课题组等：《广东潮阳市先秦遗存的调查》,《考古》1998 年第 6 期。
周丽娟：《上海青浦福泉山发现一座战国墓》,《考古》2003 年第 11 期。
周世荣：《湖南零陵菱角塘古遗址调查与清理》,《考古》1965 年第 9 期。
周燕儿、符杏华：《浙江绍兴县里谷社遗址再发掘》,《南方文物》1992 年第 3 期。
周意群：《安吉发现一件西周时期铜铙》,《文物》2005 年第 1 期。
周原博物馆：《1995 年扶风黄堆老堡子西周墓清理简报》,《文物》2005 年第 4 期。
周原考古队：《2015 年周原遗址贺家北墓葬发掘简报》,《考古与文物》2019 年第 5 期。
周庄土墩墓联合考古队：《江苏江阴周庄 JZD3 东周土墩墓》,《文物》2010 年第 11 期。

朱建明:《浙江德清原始青瓷窑址调查》,《考古》1989年第9期。
朱建明:《浙江德清三合塔山土墩墓》,《东南文化》2003年第3期。
朱江:《吴县五峰山烽燧墩清理简报》,《考古通讯》1955年第4期。
朱江:《江苏南部“硬陶与釉陶”遗存清理》,《考古通讯》1957年第3期。
珠海市博物馆:《广东珠海市宝镜湾遗址试掘简报》,《东南文化》1999年第2期。
株洲市博物馆等:《湖南攸县商周遗址调查报告》,《湖南考古辑刊》第6辑,岳麓书社,1994年。
庄锦清、林华东:《福建南安大盈出土青铜器》,《考古》1977年第3期。
邹衡:《天马—曲村(1980~1989)》,科学出版社,2000年。

三、研究论著

安赋诗:《岭南青铜时代权力、互动和文化稳定性》,《铜鼓和青铜文化的再探索》,《民族艺术》增刊,1997年。
安赋诗著,程玲等译:《先秦时期岭南社会的复杂化及原因》《百越研究》第2辑,安徽大学出版社,2011年。
安金槐:《河南原始瓷器的发现与研究》,《中原文物》1989年第3期。
陈存洗、杨琮:《福建青铜文化初探》,《考古学报》1990年第4期。
陈大远:《西江青铜文化与岭南部族文化的探讨》,《东南文化》1993年第1期。
陈杰等:《上海松江区广富林遗址的环境分析》,《考古》2007年第7期。
陈梦家:《六国纪年》,上海人民出版社,1956年。
陈桥驿:《“越为禹后说”溯源》,《浙江学刊》1985年第3期。
陈琴:《香港东湾仔遗址商时期陶器及文化面貌分析》,《四川文物》2017年第2期。
陈文:《虎林山墓地与次生文明的出现》,《庆祝张忠培先生八十岁论文集》,科学出版社,2014年。
陈小三:《长江中下游周代前期青铜器对中原地区的影响》,《考古学报》2017年第2期。
陈元甫:《土墩墓与吴越文化》,《东南文化》1992年第6期。
陈元甫:《论浙江地区土墩墓分期》,《纪念浙江省文物考古研究所建所二十周年论文集(1979~1999)》,西泠印社,1999年。
陈元甫:《绍兴印山越国王陵陵园制度初探》,《东南文化》2004年第3期。
陈元甫:《土墩墓一墩多墓年代问题讨论》,《南方文物》2006年第2期。
陈元甫:《宁绍地区战国墓葬楚文化因素考略》,《宁波文物考古研究文集》,科学出版社,2008年。
陈元甫:《越国贵族墓葬制葬俗初步研究》,《东南文化》2010年第1期。
陈元甫:《浙江地区战国原始瓷生产高度发展的原因探析》,《东南文化》2014年第6期。
陈兆善:《试论浮滨文化》,《南方文物》1996年第4期。

陈兆善：《“浮山类型”研究》，《福建文博》1997年第1期。
陈振裕：《楚灭越的年代问题》，《江汉论坛》1980年第5期。
陈正祥：《中国文化中心的迁移》，《中国文化地理》，生活·读书·新知三联书店，1983年。
程玲：《先秦时期岭南社会的复杂化进程》，厦门大学硕士学位论文，2009年。
崔剑锋：《关于崧泽文化玉器的无损测试》，崧泽文化学术研讨会发言论文，杭州，2014年。
戴向明：《陶器生产、聚落形态与社会变迁——新石器至早期青铜时代的垣曲盆地》，文物出版社，2010年。
邓聪：《环状玦饰研究举隅》，《东亚玉器》，香港中文大学古艺术研究中心，1998年。
丁金龙、王霞：《苏州东渚小山墓地初步研究》，《苏州博物馆建馆五十周年纪念文集》，文物出版社，2009年。
丁一汇：《中国气候》，科学出版社，2013年。
董珊：《吴越题铭研究》，科学出版社，2014年。
杜佳佳、王根富：《土墩墓研究中的几个问题》，《南方文物》2010年第4期。
方向明：《良渚用玉种类的考古学认识》，《东方博物》第15辑，浙江大学出版社，2005年。
费孝通：《小商品大市场》，《中国城乡发展的道路》，上海人民出版社，2016年。
冯普仁：《试论吴国石室墓》，《吴文化研究论文集》，中山大学出版社，1988年。
冯普仁：《吴越文化》，文物出版社，2007年。
［美］弗朗西斯·福山著，毛俊杰译：《政治秩序的起源：从前人类时代到法国大革命》，广西师范大学出版社，2020年。
付琳：《试分江南周代土墩墓中“一墩多墓”的结构与形式》，《南方文物》2015年第3期。
付琳：《江南地区周代墓葬的分期分区及相关问题》，《考古学报》2019年第3期。
付琳：《吴越之迹：江南地区早期国家形态变迁》，厦门大学出版社，2020年。
付永旭：《试论华南地区的凹石》，《考古》2019年第8期。
傅衣凌：《明清时代商人及商业资本》，人民出版社，1980年。
干小莉：《从凸纽形玦看环南海区域土著文化的交流》，《南方文物》2008年第2期。
干小莉：《九龙江流域商周时期古文化分期初探——兼谈浮滨类型的年代》，《考古学报》2010年第1期。
高成林：《商周时期湖南与岭南的交通——以出土铜器为中心》，《湖南考古辑刊》第12辑，科学出版社，2016年。
高至喜：《刮刀起源小议》，《中国文物报》1989年10月27日第3版。
高至喜：《湖广出土春秋越式甬钟研究》，《湖南省博物馆馆刊》第1辑，船山学刊，2004年。
郜向平：《商系墓葬研究》，科学出版社，2011年。

葛剑雄:《西汉人口地理》,商务印书馆,2014 年。
葛剑雄:《中国人口史·第一卷 导论、先秦至南北朝时期》,复旦大学出版社,2002 年。
[日] 宫崎市定著,张学锋等译:《东洋朴素主义的民族与文明主义的社会》,上海古籍出版社,2017 年。
顾颉刚:《中国边疆学会宣言》,《中国边疆学会宣言及会章》1941 年 2 月。
广东省文物考古研究所:《广东考古世纪回顾》,《考古》2000 年第 6 期。
广西壮族自治区文物工作队:《广西几何印纹陶的分布概括》,《文物集刊》(3),文物出版社,1981 年。
郭立新:《墓葬情境分析与身份标识: 以博罗横岭山墓地为例》,《中山大学学报(社会科学版)》2006 年第 5 期。
[美] 哈依姆·奥菲克著,张敦敏译:《第二天性: 人类进化的经济起源》,中国社会科学出版社,2004 年。
韩建业:《龙山时代的三个丧葬传统》,《江汉考古》2019 年第 4 期。
何安益、宁永勤:《桂东北和西江中游区东周越人土坑墓及族属探讨——以墓葬随葬陶器为例》,《百越研究》第 2 辑,安徽大学出版社,2011 年。
何纪生、何介均:《湖南考古辑刊》第 3 辑,岳麓书社,1986 年。
何介均:《试论岭南青铜文化》,《深圳考古发现与研究》,文物出版社,1994 年。
何驽:《长江流域文明起源商品经济模式新探》,《东南文化》2014 年第 1 期。
何驽:《关于崧泽文化商品经济的思考》,《东南文化》2015 年第 1 期。
何驽:《史前经济基础考古视野里的最初中国形成》,《南方文物》2016 年第 2 期。
何驽:《良渚文化的政治社会政治特征探析》,《东南文化》2016 年第 4 期。
洪德善:《岭南腰坑及相关问题》,《广西博物馆文集》第 6 辑,广西人民出版社,2009 年。
洪德善:《岭南腰坑葬其族属研究》,《四川文物》2010 年第 4 期。
胡平平:《楚文化南渐的考古学观察》,吉林大学博士学位论文,2019 年。
黄昊德:《角形器功能初探》,《浙江省考古研究所学刊》第 9 辑,科学出版社,2009 年。
黄昊德等:《越国考古》,浙江人民出版社,2022 年。
黄启标:《试论春秋战国时期的商业对诸侯各国政策决策的影响》,《广西教育学院学报》1999 年第 2 期。
黄启臣:《广东海上丝绸之路史》,广东经济出版社,2003 年。
黄盛璋:《试论三晋兵器的国别和年代及其相关问题》,《考古学报》1974 年第 1 期。
黄宜佩、孙维昌:《上海地区几何印纹陶遗存的分期》,《文物集刊》(3),文物出版社,1981 年。
黄运明:《下湾、黄土仑与罗汉山——闽江下游地区商周时期遗存辨析》,《福建文博》2017 年第 3 期。
黄展岳:《两广先秦文化》,《文物与考古论集》,文物出版社,1986 年。

黄展岳：《论两广出土的先秦青铜器》，《考古学报》1986年第4期。
冀朝鼎：《中国历史上的基本经济区》，浙江人民出版社，2016年。
贾兰坡、张振标：《河南淅川县下王岗遗址中的动物群》，《文物》1977年第6期。
江西省博物馆“印纹陶问题”研究小组：《江西地区陶瓷器几何形拍印纹样综述》，《文物集刊》(3)，文物出版社，1981年。
蒋廷瑜、蓝日勇：《广西先秦青铜文化初论》，《中国考古学会第四次年会论文集》，文物出版社，1985年。
蒋廷瑜：《从银山岭战国墓看西瓯》，《考古》1980年第2期。
蒋廷瑜：《楚国的南界和楚文化对岭南的影响》，《中国考古学会第二次年会论文集(1980)》，文物出版社，1980年。
蒋赞初：《长江下游地区的几何印纹陶问题》，《文物集刊》(3)，文物出版社，1981年。
井中伟：《先秦时期青铜戈·戟研究》，吉林大学博士学位论文，2006年。
[美]拉铁摩尔著，唐晓峰译：《中国的亚洲内陆边疆》，江苏人民出版社，2005年。
郎剑锋：《东周时期吴越地区原始瓷对北方的影响——从山东临淄齐墓出土釉陶罍谈起》，《江汉考古》2019年第5期。
雷晋豪：《征服与抵抗：周代南土的政治动态与文化转型》，台湾大学文学院历史所博士论文，2014年。
黎海超：《金道瓷行：商周时期北方地区印纹硬陶和原始瓷器》，上海古籍出版社，2018年。
李伯谦：《我国南方几何形印纹陶遗存的分区、分期及其有关问题》，《北京大学学报(哲学社会科学版)》1981年第1期。
李伯谦：《从晋侯墓地看西周公墓墓地制度的几个问题》，《考古》1997年第11期。
李伯谦：《天马—曲村遗址发掘与晋国始封地的推定》，《“迎接二十一世纪的中国考古学”国际学术研讨会论文集》，科学出版社，1998年。
李伯谦：《岭南地区周代考古年代学的新标尺》，《博罗横岭山——商周时期墓地2000年发掘报告·序二》，科学出版社，2006年。
李广宁：《皖南矿冶遗址在东亚文明史的地位》，《文物研究》第9辑，黄山书社，1993年。
李虎仁等：《向心结构的多墓土墩》，《中国文化遗产》2005年第6期。
李家浩：《楚王酓璋戈与楚灭越的年代》，《文史》第24辑，中华书局，1985年。
李零、刘雨：《楚郪陵君三器》，《文物》1980年第8期。
李零：《“楚叔之孙倗”究竟是谁——河南淅川下寺二号墓之墓主和年代问题的讨论》，《中原文物》1981年第4期。
李零：《印山大墓与维京船葬：读〈印山越王陵〉》，《中国历史文物》2007年第3期。
李零：《两次大一统》，《茫茫禹迹》，生活·读书·新知三联书店，2016年。
李零：《两周族姓考》，《茫茫禹迹》，生活·读书·新知三联书店，2016年。

李零:《绍兴坡塘306号墓的再认识》,《中国国家博物馆馆刊》2020年第6期。
李龙章:《湖南两广青铜时代越墓研究》,《考古学报》1995年第3期。
李龙章:《两广夔纹陶类型遗存年代问题商榷》,《南方文物》2003年第1期。
李龙章:《两广地区米字纹陶类型遗存和广州汉墓的年代》,《考古》2006年第4期。
李守奎:《〈越公其事〉与句践灭吴的历史事实及故事流传》,《文物》2017年第6期。
李学勤、李零:《平山三器与中国史的若干问题》,《考古学报》1979年第2期。
李学勤:《从新出青铜器看长江下游文化的发展》,《文物》1980年第8期。
李学勤:《关于楚灭越的年代》,《江汉论坛》1985年第7期。
李延凌:《西瓯族源问题探讨》,《广西壮族自治区博物馆重建三十周年论文选集(1956~1986)》,1986年。
李岩、赵善德:《珠江三角洲贝丘遗址考古研究实践与思考》,《南方文物》1995年第1期。
李岩:《试析广东地区青铜时代早期诸遗存》,《江西文物》1990年第1期。
李岩:《试析东澳湾遗存》,《考古》1990年第9期。
李岩:《广东早期青铜时代遗存述略》,《考古》2001年第3期。
李岩:《虎头埔文化诹议》,《考古学研究》(十),科学出版社,2012年。
李岩:《广东印纹陶及原始瓷发展脉络》,《中国南方先秦考古学术研讨会论文集》,文物出版社,2019年。
李有恒、韩德芬:《陕西西安半坡新石器时代遗址中之兽类骨骼》,《古脊椎动物与古人类》1959年第4期。
李泽群:《环太湖地区东周时期原始瓷的产地》,南京大学硕士学位论文,2017年。
栗建安、范祚其:《福建福安地区的有肩石器》,《考古》1995年第10期。
林华东:《贵溪悬棺葬之我见》,《江西历史文物》1981年第3期。
林公务:《光泽古墓葬出土陶器的类型学考查——兼论闽北地区史前文化发展序列》,《福建文物》1990年第2期。
林公务:《福建史前文化遗存概论》,《福建文博》1990年增刊。
林公务:《福建光泽先秦陶器群的研究——兼论"白主段"类型》,《东南考古研究》第3辑,厦门大学出版社,2003年。
林留根:《土墩墓的渊源及其葬俗》,《东南文化》1988年第5期。
林留根:《江南土墩墓相关建筑遗存的发现与研究》,《东南文化》2011年第3期。
林永珍、孙璐:《吴越土墩墓与马韩坟丘墓的构造比较》,《东南文化》2010年第5期。
林钊:《福建新石器文化与青铜文化概述》,《考古》1994年第5期。
林忠干、傅宋良:《福建光泽商周印纹陶的类型问题》,《南方文物》1993年第4期。
林忠干:《福建出土原始青瓷的初步研究》,《东南文化》1989年第4、5期。
林忠干:《闽北先秦古文化发展的初步线索》,《福建文博》1990年第2期。
林忠干:《从考古发现看吴越文化在闽地的传播影响》,《东南文化》1990年第3期。

刘斌：《神巫的世界——良渚文化综论》，浙江摄影出版社，2007 年。
刘波：《岭南地区东周青铜器的分群研究》，《东方文明之韵——吴文化国际学术研讨会论文集》，岭南美术出版社，2000 年。
刘昉：《试论珠江三角洲地区的夏商周时期文化》，郑州大学硕士学位论文，2006 年。
刘海峰等：《综论长江中下游铜矿带先秦矿冶考古》，《国家博物馆馆刊》2020 年第 7 期。
刘和惠：《楚文化的东渐》，湖北教育出版社，1995 年。
刘建国：《再论太湖地区石室墓》，《江苏省考古学会 1982 年年会论文选》，1983 年。
刘建国：《论土墩墓分期》，《东南文化》1989 年第 4、5 合期。
刘瑞：《秦汉帝国南缘的面相：以考古视角的审视》，中国社会科学出版社，2019 年。
刘诗中等：《贵溪崖墓所反映的武夷山古越族的族俗及文化特征》，《文物》1980 年第 11 期。
刘延常、徐倩倩：《山东越文化遗存分析》，《东方考古》第 9 集，科学出版社，2012 年。
路国权：《东周青铜容器谱系研究》，上海古籍出版社，2019 年。
罗汝鹏：《从“象鼻盉”到原始瓷大口折肩尊——论夏商时期东南地区对中原王朝的一种贡赋模式》，《南方文物》2014 年第 1 期。
罗汝鹏：《公元前 20 至前 9 世纪中国东南地区考古学文化研究——以闽浙赣交界地区为中心》，北京大学博士研究生学位论文，2014 年。
吕春华：《宁镇地区大型土墩墓的等级问题》，《江汉考古》2001 年第 2 期。
吕荣芳：《对福建南安大盈出土青铜器的几点看法》，《考古》1978 年第 5 期。
马承源：《长江下游土墩墓出土青铜器的研究》，《上海博物馆集刊》第 4 期，上海古籍出版社，1987 年。
马承源：《吴越文化青铜器的研究——兼论大洋洲出土的青铜器》，《吴越地区青铜器研究论文集》，两木出版社，1997 年。
蒙文通：《越史丛考》，人民出版社，1983 年。
蒙文通：《古族甄微》，巴蜀书社，1993 年。
莫慧璇：《略论江南地区大型土墩墓的等级标志》，《四川文物》2007 年第 3 期。
莫稚：《广东古代史中有没有出现过奴隶制阶段》，《南粤文物考古集（1955～2002）》，文物出版社，2003 年。
牟永抗：《浙江的印纹陶——试谈印纹陶的特征以及与瓷器的关系》，《文物集刊》（3），文物出版社，1981 年。
彭适凡：《江南印纹陶问题学术讨论会纪要》，《文物集刊》（3），文物出版社，1981 年。
彭泽元：《魏“十四年郱下库”戈考释》，《江汉考古》1989 年第 3 期。
钱公麟：《从石室建筑营造论其性质的多元性》，《吴文化研究论文集》，中山大学出版社，1988 年。
钱公麟：《关于吴县严山春秋玉器窖藏性质的再认识》，《东南文化》1999 年第 2 期。

钱穆:《先秦诸子系年考辨》,上海书店,1992 年。

钱穆:《中国历史精神》,九州出版社,2011 年。

丘志力、吴沫:《横岭山商周墓地出土玉器的地质考古学研究》,《博罗横岭山——商周时期墓地 2000 年发掘报告》,科学出版社,2006 年。

邱立诚、曾骐:《论浮滨文化》,《潮学研究》(6),汕头大学出版社,1997 年。

邱立诚等:《从普宁牛伯公山遗址谈起——兼析浮滨文化的有关问题》,《广东省博物馆集刊》(1996),广东人民出版社,1997 年。

邱立诚:《广东东周时期青铜器墓葬制刍议》,《广东先秦出土文物》,香港中文大学出版社,1984 年。

邱立诚:《广东青铜时代文化类型初探》,《纪念黄岩洞遗址发现三十周年论文集》,广东旅游出版社,1991 年。

邱立诚:《广东青铜文化的土著特色》,《考古与文物》1999 年第 2 期。

邱立诚:《再论浮滨文化》,《饶宗颐学术研讨会论文集》,海天出版社,2007 年。

区家发:《广东先秦社会初探——兼论 38 座随葬青铜器墓葬的年代与墓主人问题》,《学术研究》1991 年第 1 期。

商志䃅、杨伟鸿:《香港新石器时代文化的分期与断代》,《考古》1997 年第 6 期。

尚如春:《东周时期楚国社会变迁研究》,吉林大学博士学位论文,2019 年。

申云艳:《中国古代瓦当研究》,中国社会科学院研究生院博士学位论文,2002 年。

施崇阳、郭怡:《通过食谱分析探讨田螺山与梁王城遗址先民对渔业资源的利用》,《人类学学报》2022 年 4 月。

水涛:《岭南青铜文化中的外来文化因素》,《东南考古研究》第 3 辑,厦门大学出版社,2003 年。

朔知:《良渚文化的范围——兼论考古学文化共同体》,《南方文物》1988 年第 2 期。

朔知:《崧泽时代皖江两岸的聚落与文化》,《东南文化》2015 年第 1 期。

[日]斯波义信著,方健、何忠礼译:《宋代江南经济史研究》,江苏人民出版社,2001 年。

[日]斯波义信著,庄景辉译:《宋代商业史研究》,稻禾出版社,1997 年。

宋玲平:《晋系墓葬制度研究》,科学出版社,2007 年。

苏秉琦:《中国文明起源新探》,商务印书馆,1997 年。

苏辉:《秦、三晋纪年兵器研究》,中国社会科学院研究生院硕士学位论文,2002 年。

孙华:《周代前期的周人墓地》,《远望集——陕西省考古研究所华诞四十周年纪念文集》,陕西人民美术出版社,1998 年。

孙华:《中国青铜文化体系的几个问题》,《考古学研究》(五),科学出版社,2003 年。

孙华:《绍兴印山大墓的若干问题——读〈印山越王陵札记〉》,《南方文物》2008 年第 2 期。

孙庆伟:《周代用玉制度研究》,上海古籍出版社,2008 年。

孙庆伟：《早期晋都丛考》，《考古学研究（八）》，科学出版社，2011 年。
谭德睿等：《吴越青铜兵器三绝》，《东方文明之韵——吴文化国际学术研讨会论文集》，岭南美术出版社，2000 年。
唐解国：《湖南零陵地区印纹陶种类及分布》，《南方文物》1997 年第 2 期。
唐晓峰：《试论晋国的都城区位》，《历史地理》第 21 辑，上海人民出版社，2006 年。
唐晓峰：《中国古代王朝正统性的地理认同》，《新增人文地理随笔》，生活 · 读书 · 新知三联书店，2018 年。
田建文：《晋国早期都邑探索》，《三晋考古》第 1 辑，山西人民出版社，1994 年。
田伟：《试论两周时期的青铜剑》，《考古学报》2013 年第 4 期。
田正标：《吴越土墩墓的形制结构及相关问题》，《百越文化研究》，厦门大学出版社，2005 年。
田正标：《江、浙、沪地区战国墓分期初探》，《浙江省文物考古研究所学刊》第 9 辑，科学出版社，2009 年。
童恩正：《试论我国从东北至西南的边地半月形文化传播带》，《文物与考古论集：文物出版社成立三十周年纪念》，文物出版社，1986 年。
童恩正：《中国北方与南方古代文明发展轨迹之异同》，《中国社会科学》1994 年第 5 期。
童书业：《中国手工业商业发展史》，中华书局，2005 年。
王昌月：《安徽屯溪土墩墓与休屯盆地区域文明研究》，《东南文化》2019 年第 3 期。
王建平、陈铁梅：《横岭山墓地出土西周中晚期至春秋时期陶瓷的 INAA 和 WDXRF 研究》，《博罗横岭山——商周时期墓地 2000 年发掘报告》，科学出版社，2006 年。
王结华：《吴越农耕技术述略》，《东方文明之韵——吴文化国际学术研讨会论文集》，岭南美术出版社，2000 年。
王立新：《关于天马—曲村遗址性质的几个问题》，《中原文物》2003 年第 1 期。
王宁远：《遥远的村居：良渚文化的聚落和居住形态》，浙江摄影出版社，2007 年。
王宁远：《从村居到王城》，杭州出版社，2013 年。
王书敏：《吴国社会经济概述》，《东方文明之韵——吴文化国际学术研讨会论文集》，岭南美术出版社，2000 年。
王文清：《吴文化与倭文化》，《东方文明之韵——吴文化国际学术研讨会论文集》，岭南美术出版社，2000 年。
王小娟：《晋南地区新石器末期陶器工业》，北京大学博士学位论文，2014 年。
王颖：《中国海洋地理》，科学出版社，2013 年。
王振镛、林公务：《闽江下游印纹陶遗存的初步分析》，《文物集刊》（3），文物出版社，1981 年。
王振镛：《论闽越时期的墓葬及相关问题》，《福建文博》1990 年第 1 期。
王志雄等：《浙江衢州庙山尖土墩墓出土青铜器初步检测分析》，《河南博物院院刊》第

2 辑。
韦江:《广东文物考古工作新成果的考察与思考》,《广西民族研究》2001 年第 1 期。
魏峻:《粤东地区考古学文化与环境的互动》,《南方文物》2008 年第 1 期。
魏峻:《粤东闽南地区先秦考古学文化的分期与谱系》,《考古学研究》(九),文物出版社,2012 年。
吴曾德、叶杨:《论广东青铜时代三个基本问题》,《深圳考古发现与研究》,文物出版社,1994 年。
吴春明:《闽文化刍议》,《厦门大学学报(哲学社会科学版)》1990 年第 3 期。
吴春明:《福建先秦青铜器文化类型的初步探索》,《厦门大学学报(哲学社会科学版)》1994 年第 1 期。
吴春明:《闽江流域先秦两汉文化的初步研究》,《考古学报》1995 年第 2 期。
吴春明:《粤东闽南早期古文化的初步分析》,《东南考古研究》第 1 辑,厦门大学出版社,1996 年。
吴春明:《晋江、九龙江流域新石器和青铜时代文化遗存》,《南方文物》1996 年第 3 期。
吴春明:《从考古看华南沿海先秦社会的发展》,《厦门大学学报(哲学社会科学版)》1997 年第 1 期。
吴春明:《华南沿海的先秦文化与早期文明》,《中原文物》1997 年第 2 期。
吴春明:《东南沿海史前史序列中北方文化因素的传入与融合》,《史前与古典文明:第三届国际汉学会议论文集》,上海古籍出版社,2003 年。
吴春明:《"自交趾至会稽"——百越的历史、文化与变迁》,《越文化实勘研究论文集(二)》,科学出版社,2008 年。
吴春明:《"闽"、"越"融合与"闽越"生成的考古学解释》,《从百越土著到南岛海洋文化》,文物出版社,2012 年。
吴春明:《没有帝国的东南——闽中地区国家文明起源与发展的初步研究》,《从百越土著到南岛海洋文化》,文物出版社,2012 年。
吴春明:《中国东南与太平洋的史前交通工具》,《从百越土著到南岛海洋文化》,文物出版社,2012 年。
吴隽等:《南方各窑址原始瓷产地特征的 EDXRF 分析》,《光谱实验室》2012 年第 6 期。
吴隽等:《横岭山墓葬群出土陶器及原始瓷器的科学技术研究》,《博罗横岭山——商周时期墓地 2000 年发掘报告》,科学出版社,2006 年。
吴沬、丘志力:《广东博罗横岭山先秦墓地出土玉器探析》,《东南文化》2005 年第 3 期。
吴汝祚:《中国沿海史前文化的交往和海上交通》,《东南文化》1993 年第 2 期。
吴桐:《试论中国东部沿海半月形文化传播带》,《中国南方先秦考古学术研讨会论文集》,文物出版社,2019 年。
吴桐:《血缘与地缘:殷墟西区墓制再研究》,《西部考古》第 19 辑,科学出版社,2020 年。

吴桐：《吴越文化与社会的几个问题——读〈吴越文化比较研究札记〉》，《青年考古学家》第 1 辑，科学出版社，2020 年。
吴桐：《宁绍平原两周时期陶瓷器生产标准化初步研究》，《东南文化》2021 年第 2 期。
吴桐：《浙江地区两周时期玉器的兴衰及相关问题》，《考古》2022 年第 1 期。
吴桐：《山海之间：两周时期“江南—岭南”的文化交流线路及其变迁》，《东南文化》2022 年第 3 期。
吴桐：《越国仿铜乐器的器用与等级》，《考古》2023 年第 2 期。
吴桐、邹冠男：《从墓葬等级看浙北两周社会及其变迁——浙北平原中小型土墩墓的统计研究》，《古代文明》第 15 卷，上海古籍出版社，2021 年。
吴桐：《再论两周时期太湖杭州湾的分期与年代——两周时期东南沿海的分期与年代框架构建之一》，《北方民族考古》第 16 辑，科学出版社，2024 年。
吴桐：《从迟缓到突变：陶瓷器生产与消费视野下两周时期的越地社会》，《南方文物》2024 年第 5 期。
吴桐：《败越与亡越——江东地区战国中晚期“楚式墓”研究》，《考古》2025 年第 2 期。
吴桐、刘睿喆：《论两周越墓的夸富葬俗》，《东南文化》2024 年第 5 期。
吴桐：《地缘与血缘：博罗横岭山墓地所见岭南商周时期社会关系》，《江汉考古》2025 年第 3 期。
吴桐：《两周时期岭南陶瓷器生产与消费的统计研究——兼论百越社会转型的差序格局》，《考古学研究》第十七卷第 2 期，科学出版社，2025 年。
吴桐：《博罗横岭山刻划符号研究》，《中山大学学报（社会科学版）》2025 年第 3 期。
向桃初：《“越式鼎”研究初步》，《古代文明》第 4 卷，文物出版社，2005 年。
向桃初：《湘江流域商周青铜文化研究》，线装书局，2007 年。
肖梦龙：《春秋时期吴国王室玉器研究》，《东亚玉器》Ⅱ，香港中文大学中国考古艺术研究中心，1998 年。
谢尧亭：《“九原”的地望及其相关问题》，《鹿鸣集：李济先生发掘西阴遗址八十周年山西省考古所侯马工作站五十周年纪念文集》，科学出版社，2009 年。
谢尧亭：《晋南地区西周墓葬研究》，吉林大学博士学位论文，2010 年。
徐恒彬：《广东几何印纹陶纹饰演变初步研究》，《文物集刊》（3），文物出版社，1981 年。
徐恒彬：《广东青铜时代概论》，《广东先秦出土文物》，香港中文大学出版社，1984 年。
徐良高：《中国民族文化源新探》，社会科学文献出版社，2002 年。
徐良高：《求真抑或建构——走出实证主义历史学与考古学》，科学出版社，2023 年。
徐馨、沈志达：《全新世环境——最近一万多年来环境变迁》，贵州人民出版社，1995 年。
许智范：《从崖墓文物看越族文化》，《百越民族研究》，江西教育出版社，1990 年。
杨建芳：《耳饰玦的起源、演变与分布：文化传播及地区化的一个实例》，《中国古代玉器研究论文集》（下），众志美术出版社，2001 年。

杨建芳:《吴县严山窖藏玉器研究》,《玉文化论丛》,文物出版社,2009 年。
杨建军:《岭南商周时期埋葬习俗的若干问题》,《江汉考古》2010 年第 2 期。
杨建军:《广东博罗横岭山墓地分析》,《东南文化》2012 年第 2 期。
杨建军:《岭南地区商周时期墓葬研究》,科学出版社,2019 年。
杨杰:《广东早期青铜文化试析》,《华夏考古》2010 年第 3 期。
杨宽:《战国史》,上海人民出版社,1980 年。
杨难得:《湘江中上游商周时期考古学文化研究》,湖南大学硕士学位论文,2012 年。
杨楠:《江南土墩遗存研究》,民族出版社,1998 年。
杨楠:《中国东北与东南地区古代石构墓葬的比较分析》,《考古与文物》1998 年第 5 期。
杨楠:《论商周时期原始瓷器的区域特征》,《文物》2000 年第 3 期。
杨楠:《略论古代东亚土墩遗存》,《民族史研究》第 10 辑,中央民族大学出版社,2011 年。
杨楠:《夹山商周时期土墩墓遗存的发掘及若干问题》,《考古学研究》(八),科学出版社,2011 年。
杨权喜:《绍兴 306 号墓文化性质的分析——兼述楚文化对吴越地区的影响》,《东南文化》1992 年第 6 期。
杨式挺:《广东考古五十年》,《学术研究》1999 年第 10 期。
杨式挺等:《广东先秦考古》,广东人民出版社,2015 年。
杨秀侃:《吴越玉器研究》,复旦大学博士学位论文,2011 年。
杨耀林、文本亨:《从深圳青铜时代遗址管窥广东先秦时期的社会性质》,《深圳考古发现与研究》,文物出版社,1994 年。
杨耀林:《深圳先秦玉石饰初探》,《东亚玉器》,香港中文大学考古艺术研究中心,1998 年。
杨哲峰:《关于江东地区“楚式墓”的发现与研究》,《东方博物》第 42 辑,浙江大学出版社,2012 年。
杨哲峰:《文化变迁中的器形与质地——关于江东地区战国秦汉之际墓葬所见陶瓷器组合的初步考察》,《文物》2012 年第 4 期。
杨哲峰:《苏州合丰小城 2014SFFM80 的年代与“秦墓”的甄别》,《中国文物报》2016 年 8 月 26 日第 6 版。
姚勤德、龚金元:《吴国王室玉器》,上海人民美术出版社,1996 年。
易西兵:《试论西樵山双肩石器的源流——西樵山遗址探索之一》,《史前研究》(2002),三秦出版社,2004 年。
游晓蕾:《横岭山墓地及相关问题初步研究》,山东大学硕士学位论文,2011 年。
余静:《再论关于两广地区米字纹陶遗存和广州汉墓的年代》,《江汉考古》2014 年第 2 期。
袁行霈等:《中国地域文化通览 · 广东卷》,中华书局,2014 年。

袁行霈等：《中国地域文化通览·浙江卷》，中华书局，2014 年。
袁剑：《边疆的背影：拉铁摩尔与中国学术》，社会科学文献出版社，2016 年。
［美］詹姆士·斯科特著，王晓毅译：《逃避统治的艺术：东南亚高地的无政府主义历史》，生活·读书·新知三联书店，2016 年。
［英］詹姆斯·菲尔格里夫著，龚权译：《地理与世界霸权》，上海人民出版社，2016 年。
张爱冰：《安徽青阳汪村出土青铜器的年代及其相关问题》，《东南文化》2011 年第 4 期。
张弛：《良渚大墓试析》，《考古学研究》（三），科学出版社，1997 年。
张弛：《屈家岭石家河文化的聚落与社会》，《考古学研究》（十），科学出版社，2012 年。
张光直：《中国古代文明的环太平洋的底层》，《中国考古学论文集》，生活·读书·新知三联书店，2013 年。
张海：《公元前 4000 至前 1500 年中原腹地的文化演进与社会复杂化》，北京大学博士学位论文，2007 年。
张海：《中国考古学的历史主义特征与传统》，《华夏考古》2011 年第 4 期。
张立等：《中国江南先秦时期人类活动与环境变化》，《地理学报》2000 年第 6 期。
张敏：《鸿山越墓的发现与越文化的再认识》，《南京博物院集刊》第 10 辑，文物出版社，2008 年。
张敏：《吴国都城初探》，《南方文物》2009 年第 2 期。
张敏：《吴越贵族墓葬的甄别研究》，《文物》2010 年第 1 期。
张敏：《越国玉器的等级研究》，《东南文化》2011 年第 4 期。
张敏：《吴越文化比较研究》，南京出版社，2018 年。
张敏：《陶冶吴越——简论两周时期吴越的生业形态》，《东南文化》2019 年第 3 期。
张强禄：《从华南所见有领璧环看夏商礼制南渐》，《古代文明》第 13 卷，上海古籍出版社，2019 年。
张荣华：《文化史中的大、小传统关系论》，《复旦学报（社会科学版）》2007 年第 1 期。
张荣祖：《中国动物地理》，科学出版社，2011 年。
张世明：《拉铁摩尔及其相互边疆理论》，《史林》2011 年第 6 期。
张闻捷：《汉淮诸国青铜礼制初探》，《中国国家博物馆馆刊》2014 年第 11 期。
张闻捷：《楚国青铜礼器制度研究》，厦门大学出版社，2015 年。
张闻捷：《者汈编钟与越国乐制》，《东南文化》2018 年第 5 期。
张闻捷、陈沁菲：《安吉八亩墩越墓用鼎制度初考——兼论春秋晚期楚越礼制文化交流》，《江汉考古》2022 年第 5 期。
张义中：《岭南地区腰坑习俗浅探》，《长沙大学学报》2013 年第 4 期。
张玉兰：《广富林遗存在上海地区的首次发现及其古环境意义》，《海洋地质与第四纪地质》2006 年第 6 期。
张政烺：《中山王壶及鼎铭考释》，《古文字研究》第 1 辑，中华书局，1979 年。

张之恒:《略论我国东南沿海地区的印纹陶》,《文物集刊》(3),文物出版社,1981 年。
赵辉:《以中原为中心的历史趋势的形成》,《文物》2000 年第 1 期。
赵辉:《中国的史前基础——再论以中原为中心的历史趋势》,《文物》2006 年第 8 期。
赵辉:《当今考古学的陶器研究》,《江汉考古》2019 年第 1 期。
赵荦:《中国沿海先秦贝丘遗址研究》,复旦大学博士学位论文,2014 年。
赵善德、郭菁菁:《东周时期东江流域文化遗存研究》,《暨南学报(哲学社会科学版)》2010 年第 5 期。
赵善德:《运用考古资料探索先秦岭南文化的尝试》,《文博》2003 年第 4 期。
赵善德:《论东周秦汉岭南的对外交往与商业意识》,《肇庆学院学报》2007 年第 1 期。
赵善德:《先秦时期珠江三角洲环境变迁与文化演进》,《华夏考古》2007 年第 2 期。
赵善德:《两周时期东江流域及其南部商品交换活动》,《学术论丛》2009 年第 48 期。
赵善德:《先秦东江三角洲先民择地谋生论》,《兰州学刊》2013 年第 7 期。
赵善德:《考古视野的岭南古越族》,《暨南史学》第 9 辑,广西师范大学出版,2014 年。
郑辉、陈兆善:《九龙江流域先秦文化发展序列的探讨》,《福建历史文化与博物馆学研究》,福建教育出版社,1993 年。
郑建明、林毅:《战国原始瓷编钟的出现与楚文化的影响》,《湖南省博物馆馆刊》第 14 辑,岳麓书社,2018 年。
郑建明:《商周原始瓷装饰纹样略论》,《文物》2012 年第 11 期。
郑建明:《夏商原始瓷略论稿》,文物出版社,2015 年。
郑建明:《春秋中晚期原始瓷的衰落与吴文化的南下》,《东南文化》2019 年第 5 期。
郑君雷:《百越融入“中华一体”的考古人类学考察》,《广西民族大学学报(哲学社会科学版)》2018 年第 2 期。
郑小炉:《试论徐舒青铜器——兼论徐、舒与吴越的融合》,《文物春秋》2003 年第 5 期。
郑小炉:《吴越和百越地区周代青铜器研究》,科学出版社,2003 年。
郑小炉:《东南地区春秋战国时期的“镇”——古越族向岭南迁徙的一个例证》,《边疆考古研究》第 2 辑,科学出版社,2004 年。
郑云飞等:《浙江余杭茅山遗址古稻田耕作遗迹研究》,《第四纪研究》2014 年第 1 期。
仲召兵:《长江下游地区崧泽文化圈的形成》,北京大学硕士研究生学位论文,2008 年。
仲召兵:《“崧泽文化圈”的形成、原因及其意义》,《崧泽文化学术研讨会会议资料》,杭州,2014 年 10 月。
周大鸣:《略论江浙地区石室墓的几个问题》,《南方文物》1996 年第 3 期。
周世荣:《蚕桑纹尊与武士靴形钺》,《考古》1979 年第 6 期。
朱非素:《广东新石器时代考古若干问题的探讨》,《广东先秦出土文物》,香港中文大学出版社,1984 年。
朱非素:《粤闽地区浮滨类型文化遗存的发现和探索》,《人类学论文选集》,中山大学出版社,1986年。
朱非素:《珠江三角洲贝丘、沙丘遗址和聚落形态》,《南中国及邻近地区古文化研究庆祝郑德坤教授从事学术活动六十周年论文集》,香港中文大学出版社,1994年。
朱剑:《商周原始瓷产地研究》,中国科学技术大学博士学位论文,2006年。
庄锦清:《福建地区几何印纹陶分期初探》,《文物集刊》(3),文物出版社,1981年。
庄奕杰等:《中国长江下游茅山遗址新石器时代晚期水稻耕作的水资源管理及农业集约化》,《东方考古》第12集,科学出版社,2015年。
邹衡:《论早期晋都》,《文物》1994年第1期。
邹厚本:《江苏南部土墩墓》,《文物资料丛刊》(6),文物出版社,1982年。
上海财经大学:《中国经济发展史(公元前16世纪~1840)》第2卷,上海财经大学出版社,2019年。
中国科学院《中国自然地理》编辑委员会:《中国自然地理·动物地理》,科学出版社,1979年。
中国科学院《中国自然地理》编辑委员会:《中国自然地理·海洋地理》,科学出版社,1979年。
中国科学院《中国自然地理》编辑委员会:《中国自然地理·地貌》,科学出版社,1980年。
中国科学院《中国自然地理》编辑委员会:《中国自然地理·植物地理(上)》,科学出版社,1983年。
中国科学院《中国自然地理》编辑委员会:《中国自然地理·古地理(上)》,科学出版社,1984年。
中国科学院《中国自然地理》编辑委员会:《中国自然地理·植物地理(下)中国植被地理》,科学出版社,1988年。
中国社会科学院语言研究所:《中国语言地图集(第2版)汉语方言卷》,商务印书馆,2012年。

Barbara Watson Andaya. Political Development between the Sixteenth and Eighteenth Centuries. Nicholas Tarling. *The Cambridge History of Southeast Asia: Volume 1, From Early Times to c.1800*, Cambridge: Cambridge University Press, 1993.
Bellwood, P.A hypothesis for Austronesian origins. *Asian Perspect*, 1984 – 1985(1): 107 – 117.
——, The Austronesian dispersal and the origin of languages. *Sci Am*. 1991(265): 88 – 93.
——, Taiwan and the prehistory of the Austronesian-speaking people.Rev.*Archaeol*. 1997(18): 39 – 48.
——, *First Farmers: The origins of Agricultural Societies*, New Jersey: Wiley-Blackwell, 2004.
——, Examining the farming/language dispersal hypothesis in the East Asian context. In

Sagart, L.et al. *The peopling of East Asia*. London: Routledge Curzon, 2005: 17－30.

Costin, Cathy L. and Melissa B. Hagstrum, Standardization, Labor Investment, Skill, and the Organization of Ceramic Production in Late Prehispanic Highland Peru. *American Antiquity* 1995(4): 631－632.

Diamond, J.M. Express train to Polynesian. *Nature*, 1988(336): 307－308.

——, Farmers and their languages: the first expansions. *Science*, 2003(300): 597－603.

Eerkens, "Practice Makes Within 5% of Perfect: Visual Perception, Motor Skill, and Memory in Artifact Variation". *Current Anthropology*, 2000(4): 663－668.

——, JW, Bettinger. Techniques for Assessing Standardization in Artifact Assemblages: Can We Scale Material Variability?. *American Antiquity*, 2001(3): 493－504.

Emanuel Mayer. *The Ancient Middle Classes: Urban Life and Aesthetics in the Roman Empire 100 BCE－250 CE*. Cambridge: Harvard University Press, 2014.

Gary M.Feiman. Demography, Surplus, and Inequality: Early Political Formations in Highland Mesoamerica. I n Timothy Earle (ed.). *Chiefdoms: Power, Economy, and Ideology*. Cambridge: Cambridge University Press, 1991.

Gray, R. D. Language trees support the express-train sequence of Austronesian expansion. *Nature*, 2000(405): 1052－1055.

Henri Claessen, Peter Skalnik. *The Early State*. Hague: Mouton Press, 1978.

Karl Wittfogel. *Oriental Despotism: A Comparative Study of Total Power*. City of New Haven: Yale University Press, 1957.

Kent V. Flannery. The Cultural Evolution of Civilizations. *Annual review of Ecology and Systematic*, 1972(3): 399－426.

Liu, Li, "the Products of Minds as Well as of Hands": Production of Prestige Goods in the Neolithic and Early State Periods of China. *Asian Perspectives*, 2002(1): 1－40.

Longacre, William A., K.L. Kyamme and M.Kobayashi, Southwestern Pottery Standardization: An Ethnoarchaeological View from Philippines. *Kiva* 1998(53): 101－112.

Max Weber. *Economy and Society: An Outline of Interpretive Sociology*. Berkeley: University of California Press, 1978: 212－254.

Meacham, W. On the improbability of Austronesian origins in South China. *Asian Perspect*, 1984－1985(1): 89－106.

Melinda A. Yang et al. Ancient DNA indicates human population shifts and admixture in northern and southern China, *Science*. 2020(369): 282－288.

Owen Lattimore. The Frontier in History, in *Studies in Frontier: Collected Papers*, London: Oxford University Press, 1962: 469－491.

Redfield. Robert, *Peasant society and culture: an Anthropological Approach to Civilization*,

Chicago: the University of Chicago Press, 1956.

Rice, Prudence M. Evolution of Specialized Pottery Production: A Trial Model. *Current Anthropology*, 1981(33): 219－240.

——, Prudence M.a. Specialization, Standardization, and Diversity: A Retrospective IN *The Ceramic Legacy of Anna O. Shepard*, edited by Ronald L. Bishop and Frederick W. Lange. Niwot, University Press of Colorado, 1991: 257－279.

——, Prudence M. a. Recent Ceramic Analysis: 2. Compositions, Production and Theory. *Journal of Archaeological Research*, 1996(3): 165－202.

Robert L.Carneiro.A Theory of the Origin of the State, *Science*, 1970(169): 733－738.

——, On the Relationship Between Size of Population and Complexity of Social Organization. *Journal of Anthropological Research*, 1986(3): 355－364.

Shelach, *Gideon: Leadership Strategies, Economic Activity, and Interregional Interaction: Social Complexity in Northeast China*, New York: Kluwer Academic/Plenum.

Tsang, C.H. Recent discoveries at a Tapenkeng culture site in Taiwan: implications for the problem of Austronesian origins. In Sagart, L. et al. *The peopling of East Asia*. London: Routledge Curzon, 2005: 63－73.

Underhill, Anne P., "Investigating Variation in Organization of Ceramic Production: An Ethnoarchaeological Study in Guizhou, China". *Journal of Archaeological Method and Theory* 2003(3): 247.

Winifred Creamer. The Origins of Centralization: Changing Features of Local and Regional Control During the Rio Grande Classic Period, A.D.1325－1540, Jonathan Haas. *From Leaders to Rulers*, New York: Springer US, 2001: 37－58.

Winter, Marcus C. and Jane W. Pires-Ferreiria. Distribution of Obsidian among Households in Two Oaxacan Villages. In K.V. Flannery (ed.).*The Early Mesoamerica Village*. New York: Academy Press, 1976.

Zhenhua Deng et al. Validating earliest rice farming in the Indonesian Archipelago, *Sci Rep*. 2020(10984).

附录 A　东南沿海各地区典型单位分组统计

表一　太湖杭州湾典型单位分组统计表

分组	单位	原始瓷										硬陶										泥质陶		
		豆				罐		碗(杯盅)类			盂	罐(瓿)类						坛		瓮	盂	豆	钫	盒
		Aa	B	Ca	Da	A	B	Aa	Ab	B		Aa	Ab	Ac	Ad	Ba	Bb	A	B	A	A			
一	杨家埠 D4M13																	Ⅰ$_1$		Ⅰ$_1$				
	便山 D408																	Ⅱ$_1$						
	便山 D412																				Ⅰ$_1$			
	便山 D495																	Ⅲ$_1$						
	柴岭山 D22M1				Ⅰ$_1$																			
二	慈溪Ⅰ墩 M3			Ⅰ$_1$、Ⅱ$_3$	Ⅱ$_1$																			
	独仓山 D1M1	Ⅰ$_1$、Ⅱ$_5$、Ⅲ$_7$										Ⅱ$_4$	Ⅰ$_2$					Ⅳ$_2$						
	柴岭山 D17M4				Ⅰ$_1$、Ⅱ$_6$							Ⅳ$_2$												
	杨家埠 D9M1			Ⅱ$_1$																Ⅱ$_1$				
	石狮 D1M6			Ⅲ$_1$								Ⅳ$_1$						Ⅰ$_2$						
	紫云山 D1Q1																				Ⅲ$_1$			
	柴岭山 D18M1			Ⅲ$_1$	Ⅱ$_2$							Ⅲ$_1$						Ⅳ$_1$						
三	独仓山 D2M1			Ⅳ$_8$	Ⅲ$_2$		Ⅱ$_2$	Ⅰ$_3$、Ⅱ$_1$						Ⅰ$_1$										
	凤凰山 D1M1			Ⅱ$_1$、Ⅳ$_3$							Ⅰ$_2$													
	柴岭山 D8M1			Ⅳ$_3$	Ⅲ$_6$		Ⅱ$_1$					Ⅲ$_1$					Ⅱ$_1$							
	柴岭山 D17M3				Ⅲ$_1$						Ⅱ$_2$													
	南王山 D1M1	Ⅲ$_3$、Ⅳ$_1$	Ⅰ$_1$	Ⅳ$_2$								Ⅲ$_3$	Ⅰ$_1$				Ⅲ$_1$				Ⅱ$_1$、Ⅲ$_2$、Ⅳ$_2$			
	独仓山 D7M2	Ⅲ$_6$	Ⅱ$_4$									Ⅳ$_1$	Ⅳ$_1$					Ⅴ$_2$						
	柴岭山 D23M1			Ⅳ$_3$	Ⅱ$_2$、Ⅲ$_1$		Ⅲ$_1$					Ⅳ$_1$												
	杨家埠 D5M7			Ⅳ$_4$																Ⅲ$_1$				
	便山 D416(一)												Ⅲ$_1$							Ⅳ$_1$				

续表

分组	单位	原始瓷										硬陶										泥质陶		
		豆				罐		碗(杯盅)类			盂	罐(瓿)类						坛		瓮	盂	豆	钫	盒
		Aa	B	Ca	Da	A	B	Aa	Ab	B		Aa	Ab	Ac	Ad	Ba	Bb	A	B	A	A			
三	石狮 D1M5				Ⅲ$_3$										Ⅰ$_1$									
	老虎山 D1M6	Ⅲ$_2$																						
	石狮 D1M2	Ⅲ$_3$																Ⅵ$_1$			Ⅱ$_3$			
四	便山 D406②	Ⅳ$_1$	Ⅲ$_1$		Ⅳ$_1$		Ⅲ$_1$				Ⅰ$_1$、Ⅲ$_3$		Ⅴ$_1$											
	七女墩 M8														Ⅰ$_1$						Ⅴ$_1$、Ⅵ$_1$			
	火烧山Ⅰ-19													Ⅱ$_1$										
	牯牛墩 M1	Ⅲ$_{41}$		Ⅴ$_7$													Ⅲ$_4$	Ⅵ$_4$		Ⅳ$_1$				
	火烧山Ⅱ-27						Ⅳ$_1$				Ⅳ$_1$													
	柴岭山 D31M1	Ⅳ$_1$	Ⅲ$_1$、Ⅳ$_1$	Ⅴ$_{16}$	Ⅳ$_{46}$		Ⅲ$_2$				Ⅱ$_6$、Ⅲ$_1$、Ⅳ$_3$	Ⅳ$_2$												
	便山 D435											Ⅵ$_2$						Ⅶ$_1$						
	老虎山 D1M3			Ⅴ$_2$								Ⅵ$_1$												
	柴岭山 D26M1		Ⅳ$_1$	Ⅴ$_{11}$	Ⅳ$_9$						Ⅲ$_3$、Ⅳ$_3$						Ⅲ$_1$							
	独仓山 D6M2	Ⅳ$_3$				Ⅰ$_1$						Ⅳ$_4$												
	天目湖庙山 D1Q5											Ⅵ$_2$	Ⅴ$_1$											
	堂子山 D211M1(二)	Ⅴ$_1$		Ⅴ$_1$	Ⅲ$_1$																			
	火烧山Ⅱ-26					Ⅱ$_1$		Ⅲ$_1$		Ⅰ$_2$														
	火烧山Ⅰ-17					Ⅲ$_1$	Ⅳ$_1$																	
五	火烧山Ⅰ-7							Ⅳ$_1$						Ⅱ$_1$										
	火烧山Ⅱ-18					Ⅳ$_4$	Ⅳ$_2$	Ⅳ$_4$、Ⅴ$_1$		Ⅰ$_1$、Ⅱ$_2$														
	堂子山 D212	Ⅳ$_1$	Ⅳ$_1$												Ⅱ$_1$									
	潢潼 D3											Ⅵ$_1$、Ⅶ$_3$	Ⅵ$_1$					Ⅶ$_1$						
	石狮 D4M6					Ⅱ$_1$							Ⅶ$_2$					Ⅶ$_3$		Ⅳ$_1$				
	天目湖庙山 D1M1											Ⅷ$_1$						Ⅵ$_1$						
六	柴岭山 D29M1(一)							Ⅳ$_1$、Ⅴ$_4$、Ⅵ$_1$			Ⅳ$_1$			Ⅳ$_1$		Ⅱ$_5$	Ⅳ$_1$							
	堂子山 D216(二)							Ⅶ$_3$					Ⅶ$_1$					Ⅷ$_1$						
	便山 D418							Ⅶ$_5$				Ⅴ$_2$、Ⅷ$_1$								Ⅴ$_1$				

续表

分组	单位	原始瓷										硬陶										泥质陶		
		豆				罐		碗(杯盅)类			盂	罐(瓿)类						坛		瓮	盂	豆	钫	盒
		Aa	B	Ca	Da	A	B	Aa	Ab	B		Aa	Ab	Ac	Ad	Ba	Bb	A	B	A	A			
六	石狮 D4M3																	Ⅷ$_1$						
	独仓山 D9M3				Ⅳ$_8$					Ⅲ$_3$			Ⅳ$_1$								Ⅲ$_1$、Ⅶ$_1$			
	火烧山Ⅱ-12					Ⅳ$_1$		Ⅴ$_1$、Ⅶ$_1$		Ⅲ$_1$														
六	火烧山Ⅱ-11					Ⅴ$_1$		Ⅴ$_1$、Ⅶ$_4$		Ⅰ$_1$														
	庙山 M1							Ⅶ$_2$、Ⅷ$_1$			Ⅲ$_3$									Ⅵ$_1$				
	真山 D33K2							Ⅷ$_3$、Ⅸ$_1$					Ⅶ$_1$		Ⅲ$_2$									
七	三星墩 D3M1									Ⅲ$_1$		Ⅷ$_2$						Ⅷ$_2$						
	杨家埠 D5Y1															Ⅰ$_2$				Ⅵ$_1$				
	柴岭山 D29M1(二)							Ⅳ$_1$、Ⅴ$_3$、Ⅸ$_3$					Ⅷ$_2$					Ⅸ$_1$						
	西岭 D3	Ⅲ$_5$	Ⅰ$_1$										Ⅷ$_1$					Ⅸ$_1$			Ⅳ$_1$、Ⅴ$_3$、Ⅵ$_1$			
	独仓山 D6M1							Ⅷ$_4$、Ⅸ$_1$					Ⅷ$_1$	Ⅳ$_1$						Ⅶ$_1$				
	七女墩 M7												Ⅷ$_1$		Ⅰ$_1$			Ⅷ$_1$、Ⅹ$_1$						
	潢潼 D1				Ⅳ$_1$			Ⅸ$_1$				Ⅶ$_2$、Ⅷ$_3$						Ⅶ$_1$、Ⅷ$_1$、Ⅹ$_1$						
	老虎山 D1M17													Ⅲ$_1$	Ⅳ$_1$	Ⅱ$_1$								
	慈溪 M3												Ⅷ$_1$				Ⅴ$_1$		Ⅰ$_1$					
	便山 D497 南北							Ⅹ$_3$										Ⅸ$_1$		Ⅴ$_1$				
	火烧山Ⅱ-10					Ⅴ$_1$		Ⅶ$_6$、Ⅹ$_1$		Ⅰ$_1$、Ⅳ$_1$														
八	进化前山 T1⑤							Ⅸ$_2$、Ⅹ$_1$											Ⅱ$_2$					
	柴岭山 D1M3							Ⅹ$_7$			Ⅳ$_1$				Ⅳ$_2$				Ⅰ$_1$					
	便山 D406①(二)							Ⅹ$_5$					Ⅷ$_3$		Ⅱ$_1$			Ⅺ$_2$						
	晒土场 D1M3									Ⅳ$_1$		Ⅸ$_1$	Ⅶ$_1$、Ⅷ$_1$											
	杨家埠 D1M1											Ⅹ$_1$								Ⅷ$_2$				
	独仓山 D8M1							Ⅸ$_2$、Ⅹ$_3$								Ⅱ$_3$		Ⅺ$_2$						
九	安吉三官 M3							Ⅹ$_5$					Ⅸ$_1$											
	进化前山 T1①							Ⅸ$_1$					Ⅸ$_1$						Ⅱ$_1$					

续表

分组	单位	原始瓷										硬陶										泥质陶		
		豆				罐		碗(杯盅)类			盂	罐(瓿)类						坛		瓮	盂	豆	钫	盒
		Aa	B	Ca	Da	A	B	Aa	Ab	B		Aa	Ab	Ac	Ad	Ba	Bb	A	B	A	A			
九	独仓山 D9M1							Ⅹ$_{5}$							Ⅴ$_{1}$	Ⅱ$_{1}$		Ⅺ$_{1}$	Ⅲ$_{1}$					
	笔架山 D131M4(Q)											Ⅺ$_{1}$			Ⅵ$_{1}$			Ⅻ$_{1}$						
	笔架山 D131M6							Ⅺ$_{1}$								Ⅲ$_{1}$		Ⅻ$_{2}$						
	上虞 D5							Ⅸ$_{1}$	Ⅰ$_{1}$							Ⅳ$_{1}$								
	大墩 M1							Ⅹ$_{10}$														Ⅰ$_{1}$		
	慈溪 M8 下							Ⅸ$_{2}$	Ⅰ$_{1}$				Ⅷ$_{1}$						Ⅳ$_{1}$					
	牛头山 D1M4							Ⅹ$_{1}$、Ⅺ$_{1}$																
十	笔架山 D131M5														Ⅵ$_{1}$、Ⅶ$_{1}$	Ⅳ$_{1}$		Ⅻ$_{1}$		Ⅸ$_{2}$				
	笔架山 D130M1												Ⅹ$_{1}$			Ⅴ$_{1}$		ⅩⅢ$_{1}$						
	真山 D16M1							Ⅺ$_{7}$					Ⅹ$_{1}$											
十	亭子桥 T202①							Ⅺ$_{2}$	Ⅱ$_{2}$										Ⅴ$_{1}$					
	垅坝 D12M2							Ⅺ$_{9}$					Ⅹ$_{1}$	Ⅴ$_{2}$		Ⅵ$_{4}$		ⅩⅢ$_{11}$				Ⅱ$_{5}$		
	小黄山 M13							Ⅺ$_{45}$、Ⅻ$_{7}$					Ⅹ$_{1}$、Ⅺ$_{17}$			Ⅵ$_{11}$		ⅩⅢ$_{1}$	Ⅴ$_{2}$、Ⅵ$_{3}$			Ⅱ$_{15}$		
十一	小家山 M17(Q)							Ⅺ$_{4}$、Ⅻ$_{7}$					Ⅺ$_{3}$	Ⅵ$_{3}$		Ⅶ$_{4}$		ⅩⅣ$_{1}$						
	长兴鼻子山 M1								Ⅱ$_{11}$					Ⅵ$_{1}$										
	小家山 M20								Ⅱ$_{3}$、Ⅲ$_{1}$	Ⅴ$_{1}$			Ⅷ$_{1}$、Ⅺ$_{3}$	Ⅳ$_{1}$	Ⅵ$_{1}$	Ⅶ$_{3}$		ⅩⅣ$_{2}$	Ⅵ$_{1}$					
	祝家山 M1								Ⅱ$_{11}$、Ⅲ$_{7}$									ⅩⅣ$_{1}$	Ⅶ$_{7}$					
	龙山 D141M1(Q)							Ⅻ$_{32}$							Ⅷ$_{4}$			ⅩⅣ$_{25}$		Ⅹ$_{18}$				
十二	周家山 M42							Ⅻ$_{1}$	Ⅲ$_{1}$				Ⅺ$_{1}$					ⅩⅤ$_{1}$						
	周家山 M40												Ⅺ$_{1}$						Ⅷ$_{1}$					
	福泉山 M88																					Ⅲ$_{2}$	Ⅰ$_{2}$	Ⅰ$_{2}$
	福泉山 M1																					Ⅲ$_{2}$		Ⅱ$_{2}$
	青浦庄泾港 M1								Ⅲ$_{1}$									ⅩⅤ$_{2}$	Ⅷ$_{2}$					
十三	安吉五福 M1																					Ⅳ$_{6}$	Ⅱ$_{6}$	Ⅱ$_{4}$
	福泉山 M2																					Ⅲ$_{1}$、Ⅳ$_{1}$		Ⅲ$_{2}$
	老虎山 D1M1																						Ⅲ$_{3}$	

表二　浙南闽北典型单位分组统计表

分组	单位	原始瓷											硬陶										泥质陶		夹砂陶
		豆				罐		碗(杯盅)类			盂	尊	罐(瓿)类						坛		瓮	盂	豆	盒	甗形器
		Aa	B	Ca	Da	A	B	Aa	Ab	B			Aa	Ab	Ae	Bb	Ca	Cb	A	B	A	A			
一	卢坪岗 M3			Ⅰ$_{2}$、Ⅱ$_{1}$	Ⅰ$_{1}$		Ⅰ$_{2}$																		
	东张上层																Ⅰ$_{1}$	Ⅰ$_{2}$							
	和(乌)2			Ⅰ$_{1}$															Ⅰ$_{1}$						
	昙石山 96H139			Ⅰ$_{1}$	Ⅰ$_{1}$																				
	粮库后山 M10																								Ⅰ$_{1}$
	地(平)2																				Ⅰ$_{1}$				
二	黄窠山(采)		Ⅰ$_{2}$	Ⅱ$_{3}$	Ⅰ$_{2}$							Ⅰ$_{1}$													
	和(乌)1			Ⅱ$_{2}$												Ⅰ$_{2}$									
	罗汉山 M9																Ⅱ$_{1}$								
	梅溪岗 T405③																	Ⅱ$_{2}$							
	黄窠山 T203														Ⅱ$_{3}$										
	卢坪岗 T0101②			Ⅰ$_{2}$、Ⅲ$_{1}$	Ⅱ$_{1}$																				
	昙石山 96、04T1507②D			Ⅱ$_{1}$、Ⅲ$_{2}$																					Ⅰ$_{1}$
	小人尖 M1			Ⅰ$_{7}$、Ⅱ$_{36}$、Ⅲ$_{2}$			Ⅰ$_{3}$																		
	地(白)2				Ⅱ$_{3}$									Ⅱ$_{1}$					Ⅳ$_{1}$						
	地(平)3			Ⅲ$_{3}$	Ⅱ$_{3}$									Ⅱ$_{4}$							Ⅲ$_{1}$				
三	罗汉山 M1																Ⅲ$_{1}$	Ⅲ$_{1}$							
	管九麻地尾 D3M2														Ⅲ$_{2}$										
	仙游鸡子城(采)													Ⅳ$_{1}$											
	地(平)1																		Ⅴ$_{1}$						
	瓯海杨府山(采)																				Ⅲ$_{1}$				
	西山大墩顶		Ⅰ$_{1}$、Ⅱ$_{1}$	Ⅳ$_{8}$	Ⅲ$_{1}$								Ⅳ$_{3}$			Ⅱ$_{1}$									
	屯溪 M3			Ⅱ$_{6}$、Ⅲ$_{5}$、Ⅳ$_{3}$	Ⅱ$_{3}$、Ⅲ$_{6}$							Ⅱ$_{4}$	Ⅳ$_{10}$								Ⅳ$_{1}$				
	政和稻香村 M1										Ⅱ$_{1}$	Ⅲ$_{1}$													
	石门大麦山 M1	Ⅲ$_{2}$									Ⅲ$_{1}$														

续表

分组	单位	原始瓷											硬陶										泥质陶		夹砂陶
		豆				罐		碗(杯盅)类			盂	尊	罐(瓿)类						坛		瓮	盂	豆	盒	甗形器
		Aa	B	Ca	Da	A	B	Aa	Ab	B			Aa	Ab	Ae	Bb	Ca	Cb	A	B	A	A			
三	昙石山 96T0804②A										Ⅲ$_{1}$														
	屯溪 M1	Ⅲ$_{3}$、Ⅳ$_{5}$	Ⅰ$_{10}$、Ⅱ$_{12}$	Ⅳ$_{2}$	Ⅲ$_{4}$		Ⅱ$_{9}$、Ⅲ$_{1}$				Ⅲ$_{1}$	Ⅲ$_{2}$													
	竹林坑 Y2				Ⅲ$_{3}$																				Ⅰ$_{1}$
	竹林坑 T1010②		Ⅱ$_{1}$		Ⅲ$_{3}$																				
	山林仔 SH	Ⅲ$_{1}$		Ⅰ$_{1}$、Ⅱ$_{1}$、Ⅲ$_{2}$、Ⅳ$_{1}$	Ⅱ$_{4}$、Ⅲ$_{2}$																				
四	杨山 M1														Ⅳ$_{1}$										
	义乌平畴		Ⅲ$_{2}$、Ⅳ$_{2}$	Ⅴ$_{16}$	Ⅳ$_{7}$						Ⅲ$_{3}$、Ⅳ$_{4}$			Ⅳ$_{1}$								Ⅴ$_{2}$			
	岱石山 M5	Ⅳ$_{1}$												Ⅴ$_{2}$											
	杨山 M2																	Ⅳ$_{1}$							Ⅱ$_{1}$
	屯溪 M5	Ⅲ$_{18}$	Ⅱ$_{27}$		Ⅳ$_{1}$		Ⅲ$_{1}$						Ⅴ$_{2}$、Ⅵ$_{5}$												
	岱石山 M25					Ⅲ$_{2}$					Ⅳ$_{1}$														
	淳安左口 M4	Ⅴ$_{1}$								Ⅰ$_{1}$	Ⅱ$_{2}$														
五	岱石山 M19					Ⅲ$_{1}$					Ⅳ$_{3}$											Ⅵ$_{2}$			
	岱石山 M30			Ⅴ$_{2}$		Ⅲ$_{1}$、Ⅳ$_{1}$					Ⅲ$_{1}$、Ⅴ$_{1}$														
	岱石山 M29	Ⅳ$_{1}$		Ⅴ$_{1}$									Ⅶ$_{1}$									Ⅵ$_{1}$			
六	政和稻香村(采)							Ⅶ$_{2}$			Ⅳ$_{1}$														
	淳安左口 M2							Ⅷ$_{2}$																	
七	岱石山 M33							Ⅸ$_{5}$						Ⅷ$_{1}$											
	岱石山 M2(二)							Ⅸ$_{1}$																	
八	贵溪 M1																		Ⅺ$_{1}$						
九	贵溪 M6							Ⅺ$_{1}$	Ⅱ$_{3}$																
	贵溪 M5							Ⅺ$_{1}$	Ⅱ$_{4}$					Ⅹ$_{2}$						Ⅵ$_{1}$					
十	江山大夫第								Ⅱ$_{4}$、Ⅲ$_{1}$																
	光泽(采)													Ⅺ$_{1}$						Ⅶ$_{1}$					
十一	庄边山 M35																		ⅩⅤ$_{1}$					Ⅱ$_{2}$	
	庄边山 M16																						Ⅱ$_{2}$、Ⅲ$_{1}$	Ⅱ$_{2}$	
十二	庄边山 M47																							Ⅲ$_{1}$	

表三　岭南典型单位分组统计表

分段	单位	原始瓷						硬陶																							泥质陶		青铜器								
		豆				碗(杯盅)类		豆				罐(瓿)类											簋	盒	坛	碗(杯)盅类		瓮		盂	豆	盒	鼎			斧	刮刀	剑	矛		镞
		Ab	Ac	Cb	Db	Aa	Ab	A	B	C	D	Ab	Ac	Af	Bc	Bd	Da	Db	Ea	Eb	Ec	Ed			A	A	B	A	B	B			A	B	C				A	B	
一	横岭山 M299																	√																							
	横岭山 M331																		Ⅰ$_1$																						
	横岭山 M213																												Ⅰ$_1$												
二	横岭山 M104																		Ⅱ$_1$				Ⅰ$_1$						Ⅱ$_1$												
	横岭山 M328																		Ⅱ$_1$										Ⅱ$_1$												
	横岭山 M242																		Ⅱ$_1$		Ⅰ$_1$								Ⅱ$_1$												
三	横岭山 M103				Ⅰ$_1$															Ⅰ$_1$																					
	横岭山 M298																																			Ⅰ$_1$					
	南芒湾									Ⅰ$_1$																															
	横岭山 M194																		Ⅱ$_1$										Ⅲ$_1$												
	扫管笏 T1409②										Ⅰ$_1$																														
	横岭山 M245																		Ⅱ$_1$、Ⅲ$_1$																						
	横岭山 M172																				Ⅱ$_1$																Ⅰ$_1$				
	横岭山 M293																						Ⅱ$_1$																		
四	横岭山 M051																		Ⅲ$_1$				Ⅲ$_1$													Ⅱ$_1$					
	横岭山 M105									Ⅱ$_2$	Ⅱ$_2$										Ⅲ$_1$															Ⅲ$_1$					
	横岭山 M086															Ⅱ$_1$																									
	追树岭															Ⅱ$_1$													Ⅳ$_1$												
	横岭山 M186			Ⅱ$_1$																Ⅲ$_1$	Ⅲ$_1$																				
	横岭山 M124			Ⅱ$_2$	Ⅱ$_1$																Ⅲ$_1$																Ⅱ$_1$				
五	白沙坑				Ⅲ$_1$														Ⅳ$_1$																						
	横岭山 M175									Ⅱ$_1$																											Ⅱ$_1$				
	横岭山 M044									Ⅱ$_1$	Ⅱ$_1$																														
	横岭山 M182			Ⅰ$_4$																Ⅲ$_1$	Ⅲ$_1$															Ⅳ$_2$				Ⅱ$_1$	Ⅰ$_1$
	横岭山 M050															Ⅲ$_1$				Ⅲ$_1$	Ⅲ$_1$																				
	横岭山 M195										Ⅱ$_1$																														
	对面山 M135																												Ⅳ$_1$												
	横岭山 M167				Ⅲ$_1$																		Ⅲ$_1$																		
	横岭山 M184																Ⅰ$_1$																								
	横岭山 M037			Ⅱ$_1$	Ⅰ$_1$、Ⅲ$_1$																																				

续表

分段	单位	原始瓷						硬陶																							泥质陶		青铜器								
		豆				碗(杯盅)类		豆				罐(瓿)类											簋	盒	坛	碗(杯)盅类		瓮		盂	豆	盒	鼎			斧	刮刀	剑	矛		镞
		Ab	Ac	Cb	Db	Aa	Ab	A	B	C	D	Ab	Ac	Af	Bc	Bd	Da	Db	Ea	Eb	Ec	Ed			A	A	B	A	B	B			A	B	C				A	B	
六	横岭山 M259		Ⅰ$_1$					Ⅰ$_2$											Ⅴ$_1$		Ⅲ$_1$	Ⅰ$_1$	Ⅳ$_1$																		
	横岭山 M078							Ⅰ$_1$、Ⅱ$_2$																												Ⅲ$_1$					Ⅱ$_2$
	横岭山 M325		Ⅱ$_1$					Ⅰ$_1$、Ⅱ$_3$																																	
	横岭山 M308			Ⅱ$_1$	Ⅱ$_1$					Ⅱ$_1$、Ⅲ$_1$																															
	横岭山 M084	Ⅰ$_1$	Ⅰ$_1$	Ⅲ$_2$	Ⅲ$_1$				Ⅰ$_1$																																
	横岭山 M292				Ⅲ$_4$				Ⅰ$_1$		Ⅲ$_1$																														
	横岭山 M264	Ⅱ$_1$		Ⅱ$_2$、Ⅲ$_2$															Ⅴ$_1$	Ⅲ$_1$、Ⅳ$_1$																Ⅳ$_1$					
	横岭山 M252				Ⅱ$_2$					Ⅱ$_2$、Ⅲ$_1$											Ⅲ$_1$															Ⅴ$_1$					
	横岭山 M080																																			Ⅴ$_1$	Ⅱ$_2$				
	横岭山 M291															Ⅲ$_1$	Ⅱ$_1$				Ⅲ$_2$								Ⅳ$_1$、Ⅴ$_2$												
	横岭山 M295				Ⅲ$_1$																Ⅳ$_1$								Ⅴ$_1$												
七	横岭山 M274									Ⅲ$_1$	Ⅲ$_1$												Ⅴ$_1$																		
	沙下		Ⅱ$_1$					Ⅱ$_3$			Ⅲ$_1$								Ⅴ$_1$		Ⅳ$_2$	Ⅰ$_1$							Ⅴ$_2$												
	横岭山 M111							Ⅱ$_1$								Ⅳ$_1$			Ⅴ$_1$																						
	对面山 M59																																Ⅰ$_1$								
	横岭山 M229																Ⅲ$_1$				Ⅱ$_1$								Ⅵ$_1$												
	铲山																			Ⅳ$_1$			Ⅴ$_1$																		
	横岭山 M034		Ⅰ$_1$、Ⅱ$_3$					Ⅱ$_1$											Ⅴ$_1$			Ⅰ$_1$							Ⅵ$_1$											Ⅲ$_1$、Ⅳ$_1$	
	横岭山 M272	Ⅱ$_1$						Ⅱ$_1$											Ⅴ$_1$																						
	横岭山 M164			Ⅲ$_1$													Ⅲ$_1$		Ⅴ$_2$																						
八	横岭山 M211		Ⅱ$_3$					Ⅱ$_1$、Ⅲ$_1$									Ⅳ$_1$		Ⅴ$_3$																		Ⅱ$_1$				Ⅳ$_1$
	横岭山 M093		Ⅱ$_1$					Ⅱ$_1$、Ⅲ$_2$			Ⅰ$_1$								Ⅴ$_1$	Ⅴ$_1$	Ⅱ$_1$、Ⅲ$_1$	Ⅱ$_1$																			
	横岭山 M218																			Ⅴ$_1$																					

分段	单位	原始瓷						硬陶																							泥质陶		青铜器								
		豆				碗(杯盅)类		豆				罐(瓿)类											簋	盒	坛	碗(杯)盅类		瓮		盂	豆	盒	鼎			斧	刮刀	剑	矛		镞
		Ab	Ac	Cb	Db	Aa	Ab	A	B	C	D	Ab	Ac	Af	Bc	Bd	Da	Db	Ea	Eb	Ec	Ed			A	A	B	A	B	B			A	B	C				A	B	
八	石峡 T15②A																																						Ⅰ$_1$		
	石峡 T88②A		Ⅱ$_2$					Ⅰ$_1$、Ⅲ$_1$													Ⅲ$_1$、Ⅳ$_1$																				
	龙子山 M1				Ⅲ$_1$															Ⅴ$_1$														Ⅰ$_1$							
	横岭山 M145	Ⅰ$_2$、Ⅱ$_1$						Ⅱ$_1$									Ⅳ$_2$		Ⅳ$_1$、Ⅵ$_1$																						
	杨村坳(一)	Ⅱ$_1$				Ⅶ$_1$		Ⅱ$_1$	Ⅰ$_1$										Ⅵ$_1$																						
	横岭山 M315		Ⅲ$_1$					Ⅱ$_2$																												Ⅴ$_1$					
九	横岭山 M123							Ⅲ$_3$	Ⅱ$_1$																																
	梅花墩 T2③		Ⅱ$_1$					Ⅲ$_3$													Ⅳ$_1$								Ⅵ$_1$												
	横岭山 M155		Ⅱ$_1$																			Ⅲ$_1$																			
	叠石山南沙							Ⅲ$_1$												Ⅴ$_1$																					
	石峡 T40②A					Ⅷ$_1$																																			
	大梅沙 M6		Ⅲ$_1$																																			Ⅲ$_1$	Ⅱ$_1$	Ⅳ$_1$	
	横岭山 M006	Ⅲ$_1$																																							
	横岭山 M085		Ⅱ$_4$、Ⅲ$_1$					Ⅲ$_1$									Ⅳ$_1$		Ⅵ$_3$																						
	横岭山 M190							Ⅲ$_1$											Ⅵ$_1$																						
	横岭山 M223							Ⅲ$_1$									Ⅳ$_1$																			Ⅵ$_1$	Ⅱ$_1$、Ⅲ$_1$				
	横岭山 M110																Ⅳ$_1$、Ⅴ$_1$		Ⅵ$_1$																						
十	横岭山 M031		Ⅳ$_2$					Ⅲ$_1$									Ⅵ$_1$		Ⅵ$_1$																						
	横岭山 M255								Ⅲ$_1$																																
	银岗 H7							Ⅳ$_1$								Ⅴ$_1$				Ⅵ$_1$	Ⅳ$_2$	Ⅰ$_1$																			
	横岭山 M311																							Ⅰ$_1$																	
	横岭山 M0804①							Ⅳ$_1$																																	
	铜鼓岗 M22																																						Ⅱ$_1$		
	大梅沙 T210②																		Ⅴ$_1$、Ⅶ$_1$				Ⅵ$_1$																		

续表

分段	单位	原始瓷						硬陶																								泥质陶		青铜器								
		豆				碗(杯盅)类		豆				罐(瓿)类											簋	盒	坛	碗(杯)盅类		瓮		盂		豆	盒	鼎			斧	刮刀	剑	矛		镞
		Ab	Ac	Cb	Db	Aa	Ab	A	B	C	D	Ab	Ac	Af	Bc	Bd	Da	Db	Ea	Eb	Ec	Ed			A	A	B	A	B	B				A	B	C				A	B	
十	横岭山 M074																		Ⅳ1、Ⅶ1										Ⅵ1													
	横岭山 M0909①																		Ⅶ1	Ⅲ1																						
	横岭山 T1009①							Ⅳ1																																		
	横岭山 M025							Ⅲ1、Ⅳ1																														Ⅱ1、Ⅲ1				
十一	银岗 H12														Ⅰ1											Ⅰ1																
	落雁山 M1																																	Ⅱ1		Ⅶ4				Ⅴ1	
	马头岗 M2																												Ⅶ1								Ⅶ2		Ⅳ1	Ⅲ1		
	对面山 M15														Ⅰ1																											
	龙中					Ⅹ1																							Ⅶ1				Ⅱ1	Ⅲ1		Ⅶ1					
	乌旦山 M1																												Ⅶ1				Ⅲ1	Ⅲ2		Ⅶ3	Ⅲ2			Ⅴ4	Ⅴ2
十二	龙嘴岗 M3														Ⅱ1																					Ⅶ1					
	龙嘴岗 M8						Ⅱ1																				Ⅰ1									Ⅶ1		Ⅳ1		Ⅴ3	Ⅵ3
	利羊墩 M16																												Ⅶ1												
	花果山 M4																																					Ⅴ1			
	屋背岭 H7																											Ⅸ1													
	利羊墩 M19											Ⅺ1													ⅩⅢ1																
	铜鼓岗 M16																																	Ⅲ1		Ⅶ1				Ⅴ1	
	龙嘴岗 M11													Ⅰ1										Ⅱ1						Ⅰ1							Ⅷ1	Ⅳ1			
	对面山 M52																																		Ⅰ1	Ⅷ1			Ⅲ1	Ⅴ1	
	屋背岭 T27②					Ⅺ1																																			
十三	西瓜岭											Ⅻ2	Ⅵ1	Ⅱ1												Ⅱ5		Ⅹ1		Ⅰ2、Ⅱ1											
	龙嘴岗 M28						Ⅲ1																				Ⅰ1、Ⅱ1									Ⅶ1、Ⅷ1	Ⅳ3		Ⅳ1		
	龙嘴岗 M16						Ⅱ1								Ⅱ2									Ⅱ1		Ⅰ1、Ⅱ5	Ⅰ7、Ⅲ1								Ⅱ1		Ⅴ3		Ⅲ1		

续表

分段	单位	原始瓷						硬陶																							泥质陶		青铜器								
		豆				碗(杯盅)类		豆				罐(瓿)类											簋	盒	坛	碗(杯)盅类		瓮		盂	豆	盒	鼎			斧	刮刀	剑	矛		镞
		Ab	Ac	Cb	Db	Aa	Ab	A	B	C	D	Ab	Ac	Af	Bc	Bd	Da	Db	Ea	Eb	Ec	Ed			A	A	B	A	B	B			A	B	C				A	B	
十三	银岗 G3														Ⅲ$_1$									Ⅱ$_1$		Ⅰ$_2$															
	下那曹													Ⅲ$_1$	Ⅲ$_1$														Ⅶ$_1$												
	利羊墩 H1																				Ⅴ$_1$				ⅩⅣ$_1$						Ⅱ$_1$										
	对面山 M148														Ⅳ$_1$																				Ⅲ$_1$			Ⅴ$_1$		Ⅴ$_1$	
	富足																																			Ⅶ$_1$、Ⅷ$_1$		Ⅵ$_1$		Ⅵ$_1$	Ⅵ$_1$
	高地园 M2						Ⅱ$_1$																	Ⅲ$_1$	ⅩⅣ$_1$	Ⅰ$_1$															
十四	南门垌 M2																								ⅩⅢ$_1$		Ⅰ$_2$、Ⅳ$_1$														
	龙嘴岗 M5						Ⅱ$_1$																											Ⅳ$_1$		Ⅶ$_1$	Ⅴ$_1$		Ⅴ$_1$		
	龙嘴岗 M19						Ⅱ$_1$、Ⅲ$_1$																		ⅩⅤ$_1$		Ⅰ$_2$									Ⅸ$_1$	Ⅳ$_1$、Ⅴ				
	浮扶岭 M511					Ⅸ$_4$																						Ⅺ$_1$													
	马山 M7											ⅩⅢ$_1$																													
	龙嘴岗 M13						Ⅲ$_1$								Ⅳ$_1$									Ⅲ$_1$		Ⅰ$_1$	Ⅱ$_1$														
	铜鼓岗 M13						Ⅲ$_1$																												Ⅳ$_1$						
	白石坪山(二)														Ⅲ$_2$、Ⅳ$_2$										ⅩⅥ$_1$	Ⅱ$_5$	Ⅲ$_2$	Ⅺ$_{15}$		Ⅲ$_1$											
	利羊墩 M26					Ⅻ$_1$								Ⅲ$_1$																								Ⅵ$_1$	Ⅵ$_1$		
	背夫山 M1																			Ⅶ$_1$									Ⅷ$_1$		Ⅲ$_1$		Ⅳ$_1$			Ⅶ$_3$	Ⅵ$_2$	Ⅵ$_1$、Ⅶ$_1$	Ⅴ$_1$	Ⅵ$_4$	Ⅴ$_1$、Ⅵ$_3$、Ⅶ$_3$
	马山 M5													Ⅳ$_1$																											
	银山岭 M73																															Ⅱ$_1$									
十五	园岗山 M1					Ⅻ$_4$	Ⅳ$_2$					ⅩⅢ$_4$																Ⅻ$_1$													
	利羊墩 M29													Ⅳ$_1$																Ⅳ$_1$							Ⅴ$_1$				
	银岗 T0107③a																								ⅩⅥ$_1$	Ⅱ$_1$															
	银岗 T0108②											ⅩⅢ$_2$												Ⅳ$_1$		Ⅰ$_1$、Ⅱ$_1$															

表四　粤东闽南典型单位分组统计表

分段	单位	原始瓷								硬陶																	夹砂陶							青铜器				
		豆					碗		尊	罐								盒	盆	坛		碗		瓮		盂	釜		罐				甗形器	鼎	斧	剑	矛	镞
		Aa	Ab	B	Ca	Da	Aa	Ab		Ab	Ac	Ad	Bc	Bd	Db	Ea	Ec			A	B	A	B	A	B	B	A	B	Aa	Ab	Ac	B		A			B	
一	虎林山 M20														√				√																			
	虎林山 M11																		√									Ⅰ$_{1}$										
	永春九兜山乙																			Ⅰ$_{1}$																		
	翠屏山 G1②																														Ⅰ$_{4}$							
	面头岭 M17																		√								Ⅰ$_{1}$											
	同安寨仔山 G1																												Ⅰ$_{1}$	Ⅰ$_{1}$								
二	庵山 TS11W7⑦A			Ⅰ$_{1}$																																		
	音楼山 T0827⑤					Ⅰ$_{1}$																									Ⅰ$_{1}$、Ⅱ$_{1}$							
	丰泽鹏溪山					Ⅱ$_{1}$																																
	华美伯爷山																										Ⅱ$_{1}$											
	尾山仔 M1								Ⅰ$_{1}$																													
	音楼山 T1122④				Ⅱ$_{1}$																																	
	平远水口山(一)																Ⅱ$_{2}$																					
	面头岭 M20				Ⅲ$_{1}$																							Ⅱ$_{1}$										
	庵山 TS10W7⑦A																																Ⅰ$_{1}$					
	庵山 TS17W3⑦A																											Ⅱ$_{1}$	Ⅱ$_{1}$			Ⅰ$_{1}$						
	同安寨仔山 T2④																													Ⅱ$_{1}$	Ⅱ$_{1}$							
三	庵山 TS17W2⑥																															Ⅱ$_{1}$						
	庵山 TS12W7⑥																													Ⅲ$_{1}$								
	赢坪 TN06W05④	Ⅲ$_{1}$																																				
	庵山 TS15W5⑥																																				Ⅰ$_{1}$	
	庵山 TS14W5⑥																												Ⅲ$_{1}$									
	庵山 TS14W5⑤			Ⅱ$_{1}$																																		
	音楼山																														Ⅲ$_{1}$							

续表

分段	单位	原始瓷								硬陶																	夹砂陶							青铜器				
		豆					碗		尊	罐								盒	盆	坛		碗		瓮		盂	釜		罐				甗形器	鼎	斧	剑	矛	镞
		Aa	Ab	B	Ca	Da	Aa	Ab		Ab	Ac	Ad	Bc	Bd	Db	Ea	Ec			A	B	A	B	A	B	B	A	B	Aa	Ab	Ac	B		A			B	
三	南安大盈寨山											I_1																								I_2		
	同安寨仔山 T7③b																														IV_1							
	庵山 TS15W3⑥																											III_1										
四	狮子山			IV_1																																		
	蚁山南坡																													II_1、III_1		III_1	II_1					
	云霄墓林山 86																														IV_1、V_3							
	宝山岽																																				II_1	
五	鲘门圩																																			II_1	III_1	
	新岭矿场 JD1(一)		II_1																																			
六	落水金狮 JD7																								VI_1													
	柚柑山 JD38													V_1																								
	华美 JH(一)																																		VI_1			
七	面头岭 M3																																	II_1				
	大田曹昆仑																																		VII_1			
	赤岭口 JY4(一)						VIII_1、X_2																															
	尤溪墟山						X_1													XI_1																		
	面头岭 M8																			XII_1																		
八	赤岭铺 JC(一)						XI_3			X_2、XI_1						VIII_2						I_3	I_3												VII_2		V_4	
	面头岭Ⅱ T0512⑤										V_1																											
	狗屎埔山 M16											VII_1								XI_1																		
	和平沙垅土																			XIII_1																		

续表

分段	单位	原始瓷								硬陶																	夹砂陶							青铜器				
		豆					碗		尊	罐								盒	盆	坛		碗		瓮		盂	釜		罐				甗形器	鼎	斧	剑	矛	镞
		Aa	Ab	B	Ca	Da	Aa	Ab		Ab	Ac	Ad	Bc	Bd	Db	Ea	Ec			A	B	A	B	A	B	B	A	B	Aa	Ab	Ac	B		A			B	
八	棉洋墟															Ⅷ$_1$							Ⅰ$_2$		Ⅵ$_1$、Ⅶ$_1$													
	面头岭 M15							Ⅱ$_4$					Ⅱ$_1$																									
	石牛山 M1																									Ⅰ$_2$												
	石牛山采(一)																	Ⅱ$_1$																				
	牛斗头(一)									Ⅹ$_1$											Ⅴ$_1$	Ⅰ$_1$		Ⅸ$_1$														
九	面头岭 M26						Ⅺ$_1$	Ⅱ$_2$			Ⅵ$_1$																											
	面头岭 M14																																			Ⅴ$_2$		Ⅵ$_3$
	面头岭 M13									Ⅺ$_1$						Ⅸ$_1$																						
	狮尾山 JD2																																		Ⅷ$_1$			
	赤岭铺 JC(二)										Ⅵ$_1$						Ⅴ$_1$						Ⅱ$_1$															
	面头岭 M12																				Ⅵ$_1$			Ⅹ$_1$														
	面头岭Ⅱ T0511③											Ⅶ$_1$											Ⅱ$_1$															
	惠来饭钵山																								Ⅷ$_1$												Ⅳ$_1$	
	面头岭 M28						Ⅺ$_2$									Ⅹ$_1$																						
	古灶 JD60																	Ⅱ$_1$																				
	犁头山 M1							Ⅱ$_1$、Ⅲ$_2$																Ⅸ$_2$														
十	华美 JH(二)						Ⅻ$_1$	Ⅱ$_2$																														
	面头岭 M7																							Ⅺ$_1$														
	网脚地 JD56																	Ⅲ$_1$																				
	对门山												Ⅳ$_2$									Ⅱ$_1$																
	牛斗头(二)																					Ⅱ$_1$	Ⅳ$_1$															
十一	石牛山采(三)																									Ⅳ$_1$												
	面头岭 M5																							Ⅻ$_1$														

附录B　东南沿海各小区单位分组统计①

表一　环太湖小区单位分组统计

分组	单位	原始瓷									硬陶								泥质陶		
		豆				罐		碗(杯盅)类		盂	罐(瓿)类				坛		瓮	盂	豆	钫	盒
		Aa	B	Ca	Da	A	B	Aa	B		Aa	Ab	Ad	Bb	A	B	A	A			
二	紫云山1区D1Q2														Ⅳ						
	紫云山1区D1③																				
	彭祖墩T3202②																				
	彭祖墩T5228③																				
	彭祖墩T4820③																				
	彭祖墩H8																				
	百合D2Q1														Ⅰ						
	紫云山1区D1Q1																	Ⅲ			
三	百合D4M1																	Ⅰ			
	华利湾			Ⅳ	Ⅱ						Ⅳ			Ⅱ			Ⅰ				
	馒首山D1M2		Ⅰ	Ⅳ	Ⅱ						Ⅳ、Ⅴ						Ⅰ、Ⅲ				
	彭祖墩H28																				
	彭祖墩H44																				
	彭祖墩T3203②																				
	彭祖墩T3537③																				
	彭祖墩T5329②																				
	荣巷M10											Ⅳ									
	上水D2Q1																				
	上水D2Q3										Ⅳ										
	天目湖庙山D1Q8	Ⅲ																			
	五峰山大头山D3										Ⅳ										
	俞墩M2				Ⅱ						Ⅳ						Ⅳ				
	俞墩M4			Ⅳ							Ⅳ										
	俞墩M5													Ⅱ			Ⅳ				

① 各小区单位分组统计的依据以典型器物为主，以其他共存器物为辅。本书仅列典型器物。未见典型器物的单位，仅列分组归属，共存情况从略。

续表

分组	单位	原始瓷									硬陶								泥质陶		
		豆				罐		碗(杯盅)类		盂	罐(瓿)类				坛		瓮	盂	豆	钫	盒
		Aa	B	Ca	Da	A	B	Aa	B		Aa	Ab	Ad	Bb	A	B	A	A			
四	丁蜀南山 M1	Ⅳ			Ⅳ										Ⅵ						
	丁蜀南山 M2										Ⅳ										
	黄梅山 M1														Ⅵ						
	潢潼 D2 甲		Ⅲ	Ⅴ						Ⅳ											
	馒首山 D1M1	Ⅲ					Ⅱ				Ⅳ			Ⅱ、Ⅲ	Ⅴ、Ⅶ						
	大松墩	Ⅲ				Ⅰ															
	彭祖墩 H38																				
	彭祖墩 T5330③																				
	彭祖墩 T6121③																				
	上水 D2Q7										Ⅴ										
	牯牛墩 M1			Ⅴ	Ⅲ									Ⅲ	Ⅵ		Ⅳ				
	三星墩 D3Q3											Ⅴ									
	上方山 D6			Ⅴ			Ⅲ			Ⅲ					Ⅴ						
	上水 D2M1	Ⅲ													Ⅱ、Ⅵ						
	天目湖庙山 D1M3											Ⅴ									
	天目湖庙山 D1M4	Ⅲ									Ⅳ	Ⅴ			Ⅵ						
	天目湖庙山 D1Q10											Ⅴ									
	天目湖庙山 D1Q5										Ⅵ	Ⅴ									
	西岭 D1	Ⅲ		Ⅴ	Ⅱ、Ⅲ、Ⅳ		Ⅲ			Ⅱ											
	西岭 D2	Ⅲ、Ⅳ									Ⅴ	Ⅴ									
	洑东山-1	Ⅲ、Ⅴ			Ⅳ													Ⅲ			
	西山顶残墓	Ⅲ、Ⅳ		Ⅴ	Ⅳ						Ⅴ										
	姚家墩 M1	Ⅳ			Ⅳ							Ⅴ									
	真山 D33T4⑤		Ⅲ											Ⅱ							
五	潢潼 D3										Ⅵ、Ⅶ	Ⅵ			Ⅶ						
	三星墩 D2M1										Ⅶ	Ⅵ			Ⅵ						
	三星墩 D3Q1																				
	金坛高庄 M7														Ⅶ						

续表

分组	单位	原始瓷									硬陶								泥质陶		
		豆				罐		碗(杯盅)类		盂	罐(瓿)类				坛		瓮	盂	豆	钫	盒
		Aa	B	Ca	Da	A	B	Aa	B		Aa	Ab	Ad	Bb	A	B	A	A			
五	金坛高庄 M8														Ⅶ						
	金坛高庄 M9										Ⅵ	Ⅵ			Ⅶ						
	金坛高庄 Q5										Ⅵ				Ⅶ						
	三星墩 D3Q10											Ⅵ									
	三星墩 D3Q4										Ⅷ										
	三星墩 D3Q9											Ⅵ			Ⅵ						
	四顶山 M10				Ⅳ										Ⅵ						
	四顶山 M8									Ⅳ	Ⅶ										
	天目湖庙山 D1M1										Ⅷ				Ⅵ						
六	百合 D1M1							Ⅵ							Ⅶ						
	百合 D1M1 盗洞							Ⅵ													
	大茅山 M10											Ⅶ									
	大茅山 M9											Ⅶ									
	庙山 M1							Ⅶ、Ⅷ		Ⅲ											
	鳖墩 M1							Ⅶ				Ⅶ									
	墙门 M28											Ⅶ			Ⅷ						
	晒土场 D1Q5							Ⅷ							Ⅵ						
	水西 D3M3							Ⅶ													
	水西 D3M5											Ⅵ、Ⅶ									
	金坛高庄 M5							Ⅵ				Ⅶ									
	天目湖庙山 D1Q9											Ⅶ									
	三星墩 D3Q6														Ⅶ、Ⅷ						
	小山 K1							Ⅷ				Ⅶ			Ⅷ						
	紫云山 1 区 D1Q3														Ⅷ						
	三星墩 D2Q3														Ⅷ						
	小山 M1											Ⅶ									
	俞墩 M1							Ⅷ			Ⅴ										
	俞墩 M3	Ⅴ			Ⅱ			Ⅷ				Ⅶ									

续表

分组	单位	原始瓷									硬陶								泥质陶		
		豆				罐		碗(杯盅)类		盂	罐(瓿)类				坛		瓮	盂	豆	钫	盒
		Aa	B	Ca	Da	A	B	Aa	B		Aa	Ab	Ad	Bb	A	B	A	A			
六	俞墩 Q1							Ⅷ					Ⅰ								
	真山 D33K2							Ⅷ、Ⅸ				Ⅶ	Ⅲ								
	周家浜 D2M4											Ⅶ									
七	洑东四墩山 M1		Ⅱ					Ⅷ							Ⅸ						
	潢潼 D1				Ⅳ			Ⅸ			Ⅴ、Ⅵ、Ⅶ、Ⅷ				Ⅶ、Ⅷ、Ⅹ						
	潢潼 D2 乙								Ⅳ		Ⅷ				Ⅶ						
	门口田 D1M1							Ⅶ、Ⅷ、Ⅸ				Ⅶ、Ⅷ			Ⅶ						
	三星墩 D1M1	Ⅴ													Ⅳ、Ⅸ						
	三星墩 D1Q4										Ⅷ	Ⅷ			Ⅸ						
	三星墩 D1Q5										Ⅷ										
	三星墩 D3M1								Ⅲ		Ⅷ				Ⅷ						
	三星墩 D1Q7														Ⅹ						
	金坛高庄 M2							Ⅵ			Ⅶ	Ⅷ			Ⅷ						
	三星墩 D1Q2																				
	三星墩 D2Q1															Ⅱ					
	三星墩 D2Q2										Ⅷ	Ⅷ			Ⅸ						
	三星墩 D3Q7											Ⅴ、Ⅷ			Ⅸ						
	百合 D1Q2					Ⅲ									Ⅸ						
	三星墩 D3Q8							Ⅸ							Ⅷ						
	晒土场 D1Q7							Ⅷ	Ⅳ			Ⅷ									
	水西 D3M2													Ⅴ							
	天目湖庙山 D1Q11											Ⅷ									
	金坛高庄 M1	Ⅲ						Ⅴ、Ⅸ				Ⅶ			Ⅹ						
	金坛高庄 Q1							Ⅴ	Ⅳ			Ⅶ									
	唯亭夷陵山					Ⅲ									Ⅹ						
	西岭 D3	Ⅲ	Ⅰ									Ⅷ			Ⅸ			Ⅳ、Ⅴ、Ⅵ			
	腰沿山 M3	Ⅳ			Ⅳ					Ⅳ	Ⅷ	Ⅷ									

续表

分组	单位	原始瓷									硬陶								泥质陶		
		豆				罐		碗(杯盅)类		盂	罐(瓿)类				坛		瓮	盂	豆	钫	盒
		Aa	B	Ca	Da	A	B	Aa	B		Aa	Ab	Ad	Bb	A	B	A	A			
七	小山 M4											Ⅷ			Ⅷ						
	淹城屠家墩	Ⅳ													Ⅸ						
	腰沿山 M1	Ⅳ、Ⅴ			Ⅳ			Ⅶ、Ⅷ		Ⅳ		Ⅶ、Ⅷ									
	腰沿山 M2	Ⅳ						Ⅶ、Ⅷ、Ⅸ		Ⅳ											
八	百合 D1SD6							Ⅹ													
	鳖墩 M2							Ⅹ													
	洑东山-2							Ⅶ、Ⅷ、Ⅸ、Ⅹ													
	观音山 D1K1		Ⅱ	Ⅴ	Ⅳ			Ⅷ、Ⅹ				Ⅳ	Ⅳ					Ⅵ			
	墙门 M5	Ⅲ				Ⅲ		Ⅹ													
	彭祖墩 H30							Ⅹ													
	三星墩 D1Q3																				
	三星墩 D1Q6										、	Ⅷ			Ⅹ						
	三星墩 D3Q2																				
	晒土场 D1M1											Ⅷ			Ⅹ						
	晒土场 D1M3								Ⅵ		Ⅸ	Ⅶ、Ⅷ			Ⅶ、Ⅹ						
	晒土场 D1Q11																				
	晒土场 D1Q13								Ⅵ												
	晒土场 D1Q2																				
	晒土场 D1Q3											Ⅷ			Ⅹ						
	晒土场 D1Q6							Ⅸ、Ⅹ							Ⅷ、Ⅹ						
	晒土场 D1Q8											Ⅷ									
	晒土场 D1Q9											Ⅷ									
	三星墩 D3Q5				Ⅳ						Ⅸ	Ⅷ									
	天目湖庙山 D1Q7							Ⅹ				Ⅷ									
	水西 D3Q1												Ⅳ								
	天目湖庙山 D1M2							Ⅹ				Ⅴ、Ⅷ									
	天目湖庙山 D1Q2							Ⅹ				Ⅴ、Ⅷ			Ⅵ、Ⅷ						

续表

分组	单位	原始瓷									硬陶								泥质陶		
		豆				罐		碗(杯盅)类		盂	罐(瓿)类				坛		瓮	盂	豆	钫	盒
		Aa	B	Ca	Da	A	B	Aa	B		Aa	Ab	Ad	Bb	A	B	A	A			
八	小山 M5											VIII									
	百合																				
	百合 D2①	V														III					
	曹家墩 D3M1	III									VIII				VIII、IX	III					
	新塘 M1							IX、X							IX						
	真山 D9M1							X													
	真山 D33K1							X				VII、VIII	III、IV		XI						
	新塘 M5														XI						
九	大墩 M1							X											I、II		
	枫桥何山							X						III							
	大墩 M2							X													
	大墩 M3																				
	虎丘千坟墩																		II		
	大墩 M9							X													
十	真山 D16M1							XI				X									
	俞墩 M6-2																		II		
十一	老虎墩							XI									X				
	万家坟							XI									X				
	邱承墩							XI							XI V		X		II		
	杜家坟							XI									X				
	曹家坟							XI									X				
	老坟墩							XI									X				
	邹家墩							XI				XI					X				
十二	真山 D2M1																			I	I
	华山 D15M7																		III		
	华山 D15M5																				
	真山 D4M3																		III		II
十三	真山 D3M1																				II
	施墩 M5																			II	II
	真山 D4M2																		IV	III	

表二 杭嘉湖小区单位分组统计

分组	单位	原始瓷										硬陶										泥质陶		
		豆				罐		碗(杯盅)类			盂	罐(瓿)类						坛		瓮	盂	豆	钫	盒
		Aa	B	Ca	Da	A	B	Aa	Ab	B		Aa	Ab	Ac	Ad	Ba	Bb	A	B	A	A			
一	便山 D408																	Ⅱ						
	便山 D412																				Ⅰ			
	便山 D495																	Ⅲ						
	石狮 D5M7																							
	石狮 D5M8																							
	杨家埠 D4M13																	Ⅰ		Ⅰ				
二	便山 D403(一)																	Ⅴ						
	堂子山 D211M2			Ⅱ														Ⅱ						
	便山 D417(一)										Ⅱ									Ⅱ				
	石狮 D1M6			Ⅲ								Ⅳ						Ⅰ						
	独仓山 D1M1	Ⅰ、Ⅱ、Ⅲ										Ⅱ	Ⅰ					Ⅳ						
	杨家埠 D8M6																	Ⅳ						
	杨家埠 D9M1			Ⅱ																Ⅱ				
三	便山 D411②后端	Ⅲ																						
	便山 D427(一)																Ⅲ							
	独仓山 D2M1			Ⅳ	Ⅲ		Ⅱ	Ⅰ、Ⅱ						Ⅰ										
	便山 D416(一)												Ⅲ							Ⅳ				
	独仓山 D2M1 封											Ⅳ												
	石狮 D2M1			Ⅲ									Ⅳ											
	独仓山 D3M1			Ⅱ、Ⅲ、Ⅳ								Ⅲ												
	独仓山 D7M2	Ⅲ	Ⅱ									Ⅳ	Ⅳ					Ⅳ						
	独仓山 M8M2	Ⅲ	Ⅱ																					
	独山头 D1M5			Ⅳ								Ⅳ								Ⅱ、Ⅲ、Ⅳ				
	便山 D429(一)	Ⅲ																						
	南王山 D1M1	Ⅲ、Ⅳ	Ⅰ	Ⅳ								Ⅲ	Ⅰ				Ⅲ				Ⅱ、Ⅲ、Ⅳ			
	石狮 D1M2	Ⅲ																Ⅵ			Ⅱ			
	石狮 D1M5				Ⅲ										Ⅰ									
	杨家埠 D5M7			Ⅳ																Ⅲ				
四	便山 D401												Ⅴ					Ⅴ		Ⅳ				
	便山 D406②	Ⅳ	Ⅲ	Ⅴ	Ⅳ		Ⅲ				Ⅰ、Ⅲ		Ⅴ											
	独仓山 D4M1																							

续表

分组	单位	原始瓷										硬陶										泥质陶		
		豆				罐		碗(杯盅)类			盂	罐(瓿)类						坛		瓮	盂	豆	钫	盒
		Aa	B	Ca	Da	A	B	Aa	Ab	B		Aa	Ab	Ac	Ad	Ba	Bb	A	B	A	A			
四	独仓山 D10M1		Ⅰ	Ⅴ	Ⅳ						Ⅱ、Ⅲ		Ⅰ、Ⅱ					Ⅳ			Ⅲ			
	便山 D407												Ⅴ											
	杨家埠 D4M11				Ⅳ															Ⅳ				
	便山 D417(二)	Ⅳ																						
	便山 D415(二)																							
	便山 D419(一)		Ⅱ									Ⅵ												
	便山 D420(一)																				Ⅵ			
	便山 D435											Ⅵ						Ⅶ						
	便山 D494②	Ⅲ										Ⅲ									Ⅴ、Ⅶ			
	便山 D498																	Ⅵ			Ⅴ			
	独仓山 D6M2	Ⅳ				Ⅰ						Ⅳ												
	独仓山 D6 封									Ⅰ														
	独仓山 D7M1			Ⅴ	Ⅳ							Ⅰ	Ⅱ、Ⅳ					Ⅴ						
	皇坟堆					Ⅱ、Ⅲ																		
	火烧山 1－12																							
	火烧山 1－14										Ⅲ、Ⅳ													
	火烧山 1－15																							
	火烧山 1－16																							
	火烧山 1－17					Ⅲ	Ⅳ																	
	火烧山 1－19													Ⅱ										
	火烧山 1－20					Ⅱ					Ⅲ			Ⅰ										
	火烧山 1－21										Ⅲ、Ⅳ													
	火烧山 1－22					Ⅱ					Ⅳ													
	石狮 D3M1				Ⅳ																			
	火烧山 2－19									Ⅰ														
	火烧山 2－21																							
	火烧山 2－22									Ⅰ														
	火烧山 2－25													Ⅰ										
	火烧山 2－26					Ⅱ、Ⅳ		Ⅲ		Ⅰ														
	火烧山 2－27						Ⅳ				Ⅳ													
	火烧山 Y1 上①										Ⅲ													

续表

分组	单位	原始瓷										硬陶										泥质陶		
		豆				罐		碗(杯盅)类			盂	罐(瓿)类						坛		瓮	盂	豆	钫	盒
		Aa	B	Ca	Da	A	B	Aa	Ab	B		Aa	Ab	Ac	Ad	Ba	Bb	A	B	A	A			
四	火烧山 Y1 上②													Ⅰ										
	南王山 D1M1 封																							
	七女墩 M8														Ⅰ						Ⅴ、Ⅵ			
	三合塔山					Ⅲ																		
	石狮 D2M6																							
	石狮 D2M4																							
	堂子山 D202 采																							
	堂子山 D211M1(二)	Ⅴ		Ⅴ	Ⅲ																			
	堂子山 D216(一)																							
	杨家埠 D11M2																	Ⅵ						
	杨家埠 D2M4			Ⅳ														Ⅵ						
	杨家埠 D3M20																							
五	安吉三官 M2							Ⅴ																
	便山 D404(一)																							
	便山 D429(二)	Ⅳ		Ⅴ	Ⅳ						Ⅰ													
	独山头 D1M6											Ⅶ												
	火烧山 1－11																							
	火烧山 1－6					Ⅳ		Ⅳ、Ⅴ																
	火烧山 1－7							Ⅳ						Ⅱ										
	火烧山 1－8							Ⅴ																
	火烧山 2－14					Ⅳ		Ⅴ		Ⅱ														
	火烧山 2－17									Ⅱ														
	火烧山 2－18					Ⅳ	Ⅳ	Ⅳ、Ⅴ		Ⅰ、Ⅱ														
	火烧山 H9					Ⅲ																		
	戚家墩 H4																							
	石狮 D2M7																							
	石狮 D4M4																	Ⅶ						
	石狮 D4M6					Ⅱ							Ⅶ					Ⅶ		Ⅳ				
	堂子山 D212	Ⅳ	Ⅳ												Ⅱ									
六	安吉长抗坞							Ⅴ、Ⅵ、Ⅶ																
	便山 D404(二)											Ⅳ			Ⅰ、Ⅱ			Ⅲ、Ⅶ						

续表

分组	单位	原始瓷										硬陶										泥质陶		
		豆				罐		碗(杯盅)类			盂	罐(瓿)类						坛		瓮	盂	豆	钫	盒
		Aa	B	Ca	Da	A	B	Aa	Ab	B		Aa	Ab	Ac	Ad	Ba	Bb	A	B	A	A			
六	便山 D406①(二)							Ⅵ、Ⅶ				Ⅴ												
	便山 D411②前段							Ⅶ																
	便山 D413(二)																							
	便山 D418							Ⅶ				Ⅴ、Ⅷ								Ⅴ				
	便山 D419(二)																	Ⅷ						
	便山 D423							Ⅶ																
	便山 D426②							Ⅶ																
	便山 D494①	Ⅳ			Ⅳ							Ⅴ	Ⅴ、Ⅷ								Ⅱ、Ⅵ、Ⅶ			
	火烧山 1-4																							
	独仓山 D9M3			Ⅴ	Ⅳ					Ⅲ			Ⅳ								Ⅲ、Ⅶ			
	火烧山 1-5																							
	火烧山 2-11					Ⅴ		Ⅴ、Ⅶ		Ⅰ														
	火烧山 2-12					Ⅳ		Ⅴ、Ⅶ		Ⅲ														
	火烧山 2-13									Ⅲ														
	石狮 D2M11							Ⅶ																
	石狮 D2M3							Ⅶ				Ⅶ												
	石狮 D2M8												Ⅶ											
	石狮 D4M1																							
	石狮 D4M3																	Ⅷ						
	石狮 D4M5							Ⅵ																
	石狮 D5M3																							
	石狮 D5M4																							
	石狮 D5M5																							
	堂子山 D216(二)							Ⅶ					Ⅶ					Ⅷ						
	堂子山 D221																							
	杨家埠 D5M3							Ⅶ												Ⅳ				
	杨家埠 D8M4												Ⅶ											
七	便山 D410							Ⅹ										Ⅸ						
	便山 D426①																							
	便山 D427(二)												Ⅷ		Ⅰ									
	独山头 D1M4											Ⅸ												

续表

分组	单位	原始瓷										硬陶										泥质陶		
		豆				罐		碗(杯盅)类			盂	罐(瓿)类						坛		瓮	盂	豆	钫	盒
		Aa	B	Ca	Da	A	B	Aa	Ab	B		Aa	Ab	Ac	Ad	Ba	Bb	A	B	A	A			
七	火烧山 2－8							Ⅶ																
	火烧山 2－9							Ⅶ																
	火烧山 2－10					Ⅴ		Ⅶ、Ⅹ		Ⅰ、Ⅳ														
	独仓山 D6M1							Ⅷ、Ⅸ						Ⅳ						Ⅶ				
	便山 D497 东西							Ⅷ、Ⅹ							Ⅰ、Ⅱ					Ⅶ				
	便山 D497 南北							Ⅹ										Ⅸ		Ⅴ				
	火烧山 1－1																							
	火烧山 1－2					Ⅲ																		
	七女墩 M7												Ⅷ		Ⅰ			Ⅷ、Ⅹ						
	石狮 D2M10											Ⅷ												
	杨家埠 D5Y1															Ⅰ				Ⅵ				
八	安吉三官 M1							Ⅸ、Ⅹ							Ⅲ									
	便山 D406①(三)							Ⅹ					Ⅷ		Ⅱ			Ⅺ						
	便山 D425														Ⅲ					Ⅵ				
	火烧山 2－2							Ⅶ																
	火烧山 2－5																							
	火烧山 2－6							Ⅷ、Ⅸ、Ⅹ																
	火烧山 2－7							Ⅶ、Ⅸ、Ⅹ		Ⅳ														
	独仓山 D5M1							Ⅶ							Ⅳ			Ⅺ		Ⅶ				
	独仓山 D9M2							Ⅹ								Ⅱ								
	独仓山 D8M1							Ⅸ、Ⅹ								Ⅱ		Ⅺ						
	独山头 D1M2							Ⅹ																
	独山头 D1M3							Ⅹ							Ⅲ					Ⅶ				
	堂子山 D202M1														Ⅲ									
	杨家埠 D12M1																			Ⅷ				
	杨家埠 D14M8															Ⅱ				Ⅷ				
	杨家埠 D1M1											Ⅹ								Ⅷ				
九	安吉三官 M3							Ⅹ					Ⅸ											
	笔架山 D131M1														Ⅵ									
	笔架山 D131M4											Ⅺ			Ⅵ			Ⅻ						
	独仓山 D9M1							Ⅹ							Ⅴ	Ⅱ		Ⅺ	Ⅲ					

续表

分组	单位	原始瓷										硬陶										泥质陶		
		豆				罐		碗(杯盅)类			盂	罐(瓿)类						坛		瓮	盂	豆	钫	盒
		Aa	B	Ca	Da	A	B	Aa	Ab	B		Aa	Ab	Ac	Ad	Ba	Bb	A	B	A	A			
九	火烧山 3－2							X																
	戚家墩 M1							X																
	堂子山 D211M1(一)							X											IV					
	堂子山 D216(三)							X										XII						
十	安吉垅坝 D12M2							XI						V				XIII				II		
	笔架山 D130M1												X			V		XIII						
	笔架山 D131M5														VI、VII	IV		XII		IX				
	笔架山 D48M1																							
	笔架山 D131M6							XI								III		XII						
	崇贤 M2																							
	戚家墩 H1																							
	戚家墩 M2														VI			XIII						
	戚家墩 M7																							
	戚家墩 T4																							
	戚家墩 T7								II															
	亭子桥 D303④																							
	亭子桥 T201④								II										V					
	亭子桥 T201⑤								II															
	亭子桥 T202①							XI	II										V					
	亭子桥 T202④																		V					
	亭子桥 T202⑤							XI	II															
	亭子桥 T203⑤																		V					
	亭子桥 T204②							XI																
	亭子桥 T204③																							
	亭子桥 T302①																							
	亭子桥 T302④								II															
	亭子桥 T302⑤								II															
	亭子桥 T303①																							
	亭子桥 T303⑤																							
	亭子桥 T304③							XI	II															
	亭子桥 T304⑤																							

续表

分组	单位	原始瓷										硬陶										泥质陶		
		豆				罐		碗(杯盅)类			盂	罐(瓿)类						坛		瓮	盂	豆	纺	盒
		Aa	B	Ca	Da	A	B	Aa	Ab	B		Aa	Ab	Ac	Ad	Ba	Bb	A	B	A	A			
十	亭子桥 T304⑥																							
	亭子桥 T403①																							
	亭子桥 T403④							Ⅺ																
	亭子桥 T503④								Ⅱ															
	云巢龙湾																	ⅩⅢ、ⅩⅤ						
	亭子桥 Y1							Ⅺ	Ⅱ															
	亭子桥 Y2								Ⅱ															
十一	崇贤水洪庙																							
	大陆石马科																							
	长兴鼻子山 M1													Ⅵ										
	东坡岭 M1							Ⅻ																
	东坡岭 M5							Ⅻ	Ⅱ、Ⅲ															
	东坡岭 M6								Ⅲ															
	东坡岭 M7							Ⅻ	Ⅲ															
	东坡岭 M8								Ⅲ															
	黄家山							Ⅺ					Ⅺ						Ⅵ					
	崇贤 M1																							
	崇贤笆斗山																							
	崇贤 M3							Ⅻ											Ⅶ					
	安吉龙山 D141M1							Ⅻ							Ⅷ			ⅩⅤ		Ⅹ				
十二	安吉垅坝 D14M5																							
	青浦庄泾港 M2							Ⅻ	Ⅲ															
	青浦庄泾港 M1								Ⅲ									ⅩⅤ	Ⅷ					
	福泉山 M88																					Ⅲ	Ⅰ	Ⅰ
	福泉山 M1																					Ⅲ		Ⅱ
	安吉垄坝 D1M2																							Ⅱ
十三	嘉定外岗																					Ⅲ	Ⅲ	
	福泉山 M4																					Ⅳ	Ⅰ	
	安吉五福																					Ⅳ	Ⅱ	Ⅱ
	福泉山 M2																							Ⅲ

表三　宁绍小区单位分组统计

分组	单位	原始瓷								硬陶									泥质陶
		豆				罐		碗(杯盅)类	盂	罐(瓿)类						坛		瓮	豆
		A	B	Ca	Da	A	B	Aa		Aa	Ab	Ac	Ad	Ba	Bb	A	B	A	
一	柴岭山 D22M1				Ⅰ														
二	慈溪 D1M3			Ⅰ、Ⅱ	Ⅱ														
	柴岭山 D11M1				Ⅱ														
	柴岭山 D17M1			Ⅱ	Ⅱ					Ⅳ									
	柴岭山 D17M4				Ⅰ、Ⅱ					Ⅳ									
	柴岭山 D18M1			Ⅲ	Ⅱ					Ⅲ						Ⅳ			
	柴岭山 D20M1				Ⅱ					Ⅳ									
	柴岭山 D21M1			Ⅲ												Ⅲ		Ⅱ	
	严村 M202				Ⅱ														
	柴岭山 D24M1			Ⅱ	Ⅱ														
	慈溪 D2M2				Ⅱ														
	严村 M211																		
	余姚老虎山 D1M11				Ⅱ														
	余姚老虎山 D1M9																		
三	柴岭山 D13M1	Ⅲ	Ⅱ	Ⅳ						Ⅲ						Ⅳ			
	柴岭山 D15M1	Ⅲ	Ⅱ	Ⅴ						Ⅳ					Ⅱ			Ⅱ	
	柴岭山 D17M2				Ⅲ														
	柴岭山 D17M3				Ⅲ				Ⅱ										
	柴岭山 D20M2			Ⅲ、Ⅳ	Ⅱ、Ⅲ													Ⅱ	
	柴岭山 D23M1			Ⅳ	Ⅱ、Ⅲ		Ⅲ			Ⅳ									
	柴岭山 D30M1	Ⅲ																	
	柴岭山 D37M2			Ⅲ	Ⅱ					Ⅳ				Ⅱ					
	柴岭山 D5																		
	柴岭山 D32M2	Ⅲ																	
	柴岭山 D6M1	Ⅲ		Ⅲ						Ⅳ									
	柴岭山 D7M1	Ⅲ	Ⅱ																
	柴岭山 D8M1			Ⅳ	Ⅲ		Ⅱ			Ⅲ					Ⅱ				
	凤凰山 D1M1			Ⅱ、Ⅳ					Ⅰ										
	余姚老虎山 D1M18			Ⅳ						Ⅳ									
	余姚老虎山 D1M19				Ⅲ														
	余姚老虎山 D1M6	Ⅲ																	

分组	单位	原始瓷								硬陶									泥质陶
		豆				罐		碗(杯盅)类	盂	罐(瓿)类						坛		瓮	豆
		A	B	Ca	Da	A	B	Aa		Aa	Ab	Ac	Ad	Ba	Bb	A	B	A	
四	柴岭山 D12M1		Ⅲ							Ⅳ									
	柴岭山 D14M1		Ⅱ	Ⅴ															
	柴岭山 D16M1		Ⅲ、Ⅳ	Ⅴ	Ⅳ				Ⅱ、Ⅲ、Ⅳ										
	柴岭山 D19M3		Ⅳ		Ⅳ				Ⅲ、Ⅳ										
	柴岭山 D25M1		Ⅳ		Ⅳ				Ⅱ、Ⅲ、Ⅳ										
	柴岭山 D26M1		Ⅳ	Ⅴ	Ⅳ										Ⅲ				
	柴岭山 D2M1				Ⅳ				Ⅱ	Ⅳ									
	慈溪 D1M4						Ⅲ												
	柴岭山 D32Q1			Ⅴ															
	柴岭山 D31M1	Ⅳ	Ⅲ、Ⅳ	Ⅴ	Ⅳ		Ⅲ		Ⅱ、Ⅲ、Ⅳ	Ⅳ									
	柴岭山 D32M1	Ⅲ		Ⅴ					Ⅱ、Ⅲ										
	柴岭山 D33M1				Ⅲ、Ⅳ				Ⅲ										
	柴岭山 D33M2	Ⅲ		Ⅴ	Ⅳ											Ⅳ			
	柴岭山 D34M2			Ⅴ	Ⅳ				Ⅲ、Ⅳ										
	柴岭山 D35M1	Ⅳ		Ⅴ	Ⅳ				Ⅱ、Ⅲ、Ⅳ										
	柴岭山 D36M1				Ⅳ														
	柴岭山 D37M1		Ⅳ		Ⅳ				Ⅱ、Ⅳ										
	柴岭山 D4M2				Ⅳ				Ⅱ、Ⅲ、Ⅳ	Ⅳ									
	柴岭山 D6M2			Ⅴ	Ⅲ					Ⅳ								Ⅱ	
	柴岭山 D9M1			Ⅴ	Ⅳ		Ⅲ		Ⅱ、Ⅳ		Ⅰ、Ⅱ、Ⅲ					Ⅵ		Ⅳ	
	慈溪 D1M5					Ⅱ													
	牛头山 D1M1								Ⅳ										
	牛头山 D1M2			Ⅴ					Ⅳ										
	牛头山 D1M6	Ⅳ				Ⅱ	Ⅲ		Ⅳ										
	严村 M226			Ⅴ															
	石屋山 M2	Ⅳ																	
	羊山 D2	Ⅳ							Ⅳ										
	余姚老虎山 D1M16						Ⅲ												
	余姚老虎山 D1M3			Ⅴ							Ⅴ								
	余姚老虎山 D1M4																		
	余姚老虎山 D1M5																		
	余姚老虎山 D1M7			Ⅴ															

续表

分组	单位	原始瓷								硬陶									泥质陶
		豆				罐		碗(杯盅)类	盂	罐(瓿)类						坛		瓮	豆
		A	B	Ca	Da	A	B	Aa		Aa	Ab	Ac	Ad	Ba	Bb	A	B	A	
五	柴岭山 D17Q2																		
	柴岭山 D1M2								Ⅳ										
	柴岭山 D34M1		Ⅳ					Ⅳ											
	柴岭山 D3M1															Ⅷ			
	卢家山 D1Q3										Ⅵ								
	上虞 D3							Ⅲ、Ⅳ											
六	柴岭山 D29M1－1							Ⅳ、Ⅴ、Ⅵ	Ⅳ			Ⅳ		Ⅱ	Ⅳ				
	柴岭山 D37M3							Ⅳ、Ⅴ											
	缸窑山 M11	Ⅴ				Ⅱ		Ⅴ、Ⅵ											
	慈溪 D2M1							Ⅵ			Ⅶ								
	卢家山 D1Q2							Ⅴ			Ⅶ								
	卢家山 M10							Ⅶ			Ⅶ								
	上虞 D26							Ⅵ											
七	柴岭山 D15Q1										Ⅷ		Ⅳ				Ⅰ		
	柴岭山 D16M2							Ⅷ								Ⅸ、Ⅺ			
	柴岭山 D19M1				Ⅳ			Ⅳ、Ⅷ、Ⅸ	Ⅲ、Ⅳ		Ⅷ								
	柴岭山 D19M2		Ⅳ	Ⅴ	Ⅳ			Ⅳ、Ⅴ、Ⅷ、Ⅸ	Ⅲ								Ⅰ		
	柴岭山 D29M1－2							Ⅳ、Ⅴ、Ⅸ			Ⅷ					Ⅸ			
	柴岭山 D30Q1											Ⅳ		Ⅱ				Ⅴ	
	柴岭山 D37M4							Ⅷ、Ⅸ			Ⅷ		Ⅳ				Ⅰ		
	柴岭山 D4M1							Ⅴ、Ⅶ、Ⅸ											
	柴岭山 D4M3				Ⅳ			Ⅸ											
	慈溪 M3										Ⅷ				Ⅴ		Ⅰ		
	慈溪 M8 下							Ⅸ			Ⅶ							Ⅵ	
	富盛长竹园							Ⅸ											
	缸窑山 M18							Ⅷ											
	卢家山 M4							Ⅷ											
	慈溪 M9							Ⅷ											

分组	单位	原始瓷								硬陶									泥质陶
		豆				罐		碗(杯盅)类	盂	罐(瓿)类						坛		瓮	豆
		A	B	Ca	Da	A	B	Aa		Aa	Ab	Ac	Ad	Ba	Bb	A	B	A	
七	卢家山 M7							Ⅸ	Ⅲ										
	上虞 D13												Ⅳ	Ⅱ					
	上虞 D16							Ⅸ					Ⅳ						
	上虞 D21							Ⅸ						Ⅱ					
	上虞 D23													Ⅱ					
	上虞 D7							Ⅷ、Ⅸ					Ⅳ						
	石屋山 M1	Ⅳ	Ⅳ					Ⅷ											
	羊山 D1M2							Ⅸ					Ⅲ			Ⅺ			
	余姚老虎山 D1M15							Ⅶ、Ⅸ											
	余姚老虎山 D1M17											Ⅲ	Ⅳ	Ⅱ					
八	柴岭山 D1M1			Ⅴ				Ⅹ			Ⅶ、Ⅷ								
	柴岭山 D1M3							Ⅹ	Ⅳ				Ⅳ				Ⅰ		
	柴岭山 D27M1－1							Ⅹ			Ⅷ								
	慈溪 M5							Ⅹ			Ⅷ								
	进化前山 Y1																Ⅱ		
	进化前山 T1⑤							Ⅸ、Ⅹ									Ⅱ		
	卢家山 M8							Ⅹ											
	上虞 D1							Ⅹ											
	慈溪 M10							Ⅹ											
	上虞 D17							Ⅶ、Ⅸ、Ⅹ					Ⅳ						
	上虞 D18							Ⅹ											
	上虞 D19												Ⅳ						
	上虞 D19							Ⅹ											
	上虞 D5							Ⅸ						Ⅳ					
	田螺山 M1							Ⅹ											
	羊山 D3							Ⅷ、Ⅹ			Ⅱ、Ⅷ								
九	慈溪 M8 上															Ⅻ	Ⅳ		
	进化前山 T1①							Ⅸ			Ⅸ						Ⅱ		
	进化前山 T1②										Ⅵ、Ⅸ								

续表

分组	单位	原始瓷								硬陶									泥质陶
		豆				罐		碗（杯盅）类	盂	罐（瓿）类						坛		瓮	豆
		A	B	Ca	Da	A	B	Aa		Aa	Ab	Ac	Ad	Ba	Bb	A	B	A	
九	进化前山 T1④							IX、X			VI						II		
	牛头山 D1M3							IX											
	牛头山 D1M4							IX、X、XI											
十	柴岭山 D27M1－2																VI		
	柴岭山 D28M1							XI			VIII、XI						VI		
	慈溪 M2							XI											
	慈溪 M6																VI		
	慈溪桃园 M1							XII											
	凤凰山 M1													VI					
	福全洪家墩							VIII						IV、V		XII、XIII			
	茅家山 M324																		
	牛山 M17																		
	牛头山 D2							XI						VI					
	小黄山 M13							XI、XII			X、XI			VI		XIII	V、VI		II
	小黄山 M3							XII			X、XI				VI	XIII			
	羊山 M1							XI									IV、VI	VIII	
	仪桥岭 M213							XI			X			VI					
	周家山 M5										XI			VI					
十一	慈溪 M7																		
	凤凰山 M2											VI							
	上灶大校场							XI											
	小家山 M17											VI		VII					
	小家山 M17Q							XI、XII			XI			VII		XIV			
	小家山 M20										VIII、XI	IV		II、VII		XIV	VI		
	凤凰山 M3																VI		
	小家山 M11																		
	仪桥岭 M212												VII						
	祝家山 M1															XIV	VII		
十二	周家山 M40																VIII		
	周家山 M42							XII			XI					XV			

表四　金衢、屯溪、温台、赣东北小区单位分组统计

分组	单位	原始瓷											硬陶						
		豆				罐		碗(杯盅)类			盂	尊	罐(瓿)类			坛		瓮	盂
		Aa	B	Ca	Da	A	B	Aa	Ab	B			Aa	Ab	Bb	A	B	A	A
一	和(鸟)2															Ⅰ			
一	和(鸟)1			Ⅱ											Ⅰ				
一	地(平)2																	Ⅰ	
二	地(平)3													Ⅱ				Ⅲ	
二	白塘边(三)			Ⅲ															
二	地(白)2													Ⅱ		Ⅳ			
二	地(白)1													Ⅱ					
二	小人尖 M1			Ⅰ、Ⅱ、Ⅲ			Ⅰ												
二	地(平)5			Ⅲ															
三	石门大麦山 M1	Ⅲ									Ⅲ								
三	大石塔-采			Ⅳ															
三	地(平)7											Ⅱ						Ⅲ	
三	地(平)1															Ⅴ			
三	西山大墩顶		Ⅰ、Ⅱ	Ⅳ									Ⅳ		Ⅱ				
三	岱石山 M20	Ⅲ																	
三	岱石山 M17			Ⅱ、Ⅲ、Ⅳ															
三	瓯海杨府山																	Ⅲ	
三	路桥梅屿山																	Ⅲ	
三	岱石山 M21②			Ⅳ															
三	屯溪 M7		Ⅱ				Ⅲ												
三	黄甲山-采						Ⅱ												
三	屯溪 M3			Ⅱ、Ⅲ、Ⅳ	Ⅱ、Ⅲ							Ⅱ	Ⅳ					Ⅳ	
三	屯溪 M1	Ⅲ、Ⅳ	Ⅰ、Ⅱ	Ⅳ	Ⅲ		Ⅱ、Ⅲ				Ⅲ	Ⅲ							
三	石门大麦山 M2	Ⅲ	Ⅱ																
四	东山		Ⅱ	Ⅳ、Ⅴ							Ⅱ		Ⅳ						
四	淳安左口 M5			Ⅴ							Ⅲ								
四	六石油塘山背	Ⅳ	Ⅳ								Ⅳ								
四	小红岗 D10T1										Ⅲ								
四	屯溪 M5	Ⅲ	Ⅱ		Ⅳ		Ⅲ						Ⅴ、Ⅵ						
四	屯溪 M4	Ⅲ	Ⅱ		Ⅳ		Ⅲ												
四	屯溪 M2	Ⅳ	Ⅲ								Ⅳ		Ⅵ						
四	屯溪 M8	Ⅳ		Ⅴ	Ⅳ						Ⅳ								
四	屯溪 M6		Ⅱ、Ⅲ、Ⅳ	Ⅴ	Ⅳ						Ⅲ、Ⅳ								
四	小红岗 D10T2										Ⅳ								

续表

分组	单位	原始瓷											硬陶						
		豆				罐		碗(杯盅)类			盂	尊	罐(瓿)类			坛		瓮	盂
		Aa	B	Ca	Da	A	B	Aa	Ab	B			Aa	Ab	Bb	A	B	A	A
四	淳安左口 M4	Ⅴ								Ⅰ	Ⅱ								
	马鞍山 M1		Ⅲ、Ⅳ	Ⅴ	Ⅳ		Ⅲ				Ⅲ								
	岱石山 M31	Ⅳ																	
	岱石山 M5	Ⅳ												Ⅴ					
	岱石山 M2(一)	Ⅳ																	
	岱石山 M11										Ⅲ								
	岱石山 M8					Ⅲ													
	岱石山 M21①			Ⅴ							Ⅳ								
	岱石山 M32			Ⅴ															
	岱石山 M28			Ⅴ															
	岱石山 M25					Ⅲ					Ⅳ								
	岱石山 M13			Ⅱ							Ⅳ								
	凤凰山										Ⅳ								
	义乌平畴		Ⅲ、Ⅳ	Ⅴ	Ⅳ						Ⅱ、Ⅲ、Ⅳ			Ⅳ					Ⅴ
五	淳安左口 M3					Ⅲ					Ⅲ、Ⅳ								
	岱石山 M19										Ⅳ								Ⅵ
	岱石山 M30			Ⅴ							Ⅴ								
	岱石山 M29	Ⅳ		Ⅴ									Ⅶ						
	淳安左口 M1					Ⅲ													
六	淳安左口 M2							Ⅷ											
七	岱石山 M33							Ⅸ						Ⅷ					
	岱石山 M2(二)							Ⅸ											
八	贵溪 M1															Ⅺ			
九	贵溪 M5							Ⅺ						Ⅹ			Ⅵ		
	贵溪 M4													Ⅹ					
	贵溪 M6							Ⅺ											
	贵溪 M11																		
	贵溪 M2																		
	贵溪 M13													Ⅹ					
十	江山大夫第								Ⅱ、Ⅲ										
	贵溪 M10													Ⅺ					
	贵溪 M8													Ⅺ					
	贵溪 M14																		

表五 闽北小区单位分组统计

分组	单位	原始瓷								硬陶						泥质陶		夹砂陶
		豆	豆	豆	豆	罐	碗（杯盅）类	盂	尊	罐（瓿）类				坛		豆	盒	甗形器
		Aa	B	Ca	Da	B	Aa			Ab	Ae	Ca	Cb	A	B			
一	葫芦山 TS1E2②			Ⅰ														
	粮库后山 M10																	Ⅰ
	粮库后山 M3																	Ⅰ
	卢坪岗 M2			Ⅰ、Ⅱ		Ⅰ												
	卢坪岗 T04③					Ⅰ												
	卢坪岗 M3	Ⅳ		Ⅰ、Ⅱ		Ⅲ												
	浮村 T4											Ⅰ						
	后仓 M2												Ⅰ					
	卢坪岗 T0102③			Ⅰ														
	罗汉山 M8			Ⅰ														
	梅溪岗 T503④																	Ⅰ
	南平鱼网山																	Ⅰ
	山林仔 M2																	Ⅰ
	昙石山 96H139			Ⅰ	Ⅱ													
	武夷渡口东面山																	Ⅰ
	溪头 T207②																	Ⅰ
二	崇安马道岗				Ⅱ													
	东张上层			Ⅲ	Ⅱ													
	管九洋山 D5M1			Ⅲ														
	葫芦山 TS6E③		Ⅰ															
	黄窠山		Ⅰ	Ⅱ	Ⅰ				Ⅰ									
	黄窠山 M2			Ⅱ														
	黄窠山 M3			Ⅱ														
	湖炳山																	
	罗汉山 M2																	
	建瓯长伦仔								Ⅰ									
	卢坪岗 M1			Ⅱ														

续表

分组	单位	原始瓷								硬陶						泥质陶		夹砂陶
		豆	豆	豆	豆	罐	碗(杯盅)类	盂	尊	罐(瓿)类				坛		豆	盒	甗形器
		Aa	B	Ca	Da	B	Aa			Ab	Ae	Ca	Cb	A	B			
二	卢坪岗 T0101②			Ⅰ、Ⅲ	Ⅱ													
	黄窠山 T211												Ⅱ					
	罗汉山 M7			Ⅱ														
	罗汉山 M9											Ⅱ						
	平冈 T2206③											Ⅱ						
	梅溪岗 G1		Ⅰ															
	梅溪岗 H9				Ⅱ													
	梅溪岗 T404③			Ⅱ														
	梅溪岗 T405③												Ⅱ					
	屏风山 T2②				Ⅱ													
	山林仔 T0604				Ⅱ													
	黄窠山 T203										Ⅱ							
	山林仔 T0605			Ⅲ														
	昙石山 96、04T1507②D			Ⅱ、Ⅲ														Ⅰ
	溪头 T201②			Ⅲ														
	溪头 T226②				Ⅱ													
	杨家圩后门山			Ⅱ														
	芝山 G3			Ⅱ								Ⅰ						
	芝山 T1⑤			Ⅱ	Ⅰ													
	芝山 T2④				Ⅱ													
	芝山 T4④		Ⅱ															
	芝山 T4⑤			Ⅱ														
	竹林坑 T1011②																	Ⅰ
	竹林坑 TG1①				Ⅱ													
三	芝山 T4④		Ⅱ															
	建瓯九朗科		Ⅰ、Ⅱ	Ⅱ														
	芝山 T1③		Ⅱ	Ⅱ														
	芝山 T4③			Ⅲ														

续表

分组	单位	原始瓷								硬陶						泥质陶		夹砂陶
		豆	豆	豆	豆	罐	碗(杯盅)类	盂	尊	罐(瓿)类				坛		豆	盒	甗形器
		Aa	B	Ca	Da	B	Aa			Ab	Ae	Ca	Cb	A	B			
三	武夷山岗头 M1			Ⅱ	Ⅲ													
	罗汉山 M1											Ⅲ	Ⅲ					
	平冈 0805①												Ⅲ					
	平冈 H15												Ⅲ					
	管九洋山 D1M1								Ⅱ、Ⅲ									
	政和稻香村 M1							Ⅱ	Ⅲ									
	崇安茶场				Ⅲ													
	竹林坑 T1010①				Ⅲ													Ⅰ
	竹林坑 T1211②				Ⅲ													
	竹林坑 TG2①				Ⅲ													
	竹林坑 TG3④				Ⅲ													
	竹林坑 Y2				Ⅲ													Ⅰ
	昙石山 96T0804②A							Ⅲ										
	崇安源盾山		Ⅰ、Ⅱ															
	管九后门山									Ⅳ								
	仙游鸡子城									Ⅳ								
	蛇山采										Ⅲ							
	管九麻地尾 D3M2										Ⅲ							
	松溪游墩		Ⅰ		Ⅲ													
	建瓯官二洋			Ⅳ														
	竹林坑 TG3①			Ⅳ														
	油溪 M1										Ⅲ							
	山林仔 T0705				Ⅲ													
	山林仔 M1										Ⅱ、Ⅲ							
	梅溪岗 T407③										Ⅲ							
	梅溪岗 T403③										Ⅲ							
	竹林坑 T1010②		Ⅱ		Ⅲ													
	竹林坑 T1111①		Ⅱ		Ⅲ													

续表

分组	单位	原始瓷								硬陶						泥质陶		夹砂陶
		豆	豆	豆	豆	罐	碗(杯盅)类	盂	尊	罐(瓿)类				坛		豆	盒	甗形器
		Aa	B	Ca	Da	B	Aa			Ab	Ae	Ca	Cb	A	B			
四	竹林坑 TG2⑤		Ⅰ、Ⅱ、Ⅲ															
	黄瓜山 T254④		Ⅱ、Ⅲ		Ⅱ													
	昙石山 96T1203②A												Ⅱ					
	昙石山 96T1507②A		Ⅲ															
	芝山 G2		Ⅲ	Ⅱ							Ⅱ							
	黄窠山 M4																	Ⅱ
	杨山 M2												Ⅳ					Ⅱ
	政和铁山								Ⅲ									
	潭头鲤鱼岗					Ⅰ		Ⅳ										
	管九麻地尾 D5M1							Ⅳ										
	黄瓜山 T156NE④A		Ⅲ															
	山林仔 T0704		Ⅲ															
	杨山 M1										Ⅳ							
	潭头下山 T6②		Ⅲ															
	福州八中			Ⅴ														
	管九社公岗 D4M1			Ⅴ				Ⅳ										
	昙石山上层			Ⅲ、Ⅴ														
六	政和稻香村			Ⅱ、Ⅴ	Ⅲ、Ⅳ		Ⅶ	Ⅳ										
	闽清阪东后门寨						Ⅷ											
十	光泽一采									Ⅺ					Ⅶ			
十一	庄边山 M16															Ⅱ、Ⅲ	Ⅱ	
	庄边山 M35													ⅩⅤ			Ⅱ	
	庄边山 M50															Ⅲ	Ⅱ	
	庄边山 M33																Ⅱ	
	庄边山 M3															Ⅲ		
十二	庄边山 M18																Ⅱ	
	庄边山 M47																Ⅲ	

表六　粤中小区单位分组统计

分组	单位	原始瓷						硬陶																							青铜器					
		豆				碗(杯盅)类		豆				罐(瓿)类											簋	盒	坛	碗(杯盅)类		瓮		盂	斧	刮刀	剑	矛		镞
		Ab	Ac	Cb	Db	Aa	Ab	A	B	C	D	Ab	Ac	Af	Bc	Bd	Da	Db	Ea	Eb	Ec	Ed		A	A	A	B	A	B	B				A	B	
一	横岭山 M119																	Ⅲ																		
	横岭山 M213																												Ⅱ							
	横岭山 M275																												Ⅱ							
	横岭山 M299																	Ⅲ																		
	横岭山 M152																		Ⅰ																	
	横岭山 M331																		Ⅰ																	
	横岭山 M275																												Ⅱ							
二	横岭山 T0201①																						Ⅰ													
	横岭山 M104																		Ⅱ				Ⅰ						Ⅲ							
	横岭山 M241																		Ⅱ																	
	横岭山 M328																		Ⅱ										Ⅲ							
	横岭山 M242																		Ⅱ		Ⅰ								Ⅲ							
三	横岭山 M047																						Ⅱ													
	横岭山 M075																			Ⅰ																
	横岭山 M101										Ⅰ																									
	横岭山 M103				Ⅰ															Ⅰ																
	横岭山 M172																				Ⅱ											Ⅰ				
	横岭山 M194																		Ⅱ										Ⅳ							
	横岭山 M245																		Ⅱ、Ⅲ																	
	横岭山 M261																			Ⅰ																
	横岭山 M268																												Ⅳ							
	横岭山 M293																						Ⅱ													
	横岭山 M298																														Ⅰ					
	横岭山 T0104①			Ⅱ	Ⅱ																								Ⅳ							
	横岭山 T0302①			Ⅱ																																
	横岭山 T0506①									Ⅰ																										
	横岭山 T0607①									Ⅰ、Ⅱ																										
	黄竹园 M13																				Ⅱ															
	黄竹园 T107②																				Ⅱ															

续表

分组	单位	原始瓷						硬陶																							青铜器					
		豆				碗(杯盅)类		豆				罐(瓿)类											簋	盒	坛	碗(杯盅)类		瓮		盂	斧	刮刀	剑	矛		镞
		Ab	Ac	Cb	Db	Aa	Ab	A	B	C	D	Ab	Ac	Af	Bc	Bd	Da	Db	Ea	Eb	Ec	Ed		A	A	A	B	A	B	B				A	B	
三	南芒湾									Ⅰ																										
	扫管笏 T1409②										Ⅰ																									
四	横岭山 M038																				Ⅱ、Ⅲ		Ⅲ						Ⅴ							
	横岭山 M039																				Ⅲ								Ⅴ							
	横岭山 M040																												Ⅴ							
	横岭山 M051																		Ⅲ				Ⅲ								Ⅱ					
	横岭山 M086															Ⅱ																				
	横岭山 M105									Ⅱ	Ⅱ										Ⅲ										Ⅲ					
	横岭山 T0905①																				Ⅲ															
	横岭山 M124			Ⅱ	Ⅱ						Ⅰ										Ⅲ											Ⅱ				
	横岭山 M130										Ⅱ										Ⅱ		Ⅲ						Ⅴ							
	横岭山 M133			Ⅱ																Ⅲ																
	横岭山 M170									Ⅱ									Ⅲ		Ⅲ															
	横岭山 M186			Ⅱ																Ⅲ	Ⅲ															
	横岭山 M201				Ⅱ					Ⅱ	Ⅰ																									
	横岭山 M210										Ⅱ										Ⅱ															
	横岭山 M215																				Ⅱ、Ⅲ															
	横岭山 M279										Ⅱ																									
	横岭山 T0304①				Ⅰ						Ⅱ									Ⅱ	Ⅱ															
	横岭山 T0502①																				Ⅲ															
	横岭山 T0507①																				Ⅲ															
	横岭山 T1105①																				Ⅲ															
	横岭山 T1108①																				Ⅲ															
	追树岭															Ⅱ													Ⅴ							
五	横岭山 M005																																		Ⅰ	
	横岭山 M013																																		Ⅰ	
	横岭山 M037			Ⅱ	Ⅰ、Ⅲ																															
	横岭山 M043				Ⅱ																															
	横岭山 M044									Ⅱ	Ⅱ																									
	横岭山 M050															Ⅲ				Ⅲ	Ⅲ															

分组	单位	原始瓷						硬陶																							青铜器					
		豆				碗(杯盅)类		豆				罐(瓿)类											簋	盒	坛	碗(杯盅)类		瓮		盂	斧	刮刀	剑	矛		镞
		Ab	Ac	Cb	Db	Aa	Ab	A	B	C	D	Ab	Ac	Af	Bc	Bd	Da	Db	Ea	Eb	Ec	Ed		A	A	A	B	A	B	B				A	B	
五	横岭山 M121															Ⅲ																				
	横岭山 M167				Ⅲ																		Ⅲ													
	横岭山 M175									Ⅱ																						Ⅱ				
	横岭山 M182			Ⅰ																Ⅲ	Ⅲ										Ⅳ				Ⅰ	Ⅰ
	横岭山 M184																Ⅰ																			
	横岭山 M185																																			Ⅰ
	横岭山 M195										Ⅱ																									
	横岭山 M231			Ⅱ																																
	横岭山 M239																		Ⅳ																	
	横岭山 M305																		Ⅳ																	
	横岭山 M309																																		Ⅰ	
	白沙坑				Ⅲ														Ⅳ																	
六	横岭山 M011										Ⅲ																									
	横岭山 M056				Ⅲ			Ⅰ			Ⅱ																				Ⅴ					
	横岭山 M078							Ⅰ、Ⅱ																							Ⅲ					Ⅱ
	横岭山 M080																														Ⅴ	Ⅱ				
	横岭山 M081			Ⅱ						Ⅰ、Ⅱ										Ⅳ	Ⅱ		Ⅲ						Ⅵ							
	横岭山 M083	Ⅰ						Ⅰ																												
	横岭山 M084	Ⅰ	Ⅰ	Ⅲ	Ⅲ				Ⅰ																											
	横岭山 M096	Ⅱ			Ⅲ						Ⅱ								Ⅴ																	
	横岭山 M100																												Ⅵ							
	横岭山 M106				Ⅲ																															
	横岭山 M112																			Ⅳ																
	横岭山 T0103①	Ⅰ																																		
	横岭山 M127	Ⅰ																																		
	横岭山 M154				Ⅱ、Ⅲ																															
	横岭山 M173	Ⅱ									Ⅱ																									
	横岭山 M179	Ⅰ							Ⅰ																											
	横岭山 M237																					Ⅰ														
	横岭山 M191				Ⅲ																															

续表

分组	单位	原始瓷						硬陶																									青铜器					
		豆				碗(杯盅)类		豆				罐(瓿)类											簋	盒	坛	碗(杯盅)类		瓮		盂	斧	刮刀	剑	矛		镞
		Ab	Ac	Cb	Db	Aa	Ab	A	B	C	D	Ab	Ac	Af	Bc	Bd	Da	Db	Ea	Eb	Ec	Ed		A	A	A	B	A	B	B				A	B	
六	横岭山 M217																Ⅱ																			
	横岭山 M225									Ⅰ、Ⅲ	Ⅲ																									
	横岭山 M247															Ⅲ															Ⅴ					
	横岭山 M249	Ⅰ																																		
	横岭山 M252				Ⅱ					Ⅱ、Ⅲ											Ⅲ										Ⅴ					
	横岭山 M256															Ⅰ	Ⅱ																			
	横岭山 M258	Ⅰ																											Ⅵ							
	横岭山 M259		Ⅰ					Ⅰ											Ⅴ		Ⅲ	Ⅰ	Ⅳ													
	横岭山 M264	Ⅱ		Ⅱ、Ⅲ															Ⅴ	Ⅲ、Ⅳ											Ⅳ					
	横岭山 M266			Ⅲ																																
	横岭山 M267				Ⅲ			Ⅰ		Ⅱ																										
	横岭山 M269			Ⅲ	Ⅲ														Ⅴ																	
	横岭山 M291															Ⅲ	Ⅱ				Ⅲ								Ⅴ、Ⅵ							
	横岭山 M292				Ⅲ				Ⅰ		Ⅲ																									
	横岭山 M295				Ⅲ																Ⅳ								Ⅵ							
	横岭山 M304																						Ⅳ						Ⅴ							
	横岭山 M308			Ⅱ	Ⅱ					Ⅱ、Ⅲ																										
	横岭山 M325		Ⅱ					Ⅰ、Ⅱ																												
	大梅沙 M4																						Ⅳ													
	大湾		Ⅰ																																	
	鹤地山上层																												Ⅵ							
	横岭山 T0605①							Ⅰ			Ⅲ										Ⅲ															
	横岭山 T0606①									Ⅱ									Ⅴ				Ⅳ													
	横岭山 T0908①																		Ⅴ		Ⅲ															
	横岭山 TK001①																												Ⅵ							
	黄竹园 M12																												Ⅵ							
	梅花墩 T1①																												Ⅵ							
	石滩围岭 H6								Ⅰ																											
七	横岭山 M014																		Ⅴ																	
	横岭山 M015																Ⅲ		Ⅴ																	

续表

分组	单位	原始瓷						硬陶																							青铜器					
		豆				碗(杯盅)类		豆				罐(瓿)类											瓿	盒	坛	碗(杯盅)类		瓮		盂	斧	刮刀	剑	矛		镞
		Ab	Ac	Cb	Db	Aa	Ab	A	B	C	D	Ab	Ac	Af	Bc	Bd	Da	Db	Ea	Eb	Ec	Ed		A	A	A	B	A	B	B				A	B	
七	横岭山 M032																	Ⅴ																		
	横岭山 M034		Ⅰ、Ⅱ					Ⅱ											Ⅴ			Ⅰ							Ⅶ						Ⅱ、Ⅲ	
	横岭山 M052																														Ⅴ					
	横岭山 M053																		Ⅴ																	
	横岭山 M068																Ⅲ		Ⅴ																	
	横岭山 M071							Ⅱ																												
	横岭山 M077		Ⅱ					Ⅱ																												
	横岭山 M079							Ⅱ											Ⅴ																	
	横岭山 M089		Ⅱ																Ⅴ																	
	横岭山 M111							Ⅱ								Ⅳ			Ⅴ																	
	横岭山 M139																		Ⅴ																	
	横岭山 M156									Ⅱ													Ⅳ						Ⅶ							
	横岭山 M157															Ⅳ																				
	横岭山 M160																		Ⅴ																	
	横岭山 M164			Ⅲ													Ⅲ		Ⅴ																	
	横岭山 M204																		Ⅴ																	
	横岭山 M229																Ⅲ				Ⅱ								Ⅶ							
	横岭山 M240		Ⅱ																																	
	横岭山 M246		Ⅰ					Ⅱ									Ⅲ																			
	横岭山 M272	Ⅱ						Ⅱ											Ⅴ																	
	横岭山 M274									Ⅲ	Ⅲ												Ⅴ													
	横岭山 M276							Ⅱ																												
	横岭山 M301							Ⅱ												Ⅳ																
	横岭山 M318																		Ⅴ																	
	横岭山 M329		Ⅱ					Ⅱ											Ⅴ																	
	铲山																			Ⅳ			Ⅴ													
	横岭山 T0101①							Ⅱ																												
	横岭山 T0301①							Ⅱ																												
	横岭山 T0604①		Ⅱ					Ⅱ		Ⅱ																										
	横岭山 T1008①		Ⅱ																		Ⅱ															

续表

分组	单位	原始瓷						硬陶																							青铜器					
		豆				碗(杯盅)类		豆				罐(瓿)类											簋	盒	坛	碗(杯盅)类		瓮		盂	斧	刮刀	剑	矛		镞
		Ab	Ac	Cb	Db	Aa	Ab	A	B	C	D	Ab	Ac	Af	Bc	Bd	Da	Db	Ea	Eb	Ec	Ed		A	A	A	B	A	B	B				A	B	
七	横岭山 T1307①				Ⅱ						Ⅱ												Ⅴ						Ⅴ							
	罗田铁公坑							Ⅱ																												
	扫管笏 T1314②							Ⅱ																												
	沙下		Ⅱ					Ⅱ			Ⅰ、Ⅲ								Ⅲ、Ⅳ、Ⅴ		Ⅱ、Ⅳ	Ⅰ							Ⅴ、Ⅵ							
八	横岭山 M082							Ⅱ									Ⅳ														Ⅰ					
	横岭山 M087																		Ⅴ、Ⅵ																	
	横岭山 M088							Ⅱ											Ⅵ																	
	横岭山 M093		Ⅱ					Ⅱ、Ⅲ			Ⅰ								Ⅴ	Ⅴ	Ⅱ、Ⅲ	Ⅱ														
	横岭山 M131																		Ⅵ	Ⅱ																
	横岭山 M145	Ⅰ、Ⅱ						Ⅱ									Ⅳ		Ⅳ、Ⅵ																	
	横岭山 M211		Ⅱ					Ⅱ、Ⅲ									Ⅳ		Ⅴ													Ⅱ				Ⅳ
	横岭山 M218																			Ⅴ																
	横岭山 M230		Ⅱ																Ⅵ																	
	横岭山 M315		Ⅲ					Ⅱ																							Ⅴ					
	横岭山 T0203①																					Ⅱ														
	梅花墩 T3③		Ⅱ					Ⅰ											Ⅵ																	
	梅花墩 T4③				Ⅱ			Ⅱ											Ⅵ																	
	沙浦新村							Ⅱ											Ⅵ																	
	西丽水库															Ⅱ						Ⅱ														
九	横岭山 M006	Ⅲ																																		
	横岭山 M023																												Ⅶ							
	横岭山 M026							Ⅲ												Ⅲ																
	横岭山 M035		Ⅱ					Ⅲ																												
	横岭山 M072							Ⅲ																												
	横岭山 M085		Ⅱ、Ⅲ					Ⅲ									Ⅳ		Ⅵ																	
	横岭山 M099																			Ⅴ																
	横岭山 M109		Ⅲ																	Ⅰ																
	横岭山 M110																Ⅳ、Ⅴ		Ⅵ																	
	横岭山 M123							Ⅲ	Ⅱ																											
	横岭山 M143							Ⅲ																												

续表

分组	单位	原始瓷						硬陶																							青铜器					
		豆				碗(杯盅)类		豆				罐(瓿)类											簋	盒	坛	碗(杯盅)类		瓮		盂	斧	刮刀	剑	矛		镞
		Ab	Ac	Cb	Db	Aa	Ab	A	B	C	D	Ab	Ac	Af	Bc	Bd	Da	Db	Ea	Eb	Ec	Ed		A	A	A	B	A	B	B				A	B	
	横岭山 M150							Ⅲ													Ⅱ															
	横岭山 M155		Ⅱ																			Ⅲ														
	横岭山 M183																			Ⅲ									Ⅶ							
	横岭山 M187							Ⅲ																												
	横岭山 M190							Ⅲ											Ⅵ																	
	横岭山 M198		Ⅱ					Ⅲ																												Ⅱ
	横岭山 M202																		Ⅵ																	
	横岭山 M212																		Ⅵ																	
	横岭山 M223							Ⅲ									Ⅳ														Ⅵ	Ⅱ、Ⅲ				
	横岭山 M238																												Ⅶ		Ⅲ					
	横岭山 M277							Ⅲ								Ⅱ																				
	横岭山 M285																														Ⅵ					
	横岭山 M287																Ⅵ		Ⅴ												Ⅵ					Ⅲ
	横岭山 M303																														Ⅵ	Ⅱ				
九	横岭山 M313							Ⅲ											Ⅵ																	
	横岭山 M319							Ⅲ																												
	大梅沙 M1							Ⅲ																												
	叠石山南沙							Ⅲ												Ⅴ																
	横岭山 H2							Ⅲ											Ⅵ																	
	横岭山 T0505①		Ⅲ	Ⅱ																																
	大梅沙 M6		Ⅲ																														Ⅰ	Ⅱ	Ⅲ	
	横岭山 T0702①				Ⅱ														Ⅵ																	
	横岭山 T0703①																		Ⅵ																	
	横岭山 T0803①	Ⅲ																																		
	萝岗狮山							Ⅲ		Ⅲ																										
	梅花墩 T1③		Ⅰ、Ⅱ																Ⅵ				Ⅴ													
	梅花墩 T2③		Ⅱ					Ⅲ													Ⅳ								Ⅶ							
	石冲湾							Ⅲ																												
	屋背岭 T1307②							Ⅲ																												

续表

分组	单位	原始瓷						硬陶																									青铜器					
		豆				碗(杯盅)类		豆				罐(瓿)类											簋	盒	坛	碗(杯盅)类		瓮		盂	斧	刮刀	剑	矛		镞
		Ab	Ac	Cb	Db	Aa	Ab	A	B	C	D	Ab	Ac	Af	Bc	Bd	Da	Db	Ea	Eb	Ec	Ed		A	A	A	B	A	B	B				A	B	
十	横岭山 M001							Ⅳ	Ⅲ																											
	横岭山 M002							Ⅲ、Ⅳ											Ⅵ																	
	横岭山 M003							Ⅳ																												
	横岭山 M017							Ⅳ																												
	横岭山 M022							Ⅳ	Ⅱ																											
	横岭山 M025							Ⅲ、Ⅳ																								Ⅱ、Ⅲ				
	横岭山 M031		Ⅳ					Ⅲ									Ⅵ		Ⅵ																	
	横岭山 M042							Ⅲ、Ⅳ											Ⅳ																	
	横岭山 M059		Ⅰ、Ⅳ																Ⅴ、Ⅵ																	
	横岭山 M074																		Ⅳ、Ⅶ										Ⅶ							
	横岭山 M076		Ⅳ					Ⅲ											Ⅶ																	
	横岭山 M091							Ⅲ、Ⅳ																												
	横岭山 M092							Ⅲ、Ⅳ																												
	横岭山 M095																					Ⅲ														
	横岭山 M097																		Ⅶ				Ⅳ													
	横岭山 M098	Ⅱ						Ⅳ											Ⅴ	Ⅲ																
	横岭山 M102							Ⅳ											Ⅶ																	
	横岭山 M108															Ⅴ																				
	横岭山 M115		Ⅳ																																	
	横岭山 M117		Ⅱ					Ⅲ、Ⅳ											Ⅶ		Ⅱ															
	横岭山 M141																		Ⅶ																	
	横岭山 M169																		Ⅶ																	
	横岭山 M171							Ⅳ																												
	横岭山 M193							Ⅳ																												
	横岭山 M196							Ⅲ、Ⅳ			Ⅲ																									
	横岭山 M205							Ⅲ、Ⅳ								Ⅳ					Ⅲ															
	横岭山 M216							Ⅳ											Ⅵ																	
	横岭山 M226								Ⅲ																											
	横岭山 M227							Ⅳ																												
	横岭山 M228							Ⅳ																												

续表

分组	单位	原始瓷						硬陶																							青铜器					
		豆				碗(杯盅)类		豆、				罐(瓿)类											簋	盒	坛	碗(杯盅)类		瓮		盂	斧	刮刀	剑	矛		镞
		Ab	Ac	Cb	Db	Aa	Ab	A	B	C	D	Ab	Ac	Af	Bc	Bd	Da	Db	Ea	Eb	Ec	Ed		A	A	A	B	A	B	B				A	B	
十	横岭山 M255							Ⅳ	Ⅲ																											
	横岭山 M257							Ⅲ、Ⅳ																												
	横岭山 M265							Ⅲ、Ⅳ	Ⅲ										Ⅵ																	
	横岭山 M306							Ⅲ、Ⅳ											Ⅴ、Ⅵ																	
	横岭山 M311																							Ⅰ												
	横岭山 M316							Ⅳ																												
	横岭山 M317							Ⅳ																												
	大梅沙																				Ⅳ															
	大梅沙 T126②							Ⅳ																												
	大梅沙 T204②																		Ⅶ																	
	大梅沙 T210②																Ⅲ		Ⅴ、Ⅶ										Ⅶ							
	高田山							Ⅳ																												
	横岭山 T0202①							Ⅲ、Ⅳ											Ⅲ、Ⅵ、Ⅶ																	
	横岭山 T0404①			Ⅰ	Ⅱ														Ⅵ、Ⅶ																	
	横岭山 T0405①																			Ⅴ									Ⅶ							
	横岭山 T0708①							Ⅳ											Ⅴ、Ⅵ		Ⅱ															
	横岭山 T0804①							Ⅳ																												
	横岭山 T0904①							Ⅳ															Ⅲ													
	横岭山 T0909①																		Ⅶ		Ⅲ															
	横岭山 T1009①							Ⅳ																												
	横岭山 T1209①	Ⅰ						Ⅳ			Ⅱ																		Ⅴ							
	黄竹园 M10																												Ⅶ							
	黄竹园 M17																				Ⅳ															
	黄竹园 T101②																												Ⅶ							
	九祥岭							Ⅱ、Ⅲ、Ⅳ		Ⅰ									Ⅵ																	
	石滩围岭 H7																				Ⅳ															
	蟹地角							Ⅳ													Ⅳ															
	银岗 H7							Ⅳ								Ⅴ				Ⅵ	Ⅳ	Ⅰ														
	银岗 H8							Ⅳ																												
	银岗 K1④																			Ⅵ																

续表

分组	单位	原始瓷						硬陶																							青铜器					
		豆				碗(杯盅)类		豆				罐(瓿)类											簋	盒	坛	碗(杯盅)类		瓮		盂	斧	刮刀	剑	矛		镞
		Ab	Ac	Cb	Db	Aa	Ab	A	B	C	D	Ab	Ac	Af	Bc	Bd	Da	Db	Ea	Eb	Ec	Ed		A	A	A	B	A	B	B				A	B	
十一	横岭山 M041																																II			
	叠石山 T13②																							II		I										
	叠石山 T4②																									I										
	银岗 H10														II																					
	银岗 H12														I											I										
十二	横岭山 M004														III																	II	I		IV	
	黄岗岭 M1																										I									
	石仔堆山																		VII								I									
	屋背岭 H7																											IX								
	屋背岭 M018											XI																								
	屋背岭 M019					IX、XI																														
	屋背岭 T26②																										I									
	屋背岭 T27②					XI																														
十三	屋背岭 T29②																											X								
	西瓜岭											XII	VI	II												II	I、II	X		III						
	银岗 G3														III									II		I										
	罗阳排灌站											XII														II										
	大湖村南																								XI											
	屋背岭 M083																															V				
十四	叠石山 T11②																											XI	VI							
	浮扶岭 M511					IX																						XI								
	大梅沙 M3																																		V	
十五	园岗山 M1					XII	II、IV					XIII																XII								
	萝岗 M4											XIII																XII								
	萝岗 M3																							IV				XII								
	银岗 0107③a																								XVI	II										
	银岗 0106③a																							II												
	银岗 0106②								II																											
	银岗 0405②																									II										
	银岗 T0204②																									I										
	银岗 T0108②											XIII												IV		I、II										

表七　粤北小区单位分组统计

分组	单位	原始瓷				硬陶																			青铜器							
		豆			碗(杯盅)类	豆				罐(瓿)类							簋	盒	坛	碗(杯盅)类		瓮		盂	鼎	鼎	鼎	斧	刮刀	剑	矛	矛
		Ab	Ac	Db	Aa	A	B	C	D	Ab	Af	Bc	Ea	Eb	Ec	Ed		A	A	A	B	A	B	B	A	B	C				A	B
二	对面山 M49																						Ⅲ									
三	矮石岗 M11												Ⅰ、Ⅲ																			
	对面山 M119														Ⅱ																	
	对面山 M120														Ⅱ																	
	石峡 T20②A														Ⅱ																	
	石峡 T39②A														Ⅱ																	
	石峡 T46②AH69														Ⅱ														Ⅲ			
四	矮石岗 M1								Ⅰ																							
	石峡 T3D②A														Ⅲ																	
	石峡 T5C②A														Ⅲ																	
	石峡 T74②A														Ⅲ																	
	石峡 T7C②A														Ⅲ																	
	水阁岭														Ⅲ																	
	下边山														Ⅲ																	
五	对面山 M135																						Ⅴ									
	矮音洞												Ⅲ																			
	石峡 T45②A																						Ⅴ									
	石峡 T73②A														Ⅲ																	
六	对面山 M40																						Ⅵ									
	对面山 M42															Ⅰ																
	龙子山															Ⅰ																
	石峡 T36②A																						Ⅵ									
	石峡 T64②A																Ⅲ						Ⅵ									
	子顶山 M1																						Ⅵ									

续表

分组	单位	原始瓷				硬陶																			青铜器							
		豆			碗(杯盅)类	豆				罐(瓿)类							簋	盒	坛	碗(杯盅)类		瓮		盂	鼎	鼎	鼎	斧	刮刀	剑	矛	矛
		Ab	Ac	Db	Aa	A	B	C	D	Ab	Af	Bc	Ea	Eb	Ec	Ed		A	A	A	B	A	B	B	A	B	C				A	B
七	矮石岗 M44		Ⅱ										Ⅱ																			
	石峡 T19②A					Ⅱ																										
	石峡 T21②A														Ⅲ	Ⅱ																
	对面山 M59																								Ⅰ							
	石峡 T22②A							Ⅰ																								
	石峡 T3B②A					Ⅱ																										
	石峡 T59②A					Ⅱ																										
	石峡 T65②A															Ⅱ																
	石峡 T65②A														Ⅲ	Ⅱ																
	石峡 T83②A		Ⅱ										Ⅲ		Ⅳ																	
八	石峡 T16②A													Ⅴ		Ⅱ																
	石峡 T20②A															Ⅱ																
	石峡 T29②A															Ⅱ													Ⅲ			
	石峡 T37②A															Ⅱ																
	对面山 M63																									Ⅰ						
	龙子山 M1			Ⅲ										Ⅴ												Ⅰ						
	石峡 T5D②A													Ⅴ																		
	石峡 T88②A		Ⅱ			Ⅰ、Ⅲ		Ⅰ	Ⅰ						Ⅲ、Ⅳ																	
	石峡 T15②A																														Ⅰ	
	杨村坳(一)	Ⅱ			Ⅶ	Ⅱ	Ⅰ						Ⅵ																			
	摇松岭					Ⅲ							Ⅵ		Ⅳ																	
九	石峡 T28②A		Ⅲ												Ⅲ																	
	石峡 T40②A				Ⅷ																											
	石峡 T41②AH76				Ⅷ																											

续表

分组	单位	原始瓷				硬陶																			青铜器							
		豆			碗(杯盅)类	豆				罐(瓿)类							簋	盒	坛	碗(杯盅)类		瓮		盂	鼎	鼎	鼎	斧	刮刀	剑	矛	矛
		Ab	Ac	Db	Aa	A	B	C	D	Ab	Af	Bc	Ea	Eb	Ec	Ed		A	A	A	B	A	B	B	A	B	C				A	B
十一	对面山 M82											Ⅰ																				
	马头岗 M1																															Ⅳ
	马头岗 M2																						Ⅷ					Ⅶ		Ⅱ	Ⅲ	
	新丰江																			Ⅰ	Ⅰ											
十二	对面山 M183									Ⅺ																					Ⅲ	
	对面山 M52																										Ⅰ	Ⅷ			Ⅲ	Ⅳ
	对面山 M4																														Ⅲ	
	果园埂																			Ⅱ												Ⅳ
	旱头岭 M2																			Ⅱ	Ⅰ							Ⅶ				
	社径山																			Ⅰ	Ⅱ											
十三	对面山 M150									Ⅻ																						
	旱头岭 M1											Ⅲ									Ⅲ											
	三角山									Ⅻ	Ⅰ								ⅩⅣ		Ⅰ、Ⅲ											
	对面山 M148											Ⅳ															Ⅲ			Ⅲ		Ⅳ
	三角山 M1									Ⅻ		Ⅱ									Ⅲ							Ⅷ				
十四	白石坪山									Ⅺ	Ⅱ	Ⅲ、Ⅳ				Ⅲ			ⅩⅥ	Ⅱ	Ⅰ、Ⅱ、Ⅲ、Ⅳ	Ⅺ		Ⅲ、Ⅳ								
	对面山 M15											Ⅳ																				
	对面山 M23										Ⅲ																					
	顿岗 83										Ⅰ、Ⅲ、Ⅳ							Ⅲ	ⅩⅤ					Ⅳ								
	对面山 M51											Ⅳ																				
	福堂											Ⅳ						Ⅲ	ⅩⅣ、ⅩⅤ	Ⅰ	Ⅲ、Ⅳ											
	周屋山										Ⅲ					Ⅱ			ⅩⅥ		Ⅰ、Ⅲ		Ⅷ									
	子顶山																		ⅩⅤ、ⅩⅥ													

表八 粤西小区单位分组统计

分组	单位	原始瓷		硬陶												泥质陶	青铜器								
		碗(杯盅)类		豆	罐(瓿)类					盒	坛	碗(杯盅)类		瓮	盂	豆	鼎	鼎	鼎	斧	刮刀	剑	矛		镞
		Aa	Ab	A	Ab	Af	Bc	Eb	Ec	A	A	A	B	B	B		A	B	C				A	B	
八	罗沙岗			Ⅱ																					
十	牛围山								Ⅲ、Ⅳ					Ⅶ											
	铜鼓岗 M22																						Ⅱ		
	猛虎头山								Ⅳ																
十一	龙嘴岗 M3						Ⅱ													Ⅶ					
	落雁山 M1																	Ⅱ		Ⅶ				Ⅳ	
	南门垌 M3													Ⅷ											
	乌旦山 M1													Ⅷ			Ⅱ	Ⅲ		Ⅶ	Ⅲ			Ⅳ	Ⅴ
十二	利羊墩 M13						Ⅲ																		
	利羊墩 M16													Ⅷ											
	利羊墩 M19				Ⅻ						ⅩⅢ														
	利羊墩 M8		Ⅱ																						
	龙嘴岗 M11					Ⅰ				Ⅱ			Ⅰ		Ⅱ					Ⅷ	Ⅳ				
	龙嘴岗 M12												Ⅰ												
	龙嘴岗 M14											Ⅱ	Ⅰ												
	龙嘴岗 M15											Ⅱ													
	龙嘴岗 M18				Ⅻ								Ⅰ		Ⅱ										
	龙嘴岗 M8		Ⅱ										Ⅰ							Ⅶ		Ⅱ		Ⅳ	Ⅵ
	铜鼓岗 M14																					Ⅲ	Ⅱ		
	铜鼓岗 M16																	Ⅲ		Ⅶ、Ⅷ				Ⅳ	
	铜鼓岗 M18		Ⅱ		Ⅺ、Ⅻ															Ⅶ					
	铜鼓岗 M19					Ⅰ、Ⅲ														Ⅶ					
	铜鼓岗 M21																			Ⅶ	Ⅳ				
十三	高地园 M2		Ⅱ							Ⅲ	ⅩⅣ	Ⅰ													
	利羊墩 H1								Ⅴ		ⅩⅣ					Ⅱ									
	龙嘴岗 M28		Ⅲ										Ⅰ、Ⅱ							Ⅶ、Ⅷ	Ⅳ		Ⅲ		

续表

分组	单位	原始瓷		硬陶												泥质陶	青铜器								
		碗(杯盅)类		豆	罐(瓿)类					盒	坛	碗(杯盅)类		瓮	盂	豆	鼎	鼎	鼎	斧	刮刀	剑	矛		镞
		Aa	Ab	A	Ab	Af	Bc	Eb	Ec	A	A	A	B	B	B		A	B	C				A	B	
十三	利羊墩 M12										ⅩⅣ														
	利羊墩 M20										ⅩⅣ														
	利羊墩 M50					Ⅱ																			
	龙嘴岗 M16		Ⅱ				Ⅱ			Ⅱ		Ⅰ、Ⅱ	Ⅰ、Ⅲ						Ⅲ		Ⅴ		Ⅲ		
	龙嘴岗 M17						Ⅲ					Ⅰ													
	龙嘴岗 M21		Ⅱ、Ⅲ		Ⅻ															Ⅷ	Ⅳ				
	龙嘴岗 M6		Ⅲ		Ⅺ															Ⅶ				Ⅳ	Ⅴ
	南门垌 M1																			Ⅶ	Ⅲ	Ⅳ	Ⅱ	Ⅳ	Ⅶ
十四	背夫山 M1	Ⅺ						Ⅶ						Ⅸ		Ⅲ	Ⅲ			Ⅶ	Ⅵ	Ⅳ、Ⅴ	Ⅴ	Ⅴ	Ⅴ、Ⅵ、Ⅶ
	高地园 M1	Ⅻ	Ⅲ										Ⅱ												
	利羊墩 M22										ⅩⅥ														
	利羊墩 M25	Ⅺ																							
	利羊墩 M26	Ⅻ				Ⅲ															Ⅵ	Ⅳ			
	利羊墩 M3					Ⅳ																			
	利羊墩 M34	Ⅸ				Ⅳ																			Ⅶ
	利羊墩 M46										ⅩⅤ										Ⅵ				
	利羊墩 M45																						Ⅳ		
	利羊墩 M48										ⅩⅤ														
	龙嘴岗 M13		Ⅲ				Ⅳ			Ⅲ		Ⅰ	Ⅱ												
	龙嘴岗 M19		Ⅱ、Ⅲ								ⅩⅤ		Ⅰ							Ⅸ	Ⅳ、Ⅴ				
	龙嘴岗 M4						Ⅲ																	Ⅳ	
	龙嘴岗 M5		Ⅱ															Ⅳ		Ⅶ	Ⅴ		Ⅴ		
	南门垌 M2										ⅩⅢ		Ⅰ、Ⅳ												
	铜鼓岗 M13		Ⅲ																Ⅳ						
十五	利羊墩 M24				ⅩⅢ																				
	利羊墩 M29					Ⅳ									Ⅳ						Ⅴ				

表九　桂东北小区单位分组统计

分组	单位	原始瓷	硬陶								泥质陶	青铜器								
		碗（杯盅）类	罐（瓿）类			坛	碗（杯盅）类		瓮		盒	鼎			斧	刮刀	剑	矛		镞
		Aa	Ab	Af	Bc	A	A	B	A	B		A	B	C				A	B	
五	马东 M2																			
	恭城秧家														Ⅶ		Ⅱ			Ⅴ
十一	龙中	X								Ⅷ		Ⅱ	Ⅲ		Ⅶ					
	银山岭 M77														Ⅶ					
	贺州铺门														Ⅶ、Ⅷ					
	花果山 M14							Ⅰ	X						Ⅶ					
	银山岭 M153							Ⅱ												
	花果山 M4																Ⅲ			
十二	银山岭 M24																		Ⅳ	
	银山岭 M11																	Ⅲ		
	银山岭 M37																		Ⅳ	Ⅵ
	银山岭 M4																		Ⅳ	
	银山岭 M61																		Ⅳ	
	岑溪					XIV									Ⅶ				Ⅴ	
	富足														Ⅶ、Ⅷ		Ⅳ		Ⅴ	Ⅵ
	花果山 M5								X											
	马山 M3				Ⅲ		Ⅰ													
	下那曹			Ⅲ	Ⅲ					Ⅷ										
	水头														Ⅵ、Ⅶ		Ⅳ		Ⅳ	
	银山岭 M10																Ⅳ			Ⅵ
	银山岭 M78																Ⅳ		Ⅳ	
十三	银山岭 M71																			
	马山 M1						Ⅰ													
	银山岭 M21				Ⅲ															
	银山岭 M110													Ⅱ						
	银山岭 M57															Ⅳ			Ⅴ	Ⅵ
	银山岭 M92																			
	银山岭 M64														Ⅷ					
	银山岭 M70															Ⅴ				
	银山岭 M74				Ⅱ			Ⅲ									Ⅲ			
	高屋岭 M122								Ⅺ											
十四	高屋岭 M123								Ⅺ						Ⅶ、Ⅷ				Ⅴ	Ⅵ
	花果山 M1					XV									Ⅶ			Ⅴ	Ⅴ	

续表

分组	单位	原始瓷	硬陶								泥质陶	青铜器								
		碗(杯盅)类	罐(瓿)类			坛	碗(杯盅)类		瓮		盒	鼎			斧	刮刀	剑	矛		镞
		Aa	Ab	Af	Bc	A	A	B	A	B		A	B	C				A	B	
十四	花果山 M11								Ⅺ											
	花果山 M12					ⅩⅤ														
	花果山 M6					ⅩⅤ														
	花果山 M7								Ⅺ											
	花果山 M8							Ⅳ												
	马山 M4						Ⅰ													
	银山岭 M22						Ⅰ							Ⅲ						
	马山 M5			Ⅳ																
	银山岭 M1																			Ⅶ
	银山岭 M108				Ⅳ												Ⅲ	Ⅴ		
	银山岭 M113										Ⅱ									
	银山岭 M114																	Ⅴ		
	银山岭 M119												Ⅳ							
	银山岭 M129						Ⅰ													
	银山岭 M130						Ⅰ													
	银山岭 M146						Ⅰ													
	银山岭 M15				Ⅳ															
	银山岭 M115				Ⅳ															
	银山岭 M151																			Ⅶ
	银山岭 M155				Ⅳ												Ⅳ		Ⅴ	
	银山岭 M18						Ⅰ、Ⅱ													
	银山岭 M25																			Ⅶ
	银山岭 M3				Ⅳ													Ⅴ		
	银山岭 M31						Ⅱ													
	银山岭 M35																	Ⅴ		
	银山岭 M54																	Ⅴ		
	银山岭 M65						Ⅱ													
	银山岭 M7																		Ⅴ	
	银山岭 M73										Ⅱ									
	银山岭 M75						Ⅱ													
	银山岭 M8																		Ⅴ	
	银山岭 M93																			
	银山岭 M80																		Ⅴ	
十五	马山 M7		ⅩⅢ																	

表一〇　闽南小区单位分组统计

分组	单位	原始瓷							硬陶												夹砂陶						青铜器		
		豆				碗（杯盅）类		尊	罐（瓿）类				盒	盆	坛		碗（杯盅）类		瓮	盂	釜	罐				甗形器	斧	剑	矛
		Aa	B	Ca	Da	Aa	Ab		Ab	Ad	Bc	Db			A	B	A	B	A	B	B	Aa	Ab	Ac	B				B
一	庵山 TS11W6⑦B																					Ⅰ							
	白塘澳 TS1W4⑦B																						Ⅰ						
	白塘澳 TS2W4⑦B																						Ⅰ						
	白塘澳 TS3W4⑦B																						Ⅰ						
	翠屏山 G1②																							Ⅰ					
	翠屏山采																							Ⅰ					
	虎林山 M11													√							Ⅰ								
	虎林山 M20											√		√															
	同安寨仔山 G1																					Ⅰ	Ⅰ						
	音楼山 T1225④																						Ⅰ						
	音楼山 Z5																						Ⅰ						
	永春九兜山乙														Ⅰ														
二	安溪望云山			Ⅲ																									
	庵山 H13																								Ⅰ	Ⅰ			
	庵山 TS10W7⑦A																									Ⅰ			
	庵山 TS11W6⑦A																				Ⅱ								
	庵山 TS11W7⑦A		Ⅰ																										
	庵山 TS11W8⑦A																						Ⅱ						
	庵山 TS12W7⑦A																						Ⅱ						
	丰泽鹏溪山				Ⅱ																		Ⅱ						
	庵山 TS13W7⑦A																						Ⅱ						
	庵山 TS17W3⑦A																				Ⅱ	Ⅱ			Ⅰ				
	桔树下 TS3W1②B		Ⅰ																										
	麻坡岗 H1							Ⅰ																					

续表

分组	单位	原始瓷							硬陶												夹砂陶						青铜器		
		豆				碗(杯盅)类		尊	罐(瓿)类				盒	盆	坛		碗(杯盅)类		瓮	盂	釜	罐				甗形器	斧	剑	矛
		Aa	B	Ca	Da	Aa	Ab		Ab	Ad	Bc	Db			A	B	A	B	A	B	B	Aa	Ab	Ac	B				B
二	同安寨仔山 T2④																						Ⅱ	Ⅱ					
	尾山仔 M1							Ⅰ																					
	尾山仔 M3		Ⅰ																										
	尾山仔 T4854②																						Ⅱ						
	尾山仔 T4952①																						Ⅱ						
	尾山仔 T4953①			Ⅲ																									
	音楼山 T0827①																						Ⅱ						
	音楼山 T0827⑤				Ⅰ																			Ⅰ、Ⅱ					
	音楼山 T1122④			Ⅱ																									
	音楼山 T1125⑤																						Ⅱ			Ⅰ			
	云霄墓林山 88H1																					Ⅱ							
	云霄墓林山 88T203			Ⅱ																									
三	庵山 TS12W7⑥																						Ⅲ						
	庵山 TS14W5⑤		Ⅱ																										
	庵山 TS14W5⑥																					Ⅲ							
	庵山 TS15W3⑥																				Ⅲ								
	庵山 TS15W5⑥																												Ⅰ
	庵山 TS17W2⑥																								Ⅱ				
	东山坑北																							Ⅲ					
	东山钱岗																					Ⅲ							
	同安寨仔山 T5③																						Ⅲ						
	同安寨仔山 T7③b																							Ⅳ					
	尾山仔 T5052①																						Ⅲ						
	音楼山 T0827④																						Ⅱ	Ⅲ					
	音楼山采			Ⅳ																				Ⅲ					

续表

分组	单位	原始瓷							硬陶												夹砂陶						青铜器		
		豆				碗(杯盅)类		尊	罐(瓿)类				盒	盆	坛		碗(杯盅)类		瓮	盂	釜	罐				甗形器	斧	剑	矛
		Aa	B	Ca	Da	Aa	Ab		Ab	Ad	Bc	Db			A	B	A	B	A	B	B	Aa	Ab	Ac	B				B
三	南安大盈寨山									Ⅰ																		Ⅰ	
	赢坪 TN05W05③	Ⅲ																											
	赢坪 TN06W05④	Ⅲ																											
四	南安寨仔山									Ⅰ																			
	狮子山采		Ⅳ	Ⅴ																									
	蚁山南坡采	Ⅲ																					Ⅱ、Ⅲ	Ⅰ	Ⅲ	Ⅱ			
	音楼山 T1123④																							Ⅳ					
	音楼山 T1124④			Ⅰ																	Ⅱ			Ⅳ					
	音楼山 T1125④																							Ⅲ、Ⅳ		Ⅰ			
	永春九兜山																												
	云霄墓林山 86 采																				Ⅱ	Ⅱ		Ⅲ、Ⅳ、Ⅴ					
七	大田曹昆仑																										Ⅶ		
	尤溪墟山					Ⅹ									Ⅺ														
	漳浦祖妈林																										Ⅶ		
八	牛斗头(一)								Ⅹ							Ⅴ	Ⅰ		Ⅸ										
	石牛山 M1																			Ⅰ									
	石牛山采(一)					Ⅹ							Ⅱ						Ⅸ	Ⅰ									
	长泰陈巷																		Ⅸ										
	长汀										Ⅱ																		
九	犁头山 M1						Ⅱ、Ⅲ												Ⅸ										
	尤溪大坪山																		Ⅹ										
十	对门山										Ⅳ						Ⅱ												
	牛斗头(二)																Ⅱ	Ⅳ											
	石牛山采(二)												Ⅲ																
十一	石牛山采(三)																			Ⅳ									

表一一　粤东小区单位分组统计

分组	单位	原始瓷				硬陶															夹砂陶		青铜器				
		豆		碗（杯盅）类		罐（瓿）类							盒	盆	坛		碗（杯盅）类		瓮		釜		鼎	斧	剑	矛	镞
		Ab	Ca	Aa	Ab	Ab	Ac	Ad	Bc	Bd	Ea	Ec			A	B	A	B	A	B	A	B	A			B	
一	面头岭 M17													√							Ⅰ						
二	地伯																				Ⅱ						
	荷树排 T0610②（一）											Ⅱ															
	面头岭 M20		Ⅲ																			Ⅱ					
	水口山（一）											Ⅱ															
三	水口山（二）																										
	面头岭 M22																					Ⅲ					
四	宝山岽																									Ⅱ	
	东坑仔																										
五	鲘门圩																								Ⅱ	Ⅲ	
	新岭矿场 JD1（一）	Ⅱ																									
六	金鸡岽 JD17（一）																			Ⅵ							
	落水金狮 JD7																			Ⅵ							
	五华屋背岭 T1																			Ⅵ							
	柚柑山 JD38									Ⅴ																	
七	赤岭口 JY4（一）			Ⅷ、Ⅹ																							
	华美 JH（一）																							Ⅵ			
	面头岭 M3																						Ⅱ				
	面头岭 M4														Ⅺ												
	面头岭 M8														Ⅻ												
八	赤岭铺 JC（一）			Ⅺ		Ⅹ、Ⅺ					Ⅷ						Ⅰ	Ⅰ						Ⅶ		Ⅴ	
	狗屎埔山 M16							Ⅶ							Ⅺ												
	和平沙垅土														XⅢ												
	黄岗岭 M1																	Ⅰ									
	棉洋墟										Ⅷ							Ⅰ		Ⅵ、Ⅶ							
	面头岭Ⅱ T0512⑤						Ⅴ																				
	面头岭 M10			Ⅸ	Ⅱ																						
	面头岭 M15				Ⅱ				Ⅱ																	Ⅴ	
	面头岭 M2			Ⅺ	Ⅱ	Ⅹ													Ⅸ、Ⅹ								
	面头岭 M24																		Ⅸ								
	面头岭 M9																		Ⅸ								
	面头岭 T7⑤						Ⅴ																				

续表

分组	单位	原始瓷				硬陶															夹砂陶		青铜器				
		豆		碗(杯盅)类		罐(瓿)类							盒	盆	坛		碗(杯盅)类		瓮		釜		鼎	斧	剑	矛	镞
		Ab	Ca	Aa	Ab	Ab	Ac	Ad	Bc	Bd	Ea	Ec			A	B	A	B	A	B	A	B	A			B	
八	犬屎山 JY7							Ⅶ																			
	五华屋背岭 T5③																	Ⅰ									
	仰天狮山(一)																										
	仰天狮山 T202①																	Ⅰ									
九	赤岭铺 JC(二)						Ⅵ					Ⅴ						Ⅱ									
	丰捻佐拔																							Ⅶ		Ⅴ	
	古灶 JD60												Ⅱ														
	荷树排 T0610②(二)										Ⅸ							Ⅰ									
	惠来饭钵山																			Ⅷ						Ⅳ	
	金鸡岽 JD17(二)				Ⅱ																						
	金山顶 JD55																										
	面头岭 G1			Ⅺ																							
	面头岭Ⅱ T0511③							Ⅶ										Ⅱ									
	面头岭 M1			Ⅺ																							
	面头岭 M11																										
	面头岭 M12															Ⅵ			Ⅹ								
	面头岭 M13					Ⅺ					Ⅸ																
	面头岭 M14																									Ⅴ	Ⅵ
	面头岭 M26			Ⅺ	Ⅱ		Ⅵ																				
	面头岭 M28			Ⅺ							Ⅹ																
	面头岭 M6																		Ⅹ								
	狮尾山 JD2																							Ⅷ			
	五华屋背岭 T2																										
	五华屋背岭 M1																	Ⅱ									
	五华屋背岭 T5②																Ⅰ	Ⅱ									
	紫金在光顶																Ⅰ										
十	赤岭口 JY4(二)			Ⅻ																							
	华美 JH(二)			Ⅻ	Ⅱ																						
	面头岭 M7																		Ⅺ								
	仰天狮山(三)								Ⅳ																		
	网脚地 JD56												Ⅲ														
	新岭矿场 JD1(二)																Ⅱ										
十一	面头岭 M5																		Ⅻ								

附录C　东南沿海各地区陶瓷纹饰比例的分段统计

表一　太湖杭州湾陶瓷纹饰比例统计

1. 原始瓷

分段	原始瓷纹饰								
	篦齿纹	粗弦纹	曲折纹	梳篦纹	锥刺纹	素面	锥点纹	对称弧形纹	勾连纹
一									
二	1.56%	10.94%	1.56%	57.81%	1.56%	9.38%			
三	1.54%	35.90%	0.51%	24.62%	2.05%	10.26%	1.03%		
四	0.12%	0.71%	0.59%	9.66%	9.07%	32.16%	0.12%	1.06%	1.53%
五				0.74%	2.21%	33.82%		6.62%	2.21%
六				2.41%	1.20%	44.58%		1.81%	
七		0.42%		2.08%	0.42%	84.17%		1.25%	
八						82.79%		0.47%	
九				2.17%		85.87%			
十		2.29%		1.15%	0.76%	57.82%			
十一		2.53%			0.51%	51.58%			
十二						50.00%			

	水波纹	斜划纹	S形	直棱纹	C形	卷云纹	叶脉纹	总数
一								2
二								64
三								195
四	2.83%	0.47%	2.59%					849

续表

	水波纹	斜划纹	S形	直棱纹	C形	卷云纹	叶脉纹	总数
五	15.44%	0.74%	1.47%					136
六	2.41%	1.20%						166
七	1.67%	0.42%						240
八	1.40%	0.47%						215
九				2.17%	1.09%			92
十	2.67%	3.82%	2.67%	11.26%	1.72%	15.65%	0.19%	524
十一	7.86%	16.35%	5.45%	2.41%	28.64%	2.66%	4.18%	789
十二			8.33%	8.33%		33.33%		12

2. 硬陶

分段	硬陶纹饰									
	回字纹	曲折纹	水波纹	席纹	云雷纹	菱格纹	锥点纹	锥刺纹	叶脉纹	素面
一	22.22%	27.78%	5.56%	11.11%	22.22%	11.11%	5.56%	5.56%		
二	49.32%	49.32%	2.74%	1.37%	10.96%	4.11%			5.48%	23.29%
三	40.00%	52.17%	7.83%	0.87%	11.30%	1.74%	0.87%		3.48%	26.09%
四	28.07%	36.40%	9.65%	6.14%	4.82%	7.02%	1.75%		2.19%	35.09%
五	7.04%	9.86%	5.63%	15.49%					9.86%	36.62%
六	6.62%	11.26%	12.58%	21.85%	1.32%		1.32%	2.65%	9.27%	27.81%
七	2.04%	1.70%	6.12%	14.97%			0.68%		2.72%	33.67%
八	0.49%	0.99%	4.43%	10.84%	0.99%	0.49%			2.96%	28.08%
九			1.09%	3.26%	1.09%				3.26%	35.87%
十										50.44%
十一			11.12%	0.11%	0.11%				0.45%	33.94%
十二										21.74%
十三										

续表

分段	硬陶纹饰								
	方格交叉纹	方格纹	粗弦纹	米筛纹	菱格填线纹	篦齿纹	直棱纹	C形纹	总数
一									18
二									73
三	0.87%	7.83%							115
四	2.19%	6.58%	2.19%	0.44%	1.32%				228
五	4.23%	28.17%	11.27%	4.23%	14.08%				71
六	9.27%	27.81%	2.65%	6.62%	1.99%	1.32%			151
七	7.82%	35.37%	2.38%	14.29%	5.10%				294
八	6.40%	25.62%	2.46%	18.23%	0.49%				203
九	20.65%	42.39%	3.26%	15.22%	3.26%				92
十	21.68%	30.09%	1.77%						226
十一	2.04%	28.72%	1.02%				2.16%	9.08%	881
十二	13.04%	13.04%	4.35%						23
十三	100.00%								4

表二　浙南闽北陶瓷纹饰比例统计

1. 原始瓷

分段	原始瓷纹饰										
	素面	粗弦纹	梳篦纹	水波纹	锥点纹	曲折纹	锥刺纹	斜划纹	方格纹	直棱纹	总数
一	32.00%	12.00%	36.00%	4.00%	4.00%	16.00%	4.00%				25
二	23.42%	30.63%	24.32%			2.70%	0.90%	2.70%			111
三	24.55%	50.90%	16.17%	1.20%	1.80%	3.59%	7.19%		6.59%		167
四	33.33%	14.49%	6.76%	1.93%	23.67%	1.45%			0.48%		207
五	20.83%	12.50%	4.17%	12.50%	12.50%						24
六	100.00%										6
七	100.00%										9
八											0
九	100.00%										2
十	88.89%									11.11%	9

2. 硬陶

分段	硬陶纹饰								
	方格纹	素面	席纹	粗弦纹	斜划纹	云雷纹	方格交叉纹	叶脉纹	总数
一	19.15%	25.53%	36.17%	6.38%	4.26%	10.64%	6.38%	2.13%	47
二	30.36%	19.64%	16.07%	3.57%	5.36%	3.57%			56
三	15.91%	30.68%	12.50%	6.82%	1.14%	2.27%			88
四	7.69%	29.23%	23.08%	4.62%	3.08%				65
五	15.00%	50.00%							20
七	66.67%	33.33%							3
八							100.00%		1
九	40.00%	20.00%					40.00%		5
十	25.00%	25.00%					50.00%		8

续表

分段	硬陶纹饰								
	方格纹	素面	席纹	粗弦纹	斜划纹	云雷纹	方格交叉纹	叶脉纹	总数
十一	100.00%								1
	回字纹	曲折纹	水波纹	菱格填线纹		锥刺纹	菱格纹	米筛纹	总数
二	8.93%	10.71%	1.79%						56
三	7.95%	10.23%	1.14%	1.14%		2.27%			88
四	3.08%	16.92%	4.62%				3.08%		65
五			20.00%			5.00%			20
七								33.33%	3

表三　岭南陶瓷纹饰比例统计

1. 原始瓷

分段	原始瓷纹饰								
	粗弦纹	方格纹	夔纹	梳篦纹	水波纹	素面	重圈纹	锥刺纹	总数
三	66.67%			66.67%		16.67%		83.33%	6
四	100.00%			100.00%				100.00%	7
五	100.00%	9.09%	9.09%	90.91%				90.91%	11
六	93.88%			97.96%				85.71%	49
七	100.00%			100.00%				87.50%	16
八	72.73%	4.55%		77.27%		9.09%		40.91%	22
九	64.00%		4.00%	68.00%		12.00%	4.00%	68.00%	25
十	76.47%			82.35%		17.65%		47.06%	17
十一						100.00%			1
十二	11.11%					88.89%			8
十三					10.00%	90.00%			10
十四						93.75%			16
十五						100.00%			16

2. 硬陶

分段	硬陶纹饰							
	方格纹	粗弦纹	素面	锥刺纹	夔纹	云雷纹	重菱格凸块纹	总数
一	33.33%		33.33%					6
二	92.86%	35.71%						14
三	42.50%	27.50%	15.00%	10.00%	20.00%	10.00%	7.50%	40
四	56.32%	32.18%	10.34%	22.99%	25.29%	12.64%	13.79%	87
五	55.17%	34.48%	24.14%	20.69%	27.59%	6.90%	6.90%	29

续表

分段	硬陶纹饰							
	方格纹	粗弦纹	素面	锥刺纹	夔纹	云雷纹	重菱格凸块纹	总数
六	44.44%	29.63%	32.41%	15.74%	17.59%	4.63%	6.48%	108
七	51.24%	25.62%	23.97%	32.23%	11.57%	3.31%	5.79%	121
八	46.67%	14.44%	22.22%	45.56%	6.67%	2.22%	4.44%	90
九	43.56%	15.84%	27.72%	50.50%	6.93%	1.98%	8.91%	101
十	38.05%	6.19%	37.61%	37.61%	10.62%	0.88%	7.96%	226
十一	27.27%	4.55%	54.55%	18.18%				22
十二	13.33%	8.89%	44.44%	8.89%		2.22%		45
十三	12.32%	3.62%	50.00%	7.97%	0.72%	0.72%		138
十四	15.76%	11.41%	35.87%	7.61%				184
十五	37.74%	3.77%	43.40%					53
	席纹	重圈纹	梳篦纹	曲折纹	水波纹	方格交叉纹	直棱纹	总数
一	66.67%							6
三	5.00%	2.50%						40
六		2.78%	4.63%					108
七		0.83%	9.09%	2.48%				121
八		1.11%	7.78%	1.11%				90
九		0.99%	3.96%					101
十	0.88%	0.88%	4.42%		0.88%			226
十一	4.55%				9.09%			22
十二					15.56%	13.33%		45
十三					18.12%	10.87%	1.45%	138
十四	1.09%				10.33%	21.74%	1.63%	184
十五					9.43%	3.77%		53

表四　粤东闽南陶瓷纹饰比例统计

1. 原始瓷

分段	原始瓷纹饰									
	素面	粗弦纹	篦划纹	云雷纹	方格纹	梳篦纹	锥点纹	直棱纹	S 形纹	总数
一	100.00%									1
二	44.44%	55.56%	22.22%	11.11%						9
三	100.00%									1
四	66.67%	16.67%			16.67%					6
五	100.00%					100.00%	100.00%			1
六										0
七	100.00%					60.00%				5
八	100.00%									23
九	66.67%							30.30%	3.03%	33
十	85.71%				14.29%					7

2. 硬陶

分段	硬陶纹饰							
	方格纹	素面	粗弦纹	云雷纹	重菱格凸块纹	席纹	漩涡纹	点彩
一	50.00%	50.00%						
二	33.33%	20.00%	6.67%	13.33%	3.33%	10.00%	3.33%	20.00%
三	52.94%	29.41%		11.76%		5.88%		29.41%
四	33.33%	66.67%						
五								
六	66.67%	11.11%	11.11%		11.11%		11.11%	
七								
八	37.70%	22.95%	4.92%		1.64%	6.56%	1.64%	
九	28.85%	48.08%	1.92%	3.85%	5.77%			
十	20.00%	15.00%						

续表

	斜划纹	篮纹	梯格纹	锥刺纹	夔纹	方格交叉纹	水波纹	总数
一								10
二	10.00%	3.33%	3.33%					30
三	5.88%							17
四								9
五								0
六				1.11%	44.44%			9
七						100.00%		3
八				4.92%	3.28%	22.95%	8.20%	61
九				5.77%	5.77%	11.54%	1.92%	52
十				5.00%		20.00%	30.00%	20
十一						50.00%	50.00%	2

3. 夹砂陶

分段	夹砂陶纹饰					
	方格纹	篮纹	素面	梯格纹	绳纹	粗弦纹
一	13.33%	20.00%	20.00%	13.33%	6.67%	6.67%
二	51.22%	9.76%	19.51%	2.44%	7.32%	
三	21.52%	8.86%	30.38%	5.06%	8.86%	3.80%
四	9.09%	6.06%	27.27%	3.03%	21.21%	9.09%
	点彩	叶脉纹	曲折纹	篦点纹	云雷纹	总数
一	6.67%					15
二	4.88%		12.20%			41
三		6.33%	5.06%	7.59%	2.53%	79
四		9.09%		12.12%		33

附录D　太湖杭州湾、岭南主要器类的纹饰—器型组合

表一　太湖杭州湾不同阶段、不同器物的纹饰—器型组合

1. 硬陶罐(瓿)类Aa型

	曲折纹类		云雷纹类		方格纹类		回纹类		菱格纹类	叶脉纹类	
	种数	比例	种数	比例	种数	比例	种数	比例		种数	比例
第一阶段	4	61.11%	4	16.67%	2	5.56%	2	9.26%	5.56%	1	1.85%
第二阶段	4	29.63%	1	2.47%	2	13.58%	2	2.47%	6.17%	4	7.41%
第三阶段					1	100.00%					

	席纹类		米筛纹类		方格交叉纹类		菱格填线纹类		素面类	纹饰种数	器物总数
	种数	比例	种数	比例	种数	比例	种数	比例			
第一阶段										14	54
第二阶段	3	13.58%	2	7.41%	3	8.64%	4	7.41%	1.23%	27	81
第三阶段										1	1

2. 硬陶罐(瓿)类Ad型

	水波纹类		方格纹类	席纹类		叶脉纹类	
	种数	比例		种数	比例	种数	比例
第二阶段	2	5.13%	41.03%	3	10.26%	2	12.82%
第三阶段			90.91%				

	米筛纹类		方格交叉纹类	素面类	纹饰种数	器物总数
	种数	比例				
第二阶段	3	28.21%	2.56%		12	39
第三阶段	1	4.55%		4.55%	3	22

3. 硬陶罐(瓿)类Ba型

	回字纹类	直棱纹类	方格纹类		米筛纹类	纹饰种数	器物总数
			种数	比例			
第二阶段	5.00%	10.00%	4	55.00%	30.00%	7	20
第三阶段			1	97.06%	2.94%	2	34

4. 硬陶坛B型

	方格纹类		米筛纹类		方格交叉纹类		云雷纹	菱格纹类	纹饰种数	器物总数
	种数	比例	种数	比例	种数	比例				
第二阶段	2	12.50%	3	50.00%	3	25.00%	12.50%		9	16
第三阶段	1	13.95%	1	6.98%	1	76.74%		2.33%	4	43

5. 硬陶瓮A型

	曲折纹类		云雷纹类		回字纹类		方格交叉纹类	
	种数	比例	种数	比例	种数	比例	种数	比例
第一阶段	4	50.00%	4	26.92%	2	11.54%	1	3.85%
第二阶段	5	30.43%			1	4.35%		
第三阶段							1	4.17%

	菱格纹类	方格纹类	水波纹类		米筛纹类		纹饰种数	器物总数
			种数	比例	种数	比例		
第一阶段	7.69%						12	26
第二阶段		4.35%	2	8.70%	2	52.17%	11	23
第三阶段		95.83%					2	24

6. 原始瓷豆Aa型

	外素面+内弦纹类		外素面类		外弦纹+内弦纹类		外粗弦纹类	
	种数	比例	种数	比例	种数	比例	种数	比例
第一阶段	5	60.94%	1	21.88%	2	12.50%	1	3.13%
第二阶段	2	47.90%	3	38.66%	1	1.68%	2	4.20%

续表

	外粗弦纹+内弦纹类	外弦纹类	外素面+内梳篦类纹	纹饰种数	器物总数
第一阶段	1.56%			10	64
第二阶段	0.84%	5.04%	0.84%	11	119

7. 原始瓷豆 Da 型

	外弦纹+内锥点纹/梳篦纹类		外素面类		外弦纹类		外粗弦纹
	种数	比例	种数	比例	种数	比例	
第一阶段	3	10.29%	2	11.76%	1	17.65%	33.82%
第二阶段			2	42.79%	2	39.80%	15.42%

	外水波纹/素面+内弦纹/梳篦纹类		外粗弦纹+内弦纹/梳篦纹类		外锥刺纹类	纹饰种数	器物总数
	种数	比例	种数	比例			
第一阶段	2	4.41%	5	19.12%		14	68
第二阶段	1	0.50%			1.00%	7	201

8. 原始瓷碗(杯盅)类 Aa 型

	外水波纹类	外素面类	外直棱纹类	外斜划纹类
第一阶段	4.68%	94.78%		0.27%
第二阶段	0.40%	98.01%	1.19%	

	外弦纹类	外粗弦纹类	纹饰种数	器物总数
第一阶段		0.27%	4	364
第二阶段	0.40%		4	251

9. 原始瓷盂

	网格纹类	素面类		水波纹类		纹饰种数	器物总数
		种数	比例	种数	比例		
第一阶段	1	14.29%	1	28.57%	1	28.57%	14.29%
第二阶段	5	25.87%	3	4.20%	2	21.68%	3.50%

续表

	网格纹类	素面类		水波纹类		纹饰种数	器物总数
		种数	比例	种数	比例		
第一阶段	14.29%					5	7
第二阶段	0.70%	4	37.06%	4	6.99%	20	143

表二　太湖杭州湾不同阶段、不同小区的纹饰—器型组合

1. 硬陶罐（瓿）类 Aa 型

		曲折纹类		云雷纹类		方格纹类		回纹类		叶脉纹类		菱格纹类
		种数	比例	种数	比例	种数	比例	种数	比例	种数	比例	
第一阶段	杭嘉湖	3	92.86%									7.14%
	环太湖	2	58.82%	2	11.76%	1	5.88%	2	17.65%			5.88%
	宁绍	2	43.48%	4	30.43%	2	8.70%	1	8.70%	1	4.35%	4.35%
第二阶段	杭嘉湖	3	52.38%			1	9.52%			2	9.52%	4.76%
	环太湖	3	15.09%			2	16.98%	2	3.77%	3	7.55%	7.55%
	宁绍	2	71.43%	1	28.57%							
第三阶段	杭嘉湖					1	100.00%					

		席纹类		米筛纹类		方格交叉纹类		菱格填线纹类		素面类	纹饰种数	器物总数
		种数	比例	种数	比例	种数	比例	种数	比例			
第一阶段	杭嘉湖										4	14
	环太湖										8	17
	宁绍										11	23
第二阶段	杭嘉湖			2	23.81%						9	21
	环太湖	3	20.75%	1	1.89%	3	13.21%	4	11.32%	1.89%	23	53
	宁绍										3	7
第三阶段	杭嘉湖										1	1

2. 硬陶罐（瓿）类 Ab 型

		曲折纹类		菱格纹类		水波纹类		方格纹类		席纹类		回字纹类
		种数	比例	种数	比例	种数	比例	种数	比例	种数	比例	
第一阶段	杭嘉湖	3	83.33%	1	16.67%							
	环太湖	2	100.00%									
第二阶段	杭嘉湖	5	36.84%	1	10.53%	1	5.26%	1	5.26%	2	15.79%	
	环太湖	4	7.79%	2	2.60%	1	2.60%	3	29.87%	5	16.88%	2.60%
	宁绍	2	13.33%	1	3.33%			3	60.00%			6.67%

续表

		曲折纹类		菱格纹类		水波纹类		方格纹类		席纹类		回字纹类
		种数	比例	种数	比例	种数	比例	种数	比例	种数	比例	
第三阶段	杭嘉湖							1	100.00%			
	环太湖							1	33.33%			
	宁绍							1	13.33%	1	2.22%	

		叶脉纹类		米筛纹类		方格交叉纹类		菱格填线纹类		勾连纹类	纹饰种数	器物总数
		种数	比例	种数	比例	种数	比例	种数	比例			
第一阶段	杭嘉湖										4	6
	环太湖										2	3
第二阶段	杭嘉湖	1	21.05%	1	5.26%						12	19
	环太湖	3	6.49%	1	1.30%	6	19.48%	3	9.09%	1.30%	30	77
	宁绍			1	6.67%	2	10.00%				10	30
第三阶段	杭嘉湖										1	5
	环太湖			1	33.33%	1	33.33%				3	3
	宁绍					2	82.22%	1	2.22%		5	45

3. 硬陶罐(瓿)类Ba型

		回字纹类	直棱纹类	方格纹类		米筛纹类	纹饰种数	器物总数
				种数	比例			
第二阶段	杭嘉湖		28.57%			71.43%	2	7
	宁绍	7.69%		4	84.62%	7.69%	6	13
第三阶段	杭嘉湖			1	80.00%	20.00%	2	5
	宁绍			1	100.00%		1	29

4. 硬陶坛 B 型

		方格纹类		米筛纹类		云雷纹类
		种数	比例	种数	比例	
第二阶段	环太湖	1	20.00%			40.00%
	宁绍	1	9.09%	3	72.73%	
第三阶段	杭嘉湖	1	20.00%	1	30.00%	
	宁绍	1	12.12%			

		方格交叉纹类		菱格填线纹类	纹饰种数	器物总数
		种数	比例			
第二阶段	环太湖	2	40.00%		4	5
	宁绍	1	18.18%		5	11
第三阶段	杭嘉湖	1	50.00%		3	10
	宁绍	1	84.85%	3.03%	3	33

5. 硬陶瓮 A 型

		曲折纹类		云雷纹类		回字纹类		菱格纹类	方格纹类
		种数	比例	种数	比例	种数	比例		
第一阶段	杭嘉湖	4	80.00%					10.00%	
	环太湖	1	9.09%	4	63.64%	2	27.27%		
	宁绍	3	80.00%					20.00%	
第二阶段	杭嘉湖	2	12.50%						6.25%
	环太湖	2	100.00%						
	宁绍	3	50.00%			1	16.67%		
第三阶段	杭嘉湖								100.00%
	环太湖								100.00%
	宁绍								

续表

		方格交叉纹类		水波纹类		米筛纹类		纹饰种数	器物总数
		种数	比例	种数	比例	种数	比例		
第一阶段	杭嘉湖	1	10.00%					6	10
	环太湖							7	11
	宁绍							4	5
第二阶段	杭嘉湖			1	6.25%	2	75.00%	5	16
	环太湖							2	2
	宁绍			1	16.67%	1	16.67%	6	6
第三阶段	杭嘉湖							1	4
	环太湖							1	19
	宁绍	1	100.00%					1	1

6. 原始瓷豆Aa型

		外素面+内弦纹类		外素面类		外弦纹+内弦纹类		外弦纹类
		种数	比例	种数	比例	种数	比例	
第一阶段	杭嘉湖	5	62.86%	1	22.86%	1	8.57%	
	宁绍	2	58.62%	1	20.69%	2	17.24%	
第二阶段	杭嘉湖	2	25.00%	1	56.25%			6.25%
	环太湖	2	53.68%	2	34.74%	1	1.05%	5.26%
	宁绍	2	25.00%	2	50.00%	1	12.50%	

		外粗弦纹+内弦纹类	外粗弦纹类		外素面+内梳篦纹类	纹饰种数	器物总数
			种数	比例			
第一阶段	杭嘉湖	2.86%	1	2.86%		9	35
	宁绍		1	3.45%		6	29

续表

		外粗弦纹+内弦纹类	外粗弦纹类		外素面+内梳篦纹类	纹饰种数	器物总数
			种数	比例			
第二阶段	杭嘉湖		2	12.50%		6	16
	环太湖	1.05%	1	4.21%		8	95
	宁绍				12.50%	6	8

7. 原始瓷豆 Da 型

		外素面类		外弦纹类		外粗弦纹类	外弦纹+内锥点纹/梳篦纹类	
		种数	比例	种数	比例		种数	比例
第一阶段	杭嘉湖	1	33.33%			66.67%		
	环太湖	1	25.00%	1	62.50%		1	12.50%
	宁绍	1	8.77%	1	12.28%	36.84%	3	10.53%
第二阶段	杭嘉湖	1	55.17%	1	31.03%	10.34%		
	环太湖	1	40.00%	1	35.00%	20.00%		
	宁绍	1	40.79%	2	42.11%	15.79%		

		外锥刺纹类	外水波纹/素面+内弦纹/梳篦纹类		外粗弦纹+内弦纹/梳篦纹类		纹饰种数	器物总数
			种数	比例	种数	比例		
第一阶段	杭嘉湖						2	3
	环太湖						3	8
	宁绍		2	5.26%	4	22.81%	13	57
第二阶段	杭嘉湖		1	3.45%			4	29
	环太湖	5.00%					4	20
	宁绍	0.66%					6	152

8. 原始瓷盂

		锥刺纹类		斜行纹类		弦纹类		锥点纹类
		种数	比例	种数	比例	种数	比例	
第一阶段	杭嘉湖			1	100.00%			
	环太湖					1	100.00%	
	宁绍	1	20.00%	1	20.00%	1	20.00%	20.00%
第二阶段	杭嘉湖	3	13.64%	2	9.09%	2	9.09%	
	环太湖	2	25.00%	2	16.67%			8.33%
	宁绍	4	28.44%	2	1.83%	2	26.61%	3.67%

		网格纹类	素面类		水波纹类		纹饰种数	器物总数
			种数	比例	种数	比例		
第一阶段	杭嘉湖						1	1
	环太湖						1	1
	宁绍	20.00%					5	5
第二阶段	杭嘉湖	4.55%	2	59.09%	1	4.55%	11	22
	环太湖		2	41.67%	1	8.33%	8	12
	宁绍		4	32.11%	3	7.34%	16	109

表三　太湖杭州湾不同阶段、不同等级的纹饰—器型组合

1. 硬陶罐(瓿)类 Ab 型—第二阶段

	曲折纹类		菱格纹类		水波纹类		方格纹类		席纹类		回字纹类
	种数	比例	种数	比例	种数	比例	种数	比例	种数	比例	
第七等级	2	7.32%	1	2.44%	1	2.44%	2	39.02%	4	17.07%	
第六等级	3	31.25%	1	6.25%	1	6.25%	2	18.75%	2	12.50%	
第五等级	3	25.00%					2	29.17%	3	16.67%	4.17%
第四等级	1	14.29%	1	14.29%			1	28.57%			

	叶脉纹类		米筛纹类		方格交叉纹类		菱格填线纹类		纹饰种数	器物总数
	种数	比例	种数	比例	种数	比例	种数	比例		
第七等级	3	7.32%	2	9.76%	2	4.88%	3	9.76%	20	41
第六等级					2	18.75%	1	6.25%	12	16
第五等级	2	12.50%			2	8.33%			13	23
第四等级	1	14.29%			2	28.57%			6	7

2. 硬陶罐(瓿)类 Ab 型—第三阶段

	方格纹类	席纹类	米筛纹类	方格交叉纹类	纹饰种数	器物总数
第七等级	45.45%		9.09%	45.45%	3	11
第六等级	9.09%	9.09%		81.82%	3	11
第五、第四等级	20.00%			80.00%	2	5
第三等级	10.53%			89.47%	2	19

3. 硬陶罐(瓿)类 Ad 型—第二阶段

	水波纹类		方格纹	席纹类		叶脉纹类		米筛纹		纹饰种数	器物总数
	种数	比例		种数	比例	种数	比例	种数	比例		
第七等级	2	14.29%	21.43%	1	14.29%	2	21.43%	2	28.57%	8	14
第六等级			40.00%	1	10.00%			3	50.00%	5	10

4. 硬陶坛B型—第三阶段

	方格纹类	米筛纹类	方格交叉纹类	纹饰种数	器物总数
第七等级		20.00%	80.00%	2	5
第六等级	28.57%		71.43%	2	7
第五等级		18.18%	81.82%	2	11
第三、第二等级	11.11%		88.89%	2	9

5. 硬陶瓮A型—第一阶段

	曲折纹类		云雷纹类		回字纹类		方格交叉纹类	菱格纹类	纹饰种数	器物总数
	种数	比例	种数	比例	种数	比例				
第七、第六等级	4	72.73%	1	9.09%	1	9.09%		9.09%	7	11
第五、第四等级	2	23.08%	3	46.15%	2	15.38%	7.69%	7.69%	9	13

6. 硬陶瓮A型—第二阶段

	曲折纹类		米筛纹类		回字纹类	水波纹类	菱格纹类	纹饰种数	器物总数
	种数	比例	种数	比例					
第七等级	1	11.11%	1	77.78%	11.11%			3	9
第六等级	1	12.50%	2	62.50%		12.50%	12.50%	5	8

7. 原始瓷豆Aa型—第一阶段

	外素面+内弦纹类		外弦纹+内弦纹类		外粗弦纹类	外素面类	纹饰种数	器物总数
	种数	比例	种数	比例				
第七、第六等级	2	73.91%	2	17.39%	4.35%	4.35%	5	23
第五等级	5	52.94%	3	14.71%	2.94%	29.41%	10	34

8. 原始瓷豆Aa型—第二阶段

	外素面+内弦纹类		外素面类		外弦纹+内弦纹类
	种数	比例	种数	比例	
第七等级	2	33.33%	2	61.11%	
第六等级	2	35.71%	1	35.71%	14.29%

续表

	外素面+内弦纹类		外素面类		外弦纹+内弦纹类
	种数	比例	种数	比例	
第五等级	1	4.35%	2	60.87%	

	外粗弦纹类		外粗弦纹+内弦纹类	外弦纹类	纹饰种数	器物总数
	种数	比例				
第七等级	1	5.56%			5	18
第六等级	1	7.14%		7.14%	6	14
第五等级	2	13.04%	4.35%	17.39%	7	23

9. 原始瓷豆Da型—第一阶段

	外素面类		外弦纹+内锥点纹/梳篦纹类		外弦纹类	外粗弦纹类
	种数	比例	种数	比例		
第七等级	2	20.00%			30.00%	20.00%
第六等级	1	5.26%	3	15.79%	10.53%	5.26%
第五等级	1	3.57%	2	14.29%	14.29%	57.14%

	外素面+内弦纹/梳篦纹类		外粗弦纹+内弦纹/梳篦纹类		纹饰种数	器物总数
	种数	比例	种数	比例		
第七等级			2	30.00%	6	10
第六等级	1	5.26%	5	57.89%	12	19
第五等级	1	7.14%	1	3.57%	7	28

10. 原始瓷豆Da型—第二阶段

	外素面类		外弦纹类		外粗弦纹类	外水波纹+内弦纹类	外锥刺纹类	纹饰种数	器物总数
	种数	比例	种数	比例					
第七等级	1	36.36%	1	9.09%	54.55%			3	11
第六等级	1	64.00%	1	32.00%	4.00%			3	25
第五等级	2	45.45%	2	42.42%	9.09%	3.03%		6	33

续表

	外素面类		外弦纹类		外粗弦纹类	外水波纹+内弦纹类	外锥刺纹类	纹饰种数	器物总数
	种数	比例	种数	比例					
第四等级	1	60.87%	1	27.54%	11.59%			3	69
第三等级	1	13.46%	1	65.38%	17.31%		3.85%	4	52

11. 原始瓷盂—第二阶段

	锥刺纹类		斜行纹类		弦纹类		锥点纹类
	种数	比例	种数	比例	种数	比例	
第七等级	2	37.50%	1	6.25%	2	37.50%	6.25%
第六等级	2	36.36%	1	9.09%	1	9.09%	9.09%
第五等级	3	23.08%	1	2.56%	1	25.64%	
第四等级	4	17.07%	1	2.44%	2	26.83%	7.32%
第三等级	3	66.67%	2	16.67%	2	16.67%	

	素面类		水波纹类		纹饰种数	器物总数
	种数	比例	种数	比例		
第七等级	1	12.50%			7	16
第六等级	2	36.36%			7	11
第五等级	4	38.46%	2	10.26%	11	39
第四等级	3	36.59%	2	9.76%	13	41
第三等级					7	12

表四　岭南不同阶段、不同器物的纹饰—器型组合

1. 原始瓷豆 Cb 型

	外弦纹类		外锥刺纹类		外粗弦纹类	外素面类	纹饰种数	器物总数
	种数	比例	种数	比例				
第一阶段	3	50.00%	2	16.67%	33.33%		6	12
第二阶段	2	43.75%	5	31.25%	18.75%	6.25%	9	16

2. 硬陶豆 C 型

	外素面类		外粗弦纹类		外弦纹类	外锥刺纹类		纹饰种数	器物总数
	种数	比例	种数	比例		种数	比例		
第一阶段	1	16.67%	1	58.33%	25.00%			3	12
第二阶段	2	14.29%	2	23.81%	38.10%	3	23.81%	8	21

3. 硬陶豆 D 型

	外素面类	外粗弦纹类	外弦纹类		外锥刺纹类		纹饰种数	器物总数
			种数	比例	种数	比例		
第一阶段	6.67%	40.00%	1	33.33%	2	20.00%	5	15
第二阶段	63.16%	15.79%	2	10.53%	1	10.53%	5	19

4. 硬陶罐（瓿）类 Ea 型

	素面类		方格纹类		夔纹类		锥刺纹类		篦齿纹类
	种数	比例	种数	比例	种数	比例	种数	比例	
第一阶段	2	8.70%	4	47.83%	1	4.35%	1	17.39%	
第二阶段	2	7.48%	3	13.08%	2	2.80%	9	67.29%	0.93%

	菱格凸块纹类		云雷纹类		席纹类		漩涡纹类	纹饰种数	器物总数
	种数	比例	种数	比例	种数	比例			
第一阶段	2	8.70%	2	8.70%	1	4.35%		13	23
第二阶段	6	6.54%			1	0.93%	0.93%	25	107

5. 硬陶罐(瓿)类 Eb 型

	锥刺纹类		方格纹类		菱格凸块纹类		夔纹类		曲折纹类	纹饰种数	器物总数
	种数	比例	种数	比例	种数	比例	种数	比例			
第一阶段	2	33.33%	2	22.22%	2	22.22%	2	22.22%		8	9
第二阶段	4	36.84%	3	26.32%	4	31.58%			5.26%	12	19

6. 硬陶罐(瓿)类 Ec 型

	方格纹类		夔纹类		菱格凸块纹类		云雷纹类		素面类	圆圈纹类
	种数	比例	种数	比例	种数	比例	种数	比例		
第一阶段	2	10.26%	5	41.03%	6	35.90%	2	7.69%	5.13%	
第二阶段			5	38.10%	5	9.05%	2	7.14%		2.38%

	重圈纹类		曲折纹类		锥刺纹类		漩涡纹类	纹饰种数	器物总数
	种数	比例	种数	比例	种数	比例			
第一阶段								16	39
第二阶段	4	16.67%	2	4.76%	4	9.52%	2.38%	24	42

7. 硬陶簋

	方格纹类		夔纹类		菱格凸块纹类		锥刺纹类		圆圈纹类	纹饰种数	器物总数
	种数	比例	种数	比例	种数	比例	种数	比例			
第一阶段	1	33.33%	3	44.44%	2	22.22%				6	9
第二阶段	2	14.29%	4	35.71%	2	14.29%	2	28.57%	7.14%	11	14

8. 原始瓷豆 Ab 型—第二阶段

外粗弦纹类		外弦纹类		外锥刺纹类		外锥点纹类	纹饰种数	器物总数
种数	比例	种数	比例	种数	比例			
3	36.84%	2	36.84%	4	21.05%	5.26%	10	19

9. 硬陶豆 A 型—第二阶段

外素面类		外弦纹类		外锥点纹类		外粗弦纹类
种数	比例	种数	比例	种数	比例	
2	71.34%	2	2.25%	4	5.62%	1.69%

外锥刺纹类		外方格纹类		外篦划纹类	纹饰种数	器物总数
种数	比例	种数	比例			
7	16.85%	2	1.12%	1.12%	19	178

10. 硬陶豆 B 型—第二阶段

外锥刺纹类		外素面类	外篦划纹类	外锥点纹类	纹饰种数	器物总数
种数	比例					
6	58.33%	25.00%	8.33%	8.33%	9	12

11. 硬陶罐(瓿)类 Bd 型—第二阶段

素面类	方格纹类		夔纹类		锥刺纹类		纹饰种数	器物总数
	种数	比例	种数	比例	种数	比例		
18.18%	2	27.27%	3	27.27%	2	27.27%	8	11

12. 硬陶罐(瓿)类 Da 型—第二阶段

重圈纹类		方格纹类		锥刺纹类		曲折纹类	夔纹类	素面类	菱格凸块纹类	纹饰种数	器物总数
种数	比例	种数	比例	种数	比例						
2	9.52%	3	19.05%	7	52.38%	4.76%	4.76%	4.76%	4.76%	16	21

13. 硬陶罐(瓿)类 Ed 型—第二阶段

锥刺纹类		夔纹类		菱格凸块纹类		重圈纹类		方格纹类	纹饰种数	器物总数
种数	比例	种数	比例	种数	比例	种数	比例			
4	28.31%	6	42.86%	2	19.05%	2	9.52%	4.76%	15	21

14. 硬陶罐(瓿)类 Ab 型—第三阶段

方格交叉纹类	方格纹类	素面类	水波纹类		纹饰种数	器物总数
			种数	比例		
27.59%	55.17%	10.34%	2	6.90%	5	29

15. 硬陶罐(瓿)类 Af 型—第三阶段

方格交叉纹类	方格纹类		素面类	水波纹类		弦纹类		席纹类	直棱纹类	纹饰种数	器物总数
	种数	比例		种数	比例	种数	比例				
5.00%	2	40.00%	5.00%	2	25.00%	2	15.00%	5.00%	5.00%	10	20

16. 硬陶碗(杯盅)类 A 型—第三阶段

素面类	弦纹类		水波纹类		锥刺纹类	直棱纹类	纹饰种数	器物总数
	种数	比例	种数	比例				
74.51%	2	7.84%	4	13.73%	1.96%	1.96%	9	51

17. 硬陶碗(杯盅)类 B 型—第三阶段

素面类	弦纹类		锥刺纹类	水波纹类	纹饰种数	器物总数
	种数	比例				
88.14%	2	8.47%	1.69%	1.69%	5	59

18. 硬陶瓮 A 型—第三阶段

方格交叉纹类	素面类	方格纹类	纹饰种数	器物总数
63.33%	26.67%	10.00%	3	30

19. 硬陶盂 B 型—第三阶段

水波纹类		粗弦纹类	素面类	锥刺纹类	纹饰种数	器物总数
种数	比例					
2	40.00%	30.00%	20.00%	10.00%	5	10

表五　岭南不同阶段、不同小区的纹饰—器型组合

1. 硬陶罐(瓿)类 Ea 型

		素面类		方格纹类		夔纹类		锥刺纹类		篦齿纹类
		种数	比例	种数	比例	种数	比例	种数	比例	
第一阶段	粤中	2	11.11%	4	55.56%			1	22.22%	
	粤北			1	20.00%	1	20.00%			
第二阶段	粤中	2	6.80%	3	12.62%	2	2.91%	9	68.93%	0.97%
	粤北	1	25.00%	1	25.00%			1	25.00%	

		菱格凸块纹类		云雷纹类		席纹类		漩涡纹类	纹饰种数	器物总数
		种数	比例	种数	比例	种数	比例			
第一阶段	粤中	1	5.56%	1	5.56%				9	18
	粤北	1	20.00%	1	20.00%	1	20.00%		5	5
第二阶段	粤中	6	6.80%			1	0.97%		23	103
	粤北							25.00%	4	4

2. 硬陶豆 A 型—第二阶段

	外素面类		外弦纹类		外锥点纹类		外粗弦纹类
	种数	比例	种数	比例	种数	比例	
粤北	2	100.00%					
粤中	1	69.77%	2	2.33%	4	5.81%	1.74%

	外锥点纹类		外锥点纹类		外篦划纹类	纹饰种数	器物总数
	种数	比例	种数	比例			
粤北						2	6
粤中	7	17.44%	2	1.16%	1.16%	18	172

3. 硬陶罐(瓿)类 Ab 型—第三阶段

	方格交叉纹类	方格纹类	素面类	水波纹类		纹饰种数	器物总数
				种数	比例		
粤中	21.43%	57.14%	7.14%	2	14.29%	5	14
粤北	66.67%	16.67%	16.67%			3	6
粤西	12.50%	75.00%	12.50%			3	8

4. 硬陶罐(瓿)类 Af 型—第三阶段

	方格纹类		水波纹类		弦纹类		方格交叉纹类	席纹类	纹饰种数	器物总数
	种数	比例	种数	比例	种数	比例				
粤北	1	33.33%	1	33.33%	2	22.22%		11.11%	5	9
粤西	1	62.50%	1	12.50%	1	12.50%	12.50%		4	8

5. 硬陶碗(杯盅)类 A 型—第三阶段

	素面类	弦纹类		水波纹类		锥刺纹类	直棱纹类	纹饰种数	器物总数
		种数	比例	种数	比例				
粤中	75.00%	1	6.25%	1	18.75%			3	16
粤北	90.00%			1	10.00%			2	10
粤西	75.00%			1	8.33%	8.33%	8.33%	4	12
桂东北	61.54%	2	23.08%	2	15.38%			5	13

6. 硬陶瓮 A 型—第三阶段

	方格交叉纹类	素面类	方格纹类	纹饰种数	器物总数
粤中	66.67%	33.33%		2	9
粤北	60.00%	20.00%	20.00%	3	15
桂东北	66.67%	33.33%		2	6

7. 硬陶碗（杯盅）类 B 型—第三阶段

	素面类	弦纹类		锥刺纹类	水波纹类	纹饰种数	器物总数
		种数	比例				
粤中	75.00%	1	12.50%		12.50%	3	8
粤北	95.45%	1	4.55%			2	22
粤西	87.50%	1	8.33%	4.17%		3	24
桂东北	80.00%	1	20.00%			2	5

8. 硬陶盂 B 型—第三阶段

	水波纹类		粗弦纹类	素面类	锥刺纹类	纹饰种数	器物总数
	种数	比例					
粤中	1	100.00%				1	3
粤北	1	25.00%	75.00%			2	4
粤西				66.67%	33.33%	2	3

表六　岭南不同阶段、不同等级的纹饰—器型组合

1. 原始瓷豆Ac型—第二阶段

	外粗弦纹类		外锥刺纹类		外锥点纹类		外弦纹类		纹饰种数	器物总数
	种数	比例	种数	比例	种数	比例	种数	比例		
第六、第五等级	1	21.43%	7	57.14%	1	7.14%	1	14.29%	10	14
第四等级	1	6.25%	5	56.25%	1	12.50%	2	25.00%	9	16

2. 硬陶豆A型—第二阶段

	外锥点纹类		外锥刺纹类		外粗弦纹类	外篦划纹类
	种数	比例	种数	比例		
第六等级	1	3.03%	3	15.15%		6.06%
第五等级			6	24.32%	2.70%	
第四等级	2	12.77%	4	19.15%		

	外方格纹类		外素面类	纹饰种数	器物总数
	种数	比例			
第六等级	2	6.06%	69.70%	8	33
第五等级			72.97%	8	37
第四等级			68.09%	7	47

3. 硬陶豆D型—第二阶段

	外素面类	外粗弦纹类	外弦纹类		外锥刺纹类		纹饰种数	器物总数
			种数	比例	种数	比例		
第六、第五等级	71.43%		1	14.29%	1	14.29%	3	7
第四、第三等级	71.43%	14.29%			1	14.29%	3	7

4. 硬陶罐（瓿）类 Da 型—第二阶段

	重圈纹类		方格纹类		菱格凸块纹类	锥刺纹类		曲折纹类	素面类	纹饰种数	器物总数
	种数	比例	种数	比例		种数	比例				
第六、第五等级	1	12.50%				3	75.00%	12.50%		5	8
第四、第三等级	1	10.00%	2	20.00%	10.00%	4	50.00%		10.00%	9	10

5. 硬陶瓮 B 型—第二阶段

	方格纹类		夔纹类		菱格凸块纹类		漩涡纹类	纹饰种数	器物总数
	种数	比例	种数	比例	种数	比例			
第六等级	1	20.00%	4	80.00%				5	5
第五等级	1	16.67%	3	66.67%			16.67%	5	6
第四等级	1	20.00%	3	60.00%	1	20.00%		5	5

6. 硬陶罐（瓿）类 Ab 型—第三阶段

	方格交叉纹类	方格纹类	素面类	纹饰种数	器物总数
第六、第五、第四等级	42.86%	57.14%		2	7
第三、第二等级		87.50%	12.50%	2	8

7. 硬陶碗（杯盅）类 A 型—第三阶段

	素面类	弦纹类		水波纹类		锥刺纹类	直棱纹类	纹饰种数	器物总数
		种数	比例	种数	比例				
第六、第五等级	55.56%	1	22.22%	1	11.11%	11.11%		4	9
第四等级	77.78%	1	11.11%	1	11.11%			3	9
第三、第二等级	85.71%						14.29%	2	7

附录E　太湖杭州湾、岭南、天马—曲村主要器类的变异系数

表一　太湖杭州湾不同阶段、不同器类的变异系数(%)

1. 第一阶段

		式别、体型	样本量	口径	底径	器高	口径/器高
原始瓷	豆Aa型	Ⅱ式	5	3.30	4.22	7.25	7.47
		Ⅲ式—小型	42	9.01	8.63	14.85	13.12
		Ⅲ式—大型	9	7.06	10.91	9.70	8.65
		Ⅳ式	5	11.50	14.55	7.93	8.36
	豆B型	Ⅱ式	9	8.84	12.02	11.78	9.61
	豆Ca型	Ⅱ式	10	20.38	14.65	23.51	20.76
		Ⅲ式	10	25.19	20.56	16.26	16.72
		Ⅳ式	35	25.50	20.09	19.37	17.60
		Ⅴ式	7	17.88	12.93	16.11	13.73
	豆Da型	Ⅱ式	32	13.27	12.80	11.00	11.08
		Ⅲ式	31	13.47	16.72	15.08	9.49
	罐B型	Ⅱ式	5	12.75	5.84	23.24	15.80
	盂	Ⅱ式	4	19.68	16.72	20.85	13.87
硬陶	罐(瓿)类Aa型	Ⅲ式	9	16.93	12.71	18.76	9.80
		Ⅳ式	31	17.56	17.29	22.76	14.42
	坛A型	Ⅳ式	4	2.01	5.66	4.20	5.35
	瓮A型	Ⅰ式	5	10.81	16.47	8.01	6.09
		Ⅱ式	4	11.06	12.34	7.86	9.21

续表

		式别、体型	样本量	口径	底径	器高	口径/器高
硬陶	瓮 A 型	Ⅲ式	7	15.33	15.22	15.40	8.30
		Ⅳ式	5	11.87	15.07	25.50	19.28

2. 第二阶段

		式别、体型	样本量	口径	底径	器高	口径/器高
原始瓷	豆 Aa 型	Ⅲ式—小型	60	8.50	9.36	14.29	16.39
		Ⅲ式—大型	9	11.59	17.69	8.12	12.28
		Ⅳ式—小型	19	12.92	14.23	13.54	15.80
		Ⅳ式—大型	6	11.18	16.92	18.79	16.47
		Ⅴ式	10	18.65	16.04	13.76	18.61
	豆 B 型	Ⅰ式	5	7.47	6.70	5.97	12.88
		Ⅱ式	4	17.28	5.00	5.26	13.14
		Ⅲ式	10	16.07	21.16	12.07	8.40
		Ⅳ式	16	20.38	21.92	14.99	13.99
	豆 Ca 型	Ⅴ式—小型	111	20.62	15.48	11.76	15.45
		Ⅴ式—大型	13	20.08	19.21	12.27	14.67
	豆 Da 型	Ⅲ式	6	12.56	15.29	10.75	14.44
		Ⅳ式—小型	85	8.57	11.48	15.40	11.34
		Ⅳ式—大型	97	11.83	11.90	11.89	7.71
	罐 B 型	Ⅲ式	14	7.53	8.68	11.83	7.27
	碗(杯盅)类 Aa 型	Ⅳ式	23	17.73	18.50	22.91	11.06
		Ⅴ式	22	15.22	15.17	21.03	12.54
		Ⅵ式	9	12.66	11.72	23.03	11.50
		Ⅶ式—小型	7	14.72	11.31	4.43	14.16
		Ⅶ式—大型	24	9.46	11.13	10.78	10.24

续表

		式别、体型	样本量	口径	底径	器高	口径/器高
原始瓷	碗(杯盅)类 Aa 型	Ⅷ式	40	19.50	17.94	14.01	19.64
		Ⅸ式—小型	36	16.98	21.55	13.16	15.36
		Ⅸ式—大型	10	13.17	13.02	13.63	22.42
		Ⅹ式	83	14.81	15.49	18.47	12.14
	碗(杯盅)类 B 型	Ⅳ式	5	14.65	11.88	18.47	10.85
	盂	Ⅱ式—小型	18	18.89	14.79	17.14	12.27
		Ⅱ式—大型	6	10.94	26.80	19.30	14.44
		Ⅲ式—小型	22	17.70	13.99	20.37	20.22
		Ⅲ式—大型	6	6.06	7.00	15.31	11.21
		Ⅳ式	63	13.16	14.16	17.37	17.24
硬陶	罐(瓿)类 Aa 型	Ⅳ式—小型	10	12.75	8.35	16.37	14.46
		Ⅳ式—大型	7	9.16	7.39	12.92	6.88
		Ⅴ式	9	15.60	19.35	19.54	8.22
		Ⅵ式	9	13.08	16.36	18.47	11.42
		Ⅶ式	15	11.70	12.69	12.23	9.49
		Ⅷ式	21	11.05	11.24	16.42	13.97
	罐(瓿)类 Ab 型	Ⅴ式—小型	5	14.66	14.48	18.60	6.13
		Ⅴ式—大型	16	15.50	11.15	11.32	14.19
		Ⅵ式	9	11.95	14.96	15.19	13.20
		Ⅶ式	23	17.90	26.90	26.65	15.89
		Ⅷ式—小型	34	13.01	18.97	22.74	18.50
		Ⅷ式—大型	13	7.43	8.58	11.87	9.32
	罐(瓿)类 Ad 型	Ⅰ式	5	15.59	14.67	23.17	12.99
		Ⅱ式	4	19.85	20.05	17.27	10.98

续表

<table>
<tr><th colspan="2"></th><th>式别、体型</th><th>样本量</th><th>口径</th><th>底径</th><th>器高</th><th>口径/器高</th></tr>
<tr><td rowspan="17">硬陶</td><td rowspan="2">罐(瓿)类 Ad 型</td><td>Ⅲ式</td><td>6</td><td>5.22</td><td>17.49</td><td>13.31</td><td>15.46</td></tr>
<tr><td>Ⅳ式</td><td>20</td><td>16.81</td><td>16.03</td><td>18.35</td><td>11.28</td></tr>
<tr><td rowspan="2">罐(瓿)类 Ba 型</td><td>Ⅱ式</td><td>16</td><td>13.25</td><td>13.85</td><td>17.80</td><td>14.16</td></tr>
<tr><td>Ⅲ式</td><td>6</td><td>13.02</td><td>9.61</td><td>18.54</td><td>26.28</td></tr>
<tr><td rowspan="6">坛 A 型</td><td>Ⅵ式</td><td>18</td><td>17.20</td><td>10.76</td><td>10.45</td><td>20.30</td></tr>
<tr><td>Ⅶ式</td><td>28</td><td>8.65</td><td>10.68</td><td>8.54</td><td>10.95</td></tr>
<tr><td>Ⅷ式</td><td>22</td><td>11.85</td><td>8.85</td><td>11.65</td><td>16.95</td></tr>
<tr><td>Ⅸ式</td><td>13</td><td>17.51</td><td>14.98</td><td>24.84</td><td>10.87</td></tr>
<tr><td>Ⅹ式</td><td>9</td><td>9.48</td><td>8.94</td><td>12.73</td><td>11.43</td></tr>
<tr><td>Ⅺ式</td><td>8</td><td>8.27</td><td>9.15</td><td>10.72</td><td>7.44</td></tr>
<tr><td rowspan="2">坛 B 型</td><td>Ⅰ式</td><td>7</td><td>13.11</td><td>10.13</td><td>15.94</td><td>15.21</td></tr>
<tr><td>Ⅲ式</td><td>5</td><td>19.35</td><td>22.60</td><td>21.30</td><td>23.58</td></tr>
<tr><td>瓮 A 型</td><td>Ⅳ式</td><td>7</td><td>26.49</td><td>11.57</td><td>15.92</td><td>12.32</td></tr>
<tr><td rowspan="2">盂</td><td>Ⅴ式</td><td>5</td><td>7.49</td><td>16.06</td><td>6.54</td><td>8.74</td></tr>
<tr><td>Ⅵ式</td><td>5</td><td>16.21</td><td>16.05</td><td>6.62</td><td>17.03</td></tr>
</table>

3. 第三阶段

<table>
<tr><th colspan="2"></th><th>式别、体型</th><th>样本量</th><th>口径</th><th>底径</th><th>器高</th><th>口径/器高</th></tr>
<tr><td rowspan="7">原始瓷</td><td rowspan="7">碗(杯盅)类 Aa 型</td><td>Ⅹ式—小型</td><td>30</td><td>14.65</td><td>12.24</td><td>13.81</td><td>13.28</td></tr>
<tr><td>Ⅹ式—大型</td><td>10</td><td>6.56</td><td>9.55</td><td>8.79</td><td>7.42</td></tr>
<tr><td>Ⅺ式—小型</td><td>66</td><td>14.64</td><td>18.30</td><td>11.26</td><td>9.34</td></tr>
<tr><td>Ⅺ式—大型</td><td>8</td><td>14.82</td><td>5.70</td><td>11.79</td><td>6.57</td></tr>
<tr><td>Ⅻ式—小型</td><td>9</td><td>5.42</td><td>3.82</td><td>13.00</td><td>15.34</td></tr>
<tr><td>Ⅻ式—中型</td><td>73</td><td>19.64</td><td>15.42</td><td>18.00</td><td>12.73</td></tr>
<tr><td>Ⅻ式—大型</td><td>27</td><td>14.59</td><td>11.72</td><td>10.68</td><td>9.02</td></tr>
</table>

续表

		式别、体型	样本量	口径	底径	器高	口径/器高
原始瓷	碗（杯盅）类Aa型	Ⅻ式—超大型	8	14.75	6.40	5.58	20.80
	碗（杯盅）类Ab型	Ⅰ式	4	19.67	15.96	8.08	17.58
		Ⅱ式—小型	52	18.71	20.81	20.86	14.93
		Ⅱ式—大型	16	4.82	4.64	12.77	10.15
		Ⅲ式	45	20.26	16.03	15.29	21.58
泥质陶	豆	Ⅱ式	14	7.31	5.73	14.41	10.38
		Ⅲ式	7	3.10	14.35	18.00	12.88
硬陶	罐（瓿）类Ab型	Ⅹ式	6	12.01	12.04	9.15	7.27
		Ⅺ式—小型	15	13.34	17.90	17.85	12.44
		Ⅺ式—大型	15	5.74	7.93	10.60	9.83
	罐（瓿）类Ac型	Ⅵ式	7	8.51	6.65	7.73	7.74
	罐（瓿）类Ad型	Ⅵ式	4	4.58	11.78	15.40	16.27
		Ⅶ式	10	12.23	8.52	7.96	15.37
	罐（瓿）类Ba型	Ⅵ式	25	14.11	15.04	15.79	14.51
		Ⅶ式	7	17.49	14.68	9.61	11.58
	坛A型	Ⅻ式	5	18.06	20.22	21.26	5.06
		ⅩⅢ式	14	9.86	16.90	11.18	6.86
		ⅩⅣ式	14	10.05	13.86	15.30	10.63
		ⅩⅤ式	4	12.78	20.45	16.53	13.92
	坛B型	Ⅵ式—小型	7	9.86	10.88	14.56	16.84
		Ⅵ式—大型	7	9.65	13.18	13.07	8.73
		Ⅶ式	7	6.60	5.98	11.23	9.38
	瓮A型	Ⅹ式	25	11.75	13.31	15.01	13.43

表二　太湖杭州湾不同阶段、不同小区的变异系数(%)

1. 环太湖小区

			式别、体型	样本量	口径	底径	器高	口径/器高
第一阶段	原始瓷	豆 D 型	Ⅱ式	6	12.80	12.04	9.97	4.70
	硬陶	罐(瓿)类 Aa 型	Ⅳ式	10	16.29	21.41	23.94	11.43
		瓮 A 型	Ⅰ式	5	10.81	16.47	8.01	6.09
第二阶段	原始瓷	豆 A 型	Ⅲ式—小型	60	7.99	9.32	14.35	16.73
			Ⅲ式—大型	9	6.61	25.71	13.71	14.38
			Ⅳ式	11	19.04	17.75	21.17	19.77
			Ⅴ式	8	21.16	18.15	13.15	19.12
		豆 C 型	Ⅴ式	27	10.94	11.21	10.78	11.38
		豆 D 型	Ⅳ式	10	10.71	12.94	14.04	8.93
		罐 B 型	Ⅲ式	8	8.39	9.54	11.46	5.95
		碗(杯盅)类 Aa 型	Ⅵ式	6	9.57	12.96	23.41	13.76
			Ⅶ式	9	13.88	16.86	11.22	12.73
			Ⅷ式	23	14.96	15.51	18.76	14.48
			Ⅸ式—小型	5	14.38	14.82	11.14	16.70
			Ⅸ式—大型	6	10.50	19.24	16.31	14.60
			Ⅹ式	39	11.70	16.51	18.54	12.64
		碗(杯盅)类 B 型	Ⅳ式	6	21.17	14.40	20.58	11.71
		盂	Ⅲ式	5	7.37	15.53	11.82	10.19
	硬陶	罐(瓿)类 Aa 型	Ⅳ式	5	24.02	12.03	15.80	15.65
			Ⅴ式	5	11.43	16.73	17.52	9.80
			Ⅵ式	7	14.46	18.59	20.63	12.71
			Ⅶ式	13	11.66	12.91	12.00	10.21
			Ⅷ式	19	11.24	11.81	16.97	13.65

续表

			式别、体型	样本量	口径	底径	器高	口径/器高
第二阶段	硬陶	罐(瓿)类Ab型	Ⅴ式—大型	12	14.92	10.66	11.38	10.61
			Ⅵ式	9	14.03	12.10	22.49	14.41
			Ⅶ式—小型	10	14.90	13.38	17.61	12.99
			Ⅷ式—中型	16	10.72	8.37	11.66	5.73
			Ⅷ式—大型	10	11.88	9.12	10.32	13.09
		罐(瓿)类Ba型	Ⅲ式	4	9.77	6.66	4.91	8.84
		坛A型	Ⅵ式	12	17.81	8.34	6.61	21.67
			Ⅶ式	24	7.99	8.85	7.02	10.40
			Ⅷ式	16	8.99	11.53	11.91	10.14
			Ⅸ式	9	9.46	10.00	9.95	10.02
			Ⅹ式	8	8.95	9.38	13.57	11.20
第三阶段	原始瓷	碗(杯盅)类Aa型	Ⅹ式—小型	7	7.70	7.68	11.36	6.67
			Ⅹ式—大型	8	2.70	4.30	7.93	6.82
			Ⅺ式	7	10.32	6.15	5.78	7.03
			Ⅻ式—小型	16	3.66	4.82	3.93	4.47
			Ⅻ式—中型	8	11.95	4.18	10.42	7.38
			Ⅻ式—大型	8	2.73	4.32	4.10	6.17
		碗(杯盅)类Ab型	Ⅱ式—小型	5	5.74	4.13	11.19	5.48
			Ⅱ式—大型	12	6.38	8.75	12.52	8.09
			Ⅲ式	13	11.82	9.46	14.17	18.22
	硬陶	罐(瓿)类Ac型	Ⅵ式	4	7.22	5.50	4.71	7.28
		罐(瓿)类Ad型	Ⅶ式	8	13.71	9.12	4.22	16.20
		瓮A型	Ⅹ式	17	8.10	8.32	9.62	8.45

2. 杭嘉湖小区

			式别、体型	样本量	口径	底径	器高	口径/器高
第一阶段	原始瓷	豆Aa型	Ⅱ式	5	3.30	4.22	7.25	7.47
			Ⅲ式—小型	19	10.07	5.99	9.21	9.78
			Ⅲ式—大型	6	2.72	7.42	8.60	7.90
		豆B型	Ⅱ式	6	8.52	5.58	6.59	8.12
		豆Ca型	Ⅳ式—小型	12	14.84	8.91	15.64	13.38
			Ⅳ式—大型	7	15.54	16.07	12.02	20.20
	硬陶	罐(瓿)类Aa型	Ⅲ式	5	9.77	9.11	11.80	13.41
			Ⅳ式	5	16.43	23.35	21.50	11.05
		瓮A型	Ⅲ式	4	13.78	6.76	6.36	10.85
第二阶段	原始瓷	豆Aa型	Ⅳ式	7	14.52	17.31	7.07	10.21
		豆Ca型	Ⅴ式	9	15.72	16.15	14.63	21.61
		豆Da型	Ⅳ式—小型	20	8.67	16.13	11.88	12.16
			Ⅳ式—大型	6	10.30	15.53	13.62	7.29
		碗(杯盅)类Aa型	Ⅶ式	17	16.61	12.96	9.25	14.28
			Ⅷ式	4	7.32	11.13	2.64	6.28
			Ⅸ式	4	11.98	20.83	10.23	11.53
			Ⅹ式	19	16.33	16.05	16.78	4.46
	硬陶	罐(瓿)类Aa型	Ⅳ式	6	12.24	22.54	17.95	7.36
		罐(瓿)类Ab型	Ⅴ式	4	17.44	16.46	23.24	14.23
		罐(瓿)类Ad型	Ⅰ式	4	16.04	16.57	24.19	15.03
			Ⅳ式	4	7.21	8.68	10.50	4.81
		罐(瓿)类Ba型	Ⅱ式	4	2.83	5.05	22.76	6.47
		坛A型	Ⅵ式	4	22.36	8.51	9.48	15.47
			Ⅷ式	4	7.25	6.74	11.75	5.55
			Ⅺ式	4	10.17	6.69	13.22	8.62

续表

			式别、体型	样本量	口径	底径	器高	口径/器高
第三阶段	原始瓷	碗(杯盅)类 Aa 型	Ⅹ式	11	8.02	5.73	5.06	5.36
			Ⅺ式	4	10.87	21.54	16.63	26.35
			Ⅻ式	36	7.78	7.74	9.33	9.33
		碗(杯盅)类 Ab 型	Ⅱ式	11	2.33	4.53	3.27	3.75
			Ⅲ式	12	16.11	13.02	13.42	15.11
	硬陶	罐(瓿)类 Ba 型	Ⅵ式	4	11.65	8.25	14.42	3.12
		坛 A 型	Ⅻ式	4	5.99	0.42	2.88	4.68
			ⅩⅢ式	5	9.16	3.23	11.23	2.46
			ⅩⅣ式	7	4.50	16.01	21.21	16.64
		瓮 A 型	Ⅹ式	5	12.35	4.03	7.39	19.50

3. 宁绍小区

			式别、体型	样本量	口径	底径	器高	口径/器高
第一阶段	原始瓷	豆 Aa 型	Ⅲ式	26	13.87	13.35	20.55	13.98
		豆 Ca 型	Ⅱ式	7	22.55	16.26	26.60	23.82
			Ⅲ式	7	18.81	21.94	13.40	7.08
			Ⅳ式	13	14.98	15.68	16.98	15.14
			Ⅴ式	5	21.57	12.44	17.49	13.96
		豆 Da 型	Ⅱ式	24	5.53	10.76	9.86	11.12
			Ⅲ式	28	12.74	15.98	15.61	9.52
	硬陶	罐(瓿)类 Aa 型	Ⅲ式	4	14.27	11.26	15.39	1.94
			Ⅳ式—小型	11	10.06	9.63	18.84	15.91
			Ⅳ式—大型	6	8.69	6.34	6.84	14.14
第二阶段	原始瓷	豆 B 型	Ⅲ式	8	16.19	22.05	13.54	6.27
			Ⅳ式	13	10.49	14.38	12.81	6.94

续表

			式别、体型	样本量	口径	底径	器高	口径/器高
第二阶段	原始瓷	豆 Ca 型	Ⅴ式—小型	71	17.47	13.18	11.87	14.37
			Ⅴ式—大型	16	12.48	18.55	16.70	7.50
		豆 Da 型	Ⅳ式—小型	68	8.88	10.94	15.35	10.64
			Ⅳ式—大型	79	11.59	11.32	10.86	7.64
		罐 B 型	Ⅲ式	5	6.20	3.64	3.43	3.42
		碗(杯盅)类 Aa 型	Ⅳ式	21	15.22	15.32	19.73	11.24
			Ⅴ式	15	11.78	13.60	10.70	10.44
			Ⅶ式	5	23.74	13.92	8.92	21.55
			Ⅷ式	13	11.50	10.15	12.60	14.02
			Ⅸ式—小型	25	15.49	13.41	15.78	12.09
			Ⅸ式—大型	6	11.43	5.98	6.58	1.75
			Ⅹ式	24	11.46	16.59	11.60	8.57
		盂	Ⅱ式—小型	15	15.00	10.48	16.01	11.20
			Ⅱ式—大型	6	10.94	26.80	19.30	14.44
			Ⅲ式—小型	16	20.61	14.00	22.79	22.13
			Ⅲ式—大型	5	5.49	7.57	10.55	5.84
			Ⅳ式	59	12.61	13.09	14.52	17.20
	硬陶	罐(瓿)类 Aa 型	Ⅳ式	6	14.64	15.71	13.73	9.31
		罐(瓿)类 Ab 型	Ⅶ式	5	11.36	11.10	8.84	10.88
			Ⅷ式	14	11.12	11.08	10.84	10.10
		罐(瓿)类 Ad 型	Ⅳ式	11	8.91	10.71	11.37	9.91
		罐(瓿)类 Ba 型	Ⅱ式	12	14.93	15.91	0.65	9.85
		坛 B 型	Ⅰ式	6	13.75	10.71	9.64	9.05
第三阶段	原始瓷	碗(杯盅)类 Aa 型	Ⅹ式	10	11.81	14.63	15.97	18.50
			Ⅺ式	57	7.23	10.98	7.84	5.46

续表

			式别、体型	样本量	口径	底径	器高	口径/器高
第三阶段	原始瓷	碗(杯盅)类Aa型	Ⅻ式—小型	10	13.63	15.53	14.93	9.08
			Ⅻ式—中型	5	2.48	3.39	2.28	3.74
			Ⅻ式—大型	11	9.67	2.79	8.11	7.33
			Ⅻ式—超大型	5	4.23	5.79	4.02	5.68
		碗(杯盅)类Ab型	Ⅱ式—小型	27	5.97	12.31	13.87	12.67
			Ⅱ式—大型	6	13.68	18.50	19.59	7.27
			Ⅲ式	15	8.55	9.99	13.65	15.74
	硬陶	罐(瓿)类Aa型	Ⅹ式	4	7.49	9.94	7.12	6.84
		罐(瓿)类Ab型	Ⅺ式—小型	8	9.45	11.35	7.74	4.46
			Ⅺ式—大型	13	5.20	7.96	7.82	9.42
		罐(瓿)类Ba型	Ⅵ式	18	6.80	8.10	3.81	4.94
			Ⅶ式	6	4.61	4.53	3.61	6.62
		坛A型	ⅩⅢ式	9	6.38	12.56	6.99	8.55
			ⅩⅣ式	5	9.43	9.65	4.45	8.30
		坛B型	Ⅵ式—小型	9	13.15	11.94	15.57	14.69
			Ⅵ式—大型	4	9.68	14.64	8.82	7.29
			Ⅶ式	9	16.93	13.15	18.87	9.15

表三　太湖杭州湾不同阶段、不同等级的变异系数（%）

1. 第一阶段—等级总体

			式别、体型	样本量	口径	底径	器高	口径/器高
第七等级	原始瓷	豆 Ca 型	Ⅲ式	4	18.87	19.74	15.79	5.23
		豆 Da 型	Ⅲ式	6	15.78	21.94	14.83	11.70
	硬陶	罐（瓿）类 Aa 型	Ⅳ式	5	13.85	13.45	17.04	12.84
第六等级	原始瓷	豆 Aa 型	Ⅲ式	18	10.05	7.58	11.69	7.82
		豆 B 型	Ⅱ式	4	2.88	9.04	5.55	5.34
		豆 Ca 型	Ⅳ式	16	21.82	15.01	13.98	18.64
		豆 Da 型	Ⅱ式	17	15.23	13.52	11.64	14.07
	硬陶	罐（瓿）类 Aa 型	Ⅳ式	13	15.95	20.22	27.26	15.61
		瓮 A 型	Ⅲ式	4	13.78	6.76	6.36	10.85
第五等级	原始瓷	豆 Aa 型	Ⅱ式	5	3.30	4.22	7.25	7.47
			Ⅲ式—小型	17	8.25	8.22	16.57	16.20
			Ⅲ式—大型	7	7.47	11.71	8.65	8.90
		豆 B 型	Ⅱ式	5	11.43	15.00	15.92	11.87
		豆 Ca 型	Ⅳ式	8	11.67	14.01	8.95	10.04
		豆 Da 型	Ⅱ式	10	15.66	17.37	16.27	7.08
			Ⅲ式	18	12.45	10.62	15.04	8.69
	硬陶	罐（瓿）类 Aa 型	Ⅲ式	6	15.52	11.37	12.61	6.14
第四等级	原始瓷	豆 Ca 型	Ⅳ式	8	16.46	9.58	18.72	13.23
		罐 B 型	Ⅱ式	4	10.94	6.69	13.62	5.00
	硬陶	罐（瓿）类 Aa 型	Ⅳ式	8	14.77	18.99	21.77	12.52
		瓮 A 型	Ⅰ式	5	10.81	16.47	8.01	6.09

2. 第二阶段一等级总体

			式别、体型	样本量	口径	底径	器高	口径/器高
第七等级	原始瓷	豆Aa型	Ⅳ式—小型	7	15.16	18.31	13.67	10.35
第七等级	原始瓷	豆Ca型	Ⅴ式—小型	13	21.72	10.96	8.74	19.40
第七等级	原始瓷	豆Da型	Ⅳ式—小型	9	10.37	6.81	8.73	7.56
第七等级	原始瓷	碗(杯盅)类Aa型	Ⅳ式	5	20.29	18.39	14.39	13.38
第七等级	原始瓷	碗(杯盅)类Aa型	Ⅵ式	4	5.69	15.37	19.70	16.72
第七等级	原始瓷	碗(杯盅)类Aa型	Ⅶ式—小型	7	21.39	13.57	2.62	20.40
第七等级	原始瓷	碗(杯盅)类Aa型	Ⅷ式	13	16.41	16.29	12.39	16.29
第七等级	原始瓷	碗(杯盅)类Aa型	Ⅸ式—小型	8	18.91	20.81	14.51	20.50
第七等级	原始瓷	碗(杯盅)类Aa型	Ⅹ式	26	16.55	15.60	15.30	6.01
第七等级	原始瓷	盂	Ⅳ式	5	10.96	12.62	15.17	11.35
第七等级	硬陶	罐(瓿)类Aa型	Ⅳ式—大型	6	21.01	21.93	17.71	8.31
第七等级	硬陶	罐(瓿)类Aa型	Ⅴ式	4	20.39	17.85	22.19	5.12
第七等级	硬陶	罐(瓿)类Aa型	Ⅶ式	8	11.76	11.95	13.48	9.05
第七等级	硬陶	罐(瓿)类Aa型	Ⅷ式	4	3.98	6.59	5.88	5.75
第七等级	硬陶	罐(瓿)类Ab型	Ⅴ式—大型	7	10.18	15.58	15.18	10.84
第七等级	硬陶	罐(瓿)类Ab型	Ⅶ式	12	16.87	21.33	19.10	9.69
第七等级	硬陶	罐(瓿)类Ab型	Ⅷ式—小型	9	14.28	14.88	12.75	8.81
第七等级	硬陶	罐(瓿)类Ab型	Ⅷ式—大型	5	18.54	3.15	13.33	25.64
第七等级	硬陶	罐(瓿)类Ad型	Ⅰ式	4	16.04	16.57	24.19	15.03
第七等级	硬陶	罐(瓿)类Ad型	Ⅲ式	5	4.76	18.36	13.18	13.40
第七等级	硬陶	罐(瓿)类Ba型	Ⅱ式	5	6.54	4.60	20.11	22.44
第七等级	硬陶	坛A型	Ⅵ式	5	18.94	7.52	10.62	14.38
第七等级	硬陶	坛A型	Ⅶ式	5	8.86	12.25	2.79	8.29
第七等级	硬陶	坛A型	Ⅷ式	5	8.29	7.69	18.46	10.30
第七等级	硬陶	坛A型	Ⅸ式	5	7.34	8.71	8.57	6.43
第七等级	硬陶	坛A型	Ⅺ式	5	7.21	8.39	6.08	7.09

续表

			式别、体型	样本量	口径	底径	器高	口径/器高
第六等级	原始瓷	豆Aa型	Ⅲ式—小型	9	9.09	9.97	10.36	8.15
		豆Ca型	Ⅴ式—小型	9	18.51	16.23	12.62	20.58
		豆Da型	Ⅳ式—小型	16	6.99	10.71	13.12	12.78
		豆Da型	Ⅳ式—大型	9	7.14	8.59	11.18	9.82
		碗(杯盅)类Aa型	Ⅴ式	7	15.19	17.39	14.09	13.01
			Ⅵ式	5	17.46	10.43	10.70	9.14
			Ⅶ式—大型	15	9.93	11.34	9.90	6.29
			Ⅷ式	5	15.48	24.15	21.85	20.90
			Ⅸ式—小型	12	14.65	13.05	12.77	11.30
			Ⅸ式—大型	7	21.06	17.62	10.67	21.84
			Ⅹ式	22	10.97	11.74	11.97	7.81
		盂	Ⅲ式—小型	4	19.32	19.02	14.96	17.09
	硬陶	罐(瓿)类Aa型	Ⅷ式	7	5.82	12.26	10.82	12.42
		罐(瓿)类Ab型	Ⅴ式—小型	4	12.91	16.57	15.63	5.94
			Ⅷ式—小型	4	10.50	7.35	11.23	5.34
		罐(瓿)类Ad型	Ⅳ式	7	9.02	11.77	12.58	11.04
		坛A型	Ⅵ式	5	8.93	15.22	11.21	8.35
			Ⅶ式	4	6.93	3.43	3.97	6.73
			Ⅷ式	4	6.59	10.83	11.01	17.91
第五等级	原始瓷	豆Aa型	Ⅲ式—小型	8	5.66	7.96	7.56	7.24
			Ⅳ式—小型	4	3.17	7.07	4.62	3.86
		豆B型	Ⅰ式	4	8.32	7.25	6.58	14.87
		豆Ca型	Ⅴ式—小型	25	19.27	16.64	11.51	16.28
			Ⅴ式—大型	4	27.27	22.72	19.45	18.61
		豆Da型	Ⅳ式—小型	12	6.18	15.56	9.71	9.42
			Ⅳ式—大型	19	16.57	13.56	14.31	9.66

续表

			式别、体型	样本量	口径	底径	器高	口径/器高
第五等级	原始瓷	碗(杯盅)类Aa型	Ⅳ式	11	14.42	16.47	23.90	9.08
第五等级	原始瓷	碗(杯盅)类Aa型	Ⅴ式	6	21.22	17.70	16.31	6.46
第五等级	原始瓷	碗(杯盅)类Aa型	Ⅶ式—大型	4	18.45	13.15	9.97	17.62
第五等级	原始瓷	碗(杯盅)类Aa型	Ⅷ式	13	19.33	18.32	9.60	20.77
第五等级	原始瓷	碗(杯盅)类Aa型	Ⅸ式—小型	9	15.69	18.29	7.48	10.99
第五等级	原始瓷	碗(杯盅)类Aa型	Ⅹ式	4	16.73	2.28	6.65	18.56
第五等级	原始瓷	盂	Ⅲ式—小型	9	12.60	10.88	14.03	19.73
第五等级	原始瓷	盂	Ⅳ式	20	13.40	12.22	11.95	11.71
第五等级	硬陶	罐(瓿)类Aa型	Ⅳ式—小型	5	13.54	11.64	12.77	4.19
第五等级	硬陶	罐(瓿)类Aa型	Ⅶ式	6	8.86	8.73	10.50	10.88
第五等级	硬陶	罐(瓿)类Ab型	Ⅷ式	6	12.93	17.94	17.07	9.74
第五等级	硬陶	罐(瓿)类Ba型	Ⅱ式	7	11.45	18.00	10.47	4.38
第五等级	硬陶	坛A型	Ⅶ式	7	10.28	12.92	7.75	10.34
第五等级	硬陶	坛A型	Ⅹ式	4	9.29	6.45	18.04	12.09
第四等级	原始瓷	豆Aa型	Ⅲ式—大型	43	12.09	11.16	15.70	17.34
第四等级	原始瓷	豆Ca型	Ⅴ式—小型	32	22.99	18.47	17.77	12.93
第四等级	原始瓷	豆Da型	Ⅳ式—小型	35	11.17	11.09	19.72	12.67
第四等级	原始瓷	豆Da型	Ⅳ式—大型	31	12.26	12.42	12.46	7.24
第四等级	原始瓷	碗(杯盅)类Aa型	Ⅹ式	7	15.03	22.12	12.99	4.02
第四等级	原始瓷	盂	Ⅱ式—小型	7	22.29	14.91	19.40	11.09
第四等级	原始瓷	盂	Ⅲ式—小型	6	18.88	14.71	28.90	24.36
第四等级	原始瓷	盂	Ⅳ式	27	11.97	13.42	16.15	15.69
第四等级	硬陶	罐(瓿)类Ba型	Ⅲ式	4	9.77	6.66	4.91	8.84
第四等级	硬陶	坛A型	Ⅵ式	4	9.04	6.50	2.47	11.30

续表

			式别、体型	样本量	口径	底径	器高	口径/器高
第三等级	原始瓷	豆 Ca 型	Ⅴ式—小型	31	21.73	13.97	13.44	13.93
		豆 Da 型	Ⅳ式—小型	19	5.29	7.08	6.74	6.76
			Ⅳ式—大型	27	9.69	11.59	10.03	5.42
		罐 B 型	Ⅲ式	9	6.56	8.62	10.57	7.18
		盂	Ⅱ式—小型	6	15.56	10.82	8.05	9.19

3. 第三阶段—等级总体

			式别、体型	样本量	口径	底径	器高	口径/器高
第七等级	原始瓷	碗(杯盅)类 Aa 型	Ⅹ式—小型	13	14.00	8.80	12.50	5.00
			Ⅺ式—小型	5	18.94	16.04	11.78	11.10
			Ⅺ式—大型	7	10.32	6.15	5.78	7.03
			Ⅻ式—中型	7	12.89	16.86	18.71	18.25
		碗(杯盅)类 Ab 型	Ⅲ式	15	19.19	12.53	12.17	19.12
	硬陶	罐(瓿)类 Ab 型	Ⅺ式—小型	4	8.83	9.68	13.75	10.15
第六等级	原始瓷	碗(杯盅)类 Aa 型	Ⅹ式—小型	9	10.21	13.69	10.08	9.60
			Ⅹ式—大型	8	2.70	4.30	7.93	6.82
			Ⅻ式—大型	6	8.70	12.44	5.50	5.79
		碗(杯盅)类 Ab 型	Ⅱ式—小型	10	14.38	16.27	9.60	10.04
	硬陶	罐(瓿)类 Ab 型	Ⅹ式	5	15.77	13.40	19.68	8.21
		罐(瓿)类 Ba 型	Ⅵ式	4	22.17	14.43	17.02	9.10
		坛 A 型	Ⅻ式	4	5.99	0.42	2.88	4.68
			XIII式	7	6.64	9.41	5.87	8.31
第五等级	原始瓷	碗(杯盅)类 Ab 型	Ⅱ式—小型	11	9.15	4.46	17.86	18.16
			Ⅲ式	12	17.89	11.81	14.78	17.17
	硬陶	坛 B 型	Ⅶ式	7	6.70	5.98	11.23	9.38
		瓮 A 型	Ⅹ式	5	9.95	14.70	18.94	11.56

续表

			式别、体型	样本量	口径	底径	器高	口径/器高
第四等级	原始瓷	碗(杯盅)类 Aa 型	Ⅻ式—小型	5	5.06	1.74	3.11	6.70
			Ⅻ式—中型	6	8.69	9.20	12.17	5.57
			Ⅻ式—大型	4	14.47	17.88	9.29	5.60
	硬陶	瓮 A 型	Ⅹ式	4	5.92	6.97	4.86	7.99
第三等级	原始瓷	碗(杯盅)类 Aa 型	Ⅺ式—小型	44	2.83	6.60	4.41	4.97
			Ⅻ式—大型	7	4.44	1.94	4.99	9.27
		碗(杯盅)类 Ab 型	Ⅱ式—小型	4	7.92	4.80	7.19	4.49
			Ⅱ式—大型	11	2.33	4.53	3.27	3.75
	硬陶	罐(瓿)类 Ab 型	Ⅺ式—小型	4	12.14	6.11	9.25	8.55
			Ⅺ式—大型	13	4.77	6.84	9.68	7.68
		罐(瓿)类 Ba 型	Ⅵ式	12	2.32	3.58	1.33	2.21
		坛 B 型	Ⅵ式	6	13.49	9.11	15.00	16.10
		瓮 A 型	Ⅹ式	7	8.57	5.78	10.57	9.23
	泥质陶	豆	Ⅱ式	13	6.74	5.48	13.43	10.43
第二等级	原始瓷	碗(杯盅)类 Aa 型	Ⅻ式—中型	30	6.41	5.69	8.06	8.75
			Ⅻ式—超大型	7	2.73	4.32	4.10	6.17
	硬陶	罐(瓿)类 Ba 型	Ⅵ式	4	11.65	8.25	8.82	2.97
		坛 A 型	ⅩⅣ式	5	4.77	5.07	1.74	4.38
		瓮 A 型	Ⅹ式	5	4.11	5.17	7.31	9.24
第一等级	原始瓷	碗(杯盅)类 Aa 型	Ⅻ式—中型	16	3.66	4.82	3.93	4.47
			Ⅱ式—大型	10	3.81	8.66	5.26	6.54
		碗(杯盅)类 Ab 型	Ⅲ式	5	7.64	9.35	11.67	4.55
	硬陶	罐(瓿)类 Ac 型	Ⅵ式	4	7.22	5.50	4.71	7.28
		罐(瓿)类 Ad 型	Ⅶ式	6	0.62	1.92	2.73	2.50

4. 第二阶段一等级墓葬个体

			式别、体型	样本量	口径	底径	器高	口径/器高
第七等级	柴岭山 D37M3	碗（杯盅）类 Aa 型	Ⅳ式	4	17.82	8.73	12.47	15.12
	独仓山 D9M2	碗（杯盅）类 Aa 型	Ⅹ式	4	3.03	5.74	2.46	5.20
	独山头 D1M2	碗（杯盅）类 Aa 型	Ⅹ式	5	5.23	8.26	5.94	1.06
	三官 M1	碗（杯盅）类 Aa 型	Ⅹ式	4	6.37	9.48	3.27	3.75
	天目湖庙山 D1M2	碗（杯盅）类 Aa 型	Ⅹ式	4	2.21	4.20	2.26	4.51
第六等级	百合 D1M1	浅弧腹碗		7	11.91	17.38	12.34	6.00
	柴岭山 D1M2	盘		5	12.22	14.49	14.53	9.03
	柴岭山 D1M3	碗（杯盅）类 Aa 型	Ⅹ式	7	8.19	12.47	15.18	10.95
	柴岭山 D2M1	豆 Da 型	Ⅳ式—小型	5	8.02	11.46	7.90	7.58
	独仓山 D5M1	碗（杯盅）类 Aa 型	Ⅶ式	10	5.78	7.59	8.15	7.02
		罐（瓿）类 Ad 型	Ⅳ式	4	7.21	8.68	10.50	4.81
	独仓山 D6M1	碗（杯盅）类 Aa 型	Ⅷ式	4	7.32	11.13	2.64	6.28
	独仓山 D7M1	豆 Da 型	Ⅳ式—小型	4	2.57	5.79	1.83	1.22
	潢潼 D2 乙	罐（瓿）类 Aa 型	Ⅷ式	5	5.62	11.45	11.90	15.24
		子母口碗		7	4.44	6.15	8.09	7.15
	天目湖庙山 D1M4	豆 Aa 型	Ⅲ式	5	8.09	8.55	10.28	4.74
	田螺山 M1	碗（杯盅）类 Aa 型	Ⅹ式	8	13.32	13.76	11.32	6.30
	杨家埠 D4M11	豆 Da 型	Ⅳ式	9	8.06	9.28	11.10	10.39
第五等级	柴岭山 D19M1	碗（杯盅）类 Aa 型	Ⅳ式	4	10.64	10.97	15.25	4.89
	柴岭山 D19M2	碗（杯盅）类 Aa 型	Ⅸ式	9	10.64	14.59	6.23	9.92
	柴岭山 D19M3	豆 Da 型	Ⅳ式—小型	7	6.35	16.75	8.75	6.91
		盂	Ⅳ式	8	12.28	4.88	10.52	11.34
	柴岭山 D29M1	罐（瓿）类 Ba 型	Ⅱ式	5	3.90	12.52	5.45	4.99
	柴岭山 D32M1	豆 Aa 型	Ⅲ式	7	8.97	7.05	11.44	9.82
		豆 Ca 型	Ⅴ式—小型	4	15.05	13.17	18.48	9.22

续表

			式别、体型	样本量	口径	底径	器高	口径/器高
第五等级	柴岭山D32M1	豆Da型	Ⅳ式—小型	4	2.60	7.55	7.70	9.15
	柴岭山D35M1	盂	Ⅳ式	9	10.16	11.30	7.72	7.19
		碟		4	2.73	6.85	17.21	14.49
	柴岭山D9M1	豆Ca型	Ⅴ式—小型	5	4.44	9.60	6.01	4.67
			Ⅴ式—小型	6	4.35	18.84	10.02	6.62
	独仓山D10M1	豆Ca型	Ⅴ式—小型	4	17.67	17.91	12.89	8.13
	独仓山D6M2	罐(瓿)类Aa型	Ⅳ式	4	6.21	2.93	1.81	4.83
		折敛口盂		4	12.16	10.17	8.83	9.65
		子母口碗		5	2.57	9.44	14.66	12.97
	潢潼D1	子母口碗		7	3.87	6.28	7.02	5.57
	馒首山D1M1	豆Aa型	Ⅲ式	5	4.64	2.57	9.28	9.27
	门口田D1M1	罐(瓿)类Aa型	Ⅷ式	5	4.61	10.10	5.17	8.84
第四等级	柴岭山D16M1	豆Da型	Ⅳ式—小型	4	9.52	4.91	5.61	10.45
		盂	Ⅱ式—小型	5	6.39	6.08	10.65	9.98
	柴岭山D26M1	豆Ca型	Ⅴ式—小型	9	5.12	8.43	8.39	6.80
		豆Da型	Ⅳ式—小型	8	13.27	9.52	7.60	11.31
	柴岭山D34M2	豆Da型	Ⅳ式—小型	25	15.16	11.98	17.43	9.23
		盂	Ⅳ式	5	5.51	2.96	5.01	6.14
	柴岭山D4M2	豆Ca型	Ⅴ式—小型	6	4.62	8.77	9.13	6.71
		豆Da型	Ⅳ式—小型	19	11.59	12.52	9.01	9.14
		盂	Ⅳ式	11	7.25	5.56	12.64	14.03
	牯牛墩M1	豆Aa型	Ⅲ式	39	11.57	7.79	11.78	8.05
		豆Ca型	Ⅴ式—小型	7	8.55	2.82	13.12	17.93
		罐(瓿)类Ba型	Ⅲ式	4	9.77	6.66	4.91	8.84

续表

			式别、体型	样本量	口径	底径	器高	口径/器高
第四等级	牯牛墩 M1	坛 A 型	Ⅵ式	4	9.04	6.50	2.47	11.30
	真山 D33K1	碗（杯盅）类 Aa 型	Ⅹ式	4	2.76	5.83	2.57	4.73
第三等级	柴岭山 D31M1	豆 Ca 型	Ⅴ式—小型	15	16.43	11.83	8.15	13.82
		豆 Da 型	Ⅳ式—小型	19	5.29	7.08	6.74	6.76
			Ⅳ式—大型	26	8.90	11.28	9.06	5.51
		盂	Ⅱ式—小型	5	17.40	9.39	8.38	8.80
		盘	小型	5	1.47	12.30	8.81	8.54
			大型	5	5.87	6.43	5.37	7.44
	西岭 D1	豆 Ca 型	Ⅴ式—小型	15	7.44	13.47	9.39	7.97
		罐 B 型	Ⅲ式	6	5.12	9.57	6.25	6.08

5. 第三阶段一等级墓葬个体

			式别、体型	样本量	口径	底径	器高	口径/器高
第七等级	柴岭山 D27M2	碗（杯盅）类 Aa 型	Ⅹ式	5	12.67	15.56	7.23	11.28
		碗（杯盅）类 Ab 型	Ⅱ式	4	5.93	10.50	11.08	8.85
	东坡岭 M10	角形器		4		9.93	19.90	
	东坡岭 M5	碗（杯盅）类 Ab 型	Ⅲ式	5	18.01	13.30	10.37	17.61
	东坡岭 M7	碗（杯盅）类 Ab 型	Ⅲ式	4	4.44	7.94	13.96	9.21
	独仓山 D9M1	碗（杯盅）类 Aa 型	Ⅹ式	5	12.95	11.78	14.34	4.60
	三官 M3	碗（杯盅）类 Aa 型	Ⅹ式	5	3.54	1.59	1.48	3.84
	真山 D16M1	碗（杯盅）类 Aa 型	Ⅺ式	7	10.32	6.15	5.78	7.03
第六等级	大墩 M1	碗（杯盅）类 Aa 型	Ⅹ式	9	9.88	9.93	16.12	9.22
		大圈足豆		6	1.59	2.64	7.02	7.14
	小黄山 M3	碗（杯盅）类 Aa 型	Ⅻ式	6	8.70	12.44	5.50	5.79
		罐（瓿）类 Ab 型	Ⅹ式	4	7.49	9.94	7.12	6.84
		坛 A 型	ⅩⅢ式	6	6.08	3.66	4.86	9.10

续表

			式别、体型	样本量	口径	底径	器高	口径/器高
第五等级	老坟墩 M1	瓮 Aa 型	Ⅹ式	4	5.17	9.39	12.10	10.15
		三足盂		5	5.90	14.88	3.39	7.35
	祝家山 M1	碗(杯盅)类 Ab 型	Ⅱ式	10	1.79	4.33	18.22	17.48
		碗(杯盅)类 Ab 型	Ⅲ式	8	4.12	7.71	8.07	12.54
		坛 B 型	Ⅶ式	7	6.60	5.98	11.23	9.38
		短柄豆		8	2.61	2.52	3.57	4.83
第四等级	桃园 M1	角形器		5		7.07	6.62	
	独仓山 D9M3	豆 Da 型	Ⅳ式	6	8.55	8.69	7.30	5.10
		子母口碗		8	8.67	5.97	9.06	9.29
	杜家坟 M1	角形器		5		2.79	2.02	
	小家山 M17	碗(杯盅)类 Aa 型	Ⅻ式	6	8.69	9.20	12.17	5.57
	邹家墩 M1	瓮 Aa 型	Ⅹ式	4	5.92	6.97	4.86	7.99
第三等级	鼻子山 M1	碗(杯盅)类 Ab 型	Ⅱ式	11	2.33	4.53	3.27	3.75
		勾鑃		6	3.39	9.97	5.67	3.51
		镇	小型	6		1.71	3.58	
			大型	6		3.28	2.82	
	曹家坟	瓮 Aa 型	Ⅹ式	6	8.52	5.64	7.09	8.18
	小黄山 M13	泥质陶豆	小型	5	8.93	3.42	7.21	7.68
		泥质陶豆	大型	8	1.64	2.95	2.27	2.90
		碗(杯盅)类 Aa 型	Ⅺ式	44	2.83	6.60	4.41	4.97
			Ⅻ式	7	4.44	1.94	4.99	9.27
		碗(杯盅)类 Ab 型	Ⅱ式	4	7.92	4.80	7.19	4.49
		罐(瓿)类 Ab 型	Ⅺ式—大型	13	4.77	6.84	9.68	7.68
		罐(瓿)类 Ba 型	Ⅵ式	11	2.41	3.54	1.39	2.27
		坛 B 型	Ⅵ式	4	14.99	8.85	7.20	12.73

续表

			式别、体型	样本量	口径	底径	器高	口径/器高
第二等级	老虎山 M1	碗（杯盅）类 Aa 型	Ⅻ式	4	2.68	2.46	5.02	6.84
		镇		18		8.48	6.76	
		三足盘	小型	5	2.09	8.45	3.97	2.63
			大型	4	3.04	12.45	1.78	2.21
	龙山 D141M1	碗（杯盅）类 Aa 型	Ⅻ式	29	6.44	5.73	8.18	8.88
		坛 A 型	ⅩⅣ式	5	4.77	5.07	1.74	4.38
		瓿 Aa 型	Ⅹ式	5	4.11	5.17	7.31	9.24
		小豆		21	6.15	5.90	8.47	8.69
		三足盂		5	1.71	3.67	4.95	5.66
		鉴		4	4.16	3.58	3.66	7.70
		镇		10		7.15	5.03	
	万家坟 M1	角形器	小型	26		6.99	5.19	
			大型	9		5.37	7.28	
第一等级	邱承墩 M1	碗（杯盅）类 Aa 型	Ⅻ式—小型	74	2.65	3.21	3.76	3.76
			Ⅻ式—大型	20	1.97	4.44	4.51	5.25
		碗（杯盅）类 Ab 型	Ⅱ式—小型	37	2.58	5.90	6.22	6.11
			Ⅱ式—中型	30	2.37	6.65	4.28	4.42
			Ⅱ式—大型	29	2.89	6.30	2.99	3.99
			Ⅲ式—小型	29	2.48	4.08	2.70	2.81
			Ⅲ式—大型	35	2.05	4.32	3.37	3.12
		罐（瓿）类 Ac 型	Ⅵ式	4	7.22	5.50	4.71	7.28
		罐（瓿）类 Ad 型	Ⅶ式	30	2.29	3.59	2.97	3.56
		镇		26		5.70	6.05	
		小鼎		4	1.83		0.00	1.65
		盖豆		5	1.81	2.23	1.64	2.52

续表

			式别、体型	样本量	口径	底径	器高	口径/器高
第一等级	邱承墩 M1	小豆(圈足内凹)		10	2.97	5.88	5.25	5.09
		小豆(圈足外撇)		5	3.90	3.65	4.93	7.79
		平底盆		4	1.05	5.24	5.92	5.88
		敛口平底盘		9	4.54	4.07	5.91	5.36
		平口平底盘	小型	5	4.50	5.79	7.35	9.71
			大型	7	2.26	8.18	3.67	5.91

表四　岭南不同阶段、不同器类的变异系数(%)

1. 第一阶段

		式别、体型	样本量	口径	底径（最大腹径）	器高	口径/器高
原始瓷	豆 Cb 型	Ⅰ式	4	11.00	17.02	15.06	5.95
		Ⅱ式	8	6.39	9.84	7.86	8.18
	豆 Db 型	Ⅱ式	4	6.23	7.68	4.07	7.93
硬陶	豆 C 型	Ⅰ式	4	7.97	6.91	5.03	5.99
		Ⅱ式	7	9.78	9.81	11.03	7.72
	豆 D 型	Ⅰ式	6	11.89	11.76	11.12	4.39
		Ⅱ式	7	15.36	15.20	12.30	4.52
	罐(瓿)类 Ea 型	Ⅱ式	4	5.50	9.95	9.92	6.02
		Ⅲ式—大型	4	14.12	13.78	19.87	19.08
		Ⅳ式	4	17.82	12.61	13.71	10.25
	罐(瓿)类 Ec 型	Ⅱ式	9	14.12	22.71	17.27	16.71
		Ⅲ式—大型	16	13.44	21.24	19.86	13.16
	簋	Ⅲ式	4	12.44	8.49	12.11	16.99
	瓮 B 型	Ⅳ式	5	13.88	18.99	21.37	9.01

2. 第二阶段

		式别、体型	样本量	口径	底径（最大腹径）	器高	口径/器高
原始瓷	豆 Ab 型	Ⅰ式	9	19.46	18.04	16.34	10.12
		Ⅱ式	7	19.14	17.38	12.71	9.72
	豆 Ac 型	Ⅱ式	29	13.75	10.97	12.34	7.56
		Ⅲ式	5	12.24	13.91	17.51	12.11
		Ⅳ式	8	7.19	7.11	9.67	8.60
	豆 Cb 型	Ⅱ式	5	10.68	6.89	9.90	3.05
		Ⅲ式	9	12.27	12.69	12.43	9.03

续表

<table>
<tr><th colspan="2"></th><th>式别、体型</th><th>样本量</th><th>口径</th><th>底径（最大腹径）</th><th>器高</th><th>口径/器高</th></tr>
<tr><td rowspan="2">原始瓷</td><td rowspan="2">豆 Db 型</td><td>Ⅱ式</td><td>8</td><td>7.83</td><td>12.68</td><td>10.90</td><td>11.89</td></tr>
<tr><td>Ⅲ式</td><td>18</td><td>6.40</td><td>6.29</td><td>6.60</td><td>8.36</td></tr>
<tr><td rowspan="24">硬陶</td><td rowspan="4">豆 A 型</td><td>Ⅰ式</td><td>9</td><td>7.82</td><td>8.08</td><td>5.50</td><td>7.74</td></tr>
<tr><td>Ⅱ式</td><td>38</td><td>12.34</td><td>10.78</td><td>14.55</td><td>14.50</td></tr>
<tr><td>Ⅲ式</td><td>62</td><td>10.25</td><td>9.40</td><td>10.51</td><td>9.90</td></tr>
<tr><td>Ⅳ式</td><td>51</td><td>9.12</td><td>8.24</td><td>11.91</td><td>7.97</td></tr>
<tr><td rowspan="2">豆 B 型</td><td>Ⅰ式</td><td>4</td><td>27.03</td><td>12.30</td><td>24.25</td><td>6.42</td></tr>
<tr><td>Ⅲ式</td><td>4</td><td>9.96</td><td>7.21</td><td>5.97</td><td>10.60</td></tr>
<tr><td rowspan="3">豆 C 型</td><td>Ⅰ式</td><td>5</td><td>9.19</td><td>9.74</td><td>17.61</td><td>11.88</td></tr>
<tr><td>Ⅱ式</td><td>9</td><td>10.14</td><td>9.82</td><td>8.28</td><td>4.97</td></tr>
<tr><td>Ⅲ式</td><td>4</td><td>12.97</td><td>20.33</td><td>7.45</td><td>7.86</td></tr>
<tr><td rowspan="2">豆 D 型</td><td>Ⅱ式</td><td>6</td><td>11.08</td><td>12.01</td><td>6.63</td><td>8.35</td></tr>
<tr><td>Ⅲ式</td><td>9</td><td>13.38</td><td>8.76</td><td>11.97</td><td>5.76</td></tr>
<tr><td rowspan="2">罐（瓿）类 Da 型</td><td>Ⅲ式</td><td>5</td><td>13.78</td><td>21.81</td><td>22.89</td><td>9.06</td></tr>
<tr><td>Ⅳ式</td><td>7</td><td>10.07</td><td>15.85</td><td>8.89</td><td>2.55</td></tr>
<tr><td rowspan="5">罐（瓿）类 Ea 型</td><td>Ⅳ式</td><td>5</td><td>23.33</td><td>19.21</td><td>17.57</td><td>12.84</td></tr>
<tr><td>Ⅴ式—小型</td><td>27</td><td>9.38</td><td>8.04</td><td>9.89</td><td>8.61</td></tr>
<tr><td>Ⅴ式—大型</td><td>15</td><td>8.97</td><td>18.02</td><td>17.46</td><td>12.83</td></tr>
<tr><td>Ⅵ式</td><td>34</td><td>14.40</td><td>13.52</td><td>15.30</td><td>12.32</td></tr>
<tr><td>Ⅶ式</td><td>14</td><td>16.76</td><td>19.37</td><td>16.12</td><td>7.86</td></tr>
<tr><td rowspan="2">罐（瓿）类 Ea 型</td><td>Ⅳ式</td><td>5</td><td>13.67</td><td>16.09</td><td>15.20</td><td>11.06</td></tr>
<tr><td>Ⅴ式</td><td>5</td><td>16.30</td><td>15.96</td><td>23.35</td><td>15.13</td></tr>
<tr><td rowspan="2">罐（瓿）类 Eb 型</td><td>Ⅱ式</td><td>8</td><td>5.83</td><td>21.74</td><td>9.18</td><td>8.43</td></tr>
<tr><td>Ⅲ式</td><td>8</td><td>13.81</td><td>12.97</td><td>14.54</td><td>4.76</td></tr>
</table>

续表

		式别、体型	样本量	口径	底径（最大腹径）	器高	口径/器高
硬陶	罐（瓿）类 Ec 型	Ⅳ式	5	12.00	17.47	19.06	26.64
	罐（瓿）类 Ed 型	Ⅰ式	5	14.48	14.95	17.32	7.21
	簋	Ⅳ式	4	24.68	14.88	14.93	10.68
	瓮 B 型	Ⅴ式—小型	5	14.58	6.84	7.60	18.73
		Ⅵ式—大型	8	13.37	14.30	10.86	5.19

3. 第三阶段

		式别、体型	样本量	口径	底径（最大腹径）	器高	口径/器高
原始瓷	碗（杯盅）类 Aa 型	Ⅸ式—小型	5	1.38	5.70	5.63	5.75
		Ⅻ式—小型	4	20.50	15.56	4.89	15.67
	碗（杯盅）类 Ab 型	Ⅱ式	14	13.68	15.04	14.66	10.06
		Ⅲ式	6	12.69	10.77	8.96	16.49
硬陶	碗 A 型	Ⅰ式—小型	15	14.55	21.78	8.31	14.84
		Ⅰ式—大型	6	13.63	13.03	15.87	15.39
		Ⅱ式	22	13.60	16.56	17.21	16.02
	碗 B 型	Ⅰ式—小型	19	14.08	13.92	16.12	12.77
		Ⅰ式—大型	7	8.75	10.32	9.63	13.34
		Ⅱ式—小型	6	16.49	20.31	21.28	17.18
		Ⅲ式	10	18.12	10.87	18.02	15.21
	罐（瓿）类 Ab 型	Ⅻ式—小型	5	5.51	13.21	29.55	27.10
		XⅢ式	7	12.87	14.48	18.52	13.05
	罐（瓿）类 Af 型	Ⅰ式	4	16.54	8.78	3.70	16.46
		Ⅲ式	6	12.65	17.65	11.89	7.67
		Ⅳ式	4	13.05	15.68	22.49	16.20

续表

<table>
<tr><th colspan="2"></th><th>式别、体型</th><th>样本量</th><th>口径</th><th>底径
（最大腹径）</th><th>器高</th><th>口径/器高</th></tr>
<tr><td rowspan="7">硬陶</td><td rowspan="2">罐（瓿）类Bc型</td><td>Ⅲ式</td><td>6</td><td>18.44</td><td>11.16</td><td>11.03</td><td>16.49</td></tr>
<tr><td>Ⅳ式</td><td>8</td><td>17.24</td><td>15.98</td><td>17.24</td><td>10.08</td></tr>
<tr><td rowspan="4">坛A型</td><td>ⅩⅢ式</td><td>5</td><td>15.18</td><td>18.88</td><td>24.54</td><td>12.06</td></tr>
<tr><td>ⅩⅣ式—小型</td><td>4</td><td>7.92</td><td>6.83</td><td>18.21</td><td>15.64</td></tr>
<tr><td>ⅩⅣ式—大型</td><td>5</td><td>10.27</td><td>24.16</td><td>18.47</td><td>7.77</td></tr>
<tr><td>ⅩⅤ式</td><td>7</td><td>9.48</td><td>10.24</td><td>13.50</td><td>9.82</td></tr>
<tr><td>瓮A型</td><td>ⅩⅠ式</td><td>6</td><td>12.99</td><td>21.50</td><td>14.98</td><td>6.23</td></tr>
</table>

表五　岭南不同阶段、不同等级的变异系数(%)

1. 第一阶段—等级总体

		式别、体型	样本量	口径	底径（最大腹径）	器高	口径/器高
第四等级	硬陶豆 D 型	Ⅱ式	4	12.28	14.24	10.77	2.26
	硬陶罐(瓿)类 Ec 型	Ⅲ式—大型	5	22.20	26.07	29.00	17.96
第三等级	原始瓷豆 Cb 型	Ⅰ式	4	11.01	17.02	15.06	5.95
	硬陶豆 D 型	Ⅳ式	4	14.95	15.08	13.74	3.42

2. 第二阶段—等级总体

		式别、体型	样本量	口径	底径（最大腹径）	器高	口径/器高
第六等级	原始瓷豆 Ac 型	Ⅱ式	7	7.98	8.60	10.05	9.61
	硬陶豆 A 型	Ⅱ式	9	8.47	10.02	7.18	6.13
		Ⅲ式	9	13.85	9.71	11.52	11.82
		Ⅳ式	15	7.39	6.87	9.20	5.12
	硬陶豆 D 型	Ⅲ式	4	8.67	10.34	10.21	4.63
	硬陶罐(瓿)类 Ea 型	Ⅴ式	10	16.65	12.55	13.49	10.66
		Ⅵ式	8	13.69	5.91	11.02	14.67
		Ⅶ式	4	12.77	8.88	9.72	9.07
第五等级	原始瓷豆 Ab 型	Ⅱ式	4	17.47	13.50	12.74	6.14
	原始瓷豆 Db 型	Ⅲ式	4	6.87	7.65	8.96	7.89
	硬陶豆 A 型	Ⅱ式	7	7.78	3.05	7.63	7.33
		Ⅲ式	16	11.76	8.44	11.26	8.13
		Ⅳ式	10	8.75	4.93	9.62	6.38
	硬陶罐(瓿)类 Ea 型	Ⅴ式	6	16.18	12.57	15.81	11.59
	硬陶瓮 B 型	Ⅵ式	5	5.87	7.36	5.28	6.27

续表

		式别、体型	样本量	口径	底径（最大腹径）	器高	口径/器高
第四等级	原始瓷豆Ac型	Ⅰ式	4	2.54	12.13	3.10	1.52
		Ⅱ式	6	12.67	10.82	12.60	3.92
		Ⅳ式	5	3.28	5.63	10.30	7.87
	原始瓷豆Cb型	Ⅲ式	7	13.98	13.51	13.59	10.16
	原始瓷豆Db型	Ⅲ式	10	4.82	3.79	5.61	7.51
	硬陶豆A型	Ⅱ式	8	9.60	6.42	7.45	9.02
		Ⅲ式	20	8.16	11.60	10.59	7.32
		Ⅳ式	14	8.36	7.23	14.23	8.41
	硬陶豆C型	Ⅱ式	4	11.09	9.48	8.53	3.77
	硬陶罐（瓿）类Ea型	Ⅴ式	18	13.44	16.67	24.25	11.23
		Ⅵ式	9	10.20	9.14	9.70	9.69
	硬陶罐（瓿）类Ec型	Ⅲ式	5	18.13	16.96	18.98	2.22
第三等级	原始瓷豆Ac型	Ⅱ式	7	17.73	13.40	17.29	7.97
	硬陶罐（瓿）类Ea型	Ⅴ式	6	10.32	9.25	10.33	4.66

3. 第三阶段—等级总体

		式别、体型	样本量	口径	底径（最大腹径）	器高	口径/器高
第四等级	硬陶碗（杯盅）类A型	Ⅰ式—大型	5	9.07	17.29	19.78	17.93
	硬陶碗（杯盅）类B型	Ⅰ式	4	8.87	15.56	18.29	25.19
第二等级	原始瓷碗（杯盅）类Aa型	Ⅻ式—小型	4	19.30	15.56	4.89	15.67
	原始瓷碗（杯盅）类Ab型	Ⅱ式	10	8.87	10.78	8.63	9.85
	硬陶碗（杯盅）类A型	Ⅰ式—大型	4	7.43	10.39	10.73	8.61
	硬陶碗（杯盅）类B型	Ⅰ式	8	11.43	8.65	13.27	7.44
	硬陶罐（瓿）类Ab型	ⅩⅢ式	5	6.00	15.22	14.73	13.77

表六 西周早期至晚期早段天马—曲村不同器类的变异系数(%)

	式 别	样本量	口径	底径(足根距)	器高	口径/器高
大口尊	Da 型	4	8.01	9.44	7.57	9.83
豆	Aa 型Ⅰ式	5	7.48	7.16	9.38	6.48
	Ab 型Ⅰ式	5	3.75	6.18	4.93	6.22
	Ab 型Ⅱ式	5	8.60	7.06	8.43	7.77
	Ac 型Ⅰ式	9	7.29	9.67	8.40	5.63
	Ac 型Ⅱ式	25	8.62	9.26	8.10	7.44
	Ad 型Ⅰ式	17	8.87	8.57	9.59	7.24
	Ad 型Ⅱ式	5	10.45	10.80	9.05	4.11
	Ba 型Ⅱ式	7	4.61	3.95	7.54	6.28
	Bb 型Ⅰ式	8	7.21	7.53	11.06	2.75
	Bb 型Ⅱ式	9	13.47	10.54	12.70	8.89
	Bb 型Ⅲ式	5	5.77	3.53	1.26	5.59
	Bc 型	5	9.77	7.13	8.51	8.79
	C 型Ⅱ式	7	10.51	12.40	8.15	6.86
鬲	甲类 Aa 型Ⅰ式	7	12.44	14.40	14.49	6.04
	甲类 Aa 型Ⅱ式	33	9.38	10.56	11.94	5.84
	甲类 Aa 型Ⅲ式	37	7.85	10.61	11.24	6.91
	甲类 Aa 型Ⅳ式	6	5.32	7.52	6.27	5.17
	甲类 Ab 型Ⅰ式	4	5.17	3.98	4.63	3.55
	甲类 Ab 型Ⅱ式	4	11.09	11.06	10.90	5.95
	甲类 Ba 型Ⅱ式	8	7.71	9.62	6.78	3.32
	甲类 Ba 型Ⅲ式	12	6.72	9.72	7.66	6.01
	甲类 Bb 型Ⅰ式	4	9.78	11.98	16.52	5.06
	甲类 Bc 型	6	4.13	7.33	3.01	7.13
	甲类 Ca 型Ⅱ式	10	7.32	9.18	9.20	6.92

续表

	式　别	样本量	口径	底径(足根距)	器高	口径/器高
鬲	甲类 Ca 型Ⅲ式	32	9.76	10.51	12.39	8.01
	甲类 Ca 型Ⅳ式	5	13.17	9.91	13.18	8.07
	甲类 Cb 型Ⅲ式	4	4.54	4.72	16.21	8.05
	甲类 Cb 型Ⅳ式	7	5.47	10.22	8.21	8.75
	甲类 Cc 型Ⅱ式	5	11.50	12.87	10.37	3.16
	甲类 Cc 型Ⅰ式	6	10.20	10.49	9.87	6.22
	甲类 Cd 型	4	7.52	5.62	11.83	8.23
	甲类 Da 型Ⅱ式	12	7.33	9.17	10.95	6.98
	甲类 Da 型Ⅲ式	10	7.55	9.08	6.86	8.00
	甲类 Ea 型	4	3.08	8.06	6.12	5.98
	乙类 Aa 型Ⅰ式	9	6.01	7.18	7.34	4.12
	乙类 Aa 型Ⅱ式	5	8.06	9.98	8.87	6.55
	乙类 Aa 型Ⅲ式	8	10.61	13.46	10.13	8.60
	乙类 Ab 型Ⅱ式	7	5.80	4.90	7.48	5.02
	乙类 Ba 型Ⅱ式	9	5.61	7.54	8.05	6.68
	乙类 Ca 型Ⅰ式	5	7.43	4.90	15.95	6.90
	乙类 Cb 型Ⅰ式	6	7.46	5.76	6.06	5.52
	乙类 Cb 型Ⅱ式	7	6.65	8.40	8.36	2.67
	乙类 Cc 型Ⅰ式	7	4.11	8.25	7.53	9.03
	乙类 Cc 型Ⅱ式	6	9.54	7.43	11.16	9.00
	乙类 Da 型Ⅰ式	7	2.64	10.97	10.08	11.16
	乙类 Da 型Ⅱ式	6	4.85	9.90	9.12	5.91
	乙类 Ea 型Ⅰ式	6	10.80	10.42	14.16	4.29
	乙类 F 型	8	3.72	6.15	13.27	5.22
罐	甲类 Aa 型Ⅰ式	5	6.77	9.28	6.35	6.64

续表

	式　别	样本量	口径	底径(足根距)	器高	口径/器高
罐	甲类 Aa 型Ⅱ式	7	7.26	14.89	17.53	12.68
	甲类 Bb 型Ⅰ式	5	9.37	8.71	11.12	5.53
	甲类 Bb 型Ⅱ式	10	11.52	10.93	9.83	12.99
	甲类 Ca 型Ⅰ式	8	13.41	16.03	12.44	13.20
	甲类 Ca 型Ⅱ式	9	11.69	12.80	10.71	8.11
	甲类 Ca 型Ⅲ式	5	9.85	8.01	13.58	9.88
	甲类 Cb 型Ⅱ式	6	13.49	12.33	13.55	7.25
	甲类 Cc 型	4	13.16	16.90	3.13	6.37
	甲类 Da 型Ⅰ式	6	15.70	16.55	13.09	7.79
	甲类 Db 型Ⅰ式	12	7.62	9.19	14.81	10.58
	甲类 Db 型Ⅱ式	7	6.61	5.90	7.70	9.83
	乙类 Bb 型Ⅱ式	4	12.11	12.08	11.12	3.14
	乙类 Bc 型Ⅰ式	6	7.13	18.75	13.59	15.30
	乙类 Bc 型Ⅱ式	9	16.14	19.56	18.51	8.52
簋	甲类 Fa 型	4	13.38	15.62	12.06	13.00
壶	Aa 型Ⅰ式	5	11.26	6.67	15.29	8.50
	Aa 型Ⅱ式	5	11.07	11.58	5.36	12.43
盆	甲类 A 型Ⅱ式	7	10.82	12.98	7.97	6.32
	甲类 Bb 型Ⅰ式	7	12.55	13.95	11.88	7.68
	甲类 Bb 型Ⅱ式	4	8.01	10.14	6.57	7.44
	甲类 Ca 型Ⅰ式	5	13.63	15.59	11.32	7.13
	甲类 Cb 型Ⅱ式	4	11.30	10.94	13.02	7.48
	甲类 Cc 型Ⅰ式	4	4.35	7.68	7.57	8.55
	甲类 F 型	4	6.46	13.41	14.24	12.42

表七　西周早期至晚期早段天马—曲村不同等级的变异系数(%)

		式　别	样本量	口径	底径(足根距)	器高	口径/器高
第六等级	豆	Ab 型Ⅰ式	5	3.75	6.18	4.93	6.22
		Ab 型Ⅱ式	4	9.51	7.69	9.47	7.09
		Ac 型Ⅰ式	9	7.29	9.67	8.40	5.63
		Ac 型Ⅱ式	21	5.41	7.81	6.77	7.50
		Ad 型Ⅰ式	17	8.87	8.57	9.59	7.24
		Ad 型Ⅱ式	4	10.45	9.65	9.36	4.27
		Ba 型Ⅱ式	4	4.44	2.48	7.92	6.34
		Bb 型Ⅰ式	6	8.06	8.85	12.56	2.75
		Bb 型Ⅱ式	7	14.25	7.28	14.40	8.89
		Bc 型	4	7.68	8.06	9.61	8.17
		C 型Ⅱ式	6	6.15	7.18	8.15	7.29
	鬲	甲类 Aa 型Ⅰ式	7	12.44	14.40	14.49	6.04
		甲类 Aa 型Ⅱ式	22	9.95	9.75	11.20	5.22
		甲类 Aa 型Ⅲ式	25	7.96	11.14	10.99	7.71
		甲类 Aa 型Ⅳ式	6	5.32	7.52	6.27	5.17
		甲类 Ab 型Ⅰ式	4	5.17	3.98	4.63	3.55
		甲类 Ba 型Ⅲ式	11	6.39	9.77	7.82	6.28
		甲类 Bc 型	4	4.36	8.72	3.65	7.43
		甲类 Ca 型Ⅰ式	4	14.40	16.84	14.86	3.64
		甲类 Ca 型Ⅱ式	7	4.61	6.90	2.45	8.07
		甲类 Ca 型Ⅲ式	29	8.72	8.75	11.95	6.46
		甲类 Ca 型Ⅳ式	5	13.17	9.90	13.18	8.07
		甲类 Cb 型Ⅳ式	6	4.36	11.11	8.48	9.46
		甲类 Cc 型Ⅰ式	5	7.03	10.00	9.46	6.63
		甲类 Cc 型Ⅱ式	4	13.25	14.17	11.22	1.58

续表

		式　别	样本量	口径	底径(足根距)	器高	口径/器高
第六等级	鬲	甲类 Da 型Ⅱ式	12	7.33	9.17	10.95	6.98
		甲类 Da 型Ⅲ式	8	7.76	10.23	7.47	8.68
		甲类 Db 型Ⅱ式	4	19.05	20.77	10.40	3.94
		乙类 Aa 型Ⅰ式	4	9.00	9.68	9.32	3.90
		乙类 Aa 型Ⅱ式	5	8.06	9.98	8.87	6.55
		乙类 Aa 型Ⅲ式	5	11.62	10.73	9.86	9.35
		乙类 Ab 型Ⅱ式	5	5.77	4.03	7.76	5.77
		乙类 Ba 型Ⅱ式	8	5.62	7.96	8.29	6.44
		乙类 Cb 型Ⅱ式	4	7.50	9.16	7.53	2.72
		乙类 Cb 型Ⅰ式	5	7.17	4.65	6.08	6.17
		乙类 Cc 型Ⅰ式	6	4.48	8.43	8.25	9.31
		乙类 Cc 型Ⅱ式	6	9.54	7.43	11.16	9.00
		乙类 Da 型Ⅰ式	7	2.64	10.97	10.08	11.16
		乙类 Da 型Ⅱ式	4	6.11	12.14	10.97	7.41
		乙类 F 型	4	2.20	7.81	15.81	5.78
	罐	甲类 Aa 型Ⅰ式	4	5.66	5.92	7.13	6.74
		甲类 Aa 型Ⅱ式	5	8.17	15.65	19.34	9.93
		甲类 Bb 型Ⅰ式	4	7.94	9.55	9.09	4.42
		甲类 Bb 型Ⅱ式	7	9.84	6.78	11.21	9.63
		甲类 Ca 型Ⅰ式	6	15.17	16.79	11.85	9.34
		甲类 Ca 型Ⅱ式	9	16.75	15.71	15.30	7.92
		甲类 Ca 型Ⅲ式	4	16.32	15.91	4.71	1.33
		甲类 Cb 型Ⅱ式	7	20.66	20.35	17.58	5.15
		甲类 Da 型Ⅱ式	7	7.99	21.42	16.18	17.10
		甲类 Db 型Ⅰ式	10	8.33	9.25	15.48	11.27

续表

		式 别	样本量	口径	底径(足根距)	器高	口径/器高
第六等级	罐	甲类 Db 型Ⅱ式	5	4.98	4.65	8.85	9.50
		乙类 Ba 型Ⅰ式	4	15.88	20.67	16.07	20.17
		乙类 Bc 型Ⅱ式	6	16.42	20.06	17.71	9.78
	壶	Aa 型Ⅰ式	4	8.26	6.98	16.17	7.54
		Aa 型Ⅱ式	5	11.07	11.58	5.36	12.43
	盆	甲类 A 型Ⅱ式	4	13.65	17.79	7.23	5.70
		甲类 Bb 型Ⅰ式	7	12.55	13.95	11.88	7.68
		甲类 Bb 型Ⅱ式	4	8.01	10.14	6.57	7.44
		甲类 Ca 型Ⅰ式	4	13.34	13.75	9.04	7.50
第五等级	豆	Ac 型Ⅱ式	4	13.11	13.62	10.61	6.90
	鬲	甲类 Aa 型Ⅲ式	6	7.83	8.00	12.59	5.22
		甲类 Ba 型Ⅱ式	4	8.30	8.81	9.00	0.54
		乙类 Ea 型Ⅰ式	4	9.11	4.72	14.67	4.92
		乙类 F 型	4	3.37	4.79	12.37	5.29
第三等级	鬲	甲类 Aa 型Ⅲ式	6	6.66	7.69	10.13	5.03
第二等级	豆	Aa 型Ⅰ式	4	0.837	3.58	8.27	3.17

后　记

多年以前，徐天进老师、杜杨和我在北大小西门外的小吊梨汤聊过一个关于“顺流”和“逆流”的话题。我当时的回答是，我可能会倾向“顺流”。这当然不是因为我正沉迷于赛艇，希望借助风势水流，而是因为我觉得自己缺乏足够的勇气去“逆流”而上。

这次博士论文的整理、修改与出版，其实就是一个“顺流”的产物，更多的是为满足考核的需要，而不是因为研究认识已经打磨到了足够完善、无以修改的境地。所以在确定出版之初，我内心的忐忑其实大于喜悦。

但是随着出版在即，心态反倒渐趋平和。一方面，这项研究已历经八年，陪我从博士到博后再到教职，有疏漏不足，也有自得之处，近年来的新发现也基本可以纳入其中的结构性认识，所以希望可以借此机会，来迎接学界的更多批评与检验。另一方面，博士论文的出版也可以作为开拓新研究的契机，逼迫自己跳出研究与写作的舒适区，去拓展对东部沿海半月形文化传播带的更多讨论，在新的阶段做一些“逆流”的尝试。

本书的选题、构思源于我的导师徐天进老师。老师在我博士入学之初，便帮我明确了研究方向，以长江下游为主，后来又拓展至中国东部沿海半月形文化传播带，在立足边地的同时，亦可以由此观照中原。我对这个问题很感兴趣，在学习与研究过程中，将具体时空范围缩小到公元前10至前3世纪的东南沿海，并计划在博士毕业之后再用更多的时间来完成研究内容的拓展，来回答老师最初给出的问题。毕业前夕，老师送给我四个字——不敢怠荒，但惭愧的是，近几年我几乎都困顿于此前的研究，虽然根据老师的建议，在微观与宏观方面稍有补益，但迟迟未能走出新的一步。本书的完成离不开老师的帮助，也希望借此作为新的研究的起点，不再辜负老师的期望。

在北京大学读书的九年期间，刘绪、孙华、孙庆伟、雷兴山、陈建立、董珊、曹大志等老师，在学业上给我很多指导，在生活中也给我很多关照，在论文写作和修改中提出很多宝贵的意见。各位老师的言传身教恍惚仍在昨日。

博士论文预答辩、匿名评审和正式答辩期间，匿名评审专家和赵辉、孙华、孙庆伟、雷兴山、张敏、徐良高、陈建立、董珊、曹大志等老师提出了许多宝贵的修改建议，目前已基本逐一增补改进，在此一并感谢。

感谢苏浙皖赣闽粤等各省、市考古院、所的各位老师，罗列姓名难免挂一漏万。在各省学习调查期间，他们给予了种种便利。感谢路国权、黎海超、罗汝鹏、汤超、庄丽娜、王昌月、卢一、张吉、张天宇等师兄师姐，以及季宇、廖润贤、热合曼、杜杨、郭士嘉、何康、邹冠男等同窗好友在日常生活中的帮助。感谢曾经一起战斗的赛艇队友。

本书的顺利出版，离不开张敏师姐与责任编辑贾利民老师的辛苦付出。在此谨致谢忱。

最后要感谢我妻子奚望。她一直以来的陪伴、鼓励、理解与支持，使我可以永远地怀抱希望。

2025 年 3 月 29 日

于北京朝阳园

图书在版编目（CIP）数据

百越：公元前10至前3世纪东南沿海的文化与社会／吴桐著. -- 上海：上海古籍出版社，2025. 8. --（北京大学震旦古代文明研究中心学术丛书）. -- ISBN 978-7-5732-1609-0

Ⅰ. K289

中国国家版本馆CIP数据核字第2025N629F5号

责任编辑：贾利民
技术编辑：耿莹祎
美术编辑：黄　琛

北京大学震旦古代文明研究中心学术丛书

百越：公元前10至前3世纪东南沿海的文化与社会

吴　桐　著

上海古籍出版社出版发行

（上海市闵行区号景路159弄1-5号A座5F　邮政编码201101）

（1）网址：www.guji.com.cn

（2）E-mail：guji1@guji.com.cn

（3）易文网网址：www.ewen.co

上海展强印刷有限公司印刷

开本787×1092　1/16　印张33.5　插页7　字数713,000

2025年8月第1版　2025年8月第1次印刷

ISBN 978-7-5732-1609-0

K·3863　定价：148.00元

如有质量问题，请与承印公司联系

电话：021-66366565